面向创新的中国现代桥梁

Innovation-Oriented Contemporary Chinese Bridges

◎ 中国公路学会桥梁和结构工程分会 编

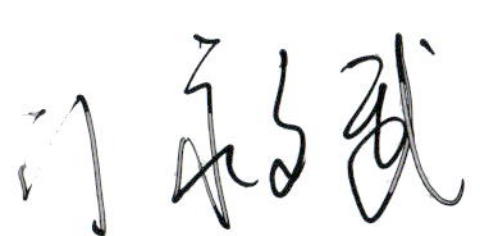

内容提要

近十多年来，我国桥梁建设进入了最辉煌的发展时期，开展了全球最大规模的建设，取得了世人瞩目的成就，由桥梁大国走向桥梁强国。本书共选录了我国近十多年来建设的桥梁103座，其中斜拉桥34座、悬索桥18座、拱桥19座、梁桥15座、公铁两用桥和铁路桥12座、跨海桥5座。这些桥梁的建设，凝聚着中华民族的智慧，是我国综合国力的真实体现，反映了我国桥梁建设领域日益提高的科技水平和自主创新能力。

本书具有较高的技术、文献品味，有极强的可读性、鉴赏性和收藏价值。可供广大桥梁工作者借鉴和参考。

图书在版编目（CIP）数据

面向创新的中国现代桥梁／中国公路学会桥梁和结构工程分会编．—北京：人民交通出版社，2009.4
ISBN 978-7-114-07591-9

Ⅰ.面… Ⅱ.中… Ⅲ.桥梁－简介－中国－当代 Ⅳ.U44

中国版本图书馆CIP数据核字（2009）第013967号

书　　名：面向创新的中国现代桥梁
著 作 者：中国公路学会桥梁和结构工程分会
责任编辑：张征宇　刘永芬　赵瑞琴
出版发行：人民交通出版社
地　　址：（100011）北京市朝阳区安定门外外馆斜街3号
网　　址：http://www.ccpress.com.cn
销售电话：（010）59757969　59757973
总 经 销：北京中交盛世书刊有限公司
经　　销：各地新华书店
印　　刷：北京市凯鑫彩色印刷有限公司
开　　本：880×1230　1/16
印　　张：25
字　　数：780千字
版　　次：2009年4月第1版
印　　次：2009年4月第1次印刷
书　　号：ISBN 978-7-114-07591-9
定　　价：200.00元

编委名单

Preface

前 言

自20世纪90年代以来，我国桥梁建设进入了最辉煌发展时期，开展了全球最大规模建设，取得的成就世人瞩目。本书共选录了我国近十多年来建设的有代表性桥梁103座，其中斜拉桥34座、悬索桥18座、拱桥19座、梁桥15座、公铁两用桥与铁路桥12座、跨海桥5座。

斜拉桥作为一种拉索体系，比梁式桥的跨越能力大，具有良好的力学性能和经济指标，已成为大跨径桥梁最主要桥型，近20多年来，在我国得到充分发展和推广，展现出强大的生命力。1991年建成上海南浦大桥（主跨423m），开创了我国修建400m以上大跨径斜拉桥的先河，大跨径斜拉桥如雨后春笋般地发展起来。世界建成和在建跨度400m以上斜拉桥有77座，中国占39座；跨度600m以上斜拉桥世界有15座，中国占12座。令世人震撼的是，2008年5月建成的苏通长江大桥（主跨1 088m）和在建的香港昂船洲大桥（主跨1 018m）两座千米级斜拉桥，取得了重大突破，创下了多项世界第一的纪录，为世界最大跨度斜拉桥，超越了1995年法国建成的诺曼底桥（主跨856m）和1999年日本建成的多多罗大桥（主跨890m），是斜拉桥建设史上的里程碑。

悬索桥是特大跨径桥梁的主要形式之一，其优美的造型和宏伟的规模，被人们常称为“桥梁皇后”。20世纪80年代以来，世界修建悬索桥达到鼎盛时期，时隔十年，我国现代悬索桥建设进入快速发展阶段。1995年率先建成汕头海湾大桥（主跨452m），1997年建成香港青马大桥（主跨1 377m），1999年建成江阴长江大桥（主跨1 385m）等千米级以上悬索桥。至今，世界建成和在建跨度800m以上悬索桥有40座，中国占16座；跨度1 000m以上悬索桥世界有26座，中国占10座。日本于1998年建成明石海峡大桥（主跨1 991m），为当今世界最大跨径悬索桥，是悬索桥建设史上的里程碑。2009年我国建成的舟山西堠门大桥（主跨1 650m），将载入世界第二大跨径悬索桥史册。

大跨径拱桥分为混凝土拱桥、钢管混凝土拱桥和钢拱桥。1990年我国首次采用劲性骨架建成宜宾小南门金沙江大桥（主跨240m中承式混凝土拱桥），使大跨径混凝土拱桥建设上了一个新台阶。1999年建成重庆万县长江大桥（主跨420m），为世界最大跨径的混凝土拱桥。钢管混凝土拱桥在世界沉积了半个多世纪后，在中国得到充分发展，1990年四川率先建成旺苍东河大桥（主跨115m），2004年建成巫山长江大桥（主跨460m），为世界最大跨径钢管混凝土拱桥。我国钢拱桥的建设犹如异军突起，2003年建成上海卢浦大桥（主跨550m中承式钢箱拱桥）和在建的重庆朝天门长江大桥（主跨552m中承式钢桁拱桥），均为世界最大跨径钢拱桥，将钢拱桥的跨径发展到新的高度。世界已建跨度300m以上拱桥有34座，中国占20座。

梁桥是以受弯为主的结构，是一种最为经济实用的桥型，1988年建成广东洛溪大桥（主跨180m），开创了我国修建大跨径预应力混凝土连续刚构桥的先例。2006年建成重庆石板坡长江大桥（主跨330m），为世界最大跨径钢—混组合连续刚构桥。世界已建跨径250m以上预应力混凝土梁桥有20座，中国占12座。

我国先后建成武汉长江大桥、南京长江大桥、九江长江大桥、香港青马大桥、芜湖长江大桥等公铁两用桥，在国内外产生巨大影响，是我国桥梁建设史上的里程碑。目前在建的武汉天兴洲长江大桥（主跨504m），为世界最大跨径公铁两用斜拉桥；在建的南京大胜关长江大桥（主跨336m钢桁拱桥），为世界最大跨径的高速铁路桥，将现代桥梁建设技术推向一个新的高度。

我国已建成跨海长桥有东海大桥、杭州湾跨海大桥、深圳湾跨海大桥，正在建设舟山西堠门大桥与金塘大桥、青岛海湾大桥。港珠澳大桥、杭州湾第二通道等工程建设也将逐步展开，我国跨海桥梁建设将进入了一个新的时代。

我国桥梁建设技术已步入世界先进水平之列，正在由桥梁大国走向桥梁强国。一批现代大桥的建设，凝聚着中华民族的智慧，是我国综合国力和科技实力的真实体现，是矗立在中华大地上的时代丰碑，值得中国人民自豪。不断完成了新的辉煌跨越的中国现代桥梁，代表了我国桥梁建设领域日益提高的科技水平和自主创新能力，成为我国社会经济和谐发展，人与自然共生共荣的有力见证。

本书在编写过程中得到了交通运输部领导的关心和支持，同时得到了相关桥梁工程项目的设计、施工单位和撰稿人员以及编辑出版单位的支持和帮助，在此一并表示诚挚的谢意。

中国公路学会桥梁和结构工程分会

2009年2月

Contents

目 录

斜 拉 桥

悬 索 桥

拱 桥

梁　桥

公铁两用桥与铁路桥

海　湾　桥

斜拉桥

苏通长江大桥

图 1　苏通长江大桥全景

1. 概况

苏通长江大桥位于江苏省长江南通河段，距长江口约 108km，南北两岸为苏州市与南通市。大桥全长 8 146m，由北引桥、主桥、南引桥组成，主桥主跨采用 1 088m 钢箱梁斜拉桥（图 1）。

大桥桥位处江面宽 6.2km，最大水深 36m，最大设计垂线平均潮流速 4.0m/s。覆盖层厚约 300m，主要由亚黏土、砂层等组成。桥位区年平均气温 15.2℃、降雨量 1 082mm、相对湿度 79%。每年 7 月上旬到 9 月为台风多发期。

大桥采用六车道高速公路标准，设计速度 100km/h，桥梁宽度 34m，设计基本风速 38.9m/s。主桥通航净高≥62m，双向航道通航净宽≥891m；主塔基础船舶撞击荷载标准：顺水流方向 130MN，横水流方向 65MN。辅桥通航净高 39m，净宽 220m；船舶撞击力：顺水流方向 49.8MN，横水流方向 24.9MN。地震基本烈度Ⅵ度，设计采用两水准设防，其中 P1 设防标准采用 100 年 10%。

2. 主桥

1）主桥结构

主桥为七跨双塔双索面钢箱梁斜拉桥，桥跨布置 100m+100m+300m+1 088m+300m+100m+100m=2 088m（图 2）。

（1）主塔基础

主塔基础采用 131 根钻孔灌注桩群桩，梅花形布置（图 3），桩径 2.8/2.5m（变直径），桩长 117～114m。

相关资料

- 桥　　名：苏通长江大桥主桥
  桥　　型：双塔双索面钢箱梁斜拉桥
  跨　　径：主跨 1 088m
  桥　　址：江苏省苏州市、南通市
- 建设单位：江苏省苏通大桥建设指挥部
- 设计单位：中交公路规划设计院有限公司
  江苏省交通规划设计院有限公司
  同济大学建筑设计研究院
- 施工单位：中交第二航务工程局有限公司
  中交第二公路工程局有限公司
  中铁山桥集团有限公司
  江苏法尔胜新日制铁缆索有限公司

- 混凝土用量：508 000m³
  钢　　材：170 000t
  建成日期：2008 年 5 月
  造　　价：36 亿元

- 桥　　名：苏通长江大桥辅桥
  桥　　型：预应力混凝土连续刚构桥
  跨　　径：140m+268m+140m
  桥　　址：江苏省苏州市、南通市
- 建设单位：江苏省苏通大桥建设指挥部
- 设计单位：中交公路规划设计院有限公司
  江苏省交通规划设计院有限公司
  同济大学建筑设计研究院
- 施工单位：中铁大桥局集团有限公司

- 混凝土用量：121 000m³
  钢材用量：19 600t
  造　　价：4.6 亿元
  建成日期：2008 年 5 月

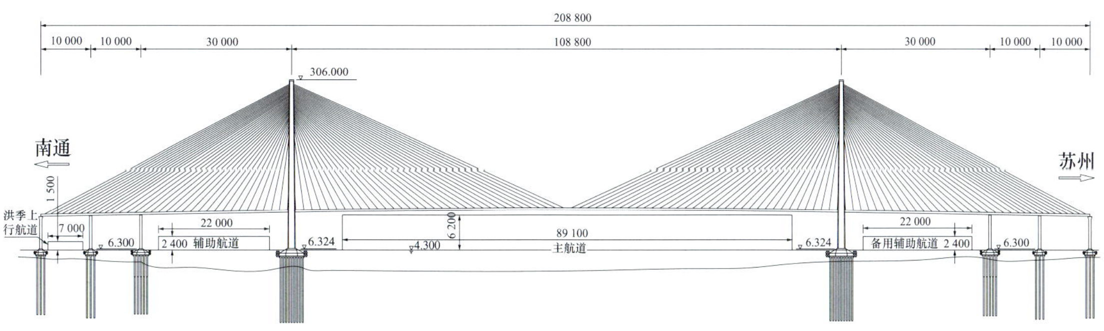

图 2　主桥桥型布置（尺寸单位：cm）

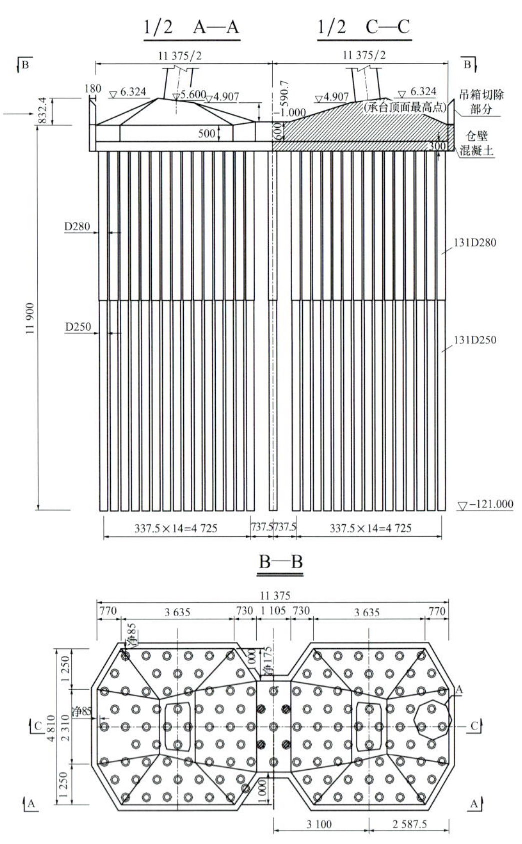

图 3　主塔基础（尺寸单位：cm）

承台为哑铃形，每个塔柱下承台平面尺寸 51.35m × 48.1m，厚度由边缘的 5m 变化到最厚处的 13.32m。两承台之间采用 11.05m × 28.1m 系梁连接，系梁高 6m。根据防船撞要求，封底为 3～5.5m 变厚度。

承台钢套箱采用钢双壁结构，对称拼装，在钢护筒上焊接牛腿作为拼装套箱的施工平台，钢套箱拼装完成后，切割牛腿下沉至设计高程（图 4）。

图 4　主塔基础施工

(2) 主塔

主塔为倒 Y 形结构（图 5），采用 C50 混凝土，塔高 300.4m，包括上、中、下塔柱和下横梁四部分。塔柱及横梁均采用空心箱梁断面，上塔柱斜拉索锚固区采用钢锚箱—混凝土组合结构（图 6）。上塔柱采用单箱单室，尺寸由 9.00m × 8.00m 变化到 10.82m × 17.40m，塔壁厚度在斜拉索前侧为 1.00m，侧面为 1.2m，中间设钢锚箱；中下塔柱为单箱单室断面，尺寸由 10.82m × 6.50m 变化到 15.00m × 8.00m，中塔柱壁厚 1.2m，下塔柱壁厚 1.5m。

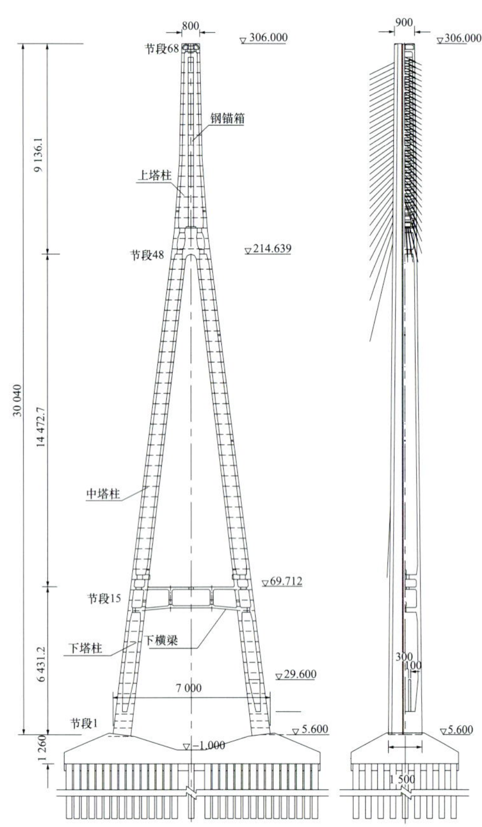

图 5　主塔结构及施工节段划分（尺寸单位：cm）

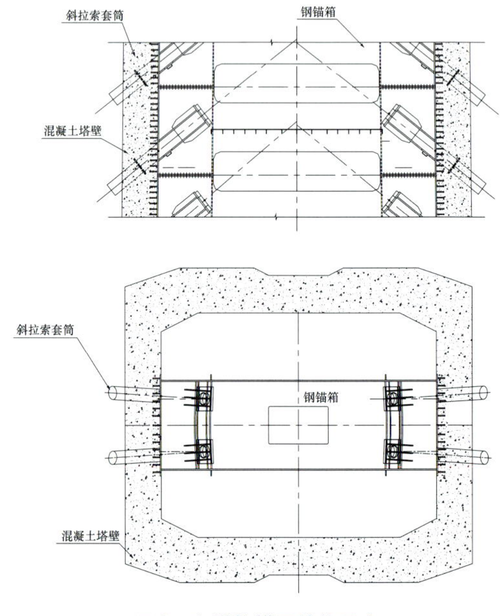

图 6　上塔柱锚固结构示意

塔柱采用自动液压爬模系统逐段连续施工，每段高 4.5m，下塔柱和中塔柱施工时共设 10 道水平撑，施加主动顶撑力（图 7）。

图 7　主塔施工

（3）主梁

主梁采用全焊扁平钢箱梁，中心线处高 4.0m；含风嘴全宽 41.0m，不含风嘴顶板宽 35.4m，底板宽 9.0m+23m+9.0m（图 8），标准节段长 16m。材料以 Q345qD 为主，受力较大部分采用 Q370qD。

根据受力需要，顶板厚采用 14～24mm，在纵、横桥向根据不同的受力要求确定；顶板 U 形加劲肋上口宽 300mm，下口宽 180mm，厚度 8～10mm，间距 600mm；底板厚 12～24mm；底板 U 形加劲肋间距 800mm，厚度 6～8mm；外腹板厚 30～36mm，根据受力需要设置了加劲肋；横隔板标准间距 4.0m，非吊点处横隔板厚 10mm，拉索吊点处厚 16mm、12mm；钢箱梁内横向设置两道纵隔板，除局部区段为实腹板外，余为桁架式，桁架式纵隔板上、下弦杆为 T 形截面，板厚 14mm，斜杆为 ∟160mm × 14mm 角钢，节点板厚

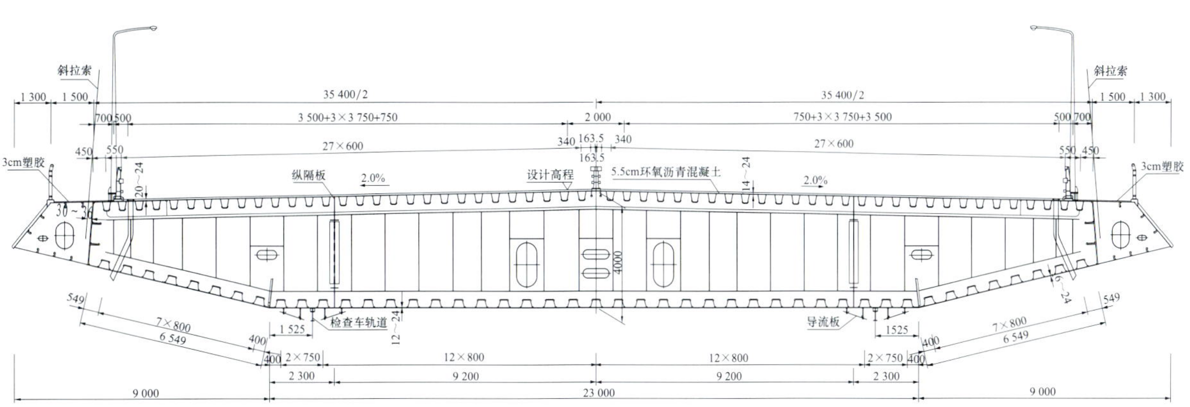

图 8　钢箱梁（尺寸单位：mm）

14mm，板式纵隔板采用整体式，板厚 24mm；斜拉索在主梁上锚固采用锚箱式，锚箱安装在主梁腹板外侧，并与其焊成一体。钢箱梁进行了不同比例节段模型和全桥模型风洞试验，结果显示不论是在施工期间还是运营期间其颤振临界风速均大于颤振检验风速，钢箱梁具有很好的抗风性能。

（4）主梁架设和施工控制

为保证施工过程中抗风安全，在边跨距索塔 197m 处设置临时敦。辅助跨、边跨大块梁段及索塔区梁段采用 1 600t 大型浮吊吊装，标准梁段、边跨与中跨合龙梁段采用分离式桥面双吊机吊装，吊机采用 DL-400P 液压控制系统，完成梁段吊装和匹配作业（图 9）。斜拉索分 2 次张拉到位，主梁线形控制采用几何控制法，保证线形平滑，轴线误差 1mm。

（5）斜拉索

采用 Φ7mm 强度 1 770MPa 平行钢丝斜拉索，全桥斜拉索共 272 根，最长 577m，最大规格为 PES7-313，单根最大重量为59t。斜拉索设计寿命为50年，并考虑其可更换性。采用阻尼器、气动措施（表面凹坑）并用的综合减振方案，索振动的允许幅值控制在其长度的1/1 700以内。

图 9　钢箱梁吊装

2）技术特点和创新点

（1）大桥主跨达1 088m，是世界上第一座主跨超过千米的斜拉桥，是我国及世界斜拉桥建设技术的一个丰碑。

（2）大桥塔梁连接采用具有额定行程的刚性限位和动力阻尼抑振的组合装置系统，该系统在主梁发生动力反应时，起阻尼耗能、抑制动力反应的作用，在极限风荷载作用时，起限位作用，较好地解决了结构位移和受力间的矛盾。

（3）根据扁平流线型钢箱梁不同部位的受力特点，采用了不同材料规格和不同强度等级的钢材。

（4）斜拉索采用高强耐久平行钢丝拉索体系，其设计寿命50年，平行镀锌钢丝采用国产$\phi 7$强度1 770MPa，达到了国际先进水平。

（5）斜拉索在塔上的锚固采用了钢锚箱锚固技术，达到国内领先水平。

（6）主塔采用131根直径280cm、250cm变截面钻孔灌注桩超大型群桩基础。

（7）大桥设置VTS船舶航行管理系统，采取船舶防撞主动措施，主塔采用由承台施工吊箱、变厚度封底、承台及变截面群桩基础组成的整体结构自身防撞系统，解决了桥梁防大型船舶撞击的难题。

苏通长江大桥获国际桥梁会议（IBC）颁发的乔治·理查德森奖。

3. 辅桥

1）主桥结构

（1）总体布置

跨径布置为140m + 268m + 140m = 548m预应力混凝土连续刚构桥（图10），边中跨比0.522。主墩采用双薄壁空心墩，墩梁固结，边墩上设置竖向支座。上下行分幅布置，仅在0号块位置，两幅桥用横隔梁相联。

图10 辅桥全景

（2）主墩承台与基础

主墩采用42根直径2.5～2.8m变直径钻孔灌注桩基础，梅花形布置，按摩擦桩设计。南、北主墩桩长分别为113m、102m。承台形状为带倒角的矩形，平面尺寸49.6m×33.2m，厚度7m（图11）。

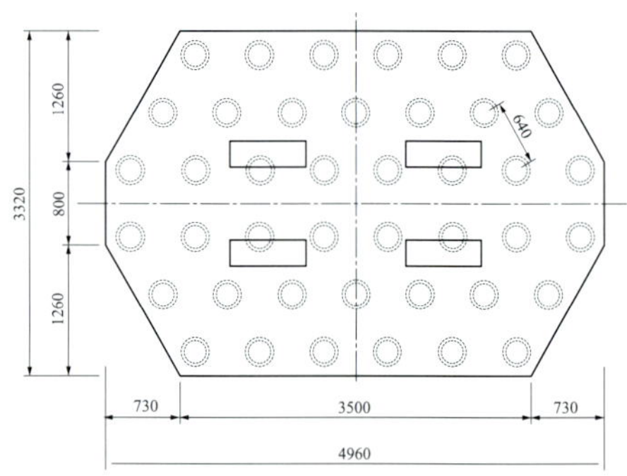

图11 主墩基础布置（尺寸单位：cm）

承台采用单壁钢吊箱围堰，尺寸为36.2m×52.6m，自重1 200t，围堰在工厂制作，在码头拼装，浮运到墩位，大型浮吊整体吊装。

（3）主墩墩身

空心双薄壁墩，平面尺寸2.5m×7.5m，长边壁厚0.6m，短边壁厚0.8m，墩底2m范围为实心段，为承受可能出现的撞击荷载，墩身中设置了厚度60cm、高度8.5m的隔墙。

（4）主梁

箱梁宽：顶板16.4m，底板7.5m；梁高：根部15m，高跨比为1/17.9；跨中4.5m，高跨比为1/60；梁底按1.6次抛物线变化，曲线方程$Y = 0.004\,52X^{1.6}$；箱内顶板最小厚0.32m；腹板厚0.7～0.45m；底板厚：根部1.7m、跨中0.32m，变化规律同梁底变化曲线；中跨跨中区域由体外预应力钢束转向块兼作横隔板。主梁采用三向预应力混凝土，悬拼浇筑施工。

2）主要技术特点和创新点

（1）设计中对收缩徐变效应采用包络的设计理念，对现有收缩徐变计算理论及参数进行包络分析，对设计进行控制，同时预留体外预应力作为设计预案。

（2）引入了恒载零弯矩的设计理念，减少收缩徐变对结构产生的二次力，适当延长张拉龄期等措施，降低收缩徐变效应。

（3）首次从结构层面着手研究高性能混凝土收缩徐变特性，指导设计与施工。

（4）首次提出大型箱形截面抗剪设计方法。

（5）箱梁的荷载横向效应分析以及采取的一系列确保竖向预应力有效性的措施。

香港昂船洲大桥

图1　香港昂船洲大桥全景效果

相关资料

>> 桥　　名：香港昂船洲大桥
桥　　形：独柱双塔索面流线型分离双箱梁斜拉桥
跨　　径：主跨1 018m
桥　　址：香港
>> 建设单位：香港特别行政区路政署
>> 设计单位：奥雅纳工程顾问
>> 施工单位：前田—日立—横河—新昌联营公司
中铁山桥集团有限公司
江苏法尔胜新日制铁缆索有限公司

>> 混凝土用量：140 000m³
钢材用量：33 500t
1 600t（不锈钢材）
造　　价：27.6亿港元
建成日期：2009年6月

1. 概况

昂船洲大桥是香港八号干线重要的一环，建成后将会成为一条东西行的主要干道，将新界东部与机场连接起来。大桥横跨蓝巴勒海峡，东塔位于昂船洲八号货柜码头的后勤用地，西塔位于青衣岛的九号货柜码头的后勤用地。大桥位于香港市区、以维多利亚港作为背景。大桥总长1 596m，主跨1 018m，建成后，将成为全球最大跨径的斜拉桥之一（图1～图3）。

图2　建筑师笔下的大桥概览

图3　大桥夜景

大桥采用六车道高速公路标准，设计速度100km/h；桥梁宽度53.3m；车辆荷载：HA+45单位HB（英国运输部标准BD37/01）；设计基本风速：桥位区80m高处120年一遇平均最大风速52m/s；船舶撞击荷载：150 000t级的货柜船以11.11km/h（6海里/h）的速度撞向海堤所产生的撞击力；地震基本烈度：修订麦加利烈度表Ⅶ级；通航净空：净高73.5m，净宽900m。

2. 主桥结构

主桥采用主跨1 018m，两对称边跨组合为79.5m+70m+70m+69.25m斜拉桥（图4）。主跨主梁为流线型分离式双箱梁，主跨伸延至边跨49.75m长的部分为钢箱梁结构，其余部分为预应力混凝土箱梁。斜拉索双面为扇形排列，系于桥面外缘，主跨部分间距18m，边跨部分间距10m。桥塔为圆锥形独柱式，高度达298m，塔顶部以下118m为钢与混凝土的组合结构，其余部分为混凝土结构。

1）桥塔基础

桥塔基础建于八号货柜码头及九号货柜的海堤10m范围内，基础分别采用27根及29根直径2.8m直达岩层的钻孔桩，平均长度60m至110m。

承台长47.4m，宽36.4m，厚8m，共浇灌混凝土12 000m³（图5）。在海堤旁边建造如此大规模的承台的关键在于抽水设备以及混凝土浇灌时的温度控制。承建商在50m×39m×10m深的板桩围堰内安装了20个直径200mm的抽水泵抽出地下水。在多个重要部位安装了一套24小时操作的自动水位监测系统，避免了桥塔附近的建筑物因基础的施工而出现过量的沉降。采用含有60%粒化高炉矿渣粉（GGBS）的混凝土，在混凝土中加进冰块以及限制每一次浇灌混凝土的厚度为1m等，混凝土浇灌时的最高温度控制在27.7℃以下，混凝土内的最

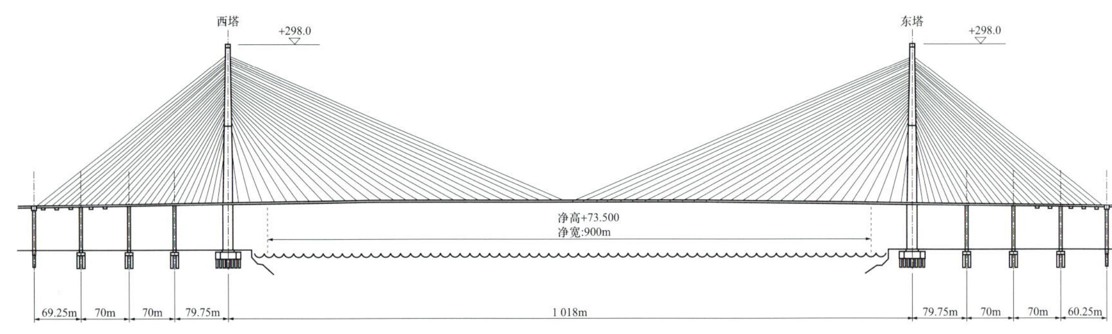

图 4　主桥桥型布置

图 5　西塔基础施工

图 6　西塔施工

大温差则维持在小于30℃以下。由于含有粒化高炉矿渣粉的混凝土之初期强度比较低，为避免混凝土表面出现收缩裂缝，在承台的每一层混凝土内都额外增加钢筋。

2）桥塔

大桥采用两座298m高的圆锥形桥塔。桥塔由地面175m以下为混凝土结构，175～293m的部分为钢与混凝土的组合结构，不锈钢外壳，顶部5m属玻璃覆盖的钢结构，具备建筑照明设施和提供地方存放维修设备。桥塔底面尺寸18m×24m的椭圆，该截面逐渐变化至主梁所在高度为直径14m的圆形截面（图6），并继续向上变小，至塔顶处直径为7m。大桥的概念设计来源于一项桥梁设计比赛的冠军作品。桥塔较低部分为钢筋混凝土结构，上半部分为圆形钢结构。在详细设计优化过程中保留这些特点是非常重要的。然而，风洞测试却显示较轻的钢结构桥塔容易受到涡激振动的影响，亦会引致大振幅拉索线性共振的风险。为改善桥塔的气动性能并保持大桥的外观，将桥塔的上半部的设计优化，改为钢外壳和混凝土内壁的组合结构。组合方法是利用剪力钉把外层的钢结构和混凝土壁连接起来（图7）。在详细设计阶段，决定采用不锈钢外壳代替普通的含碳钢，以进一步改善桥塔设计，加强金属饰面的耐用程度，避免定期重新为钢结构表层涂装。这项建议可大幅减低桥塔的维修需求（图8）。

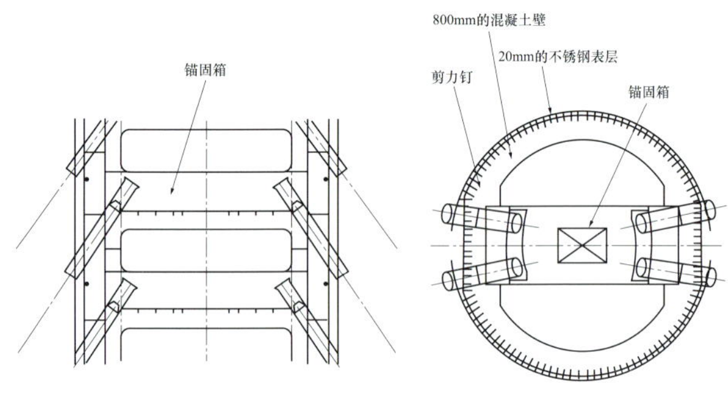

图 7　上塔柱组合结构断面

图 8　不锈钢外壳的 1：1 模型

建造不锈钢外壳时采用栓接预制组件的方法，避免在工地的高空焊接。此法可改善构筑物这个重要部分的可建性和保持预制不锈钢组件饰面的良好素质。桥塔的塔柱以爬模建成，并装上液压千斤顶，作升起模板之用。塔柱上半部的不锈钢外壳将由塔式起重机吊到指定位置，作为上层桥塔表面及建造桥塔的永久模板。

3）主梁

主梁为总宽度 53.3m 的双箱梁结构，每条纵向主梁截面宽 19.5m，中间开槽 14.3m。两个箱梁由鱼腹形横梁连在一起，在主跨部分的间距18m，在边跨部分的间距 15m。每一侧主梁的桥面为三线行车，包括 11m 宽的行车道和 3.3m 宽的路肩。总用钢量 33 500t。箱梁面板厚 14～40mm，底板厚 10～36mm，横梁板最大厚度为 50mm（图 9、图 10）。主梁采用 S420M 及 S420ML 级钢材。该钢材含合金量低，可焊性比较高，对于大桥采用厚钢板的焊接是十分重要的。

箱内空气湿度应予控制，不宜低于相对湿度 60% 的环境。采用干燥空气在桥身的流动方向。

4）斜拉索

大桥每一个桥塔分别有 56 对平行钢丝拉索锚固在

图 10　主跨钢箱梁的运送

桥主梁的外边。每根拉索间距在主跨 18m，在边跨 10m。大桥采用的拉索为预制平行钢丝索，采用外包高密度的聚合聚乙烯材料，以防止腐蚀。斜拉索最长 540m，每根索中最多达 499 丝直径 7mm 的高强钢丝，钢丝的抗拉强度为 1 770MPa。拉索的直径取决于钢丝的数目，由接近桥塔的 113mm（163 根钢丝）至边跨末端的 192mm（499 根钢丝）不等。全桥共有拉索 224 根。为避免驾驶员感到不适，并配合拉索的疲劳设

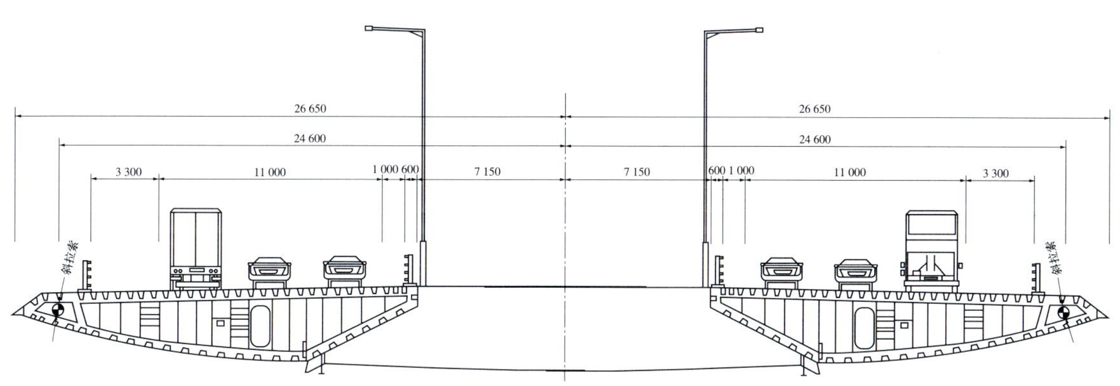

图 9　钢箱梁（尺寸单位：mm）

计，特制订“拉索振动”验收准则。准则规定在 150m 高度于每 10min 平均风速低于 21m/s 时，在 10min 时间内拉索振动的最大横向振幅不得超过 1/1 700 乘以拉索长度。设计阶段进行风洞测试，确定有关准则以符合适当的减振措施。

5）主梁架设和施工控制

钢箱梁组件，在东莞拼装后以驳船送到工地架设。钢箱梁预制组件运抵工地后，组件将会从自动推进驳船运送到桥面的位置。另外在每次吊钢箱梁时，规定承建商只能占用不大于 200m×200m 的施工区域，且每次吊梁需在 8 小时之内完成。承建商要满足这项严格限制，必须采用安装动态定位系统的自动推进驳船。这种驳船不需要以打锚的方式稳定船身，大大缩小施工区域的面积。同时在工程施工的特定区域由 4 艘看守船包围，以保证海上交通安全。

3. 主要技术特点和创新点

（1）大桥跨越八号和九号货柜码头，其主跨超过 1000m，比起现时世界最大跨度的日本多多罗大桥还要长 100 多米，是斜拉桥建造技术的一大突破。

（2）为了使昂船洲大桥有别于其他世界级大跨径桥梁，香港特别行政区路政署为此特举办了一次国际性桥梁设计比赛，为大桥选出了出色的桥梁方案。该项比赛吸引了世界各地知名的桥梁专家，同时亦提升

了香港国际大都会的地位。公众对大桥的兴趣也增加了不少。

（3）大桥的外形优美，为确保设计特色得以耐久而不需花昂贵的养护费是设计的重要考虑。大桥桥塔的下半部，在混凝土的最外一层的竖向钢筋和箍筋采用了不锈钢材料。根据理论模拟方法预测，可提供超过120年的设计使用寿命。桥塔外围钢筋采用不锈钢筋，桥塔的造价预计会增加15%，但有关费用将会因节省日后的维修费用而得以抵销。此外，采用不锈钢钢筋，亦能减低因腐蚀的普通钢筋而引起的额外社会代价，包括对交通造成的滋扰、收益和生产力下降等。

（4）大桥桥塔的上半部分为圆形的钢结构。这项设计为这座于21世纪兴建的大桥增添现代感。为改善桥塔的气动性能并同时保持大桥的外观，将桥塔的上半部改为钢外壳和混凝土内壁的组合结构。此外，为了加强金属饰面的耐用程度，采用不锈钢外壳代替普通的含碳钢。这项设计可大幅减低桥塔的维修需求。

（5）大桥为漂浮体系。桥塔和主梁之间由两个垂直支座承托，容许主梁扭转，横向不容许有位移，纵向（沿桥身）加装液压缓冲器将缓慢荷载（如温度变化）所产生的位移缓缓地传送，但在急促荷载（如地震）的作用下，缓冲器将立即锁定，把所有荷载传至桥塔。

（6）大桥将安装一套风力及桥梁结构健康监测系统，以监控大桥对不同荷载情况，包括风荷载、温度荷载和公路荷载的反应。这套系统包括一套感应器和用作输入信息的对应连接组件。这些信息来自各种监控设备，例如风速及风向仪、温度感应器、内置动力感应器、腐蚀感应器、湿度计、气压表、降雨测量器、应变仪、排水传感器、全球卫星定位系统及加速仪。这套系统在确保桥梁完整性、尽量降低维修费用和维持桥梁的使用寿命方面非常重要。此外，这套系统亦可检定设计/分析的假设和为操作人员提供重要参数，以便筹划其巡查和维修时间表/策略，从而确保大桥能安全和可靠地运作。

（7）大桥在维修设备和通道方面的考虑及提供也非常完善。大桥桥塔会安装一部升降机，以便沿桥塔提供通道通往七层，包括地面、桥面、隔梁及一些指定的拉索锚固箱及锚固平台的顶部。此外，大桥亦有25个通往其他锚固箱地点的中间站的限制通道。如须在此中间层的其中一层进行维修工作，有关人员仍可经由一个限制使用的升降机站直接把重型设备运往平台。大桥南面主梁的通道口会装设一道在轨道上滑行的自动维修穿梭车，以便运送设备和物料。这穿梭车沿大桥滑动，其大小尺寸亦可穿过钢箱梁和混凝土穿梭车内的隔梁的设计通道孔。该穿梭车可容纳两名操作人员和150kg的设备。为改善自南至北主梁之间的通道，大桥会在每隔五条横梁的地方设置跨桥通道。

（8）大桥的桥塔上半部分及位于桥面下方的横梁上将设置装饰照明系统，以强化大桥的宏伟设计并使大桥在夜间更富吸引力。

湖北鄂东长江大桥

图 1　鄂东长江大桥全景效果

相关资料

» 桥　　名：湖北鄂东长江大桥
桥　　型：双塔双索面混合梁斜拉桥
跨　　径：主跨 926m
桥　　址：湖北省黄石市、鄂州市

» 建设单位：湖北鄂东长江公路大桥建设开发公司

» 设计单位：湖北省交通规划设计院
中交公路规划设计院有限公司

» 施工单位：中交第二航务工程局有限公司
中交第二公路工程局有限公司
中铁山桥集团有限公司
中铁宝桥股份有限公司
江苏法尔胜新日制铁缆索有限公司

» 混凝土用量：307 000m^3
钢 材 用 量：64 000t
造　　价：27.52 亿元
建 成 日 期：2010 年

1. 概况

鄂东长江大桥位于长江中下游黄石市、鄂州市，全长 5 762m，主桥主跨采用 926m 混合梁斜拉桥（图 1）。

桥位区属长江中下游滨湖丘陵区，两岸大堤间距 1 740m，常水位时江面宽 1 040m，平均水深 20m。覆盖层 35m，基岩为弱～微风化泥质粉砂岩、砂岩、砾岩及安山岩。年平均气温 17.1℃，极端最高气温 40.3℃，极端最低气温 −11.0℃。

大桥采用六车道高速公路标准，设计速度 100km/h；设计基本风速 30.1m/s；船舶撞击荷载：顺水流方向 19.5MN，垂直水流方向 9.75MN；地震动峰值加速度系数：100 年超越概率水平 10% 的加速度系数 0.071，100 年超越概率水平 3% 的加速度系数 0.126；通航净空：净高不小于 24m；净宽为一跨跨过有效通航水域。

2. 主桥结构

主桥采用 3×67.5m+72.5m+926m+72.5m+3×67.5m = 1 476m 9 跨连续半漂浮双塔混合梁斜拉桥（图 2），边跨设置 3 个辅助墩和一个过渡墩，桥面全宽 36m，主梁中跨采用分离式双箱断面钢箱梁，边跨采用同外形的双箱断面混凝土箱梁，钢混结合面设在中跨距索塔中心线 12.5m 处。

1）索塔基础

南索塔承台采用长 42m、宽

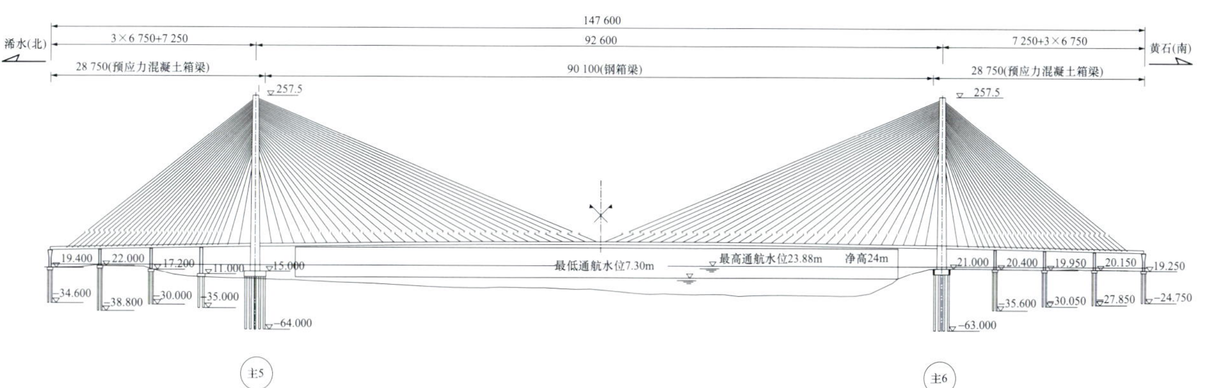

图 2　主桥桥型布置（尺寸单位：cm）

23.25m、厚 8m，桩基采用 7×4 共 28 根钻孔桩，桩径 2.5m，桩长 76m（图 3），按摩擦桩设计。北索塔承台采用长 42m、宽 29.5m、厚 8m，共设 33 根钻孔灌注桩，覆盖层内直径为 2.8m，基岩内直径 2.5m，桩长 71m。南索塔在河滩上，为确保江堤安全，安排在枯水期完成基础施工；北索塔基础采用钢管桩平台钢套箱方案施工。

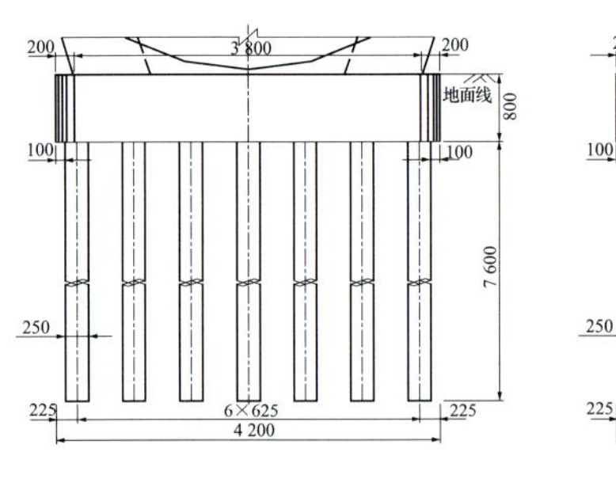
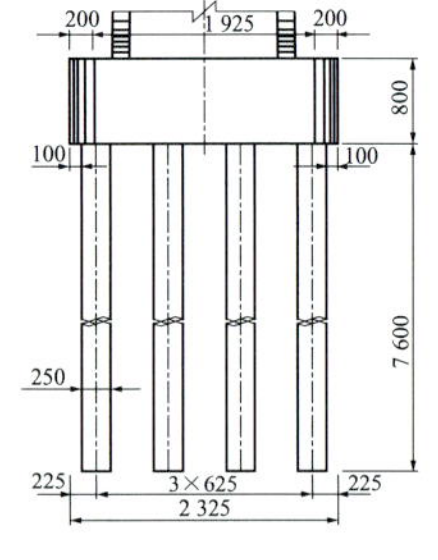
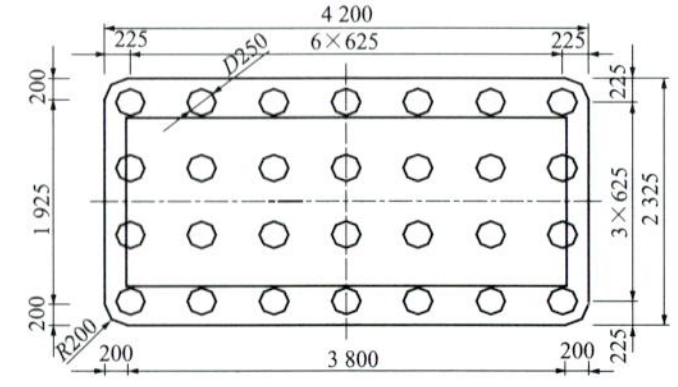

图 3　南索塔基础（尺寸单位：cm）

2）索塔

索塔采用“凤翎”式结构，包括上塔柱、中塔柱、下塔柱，下横梁和下塔柱（图 4）。北索塔高 242.5m、南索塔高 236.5m；索塔在桥面以上高 204.82m，高跨比 0.221。上塔柱为对称单箱单室断面，尺寸由 8.5m×8.0m 变化到 9.9m×14.0m，塔壁厚度沿顺桥向为 1.0m，沿横桥向为 1.2m，中间设钢锚箱。中塔柱为对称单箱单室断面，尺寸由 10.2m×6.5m 变化到 12.3m×7.5m；塔壁厚为 1.2m。下塔柱尺寸由 12.6m×7.7m 变化到 13.0m×8.5m。塔壁厚度沿顺桥向为 1.8m，沿横桥向为 1.5m。

下横梁为预应力混凝土箱形结构，其内设两道竖向横隔板，横梁高 8.0m。上顶宽 11.8m，下底宽 12.0m，上、下底板厚 1.0m，腹板厚为 1.5m，横隔板厚 1.5m。

斜拉索在塔内采用钢锚箱结构，钢锚箱分 26 节，宽 2.4m，高 2.5～3.6m，单个重 23.79～49.73t。第 4～30 对斜拉索锚固在钢锚箱上，第 1～3 对斜拉索直接锚固在混凝土底座上；钢锚箱总高 72.9m，钢锚箱节段之间采用高强螺栓连接。

3）主梁

钢箱梁采用分离式双箱断面；梁中心线处内轮廓高 3.8m，全宽为 38.0m（含布索区和风嘴）（图 5）。梁高与跨径之比 1/243.7，与宽度之比为 1/10。钢箱梁主体采用 $Q345_qD$，风嘴采用 Q235B。标准梁段长 15m，全桥共划分 63 个梁段，梁段吊装重量 97.4～392.9t。桥面板、底板、下斜底板及中纵腹板纵向主体均采用 U 形加劲，边纵腹板及顶板、下斜底板的边角部采用板式加劲。顶板和水平底板厚 16～25mm，斜底板厚 20～25mm，中纵腹板厚 14～25mm，边纵腹板厚 36mm，其板式加劲厚 20mm。横隔板标准间距 3m，板厚 12～16mm。

一侧预应力混凝土箱梁总长 287.5m，箱梁外形与钢箱梁一致（图 5），梁中心线处梁高 3.8m，风嘴宽度为 1.0m，边箱底板宽 4.4m，中间桥面板宽 14.86m，全宽 38.0m。横桥向箱梁底板水平，标准横断面顶板厚 30cm、水平底板厚 35cm、斜底板厚为 30cm、中腹板厚为 50cm。

钢混结合段为主梁的关键部位，钢箱梁 F 梁段采用带 T 形加劲的 U 肋，钢箱梁端部设置多格室结构，且在格室内填充混凝土，并通过剪力键及钢板与混凝

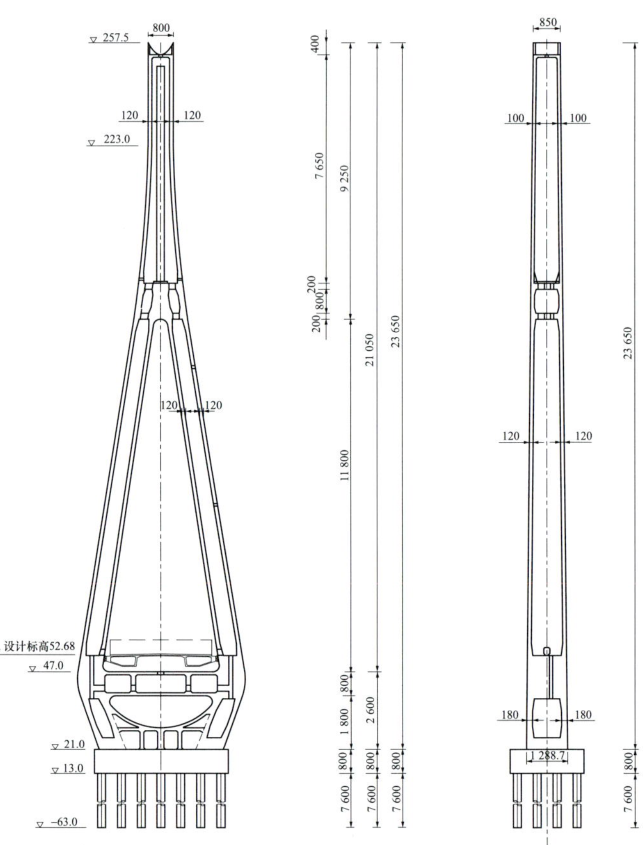

图 4　索塔（尺寸单位：cm）

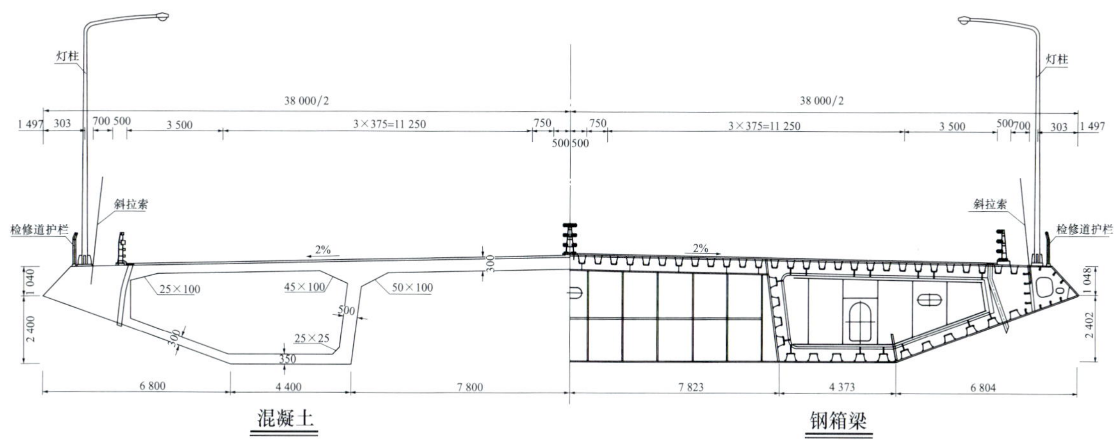

图 5　主梁（尺寸单位：mm）

土的摩擦力传递轴力、剪力和弯矩（图 6）。同时在钢格室腹板上采用 PBL 剪力键，为了使钢箱梁与混凝土箱梁紧密结合，采用预应力钢束进行连接。钢混结合段长 8.5m；钢格室在结合面钢箱梁侧 2m，钢箱梁加强段 3.5m，对应钢箱梁长 5.5m，钢格室高度为 800mm。

4）斜拉索

斜拉索采用 1 670MPa 平行钢丝斜拉索，索面为按扇形布置的斜索面，每一扇面由 30 对斜拉索组成，全桥拉索共计 240 根。斜拉索中跨标准索距 15m，边跨标准索距 7.5m，横桥向两根斜拉索在桥面处的中心距为 34.4m。最长拉索长 493.6m，拉索最大规格为 PES-283，单根最大重（不计锚具）38.4t。根据索力的不同，需要 PES7—121 到 PES7—283 共 12 种规格。斜拉索减振措施采用阻尼器、气动措施并用的综合减振方案。

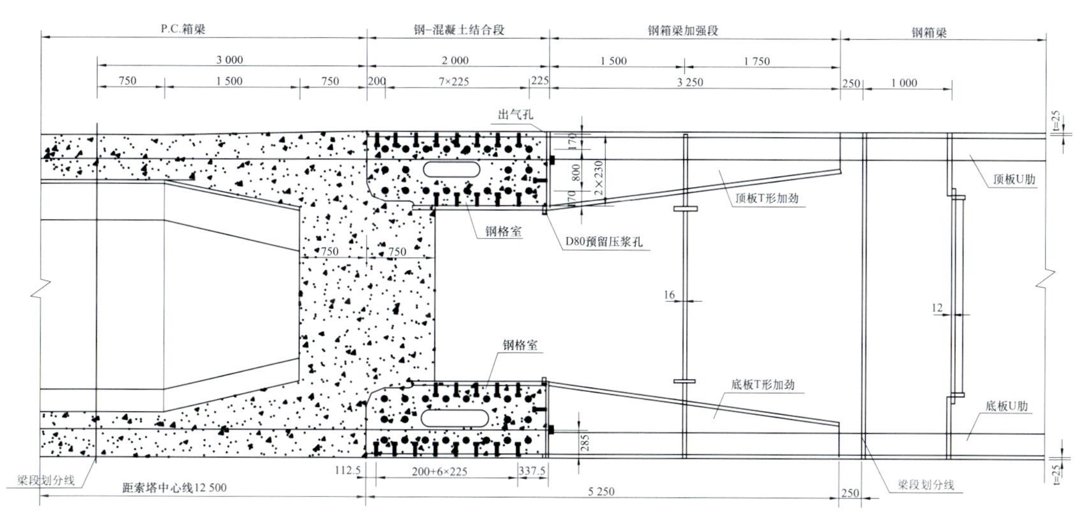

图 6　钢－混结合段（尺寸单位：mm）

3. 主要技术特点和创新点

（1）大桥主跨为 926m 双塔双索面混合梁斜拉桥，是一座跨径仅次于苏通长江大桥和在建的香港昂船洲大桥的世界级特大型桥梁。

（2）重点对主梁钢混结合段位置、构造及形式等进行了深入的设计研究。首次在近千米级混合梁斜拉桥的钢混结合段采用钢格室 +PBL 键的构造，推动了混合梁斜拉桥的技术进步。

（3）索塔塔型采用结构新颖的“凤翎”式，应用无支架爬模、水平主动撑、超高索塔钢锚箱吊装及泵送混凝土、大体积混凝土防裂技术等多项新技术。

（4）混合主梁中有长 287.5m、宽 38m 的预应力混凝土箱梁。为了防止预应力混凝土宽箱梁开裂，建立预应力混凝土宽箱梁抗裂工艺及质量控制技术体系，提炼出预应力混凝土宽箱梁结构抗裂设计与施工工艺的集成技术。

（5）采用阻尼器、气动措施并用的综合减振方案，对拉索的风雨振取得了良好的减振效果。

（6）综合考虑索梁、索塔锚固形式及超长斜拉索的张拉架设工艺，反复优化设计，缩短施工工期，完善了近千米级斜拉桥的设计和施工技术。

荆岳长江大桥

相关资料

» 桥　　名：荆岳长江大桥
桥　　型：双塔双索面混合梁斜拉桥
跨　　径：主跨 816m
桥　　址：湖北省荆州市，湖南省岳阳市
» 建设单位：荆岳长江公路大桥建设指挥部
» 设计单位：湖北省交通规划设计院
» 施工单位：四川公路桥梁建设集团有限公司
湖南路桥建设集团公司
中交第二公路工程局有限公司
国营武昌造船厂
江苏法尔胜新日制铁缆索有限公司

» 混凝土用量：217 800m³
钢材用量：51 123t
造　　价：23.4 亿元
建成日期：2010 年

图 1　荆岳长江大桥全景效果

1. 概况

荆岳长江大桥位于湖北、湖南两省交界处，总长 5 420m，其中大桥长 4 302.5m，主桥主跨采用 816m 不对称混合梁斜拉桥（图 1）。

桥位地处长江中游，两岸大堤间距 2 330m，设计流量 79 900m³/s，最大冲刷深度 16.0m。覆盖层厚度 12～20m，北岸基岩为白云岩，岩体局部有溶蚀、断层、揉和层间剪切带，构成了独特的软硬混层岩体结构；南岸基岩为粉砂质泥岩，层间剪切带、揉皱破碎的岩体相间分布。

大桥采用六车道高速公路标准，设计速度 100km/h；桥面宽度 33.5m；设计基本风速 29.0m/s；船舶撞击力：顺水流方向 16MN，横水流方向 8MN；基岩地震动峰值加速度 100 年超越概率水平 10% 为 94.5cm/s²，100 年超越概率水平 5% 为 146.6cm/s²；通航净空：净高 > 18m；单孔双向通航净宽不小于 450m。

2. 主桥结构

1）总体布置

主桥采用100m + 298m + 816m + 80m +2 × 75m = 1 444m 双塔不对称混合梁斜拉桥（图 2）。北边跨长 398m，设 1 个辅助墩和 1 个过渡墩；南边跨长 230m，设 2 个辅助墩和 1 个过渡墩。主桥采用半飘浮结构体系，在索塔、辅助墩、过渡墩处设置竖向活动支座，共 7 对，每个索塔处设 4 组纵向黏滞阻尼器。在北边跨辅助墩、过渡墩顶钢箱梁内设置铁砂混凝土压重块，克服支座负反力。

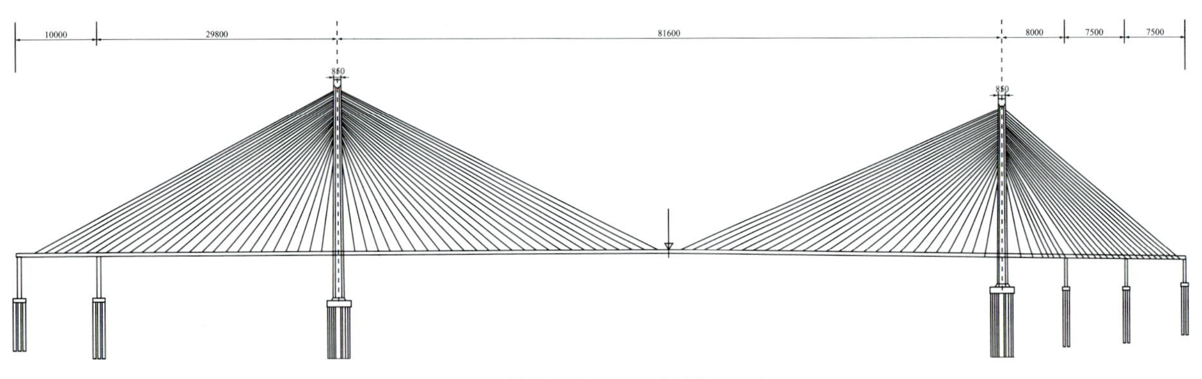

图 2　主桥桥型布置（尺寸单位：cm）

2）索塔基础

北塔基础为两个直径30m、厚8m的圆形分离式承台。承台横桥向总宽72.8m。共设26根直径3.0m的钻孔灌注桩桩长44～60m，按嵌岩桩设计。南塔基础为两个29.5m×23.3m，厚8m矩形分离式承台，共设40根直径2.2m的钻孔灌注桩，桩长70m，按摩擦桩设计。北塔基础为深水基础，采用钢围堰施工方案（图3、图4）。

图3 北塔钢围堰基础

图4 施工栈桥及水中平台

3）索塔

索塔采用双柱H形结构，南、北索塔高224.5m、265.5m（图5），下横梁以上高200m、220.6m，高跨比0.238、0.264，桥面以上北塔较南塔高20.6m。上、中塔柱为单箱单室D形截面，尺寸8.8m×5.8m，壁厚1.0m×1.2m；下塔柱为单箱双室D形截面，外轮廓尺寸渐变至13.0m×12.0m。顺桥向上塔柱均为8.8m，中、下塔柱宽度由8.8m渐变为13m。除索塔附近几对拉索直接锚固在混凝土塔壁上外，其余索均锚固于塔内钢锚梁上。斜拉索张拉过程中钢锚梁与牛腿一端固结，一端滑动；锚固后，钢锚梁与牛腿两端固结；考虑后期换索、断索等工况下塔壁受力安全，在索塔锚固区配置一定数量的钢筋。

4）主梁

（1）主梁断面

北边跨和中跨主梁采用扁平钢箱梁（图6），南边跨主梁采用与中跨钢箱梁外形一致的预应力混凝土箱梁（图7）。主梁标准断面采用分离式双边箱的结构形式，两边箱之间以横梁相连接，北塔区和北边跨辅助墩、过渡墩墩顶压重区梁段采用整体式单箱三室断面。主桥箱梁全宽38.5m，至索塔区渐变为36.5m，梁高3.8m。

（2）斜拉索和索梁锚固形式

拉索按扇形布置，每个索面由26对高强度平行钢丝斜拉索组成，全桥共4×52对斜拉索。混凝土箱梁采用锚固齿块结构，拉索锚固于梁底。钢箱梁采用栓接锚拉板形式。南边跨索距7.5m，中跨和北边跨索距15m，北边跨尾索区索距13m。

（3）主梁钢混凝土结合段

主梁钢混结合面设置在中跨侧距索塔中心26.0m处，由于本桥跨度大、桥面宽、主梁轴力大的特点，结合段采用带钢格室的部分连接填充混凝土方案。结合段钢格室为封闭箱形结构，长2.0m、高0.8m、宽0.6m，钢格室通过钢箱梁加强段与钢箱梁连接，其内填充混凝土。钢箱梁加强段在U肋中间加设T形加劲，长2.8m。为保证钢—混凝土结合面结合紧密，在结合段还设置有纵向预应力钢束。为保证混凝土浇筑时在箱体内能够自由流动，在钢格室顶板上开设浇筑孔，隔板上设置连通孔。钢混结合段采用C50自密式混凝土，钢箱梁主体结构材质均采用Q345qD，锚拉板结构材质采用Q420qD。

3. 主要技术特点和创新点

（1）根据桥位区地质和水文条件复杂、通航、防洪和抗震等级高的建设条件采用大跨度非对称混合梁斜拉桥，其主跨居斜拉桥世界第六，双柱H形塔高度居世界第一，多项技术指标均位居世界前列。

（2）为克服桥位区断层、揉皱破碎带、层间剪切带、岩溶等不良地质影响，采用大规模超深群桩基础和水下基础；北塔采用分离式双壁钢围堰基础形式＋嵌岩

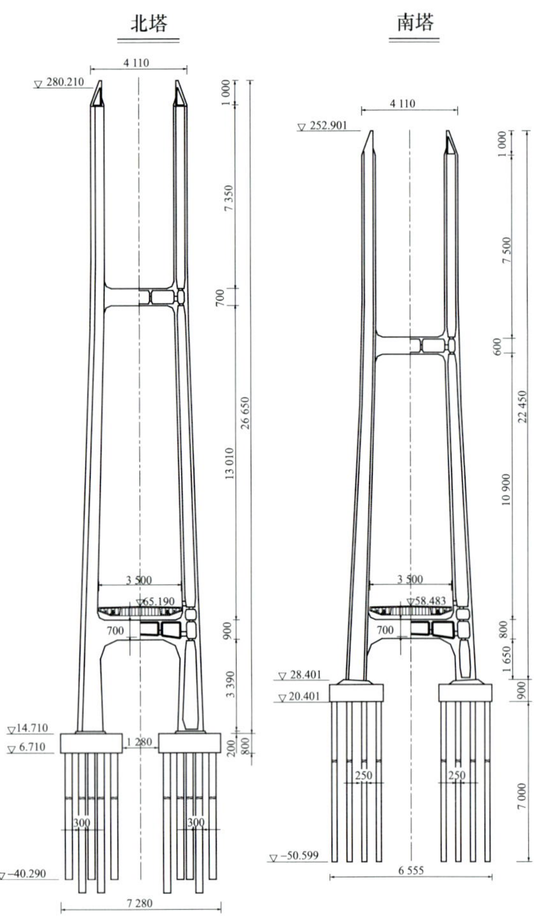

图5　索塔（尺寸单位：cm）

桩，减小了深水基础和钢围堰的规模。

（3）选用PK断面作为超宽混合梁斜拉桥主梁的断面形式，充分发挥了主梁断面的受力效率。支架现浇PC箱梁横向采用分幅、纵向采用分段的施工方法，解决了超宽混凝土箱梁易于开裂的通病。主梁钢混接头采用多钢格室前、后承压板式结构形式，改进施工工艺，分段制作并顶推拼装，减小了混凝土收缩和温差效应。

（4）在千米级混合梁斜拉桥中，采用栓—焊锚拉板式索梁锚固形式，使锚固构件具有可修性、可换性，延长了使用寿命。

（5）索、塔锚固区采用钢锚梁构造形式。斜拉索张拉施工时钢锚梁一端固定、一端滑动，运营期两端固结，充分发挥了钢锚梁的受力效能，降低了运营期断索、换索对塔壁混凝土产生的不利影响。

（6）结合自然环境因素、材料因素、构件因素及结构因素等进行分析，提出大型混合梁斜拉桥耐久性的保证方案和措施，通过合理的构造设计和细节设计，使桥梁具有可检性、可修性、可换性、可控性及可持续性，以提高使用寿命，节省养护费用。

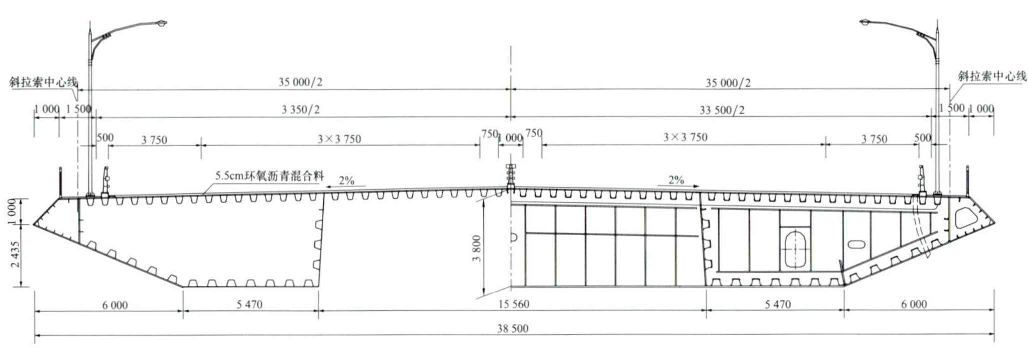

图6　钢箱梁（尺寸单位：mm）

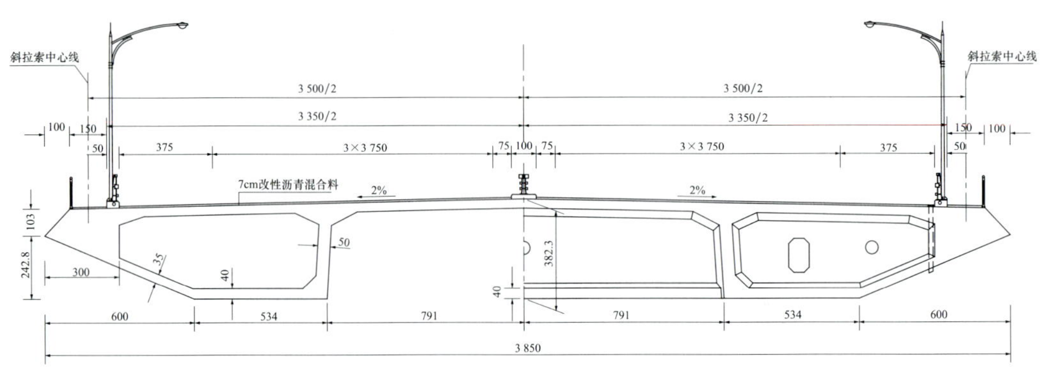

图7　混凝土箱梁（尺寸单位：cm）

上海长江大桥

图 1 上海长江大桥全景效果

相关资料

- 桥 名：上海长江大桥
  桥 型：双塔双索面分离钢箱梁斜拉桥
  跨 径：主跨 730m
  桥 址：上海市
- 建设单位：上海长江隧桥建设发展有限公司
- 设计单位：上海市政工程设计研究总院
- 施工单位（主桥）：
  上海城建（集团）公司与中交第二航务工程局有限公司联合体
  中铁山桥集团有限公司
  江苏中泰钢结构有限公司
  江苏法尔胜新日制铁缆索有限公司

- 钢 材 用 量：73 811t（主桥）
  混凝土用量：203 130m^3（主桥）
  造 价：11.35 亿元（主桥）
  建 成 日 期：2009 年 12 月

1. 概况

上海长江大桥为上海长江隧桥（即上海崇明越江通道）项目的桥梁部分，桥梁长 10km，主桥主跨为 730m 分离式钢箱梁斜拉桥（图 1）。

桥址由于受径流和潮流的作用，水下地形复杂，长江口为中等强度的潮汐河口，落潮流速在 0.93～1.64m/s，洪峰流量 56 200m^3/s，最大波高 3.2m，相应周期 4.8s，水深 16～18m。地质环境较脆弱，砂土、粉性土分布多，易产生砂体液化和水下砂体滑动。地层中可能存在天然气、承压水等不利因素。长江口属东亚季风区，设计基本风速 25.0m/s，夏季极易受台风影响。年平均气温 15.6℃、降水量 989.1mm、雾日 28 天。

大桥采用六车道高速公路标准，设计速度 90km/h（轨道交通），100km/h（公路）；预留两车道轨道交通；主航道通航标准：585m×52.7m（单孔双向）；设计基本风速 39.6m/s，桥面有车最大风速 25m/s；地震基本烈度Ⅶ度，采用两水准设防、两阶段设计的抗震设计。

2. 主桥结构

1）主桥主体结构

主桥采用 92m+258m+730m+258m+92m＝1 430m 双塔双索面 5 跨连续钢箱梁斜拉桥，全飘浮体系（图 2）。边墩及辅助墩处设置纵向活动支座，构成全桥的抗扭支撑体系。在主墩处设有横向支座，起抗风、防震、限位作用。索塔和主

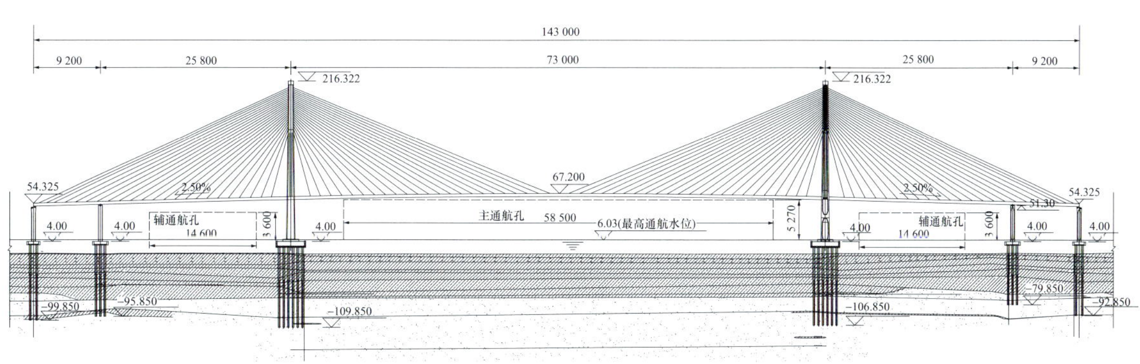

图 2 主桥桥型布置（尺寸单位：cm）

梁之间纵向设高效黏滞阻尼装置。

2）索塔基础

每个主塔基础采用60根直径ϕ2.5～3.0m变截面钻孔灌注桩，变径部位高程−48.0m（图3）。南塔桩长108m，北塔桩长105m。主塔承台采用尖圆形钢筋混凝土结构，长72.20m，宽37.20m，厚6.0m，每个承台混凝土15 025m^3，采用钢吊箱施工，钢吊箱平面尺寸76.4m×41.4m、高10m，壁厚2.0m、重1 600t。封底混凝土厚2m，混凝土4 200m^3。

钢吊箱的壁体部分为承台的防撞体，防撞体部分采用重防腐防护。主墩塔座为哑铃形结构，塔座高3.0m，每个塔座混凝土2 696m^3。为了减小塔柱产生的水平力，在塔座内设置了46束ϕ15.24-12低松弛预应力钢绞线。

3）索塔

索塔采用人字形独柱钢筋混凝土结构，塔高209.32m（图4）。塔柱采用箱梁断面，下塔柱由两个单箱单室渐变为一个单箱单室；上塔柱斜拉索锚固区

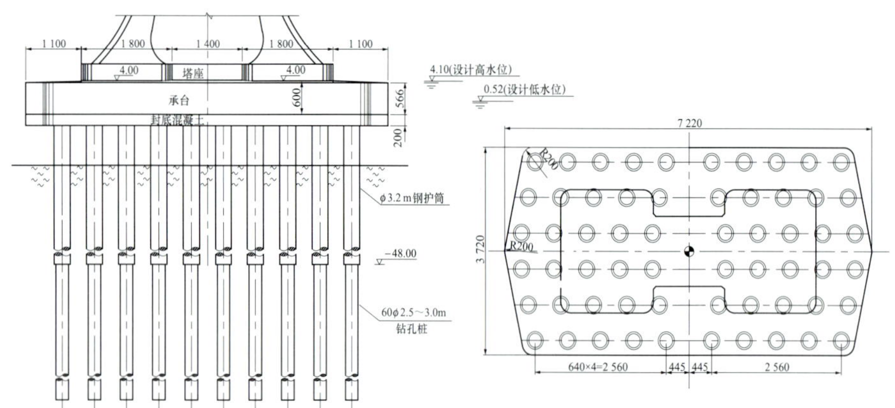

图3　索塔基础结构（尺寸单位：cm）

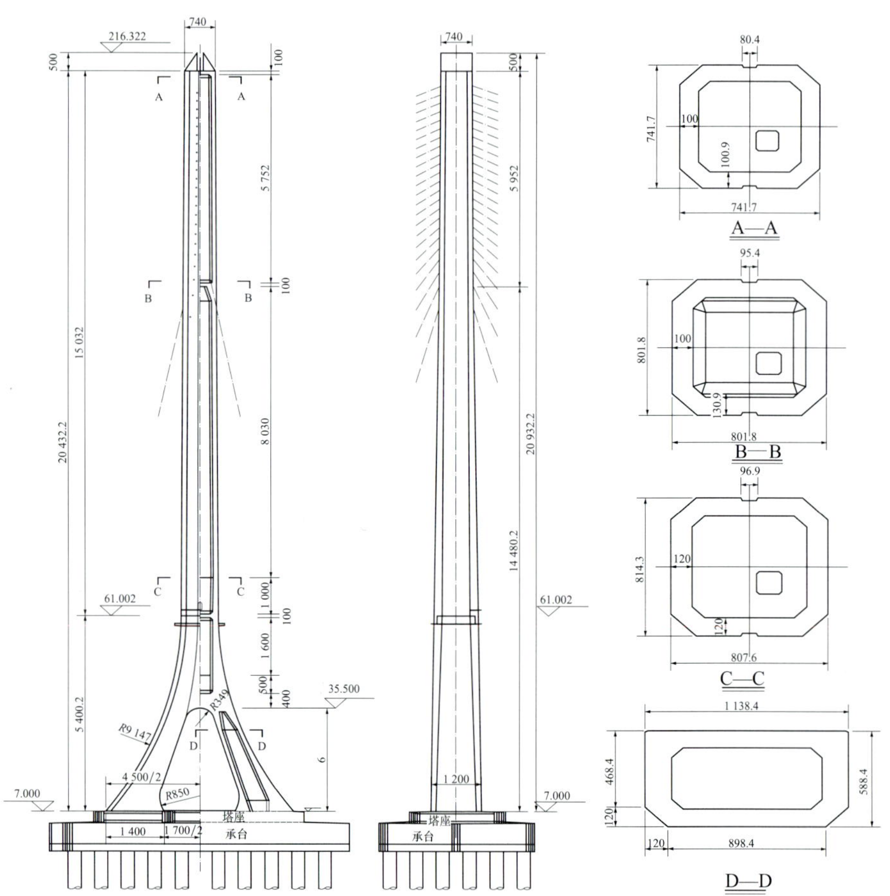

图4　索塔（尺寸单位：cm）

采用钢锚箱—混凝土组合结构，钢锚箱总高 55.79m，顺桥向长 5.4m，横桥向宽 2.5m，共分 23 个节段。钢锚箱重约 900t（图 5）。索塔采用 C50 高性能混凝土，每个索塔混凝土 10 854m^3。塔柱钢锚箱与塔柱混凝土接触面设有剪力钉，索塔锚固区进行缩尺模型试验进行验证。塔柱采用自动液压爬模逐段连续施工，标准节段 4.5m。下塔柱施工时加设两道水平主动横撑，确保大倾角的下塔肢的线形及减小下塔肢因自重产生的内部应力。根据索塔钢锚箱吊装要求，采用 900t · m 塔吊作为索塔施工垂直起重设备。

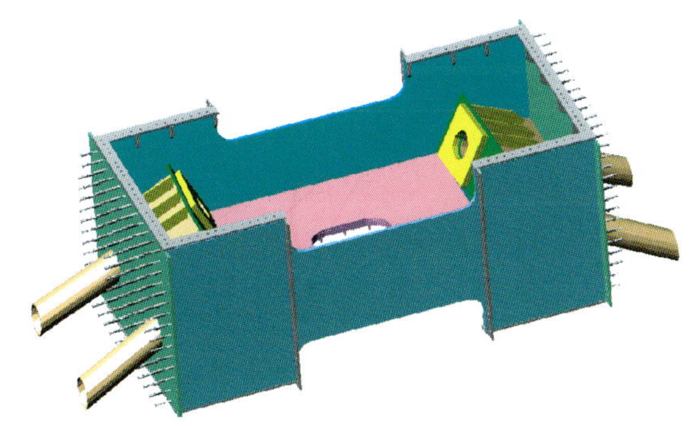

图 5　上塔柱内的钢锚箱

4）钢箱梁

钢箱梁采用分离式双主梁形式，每个箱梁为扁平闭口流线型钢箱。两主梁间距为 10m，采用横梁连接。节段标准长度 15m，梁高 4m，箱梁全宽 51.5m（含中间横梁和风嘴）（图 6）。全桥共分 99 个节段，远期预留轨道交通设在紧急停车带处。钢箱梁用钢 36 000t，钢板材质 Q345qD。位于边墩、辅墩墩顶的钢箱梁采用现浇混凝土分别压重 1 000t、1 200t。钢箱梁顶板厚 16mm，纵向采用 U 形加劲，横向间距 600mm，上口宽 300mm，高 300mm，厚 8mm。在远期轨道交通位置下设两条倒 T 形加劲，增加板面刚度。内腹板板厚 14mm，外腹板板厚 40～60mm，内斜底板板厚 14mm，外斜底板板厚 12mm，底板板厚 12mm。底板纵向采用 U 形加劲，横向间距 800mm，上口宽 400mm，高 260mm，板厚 6mm。横隔板间距 3.75m，双箱中间横梁间距 15m，板厚 12mm。根据受力情况局部加厚。辅助墩墩顶节段为最重的节段，两节段总重约 1 076t。索塔上下游两侧处设置横向抗风支座，主塔南北两侧设置纵向阻尼器。拉索锚箱设在风嘴内侧外腹板上。钢箱梁经过风洞模型试验，其成桥状态颤振临界风速大于 140m/s，满足抗风稳定性要求。钢箱梁外部采用电弧喷铝以及氟碳面漆的防腐方案，总干膜厚度 360μm。内部采用了涂装耐磨环氧厚浆漆（总干膜厚度 100μm）以及除湿系统相配合防腐方案。

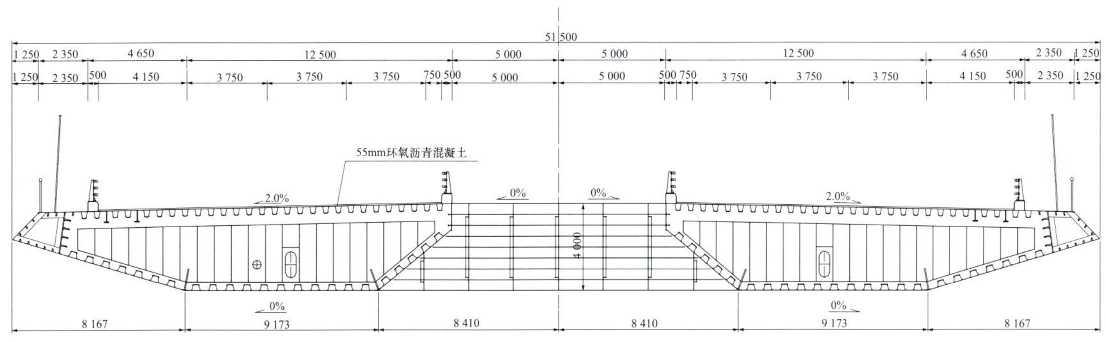

图 6　钢箱梁（尺寸单位：mm）

5）斜拉索

斜拉索采用扇形双索面布置，全桥共 192 根斜拉索，梁上标准索距 15m，塔上索距为 2.3m。斜拉索为 ϕ7mm 平行低松弛高强度镀锌钢丝，内填防腐油脂，外包高密度聚乙烯。每根拉索含 151～409 根钢丝，安全系数≥2.5。

6）主梁架设和施工控制

主塔区及边跨墩顶钢箱梁采用 16 000kN 大型浮吊安装，在中跨距主塔中心 156.75m 设置临时墩，标准节段钢箱梁采用配备液压提升系统的双桥面吊机吊装（图 7）。斜拉索采用两次张拉工艺。拉索第一次张拉为不控制工况，在吊机前移起吊下一段主梁后进行拉索第二次张拉。第二次张拉需要精匹配（控制工况）。施工控制以主梁线形为主，索力为辅，并且针对主梁焊缝宽度、索塔应力及线形、主梁应力多参数多元目标进行监测。

3. 主要技术特点和创新点

（1）系统研究新型分离式钢箱梁的结构力学性能与构造特点以及可施工性，提出了分离式钢箱梁关键构造技术措施与要求以及基于可施工性的安装施工工艺要求。

图 7　钢箱梁吊装

(2) 分析了轨道交通路面结构形式对钢桥面板疲劳影响，建立了钢桥面板疲劳设计轨道交通荷载模型，分析了轨道交通荷载作用下钢桥面板典型构造细节的疲劳寿命，提出了钢桥面板抗疲劳破坏结构措施。

(3) 针对新型组合结构形式的索塔锚固区，开展系列分析与试验研究，明确了斜拉索索力在锚固区的传力机理、钢锚箱与混凝土塔壁的受力分配关系以及焊钉连接件在高度方向与水平分析受力分布规律，开展了模型试验并与考虑混凝土的开裂及钢与混凝土非线性影响的有限元理论计算结果对比，验证了分析方法的正确性，通过研究形成了完善的设计方法。

(4) 针对公轨合建斜拉桥索梁锚固区疲劳设计问题，比较了国内外钢桥疲劳设计规范的适用性，采用 Miner 累积损伤准则分析了疲劳寿命；提出了基于实际交通荷载调查资料与设计规范相结合确定疲劳设计荷载的方法以及应力历程计算方法。

(5) 采用缩尺模型静力试验与有限元分析相结合的方法，揭示了在集中索力和主梁轴力共同作用下大跨度斜拉桥钢锚箱和索梁锚固区的应力集中与扩散规律，在国内首次开展了大跨度公轨两用斜拉桥钢锚箱和索梁锚固区的大吨位足尺疲劳试验。

(6) 研究了特大跨度公轨合建桥梁的结构合理刚度问题，基于行车安全与经济合理性，提出了公轨合建桥梁设计关键技术参数；研究了强风作用下车桥风相互作用机理，系统研究了大跨度斜拉桥列车走行性和风速、车速、车体特征以及桥梁刚度等相互影响关系，明确了影响列车行车安全的关键因素及允许风速，提出了公轨合建桥梁设计技术标准，填补相关标准的空白。

(7) 主塔墩承台钢吊箱（防撞体与承台临时围水结构相结合体）采用尺寸为长 76.4m，宽 41.4m，高 10m，重达 1 500t，采用了整体制作、滑道下水、长距离浮运、双浮吊抬吊安装的施工工艺，同时创新使用了抽屉式牛腿和精轧螺纹钢筋锚固体系，安装快捷并且拉杆锚固力可调。

(8) 针对塔柱为独柱弧型海工混凝土塔柱特点，采用了弧型轨道液压爬模技术、高塔自动喷淋养护及保温技术、大参量粉煤灰提高海工混凝土施工性能施工技术等。

(9) 钢箱梁零号块采用了预应力自平衡锚固技术；临时墩采用了承插式液压同步提升施工技术，钢箱梁自重识别采用了实时在线穿心式传感器称重技术；斜拉索采用了星型千斤顶减少张拉空间的软牵引施工和防止斜拉索扭转的防扭技术。

(10) 研究开发了淡咸水交替腐蚀环境下的结构耐久性设计与施工、混凝土材料及防腐措施系列技术。

上海闵浦大桥

图 1　闵浦大桥全景效果

相关资料

» 桥　　名：上海闵浦大桥
桥　　型：双塔双索面钢桁梁斜拉桥
跨　　径：主跨 708m
桥　　址：上海市
» 设计单位：上海市政工程设计研究总院
» 施工单位：上海建工（集团）总公司
上海浦江缆索股份有限公司

» 混凝土用量：166 000m³
钢 材 用 量：83 700t
造　　价：12.69 亿元
建 成 日 期：2010 年

1. 概况

闵浦大桥位于上海市闵行区吴泾跨越黄浦江。主桥主跨采用708m 双层钢桁梁斜拉桥（图 1）。

桥位河段河道顺直，两岸间宽度 500～700m，平均宽度约 610m。年平均气温 15.4℃，多年平均降水量 1 143.4mm，平均雾日 40 天 / 年，夏末秋初有台风袭击。设计基本风速 33.8m/s；地震基本烈度Ⅶ度；通航净高 39m（含 2m 富余高度），净宽 330m。

大桥上层为双向 8 车道高速公路标准，设计速度 120km/h；下层为双向六车道地方道路，设计速度 60km/h。

2. 主桥结构

主桥主跨为 708m 的双塔双索面钢桁梁斜拉桥，两边跨各设置四个桥墩（3 个辅助墩和 1 个边墩），其跨度布置为 4×63m+708m+4×63m＝1 212m（图 2）。

桥面最大纵坡 3.0%，其中主跨上层桥面处于 R＝17 000m 的圆弧竖曲线上，下层桥面处于 R＝16 991m 的圆弧竖曲线上。

中跨主梁为正交异性结合钢桁梁，边跨采用桁架组合梁结构，腹杆采用钢结构，上、下层桥面采用混凝土内包劲性钢骨架。采用高强度平行钢丝斜拉索。

主塔为直柱式 H 形，钢筋混凝土结构，主塔墩基础采用直径 0.9m 钢管桩。辅助墩、边墩为双柱式框架墩，辅助墩基础为直径 0.8m 的钻孔灌注桩，边墩基础为直径 0.8～1.0m 的钻孔灌注桩。

1）主塔墩基础

主塔墩基础采用 ϕ900mm 钢管桩基础（图 3）。浦东主墩承台长 86.8m，宽 44m，厚 7m。钢管桩共 385 根，长 51.1m 或 53.1m，桩上部 18m 范围内为填芯混凝土，粉细砂层为桩端持力层。浦西主墩承台长 81.4m，宽 44m，厚度 7m。钢管桩共 345 根，长 66.5m，桩上部 18m

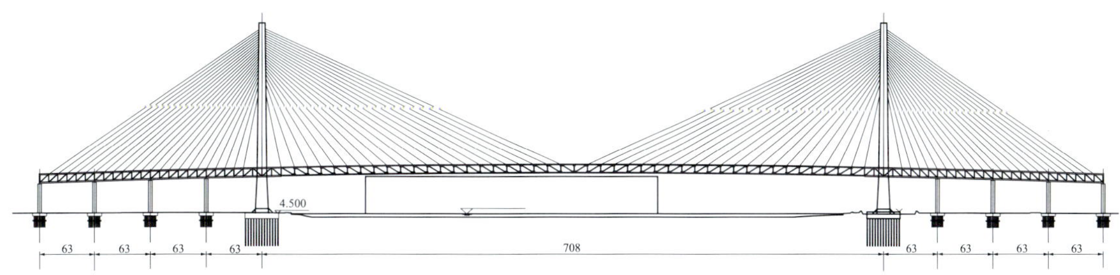

图 2　大桥桥型布置（尺寸单位：m）

范围内为填心混凝土，粉细砂夹黏性土为桩端持力层。

2）主塔

主塔采用直柱式H形，钢筋混凝土结构（图4），承台以上高度210m。主塔塔柱断面为五边形以利抗风。考虑结构受力及建筑造型，顺桥向为上窄下宽的独柱型，塔顶部宽8m，高程45.5m处宽11m，塔底宽14.5m。塔柱宽度顶部为7.0m、塔底9.0m，塔柱与上、下横梁连接成框架结构。上、下横梁为箱型预应力混凝土结构。塔柱壁厚为变化值，索区短边为1.2m，长边为1.0m，塔底短边为1.3m，长边为1.1m。塔顶构造同时兼作起吊机房和养护设备用房。塔柱为钢筋混凝土结构，C50混凝土。

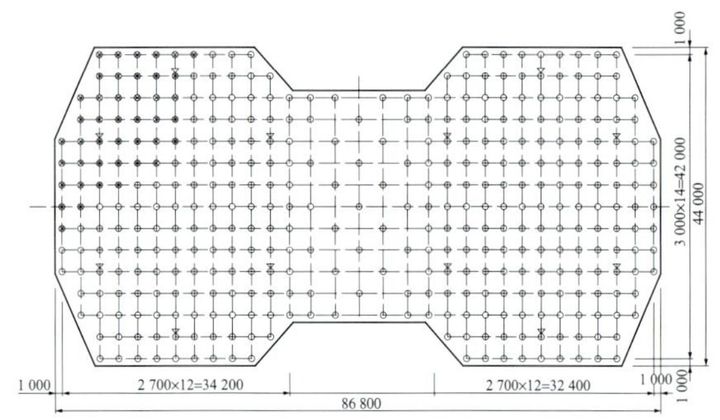

图3　浦东主墩桩位平面布置（尺寸单位：mm）

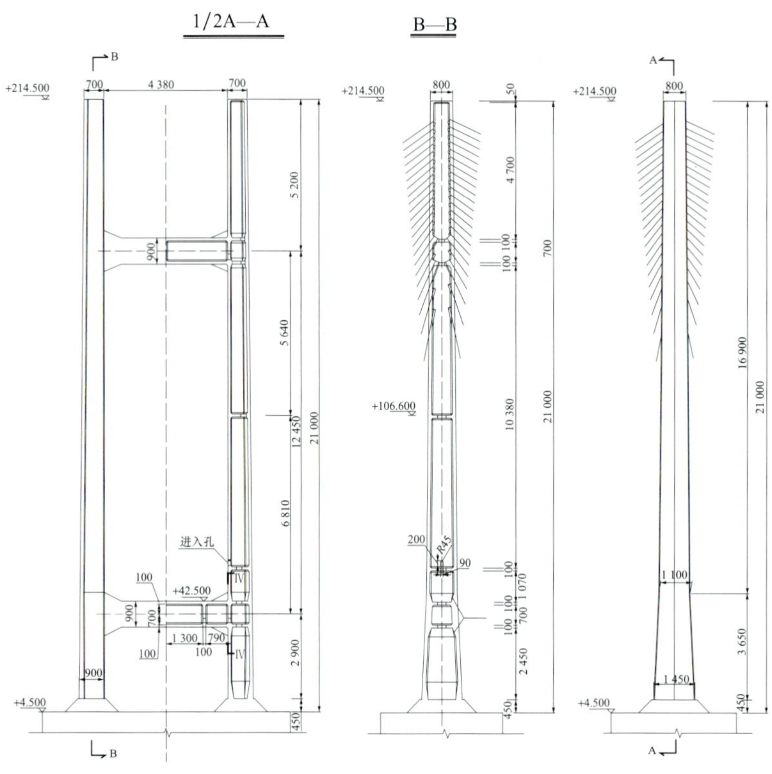

图4　主塔结构（尺寸单位：cm）

3）主梁

中跨主梁采用全焊钢桁梁结构，正交异性钢桥面板与钢桁架组合为一整体共同受力（图5）。桁架采用N形桁，桁高9m，主桁中心距27m，节间长15.1m。横断面为倒梯形，斜拉索锚固于副桁边弦杆上。桁架采用整体焊接节点，弦杆连同一个节点在工厂制成整体。施工主要为节段整体吊装。

边跨采用桁架组合梁结构，N形桁架，倒梯形截面（图5）。桁高9m，主桁中心距27.0m，上层桥面外边弦中心距41.5m，节间长度10.5m，上、下桥面宽分别为40.5m、26.0m。腹杆为钢结构，上、下层桥面为混凝土内包劲性钢骨架。

4）斜拉索

斜拉索采用高强度平行钢丝外挤包高密度聚乙烯形式，全桥共8×

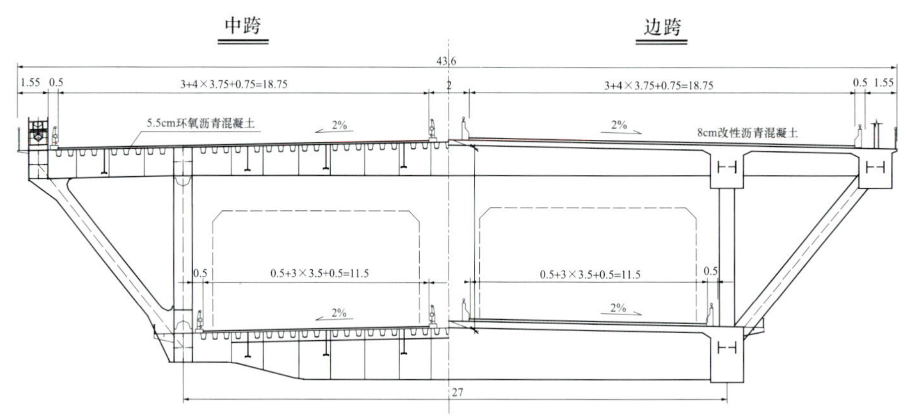

图5　主梁（尺寸单位：m）

22 对。成品斜拉索具有优良可靠的防腐体系，以保证拉索具有较长的使用寿命。斜拉索表面设有双螺旋线或压花等措施，以减小风雨致振动的可能。斜拉索的减振采用外置阻尼器、减振橡胶块及防风雨振双螺旋线或压花等共同作用的方式。

5）主塔架设和施工控制

主塔塔柱采用爬架配翻转模板法施工工艺，爬架设计高度 18m，塔柱外模采用翻转大块钢模板，沿高度分作 3 节，每节高 4.5m，交替翻转施工，每次混凝土浇筑高度 4.5m。每节段塔柱施工采取防止模板支承变形措施，当塔柱每升高一定高度，设一道剪刀支撑，连接两塔柱形成框架，并设置施工临时风缆，以抵御施工阶段可能出现的强风。

主塔横梁采取钢管结合钢桁梁支架进行现浇，外模采用大块钢模板，内模采用组合钢模板和亿利式门架支撑施工。横梁采用后张预应力。上层横梁施工时钢管支架支撑在下层横梁之上，待上横梁预应力张拉完成后自上至下依次拆除支撑钢结构。

6）中跨主梁施工

中跨主梁标准梁段安装采用桥面吊机整体安装，随后进行斜拉索安装及张拉施工。主跨钢桁梁节段工厂预制并拼装成整体、驳船运输至现场起吊安装。合龙段采用桥面吊机抬吊的方式。

3. 主要技术特点和创新点

（1）闵浦大桥主墩承台体量大，混凝土达两万多立方米，如何有效控制因大体积混凝土水化热和收缩差产生的裂缝是整个承台施工的关键点。为保证大体积混凝土的浇筑质量，从原材料、浇筑和养护等各环节都采取了相应措施。如选用水化热低和凝结时间长的低水化热普通硅酸盐水泥；采用缓凝减水剂外加剂，以减少和避免混凝土因温差而引起的温度应力裂缝；掺加适量粉煤灰以降低水泥用量和水化热等。混凝土浇筑时采用分块分层的浇筑顺序，严格控制每层混凝土的浇筑、振捣厚度。混凝土养护时，将混凝土内外温差控制在 25℃以内，并在下层承台混凝土中间布置冷却水管等。

（2）闵浦大桥中跨采用钢桁梁与正交异性板组合结构形式为国内大跨斜拉桥首次采用。其主桁空间受力特性、钢桁梁加工制造、双层桥面防火设计等均有较高的技术含量，具体体现在：

① 通过对带肋压弯共同作用杆件的稳定性研究完善现有桥梁设计规定进行补充。由于闵浦大桥桥面系结构与主桁杆件结合一起共同参与受力，本桥的桁架弦杆异于常规的钢桁梁，是带加劲肋的、有抗双向弯曲和扭矩作用的压弯扭共同作用杆件，目前规范中对这种带肋压弯共同作用杆件的稳定性计算没有提供方法和数据，因此，需进行相应的研究。

② 整体节段工厂制造、现场整体安装的主梁制造技术标准研究。双层正交异性板桁结合钢桁梁，且主梁安装采用整体节段在工厂制造，现场整体安装的方法，均为国内首次，本桥的主梁制造技术标准将成为现有钢梁制造技术标准的重要补充。

③ 中跨钢桁梁的钢结构防火研究。国内有关钢结构的防火设计规范主要是针对室内建筑钢结构。而本桥处于开放的大气环境中，大桥下层的净空高度约 7m，与一般的室内钢结构显著不同，桥梁钢结构的防火无规范可循，也没有先例及工程实例，本工程的防火专题研究具有开拓型和创新性，将为以后类似研究提供参考和借鉴。

（3）闵浦大桥边跨加劲梁采用桁架组合梁结构、且上下弦杆以及节点外包混凝土，形成型钢混凝土结构，其结构形式新颖，在世界上不多见，用于斜拉桥为国内外首次。为了对边跨桁架组合梁的受力性能有较清晰的认识，指导设计，进行了专项的研究。其中，对桁架组合梁的合理构造以及受力性能、对焊钉以及开孔板连接件的受力性能及设计取值、索梁锚固区细部构造以及连接件布置、桥面系的布置及裂缝预防措施、组合结构弦杆的受力性能及连接件布置、主跨与边跨接头区受力特性与合理构造的研究，将为类似结构提供参考和借鉴。

（4）大桥为双层，其结构抗震性能研究具有较大创新性。双层斜拉桥主梁较高，类似双支点体系，其主梁本身的抗震性能研究是关键；塔梁、墩梁连接方式，减隔震措施在上、下层桥面的设置方式，对桥梁结构的抗震性能有较大的影响，这些都不同于常规的单层桥梁。

（5）大桥主梁为双层桁架结构，其抗风性能的研究具有较大的创新性。有关双层钢桁架断面的气动力特性研究，国内缺乏先例。对本桥的抗风性能研究将成为今后类似结构抗风性能研究的重要参考。

相关资料

» 桥　　名：南京长江三桥
桥　　型：双塔双索面钢塔钢箱梁斜拉桥
跨　　径：主跨 648m
桥　　址：南京市
» 设计单位：中交公路规划设计院有限公司
» 施工单位：湖南路桥建设集团公司
中交第二航务工程局有限公司
中铁宝桥股份有限公司
中铁山桥集团有限公司
上海浦江缆索股份有限公司

» 混凝土用量：145 000m³（主桥）
钢 材 用 量：56 000t（主桥）
造　　价：14.95 亿元（主桥）
建 成 日 期：2005 年 10 月

南京长江三桥

图 1　南京长江三桥全景

1. 概况

南京长江三桥位于南京长江大桥上游 19km 处的大胜关，东距长江入海口 350km，全长 15.6km。其中跨江大桥长 4 744m，主桥主跨采用 648m 的双塔双索面钢塔钢箱梁斜拉桥（图 1、图 2）。

桥位处江面宽度 2 450m，南塔水深 42m，设计流量 102 500m³/s，流速 2.9m/s，最大冲刷深度 24.7m。年平均气温 15.3℃，平均降雨量 1 031.3mm，夏季受台风影响。桥址处为长江冲积漫滩平原，平缓而开阔，河床断面呈不对称“V”形；覆盖层 40m，基岩为泥岩。

大桥为六车道高速公路标准，设计速度 100km/h；桥面宽度 32.0m；设计基本风速31.7m/s；船舶撞击荷载：顺水流方向27 000kN，横水流方向13 500kN；地震基本烈度Ⅶ度；通航净高24m，净宽不小于490m。

2. 主桥结构

主桥为双塔双索面五跨连续钢箱梁斜拉桥，跨径布置为 63m＋257m＋648m+257m+63m＝1288m（图 3），半飘浮结构体系，纵向采用非线性约束装置，用于限制活载及强风作用下主梁纵向漂移及抗震消能。主塔采用“人”字形钢塔身。

图 2　大桥夜景

1）索塔基础

南、北塔承台呈哑铃形，平面尺寸 84.00m（横桥向）× 29.00m（顺桥向），南塔承台厚 7.50m，封底混凝土厚 4.60m（图 4）；北塔承台厚 7.00m，封底混凝土厚 3.60m。承台圆形部分的直径为 26.00m，系梁宽 10.80m。每个基础采用 30 根钻孔灌注桩。南塔基础：圆形部分采用 12 根直径 3.00m 的桩，桩长 85m，系梁部分采用 6 根直径为 2.50m 的桩，桩长 80m，持力层为微风化泥岩。北塔基础：桩直径均为 2.50m，每个圆形部分采用 12 根，系梁部分采用 6 根，桩长 82m，持力层为微风化泥岩。南塔基础距深泓 180m，常水位水深 42m，流速 2.9m/s，覆盖层厚 40m，采用常规高桩承台施工方法，风险大。根据海洋地质钻探平台的工作原理，首次采用将高桩承台基础施工中钻孔用的钢护筒和围水用的钢套箱有机结合，充分利用庞大的钢套箱的结构刚度、良

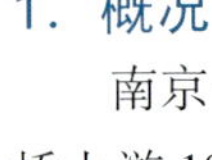

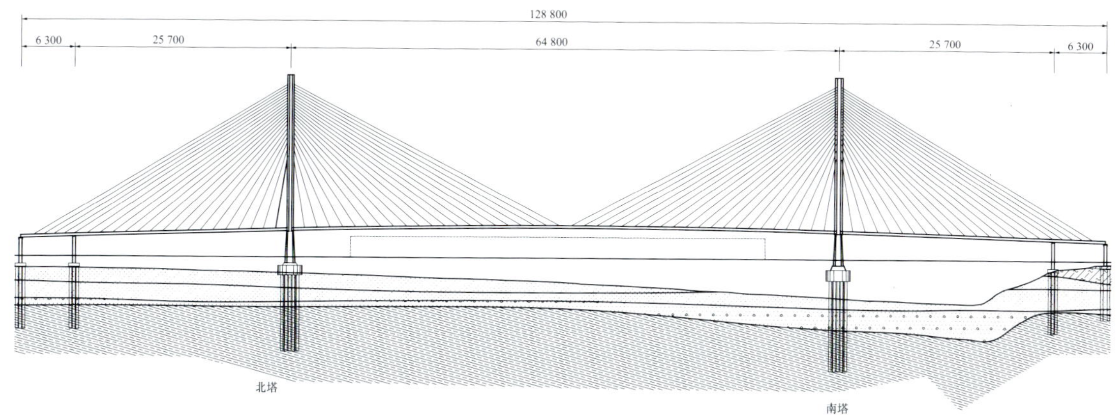

图 3　主桥桥型布置（尺寸单位：cm）

好的自浮能力和钻孔用钢护筒的较大的自身刚度，形成稳定的深水钻孔灌注桩施工平台，在高桩承台基础施工过程中拓展了自身的作用和更广泛的用途。同时，常规施工流程得到简化，节约了施工用材和周期。南塔承台钢套箱高 22.1m，用钢 3 100t。北塔承台采用无底钢套箱施工，为双壁自浮式结构，高 19.1m，用钢 1 790t。

2）索塔

主塔采用“人”字形钢塔身（图 5），塔柱外侧圆曲线部分半径 720m。主塔高 215m，设四道横梁，下塔柱及下横梁为钢筋混凝土结构。下塔柱高 36.32m，塔柱截面横桥向宽度为 6.2～8.4m，顺桥向宽度为 8.0～12.0m。下塔柱以上部分为钢结构，钢塔柱高 178.68m，截面尺寸上下相等，横桥向宽 5.0m，顺桥向宽 6.8m（图 6）。除钢混结合段外，一个钢塔柱共分 21 个节段，节段长 7.7～11.42m，一个节段的最大吊重不超过 160t，钢塔总重 12 000t。钢塔柱采用 Q370qD 钢，壁板厚 30～48mm，腹板厚 32mm，壁板

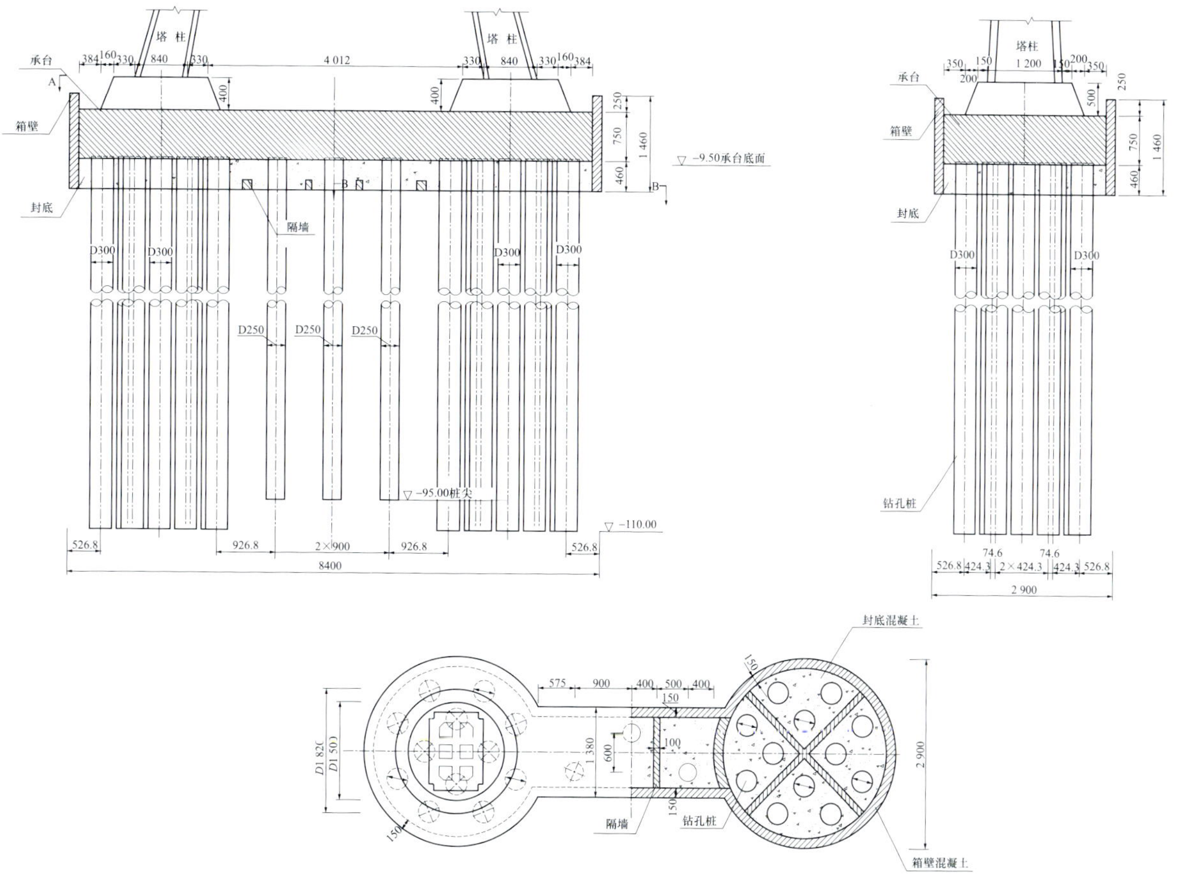

图 4　南塔基础构造（尺寸单位：cm）

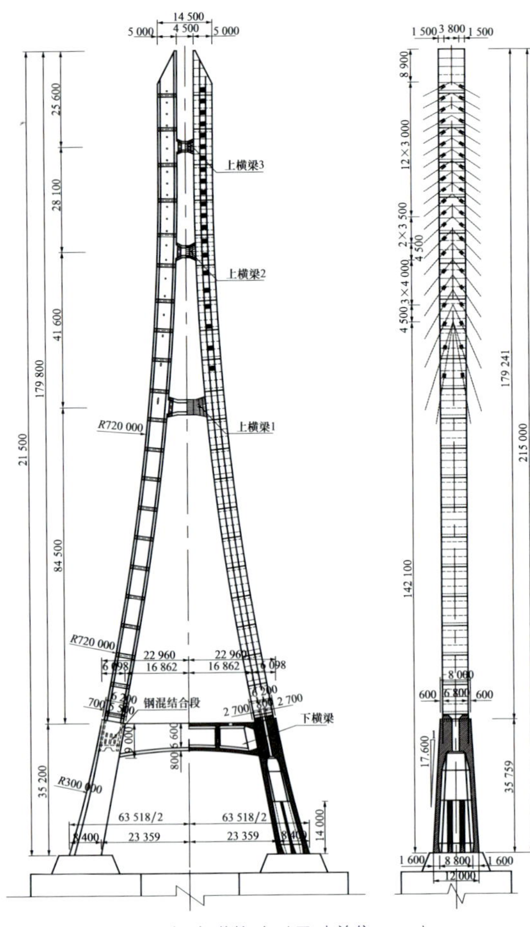

图5 钢索塔构造（尺寸单位：cm）

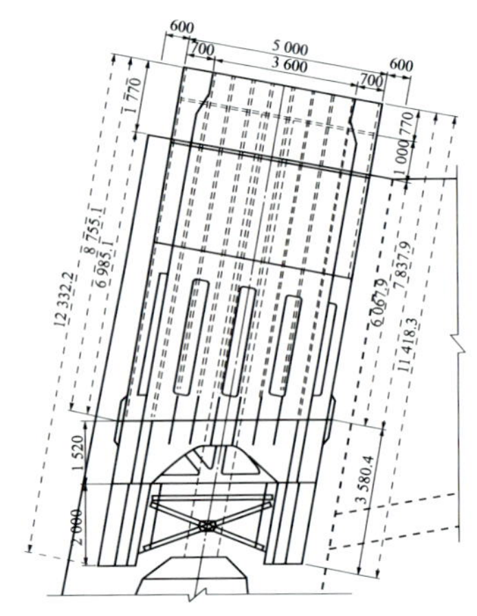
图7 钢—混结合段（尺寸单位：mm）

图6 钢塔柱

图8 钢塔柱吊装

加劲肋厚22～24mm，腹板加劲肋厚24mm，横隔板厚14mm，横隔板加劲肋厚10mm。桥址水位变化高差9m，水位变化区段对钢结构长期防护是一个难题，同时考虑到船舶撞击等因素，将钢—混结合段设置在主塔刚度较大的下塔柱与下横梁交汇区。钢—混结合段单肢混凝土顶面尺寸为8.0m×6.2m，单肢钢塔柱通过钢—混结合段传入下塔柱的轴向力为12 000t。选取‘钢筋混凝土棒剪力键群’作为传递剪力的连接器（图7），试验和计算分析表明：该剪力键具有承载能力高，线性阶段刚度大，抗疲劳性能和破坏阶段延性好、施工质量容易得到保证等显著优点。钢塔柱T1节段采用1 200t浮吊吊装，其他节段采用法国POTAIN公司生产的MD塔机吊装（图8）。

3）主梁

钢箱梁采用正交异性板流线型扁平钢箱梁（图9），梁高3.2m，宽（含风嘴）37.16m；顶板厚14mm（紧急停车带及重车道板厚16mm），U形加劲肋厚8mm；

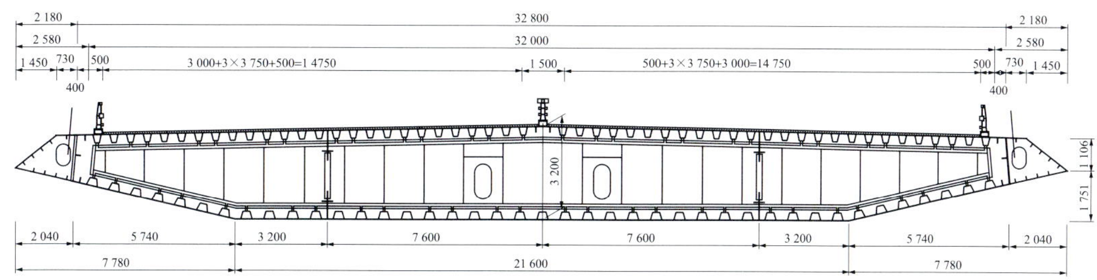

图 9　钢箱梁（尺寸单位：mm）

底板厚 12mm（辅助墩附近及索塔处支座附近板厚 14mm），U 形加劲肋厚 6mm；腹板厚 30mm，斜拉索的锚箱焊接于腹板上。钢箱梁标准梁段长 15m，内设 4 道实体式横隔板，间距 3.75m，斜拉索处横隔板厚 12mm（局部加厚至 16mm），其余横隔板厚 10mm。梁内设纵隔板 2 道，除支座等局部区域为实体式外，其余均为桁架式，横向间距 15.2m。实体式纵隔板板厚 20mm（局部厚 24mm、16mm）；桁架式纵隔板上下弦杆为 T 形截面，斜杆直径 ϕ203mm、壁厚 6.5mm 的圆钢管。全桥钢箱梁划分 89 个梁段，梁段长度 6～15m，梁段最大吊重 255t。梁段间工地接缝除顶板 U 形加劲肋和纵隔板弦杆采用高强螺栓连接外，其余部分均为焊接。

4）斜拉索

斜拉索采用高强度平行钢丝外挤包高密度聚乙烯护套，全桥共 8×21 对拉索，最小型号拉索 7-109，最大型号拉索 7-241。斜拉索表面设有双螺旋线，以减小风雨振。斜拉索的减振采用外置阻尼器、减振橡胶块及防风雨振双螺旋线共同作用的方式。

5）主梁架设和施工控制

主梁架设的施工控制采用大型通用有限元程序 Ansys®，考虑几何非线性和主梁剪切变形的影响，取得了较好的控制效果（图 10）。

3. 主要技术特点和创新点

（1）首次研究解决了大型桥梁曲线形钢塔设计、制造、安装中的关键技术。

（2）对箱形钢塔柱截面进行气动选型，通过风洞试验选择最佳切角处理，以抑制可能发生的驰振和涡振。

（3）对钢—混结合段传力机理进行了足尺和缩尺试验研究，采用钢筋混凝土棒剪力键作为传递荷载主要构件，改善了结合段三向受压状态的结构力学性能。

（4）开发研制了专用组装胎架和施焊方法，控制和实现了钢塔柱节段制造中的曲线线形。

（5）开发了激光跟踪测量技术、计算机控制技术和液压技术于一体的大型工件找正和精密加工技术。

（6）对钢塔柱安装过程中的抗风性能进行研究，采用 TMD、TLD 阻尼器制振措施，抑制了涡激振动。

（7）与国外合作，成功研制了 MD3600 大型塔吊，完成了大型钢塔柱节段吊装。

（8）采用全新的深水基础设计施工理念，首次采用钢护筒、钢套箱组合刚构钻孔平台进行深水基础施工，创造性地利用钢套箱的结构刚度、自浮能力和钢护筒的自身刚度，共同形成稳定的深水钻孔桩施工平台。将临时施工结构与永久结构合二为一，避免了深水基础着岩等难题，减少了施工期基础局部冲刷深度，提高了基础施工的安全度，大大缩短了工期。

图 10　桥面吊机悬拼施工

南京长江三桥获国家科学技术进步二等奖、国际桥梁会议（IBC）颁发的古期夫斯·林德恩斯奖、詹天佑土木工程大奖。

南京长江二桥

相关资料

>> 桥　　名：南京长江二桥南汊桥
桥　　型：双塔双索面钢箱梁斜拉桥
路　　径：主跨 628m
桥　　址：南京市
>> 设计单位：中交公路规划设计院有限公司
>> 施工单位：湖南路桥建设集团公司
中铁宝桥股份有限公司
上海浦江缆索股份有限公司

>> 混凝土用量：163 000m^3
钢 材 用 量：48 600t
造　　价：16.83 亿元
建 成 日 期：2001 年 3 月

>> 桥　　名：南京长江二桥北汊桥
桥　　型：五跨预应力混凝土变截面连续箱梁桥
跨　　径：90m＋3×165m＋90m
桥　　址：南京市
>> 设计单位：中交第一公路勘察设计研究院有限公司
>> 施工单位：山东省交通工程总公司
中铁十九局集团公司

>> 混凝土用量：130 267m^3
钢 材 用 量：11 927t（普通钢筋）
3 796t（预应力钢材）
造　　价：3.2 亿元
建 成 日 期：2001 年 3 月

图 1　南京长江二桥南汊桥全景

1. 概况

南京长江二桥位于南京长江大桥下游 11km，桥址处长江被八卦洲分隔成南北汊。南汊主航道主桥主跨采用 628m 钢箱梁斜拉桥（图 1），北汊副航道主桥为 PC 连续梁桥，其间由穿过八卦洲长 5.6km 引道连接，全长 12.52km。

南汊桥位处江面宽 1 200m，水深 18～36m，设计流速 2.97m/s，设计流量 95 300m^3/s，最大冲刷深度 24.08m。覆盖层 28～38m，基岩为砂砾软岩。北汊桥位处江面宽 1 000m，水深 13.15m，设计流量 22 000m^3/s，最大冲刷深度 18.6m，覆盖层 28～38m，为游泥质亚黏土、亚砂土和细砂，基岩为泥岩及粉砂岩。南京年平均气温 15.3℃，平均降雨量 1 031.3mm，夏季受台风影响。

南京长江二桥为六车道高速公路标准，设计速度 100km/h；设计基本风速 32.6m/s；船舶撞击荷载：南汊桥顺水流方向 27 000kN，横水流方向 13 500kN；北汊桥顺水方向 20 000kN，横水流方向 10 000kN；

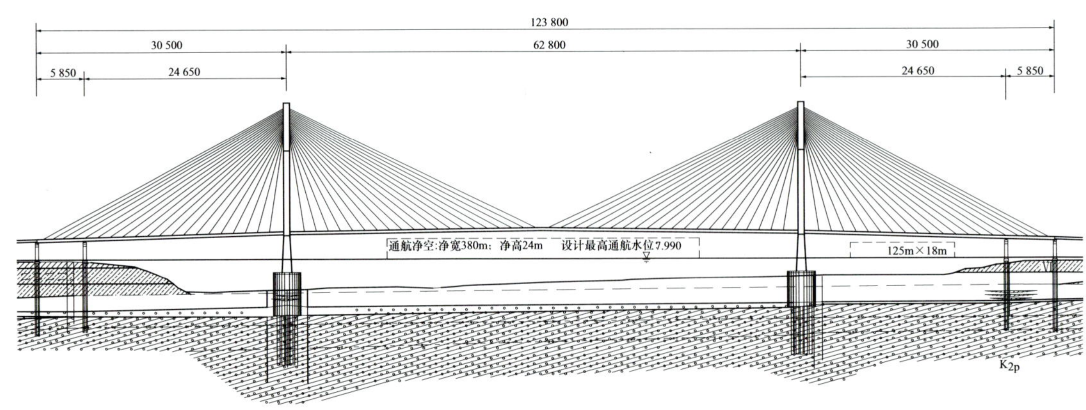

图 2　主桥桥型布置（尺寸单位：cm）

地震基本烈度Ⅶ度；通航净空：南汊桥净高 24m，净宽不小于 380m；北汊桥净高 18m，净宽不小于 125m。

2. 南汊桥

1）主桥结构

南汊桥全长 2 938m，主桥为双塔双索面连续钢箱梁斜拉桥，桥跨布置为 58.5m + 246.5m + 628m + 246.5m + 58.5m = 1 238m（图 2），采用半飘浮体系，两边跨各设一辅助墩。为克服过渡墩和辅助墩负反力，在辅助跨压重 1 500t，压重沿桥纵向呈梯形分布。

（1）索塔基础

采用双壁钢围堰、承台和钻孔桩组成的大型深水复合基础（图 3、图 4）。钢围堰直径 36m，壁厚 1.5m，高 65.5m，内设 21 根直径 3.0m 钻孔桩，平均桩长 83～102m，封底混凝土厚 8m，承台厚 6m。南、北索塔基础封底和承台共浇筑混凝土 24 000m^3。船舶撞击力由钢围堰来承受，钻孔桩仅承受轴向荷载和很小的剪力。

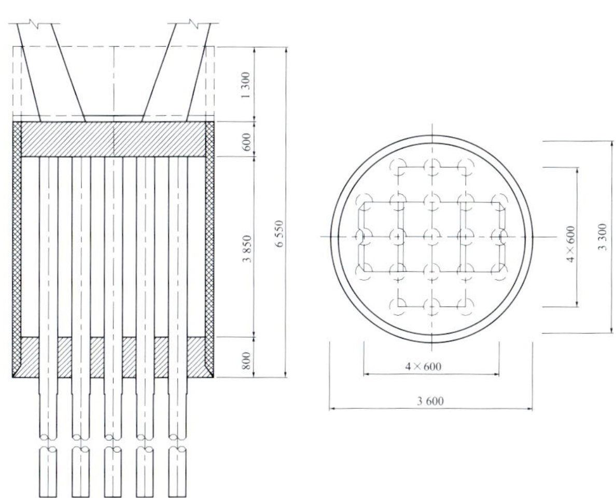

图 3　索塔基础（尺寸单位：cm）

图 4　基础施工

（2）索塔

为钢筋混凝土结构，采用上塔柱平行分离的倒 Y 形结构（图 5），高 195.41m，通过三道横梁将两塔柱连为一体。桥面以上塔的高跨比 0.23。下塔柱断面由 12.0m×7.0m 向上渐变至 7.5m×4.5m，中、上塔柱 7.5m×4.5m。下塔柱在最高通航水位以下为单箱六室断面，以上为单箱单室断面，壁厚 1.0m；中、上塔柱为单箱单室断面，短边壁厚 1.0～1.2m，长边壁厚 0.7～0.8m。南、北索塔共浇注混凝土 23 000m^3。塔的斜拉索锚固区采用环向预应力，进行了 1∶1 的足尺节段模型试验验证。塔柱采用爬升模板逐段连续施工，每段高 4.5m。下塔柱施工时加设了水平拉杆，中塔柱设置了 4 道水平横撑（图 6）。索塔采用环向预应力，孔道采用真空辅助压

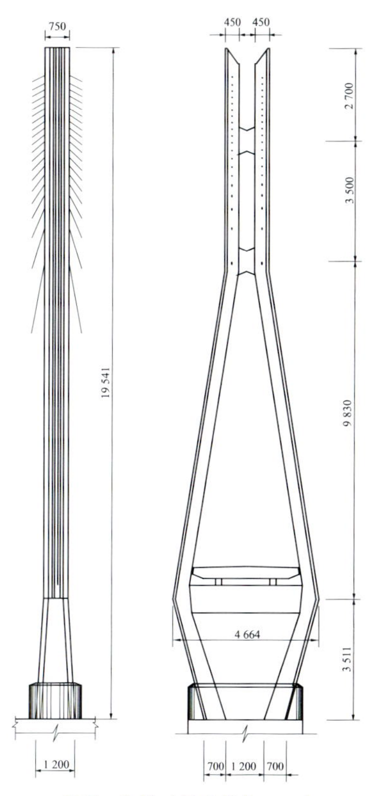

图 5　索塔（尺寸单位：cm）

图 6　索塔中塔柱施工

浆工艺。南、北索塔间距628m，误差<3mm，倾斜度分别为1/6 000和1/9 000，远小于规范要求。

（3）主梁

主梁采用高3.5m，宽38.2m的全焊扁平钢箱梁（图7）。采用16Mnq，全桥用钢23 000t。标准节段长15m（辅助跨12m）。全桥共93个梁段，最大块件吊重274t。钢箱梁板件尺寸，顶板厚14～20mm，下斜腹板和底板厚12～16mm，上斜腹板厚30mm。箱梁每隔3 750mm设一道横隔板，板厚10mm（局部部位加厚）；横向设两道纵隔板，间距15 200mm，主要是考虑剪力滞效应以及悬臂架设过程中提高横向刚度。顶底板用U形肋加劲，为避免仰焊、保证质量，减轻工人劳动强度，将U形肋采用高强度螺栓连接。箱梁进行节段模型和全桥模型的风洞试验，最长单悬臂施工状态颤振临界风速大于110m/s；成桥状态大于120m/s，满足抗风稳定性要求。斜拉索锚固于钢箱梁腹板外侧的锚箱上（图8），对锚箱进行了1∶1足尺模型试验和疲劳试验。

钢箱梁制造瞄准世界先进水平，成功采用了板件无余量切割下料技术、板单元无码组装技术、板单元及变形组焊技术等新工艺、新技术，创造了国内钢箱梁制造的新水平。

（4）斜拉索

每一扇面由20对斜拉索组成，共160根，其中最大拉索钢丝根数265丝（Φ7），长330m，重30t，全桥共用高强镀锌钢丝2 100t。拉索外裹高密度PE防护材料，其上采用螺旋线，连同塔上设高分子黏滞阻尼橡胶圈和梁上设液压阻尼器，有效地抑制了拉索风雨振。

（5）主梁架设和施工控制

为保证施工过程中抗风安全，在边跨距索塔160m处设置临时墩。索塔下横梁无索区和边跨梁段采用350t大型浮吊吊装，边跨在长84m落地支架拼装（图9），用轨道导向牵引就位，顶推合龙。标准梁段采用VSL液压提升系统桥面悬拼吊机吊装(图10)。边跨采用顶推合龙、中跨合龙采用降温进行，合龙的体系转换，采用活动压重。

在架设安装中，采用一次张拉到位，不进行索力调整。斜拉索张拉力与主梁高程双控。最终合龙时线形平顺，轴线误差1mm，梁体应力与设计值良好吻合。

2）主要技术特点和创新点

（1）索塔基础采用大型钢围堰和钻孔桩复合基础，大大减少桩数和钢围堰直径。

（2）采用上塔柱平行分离的倒Y形塔、无支架爬模技术、水平主动撑技术、大吨位环向预应力技术、PE波纹管真空辅助压浆等多项新技术，将我国高索塔

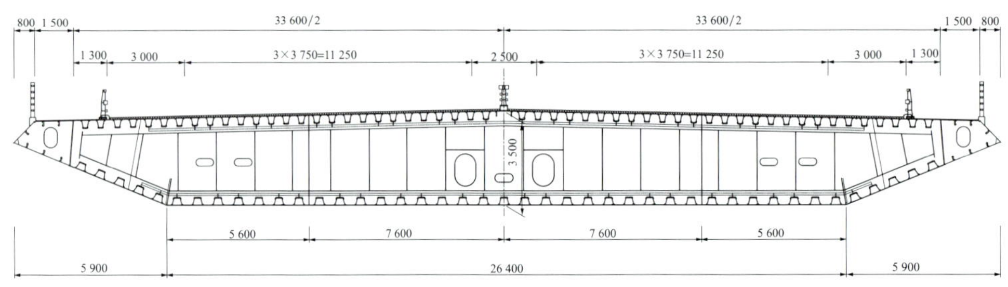

图7　钢箱梁（尺寸单位：mm）

图8　锚箱

图9　在排架上吊装钢箱梁

图 10　吊机吊装钢箱梁

的设计和施工水平上升到一个新台阶。

（3）在我国斜拉桥上首次采用全焊接扁平钢箱梁，正交异性桥面板工地栓焊连接、斜腹板钢材抗层状撕裂评定及拉索与钢箱梁采用钢锚箱连接等关键创新技术，推动钢箱梁斜拉桥的技术进步。

（4）施工控制中首次提出结合主梁高程、轴线，索塔偏位、结构内力、焊接条件等多元目标，引入斜拉索无应力索长及神经网络控制理论，对大跨径斜拉桥实时控制，线形平顺、内力合理，避免多次调索，缩短施工期限。

（5）采用阻尼器与螺旋线组合，确保有效抑制拉索的风雨振。

（6）通过平硐试验模拟出深水基础的桩壁摩阻力，缩短桩长，填补了规范空白。

（7）首次采用钢桥面环氧沥青混凝土铺装技术（厚50mm），经大交通量及高温考验，性能稳定，使用良好。

南京长江二桥南汊桥获国家科学技术进步二等奖、全国优秀工程设计金质奖、国家优质工程金质奖、中国建筑工程鲁班奖、詹天佑土木工程大奖。

3. 北汊桥

1）主桥结构

北汊桥全长 2 172m，主桥采用 90m + 3 × 165m + 90m = 675m，预应力混凝土变截面连续箱梁桥（图 11、图 12）。

（1）主墩及基础

主墩采用空心薄壁墩，横桥向长 7.5m，顺桥向宽 5.0m，考虑到桥墩的防船舶撞击能力，壁厚采用 1.2m，同时加大钢筋保护层厚度，并布置一层 15cm × 15cm 的金属扩张网。采用高桩承台，两幅桥的承台做成整体式，承台厚 3.5m，基础采用钻孔灌注桩，每幅桥每墩布置 9 根直径 2.5m 的嵌岩桩（图 13）。

图 11　北汉桥全景

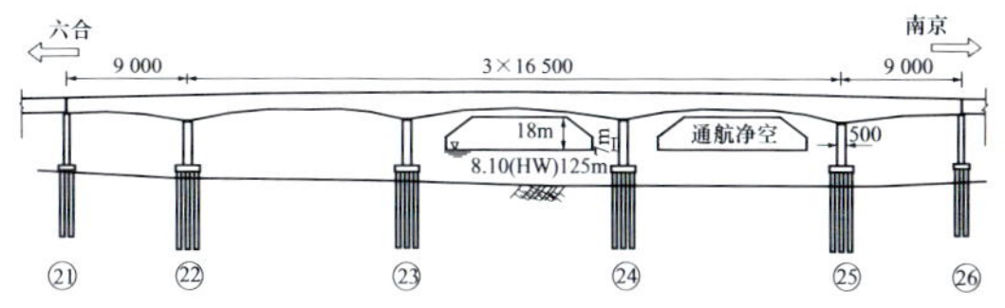

图 12　桥型布置（尺寸单位：cm）

（2）主梁结构

箱梁根部梁高 8.8m，跨中梁高 3.0m，顶板宽 15.42m，按二次抛物线变化，底板宽 7.5m（图 14）。采用挂篮悬臂浇注施工（图 15），全桥共有 8 个悬浇“T”构，每个“T”构分 23 对悬浇梁段，分段长度为 5 × 2.5m + 5 × 3.0m + 5 × 3.5m + 8 × 4.0m。中跨、次中跨合龙段 3.0m 长，边跨合龙段 2.0m。边跨设有 6.72m 的直线现浇段，在支架上浇筑。边跨、中跨、次中跨合龙段采用吊架平衡浇筑法施工。悬臂浇筑梁段最大重量为 156.2t，挂篮自重按 80t 考虑。

0 号块距墩中心 3.0m 范围内箱梁顶、底板厚度分别为0.40m和1.40m，腹板厚度0.90m，在0号块中心底板处设高度1.50m的矮横梁；距0号块中心3.0m处至跨中箱梁顶板厚0.28m，底板厚度从1.10m至0.30m按二次抛物线变化，腹板厚13号块件以前0.70m，14号块件以后0.40m，13、14号块件范围内由0.70m按直线变化到0.40m。上部结构的合龙顺序为先合龙边跨，再合龙次中跨，最后合龙中跨，形成最终的五跨连续梁体系。

2）主要技术特点和创新点

（1）采用先进的技术和工艺，进行大量的专题试验研究，如动床冲刷试验、船舶撞击力及防撞试验研究、大吨位抗震型盆式橡胶支座的试验研究、施工控制的研究等，从各个方面提升设计质量。

（2）采用大吨位预应力体系，纵向预应力张拉吨位高达 5 371kN。有效地减小了截面尺寸、减小了上部结构的自重，便于预应力钢束的布置。

（3）采用了大吨位（65 000kN）抗震型盆式橡胶支座。进行了专题研制研究工作。在国内首次采用黄

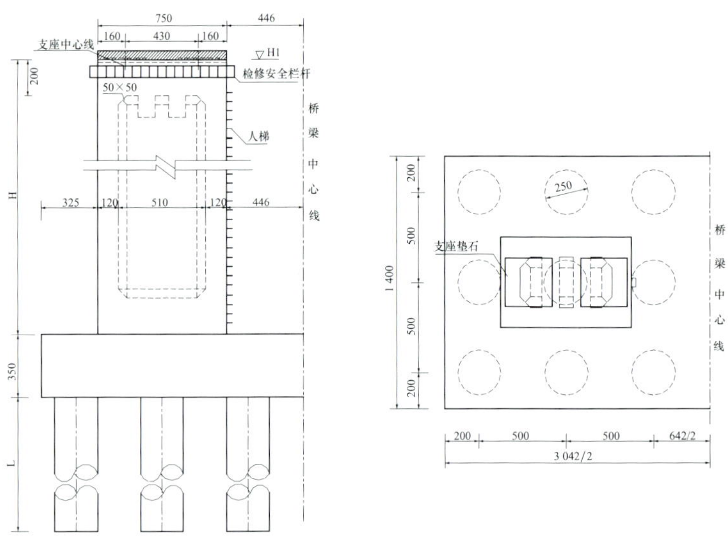

图 13　主墩一般构造（尺寸单位：cm）

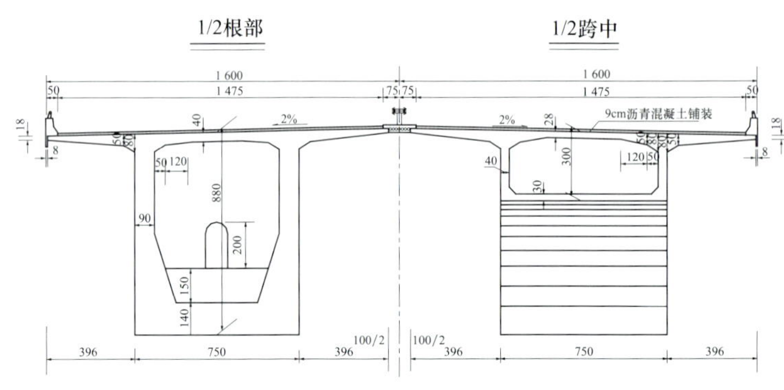

图 14　主梁断面（尺寸单位：cm）

图 15　主梁悬臂浇注施工

铜紧箍圈代替钢制紧箍圈，并按欧洲标准 Pren1377 进行了抗压试验、转动磨耗试验、动力性能试验等。解决了大跨径连续梁支座选型、布置、设计参数选择、试验、制作、安装、检测、养护等一套关键技术问题，达到国际先进水平，填补了国内空白。

(4) 桥面铺装采用 SMA 沥青玛蹄酯材料，进一步提高桥面的表面粗糙度、抗滑排水能力、高温稳定性和低温抗裂性以及耐久性。

(5) 大跨径预应力混凝土连续梁施工控制研究，结合应力监控和温度监测给出了线形控制的方法和控制目标，实现了线形顺畅、内力合理、合龙精度高、缩短工期的目标。并根据温度观测结果，提出了建议的温度梯度曲线。在国内首次进行了混凝土箱梁水化热温度规律的观测和分析，提出了施工对策，为同类桥梁的施工控制提供了技术资料和有益经验。

南京长江二桥北汊桥获全国优秀工程设计银质奖、中国建筑工程鲁班奖、詹天佑土木工程大奖等。

武汉白沙洲长江大桥

图 1　武汉白沙洲长江大桥全景

相关资料

» 桥　　名：武汉白沙洲长江大桥
桥　　型：双塔双索面混合梁斜拉桥
跨　　径：主跨 618m
桥　　址：武汉市
» 设计单位：中铁大桥勘测设计院有限公司
» 施工单位：中交第二航务工程局有限公司
中交第二公路工程局有限公司
中铁大桥局集团有限公司
国营武昌造船厂

» 混凝土用量：18 720m³
钢 材 用 量：22 350t
造　　价：16.02 亿元
建 成 日 期：2000 年 10 月

1. 概况

武汉白沙洲长江大桥位于武汉长江大桥上游约 8.6km 处的白沙洲分汊河道上，全长 2 458m，主桥主跨采用 618m 混合梁斜拉桥（图 1）。

桥址两岸大堤间距约 2.4km，主河槽偏汉阳侧，主孔斜拉桥跨越北汊。北汊主河槽宽度约 1 200m，水深 12～25m，流速 2.0～3.0m/s，设计流量 73 380m³/s。覆盖层以粉细砂为主，基岩为陆相碎屑岩，岩性岩、相变化较大，单轴极限强度在 0.5～5MPa。桥址处于亚热带温湿区，夏季高温闷热，年平均气温 16.8℃，极端最高气温 42.2℃，极端最低气温 -17.3℃，雨量充沛，年平均降雨量 1 214～1 448mm。最大风速 29.6m/s，最大风力可达 9 级。

大桥采用双向六车道高速公路标准，桥面全宽 27.0m；设计速度 80km/h；通航净高≥18m，通航净宽≥125m；地震基本烈度Ⅵ度；设计基本风速 22.2m/s。

2. 主桥结构

主桥跨度布置为 50m＋180m＋618m＋180m＋50m＝1 078m 双塔双索面钢—混凝土混合梁斜拉桥（图 2）。边、中跨比 0.372，边跨 50m 及 180m 跨的端部 37m 部分为预应力混凝土结构，其余均为钢箱梁结构。

钢箱梁顶宽 29m，梁高 3.0m，为双箱分离的扁平箱梁，箱梁两侧设风嘴。斜拉索索面按扇形布置，每一扇面由 24 对斜拉索组成，标准索距 12m，全桥共 192 根斜拉索；索塔为钻石型结构，自塔座以上全高 174.75m，桥面以上 141.1m（塔的高跨比 1/4.38）；索塔基础采用高桩承台自浮式吊箱围堰钻孔桩；斜拉桥两边墩处均设置纵向活动支座，各墩墩顶仅约束主梁竖向、横桥向线位移及绕桥纵轴线转动的角位移，塔梁交叉处设有横向挡块及竖向支座分别约束主梁横桥向线位移以及

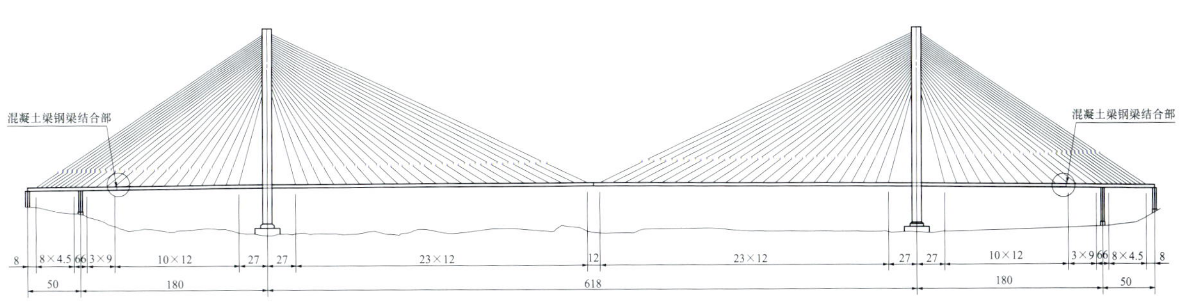

图 2　主桥桥型布置（尺寸单位：m）

主梁竖向线位移和绕桥纵轴线转动的角位移，在塔梁交叉处还设置了纵向弹性约束。

1）索塔基础

主塔均位于主河槽，基础采用高桩承台自浮式吊箱围堰钻孔桩基础（图 3），每墩基础采用 40 根 ϕ1.55m 钻孔灌注桩，桩长 79m，承台平面尺寸 20.4 × 32.4m。由于基础承台较高（围堰底位于河床面以上），故冲刷较小，施工中先插打定位桩及钢护筒，搭设钻孔平台，完成钻孔灌注桩施工后，拆除钻孔平台，分段安装下沉吊箱围堰（整个围堰能自浮于水中），从而省去了大型起吊设备（图 4）。

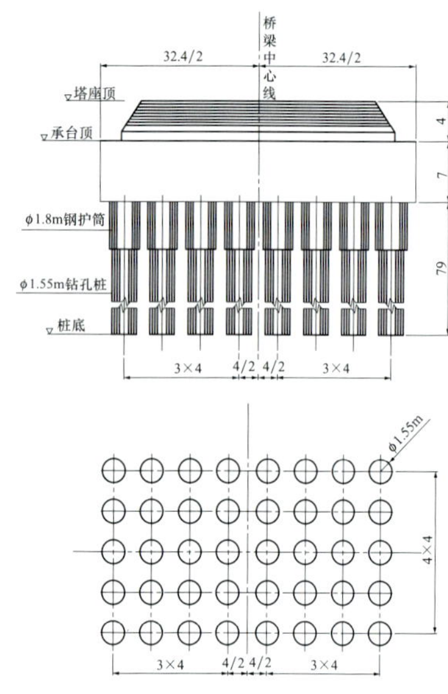

图 3　主塔墩基础（尺寸单位：m）

图 4　主塔墩基础施工

2）索塔

主塔顺桥向为单柱式，横桥向则为适用于双索面斜拉桥的钻石型结构。主塔塔柱均采用空心矩形断面，下塔柱横向宽度自下而上由 6.5m 变化至 4m，中塔柱及上塔柱横向宽度均为 4m；塔柱纵向尺寸塔根至下横梁范围由 7m 过渡到 6.5m，下横梁以上均为 6.5m。下塔柱为外侧向外倾斜度 1/2.79、内侧向外倾斜度 1/2.16 的变截面矩形空心柱，上、下游迎水面壁厚加大至 1.8m，用以抵抗船撞作用，顺桥向壁厚为 80cm。中塔柱为向内倾斜度 1/10 的变截面矩形空心柱，横桥向壁厚由顶部的 60cm 变至底部的 70cm，纵桥向壁厚 60cm。上塔柱为斜索锚固区，斜索直接锚固于塔壁，壁厚 1.2m，锚槽内陷。纵桥向壁厚 70cm。主塔自塔座以上全高 174.75m，共设两道横梁，均采用空心矩形断面，上横梁高 5m，下横梁高 6m，因塔柱纵桥向自下横梁以上均为宽 6.5m，故为使塔柱与横梁钢筋错开排列布置，横梁宽均为 6.3m。全塔除上、下横梁配有预应力钢绞线、索锚区配有预应力粗钢筋外，其余均为钢筋混凝土结构。主塔采用 C50 混凝土（图 5、图 6）。

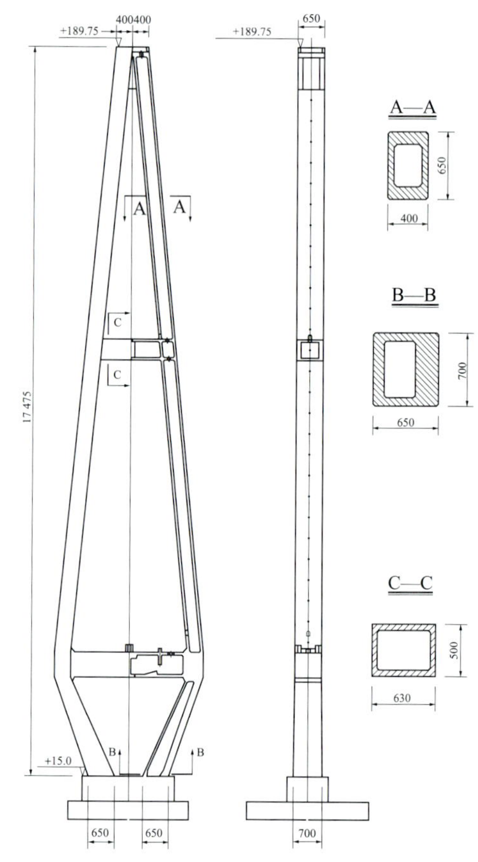

图 5　索塔（尺寸单位：cm）

3）主梁

钢箱梁顶板全宽 30.2m（图 7），每个箱体各宽 8.31m，两箱间距 10.88m，两侧各设一个宽为 1.35m 的风嘴。钢梁的横向布置：钢梁的横截面由横向并列两个箱组成，两个箱体之间用横梁相连，横梁间隔 6m，两横梁之间设一道横肋。在桥梁中心线处，横梁腹板高 3m，横肋腹板高 1m。

钢箱梁顶板兼作桥面承重结构，按正交异性板设

图 6　索塔施工

计，顶板厚 12mm，纵肋采用 8mm 钢板压制而成的梯形闭口肋（肋间跨 0.64mm），横肋（横梁）间距 3.0m；底板一般节段厚度为 12mm，主墩附近 60m 区段压应力较高，考虑到底板的压屈稳定，厚度取 16mm，加劲闭口肋间距 0.7m。斜腹板厚度 12mm，加劲闭口纵肋间距 0.7m。钢梁发送单元一件重约 170t，桥面板的拼接采用焊接接头；横肋及横梁的下翼缘板和腹板用高强度螺栓连接；横断面的顶板、竖腹板、底板及纵肋的拼接，全部采用工地栓接的形式。

斜拉索在钢梁的下锚点设置在钢箱梁外腹板的外侧，锚固形式是板式支架箱形结构（图 8）。

本桥采用钻石形主塔，斜拉索与主梁之间有两个方向的夹角，斜拉索与钢梁之间水平方向的夹角由倾斜地焊接在外腹板的两块支架主板精确确定；而斜拉索与钢梁之间竖直方向的夹角则由下锚点垫板直接加工形成有一定角度的带斜坡的板件。这种结构形式有足够大的操作空间便于工厂化生产，有效地提高焊接质量。

混凝土箱梁的截面形式、梁高等均从与钢箱协调匹配的观点出发。截面采用双箱分离形式（图 9），梁高 3m，外形尺寸与钢箱梁一致。横梁间距一般为 4.5m，0 号块处 6m。混凝土箱梁顶板厚 26cm，底板厚 40cm，竖腹板厚 34cm，斜底板厚 24cm，0 号块附近各部分尺

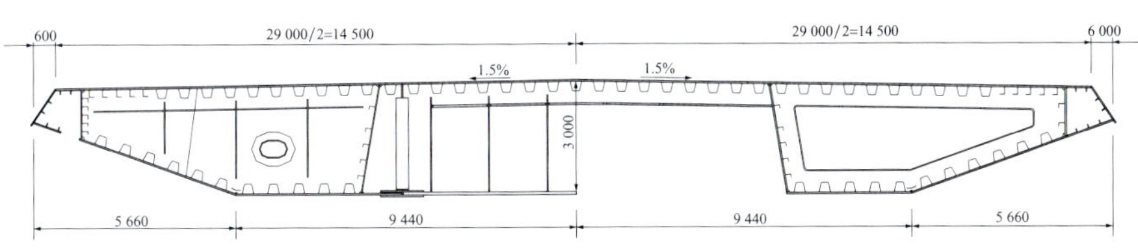

图 7　钢箱梁（尺寸单位 mm）

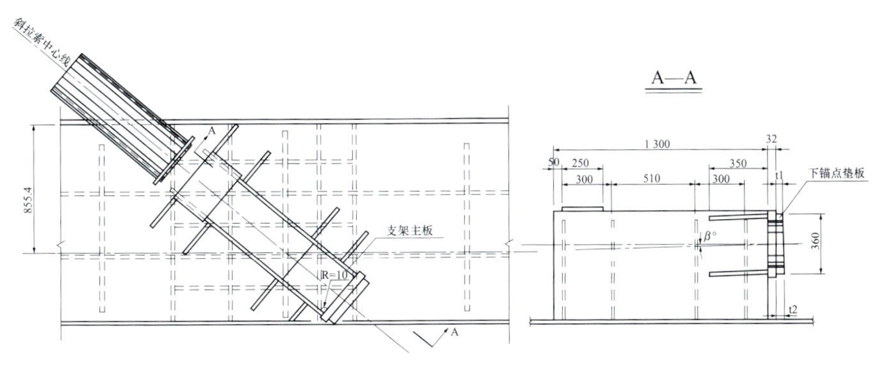

图 8　斜拉索锚固

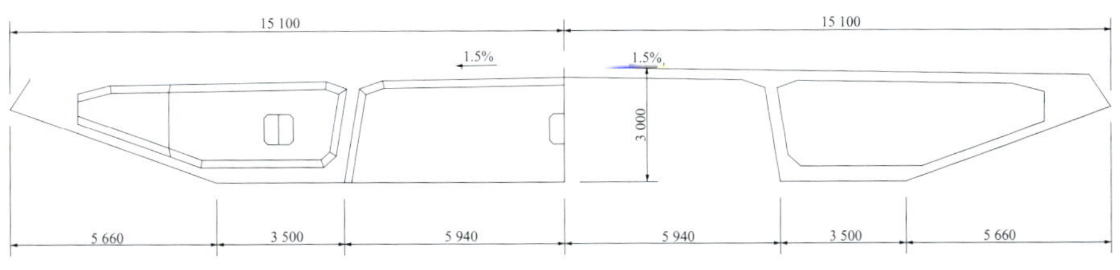

图 9　混凝土箱梁（尺寸单位：mm）

寸均因受力需要予以加大。混凝土箱梁用挂篮悬浇施工，节段长4.5m，边墩现浇段长6.6m，在托架上现浇施工，并与悬浇节块合龙。

钢梁与预应力混凝土梁的接头，既要满足传力的需要，还要充分考虑梁体刚度的匀顺过渡问题。混凝土梁的刚度大，而钢梁的刚度相对地小得多，刚度的骤然变化会给桥面的使用带来不利影响。为此设计了一节钢梁过渡段，在这一钢梁节段中改变其截面特性，增加钢梁刚度的措施之一是逐渐改变纵肋高度，闭口肋的过渡则在闭口肋底部加焊由高至低缓慢变化的T形肋。为保证结合部的整体性，与混凝土梁连接的钢梁其上、下翼板和腹板均伸入一定长度至混凝土梁中，钢梁与混凝土梁间全截面设置ϕ32mm预应力粗钢筋，与混凝土梁接触的承压端横隔板采用$\delta=60$mm厚钢板，钢梁构件和承压端横隔板上布置大量的ϕ22mm剪力钉。

4）斜拉索

斜拉索采用平行钢丝索。全桥斜拉索共96对192根，基本索距主梁12m，主塔1.8m。本桥跨度大，斜拉索较长，斜拉索两端除安装橡胶阻尼装置外，并加设二阶索的方法以减小斜索的风振及雨振影响。

5）主梁架设和施工控制

钢箱梁采用水上驳船浮运定位，步履式架梁吊机悬拼施工（图10）；预应力混凝土箱梁采用支架悬浇施工；斜拉索采用先塔上挂索、后梁上展索、梁面软牵引的施工方法，斜拉索张拉以索力控制。

实际施工中，在挂拉完第10对斜拉索后，边跨就已经合龙，故大部分时间是在单悬臂状态下进行主梁安装，整个结构在此过程中处于不对称荷载作用下，为减少不对称荷载对结构的影响，采取在边跨合龙以后预先安装边跨尾索的措施，有效地控制了塔柱的偏移，增大了结构在施工过程中的安全度。

斜拉桥在施工过程中索力和线形均得到了很好的控制，边跨合龙及中跨合龙时均达到了毫米级的合龙精度，成桥线形和索力的误差都控制在理想的范围内。在主梁架设后期，由于索力和线形控制得很好，各方面配合协调有力，曾经创造了在五天时间内高质量地安装了4块12m长钢箱梁架设速度的奇迹。

图10　桥面吊机吊装钢梁

3. 主要技术特点和创新点

（1）全桥总体布置合理，结构先进。主桥采用的孔跨布置适应了主河槽和航道摆动的特点，最大限度地满足了通航要求。

（2）斜拉桥中跨及部分边跨加劲梁采用了钢箱梁，解决了主墩基岩承载力较低的问题；斜拉桥锚跨及部分边跨加劲梁采用混凝土箱梁，便于加劲梁架设，充分利用斜拉桥尾索效应，明显提高了斜拉桥整体刚度，改善了结构受力状态、减小主塔基础规模。

（3）首次在长江深水中采用大规模自浮式钢吊箱围堰施工主塔钻孔桩基础，大大节省基础工程费用。

（4）钢箱梁与混凝土箱梁接头选在距辅助墩37m处，避开加劲梁弯距和剪力的峰值区，保证了结构的可靠度；接头的结构和工艺设计方便了斜拉桥边跨合龙。与国内外同类型斜拉桥相比，箱梁接头的位置及工艺设计有较大的改进。

（5）斜拉桥安装监控采用先进的无应力索长法，并在国内首次实现自动平差技术，确保了斜拉桥钢加劲梁合龙时毫米级的精度。

（6）斜拉桥安装中首创跳拉尾索法，节省了主梁材料并有效控制了安装应力。

福州青洲闽江大桥

相关资料

>> 桥　　名：福州青洲闽江大桥
桥　　型：双塔双索面组合梁斜拉桥
跨　　径：主跨 605m
桥　　址：福州市
>> 设计单位：中铁大桥勘测设计院有限公司
>> 施工单位：香港建设
中铁大桥局集团有限公司
上海建工（集团）总公司
威胜利工程有限公司

>> 混凝土用量：69 446m³
钢材用量：20 539t
造　　价：6.24 亿元
建成日期：2002 年 12 月

图 1　青洲闽江大桥全景

1. 概况

青洲闽江大桥位于福州市马尾，是福州市区至长乐国际机场的关键工程。大桥全长 1 185m，主桥主跨为 605m 的双塔双索面结合梁斜拉桥（图 1），是目前世界上已建成的跨度最大的组合梁斜拉桥。

桥址处水面宽 1 000m，平均水深 5～10m，最大水深 30m 左右，横截面呈不对称的"W"型。最大洪水流速 3.13m/s，设计流量 48 900m³/s。覆盖层总厚度 55～72m，基岩为花岗岩。桥址区平均气温 19.6℃，历年极端最高气温 39.9℃，历年极端最低气温 -1.7℃，相对湿度为 77%，极大风速 45m/s，最大风速 40m/s，抗震设计按Ⅶ度设防。

大桥桥面宽度 29m；设计速度 80km/h；设计基本风速 34m/s；通航净高 43m，净宽≥600m。

2. 主桥结构

主桥跨度布置为 250m+605m+250m=1 105m（图 2），双塔双索面结合梁斜拉桥。两端各设一跨度为 40m 的简支过渡孔，主梁伸入过渡孔 8.5m，过渡孔其余部分配以跨径 31.5m 的预制 T 梁。

大桥结构支承体系为：顺桥向仅在 2 号塔墩处设置纵向约束、其余墩位处不设纵向约束；横桥向在每墩处均设约束，在 2 号及 3 号塔处通过塔梁间设置的侧向抗风支座加以约束，在 1 号及 4 号墩处通过设单向支座加以约束；竖向在每墩处设盆式橡胶支座。伸缩缝设于两过渡孔梁端。

1）主塔基础

（1）2 号主塔基础及其防撞

该处是主副航道的划分点，墩位处水深 10m 左右，覆盖层在高程 -48m 以上的为含泥沙类土、-60～-68m 为密实卵石、-68m 以下为花岗岩。一般冲刷线在高程

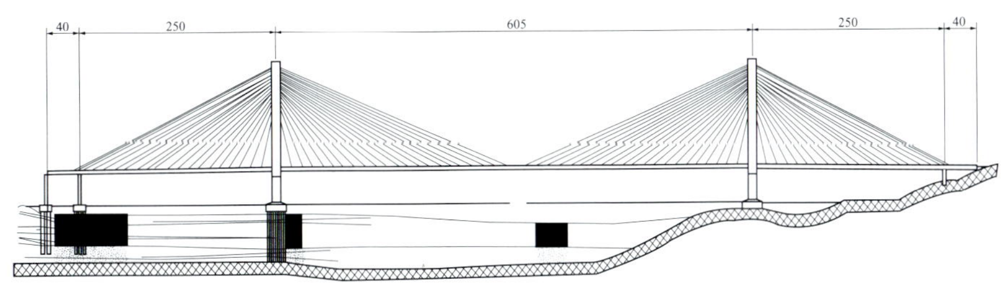

图 2　主桥桥型布置（尺寸单位：m）

−19.5m，局部冲刷线高程为 −29.5m。基础采用直径 2m 的钢管桩 43 根，顺、横桥向桩距均为 5m，桩长约 70m，承台横桥向长 45m，顺桥向宽 25m，厚 7m（图 3）。采用吊箱围堰施工。

2 号主塔墩位于深水区，需考虑船撞力，由于桩基自身不足以抵抗船撞力，需另设防撞结构。为了不因防撞设施的施工而延误总工期，设计采用分体防撞墩来抵抗船撞力。船撞力的方向来自主墩下游港区，分体防撞墩设于主墩的下游。分体防撞墩为直径 18.5m 双壁钢围堰，顶节为钢筋混凝土结构，内填砂土，碎石，并在主墩承台除下游侧以外的周边设置 D300mm × 1500mm 的橡胶护舷结构来吸收船撞能量，以降低撞击对船体及主墩的损害。

（2）3 号主塔基础

3 号主塔位于西门礁上，礁石呈坡形，该处大部分地方基岩外露，局部有不到 1m 厚的覆盖层，岩石强度很高，无较大裂隙现象。基础采用直径 3m 钻孔桩 14 根。顺桥向及横桥向桩距为 3m，桩长约 6m，承台直径 26m，厚 7m（图 4）。施工中采用微爆破法成孔，采用双壁钢围堰法施工。

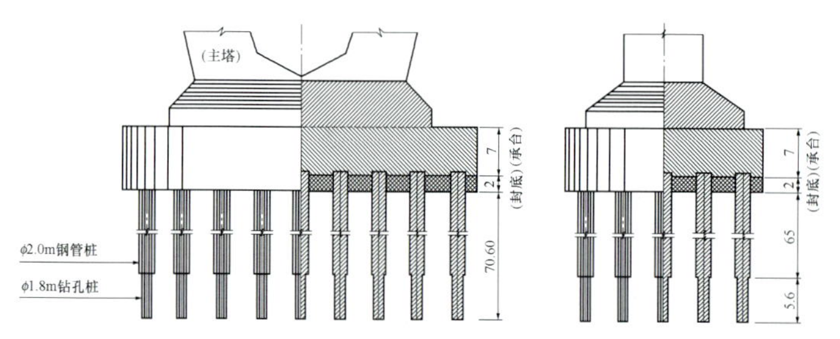

图 3　2 号塔基础（尺寸单位：m）

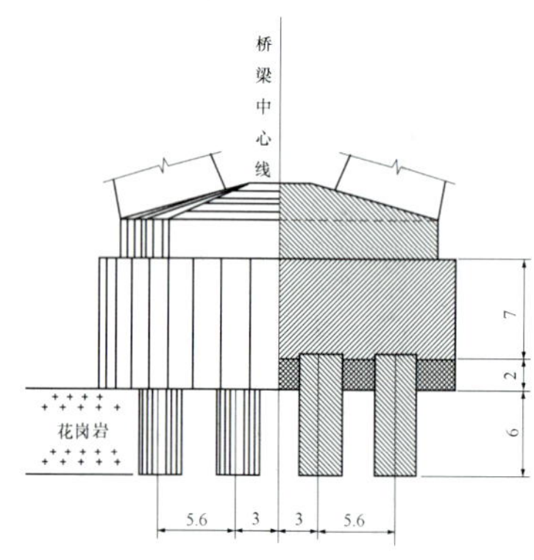

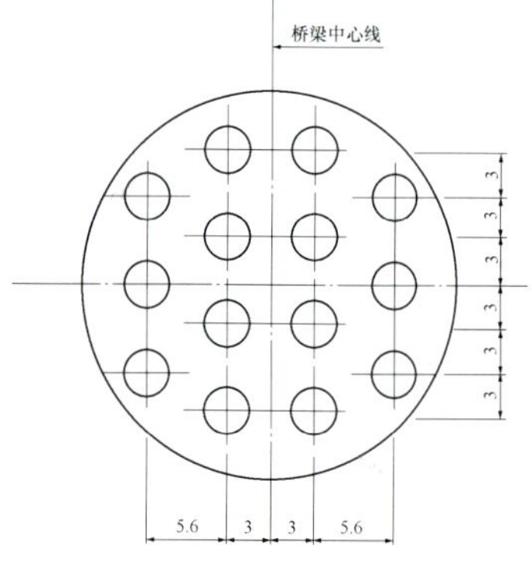

图 4　3 号塔基础（尺寸单位：m）

2）主塔

主塔设计为钻石型钢筋混凝土结构（图 5），采用 C50 混凝土，塔高 175.5m，桥面以上塔高 130m，桥面

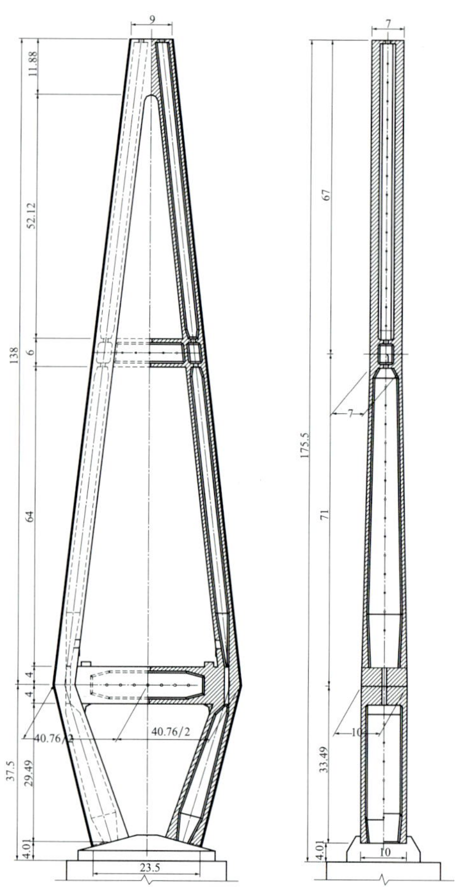
图 5　主塔构造（尺寸单位：m）

以下塔高45.5m。桥面以下设一道下横梁，桥面以上64m处设一道上横梁，二道横梁将塔柱分为上塔柱、中塔柱、下塔柱三部分。

上塔柱高 67m，顺桥向宽 7.0m，横桥向宽 4.5m，为单箱单室截面，顺桥向壁厚 0.75m，横桥向壁厚 1.8m。中塔柱高 71m，顺桥向宽 7.0～10.0m，横桥向宽 4.5m，为单箱单室截面，顺桥向及横桥向壁厚 0.75m。下塔柱高 37.5m，顺桥向宽 10m，横向宽 4.5～8m，为单箱单室，顺桥向及横桥向壁厚均为 1.0m。塔柱在上、下游外侧留有景观凹槽，槽宽 1.6m，槽深 0.3m，以增强景观效果。

上横梁梁高 6.0m，单箱单室截面，壁厚均为 0.8m，配置 24 束 19-7ϕ5 预应力钢绞线、锚固于主塔外侧壁上；下横梁梁高为 8.0m，单箱双室截面，腹板厚 0.6m，顶、底板厚 1.0m，配置 96 束 19-7ϕ5 预应力钢绞线、锚固于主塔外侧壁上。

斜拉索在塔上的锚固方式采用在塔柱上直接设锚槽的方式，斜拉索通过锚头锚固于塔壁的锚固槽内。塔柱斜拉索锚固区布置预应力粗钢筋，用以抵抗塔柱箱形截面上四壁的拉应力。

3）主梁

主梁为钢主梁与钢筋混凝土板共同受力的组合梁（图 6），二者通过剪力钉相结合。组合梁梁高为 2.7m（钢主梁中心处）、2.97m（桥梁中心线处）。钢主梁断面为“I”字形，横桥向两主梁中心间距 27m。

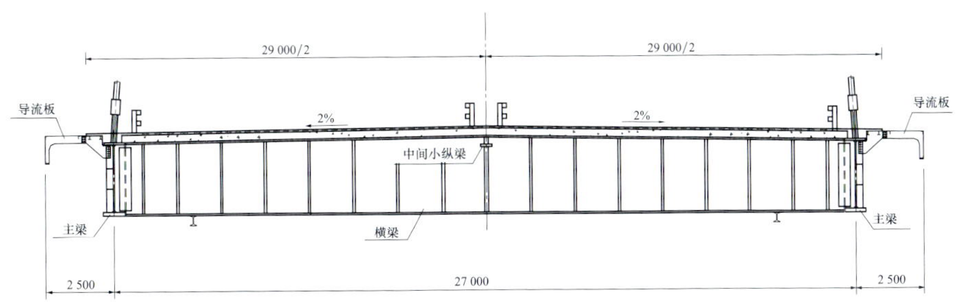

图 6　主梁（尺寸单位：mm）

（1）桥面板

桥面板设计采用分块预制吊装、板间设现浇缝的方式，除主梁梁端 1.15m 为现浇混凝土板外，其余部分均为预制钢筋混凝土板，板厚 25cm，预制板顺桥向设锯齿形剪力键。单块预制桥面板的 C60 混凝土，重量 36t。

在主跨 192m 范围内及两边跨各 93m 范围内桥面板中布置有纵向预应力，预应力采用强度为 R_{yb}=1 860MPa 的 7-ϕ15.2 钢绞线，主跨布置有 52 束，两边跨各布置有 40 束。

为了减少混凝土收缩、徐变对结构的影响，每块预制板在拼装之前，要求保证六个月以上的存放时间，同时，现浇接缝要求采用微膨胀混凝土。为保证预制板与钢梁顶缘之间的密贴，在钢梁上边缘粘贴有 1cm 厚橡胶带，一防砂浆外溢，二防水气侵入锈蚀钢梁。

（2）钢梁

钢梁主要由钢主梁（纵梁）与钢横梁构成，钢横梁之间另设有通长的小纵梁。钢主梁上采用锚拉板的斜拉索锚固构造形式。钢梁的材质为符合英国标准 BS4360 的 Grade 50 级结构钢。

① 钢主梁（纵梁）

钢主梁长 1 123m，共有两片，中心间距 27m。每片主梁断面均为腹板外侧布置有两条纵向加劲肋的 I 字形断面，断面全高 2.45m。每片主梁的 I 形断面板件组成分为两类，一类上缘板 36mm×800mm，下缘板 70mm×800mm，腹板厚 16mm，两条纵向加劲肋均 24mm×260mm，此类断面的主梁对称布置在 605m 跨跨中范围；另一类上缘板 50mm×800mm，下缘板 80mm×800mm，腹板厚 28mm，两条纵向加劲肋均 24mm×260mm，此类断面的主梁布置其余的部分。主梁梁段间工地采用 M30 的高强度螺栓连接。主梁纵向的竖向曲线通过梁段拼接接缝上、下缝之间的间隙差值来实现。设计中考虑主梁受压后梁段长度将减小，在主梁梁段间的每处工地接缝中都增加了 6.5mm 的压缩预增量，以补偿长度损失。单段主梁最大重量约 30t（含拉索下锚点结构）。

② 钢横梁

全桥范围内共有 257 片横梁。每片横梁两端分别支承在两片主梁上，横梁间距 4.5m。横梁共有两种断面形式，一种为 I 形断面，另一种为箱形断面。根据各横梁所在位置的受力构造情况，横梁共分为 8 种类型。所有横梁两端与主梁间均采用 M24 高强度螺栓工地连接，且翼缘板均不拼接。单片横梁的最大吊重约 78t。

③ 小纵梁

横梁在安装过程中由于其跨度较大，为保证在上部受压区的侧向稳定，在横梁中部设置了全桥通长的小纵梁，中部小纵梁同时也为混凝土桥面板现浇缝提供模板作用。为满足边孔压重的需要，在主梁两端的各6个横梁节间内还设置有96片小纵梁，小纵梁两端用M24高强度螺栓连接在横梁下部。小纵梁均为I形断面，梁高0.5m。

④ 锚拉板

本桥斜拉索在主梁上的锚固方式采用了锚拉板结构形式，为国内首次采用（图7）。锚拉板分上、中、下三

图7　锚拉板

部分：上部锚拉板的两侧焊于锚管外侧，下部直接用焊缝与主梁上翼缘顶面焊连，中部除了需安装锚具外，尚需连接上、下两部分，为了补偿开孔部分对锚拉板截面的削弱，以及增强其横向的刚度，在锚拉板的两侧焊接了加劲板。

该构造形式索力的传递途径：通过锚管端部承压将拉索力传递至锚管上，锚管通过两侧熔透焊缝的剪切将索力传递至锚拉板和其上的加劲肋，再通过拉板及加劲肋的受拉使其内力向下传递，最后通过拉板与主梁上翼缘间的熔透缝及主梁上翼板的Z向受拉将内力传递至主梁中。这种结构传力途径明确，构造简单，工地施工作业方便。

（3）剪力钉

桥面板通过布置在钢主梁及钢横梁顶的剪力钉与钢梁结合。剪力钉采用ϕ22圆头焊钉，ML15钢，长160mm。

全桥剪力钉均为工厂焊接，剪力钉的检验、焊接工艺、焊接质量检验及生产焊接控制均应满足有关规范要求。剪力钉按单钉承载力5t，疲劳剪力幅2.5t设计。

（4）压重区

本桥压重采用两种措施：一为直接在边跨钢梁的端部区域设预制混凝土压重块；二为钢梁伸出边墩8.5m，在过渡孔内布置12片长31.5m的预应力混凝土T梁用以压重。

4）斜拉索

斜拉索长度长（最长达312m，不含锚具）、重量重（单根斜拉索的重量最大为32.2t），考虑到运输、安装及更换方便，斜拉索采用平行钢绞线斜拉索体系。该体系斜拉索具有多层防护，即：钢绞线镀锌层、油性蜡、单根钢绞线HDPE护套层、整根斜拉索HDPE外套管层（最外层HDPE护套外表面采用螺旋线以抑制风雨振），斜拉索钢绞线锚固方式采用夹片群锚体系。

斜拉索呈空间扇形索面布置，斜拉索在塔上（塔中心线处）竖向间距2m，在梁上纵桥向索距除梁端加密为3.5m、5m、9m外，其余均为13.5m。斜拉索选用8种截面，分别为27ϕ15、34ϕ15、37ϕ15、43ϕ15、48ϕ15、55ϕ15、75ϕ15、83ϕ15。全桥共有168根斜拉索，钢绞线共重1 821t。

5）主梁安装

主梁采用悬臂安装法，首先从主塔处逐段对称向外双伸臂安装至边跨梁段完成（图8），然后转换为单悬臂安装主跨剩余梁段，最后进行主跨合龙梁段的安装。

主梁的安装工序：

（1）利用桥面吊机安装钢主梁、钢横梁、小纵梁形成平面框架；

（2）初张拉相应的斜拉索；

（3）吊装相应的预制桥面板并完成相应的桥面板间现浇缝；

图8　主梁安装

(4) 在现浇缝混凝土强度达到设计要求后调整斜拉索索力；

(5) 吊机前移进入下一节段的循环。

主梁在安装过程中，塔、梁间采用临时固结，在主跨合龙之后立即解除临时固结，结构转换为成桥状态体系，考虑到主梁安装过程中台风的影响，为确保安装过程中结构的受力安全，在边跨跨中部位设有临时墩，在台风来临前将临时墩与主梁临时连接。

3. 主要技术特点和创新点

(1) 主跨跨度采用605m的结合梁斜拉桥，在国内外同类型桥梁中位居世界第一。

(2) 采用单片工字形钢主梁结构，主梁高度仅2.7m，非常纤细，梁高与主孔跨度之比为1/224，达到国际先进水平。

(3) 斜拉索锚固系统首次在国内采用将斜拉索锚拉板直接焊接在钢主梁顶板上的先进技术。

(4) 斜拉索采用先进的新型钢绞线体系。

(5) 2号主塔墩基础结构先进，采用大直径钢管钻孔桩群桩组合基础，缩短了建设工期，为大桥的顺利建成争取了宝贵时间。

(6) 3号主塔墩基础合理利用深水主河槽稳定的西门礁作为塔墩墩位，采用挖孔桩，节省了基础工程费用，经济效益显著。

(7) 斜拉桥跨度布置采用三跨结构，施工简便，节省了辅助墩。

(8) 斜拉索索距增大到13.5m，简化了主梁结构，方便了主梁制造，减少了斜拉索根数，节省了工期。

(9) 深入研究了大桥防撞和航行安全，在2号主塔墩下游合理采用分离式防撞墩，保证了桥梁结构的安全。

(10) 全面研究了大桥的抗风性能，在主梁上采用增设导流板的气动措施，满足了检验风速的要求，提高了抗风稳定性，满足了受力要求，节省了投资。

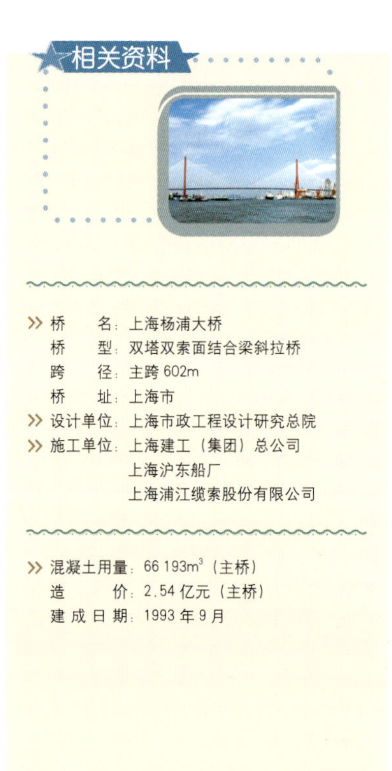

相关资料

》桥　　名：上海杨浦大桥
桥　　型：双塔双索面结合梁斜拉桥
跨　　径：主跨 602m
桥　　址：上海市

》设计单位：上海市政工程设计研究总院

》施工单位：上海建工（集团）总公司
上海沪东船厂
上海浦江缆索股份有限公司

》混凝土用量：66 193m³（主桥）
造　　价：2.54 亿元（主桥）
建 成 日 期：1993 年 9 月

上海杨浦大桥

图 1　上海杨浦大桥全景

图 2　大桥全景

1. 概况

杨浦大桥位于上海市杨浦区，是市内跨越黄浦江、连接浦西老市区与浦东开发区的重要桥梁，是上海市内环线的重要组成部分。该桥全长 8 354m，主桥长 1 172m，跨径组合为40m（过渡孔）+(99m＋144m)(边跨)+ 602m（主跨)+（144m+99m)(边跨)+(44m)(过渡孔)，主跨采用602m 结合梁斜拉桥，建成时为同类桥型世界之最（图 1、图 2）。桥下通航净高 50m，桥面总宽 30.35m，设计车速 60km/h。

2. 主桥结构

主桥为双塔双索面钢—混凝土组合梁斜拉桥（图 3），塔墩固结，纵向为悬浮体系，横向设置限位和抗震装置。钢筋混凝土塔柱高 200m，塔型呈钻石状，钢管桩基础。钢主梁采用箱形断面，高 2.7m，中距 25m。工字形钢横梁，间距 4.5m。预制钢筋混凝土桥面板，桥面连续体系（图 4）。每座索塔两侧各有 32 对拉索，全桥共 256 根。最大索长 330m，拉索最大断面由 313 根直径 ϕ7mm 高强钢丝组成。辅助墩、锚墩、边墩均为柱式墩，钢筋混凝土预制桩基础。

1）桥塔基础

浦东主塔基础，采用 ϕ914mm 钢管桩 190 根，浦西主塔基础，采用 ϕ914mm 钢管桩 183 根，桩距 2.7～3m，沉桩深度 -52m，基坑深度 4.3m，四周采用封闭型拉森板桩。承台宽 47.2m，长 32.2m，厚 5m。

浦东承台采用分层一次浇筑，浦西承台采用外聚内散法，浦东、浦西承台混凝土各为 7 600m³，钢筋各为 1 200t，承台无施工缝。东、西主塔（图 5）分塔座、下塔柱、中塔柱、塔柱三角区和塔柱。

塔座是衔接塔柱与承台的关键

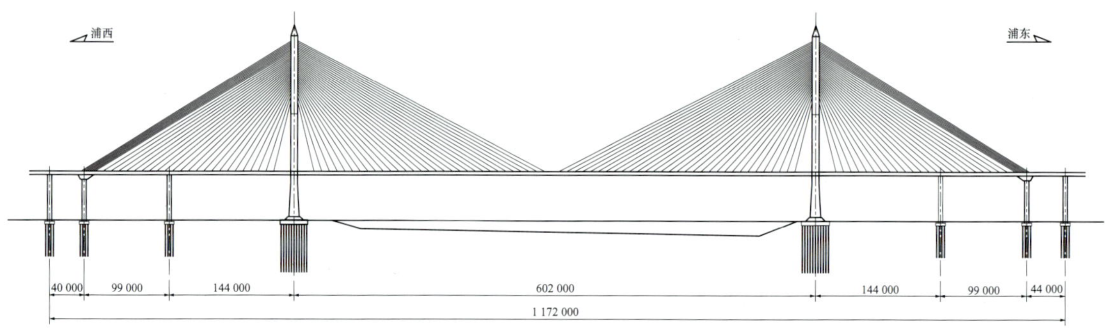

图 3　主桥桥型布置（尺寸单位：mm）

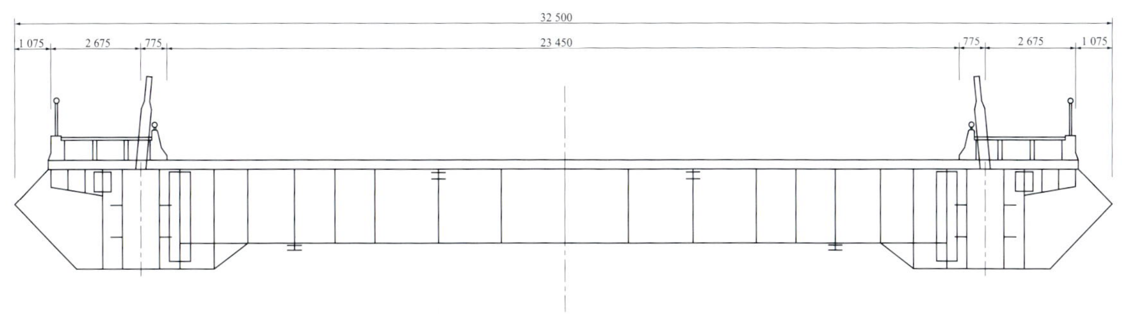

图 4　主梁断面（尺寸单位：mm）

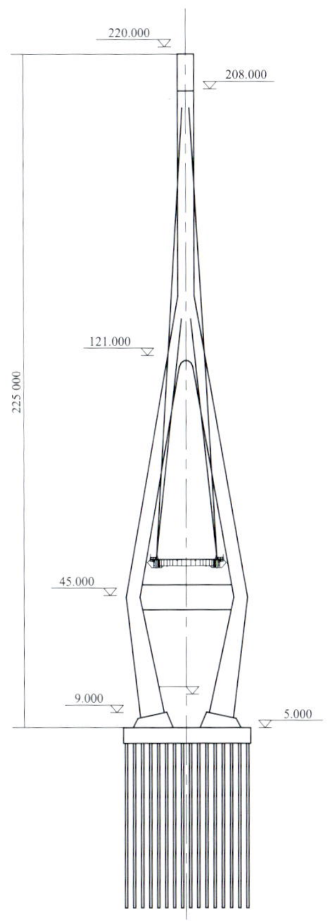

图 5　主塔（尺寸单位：mm）

部位，其形状为规则的锥体，顶面与下塔柱轴垂直，倾角11.3°，塔座形体复杂，混凝土2 255m^3，钢筋217t，一次浇捣。

下塔柱为塔座面至下横梁底，高 36m。柱截面尺寸(12.0～8.0)×(8.5～4.5)×0.8(m)，呈空腹切角矩形。下塔柱每只主墩内设劲性骨架 309.2t，钢筋 132.9t，采用泵送混凝土。

采用斜导架式自升模板新工艺施工，创造 1.5m/ 日上升纪录（图 6）。

上塔柱高 63.58m，为空腹现浇钢筋混凝土结构，除与塔柱三角区同样有劲性柱外，还有拉索 120 根及预应力束 538 根。

图 6　索塔施工

2）钢主梁

钢主梁为箱型（图 7），横隔梁为工字型，全重 13 000t，钢梁焊接经 X 光拍片、超声波探伤、磁粉探伤，合格率均达 100%。钢梁主体在地面预组装，通孔率达到 100%，钢梁建造周期共 13 个月，比计划要求提前 3 个月。

图 7　钢箱梁标准节段

尾段LWB25钢主梁箱，重约80t，长10m，高7m，内有6套全焊结构的拉索锚具箱，是国内首次建造技术难度最高的大型钢箱梁。钢箱梁安装（图8）。根据多次测量和考虑斜拉索的分力造成的桥梁“压缩量”，以及包含环境温度造成的收缩量，钢梁进行预拼装。

图8 钢主梁安装

图9 桥面板安装

3）混凝土桥面板

混凝土桥面板均预制，设纵、横向预应力。根据南浦大桥建设中解决混凝土桥面板开裂的经验，采取了横梁反顶、现浇膨胀混凝土等措施。混凝土桥面板的厚有260mm和400mm（图9）。混凝土桥面板纵横向施加预应力，混凝土桥面板与钢梁的叠合。

4）拉索

全桥共用拉索256根，其中最大的拉索由301根直径7mm的高强度镀锌钢丝制成，最长拉索为328m，单根重量达33t，全桥拉索总重量3 006t。

拉索外观为鹅黄色，为双护层彩色拉索，护套材料内层为黑色高密度聚乙烯，外层为聚氨酯。

拉索在出厂前经过预张拉，其荷载为设计荷载的1.5倍，其预张拉力达钢丝破断强度的65%，最高预张拉荷载达12 000kN。预张拉后的锚具锚板回缩量不超过5mm，为确保拉索成品质量和性能，还进行了拉索静力和疲劳试验。

3. 主要技术特点和创新点

（1）提出新的结构稳定理论，解决了超大跨度桥梁的初始内力对活载的影响问题。

（2）采用钻石型桥塔，提高主梁抗扭自振频率，抗风稳定性的，抗风能力达80m/s。

（3）横断面设计为双主肋断面，改善连接板设计，钢板厚度限制在60mm以下。

（4）索锚固在箱梁内，箱梁除承受顺桥向索力外，还须承受横桥向索力。

（5）索与塔采用预应力方式锚固，并做了实物模型试验。

（6）根据景观需要，索套采用鹅黄色，在PE护套外再热挤2mmPV。

上海杨浦大桥获国家级最佳工程设计特别奖、全国优秀工程设计金质奖、中国建筑工程鲁班奖、詹天佑土木工程大奖（首届）。

上海徐浦大桥

图 1　徐浦大桥全景

相关资料

>> 桥　　名：上海徐浦大桥
桥　　型：双塔双索面混凝土梁与钢-混结合梁混合结构梁斜拉桥
跨　　径：主跨 590m
桥　　址：上海市
>> 设计单位：上海市政工程设计研究总院
>> 施工单位：上海远东国际桥梁建设有限公司
上海浦江缆索股份有限公司

>> 混凝土用量：112 175m³（主桥）
钢 材 用 量：38 521t（主桥）
造　　价：8.33 亿元（主桥）
建 成 日 期：1997 年 6 月

1. 概况

徐浦大桥是上海市外环线跨越黄浦江上游，连接浦西和浦东开发区的特大型桥梁，主桥长 1 074m，主跨采用 590m 双塔双索面混合梁斜拉桥（图 1）。

桥址处江面宽约 520m，主航道偏浦东岸一侧，水深 8～13m。

大桥双向八车道，桥宽 35.95m；设计荷载：汽车—超 20 级，验算荷载挂车—120 和特—300，设计速度 80km/h；通航净高 46m，通行 5.5 万吨轮船。

2. 主桥结构

主桥采用双塔双索面、边跨混凝土梁与中跨钢混组合梁混合型斜拉桥，主桥跨径布置为：40m（过渡孔）+40m+3×39m+45m+590m（中跨）+45m+3×39m+40m+40m（过渡孔），总长 1 074m（图 2）。主梁纵向可自由移动，横向设有限位和抗震装置，过渡孔简支 T 梁支承在边墩和斜拉桥边跨尾部的端横梁上。斜拉桥在锚固墩处设有纵、横、竖三向限位装置，在主塔处设置横向限位装置。主桥在锚固墩端横梁处，设置转角伸缩缝，在过渡孔与引桥相接的边墩上设置大位移伸缩缝。

1）主塔及基础

主塔塔高 212m（图 3、图 4），塔柱为矩形断面，断面尺寸为顺桥向长 13.0～9.0m，横桥向宽 9.3～5.0m，壁厚 0.8～1.6m。下横梁高 8.0m、上横梁高 12.0m，均为箱形断面。主塔 C50 号混凝土。斜拉索在塔上的锚固方式依据拉索水平力的大小而定。1～10 号斜拉索由于水平分力较小直接锚固的塔壁上，11 号～30 号斜拉索则锚固在拉索锚固钢横梁上。主塔基础采用 224 根 ϕ900mm 钢管打入桩（图 5）。

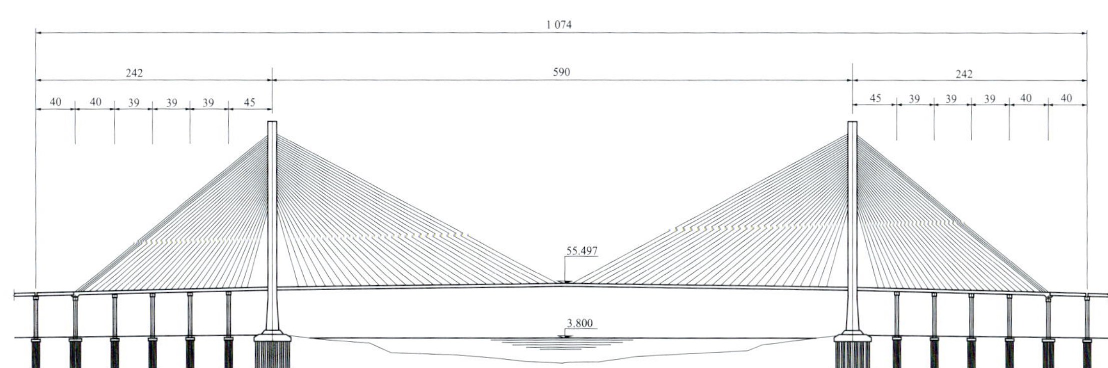

图 2　主桥桥型布置（尺寸单位：m）

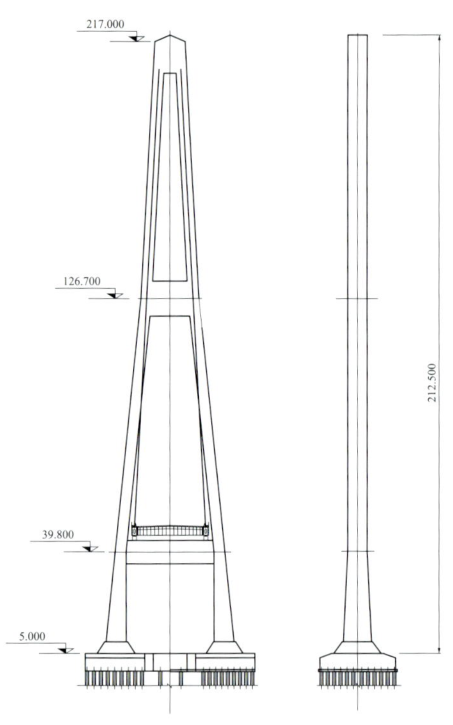

图3　桥塔（尺寸单位：m）

图4　桥塔

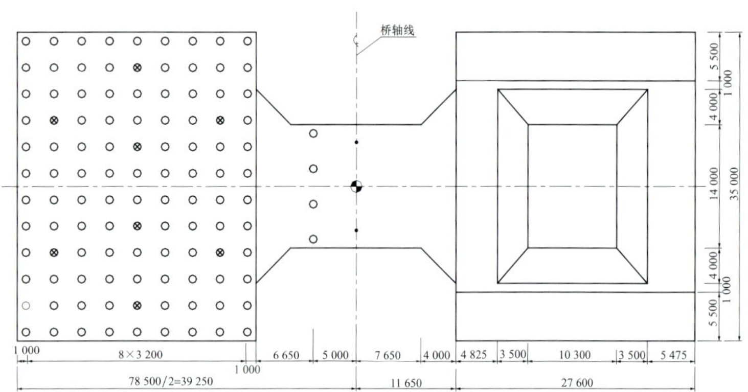

图5　桥塔基础平面布置（尺寸单位：mm）

2）边跨墩

主桥边跨每侧共设有4个辅助墩、一个锚固墩和一个边墩。边跨墩均采用双柱式桥墩，墩身为箱形截面钢筋混凝土结构，盖梁为箱形截面预应力混凝土结构，C40号混凝土。边跨墩基础为ϕ800mm钻孔灌注桩。

3）钢梁

钢梁采用工厂焊接结构（图6），钢材选用首次生产的国产化“STE355细晶粒可焊接正火钢板”。两片箱型钢主梁中心距为33.25m，上翼板2 700mm×25mm，腹板2 700mm×(20，25，30，40、50)mm，下翼板2 700mm×(35，40，50，60)mm。每片箱形主梁双腹板间距1 900mm。标准节段钢主梁长9.0m，重34～57t。钢横梁为I字形断面，间距4.5m。上翼板600mm×25mm，腹板3 005mm×(12，16)mm，下翼板600mm×(25～30，40～50)mm。钢横梁长30.53m，重21～27t。小纵梁在横向共设置3片，呈工字型断面。钢梁采用摩擦型高强螺栓联结，在现场拼装。构件出厂前经空间立体多段试拼装。高强螺栓为M30、M22。

4）桥面板

桥面板采用C60混凝土。厚度为260mm、460mm。过渡段桥面板厚度由260mm渐变到460mm。预制桥面板存放4～6个月后安装，以减少混凝土收缩、徐变对叠合梁带来的不利影响。现浇接缝采用C60无收缩补偿混凝土。

5）混凝土梁

边跨混凝土梁采用预制工字梁连接而成的多室混凝土箱梁。每跨混凝土梁由18片预制梁组成。预制工字梁高3.0m，宽1.25m，长37.0～40.3m，每片预制梁重115～150t。C50混凝土。箱梁内布置有纵横向预应力钢束。

6）斜拉索

斜拉索采用扇形空间双索面布置。塔柱每侧索面各有30对斜拉索。梁上标准索距为中跨9.0m，边跨6.5m。塔上索距2.1m。斜拉索采用ϕ7镀锌高强钢丝，冷铸锚具，外部为PE护套管，再外层为彩色涂层。

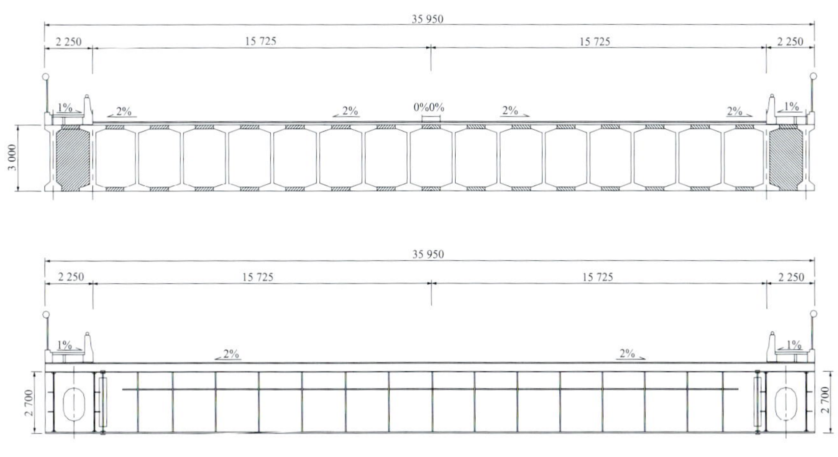

图 6　主梁（尺寸单位：mm）

斜拉索断面为 163～367 根 ϕ7 钢丝，最长斜拉索长约 325m，重 30t。斜拉索两端设置了高阻尼橡胶高效减振器。设计考虑在运营条件下可以更换任何一根斜拉索。

3. 主要技术特点和创新点

(1) 总体建筑造型富有新意，在塔型、拉索索面型式及建筑色彩上形成新的风格，与下游南浦、杨浦大桥有明显特点。

(2) 大桥主跨 590m，中孔采用钢—混组合梁断面，与杨浦大桥相仿，但桥面更宽，达 35.95m。充分参考南浦、杨浦大桥的成功经验，针对超宽桥面的结构布置、构造受力及施工安装等方面进行了重点研究，对组合梁的架设方案作了局部调整，采用桥面吊机在横梁为叠合梁断面时受力定位并配合横梁反顶措施，克服了钢梁安装时因横梁挠曲过大导致钢主梁扭转变形较大而影响钢横梁安装的技术难题，保证了中跨钢梁安装顺利。组合梁施工速度最快达到 2m/ 天，处于世界先进水平。

(3) 主桥边跨采用混凝土梁，每跨由 18 片预制工字梁通过现浇接缝混凝土连接而成单箱多室断面。施工方法与引桥一致，采用一套设备、一套工艺进行施工。边跨混凝土梁与主塔平行施工，同步完成边跨主体结构，缩短了大桥建设工期、节约了造价。

(4) 主桥边跨每隔 40m 左右设立一个辅助墩，提高了主桥结构的受力性能及抗风振、抗地震性能。设计采取以下措施有效地克服了软土地基的不均匀沉降对主桥边跨混凝土梁的不利影响：

① 主塔基础采用 ϕ900mm 钢管打入桩进入合适的持力层，使主塔基础不致产生过大的沉降量。

② 各辅助墩上均设置可以调节支座高程的构造，在主桥施工合龙后通过分析沉降观测资料，对浦东、浦西部分辅助墩的支座高程进行了调整，实施效果良好。

(5) 边跨混凝土梁与中跨组合梁的连接构造是大桥的重要构件之一，主梁中强大的轴向压力通过连结构造进行传递。因边跨梁为单箱多室断面，与中跨 π 型叠合梁断面的形状差异较大，设计采用受力可靠的实心段混凝土梁（顺桥向长 7.5m）来保证不同力系相互传递时的安全，经平面杆系及空间电算程序的计算分析表明设计效果良好。在组合梁与实心段混凝土梁连接节点部位通过对钢主梁部分进行局部加强，采用混凝土填芯段（顺桥向长 1.8m）、厚端板、传力角钢、焊钉以及锚固预应力束等一系列构造措施，使得钢主梁的高应力能够比较均匀地传递给实心段混凝土梁。连接构造设置在主塔 0 号节段范围，构造简单、施工方便。通过采用分块浇筑，外蓄内冷的施工方法有效地解决了 0 号段大体积混凝土施工中的水化热问题。

(6) 施工控制及中、边跨合龙技术是大桥建设关键技术。通过不断优化、完善主桥安装的施工程序，保证了大桥施工的快速、安全、优质。主桥实际施工结果桥面标高线型光滑和顺，符合设计要求，斜拉桥恒载受力状态良好。中跨合龙段施工方案和合龙温度选择正确，中跨钢梁合龙一次成功。

(7) 大桥竣工后荷载试验数据表明，理论计算值与试验实测值基本吻合，大桥的受力性能（静力、动力）均符合设计要求。

(8) 徐浦大桥是世界上第一座大跨径混凝土梁与钢 - 混叠合梁混合结构斜拉桥，它的建成标志着我国在该种桥型结构的设计施工上达到世界先进水平。

上海徐浦大桥获全国优秀工程设计金质奖。

相关资料

» 桥　　名：广东汕头礐石大桥
桥　　型：混合梁斜拉桥
跨　　径：主跨 518m
桥　　址：广东省汕头市
» 设计单位：中铁大桥勘测设计院有限公司
» 施工单位：中铁大桥局集团有限公司
广东省长大工程有限公司
中铁宝桥股份有限公司
柳州欧维姆机械股份有限公司

» 混凝土用量：57 000m³
钢 材 用 量：10 900t
造　　价：16.9 亿元
建 成 日 期：1999 年 1 月

广东汕头礐石大桥

图 1　汕头礐石大桥全景

1. 概况

汕头礐石大桥位于汕头市西南部，全长 2 941m，主桥首次在国内采用 518m 混合梁斜拉桥（图 1）。

桥位处海面宽 1 500m，主航道深槽偏南，水深流急，属不正规的半日混合潮地区，最大潮差 3.99m，最大潮速 2.05m/s。覆盖层由淤泥和残积土层组成，基岩为花岗岩。

大桥采用六车道高速公路标准，设计速度 60km/h；桥面宽度 30.35m；通航标准：净宽 2×200m，净高 38m。设计基本风速 42m/s；地震基本烈度Ⅷ度，基岩加速度为 0.222 9g；极端最高气温 38.6℃、最低气温 0.4℃，相对湿度 82%～88%。

2. 主桥结构

主桥采用 2×47m+100m+518m+100m+2×47m＝906m 双塔双索面混合梁斜拉桥。主跨 518m 加两个侧边跨各 100m，长 718m 采用钢箱梁结构，梁上索距 12m。两端接两孔 47m 的锚跨，梁上索距 7m，采用预应力混凝土箱梁的混合结构（图 2）。

1）主塔及基础

两座主塔在承台顶面以上 148m，为钢筋混凝土钻石型结构（图 3、图 4）。桥面以上部分为 A 形刚构，塔柱为矩形空心截面，顺桥向塔顶宽度 6m，变至塔底 8m。基础为 16 根直径 2.5m 的钻孔灌注桩组成的高桩承台结构。桩长 19～44m。承台的平面呈工字形，采用由三个无底钢套箱加以组合的工艺，构筑成整体钢筋混凝土结构。北主塔处的水下基岩在基础范

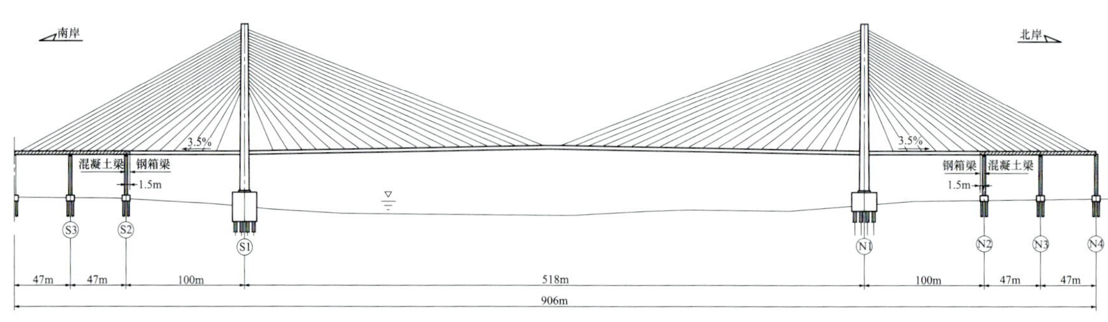

图 2　主桥桥型布置

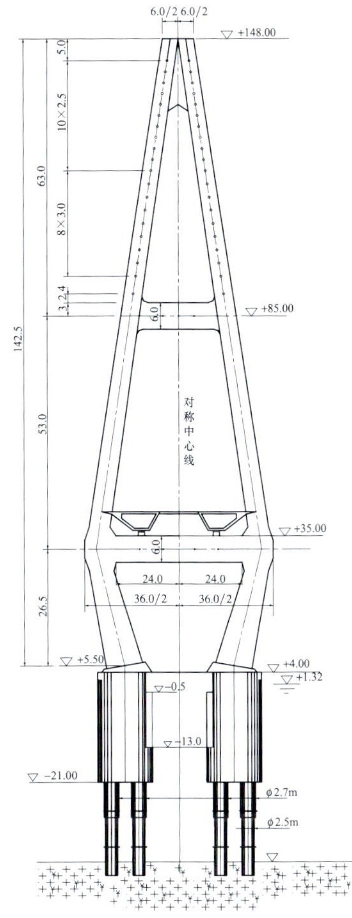

图3 主塔（尺寸单位：m）

图4 南侧主塔中塔柱施工

围内峰壑起伏，桩位间高差达10～15m，为了解决各桩之间长短悬殊造成在结构受力上的困难和对高塔的不利影响，本桥采取了进行水下控爆作业，将岩面予以适当的削平，给大型桥梁深水基础施工开了一个先例。

2）主梁设计

（1）主梁截面

钢箱梁截面中心高度3.0m，由两个边箱、中间板块和单独的风嘴块共5件组成（图5），除顶部桥面板采用纵向对接焊外，其余梁段和板块间均用高强度螺栓连接。桥面板与边箱底板采用U形闭口肋加劲，腹板等采用板肋加强。在纵向每3m设一道横肋，索点横梁与普通横梁按相距6m间隔排列。钢箱梁在车间进行全截面组装成长12m的节段出厂，一个标准段重约150t。位于竖曲线的梁段通过调整接缝间隙形成主梁线形。两端的预应力混凝土箱梁截面外轮廓尺寸与钢箱梁基本一致（图5）。在纵向每隔7m设一道横隔梁。两边箱之间的桥面板中心设一道小纵梁予以加强。

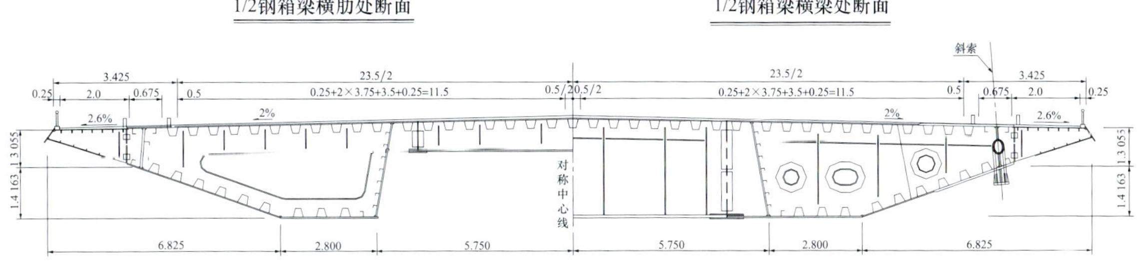

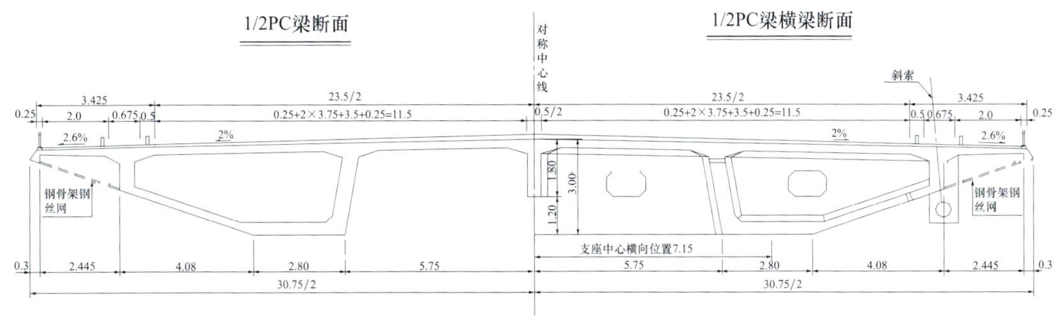

图5 主梁（尺寸单位：m）

(2) 钢混接头

钢箱梁与预应力混凝土箱梁的连接接头（图6），设在距辅助墩顶1.5m处。是因为该处主梁的变位小以及施工工艺简单，质量易于保证。虽弯矩稍大，是可以通过结构措施得以解决的。接头放在混凝土箱梁的端部横隔梁处，两种结构的构件以该处辅助墩上的支座中心线为界相互交叉。钢箱梁套在混凝土箱梁的外面，钢箱梁上下翼缘板通过抗剪焊钉与包覆的混凝土梁体牢固结合，并利用混凝土箱梁内的纵向预应力束，锚固在钢箱梁的端隔板上，形成主梁弯曲应力的传递。端隔板紧贴，在混凝土横隔梁的端面上，主梁的纵向压应力得以传递。梁中的剪应力通过端面的抗剪焊钉得到传递。又通过焊接在钢箱梁上下翼缘板U肋顶面上的T形肋逐渐变高，以及梁体的嵌套和锚固作用，形成主梁刚度的过渡，使主梁的刚度骤变得到缓解。本接头方案曾采用1：2的模型测试验证其可靠性。

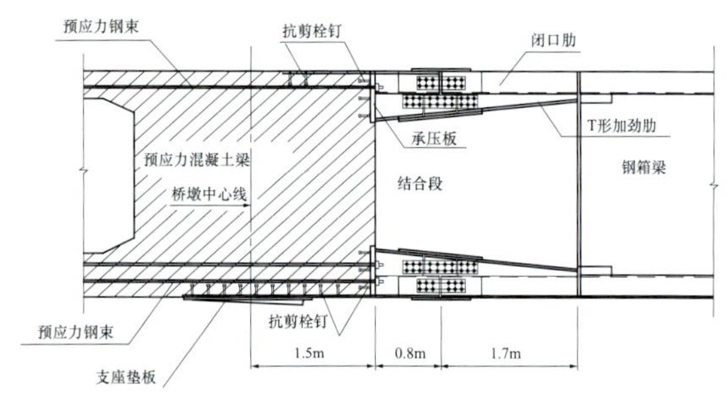

图6　钢箱梁与混凝土接头

(3) 管锚结构

斜拉索在钢箱梁上的锚固采用受力直接的管结构方案（图7）。在钢箱梁的边腹板中嵌入无缝钢管，利用焊接将断开的腹板与钢管焊为一体。为减轻由腹板传递的纵向轴力对钢管造成的径向挤压和钢管穿过上下翼缘板对截面的削弱，采取在一定范围内将翼缘板加厚以增强其局部传力的截面刚度，尽量降低腹板中传递的纵向力。经采用1：2的模型通过多工况的测试，证实了钢箱梁采用嵌入腹板的管锚结构具有可靠的安全度。

(4) 主梁的成桥约束

主梁在两座主塔及6座边墩上均为竖向支承。水平抗风支承只在两座主塔和尾端墩上设置。纵向约束采取在两座主塔的前后设弹性水平拉索予以控制，拉索中给以适当的初张力，以不出现松垂为原则。弹性索截面的极限强度的选定，以在发生相当于抗震设计的地震烈度时可以破断为准。

(5) 主梁合龙措施

主梁在分段吊装架设中，有三次合龙作业。第一、二次为经双悬臂拼装在边跨钢箱梁与混凝土箱梁端部伸出的钢接头进行合龙。在施工安排中于两座主塔的前后布置一对可操纵的水平千斤顶对钢箱梁进行纵向锁定，合龙时利用千斤顶对合龙间隙进行调节。第三次则为主跨跨中的全桥合龙，是准确测量合龙口间隙后，配切钢箱梁合龙段的长度，等待合适的温度进行合龙的。

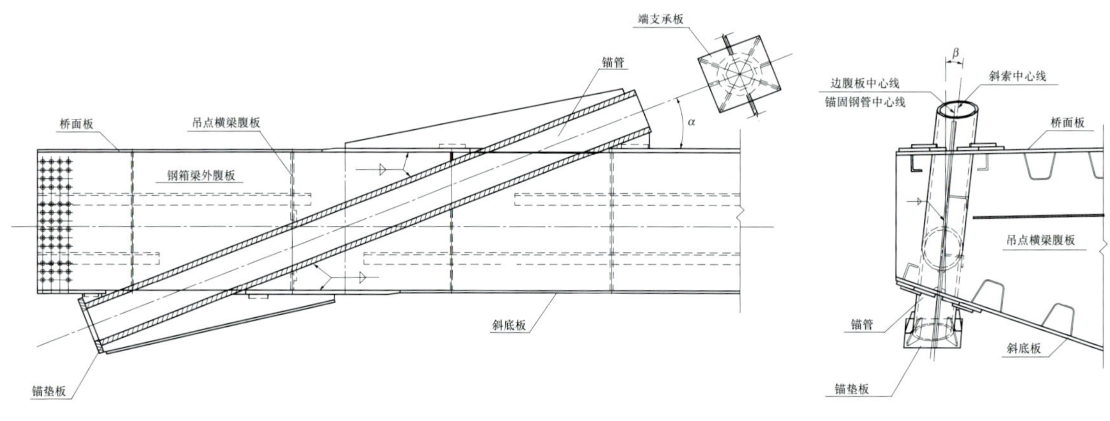

图7　管锚结构

3) 斜拉索设计

(1) 斜拉索结构

本桥在设计中，着眼于对技术进步的推动，在吸取国外已有的斜拉索结构方式的启示下，研制成功OVM250型斜拉索体系，应用于本工程。

国际上该种斜拉索有两种不同的锚固方式。一种是无黏结式，它便于复测索拉力和单根抽换钢绞线。另一种是有黏结式，在斜索锚头中灌注环氧砂浆，使钢绞线与锚头黏结在一起，为较保守的方式。本设计鉴于本桥的自重较轻，安装过程中要遭遇台风以及强地震等因素，因而采用有黏结的保守方案。

（2）斜拉索的张拉原则

在一根斜拉索中具有多根独立的钢绞线，通过逐一张拉单根钢绞线而形成整索的张拉力，保持各根钢绞线的拉力基本一致是借助于“等张力法”（Isotension）予以实现。其原则是根据主梁和主塔变形刚度将第一根被张拉的钢绞线算出，在操作中第一根是用工作夹片临时固定并连接拉力传感器。第二根被张拉的力停止在与第一根下降后拉力相等的位置。如此逐根进行直至最后一根钢绞线，最终所有各根必定处在等拉力的状态。

（3）本桥的全模型风洞试验由其实验结果表明桥梁在整体上具有足够的空气动力稳定性。但是有关斜拉索的风致振动问题，风洞试验则难于真实模拟作出判断。设计中对本桥斜拉索，加装体外制振装置。全桥合龙成桥后，平常阵风风力在6级以上时，8个索面产生不同程度的驰振现象，故采取安装二阶索的临时措施，风振现象有所缓解，但对面外的振动，效用有限。1999年底在全桥160根斜拉索上完成了的外接黏性剪切阻尼器（HCA）的安装经实际在桥上检测，斜拉索第1阶模态阻尼δ值提高到原来的7～16倍，基本上抑制住有害的索振现象，对国内特大跨度斜拉桥的技术发展，作了有益贡献。

3. 主要技术特点和创新点

本桥是国内第一座大跨度的混合梁斜拉桥，其钢—混接头，管锚结构细节，以及有4层防护的平行钢绞线斜拉索，外接黏性剪切阻尼器和深水主塔基础的新方案及工艺、水下控爆等都具有技术开拓性。

相关资料

» 桥　　名：安徽安庆长江大桥
桥　　型：钢箱梁斜拉桥
跨　　径：主跨 510m
桥　　址：安徽省安庆市

» 设计单位：安徽省交通规划设计研究院
重庆交通科研设计院

» 施工单位：湖南路桥建设集团公司
中交第二航务工程局有限公司
中铁宝桥股份有限公司
柳州欧维姆机械股份有限公司

» 混凝土用量：62 157m^3
钢材用量：33 441t
造　　价：3.25 亿元
建成日期：2004 年 12 月

安徽安庆长江大桥

图 1　安庆长江大桥全景

1. 概况

安庆长江大桥位于长江安庆段，全长 5 986m，主桥主跨 510m 钢箱梁斜拉桥（图 1）。

桥位处河床宽 1 649m，主河槽宽 1 040m，最大水深 35m，平均流速 1.6m/s，设计流 97 000～101 000m^3/s，最大冲刷深度为 20.1m。年平均气温 16.5℃、降雨量 1 363mm。北塔处覆盖层 11.4～13.8m，南塔处覆盖层 27.0～28.6m。基岩为粉砂岩，系软质岩和极软质岩。

大桥采用四车道高速公路标准，设计速度 100km/h，设计基本风速：横桥向 33.6m/s，顺桥向 29.8m/s；船舶撞击荷载：顺水流方向 27 000kN，横水流方向 13 500kN；地震基本烈度 VI 度，按 VII 度设防；通航净空：最小净高 24m，主通航孔双向通航宽不小于 460m。

2. 主桥结构

主桥为 50m＋215m＋510m＋215m＋50m＝1 040m，五跨连续双塔双索面钢箱梁斜拉桥（图 2）。两边跨各设一辅助墩，为克服辅助墩的负反力，在每侧辅助跨上压重 1 000t。

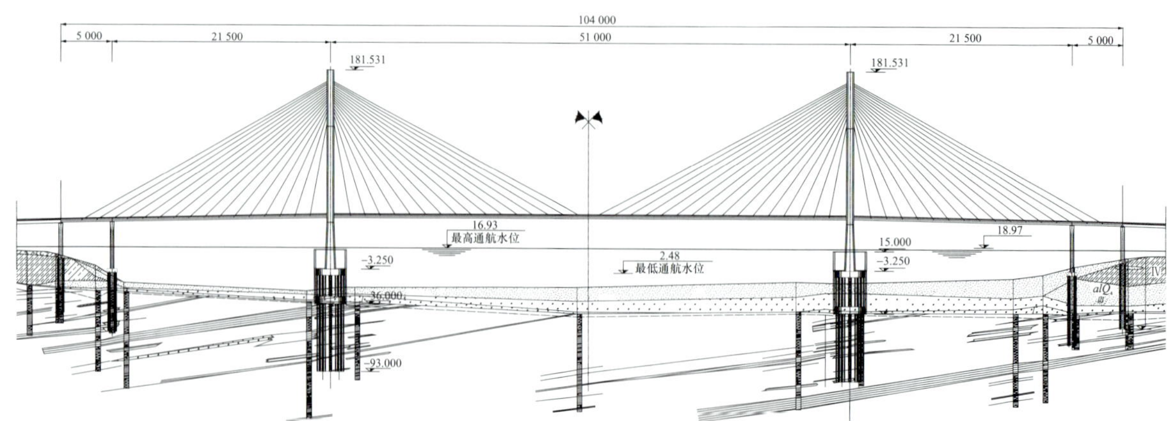

图 2　主桥桥型布置（尺寸单位：cm）

1）索塔基础

采用双壁钢围堰大直径钻孔桩复合基础（图3），双壁钢围堰内径29m，外径32m，高分别59m（南塔）和51m（北塔），壁厚1.5m，最大重量1 491t。内设18根直径3m钻孔桩，最大桩长91.25m，呈梅花型布置。封底混凝土厚7m，承台厚6m，全桥封底及承台共浇筑混凝土15 205m^3钢围堰竖向分10个节段，每节段平面分为12环块进行设计、加工和拼装。第一至五节钢围堰为整体吊装施工。第六节开始采用散拼工艺。钢围堰下沉，需要浇灌填芯混凝土和吸泥下沉。

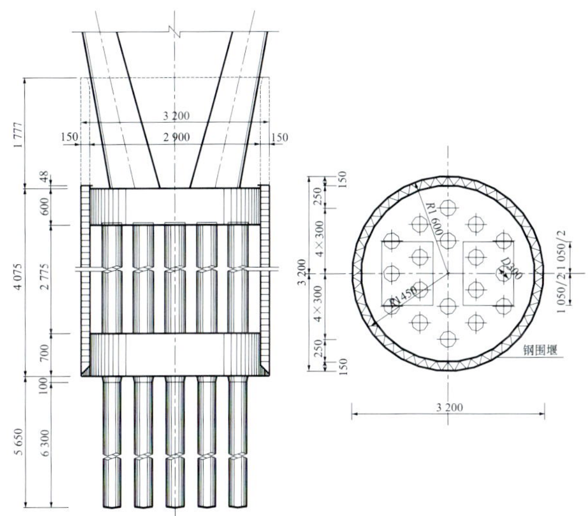

图3　索塔基础（尺寸单位：cm）

2）索塔

索塔总高度184.78m（图4），桥面以上塔高与主跨比0.261 6。索塔全宽在上塔柱处13m，在下横梁处38m，在塔底22m。下塔柱由8.5m×10.5m向上渐变至4.06m×7m的分离箱形断面，壁厚1.0m；中塔柱为4.06m×7m分离矩形断面，壁厚0.77m；上塔柱为4.5m×7m分离箱形断面，外侧墙厚0.8m、1.2m，锚索墙厚1.2m，索塔共浇注混凝土20 658m^3。索塔下横梁上设2个竖向支座和侧向限位支座。在上塔柱斜拉索锚固区配置了环向预应力钢绞线束。下塔柱采用脚手架翻模施工。上、中塔柱采用爬架翻模施工工艺，标准段长4.5m。由于中塔柱是向内倾斜的，每隔18m用一道水平撑与两个中塔柱塔肢相连接，每道水平撑施加水平主动力。下横梁采用支承在承台上的落地支架立模，分两次浇筑混凝土，两次张拉预应力钢束。上塔柱锚索区预应力管道采用真空压浆工艺。中、上横梁均分为两次施工。

3）主梁

主梁采用扁平流线型闭口钢箱梁，中心线处高

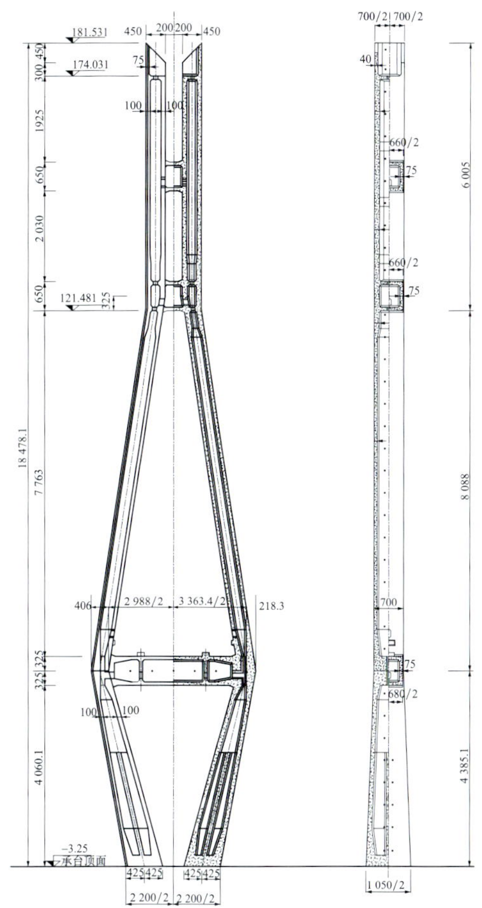

图4　索塔（尺寸单位：cm）

3m，全宽30m（图5）。全桥共分85个梁段，标准梁段长15m，最大块件吊装重量约205t，采用Q345D钢材，用钢量15 000t。

箱梁顶设2%的双向横坡。索塔处不设风嘴，箱梁宽跨比1/17.0，高宽比为1/10。钢箱梁每隔3.75m设1道横隔板。无拉索处板厚10mm，有斜拉索处板厚12mm。为增加钢箱梁的刚度，横桥向设置2道纵隔板，间距14m。其中索塔下梁段以及辅助跨梁段采用实体式纵隔板，实体式纵隔板厚10mm，受力较大的支座处，纵隔板厚度30mm、20mm。标准梁段采用桁架式纵隔板。箱梁顶板厚14～20mm，顶板U型加劲肋间距800mm。标准梁段斜底板厚16mm。下底板厚12mm；索塔处斜底板和下底板分别采用厚16mm及14mm。U肋采用工地高强螺栓连接，这种方法的优点是工地操作简单，避免了仰焊，减轻工人劳动强度。本桥由于通航需要，边中跨比偏大，造成斜拉索索力应力幅偏大，岸跨最后3根斜拉索应力幅超过200MPa，对斜拉索及锚箱抗疲劳非常不利。为确保连接的可靠，设计对锚箱结构进行了详细的受力分析，重点加大锚腹板面外的刚度。专门设计了1：1的足尺模型进行静载及疲劳试验，对设计进行验证。主桥钢箱梁的制造过程中，采用了各

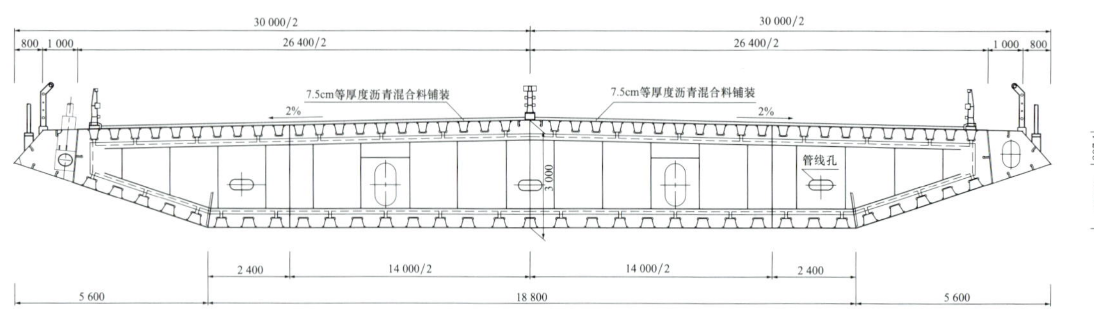

图 5　钢箱梁（尺寸单位：mm）

种先进的工艺：CAM 技术、锚腹板单元的组焊技术、大范围采用各种形状的陶质衬垫单面焊双面成型工艺和立体阶梯推进方式组装、焊接钢箱梁技术等，并采用三维激光跟踪仪检测箱口尺寸，取得了很好的效果，钢箱梁的制造达到了相关规范的要求。

4）斜拉索

拉索采用多股环氧全涂无黏结预应力钢绞线，全桥共 128 根，其中最大拉索钢绞线根数为 55 根，长 276.8m，重 16.7t，共用钢绞线拉索 1 033.3t。拉索在张拉端和固定端均设置有减振振胶块，对一部分长索在梁上另外安装液压减振器来减小振动。拉索锚具能够承受的疲劳应力幅为 250MPa，拉索外护套采用 HDPE 圆护管，并要求外形上具有防雨振功能。

5）钢箱梁架设

主塔中塔柱施工的同时，于主塔下横梁处拼装 0 块钢箱梁施工用托架，在高水位时利用浮吊吊装已在工厂完成的 0 号块，A、B、C、D 四种类型，共计 7 个梁段，并在托架上焊接梁段接头，焊接完成后张拉第 1 对斜拉索。斜拉索张拉到位后拼装桥面吊机，然后第 2 次张拉第 1 对斜拉索。此后开始采用桥面吊机对称吊装 15m 的标准梁段，标准梁段起吊重量 200t，标准梁段所对应的斜拉索张拉分 2 次进行，第一次在安装斜拉索及钢箱梁环焊缝完成焊接后张拉，第二次在桥面吊机前移后，起吊下一梁段并调整完标高后张拉。本桥边通航孔处于深水区内，且航运繁忙。为避免设置昂贵的深水临时墩，确定采用边孔第 12 梁段作为边跨合龙段，最大双悬臂长 190.75m。岸跨 10 个梁段在排架上焊接成整体后，将岸跨梁段向江侧推移就位连接，实现边跨合龙。中跨合龙梁段设计长为 8.5m，合龙前精确测量，确定合龙梁段 2 次配切长度，经 2 次配切后的合龙梁段用两台经改装后的桥面吊机吊装就位，焊接环焊缝后，解除索塔下临时固结约束，实现中跨合龙。中跨合龙时两个悬臂端轴线相对偏差 1mm，绝对偏差 5mm；高程相对偏差 6mm，绝对高程与监控指令相差 9mm（图 6）。

图 6　钢箱梁中跨合龙

3. 主要技术特点和创新点

（1）主塔基础地处长江下游河段水深达 38m，设计施工中采用直径 32m、壁厚 1.5m、高 50.5m 的大型双壁钢围堰复合基础，是迄今我国大型的深水基础之一。

（2）主塔自承台顶面高 184.78m，采用上塔柱平行分离式倒 Y 形塔，雄伟壮观。采用可调式主动横撑，对施工中塔身变位与应力控制起到了关键作用；对塔身锚固区采用环向预应力、塑料波纹管道成形及真空压浆技术，改善了复杂应力区的应力分布，为同类设计提供更为科学的成功经验。

（3）主桥斜拉索设计为钢绞线体系，与平行钢丝体系相比减少了施工编索工艺，提高了索的寿命；首次采用了斜拉桥尾索应力幅控制方式。

（4）主桥设计采用了扁平流线型闭口钢箱梁，具有良好的力学性能和景观效果，减轻了恒载。

（5）在主桥结构监测系统中嵌入以结构状态向量为控制目标的随机调索模块，为灵活应用索力确定提供支持，有效地克服了正装试算中的不确定性，对大跨度斜拉桥进行实时控制，实现了安装线形平顺、内力符合设计要求，避免了多次调索，缩短了安装周期，提高了安装质量，在本桥的安装达到了一次合龙误差 ±2mm 的精度，达到了国内先进水平。

安庆长江大桥获全国优秀工程设计铜质奖。

湖北荆州长江大桥

图 1　荆州长江大桥全景

相关资料

» 桥　　名：湖北荆州长江大桥
桥　　型：双塔双索面三孔连续 PC 斜拉桥
跨　　径：主跨 500m
桥　　址：湖北省荆州市
» 设计单位：湖北省交通规划设计院
» 施工单位：湖南路桥建设集团公司
中交第二航务工程局有限公司
上海浦江缆索股份有限公司

» 混凝土用量：77 272m^3
钢 材 用 量：11 107t
造　　价：4.0 亿元
建 成 日 期：2002 年 9 月

1. 概况

荆州长江大桥位于湖北省荆州市，全长 4 177.60m，由北汊通航孔桥、三八洲桥、南汊通航孔桥组成。北汊通航孔主桥主跨采用 500m 混凝土斜拉桥（图 1）。

桥位处江面宽约 2 350m，江中有三八洲将桥位河段分为南北两汊，其中北汊宽约 700m，南汊宽约 450m，三八洲宽约 1 100m。覆盖层为黏土、砂、卵石、砾砂，基岩为泥岩、粉细砂岩，基岩埋深 116～128m。多年平均气温 16.3℃，设计基本风速 21.0m/s 。

大桥采用四车道高速公路标准，桥面宽度 21.5m；设计速度 100km/h；地震基本烈度Ⅶ度；北汊通航净高 18m、净宽不小于 500m。

2. 北汊桥主桥结构

主桥为 200m＋500m＋200m 双塔双索面 PC 斜拉桥（图 2），采用全漂浮体系，主梁采用预应力混凝土肋板式连续梁。斜拉索索面按扇形布置，每一扇面由 31 对斜拉索组成，索塔上横梁下设一对 0 号斜拉索。索塔采用 H 形结构。

1）索塔基础

两索塔基础均采用 22 根直径 2.5m 钻孔桩，为摩擦桩。承台直径 33.0m，厚 6.0m（图 3）。采用双壁钢围堰施工，内径 33.2m，外径 36m，壁厚 1.4m，高 23.7m，分四节，每节分 6 片。封底混凝土厚 4～5m。

2）索塔

北汊桥索塔高达 150m，为抗风安全宜选择空间型的索塔，南汊桥主桥为 300m 主跨高低塔斜拉桥，考虑到与南汊高低塔景观上的协调性，北汊桥采用 H 形索塔（图 4）。

北塔承台以上高 139.15m；南塔承台以上高 150.25m。下塔柱下均设

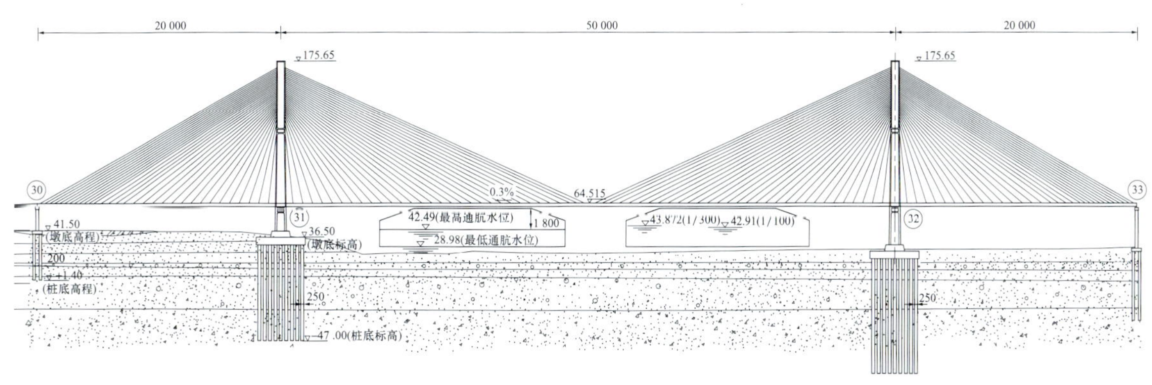

图 2　北汊桥桥型布置（尺寸单位：cm）

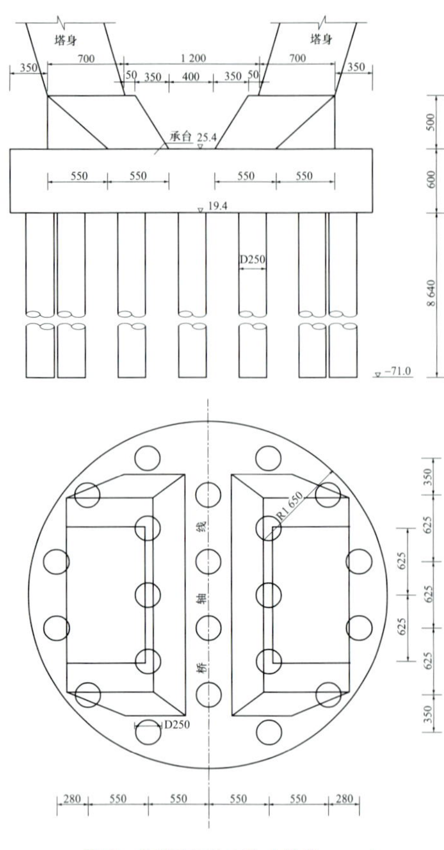

图 3　索塔基础（尺寸单位：cm）

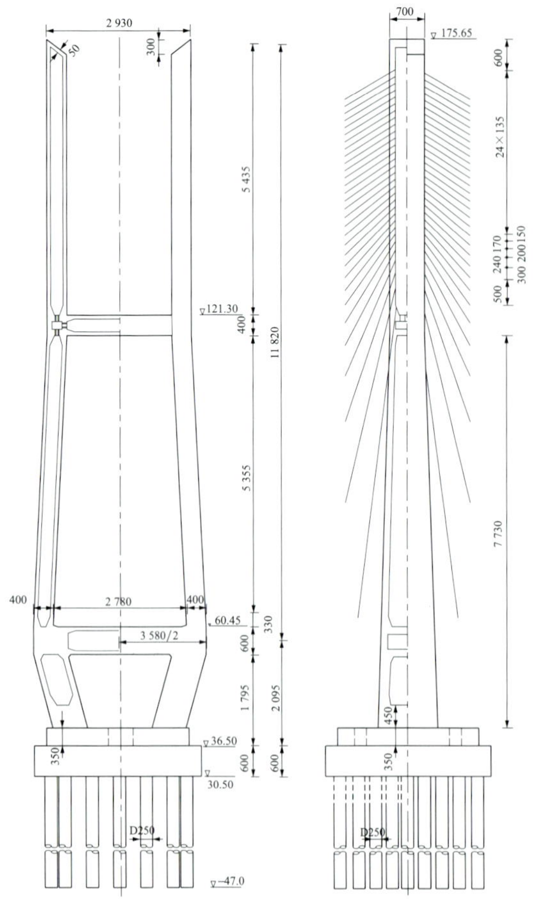

图 4　索塔（尺寸单位：cm）

有5m高的塔座。横梁高4m，下横梁为6m，塔身及横梁均为空心截面。上塔柱高54.35m，顺桥向长7.0m，横桥向宽4.0m；由上横梁下缘至塔底，索塔顺桥向尺寸呈直线变化，北塔由7m变为12.0m，南塔由7.0m变为12.73m。索塔横桥向宽在下横梁顶面以上为4.0m，下横梁顶面以下为7.0m。索塔壁厚顺桥向为1.2m，横桥向为0.8m。上塔柱拉索锚固段采用了环向预应力。

3）主梁

主梁采用预应力混凝土肋板式。梁顶宽 26.5m，底宽 27.0m，双主肋高度 2.4m，标准梁段肋宽 1.8m，桥面板厚度 32cm（图 5）。为了消除边墩支座的负反力并增加结构刚度，两边跨自梁端起长 68m 范围内采用加大主肋宽度的方法施加压重。由于塔下主梁承受巨大的轴向压力，塔下共 52.0m 长的梁段肋宽增加至 2.4m。除上述节段外，其余节段均为标准节段。主梁中设置了 126 道横梁（每对拉索处设一道），横梁厚度为 30cm。

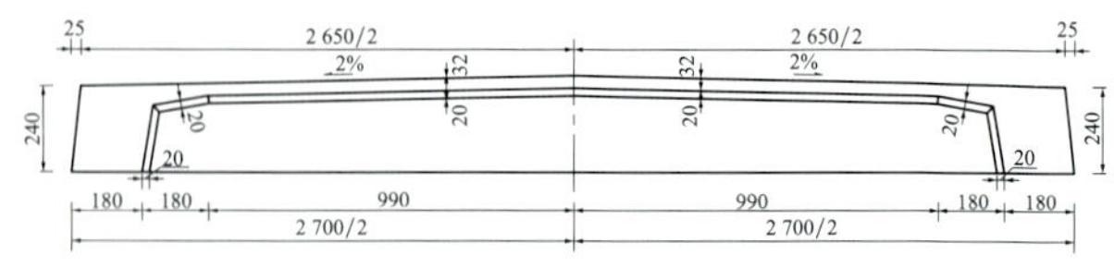

图 5　主梁（尺寸单位：cm）

4）斜拉索

斜拉索采用 PES7 热挤聚乙烯拉索，PESM7 冷铸镦头锚锚固体系。拉索最小间距 4m，标准间距 8m，第一对斜索与塔下直索间距 11.5m，拉索最小倾角 23.554°。全桥采用 PES7—139 到 PES7—283 等 8 种规格的斜拉索。设计最大索力为 7510kN。

5）主梁施工

根据成桥状态确定的梁索布置，主梁共分为 128 个悬臂现浇节段，采用挂篮对称悬浇施工，边跨不设支架现浇段和合龙段，直接由挂篮施工至交接墩。中跨设 2.8m 合龙段，采用临时刚性连接，水箱压重并与施工过程同步卸载的方法施工（图 6、图 7）。

3. 主要技术特点和创新点

（1）主跨 500m 预应力混凝土斜拉桥，跨度居亚洲第一，世界第二。采用肋板式轻型断面，主梁重量仍超过 5 万吨，拉索对数达 126 对，技术难度大。是国内首座跨度达 500m 的肋板式断面预应力混凝土斜拉桥。

（2）首次采用 PC 斜拉桥合理成桥状态的原理，在斜拉桥成桥状态的确定时综合考虑结构重力、汽

图 6 双悬臂挂篮现浇

图 7 主梁有临时墩施工

车荷载和预应力等主要荷载，其他荷载则放在确定合理的成桥状态后考虑。这种将次要影响因素从确定成桥状态的过程分离的设计方法，极大地提高了设计效率。

(3) 主梁采用双主肋断面，预应力设计时根据各截面在施工阶段和成桥阶段应力变化情况，将部分后期束放在施工阶段张拉，有效地避免了后期张拉过长的预应力连续束，提高了预应力的效率，减少了预应力钢束的数量，较好地解决了布束空间受限的问题。

(4) 提出了经济合理、操作简便的 PC 斜拉桥合龙方案和解决主梁在体系转换过程中发生纵飘的措施。

(5) 对 C60 高强混凝土的配合比设计和工作性能进行了深入研究，在本桥得到了成功的应用，为高强混凝土的研究及应用提供了借鉴。

(6) 采用黏性剪切型拉索减振装置，对拉索的风雨振有良好的减振效果。

相关资料

桥　　名：湖北鄂黄长江大桥
桥　　型：五跨连续双塔双索面预应力混凝土斜拉桥
跨　　径：主跨 480m
地　　址：湖北省黄冈市
设计单位：中交第二公路勘察设计研究院有限公司
施工单位：中交第二航务工程局有限公司
四川公路桥梁建设集团有限公司
上海浦江缆索股份有限公司
江苏法尔胜新日制铁缆索有限公司

混凝土用量：131 726m^3
钢 材 用 量：21 284t
造　　价：6.58 亿元
建 成 日 期：2002 年 9 月

湖北鄂黄长江大桥

图 1　鄂黄长江公路大桥全景

1. 概况

鄂黄长江大桥位于长江中游湖北省黄冈市，全长 2 670m，主桥主跨采用 480m 预应力混凝土斜拉桥（图 1）。

桥位处河段顺直，河床断面稳定，两岸大堤间距 1 270m。北塔处覆盖层 23～30m，水深 10～20m；南塔处覆盖层 12m，水深 26～34m。流速 2.5m/s，设计流量 83 000m^3/s。桥址处属亚热带气候，年平均气温 16.9℃，年平均降雨量 1 305mm。设计基本风速 24m/s。

大桥采用设计速度 80km/h；桥面宽度 24.5m；通航净高 24m，净宽 433m；地震基本烈度：Ⅵ度，按Ⅶ度设防；船撞力：顺水流方向 27 000kN，横水流方向 13 500kN。

2. 主桥结构

主桥采用 55m＋200m＋480m＋200m＋55m＝990m 五跨连续双塔双索面预应力混凝土斜拉桥（图 2）。

1）主塔基础

主塔基础采用 19 根直径 3.0m 的大直径嵌岩桩，选用平行式布排群桩（图 3）。北塔墩持力层为强度较高的中粒式玄武岩，基

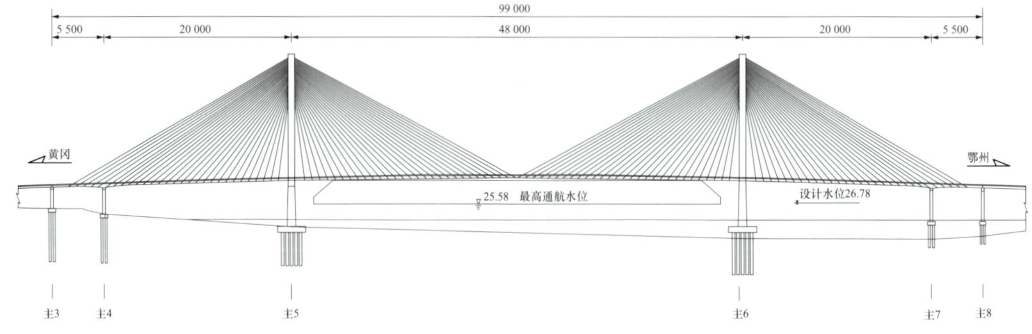

图 2　主桥桥型布置（尺寸单位：cm）

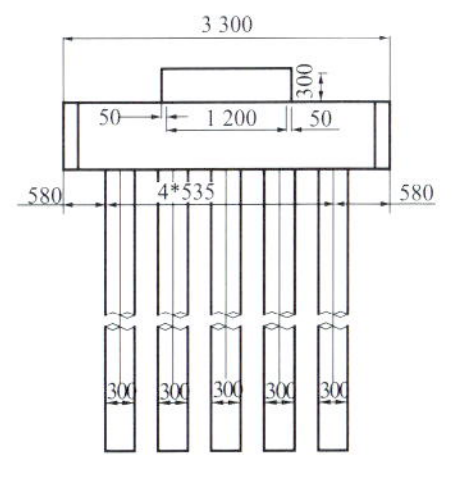
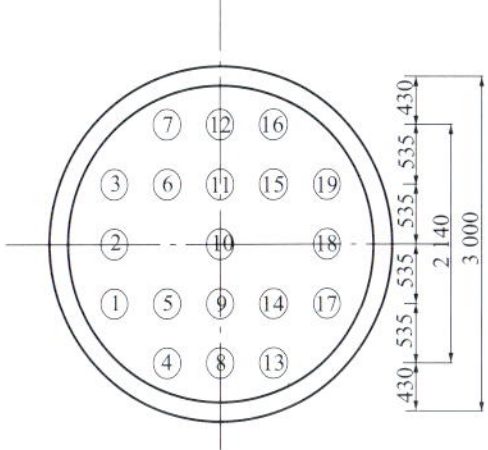

图 3 索塔基础（尺寸单位：cm）

桩嵌入微风化岩10m，桩长35m。南塔墩基桩穿过20m厚细砂岩弱风化层，嵌入极限强度较高的含砾细砂岩或堆积角砾岩3m，桩长44m。北塔覆盖层较厚，选用钢管桩工作平台加无底钢套箱方案施工；南塔覆盖层较薄，且施工水深有25m以上，选用钢管桩工作平台加有底钢吊箱方案施工（图4）。承台直径30m、厚6m。

图 4 基础施工

2）索塔

索塔选用 H 形和倒 Y 形塔之间的"瓶颈"型（图 5），塔高 172.3m，桥面以上 123.5m，高跨比 0.257。塔采用箱形截面，横桥向上塔柱宽 4.8m，顺桥向上、中塔柱宽 7.0m，下塔柱由 7.0m 渐变至 12.0m。索塔共设三道横梁，中、下横梁高 6.0m，上横梁高 4.0m。上塔柱是斜拉索锚固区，采用大吨位小半径环向预应力钢束，横桥向布置，与常规的顺桥向布束相比，节省钢束用量 25%，方便了施工。辅以塑料波纹管及真空辅助压浆技术，改善了斜拉索锚固区受力性能，确保了索塔的耐久性，并通过 1∶1 足尺模型试验，验证了索塔设计的先进性和安全性。预应力束采用凹槽式锚固，用封锚混凝土补平。

3）主梁

主梁采用预应力混凝土双肋板式截面，标准梁段梁高 2.4m，在主 4、主 7 号墩两侧一定范围内因悬臂浇筑的需要，采用变高度带开口底板的双肋板式截面，55m 边跨主梁高度由 4.9m 按二次抛物线变化到 2.6m

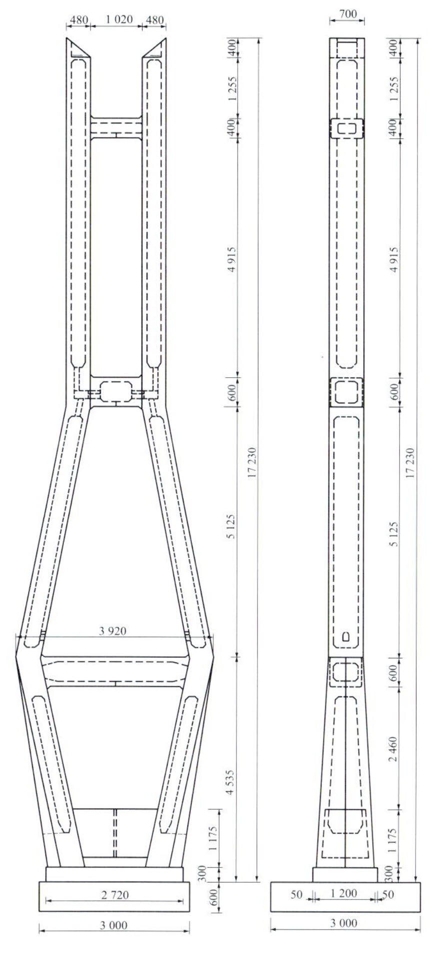

图 5 索塔构造（尺寸单位：cm）

（与副主桥梁高一致），200m 次边跨靠近主 4、主 7 号墩一侧一定范围内主梁高度由 4.9m 按二次抛物线变化到 2.4m。主梁梁顶宽 27.7m，桥面板厚 32cm（图 6）。横梁标准间距 8m，与斜拉索索距相对应。横梁宽

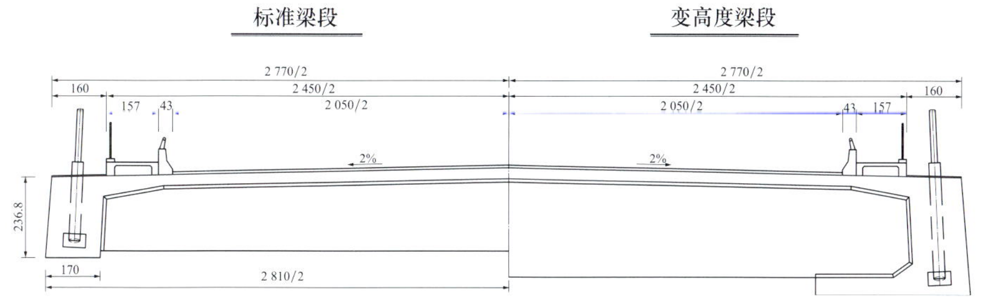

图 6 主梁横截面（尺寸单位：cm）

35cm，底宽 30cm，横梁底不与主梁底平齐，标准梁段横梁底比主梁底高 20cm；变高度梁段横梁高度随主梁高度变化而变化，横梁底与开口底板顶平齐。

4）斜拉索

斜拉索采用 ϕ7 低松弛镀锌平行钢丝束外包热挤 PE 防护套，两端采用冷铸镦头锚锚固。梁端为固定端，塔上为张拉端。每个塔每索面布设 29 对斜拉索（不含 0 号索），共有 PES7—109 ∽ PES7—283 六种规格，斜拉索在梁上索距 8m，在塔上的索距为 1.5～5.565m，顾及施工立模、索的张拉等因素，将锚固点布在塔内壁中心处。

5）主梁施工

主塔处 0 号节段采用支架现浇且与塔临时固结，其余各节段采用前支点挂篮悬臂浇筑（图 7），标准节段长 8m，重 383t，塔两侧最大双悬臂长 158.5m（图 8）。在次边墩上悬浇的梁段采用后支点挂篮悬浇施工，标准节段长 4m，最大节段重 340t，双悬臂最大长 38.5m。主桥的合龙顺序，由边向中逐跨合龙的方式，即先合龙 55m 边跨，其次合龙 200m 次边跨，最后合龙 480m 中跨。

图 7　主梁前支点挂篮施工

图 8　主梁悬浇施工

3. 主要技术特点和创新点

（1）主桥采用 5 跨连续双塔双索面预应力混凝土斜拉桥，当时主跨跨径位居当时亚洲第二、世界第三。该桥的建成使我国大跨径预应力混凝土斜拉桥设计施工水平跃居世界先进行列。

（2）在国内率先采用带开口底板的双肋板式主梁截面，避免了以往多跨预应力混凝土斜拉桥边跨采用箱梁时的力线过渡不顺的难题，改善了主梁受力，方便了施工。

（3）主梁上部构造采用悬浇施工、节段长 8m，混凝土梁最大悬臂长度达 236m。采用多元目标控制，引入斜拉索无应力索长及神经网络控制理论，对大跨径混凝土斜拉桥施工实时控制，实现了线形平顺，跨中合龙段高差 2mm、轴线偏差 1mm，内力与设计吻合，避免多次调索，缩短施工周期。

（4）采用前支点、全液压工具式挂篮，内模支架首次采用桁架拱式支架工艺，安全简便。

（5）索塔采用上塔柱平行分离的钢筋混凝土倒 Y 形塔，雄伟壮观，在主塔斜拉索锚固区采用大吨位小半径环向预应力钢束，采用横桥向布置，与常规的顺桥向布束相比，节省钢束用量 25%，方便了施工。辅以塑料波纹管及真空辅助压浆技术，改善了斜拉索锚固区受力性能，确保了索塔的耐久性，并通过模型试验，验证了索塔设计的先进性和安全性。

（6）在水深 34m、流速 2.5m/s 的条件下，主塔深水基础设计首次采用直径 33.5m、高 28.5m 的有底双壁钢吊箱，采用散拼和钻孔桩同步施工的设计方案，开创了钢吊箱下沉与钻孔桩同步施工的先河，缩短了施工工期，为主墩摆脱洪水威胁、一个枯水期内确保基础出水度汛连续施工起到了决定性作用。

（7）采用先进的大体积混凝土温度场及仿真应力场分析程序进行温控设计，采取设置冷却管降温、防裂钢筋网等综合技术，有效防止了塔座及承台等 5 000m^3 大体积混凝土开裂的质量通病。

鄂黄长江大桥获全国优秀工程设计银质奖、国家优质工程银质奖。

广东湛江海湾大桥

图 1　湛江海湾大桥全景

相关资料

» 桥　　名：广东湛江海湾大桥
桥　　型：双塔双索面混合梁斜拉桥
跨　　径：主跨 480m
桥　　址：广东省湛江市
» 设计单位：中铁大桥勘测设计院有限公司
» 施工单位：广东省长大公路工程有限公司
中铁山桥集团有限公司
上海浦江缆索股份有限公司

» 混凝土用量：79 583m^3
钢 材 用 量：17 000t
造　　价：7.3 亿元
建 成 日 期：2006 年 12 月 30 日

1. 概况

湛江海湾大桥位于粤西雷州半岛东北侧，大桥全长 3 981m，主桥主跨采用 480m 混合梁斜拉桥（图 1）。

桥址所处湛江海湾，濒临南海，桥位处海面宽 2.5km，最大水深 20m，10m 等深线的距离宽约 800m。潮流占绝对主导地位，为往复流。桥址区为第四系地层所覆盖，基岩埋深达 250m。湛江地处南亚热带，属季风气候，夏秋常有热带气旋侵袭，最大风力在 12 级以上。年平均气温 23.1℃，年平均降水量 1 534.6mm。

大桥采用一级公路兼顾城市快速道路标准，设计速度 80km/h，双向四车道，远期考虑六车道画线；通航标准：通航船舶等级 50 000t 级散货海轮，通航净高 48m，净宽不小于 400m；设计基本风速 45.1m/s；地震基本烈度Ⅶ度，按Ⅷ度设防。

2. 主桥结构

主桥设计应解决所面临的强风、强震及湛江特有地层软基等问题，经多方案技术、经济比较，跨越主航道采用主跨 480m 双塔双索面混合梁斜拉桥，其跨径组成为 180m+480m+180m，其中 180m 边跨又分为 60m+120m 两个小跨，成为 5 跨连续结构，全长 840m（图 2），桥面宽 28.5m，主梁为混合梁，流线型闭合式箱梁，梁高 3.0m，每侧边跨 61.8m 长为预应力混凝土箱梁，其余 761.4m 长为钢箱梁；塔梁交叉处及各墩墩顶

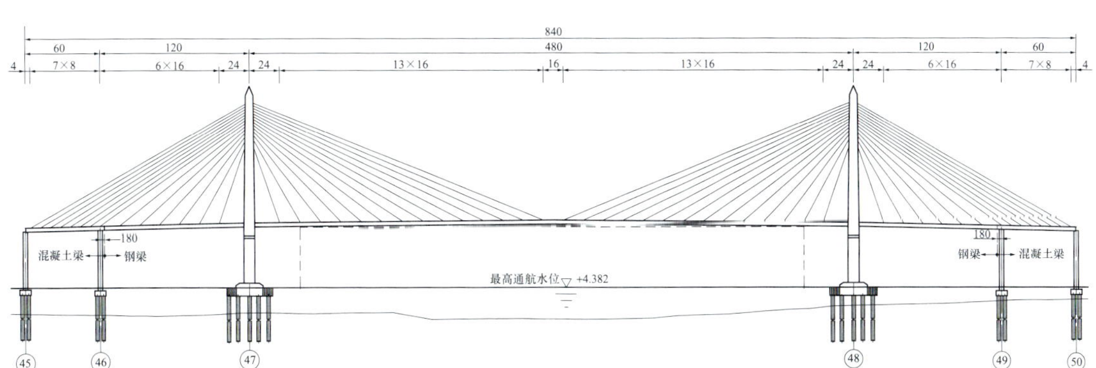

图 2　主桥桥型布置（尺寸单位：m）

均设置纵向大位移量活动支座，为了抵抗纵桥向地震作用，在塔梁交叉处梁底设有STU抗震支座；钢箱梁桥面铺装采用5cm环氧沥青混凝土，混凝土桥面铺装采用7cm改性沥青混凝土。

1）塔墩基础

主塔墩（47、48号墩）基础设计既要满足结构自身受力需要，又要能抵抗50 000t级散货船舶撞击力的作用。根据船舶撞击力及防撞方案研究报告，塔墩基础最大正撞击力为84MN，经防撞装置消能后撞击力降低至63.2MN。两个塔墩基础均采用31根直径2.5～2.9m变截面钻孔摩擦桩基础，桩长分别为104m（47号墩）及100m（48号墩）。承台平面为六角型，角处倒圆，厚6.5m（图3）。

塔墩采用浮式消能防撞设施（图4），该设施沿承台周边布置，外形轮廓长62m，宽43m，高10m，单侧壁厚6.5m。防撞设施主体外面还设置消能箱，系圆筒形橡胶件。本桥防撞设施通过退缩、转向的方式不仅可以削弱船舶撞击的能量，保护桥墩，而且对船舶和防撞设施本身都可起到保护作用。

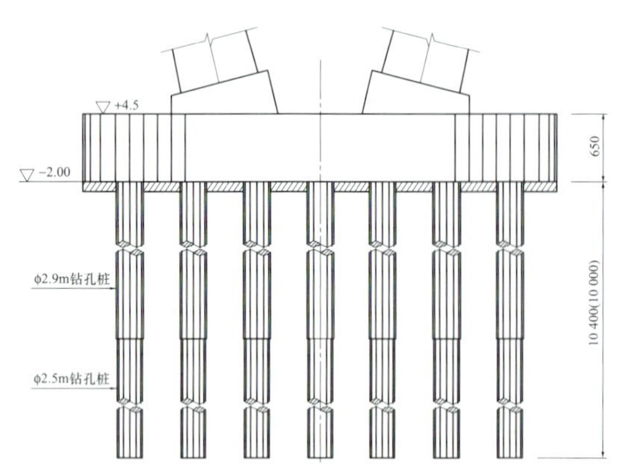

图3　塔墩基础（尺寸单位：cm）

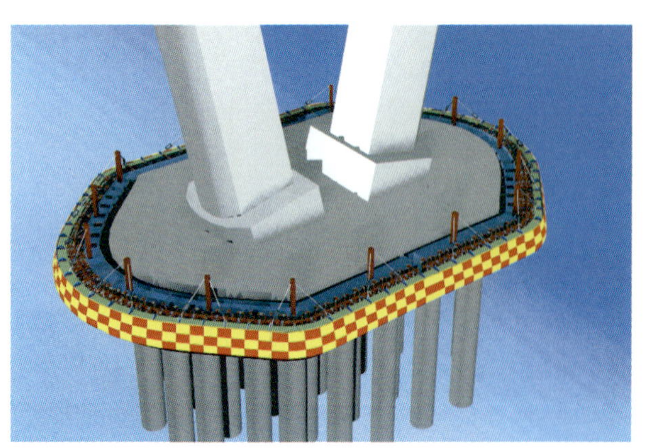

图4　主墩柔性消能防撞设施

2）主塔

主塔采用大半径曲线形钢筋混凝土塔柱（图5），单箱单室截面，C50混凝土。塔高155.11m，桥面以上塔高103m。中、上塔柱呈曲线形，内外曲线均为曲率相同的圆曲线，半径360m，圆心分别位于相应曲线顶端的平面内，这样处理，实现塔柱截面尺寸的逐渐变化，适应结构内力的需要，又方便施工。横桥向曲线形两塔柱在顶端微合，中间以弧形板连接。上、下圆弧均与塔柱内侧曲线相切。塔柱截面外轮廓纵横向尺寸从顶部的6.0m×3.2m逐渐过渡至塔根的8.0m×8.0m，截面壁厚0.7～1.3m。

图5　主塔

为了承受中、下塔柱反向在横梁内产生的拉力，在横梁内配置19Φ15.24mm预应力钢绞线。斜拉索锚固在主塔锚固区塔柱内壁的锯齿块上，为了克服斜拉索的水平分力在锚固区塔柱截面内产生拉力，在锚固区截面四周布置了直径32mm精轧预应力粗钢筋。

塔柱主筋采用ϕ32钢筋，截面配筋率≥1%，下塔柱浪溅区内，直径32mm主筋采用环氧涂层钢筋。另外主塔内所有临时及永久性钢构件均应经过镀锌或涂锌处理，锌层厚度不小于120μm。

塔柱采用爬模施工，上、下横梁采用膺架法施工。

3）主梁

湛江地区是全国大陆风速最高的地区，为了减小结构的风荷载效应，主梁采用流线型闭合式箱形结构，单箱三室结构，混合梁结构形式，每侧边跨61.8m为预应力混凝土箱梁，其余761.4m为钢箱梁。

（1）钢箱梁

主桥钢箱梁位于半径14 006.299m的竖曲线上，其两端分别与伸过46号墩和49号墩1.8m的混凝土箱梁通过结合段连接，全长716.4m。钢箱梁底部为半径72.5m的圆弧，两侧配有风嘴，桥梁中线处梁高3.0m，两侧风嘴处梁高1.3m（图6）。斜拉索在钢箱梁上采用锚拉板结构形式锚固，索距16m。

钢箱梁顶板厚14mm，其下顺桥向焊有6mm厚、间隔600mm全桥连续的U形纵肋，U形纵肋开口宽300mm，高260mm，穿越横桥向3.2m间距的横隔板或横梁，组成正交异性结构的钢桥面板；箱梁底板厚12mm，以间隔800mm的U形纵肋加固；箱梁外腹板厚24mm，间距27.7m，其上与箱梁顶板及斜拉索下锚点的锚拉板焊连；箱梁内纵腹板间距9.8m，除内力较大的区段及分段连接处采用实腹板结构外，其余内腹板均为空腹式结构，内腹板的设置大大增强了箱梁的整体刚度，减小剪力滞后现象。横梁是连接锚点或支点的较强横隔板，除支点处和首对斜拉索处的横梁有其特殊性采用实腹板结构外，其余横梁及普通横隔板均设计成空腹式结构，但两端剪力较大区段仍保留为实腹结构，中间部分采用空腹式结构，由角钢加拼接板连接上下横肋形式。

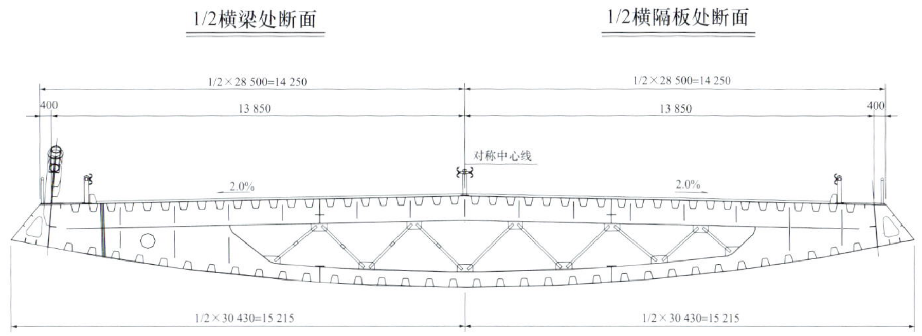

图6　钢箱梁（尺寸单位：mm）

斜拉索在钢箱梁上采用了锚拉板结构形式，这种锚固方式传力直接，构造简单，制造、安装和养护都比较方便。锚拉板结构直接焊接于钢箱梁顶面的桥面板上，锚拉板厚20~40mm，分为上、中、下三部分，上部和中部开槽，将壁厚20~40mm无缝钢管制成的锚管嵌于锚拉板上部槽口中，两侧用熔透焊缝互相连接。下部直接焊在主梁外腹板顶的桥面板上（图7）。

图7　钢箱梁锚拉板锚固

钢箱梁沿桥纵向分成51个节段，标准节段长16m，重约200t，采用正装法制造。为了保证钢梁线形——竖曲线和中心线的准确，组装长度不应小于5个节段，并按顺序组拼，每次完成拼装3个节段，留下两段接拼。设计已考虑竖曲线及恒载对梁长压缩等的影响。

（2）预应力混凝土主梁

主桥两侧边跨均为61.8m长的预应力混凝土箱梁，单箱三室结构、结构外形与钢箱梁保持一致，桥面宽28.5m，梁高3m。顶板和内腹板厚均为0.25m，外腹板与风嘴相结合，形成实体结构，可满足斜拉索锚固的需要。底板标准截面厚0.22m，在两墩顶附近区段，截面有所加厚（图8）。斜拉索在梁上采用锯齿块锚固，索距8m。在两斜拉索及其之间均设一道腹板厚0.3m的横梁，横梁间距4m。

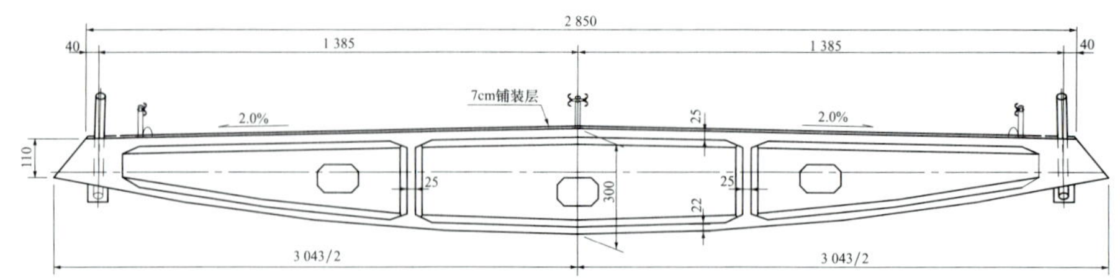

图 8　预应力混凝土箱梁（尺寸单位：cm）

主梁纵向布置 7 股 ϕ^j15.24mm 钢绞线索和通长的直径 32mm 预应力粗钢筋，其中直径 32mm 预应力粗钢筋为施工用索，配合混凝土的浇筑逐段张拉、锚固。在混凝土梁与钢箱梁结合段，配有连接用的直径 32mm 预应力粗钢筋。横梁均配置 ϕ^j15.24mm 钢绞线，根据横梁受力差异，不同横梁预应力钢绞线的数量、规格和排列有所不同。

边跨预应力混凝土箱梁采用满布膺架法分段现浇施工。

（3）结合段构造

主梁钢—混凝土结合段设置在距辅助墩中心线 1.8m 处，这种布置可充分利用位于墩顶主梁横梁来实现力的传递，减少施工难度。尽管结合段处于支点负弯距区，但由于斜拉桥轴力较大，支点负弯距相对较小，且配置有足够的负弯距束，使全截面处于受压状态，对结构耐久性无任何不利影响。钢—混凝土结合段的内力传递及其构造特点如下：

① 结合段的钢箱梁套在预应力混凝土箱梁之外，深入混凝土梁 2.0m 左右，并且全断面连接使其成为一体。两种材料在此区间的重叠，也避免了结构在材料上的突变。

② 钢箱梁的上、下翼缘板通过抗剪焊钉与混凝土梁体牢固结合，并利用混凝土箱梁内的纵向预应力束加以锚固，形成弯矩的传递。

③ 通过端承压板紧贴在混凝土实体横梁的侧面上，传递轴向力。梁中的剪力则通过端面焊钉得到传递。

④ 两种梁体在刚度上相差 4 倍，为了避免刚度的突变，由在钢箱梁上、下翼缘板的 U 形加劲肋上加焊 T 肋并逐渐变高而得到缓解。钢箱套于混凝土梁之外，也起到缓解刚度突变的作用。

（4）斜拉索

斜拉索采用 ϕ7 镀锌高强钢丝束，扇形布置，$R_y^b=$ 1 670MPa，双层护套防护，内层为黑色高密度聚乙烯，外层为浅灰色高密度聚乙烯。全桥斜拉索有 85ϕ7、109ϕ7、139ϕ7、151ϕ7、163ϕ7、187ϕ7、199ϕ7 共 7 种类型，合计 56 对 112 根斜拉索，最长斜拉索 245.5m，单根重 16.5t，全桥斜拉索钢丝重 790t。斜拉索表面设有凹坑，梁端设有体外减振器，以抑制斜拉索风雨振。

（5）施工控制

主塔施工期间，引桥预应力混凝土箱梁同时施工，既可缩短工期，又使主跨钢箱梁架设变为单悬臂拼装施工，大大降低施工风险，工程质量易于保证。

主桥两侧边跨 61.8m 预应力混凝土箱梁采用无侧移式框架支架施工，再进行钢箱梁与混凝土箱梁结合段施工，然后从桥塔两侧出发，采用 320t 步履式架梁机吊装钢箱梁，进行双侧伸臂施工，同时安装斜拉索，待边跨合龙后，再单独向中跨侧伸臂架设，同时安装斜拉索，直到中跨合龙（图 9）。在钢梁架设过程中，每对斜拉索均采取“一拉到位”的原则，但在挂索初期，为保证安全，前 3 对斜拉索采取“二拉到位”的原则。

图 9　钢箱梁吊装

3. 主要技术特点和创新点

主桥采用混合梁斜拉桥体系，最大限度地改善了结构受力性能，既减轻桥梁自重，又增大桥梁刚度，降低塔根弯距，有利于塔墩基础设计。此外，在结构设计方面也有多项技术突破。

1）塔墩防撞设计技术

大桥主孔通航按 50 000t 级散装货轮标准设计，塔墩采用浮式消能防撞设施，不仅可以削弱船舶撞击的能量，保护桥墩，而且对船舶和防撞设施本身都可起到保护作用。

(1) 本桥率先采用柔性消能防撞设施，经仿真数值分析可使船舶撞击力下降35%左右，效果明显。

(2) 该防撞设施设计合理，可达到双层功效。

(3) 该防撞设施具有较强适应性，可在不同水位条件下满足不同船舶撞击力的需要，且易于维护管理。

2）斜拉索在钢箱梁上锚固设计技术

索梁锚固采用锚拉板形式，结构简洁，制造方便，易于安装与维护。由于该锚固结构还从未在钢箱梁斜拉桥上使用，其技术难点在于：锚拉板与箱梁顶板连接、锚拉板与锚拉筒连接、锚拉板面外受力、疲劳等方面。

(1) 为改善锚拉板根部复杂的应力状态，通过加大锚板长度与下端宽度，使斜拉索锚头尽量远离连接焊缝，以便索力传至该焊缝时应力均匀且水平较低。

(2) 为改善锚板根部焊缝处钢箱梁顶板Z向受拉性能，对该处箱梁顶板进行了局部加厚，并严格控制锚拉板及其与之焊接的加厚顶板的钢材硫、磷含量，板厚方向应满足Z35级拉伸性能要求。

(3) 为解决拉板与锚拉筒焊缝根部应力较大及集中的问题，通过有限元分析与试验研究，选取合理的圆弧半径予以缓解。

(4) 为解决锚拉板中部安装锚具开孔对锚板截面的削弱，沿斜拉索中线方向在锚拉板两侧面对称设置了两道加劲肋，予以补强，同时兼顾锚拉板面外受力问题。

3）曲线形主塔设计技术

本桥处于强风强震环境，塔形构思，优先采用A字形等具有空间稳定几何形态的结构形式，以满足结构受力需要。同时，考虑湛江是广东最南端的花园式海滨城市，桥塔等高大建筑应与城市环境相协调，力求结构与建筑艺术的和谐统一。运用线形变换手段，将桥面以上原本直线形塔柱设计成曲线形向上顶端凝聚，使整个主塔具有火炬状升腾气势，富有生机，寓意湛江市后继勃发。曲线形火炬状桥塔造型突破了当时国内斜拉桥主塔现有模式，为国内首创，气势磅礴，新颖美观，很好地与城市人文自然景观相融合。本桥主塔造型新颖美观，在施工过程中经受了多次台风的考验，充分体现了结构的安全性。

4）流线形空腹钢箱梁设计技术

(1) 带风嘴的闭合流线型钢箱梁抗风性能优越，成桥状态颤振临界风速高达150m/s以上，远远大于主梁颤振临界检验风速。

(2) 设置内纵腹板可以增强箱梁刚度，减小剪力滞后现象，便于主梁制造、定位与架设。

(3) 横隔板与内纵腹板采用空腹结构，增大了箱内透空率，改善箱内作业环境，有利于制造与后期维护，体现以人为本的设计理念。

(4) 箱内采用空腹式结构，使全桥正交异性钢桥面板的变形性基本协调一致，延长桥面铺装使用寿命。

(5) 本桥采用空腹式钢箱梁，在不影响结构受力的前提下，经济性好，钢材用量指标仅为450kg/m^2。

相关资料

» 桥　　名：香港汀九桥
桥　　型：三塔四索面四孔连续加劲梁斜拉桥
主 跨 径：475m+448m
桥　　址：香港特别行政区
» 设计单位：德国舒拉兹波格曼结构工程师与香港博威工程顾问有限公司联营
» 施工单位：汀九联营建筑公司（由西班牙艾氏安立公司新西兰德能有限公司德国旭建有限公司和香港保华建筑有限公司联营）

» 混凝土用量：58 000m³
钢 材 用 量：10 500t
造　　价：20 亿港元
建 成 日 期：1998 年 5 月

香港汀九桥

图 1　汀九桥全景

1. 概况

汀九桥为香港三号干线主要部分之一，连接青衣岛及大榄隧道，大大缩减往来偏远的新界西北区及市中心的时间，亦可经毗邻的青屿干线，到达香港国际机场。它位处宽 900m 及水深 10～29m 的蓝巴勒海峡。主桥采用 127m+448m+475m+127m 三塔组合梁斜拉桥（图 1）。

香港位于亚热带，年平均气温和总降雨量分别为 23℃ 及 2 214mm，年平均受 15 次台风吹袭，最高风速达 118km/h。

大桥采用六车道高速公路标准；设计使用年限 120 年；设计速度 100km/h；桥梁宽度 2×18.8m；荷载标准：车辆荷载 HA+45 单位 HB（根据英国运输部标准 BD37/88）；设计风速 80m/s 阵风、50m/s 平均时速；船舶撞击荷载 220 000t 级海轮于 14.8km/h 之撞击；地震基本烈度按修订麦加利烈度表Ⅶ度；通航净空：净高 61m，净宽不小于 240m。

2. 主桥结构

汀九桥全长 1 177m，为三塔四索面四孔连续组合梁斜拉桥。从汀九端开始，桥跨布置为 127m+448m+475m+127m=1 177m（图 2），两个主跨长度不一，是由于中央塔选择在最浅水的位置。主梁为钢和混凝土结合梁，高 1.78m，每条梁宽 18.8m（不含整流罩），中间开槽 6m，沿桥身纵向每隔 13.5m 以钢横梁相连。斜拉索索面按扇形布置，共 384 根，标准索距 13.5m。索塔为独柱式结构，位于两条主梁之间，并以横向斜拉索加固，塔高 160m、196m，每座索塔顶部两侧均安装有钢拉索锚箱。

1）索塔基础

汀九桥位处繁忙的马湾航道旁，

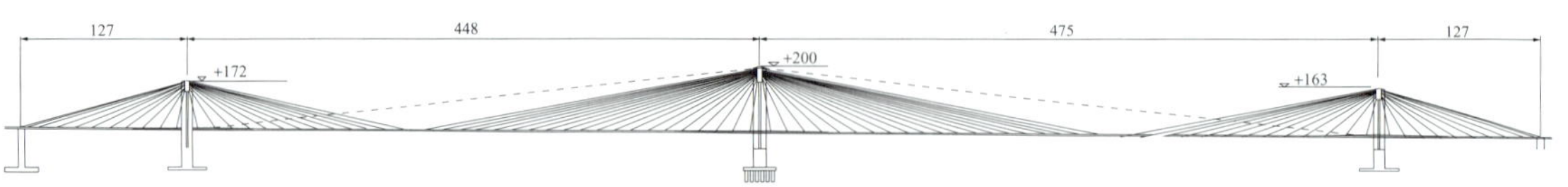

图 2　主桥桥型布置（尺寸单位：m）

巨型货船熙来攘往，三座索塔均设有船舶防撞措施防止索塔被船只撞击，分别以马蹄形的混凝土结构、人工岛及海堤形式建造。汀九塔和青衣塔均由长 30m、宽 24m 和厚 5.75m 的筏形地基支承。中央塔地基则由 52 根直径 2.5m 钻孔桩组成，桩长平均为 27m，钢筋混凝土承台长 37m、宽 33.2m、厚 6m。

在三个索塔地基之中，以中央塔为最大（图 3），混凝土用量达 5 800m^3，浇灌大体积的混凝土结构，须遵从严格的规范，以免因温度过高而引起的早期裂缝及产生长远的强度下降问题。在灌注过程中，共用四艘趸船从青衣运送 36 辆混凝土搅拌车往工地，并使用四台流动混凝土泵机。混凝土须混合液化氮冷却，以降低温度，另外又在承台内安装了一个利用海水循环散热的冷却系统。该冷却系统内设有三层镀锌钢管，连接四台独立泵机。每条钢管直径 50mm。整个浇灌工程在 75 小时内完成，规模之大破了当时香港的纪录。为监测混凝土的最高核心温度及不同位置的温差，安装了 42 个热电偶，在浇灌完成后连续监测达两星期，监测结果能满足规范的要求。

图 3　桥塔基础

图 4　施工中的桥塔

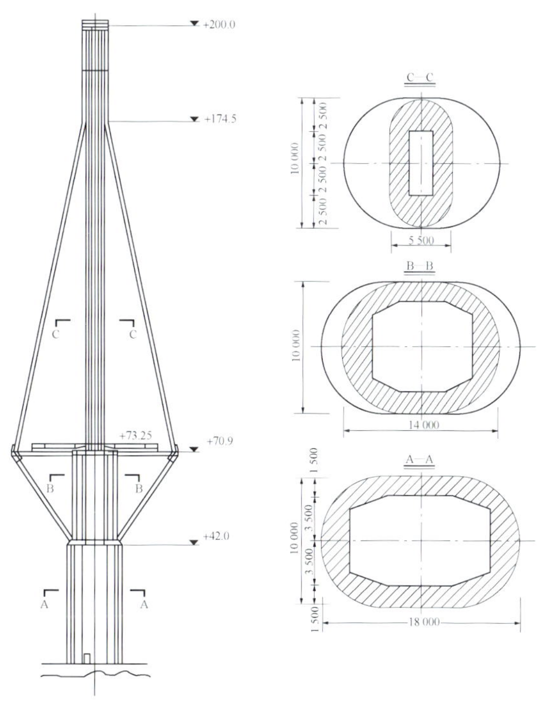

图 5　桥塔（尺寸单位：mm）

2）索塔

三座索塔均采用外型修长的单支柱设计（图 4），每座索塔顶部两侧均装上外置的钢拉索锚箱。索塔两侧于主梁下均设置横钢梁，两侧横钢梁末端分别连接上下共 4 组横向稳定索，稳定索向上直达塔顶，下接索塔下部离水面 42m 锚固，形成稳固的菱形横向稳定系统（图 5）。索塔内设有一个竖井，安装了爬梯、机电设施及由齿轮带动的升降机。每座索塔由三段截面不同的塔身组成，以中央塔为例，塔身截面由下而上分别为 18m×10m，14m×10m 及 5.5m×10m，段与段之间由一个转换层连接，从而将索塔内巨大的应力有效地分布及传递至下段。

索塔主要以滑模建造法建成。滑模装置由高 1.2m 的内外钢板组成滑模工程昼夜不停进行，模板的上移速度约为每天 3.5m。

由于钢拉索锚箱将巨大的索力转至混凝土索塔（图 6），混凝土塔顶中需设置预应力钢筋及水平环形钢筋束加固。预应力钢筋束依循塔身的弧度安装，垂直间距约为 0.68m 至 2.44m。

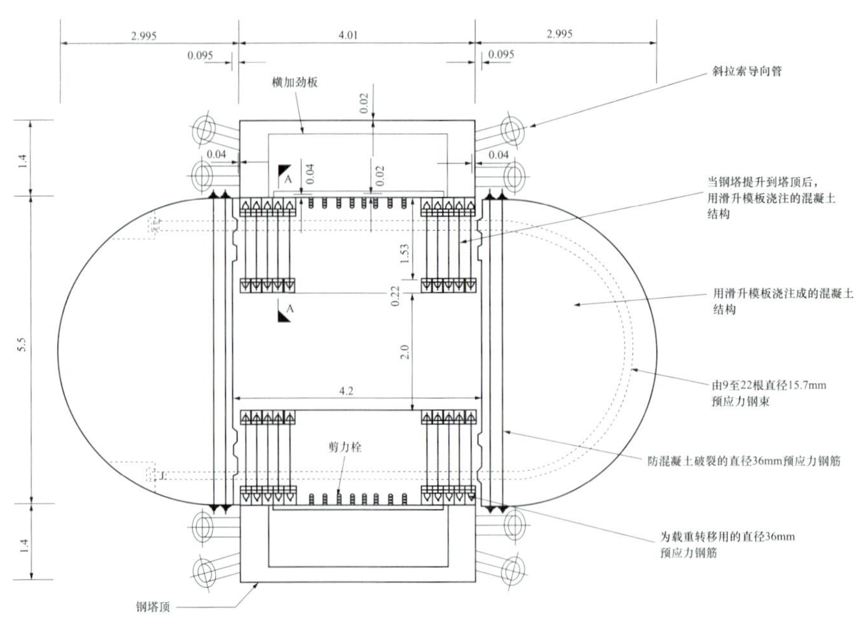

图6　钢拉索锚箱和塔顶的连接（尺寸单位：m）

3）主梁

主梁由钢梁及混凝土板叠合建成，每条主梁由87节标准梁段组装而成，每节长13.5m、宽18.77m、厚1.78m（图7）。主梁使用4索面斜拉索以半飘浮体系承托，大大缩减主梁的横向跨距。以一座设置6车道及双路肩的斜拉桥来说，这样纤薄的梁身，实属罕见。另外，薄身的主梁有助提升桥梁的抗风稳定性。

每节梁段的钢梁格均由两条纵向及三条横向钢梁所组成，上面铺上12块预制混凝土桥面板，再在面板接缝浇筑混凝土。钢梁格预先在工场以焊接方式拼装，而梁段则在工地以高拉力摩擦螺栓拼接。

4）斜拉索

斜拉索采用高强度镀锌平行钢绞线，共384根，另外纵向及横向稳定索分别有64及8根，总重共3 060t。每根拉索的钢绞线数量不一，由最小17至最多58根。每根拉索均装设3重防腐保护措施，除了钢丝经镀锌处理外，每根钢绞线还包上高密度PE套，最后在整束绞线再套上高密度PE护套，护套表面缠绕螺旋线，以抑制拉索的风雨振。桥塔的纵向及横向稳定索更装上阻尼器，在竣工后的9年内，没有发生任何超出规范的风雨振。拉索张拉采用钢绞线张拉法，只需使用轻便手提式单索千斤顶，此张拉法更能令钢绞线索力一步到位，不用进行多次索力调整，既省时和又省去大型机械。

5）整流罩及纵向稳定索

由于桥面宽、跨度大、及香港位处台风地带，风力强大，为确保大桥抗风稳定性，主梁须进行节段和全桥气动弹性模型风洞试验，对桥梁风致振动进行了全面的分析研究。根据试验结果，施工状态在最不利的+5°风攻角时的颤振临界风速大于63m/s；成桥状态在0°风攻角时颤振临界风速大于101m/s，完全满足抗风稳定性要求。

为提高主梁气动稳定性，桥身边缘设置整流罩，在进行节段模型风洞测试时，共测试30多种主梁和

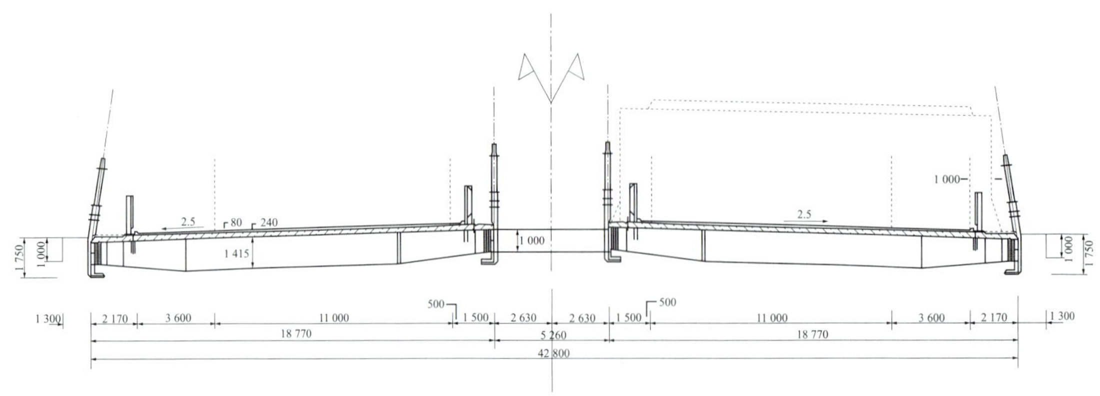

图7　主梁（尺寸单位：mm）

整流罩的不同组合。由于桥塔采用独柱式设计，纵向刚度比较低，故中央塔须加装纵向稳定索，在全桥气动弹性模型测试中，确定了纵向稳定索能大幅减少中央塔因强风引致的过度挠曲及位移，完全满足设计和规范的要求。纵向稳定索长465m，位冠世界最长的斜拉索。

3. 汀九桥工程的招标、设计和建造

1）招标

由于汀九桥对香港的交通网络非常重要，故此需在最短的时间内竣工，工程合约以“设计及建造”的形式批出，使建造和设计工作能在相应的时间内同步进行，建造工程在合约批出后约四个月随即开展。最后整个“设计及建造”的工程仅在44个月内完成。

2）设计

时间、经济和外观是本桥设计时三个必须慎重考虑的因素，本桥的设计充分反映出设计师在这些方面所付出的心思，从而达致完美的效果，当中包括：

(1) 为能达至省时和减少成本的目的，斜拉索采用4索面的方案，可使横向的跨度缩短，从而减轻主梁的重量及降低整体结构自重，同时亦使索塔和主梁外形变得纤巧和富时代感。另外，在设计索塔外形时，亦考虑使用快捷省时的滑模施工方法。

(2) 一般混凝土索塔，外表乏味，但汀九桥索塔顶部外加装了黄色钢拉索锚箱，配衬菱形横向稳定索系统及主梁下的一对白色钢横梁，此混合布置外形优美，整座索塔恰似古代帆船的桅杆，与周围环境构成一幅美丽的图画，体现了艺术和技术天衣无缝的结合。

3）建造

较特别的工程项目包括：

(1) 建造三座索塔的船舶防撞设施中，其中以青衣塔的马蹄形混凝土结构（图8）难度最高。它高28m，其中20m置于水面以下，须采用爆破方法在水底开凿石坑，然后在石坑内安放96根H形预制钢筋混凝土桩柱，筑成一道半径为29m的马蹄形围堰。围堰桩柱嵌接临时钢导架加固后，并用导管法在石坑浇灌水下混凝土加固桩柱底部，然后浇灌混凝土填满桩柱间之空隙筑成防水围堰，当围堰内的海水排净后，浇灌约8 000m^3的混凝土筑成平坦的地台，继而在地台中心位置浇筑桥塔基础，最后在外围筑建约10 000m^3的马蹄形船只防撞结构。

(2) 索塔建造时，须解决在200m高空将重达200t的钢拉索锚箱和混凝土塔顶的装嵌问题。在建造混凝土塔顶时，先以滑模法浇筑状似音叉的南北支柱，然后在顶部装上临时的悬臂式支架，再在支架上加装重型吊机把钢拉索锚箱从地面吊升至塔顶东西两端就位（图9），然后于钢拉索锚箱与索塔间之空隙浇满混凝土，待混凝土强度足够后，再张拉预应力钢筋将钢拉索锚箱牢牢锁固于混凝土塔柱上。

图8　桥南端岸边船舶防撞设施

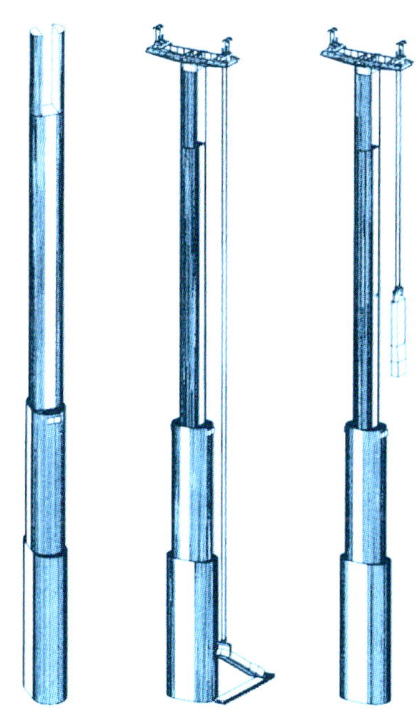

图9　桥塔顶部的建造程序

(3) 至于架设标准梁段时，需使用置于桥面末端的起重机吊装预先装嵌的桥身钢格栅，然后张拉拉索及铺设预制混凝土桥面板，最后浇灌混凝土桥面板的接缝（图10）。而位于索塔两侧的钢格栅则使用安装在塔顶的重型吊机吊装（图11）。由于主梁两端位于土坡之上，不能用平板拖车或趸船运送桥身钢格栅就位，所以须用摆臂起重机将桥身钢格栅的构件逐一吊起，

再在现场架设。架设每节标准梁段需时4天，全桥75节标准梁段则在4个月内装嵌完成。

图 10　吊装梁段

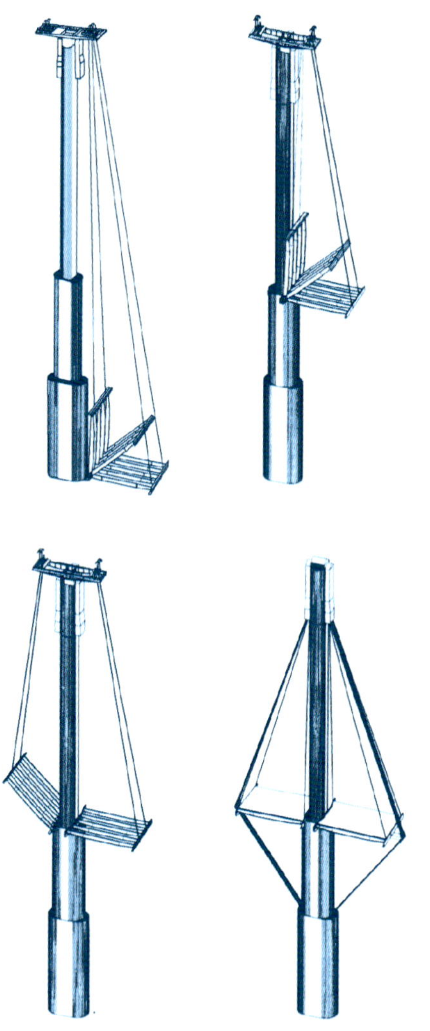
图 11　桥塔下梁段的架设

4. 桥梁的巡检通道和结构健康监测系统

汀九桥在设计时已充分考虑巡检通道的要求，以便日后进行养护工作。除了在每座索塔内均安装电梯和人行梯外，在主梁底设有永久的移动平台，并为拉索和索塔设置巡检小车，以便检测人员可在近距离检测有关结构。桥上亦安装了一套桥梁结构健康监测系统（桥监系统），主要是考虑到传统的检查方法无法全面评估整座桥梁的结构健康和安全状况。桥监系统的作用是监测大桥在服役期的结构健康变化和进行结构评估工作，以作出配合的应变措施，例如进行特别检查和维修等工作。桥监系统配备 300 多个传感器及有关附件，其中包括风速仪、温度仪、应变仪、车重量度仪、加速仪、位移仪、人造卫星定位系统等。

5. 主要技术特点和创新点

（1）汀九桥成功地解决多项复杂的工程问题，包括建造海中基础、浇灌大体积混凝土结构、高空装嵌钢拉索锚箱于混凝土索塔外及安装超长纵向稳定斜拉索。

（2）工程合约以“设计及建造”形式批出，促使大桥仅在 44 个月内竣工。

（3）首次在国内使用 4 索面、独柱式索塔和特薄主梁的斜拉桥设计，大大减少所需建材，达致经济及快捷的目标。

（4）一般混凝土索塔外表乏味，而汀九桥索塔却体现了艺术和技术的完美结合，大桥外貌极具时代感，三座索塔俨如帆船的桅杆，矗立于蓝巴勒海峡，构成一幅美丽的图画。

（5）首创于索塔顶部外装置巨型钢拉索锚箱，以解决安放大量锚固于索塔内的问题。以中央塔为例，共有 160 个拉索锚固，数目之多，缔造了世界纪录。索塔纵向稳定索亦是全世界最长的斜拉索。

（6）汀九桥具极强的抗风稳定性，除索塔稳定索外，其余斜拉索均不须加装阻尼器，大桥启用至今，并没有出现任何超出规范的的风雨振。

汀九桥的设计独特而创新，施工技术水平达世界领先地位，曾获詹天佑土木工程大奖，被世界桥梁界选为 20 世纪最美丽的 15 座桥梁之一。

武汉军山长江大桥

图 1　武汉军山长江大桥全景

相关资料

» 桥　　名：武汉军山长江大桥
桥　　型：双塔双索面钢箱梁斜拉桥
跨　　径：主跨 460m
桥　　址：武汉市

» 设计单位：中交公路规划设计院有限公司
湖北省交通规划设计院

» 施工单位：中交第二公路工程局有限公司
中交第二航务工程局有限公司
国营武昌造船厂
上海浦江缆索股份有限公司

» 混凝土用量：149 213m³
钢 材 用 量：41 611t
造　　价：9.4557 亿元
建 成 日 期：2001 年 12 月

1. 概况

武汉军山长江大桥位于武汉市西南郊，距武汉关 28km。工程包括主桥、过渡孔桥、引桥、引道等部分，总长 4 881m。主桥主跨采用 460m 钢箱梁斜拉桥（图 1）。

桥址处长江河道顺直，常水位时江面宽 1 000m，两岸堤间距离 1 170m。河床呈稳定的浅 U 形，主流偏南，设计流量 90 000m³/s，相应流速 2.21m/s。主河槽无覆盖层，河床表层为推移质砂层。主 6 号墩以北河床下伏砂质泥岩，以南河床下伏泥质粉砂岩。多年平均气温 16.6℃，年平均降水量 1 031.3mm，夏季平均相对湿度 80%。

大桥为六车道高速公路标准，设计速度 120km/h；桥面净宽 33.5m；设计基本风速 27.6m/s；主墩船舶撞击荷载：顺水流方向 16 000kN，垂直水流方向 8 000kN；通航净高大于 18m，通航净宽不小于 350m。

2. 主桥结构

主桥采用 48m+204m+460m+204m+48m=964m 五跨连续双塔双索面钢箱梁斜拉桥，采用半飘浮体系（图 2）。

1）索塔基础

两个主墩塔基础均采用 19 根直径 2.5m 的钻孔灌注桩，按嵌岩桩设计。承台直径 30m，厚 6m。基础采用钢围堰施工。本桥桥面较宽，下塔柱较矮，为保证索塔造型美观，如果按常规设计，钢围堰的

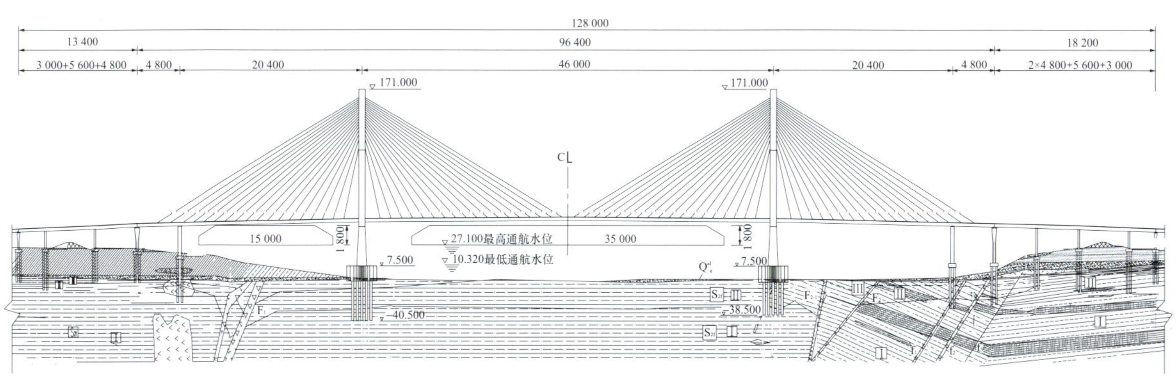

图 2　主桥桥型布置（尺寸单位：cm）

直径将达到44m。为了缩小钢围堰的规模、减小施工难度、节省工程造价，创造性地提出了异型钢围堰结构，在圆形钢围堰外侧焊接两个簸箕形构造，即由圆形与异形组成的复合型钢围堰结构。圆形钢围堰内径30m，外径33m。索塔基础及异形钢围堰构造见图（图3）。

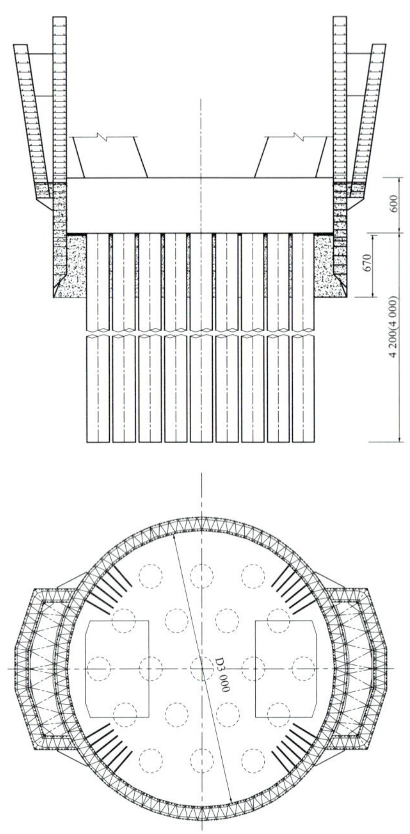

图3 索塔基础（尺寸单位：cm）

2）索塔

采用分离式倒Y形结构，总高度163.5m（图4），通过三道横梁将两塔柱连为一体。中、下塔柱为钢筋混凝土结构，上塔柱为预应力混凝土结构。塔柱采用非对称空心薄壁断面。上塔柱断面尺寸7.0m×4.5m，壁厚1.2m和0.6m；中塔柱断面尺寸7.0m×4.5m，壁厚0.8m；下塔柱断面尺寸由10.5m×7.0m向上渐变至7.0m×4.5m，壁厚1.0m。三道横梁均为箱形断面，采用预应力混凝土结构。上塔柱斜拉索锚固区采用环向预应力，进行了1：1的足尺模型试验研究。塔柱采用爬升模板逐段连续施工（图5）。索塔锚固区孔道采用真空辅助压浆工艺。

3）主梁

钢箱梁采用扁平封闭流线形断面，全焊结构，除风嘴采用Q235-B外，其余均采用Q345-D钢材。梁高3m，梁宽38.8m，高宽比1：12.9（图6）。全桥共分87个梁段进行制造和安装，标准梁段长12m，梁段最大重量211.8t。钢箱梁设置2条中纵腹板及2条边纵腹板，通过锚箱将斜拉索索力传递给边纵腹板，然后传至整个钢箱梁断面。横隔板全桥共设置了搭接式、对接式和整体式三种类型。钢箱梁顶板及U形加劲肋在横桥向根据不同的受力区域设置不同的厚度，在索塔区域、辅助墩顶区域的钢箱梁根据受力的需要设置不同的顶底板厚度。通过对钢箱梁节段、最大双

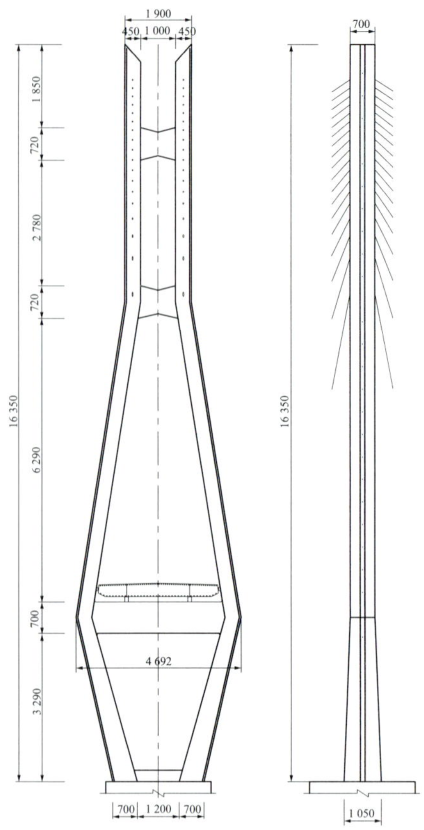

图4 索塔（尺寸单位：cm）

图5 索塔施工

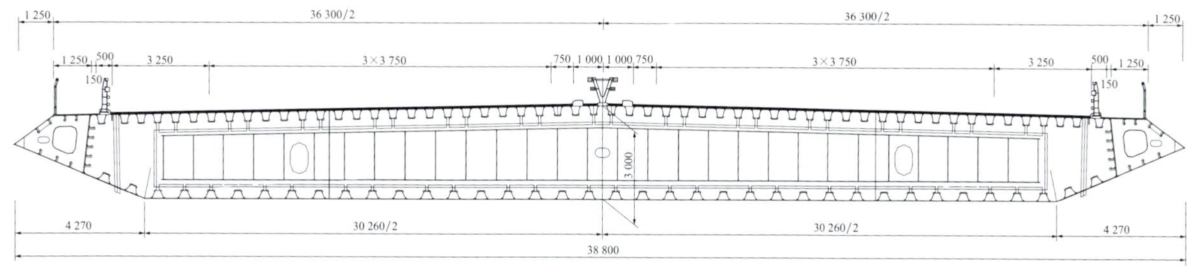

图 6 钢箱梁（尺寸单位：mm）

悬臂、最大单悬臂、全桥合龙及运营阶段的模型风洞试验研究表明：不论在施工期间还是在运营期间，颤振临界风速均大于颤振检验风速，在长遇低风速下不会发生明显的涡激共振。钢箱梁外表面采用电弧喷铝的防护体系，内部采用传统的油漆涂装体系，设置抽湿设备。

4）斜拉索

采用挤包双层 PE 护层的扭绞形平行钢丝成品拉索，共分 8 类，钢丝根数为 109～253 丝，最大索长 250.79m，重 19.16t。

5）主梁架设和施工控制

除两侧边跨无索区、索塔区及辅助墩顶梁段须趁高水位利用浮吊吊装外，其余梁段均采用桥面吊机悬臂吊装（图 7），桥面吊机前后支点距离 15m，左右支点间距 18m。前后支点设计自重反力分别为 990kN 和 −90kN。在架设过程中，采用一次张拉到位，不进行索力调整。采用自校正理论进行全桥线形控制，全桥合龙桥轴线偏差仅 1mm，高程偏差仅 3mm，梁体应力与设计值良好吻合。

图 7 吊机悬臂吊装钢箱梁及辅助墩设置

3. 主要技术特点和创新点

项目建设紧密结合本桥交通量大、行车速度高、重载车多、桥面宽、河槽水深流急、涨落幅度大、主河床无覆盖层、环境气候较差等建设条件，精心设计、大胆创新，主要体现在：

（1）主塔墩基础首次采用大型异形双壁钢围堰结构进行施工，使钢围堰直径从正常设计的 44m 减小到 33m，减小了规模，方便了施工，节省造价 3 977 万元。

（2）针对桥址区河床无覆盖层、难以插打钢管桩及钢护筒的情况，临时墩基础首次采用深水淹没式钢围堰，既作为人工覆盖层，方便基桩施工，又作为基础的组成部分，经济合理。

（3）斜拉索塔端锚固采用张口朝横桥向的小半径 U 形环向预应力体系，克服了斜拉索预应力束锚下应力扩散区的受力问题。该布置形式较传统的张口朝顺桥向布置可节省预应力材料数量约 25%。

（4）首次进行了小半径 U 形环向预应力伸长量的研究，提出了伸长量由弹性伸长量、几何伸长量及附加弹性伸长量组成，为确保上塔柱环向预应力施工质量提供了理论依据，并为今后规范的修订作了有益的探索。

（5）索塔上塔柱环向预应力采用国内自行研制和开发的塑料波纹管和真空辅助压浆工艺，为真空压浆工艺的推广及材料国产化打下了基础，显示了良好的应用前景。

（6）首次采用自校正理论进行全桥线形控制，取得了很好的效果，全桥合龙桥轴线偏差仅 1mm，高程偏差仅 3mm。

（7）针对大面积外露钢箱梁防腐体系的寿命普遍较短的难点，在国内首次采用钢箱梁大面积电弧喷铝长效防腐体系，增加了钢箱梁防腐耐久性，减少了运营期的养护费用。

（8）按照结构受力和景观设计相统一的原则，采用黄金分割原理，开展了斜拉桥索塔新颖优美的造型设计研究。索塔造型新颖，全桥建筑造型美观。

（9）钢桥面板在国内首次采用喷砂除锈热喷锌工艺进行防护。

该桥获全国优秀工程设计银质奖、国家优质工程银质奖、詹天佑土木工程大奖。

相关资料

>> 桥　　名：重庆奉节长江大桥
桥　　型：双塔双索面预应力混凝土斜拉桥
跨径布置：主跨 460m
桥　　址：重庆市奉节县
>> 设计单位：中铁大桥勘测设计院有限公司
>> 施工单位：中交第二航务工程局有限公司
江苏法尔胜新日制铁缆索有限公司

>> 混凝土用量：66 827m³
钢 材 用 量：10 745t
造　　价：2.6 亿元
建 成 日 期：2006 年 6 月

重庆奉节长江大桥

图 1　奉节长江大桥全景

1. 概况

奉节长江大桥位于重庆市奉节县，距下游三峡水利枢纽工程160km，距瞿塘峡口 10km。大桥全长 930m，主桥主跨采用 460m 预应力混凝土斜拉桥（图 1）。

桥位区属丘陵～低山区河谷岸坡地貌，处于三峡峡口河段，地形陡峻，相对高差约 410m。基岩主要为泥岩、白云岩、泥质灰岩和钙质泥岩以及盐溶角砾岩等，岩体的节理、裂隙发育。桥位处长江段，三峡建库前最大水位变幅 54.89m。建成后，在库区回水区内，原有河槽调蓄水能力基本消失，产流、汇流条件发生变化。坝前正常蓄水位 175.00m 时，奉节回水水位为 173.44m；该区属亚热带暖湿东南季风气候区，年平均气温 16.4℃，多年平均降水量 1 179mm。设计基本风速 23.0m/s，瞬时极大风速为 35.0m/s。

大桥桥面宽 18.5m；设计速度 40km/h；通航净高 18m，净宽 2×125m 的单向通航孔或 1×235m 的双向通航孔，最高通航水位为 173.44m。船撞力：主塔墩横桥向 6 000kN，纵桥向 3 000kN；地震基本烈度Ⅵ度，按Ⅶ度设防。

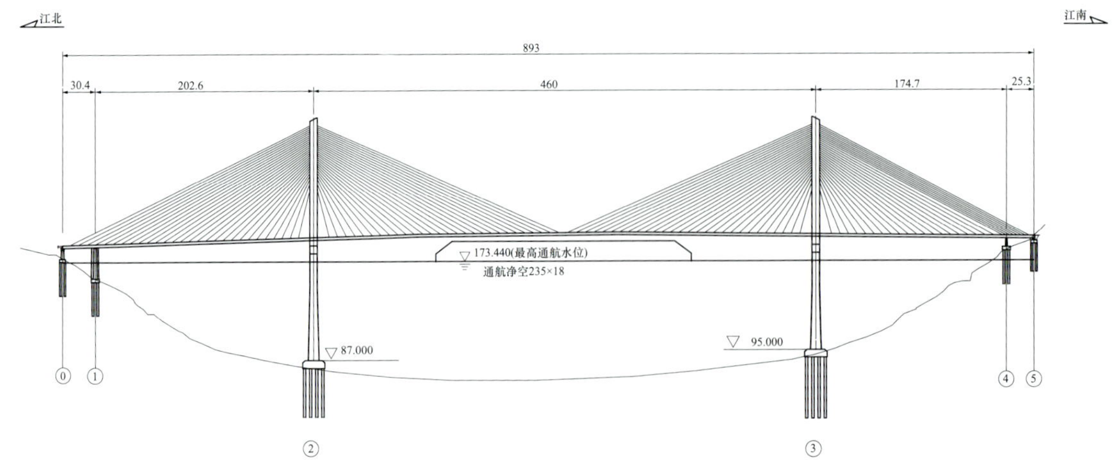

图 2　主桥桥型布置（尺寸单位：m）

2. 主桥结构

主桥采用30.4m+202.6m+460m+174.7m+25.3m=893m的双塔双索面预应力混凝土斜拉桥，不对称五跨布置（图2），即塔梁间采用纵向弹性半飘浮体系；主塔采用A形空间混凝土索塔，承台以上南、北塔高分别为206m、211.61m；主梁边跨及部分次边跨因压重需要采用混凝土箱梁，其余均采用矩形边主梁，桥轴线处梁高2.5m，梁宽20.5m，梁上标准索距7.85m，主梁标准节段边主梁宽1.7m，顶板厚0.32m，横梁厚0.4m，全桥横梁间距基本同索距；每塔布置28对，全桥共计224根斜拉索。

1）支撑体系

主塔处塔梁间采用纵向弹性半飘浮体系。塔、梁间竖向及边墩、辅助墩处均设活动盆式橡胶支座，横向均设抗风防震橡胶支座及横向挡块。

全桥共8根纵向弹性索，采用与斜拉索相同的体系，规格为151ϕ7，每根弹性索长度约30m。

2）主梁

主梁标准截面尺寸（图3），矩形边主梁宽1.7m，顶板厚0.32m，横梁厚0.4m。在塔根处边主梁宽度加大至3.5m，塔根附近两侧各3个索距范围内加大至2.2m。边跨箱梁底板厚度北岸0.35m，南岸为0.45m。其余如腹板、顶板、横梁厚度同边主梁。全桥横梁间距基本同索距。

主梁设纵、横向预应力，横向预应力依横梁位置大致分为三种：标准段横梁、墩顶处横梁及压重段横梁。纵向预应力依施工步骤分为三种：膺架现浇段预应力，施工用预应力及合龙预应力。其中施工用预应力又可分为塔根梁段施工用预应力及悬浇施工用预应力；前者是在施工过程中适当时间予以拆除，后者随悬浇施工的不断推进而逐段接长，并最终作为结构永久预应力。

主梁采用C50混凝土，压重采用铁砂混凝土，其密度不小于3.5t/m^3，压重混凝土置于边跨箱梁空腔内，在南岸边跨范围内人行道上边设置了部分压重。

3）主塔

主塔为A形，分为上塔柱、横梁、中塔柱、盖板、下塔柱5大部分（图4）。承台以上南、北主塔高分别为206m、211.61m。主塔纵桥向宽度除下塔柱下端自10m渐变至7m外，其余均为7m。上、中塔柱及横梁均

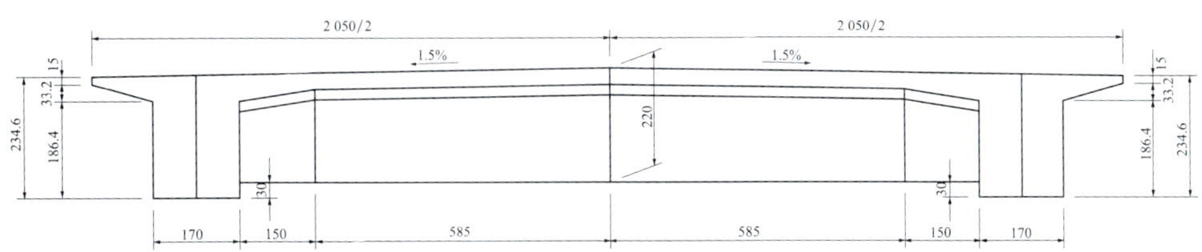

图3　主梁标准断面（尺寸单位：cm）

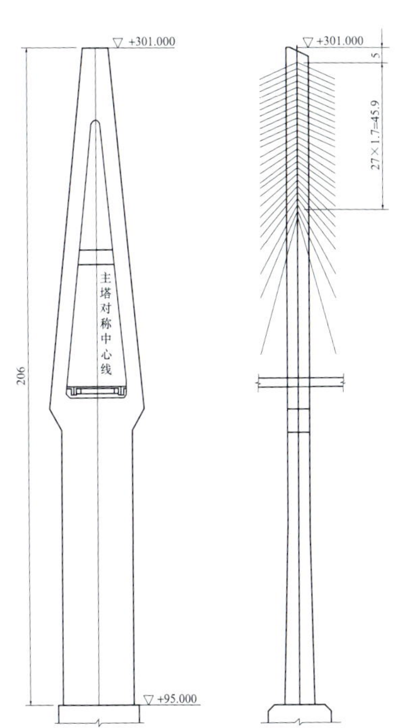

图4　南主塔构造（尺寸单位：m）

为单箱单室截面。下塔柱为单箱三室截面，在塔柱纵桥向宽度变化处设一道横隔板，厚0.6m。盖板为实体板，位于中、下塔柱交界处，厚3m。上、中塔柱横向宽度均为4.2m，其倾斜斜率为1/10，下塔柱横桥向等宽为23m。塔上索距为1.7m。上塔柱纵、横桥向壁厚分别为0.7m、1.4m，中塔柱纵、横桥向壁厚为0.8m、1.0m；下塔柱纵、横桥向壁厚为1.6m、0.9m，内隔板厚0.6m。横梁壁厚均为0.7m，梁高5.0m。

主塔横梁、盖板内设预应力，上塔柱斜索锚固区设环形预应力。

主塔采用C50混凝土。在下塔柱各水位，高程+173.44m、+147.04m和+135.14m附近一定范围内采取了加强配筋措施以提高下塔柱局部防撞能力。并在下塔柱周边混凝土保护层内设一层ϕ6mm带肋防裂钢筋网。

4）斜拉索

斜拉索采用空间双索面，梁上标准索距7.85m，南、北岸边跨索距分别为3.5m、7.85m。每塔每索面共28对斜拉索，全桥共224根斜拉索。斜拉索采用ϕ7mm镀锌平行钢丝，外挤双层PE，内层为黑色，外层为天蓝色，钢丝标准强度R_y^b=1 670MPa。斜拉索共10种规格，即：109ϕ7，127ϕ7，139ϕ7，151ϕ7，163ϕ7。187ϕ7，199ϕ7，211ϕ7，223ϕ7，241ϕ7。斜拉索在主梁处最小倾角23.0°，最大倾角75.4°。斜拉索锚具采用冷铸

墩头锚，梁端及塔端锚具均采用张拉端锚具。

5）下部结构

主塔墩采用群桩基础，每墩设 20 根 ϕ2.2m 钻孔桩，呈 4×5 行列式布置。北主墩桩长 59m，南主墩桩长为 76m。承台厚 7m，分为两级，第一级厚 2m，第二级厚 5m（图 5）。

6）主梁施工与施工控制

主梁边跨及塔根梁段采用膺架现浇法施工，其他梁段采用悬臂浇筑法（图 6），主梁悬浇时采用前支点牵索挂篮。本桥应用“无应力状态法”的控制原理进行施工监控计算，根据实际施工情况调整设计参数，在监控过程中采用索力和线形双控的原则，严格监控，对线形、索力、应力等进行了有效的控制，确保了斜拉桥施工安全、合龙顺利及成桥线形顺畅、内力分布合理，满足设计和规范要求，实现了预期的施工控制目标。

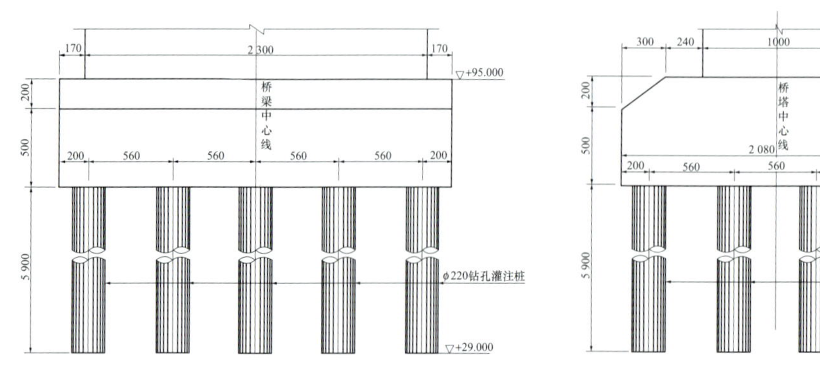

图 5　北主塔基础构造（尺寸单位：cm）

图 6　主梁悬浇施工

3. 主要技术特点和创新点

（1）大桥主跨 460m，位于同类型桥梁国内第三、世界第四。在设计过程中，针对大跨度混凝土斜拉桥设计重大技术难点进行了研究，通过采用纵向弹性约束体系、A 形主塔、空间扇形斜拉索面、大直径钻孔桩基础等构造措施，以及挂篮浇筑 0 号、1 号块和无劲性骨架的内爬架施工高塔等施工新技术，实现了大桥“安全、适用、经济、美观”的建设方针，其合理优质的设计，创新技术的研制和应用，对今后同类型桥梁的建设起到了示范作用。

（2）本桥位于三峡库区，主墩淹没水深最高达 95m，水位变幅大，设置墩外防撞装置造价太高。如何以经济合理的设计满足主墩在船撞作用下的强度、刚度及稳定性是本桥设计中的重点问题。主墩通过采用单箱多室截面、加强各水位附近范围配筋等措施满足船撞时结构的强度、刚度及稳定性，同时通过合理的航标设置引导船只安全顺利通过。

（3）本桥承台以上主塔高分别为 206m 和 211.606m，采用了 A 形塔、无劲性骨架的内爬架施工高塔、索锚区设置环向预应力精轧螺纹粗钢筋等多项技术，保证了索塔的安全性能，提高了我国高索塔的设计和施工水平。

（4）本桥地处峡谷，风环境较为复杂，且墩高、跨大、宽跨比小，抗风稳定性相对较差，所以抗风稳定性是本桥的一项关键技术问题。采用空间双索面和 A 形塔，通过斜拉索增大桥梁抗扭刚度，以提高抗风稳定性。综合考虑抗风、抗震及静力荷载作用下的内力分配等因素，采用纵向弹性半漂浮体系。

（5）大跨径预应力混凝土斜拉桥施工控制技术研究，成功运用“无应力状态”控制理论。在施工过程中索力、线形以及结构应力得到了很好的控制，边跨合龙及中跨合龙均达到了毫米级的合龙精度，成桥线形和索力的误差都控制在目标范围以内。全桥主梁线形和斜拉索索力的预设最大误差值分别为 ±3cm 和 ±5%，控制结果达到了预定的“双控”目标精度。

重庆忠县长江大桥

图 1　忠县长江大桥效果

相关资料

- 桥　　名：重庆忠县长江大桥
- 桥　　型：双塔双索面 PC 斜拉桥
- 跨　　径：主跨 460m
- 桥　　址：重庆市忠县
- 设计单位：重庆交通科研设计院
- 施工单位：中交第二航务工程局有限公司
  中铁一局股份有限公司
  江苏法尔胜新日制铁缆索有限公司

- 混凝土用量：11 万 m^3
- 钢 材 用 量：2.4 万吨
- 造　　价：6.5 亿元
- 建 成 日 期：2008 年 10 月

1. 概况

忠县长江大桥位于忠县城上游 8km，主桥主跨采用 460m 混凝土斜拉桥（图 1）。

桥位处江面宽 1130m，水深 17m，深泓线偏忠县岸，平均流速 2m/s。覆盖层 3～5.3m，基岩为细砂岩。桥位区属亚热带东南季风山区气候，年平均降雨量 1 192.9mm。

大桥为 4 车道高速公路标准，设计速度 80km/h；桥面宽度 24.5m；设计基本风速 25.0m/s；地震基本烈度Ⅵ度，按Ⅶ度设防；通航净高 18m，单孔双向航宽不小于 370m，单孔单向通航不小于 185m。

2. 主桥结构

大桥为双塔双索面预应力混凝土斜拉桥，桥跨布置为 205m+460m+205m=870m（图 2），采用全漂浮体系。为保证正常运营状态下，过渡墩的支座不出现上拔力，通过边跨主肋变宽进行压重。

1）索塔基础

南主跨墩河床覆盖层薄，平整度较好，基础采用双壁钢围堰、承台、钻孔桩复合基础（图 3、图 4）；北主墩河床覆盖层厚，基础采用双壁有底钢吊箱围堰、承台、钻孔桩

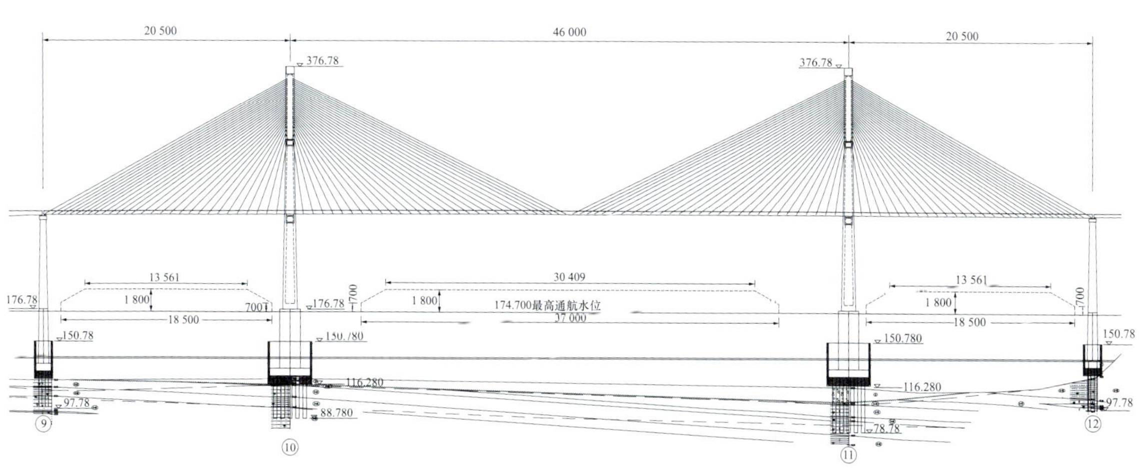

图 2　主桥桥型布置（尺寸单位：mm）

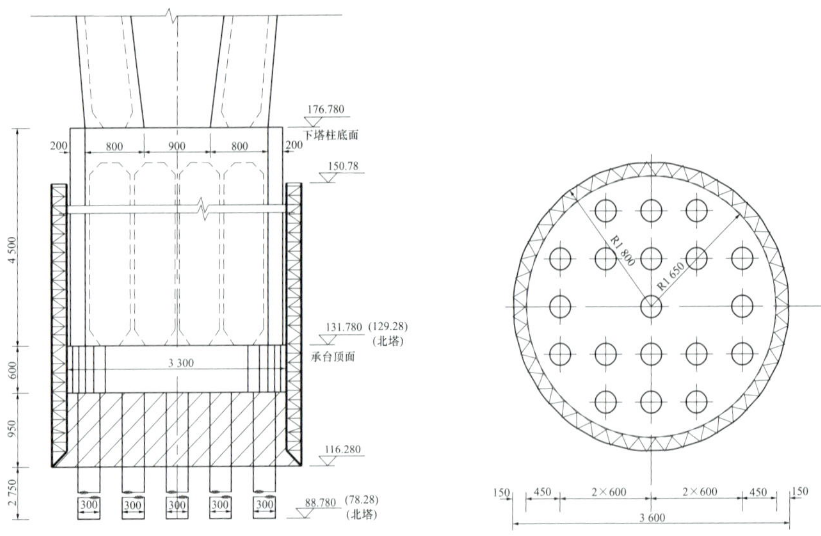

图 3　主塔基础（尺寸单位：cm）

图 4　南主墩双壁钢围堰基础施工

复合基础。钢围堰及有底钢吊箱外径均为36m，内径33m，壁厚1.5m。内设置19根ϕ3.0m钻孔桩，南主墩桩长37m，北主墩桩长44.5m。封底混凝土厚：南主墩9.5m，北主墩7m，承台高6m。南、北索塔基础封底和承台共浇筑混凝土20 702m^3。

2）墩身

塔墩身截面采用钢筋混凝土八室箱形结构，塔墩顺桥向宽 17m，横桥向宽 29m（图 5）。顺桥向两侧外壁厚 100cm，内壁厚 60cm。横桥向两侧设分水尖。墩底、顶各设 200cm 及 450cm 厚的实体段。内腔尺寸均7.2m × 5.5m。南主墩墩高 45m，北主墩墩高 47.5m。采用 C40 混凝土，南、北主墩墩身混凝土数量 19 337.9m^3。

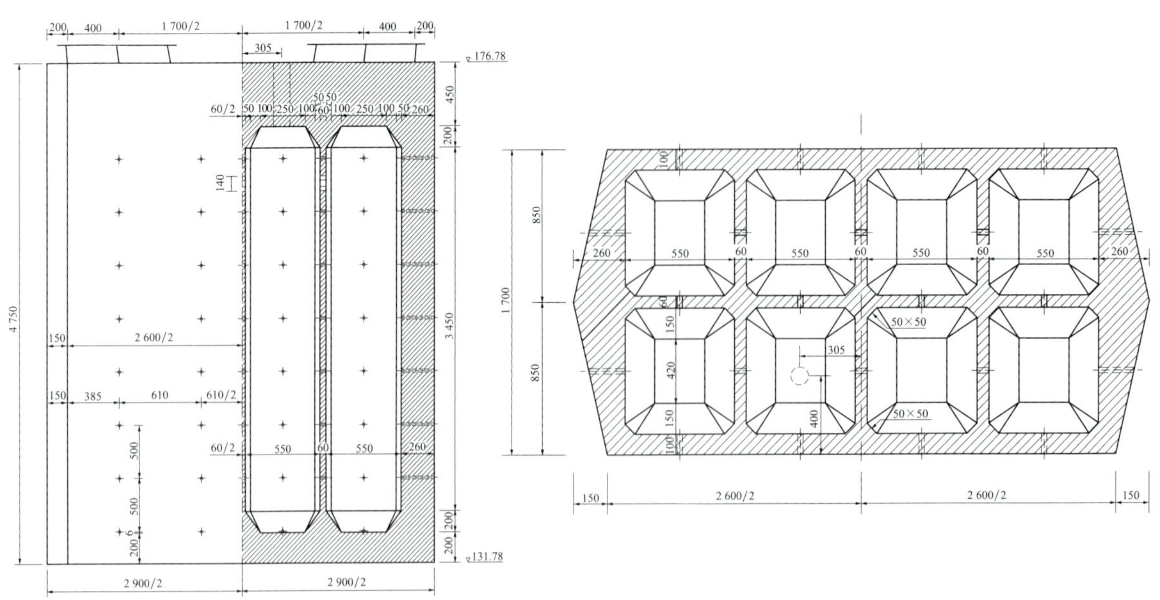

图 5　索塔墩身（尺寸单位：cm）

3）索塔

索塔为H形，塔柱截面为箱形断面，塔柱高200m（图6），桥面以上塔高跨比0.2620。索塔上塔柱锚索区为7.0m×4.5m分离矩形断面，中、下塔柱为（7.0～12m）×（4.5～8.0m）的分离矩形断面。设两道横梁，下横梁为9m×6m箱型断面，上横梁为6.8m×5m箱形断面。索塔横桥向宽度在墩顶25m，下横梁转折处为36.8m。南、北索塔混凝土26 129m^3。

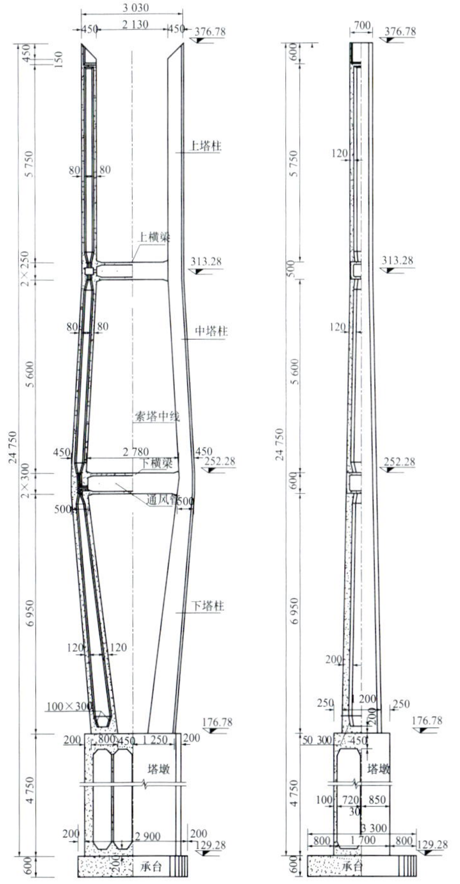

图6 索塔结构（尺寸单位：cm）

上塔柱为拉索锚固区，采用环向预应力，并对水平力最大的节段进行了1∶1的足尺模型试验验证。塔柱采用液压爬模施工工艺，每段施工高度4.0m。在下、中塔柱施工过程中为克服塔肢倾覆力分别设置了3道水平拉索及3道水平撑杆（图7）。预应力孔道采用真空辅助压浆工艺。上、下横梁采用八字撑钢管桩悬空支架，突破了大多数桥横梁采用落地支架技术，节约成本和工期。

图7 索塔中塔塔柱施工

4）主梁

主梁为整体开口肋板式断面（图8），梁高（中心线处）2.965m，标准截面纵向每隔8m设置一道横隔板。主梁为双向预应力，断面为∏型，标准节段长8m。肋板宽为1.8m，塔下梁段肋板加宽至2.4m；为满足边跨压重要求，边跨肋板加厚，其中有5个节段的肋板加厚至3.9m，7个节段的肋板加厚至5m，最边上两个节段采用实体板梁。主梁采用C60混凝土。主梁设置了施工预应力束和后期预应力束。

5）斜拉索

斜拉索采用双向扇形布置，平行钢丝体系，每塔

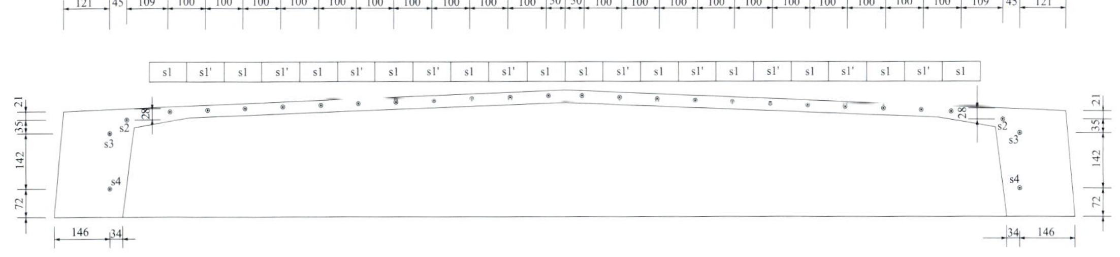

图8 主梁标准梁段截面（尺寸单位：cm）

单面为29对斜拉索，一根吊索（0号），全桥共230根斜拉索，最重一根索重19.9t，全桥共用高强镀锌钢丝2 468t，拉索外裹高密度PE。斜拉索在梁上标准间距为8m，在塔上的锚固间距为1.75～5m。为减小由于斜拉索共振引起的疲劳应力幅值，斜拉索的减振采用磁流变阻器与减振橡胶块。

6）主梁施工

主梁采用前支点挂篮施工工艺，在主梁0号块施工完成后，安装挂篮吊装支架，吊装挂篮。利用前支点挂篮承重平台施工主梁1号段，挂篮主纵梁下设钢管桩支撑，前端利用2号索锁定，施工完1号段后进行体系转换，从2号段开始按正常前支点挂篮悬浇施工。

3. 大桥主要特点和创新点

（1）主梁边跨压重采用逐步加宽肋板压重。

（2）主梁的临时固结支座采用钢板将主梁与主塔分开，通过体外预应力束和沙漏支座将其联成一个整体，在主跨合龙时卸掉体外预应力束和沙漏支座实现主梁纵向约束解除。

（3）主跨合龙后调整最后几对斜拉索索力，以减少中跨合龙时临时预压重，减少合龙难度。

（4）钢围堰和钢吊箱的首节采用在浮式平台拼装，托运就位后整体吊起，然后退出浮式平台首节沉入水中，减少岸上拼装下水和托运就位施工工序，为施工工期赢得时间。

（5）钢围堰和钢吊箱的均采用两次封底，钢围堰采用两次封底可以有效地防止封底混凝土的泄漏；钢吊箱第一次封底可以将吊箱水与江中水完全隔开，第二次浇筑的封底混凝土可以充分利用水的浮力，用吊箱内抽水置换混凝土重量的办法减少吊杆受力，降低封底施工难度。由于采用两次封底降低了围堰封底这一关键步骤的技术难度。

重庆大佛寺长江大桥

相关资料

» 桥　　名：重庆大佛寺长江大桥
桥　　型：双塔双索面混凝土斜拉桥
跨　　径：主跨 450m
桥　　址：重庆市
» 设计单位：重庆交通科研设计院
» 施工单位：中铁大桥局集团有限公司
重庆桥梁工程总公司

» 混凝土用量：121 830m³
钢 材 用 量：15 870t
造　　　价：3.291 亿
建 成 日 期：2001 年 12 月

图 1　重庆大佛寺长江大桥全景

1. 概况

重庆大佛寺长江大桥位于重庆市朝天门码头下游 5km，全长 1 176m，主桥主跨采用 450m 预应力混凝土斜拉桥（图 1）。

桥址处河床平水期约 410m 宽，最低水位 157.2m，三峡大坝建成后，桥址区域水位提高，常水位为 185m，洪水位 199.2m（1/300）。通航净高 18m，双向通航宽 275.4m，地震烈度Ⅵ度，按Ⅶ度设防。

大桥采用六车道高速公路标准，桥面宽 30. 6m；

2. 主桥结构

主桥采用 198m+450m+198m=846m 双塔双索面 PC 斜拉桥飘浮体系（图 2）。

1）主桥基础

北岸主墩为桩基础，承台嵌入基岩中，采用 8 根大直径的变截面桩，上部桩径 4.8m，下部桩径 3.8m，桩长 17m（图 3）。

2）索塔

索塔高 206.68m（图 4）。主塔墩顺桥向为变宽度的单箱六室空心墩，顺桥向两侧壁厚 1.0m，横桥向（上、下游）外侧壁厚 1.3m，并设三角形分水尖，箱内设五道横隔板墙，对应下塔柱的横隔墙厚 1.0m，其他为 0.7m。墩顶设 4.5m 厚的实体段与下塔柱连接。南主墩高 35.7m，北主墩高 42.0m，横向宽度 34.0m（不计分水尖）。下塔柱为四

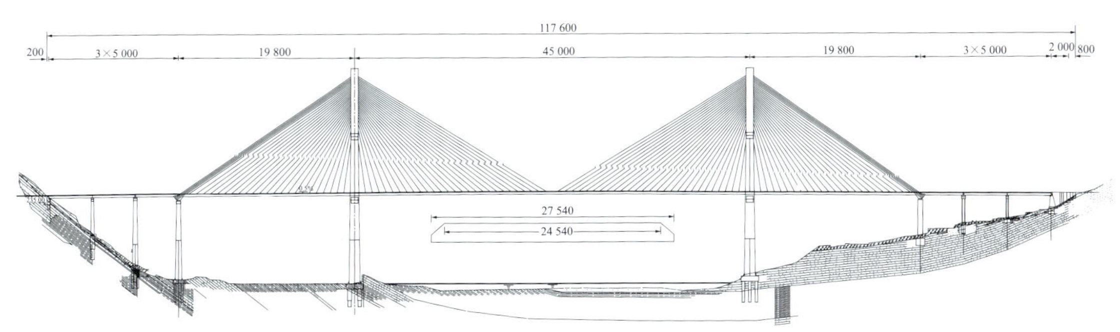

图 2　桥型总体布置（尺寸单位：cm）

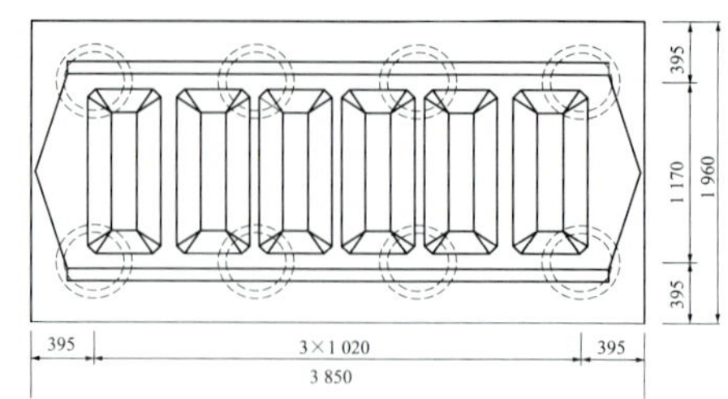

图 3　主塔桩基（尺寸单位：cm）

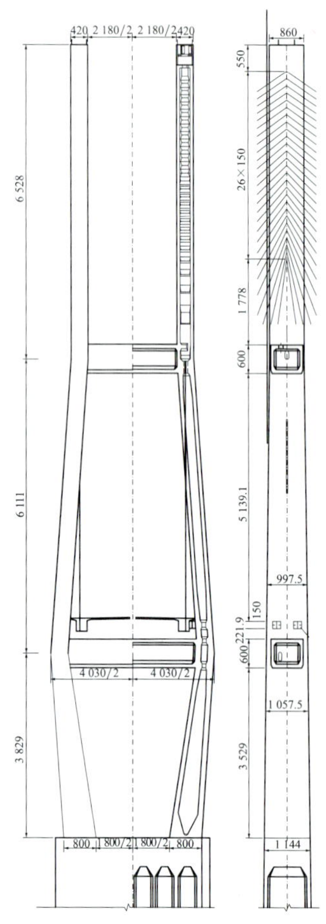

图 4　主塔（尺寸单位：cm）

面变坡的变截面单箱单室断面，顺桥向壁厚1.2m，横桥向两塔柱向外倾斜，外侧壁厚1.3m，内侧壁厚1.1m。外形尺寸由下往上为8.0m×11.44m～5.0m×10.58m，塔柱下端内壁设有5.0m高的大梗肋，作为塔柱与墩实体段连接的刚度变化过渡段高度38.29m。中塔柱为单箱单室断面，短边壁厚1.2m，长边壁厚0.9m，外形尺寸由下往上为4.2m×10.2m～4.2m×8.8m，中塔柱设有0号索道管和横向限位支座，高度61.11m。上塔柱为单箱单室断面，斜拉索通过斜拉索管锚于塔壁内侧，是斜拉索的密集锚固区，在斜拉索锚固区设有环向预应力，在顶部区段，由于斜拉索的水平力较大，塔柱内壁还设有钢箱以加强塔柱受力。

3）主梁设计

主梁为预应力混凝土梁板结构（图 5），肋高 2.7m；桥面板厚 0.28m，每 4.05m 设一道横隔梁，索面距离 26.0m。在梁肋中设隐蔽式斜拉索锚箱，锚于梁肋中。根据梁肋宽度变化和斜拉索索距将主梁分为标准段、加厚段、渐变段和尾部梁段。标准梁段梁肋宽 1.8m，索距 8.1m（图 5）。尾部梁段为变截面多室封闭箱，梁长 11.1m，梁高 6.4m，4 对斜拉索背索锚于箱尾，以提高本桥整体刚度。尾部梁段对边跨与中跨不对称荷载起平衡作用，引桥 T 梁也支承于尾部箱上，增加平衡压重荷载。主梁设纵横向预应力束。

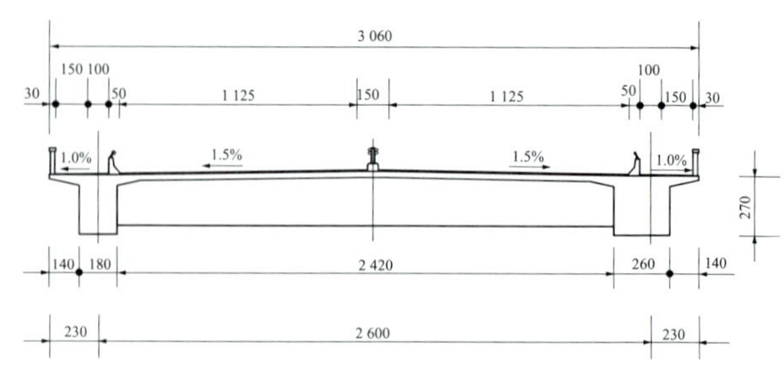

图 5　主梁标准横断面（尺寸单位：cm）

4）斜拉索

采用 $\phi 7$ 镀锌高强钢丝，R_y^b=1 670MPa，PE 防护，冷铸墩头锚，塔上张拉，最大索 313 丝，最小索 163 丝，每塔双面 55 对斜拉索，索距 8.1m，全桥 220 根索，拉索两端设减振器。

5）支座

主梁尾部设大吨位的拉压支座与边墩相接。支座。竖向承载力 22 000kN，水平承载力不小于 2 000kN（锚杆），上拔力不小于 3 000kN，顺桥向位移量不小于 1 120mm，转角不小于 0.02rad（图 6）。

6）施工

大桥采用悬浇法施工。由于大桥桥面宽、跨度大，节段混凝土荷载和挂篮荷载（240kN）大，施工风险和

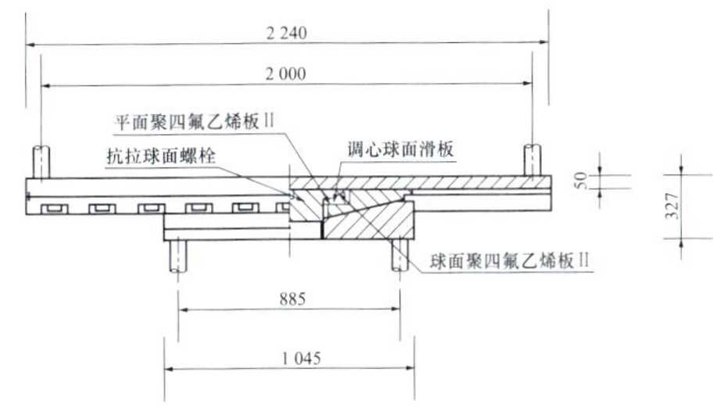

图 6　大吨位支座（尺寸单位：mm）

图 7　主梁施工

难度大。本桥除远端少数几对索在施工中需要调整挂篮前索与后索外，其他均采用一次张拉设计。本桥施工采用下爬式牵索挂篮，挂篮前索在混凝土强度达到设计要求，待预应力张拉完成后，进行体系转换，在体系转换前，挂篮前索实际上是施工临时索，它的最大索力受挂篮设计控制。前索在体系转换前最大索力为 3 000kN。由于本桥桥面高，桥面距河床高达 80m，在洪水期桥位处水流急，水位变化大，如果悬臂施工中采用临时墩设计，投资大，本桥采用悬臂施工，最大双悬长度达 191.2m，为当时国内最大双悬臂施工桥梁（图 7）。

3. 主要技术特点和创新点

（1）采用了大吨位（压力为 22 000kN、抗拉力为 3 000kN、大位移量（达到 1 120mm）拉压支座。

（2）采用大直径变截面桩基础，最大直径 4.8m。施工期短，在枯水季节完成基础施工。

（3）采用部分预应力的设计方法，在保证质量的前提下，少用预应力，节约材料，降低了造价。

（4）采用了一次调索方法。

（5）采用了最大双悬臂施工，双悬臂最大长度为 191.2m，为当时同类型桥中最大。

（6）首次采用尾部梁段固结模型的边跨合龙设计。

（7）首次采用了无找平层的 8cm　SMA 铺装层设计，在保证施工质量的前提下，减少了施工环节，缩短了施工工期。

上海南浦大桥

相关资料

>> 桥　　名：上海南浦大桥
桥　　型：双塔双索面钢与混凝土结合梁斜拉桥
跨　　径：主跨 423m
桥　　址：上海市
>> 设计单位：上海市政工程设计研究总院
>> 施工单位：上海建工（集团）总公司
上海沪东造船厂
上海浦江缆索股份有限公司

>> 混凝土用量：50 938m³（主桥）
钢 材 用 量：15 581t（主桥）
造　　价：8 837 万元（主桥）
建 成 日 期：1991 年 11 月

图 1　上海南浦大桥全景

1. 概况

南浦大桥位于上海市南码头，是市区跨越黄浦江连接浦西老市区与浦东开发区的重要桥梁，是上海市内环线的重要组成部分，也是振兴上海开发浦东的起步工程（图 1）。大桥全长 8 346m，主桥长 846m，主跨采用 423m 组合梁斜拉桥，一跨过江。桥面宽 30.35m。设计荷载为汽车—超 20 级，全重 3 000kN 平板车验算。桥下通航净高 46m。

2. 主桥结构

主桥采用双塔双索面钢与混凝土结合梁斜拉桥（图 2）。主塔高 150m，采用折线 H 形钢筋混凝土塔柱。塔柱每侧各 22 对斜拉索，双索面呈扇形布置，在塔柱中央设置一对垂直索，以代替梁下竖向支承，使主梁在纵向成为飘浮体系。组合梁的平面钢梁格由两个钢工字形主梁，车行道横梁、小纵梁（桥纵轴处）、钢人行道悬臂梁组成。钢主梁中距为 24.55m，梁高 2.21m，之间设有纵向间距 4.5m 的工字形钢横梁（图 3）。边跨设置辅助墩，主桥两端及边墩处设置 640mm 组合式大位移伸缩缝。大桥设有 4 部垂直电梯，供游人上桥游览观光。

1）主桥塔是一座带上下横梁的双肢折线型混凝土空心塔柱，高度 150m（图 4），主桥塔共分五个组成部分：下塔柱向外倾斜，斜率

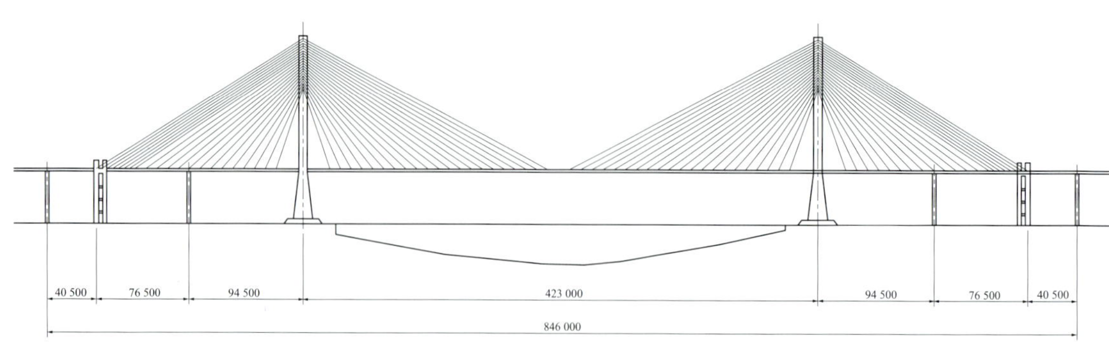

图 2　主桥桥型布置（尺寸单位：mm）

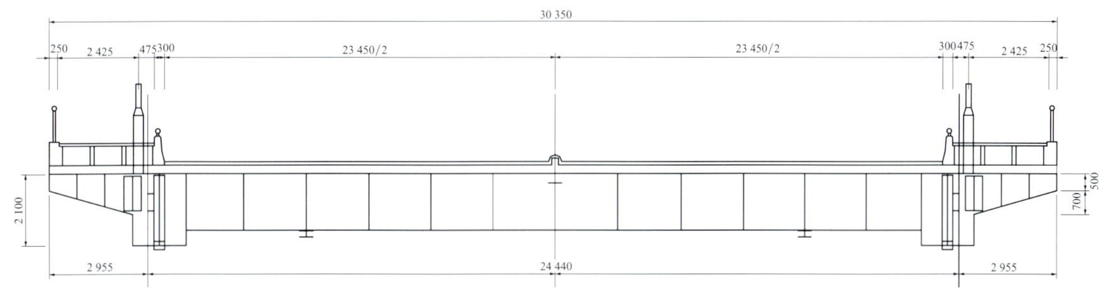

图 3　一般段横断面（尺寸单位：mm）

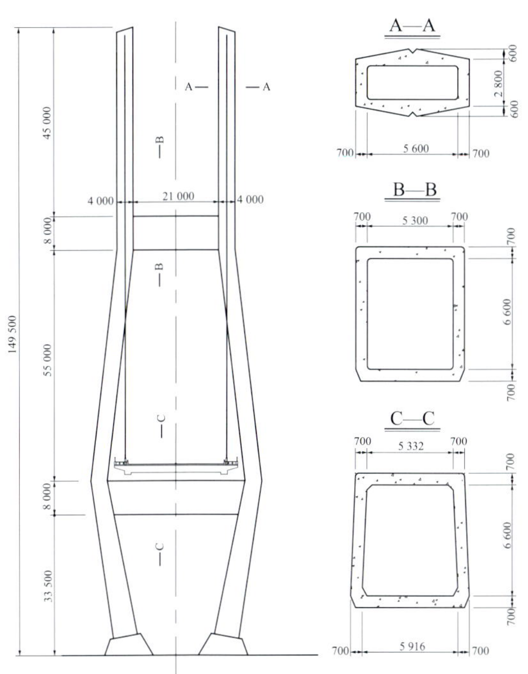

图 4　主塔塔柱立面及剖面（尺寸单位：mm）

为 1∶5.71 826；中塔柱向内倾，斜率为 1∶8.5，截面为菱矩环形，因为 0 号拉索穿过中塔柱内侧壁，故增设 28 对预应力束加强；上塔柱垂直，内芯有 19 对锚固钢梁；上、下横梁，断面为 8m×6.7m、壁厚 70cm 的空腹箱梁。塔柱采用 C40 清水混凝土，轴线竖向偏差允许 H/3 000 以内。

2）钢梁

钢板由国外引进，材质为细晶体高强度合金钢。标准节段的主梁长 9m，梁高 2.2m，上下翼缘宽 80cm，重 21t。横梁长 24m，梁高为 1.5～1.7m 变高度（以适应 2% 横坡），重 18t。钢板最大厚度 80mm，是国内桥梁构件中最厚的钢板，钢梁在工厂中进行 120～180℃高温预热后，采用自动埋弧焊。焊缝一次合格率：射线为 92%，超声 97%，磁粉 99%。钢梁在工厂内试拼装（三段一拼）无误后，运往工地安装。18～25m 长的构件加工精度达到 3mm，三节试拼装总长 54m 的误差＜5mm，14 万套高强螺栓孔通过率为 100%，连接面摩擦系数超过设计指标，密贴度达 98%。

每个标准节段由 2 根主梁、4 根横梁、4 根小中梁及 4 根牛腿梁组成。全桥共有主、横梁 438 根，总重 6 300t。在工厂中钢梁经喷砂，除砂后只涂二道底漆和一道面漆，最后一道面漆待全桥完工后在现场钢梁下的安全平台上操作完成。面漆采用橘红色氯化橡胶漆（底漆采用环氧富锌漆）。钢梁采用桥面吊机安装（图 5）。

3）桥面板

桥面板：全桥共有 500 多块，除少数现浇外，均为现场预制安装，C60 混凝土，车行道板尺寸为 11.775m×4.03m×0.265m，重 33t，人行道板尺寸为 2.6m×8.53m×0.265m，重 13.8t。

4）索

全桥共有斜拉索 180 根，总重量 1 464t。

钢索是从国外（原西德）引进 ϕ7 镀锌高强钢丝，首次编制成“热挤压聚乙烯护套、大节距扭绞斜拉索”。在 6 种规格直径的索中（127ϕ7～265ϕ7）最长的索 223m，重 21t，由 265ϕ7 高强钢丝编成。索的外防护采用 PE 护套。PE 料是用国外购进粒状聚乙烯原料，经热塑挤压成型，紧固于钢索之外形成护套。钢索在塔上张拉最大吨位6 000kN，在厂内超张拉1.5倍达 9 000kN，为便于绕索成盘，加工时将索扭转成4° 转角，节距为4～6m。最后盘在直径为4m的索盘上，经陆路或水路运到工地。

索的两端采用冷铸镦头锚，其下端锚固在钢主梁外侧的锚箱中，上端悬挂在 110～150m 高的塔柱上，张拉后固定在塔内的锚固钢梁上。桥面上的水平索距除岸跨 8—9 号段索距为 4.5m 外，其余均为 9m，在塔上垂直索距为2m。聚乙烯护套的使用寿命不少于 30 年，设计中已考虑到在不影响通车的条件下，每次可更换一根斜拉索（图 6）。

图 5 钢梁安装

图 6 斜拉索鸟瞰

3. 主要技术特点和创新点

(1) 设计理论、技术措施、施工方法四种对策有效地控制组合梁桥面裂缝的发生。

(2) 在国内首次进行了系统、全过程的风洞模型试验及完整的理论分析，使我国的桥梁抗风研究进入世界先进行列。

(3) 首次采用了地震危险性分析估计地震动参数，开发了多功能大跨度桥梁非线性地震反应分析软件，定量评估结构地震反应，确定了结构抗震可靠度。

(4) 建立了系统的工程施工控制技术，开发了桥面吊机、施工架设平台、垂直提升系统、主塔施工斜爬模、多功能 6 000kN 张拉千斤顶、高性能泵送混凝土等多项国内首创技术，总体上达到国际先进水平。

(5) 钢梁低温自然合龙技术，确保合龙精度“零”的工艺。

(6) 首次采用国产工厂化生产的拉索，ϕ30mm 最大高强度螺栓、大位移伸缩等，产品均达到国际最高标准，节约大量外汇。

南浦大桥获国家科技进步一等奖、全国优秀工程设计金质奖、中国建筑工程鲁班奖。

湖北郧阳汉江大桥

相关资料

>> 桥　　名：湖北郧阳汉江大桥
桥　　型：双塔双索面地锚斜拉桥
跨　　径：主跨 414m
桥　　址：湖北省郧县
>> 设计单位：湖北省交通规划设计院
>> 施工单位：四川公路桥梁建设集团有限公司

>> 混凝土用量：24 020m³
钢 材 用 量：4 231t
造　　　价：5 305 万元
建 成 日 期：1994 年 2 月

图 1　湖北郧阳汉江大桥全景

1. 概况

郧阳汉江大桥位于湖北省郧县，长江最大支流汉水上游丹江口水库回水变化段上。大桥全长 601m，主跨采用 414m 混凝土地锚斜拉桥（图 1）。

桥位处峡口为典型的 U 形河床，常水位时水面宽 340m，水深 40m，大桥考虑在丹江口水库二期工程正常蓄水位 170.0m 时能满足通航要求。河床为风化砂砾岩，无覆盖层。桥位区属北亚热带季风区。极端最高气温 42.7℃，极端最低气温 −13.5℃。

大桥采用二级公路标准；设计速度 80km/h；设计基本风速 40m/s；地震基本烈度 VI 度；通航净空：8m × 120m。

2. 主桥结构

1）结构体系

由于受桥位地形影响，跨度布置为 86m+414m+86m=586m，平衡重锚固桥台及锚孔主梁长度均为 43m（图 2）。

主梁为混凝土单箱三室截面，

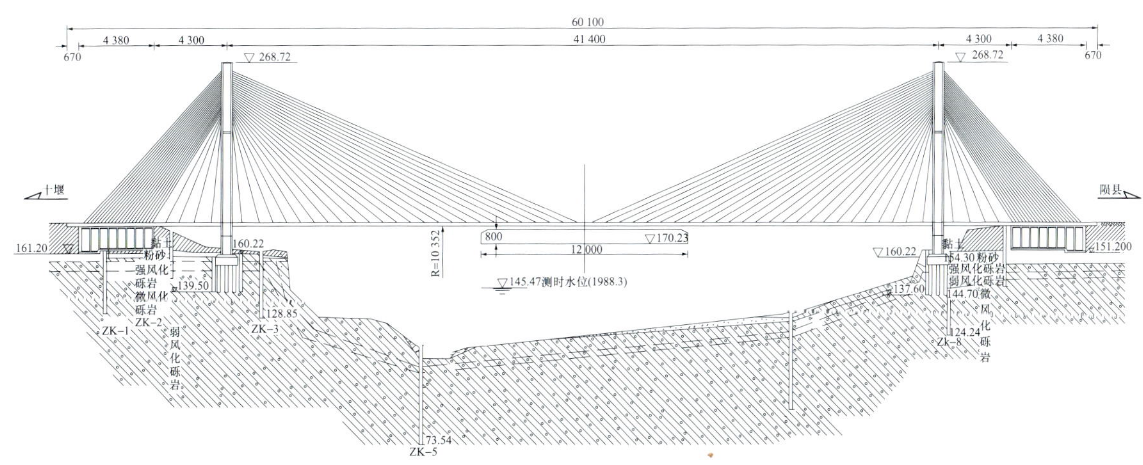

图 2　主桥桥型布置（尺寸单位：cm）

宝石型空心索塔。每塔2×25对斜拉索呈双面半扇形密索体系布置，背索有21对锚固在平衡重锚固桥台上，标准索距主梁8.0m，锚固桥台2.0m，索塔为1.2m，斜拉索与其水平投影之最小夹角22°49′。21对背索为47°8′～56°40′。桥面以上塔高90.62m，宝石型空心索塔全高108.5m。索塔与主梁分离，主梁与锚固桥台刚接，在桥梁跨度中心设置一个可纵向滑移的无轴力接头，使其能抗剪、抗弯扭。伸缩缝设在跨中。

2）主梁

主梁采用三向预应力单箱三室截面，两边室为三角形（图3），箱梁中心处梁高2.0m，顶板宽15.6m，底板宽6.6m，顶、底板厚均为20cm，与锚固桥台连接段主梁15m长范围，顶底板由20cm至50cm，竖腹板厚24cm，斜腹板厚16cm，拉索锚固端厚70cm，横隔梁标准间距8.0m，宽20cm。跨中接头段主梁长25m，为了装接头钢箱，将主梁斜腹板改为竖腹板，在箱梁中部加设一道竖腹板，箱梁底宽增至12.16m（钢箱支承横隔梁间距4.0m，宽36cm）。主梁宽高比B/h=7.8；高跨比h/L=1/207；跨宽比L/B=26.5。

主梁采用按两半跨自锚固桥台向河心单向施工

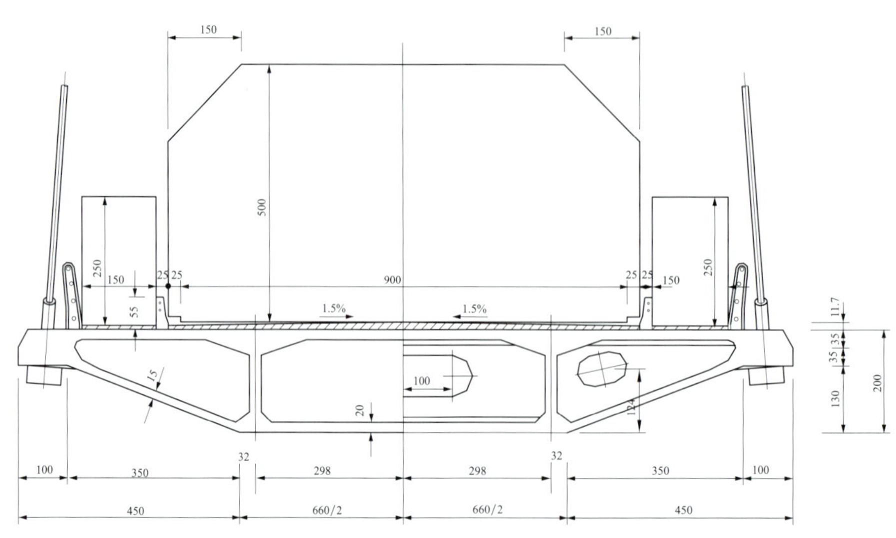

图3　主梁标准截面（尺寸单位：cm）

（图4），根据地形，郧岸主梁现浇段长67.7m，十堰岸长87.4m，其余主梁分段预制，标准节段长分4.3m和3.7m，安装重量86～95t，预制构件通过栈桥下河，船运至桥下，起吊就位，向跨中单向悬臂拼装。全桥设八道宽10cm的湿接缝，以调整悬拼误差。纵向预应力钢筋采用24ϕ5高强碳素钢丝束，用墩头锚具联结，分段接长，分段张拉，全桥连续。预制主梁节段存放期要求不少于3个月，两侧同时施工，以控制收缩徐变的影响。

图4　主梁悬拼施工

3）桥塔

桥面以上塔高90.62m，其高跨比=1/4.57，选用了宝石型空心塔（图5），提高桥梁的横向刚度、抗扭刚度及抗风稳定性。桥塔全高108.5m，塔身及横梁均为空心矩形截面，纵向宽度为6.6m，横向宽除上斜腿宽3.5m外，均为4.0m。塔壁厚除直柱段锚固壁厚1.0m外，其余均为70cm。

为便于锚座定位精确，索塔传力锚固段内壁面层用10mm厚的钢板护壁，可兼作施工内模，斜拉索直接锚固在直柱内壁上，锚座裹以10mm厚的钢板与钢内壁焊接成整件。斜拉索直接锚固在空心索塔塔壁上，并布置井形预应力，该锚固方式为国内首次。索塔基础采用15根直径2.0m的挖孔桩，承台尺寸13m×22m，厚6.0m。

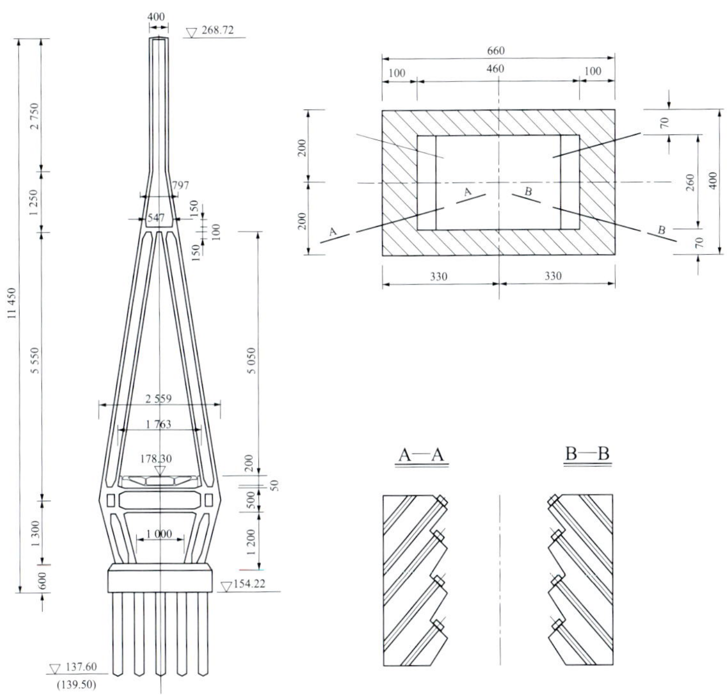

图 5　索塔（尺寸单位：cm）

承台底面要求置于风化砂砾岩面上。

4）平衡重锚固桥台

边跨主梁长 43m，为主跨的 1/9.6，25 对背索有 21 对需锚固在平衡重锚固桥台上，以平衡其上拔力与不平衡推力。锚固桥台形式与尺寸两岸均相同，以其对称平衡。锚箱依靠箱体自重和箱内填砂平衡其上拔力。锚箱体宽 13.8m，由 9 道横隔板，3 道纵腹板形成 16 个箱室。纵腹板与中横隔板厚 0.8m，底板与端横隔板厚 1.0m，台后端 11.5m 长，低 1.5m，形成阶梯，以增加抵抗水平力能力。

5）斜拉索

斜拉索选用 $\phi5$ 低松弛预应力高强钢丝，不镀锌，钢丝标准强度 1 600MPa。表面涂防锈脂，绕包玻璃丝带与两层聚脂带合成的复合带，再直接热挤 PE 护套。全桥斜拉索有六种规格，共 200 根，规格为 151$\phi5$～409$\phi5$。拉索安全系数取 2.5，安装阶段超应力时最小值 2.25。拉索锚具采用冷铸镦头锚。

6）跨中无轴力接头

跨中接头结构要求纵向可以滑移，同时能传递剪力与弯扭矩，跨中两半跨主梁间净距 24cm，此处设一条板式橡胶伸缩缝。接头段长 25m，主梁为单箱四室，箱梁底板宽增至 12.16m。

7）动力分析及屈曲稳定

根据模型试验，成桥状态颤振临界风速在 116.2m/s 以上，施工最大悬臂状况也超过 96.4m/s，均超过设计风速的 1.2 倍。结构屈曲分析是对合龙前的半桥状态进行的。此时弹性屈曲安全系数 7.4。

3. 主要技术特点和创新点

（1）大桥是我国首次设计的地锚式大跨度斜拉桥新型结构。桥型结构及总体布置格局合理。边跨与主跨之比为 0.207，锚孔 25 对斜拉索有 21 对锚固在平衡重锚固桥台上；宝石型空心索塔高跨比为 0.218；扁平的单箱三室主梁与索塔分离，与锚固桥台固结；跨中设置能传递剪力，弯扭矩的无轴力钢箱梢式接头。

（2）平衡重锚固桥台采用 16 个箱室内填砂卵石方案，以平衡背索传来的万吨上拔力，结构构思合理，新颖。

（3）在跨中设置纵向滑移无轴力接头。采用四条闭合钢箱搁置在主梁近跨中四条支承横梁上的钢框架内，钢箱支点四周布置四氟橡胶滑板，构思巧妙，保证了主梁的伸缩。接头行车平顺性好，为国内外首创。

（4）合理的施工控制技术。施工控制特点是向河心单向悬拼，对一个标准循环，悬拼一个 8m 梁段，安装两块构件、两对斜拉索其施工控制过程可简称为“两张一放”，全过程实现了预控，主梁在施工过程中每一个工况的挠度和弯矩值均控制在允许幅度内。

大桥获全国优秀工程设计银质奖。

相关资料

>> 桥　　名：宜昌夷陵长江大桥
桥　　型：三塔单索面预应力混凝土梁斜拉桥
跨　　径：主跨 120m+2×348m+120m
桥　　址：湖北省宜昌市
>> 设计单位：中铁大桥勘测设计院有限公司
>> 施工单位：中铁大桥局集团有限公司
上海建工（集团）总公司
威胜利工程有限公司

>> 混凝土用量：101 314m^3
钢 材 用 量：11 556t
造　　　价：58 613 万元
建 成 日 期：2001 年 9 月

宜昌夷陵长江大桥

图 1　夷陵长江大桥全景

1. 概况

夷陵长江大桥位于宜昌市葛洲坝水利枢纽大坝下游约 7.6km，全长 3 246m，主桥主跨采用 2×348m 三塔混凝土斜拉桥（图 1）。

桥址属山区与平原区的过渡段，桥位区四周地势较高，多年平均水位宽 730m，最大水深 23m，河床纵向深泓变化起伏 5～6m。设计流量 92 700m^3/s，流速 4.39m/s。基岩为砂岩、黏土质粉砂岩，以中细砂岩为主。宜昌市处于中亚热带和准亚热带的交汇地带，降水量多，水资源丰富。年平均气温 16.8℃，历年平均降雨量 1 157.4mm。

大桥采用四车道城市快速路标准，桥面宽度 23m；设计速度：60km/h；设计基本风速 23.53m/s；通航净高≥18m，净宽≥125m；地震基本烈度Ⅵ度。

2. 主桥结构

主桥采用三塔单索面混凝土加劲梁斜拉桥，孔跨布置为：两个主跨均为 348m，两端边跨各长 120m，其间设有两个辅助桥墩，分隔成三跨。桥梁全长 936m，为目前国内最大跨度的三塔混凝土斜拉桥（图 2）。

桥宽 23.0m，主梁梁高 3.0m，宽跨比 1∶15，高跨比 1∶116；全桥 3 个主塔，塔高不等，采用钻石型钢筋混凝土结构；斜拉索为单索面置于桥面中央，斜拉索均由两根组成，间距 1.2m，全桥共 236 根斜拉索；主塔基础均采用高桩承台钻孔桩；桥面铺装采用 4cm SMA13 Ⅱ+4cm SMA13 Ⅰ沥青混凝土；全桥采用在中塔处塔、梁、墩固结的纵向约束结构体系。

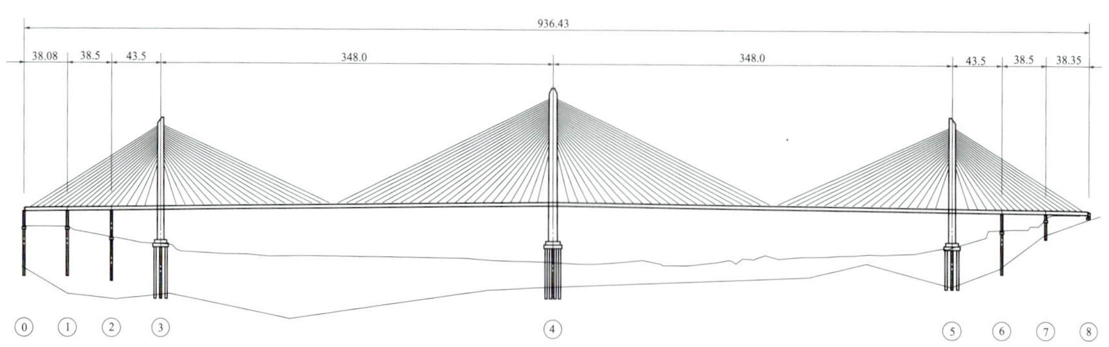

图 2　主桥桥型布置（尺寸单位：m）

1）索塔基础

主塔基础均采用钻孔灌注桩，钻孔桩穿过深浅不等的强弱风化层，嵌固在微风化基岩中。中塔基础（4 号墩）采用 16 根直径 2m 的钻孔灌注桩，承台尺寸 16m×16m，厚度 3m，塔座尺寸 13m×14.8m，高度 3m，采用行列式排列，桩间距离按 $2d$ 考虑，即 4m，桩长 43.0m（图 3）。

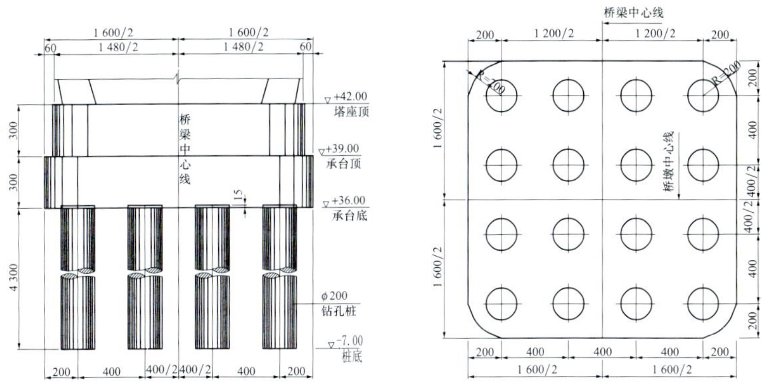

图 3　中塔基础（尺寸单位：cm）

南（5 号墩）、北（3 号墩）边塔墩基础采用 11 根直径 2.0m 的钻孔灌注桩，承台尺寸 14m×16m，厚度 3m，塔座尺寸 11m×16m，高度 3m，钻孔桩采用梅花形式布置，共三排，每排分别为 4、3、4 根，桩长北边塔为 44.0m，南边塔为 34.0m，每桩施工时以进入微风化砂岩 3.0m 为原则，以保证有可靠的承载能力（单桩）。

中塔基础地处江心，是全桥唯一的一座深水基础，基岩埋深较浅，为便于嵌岩固结桩的施工。施工方案改变了此前在长江中习以为常的深水围堰法，使用简便节省的平台套箱方案，具有工期短、用料省的技术优势。

2）索塔

三座主塔中的两座边塔等高，中塔高出边塔 19.5m。两座边塔采用高度较低的布置，既使南边跨的长度较好地适应了地形，又使北边跨不致干扰与城市道路的匹配。三塔在造型上基本相仿，塔身上段为适应中心索面的格局而采用的倒置的 Y 字形构造，整座主塔像一柄竖立的长剑，直插天际。三塔并列直立于宽阔的江面，极具标志性的作用，成为宜昌市新的景观。

主塔为钢筋混凝土结构（图 4）。中、边主塔除下横梁结构、塔底宽度不同，其余结构只是高、宽度等方面尺寸的差异。中塔在纵向顾及刚度的要求采用厚度 7m。南、北边塔纵向厚度采用 5.5m 以增大柔性，下塔段采用薄腹板封闭的空腔结构，目的是在高洪流情况下，不给漂流物或小型船有搁堵的空间。

中塔高出两座边塔 19.5m，承担着主跨桥长 56% 的荷载，并与主梁固结，成为对全桥的纵向水平约束和抗扭转的刚

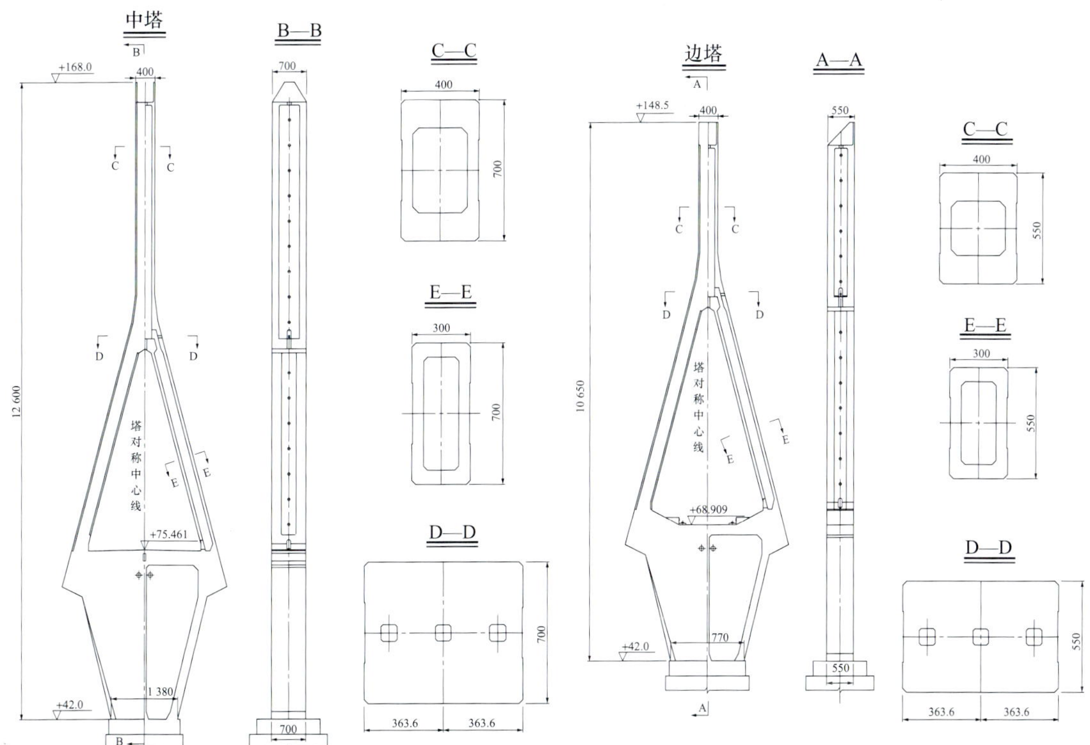

图 4　索塔（尺寸单位：cm）

性节点。索锚区施加#格式预应力，预应力采用直径为32mm的精轧螺纹粗钢筋。主塔施工以爬模为主，以传统的万能杆件构架为辅的方法进行（图5）。施工步骤中在中塔柱中间加横撑，并对塔柱施以一定的顶推力，以抵消因塔柱倾斜而产生的自重弯矩。

图5 主桥施工

3）主梁

主梁采用单箱三室截面，三向预应力混凝土结构（图6）。主梁全桥外轮廓尺寸一致，梁高3.0m，顶板宽23.0m，底板宽5.0m，两侧悬臂板悬臂长度3.5m。主梁边跨长约90m区段为压重段，压重集度约40t/m。

主梁边跨与边塔处0号块共长131m，中塔处0号块长度22m，均采用膺架现浇施工。两主跨间的主梁采用预制节段悬拼施工。

主梁预制悬拼梁段间隔40m左右设一道50cm宽湿接缝，其余均为干接缝。除合龙段外，一个348.0m的主跨共设7个湿接缝。两个湿接缝间长约40m的梁段在同一台座上预制，以确保预制块件之间的匹配性，减小悬拼的施工误差。

施工累积误差通过湿接缝及时消除，尽量避免通过垫片调整线形，这是保证大跨预应力混凝土斜拉桥悬拼施工质量的重要技术措施。

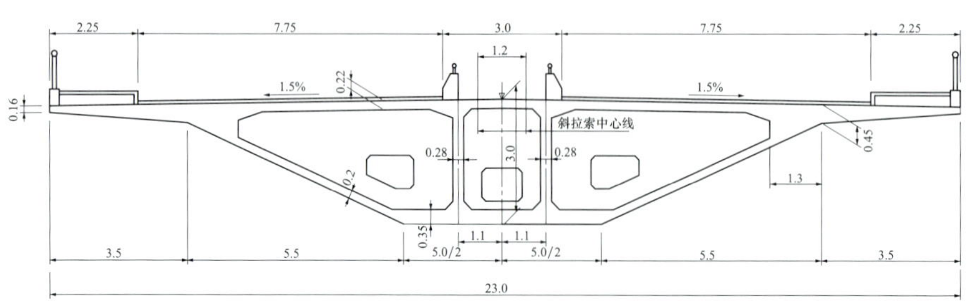

图6 混凝土加劲梁（尺寸单位：m）

梁体预制块长度分别为4.0m，3.5m（有湿接缝处），3.0m（合龙段），预制块均为等截面，顶板厚22cm，底板厚35cm，合龙处8m长梁体因纵向预应力束起弯，底板厚度增至40cm。直腹板厚28cm，斜腹板厚20cm，悬臂板根部厚45cm，最外侧厚16cm；中塔处主梁截面局部加强；边跨现浇段因设压重、辅助墩，截面变化较多。一个预制块件顶板设8个剪力键，直腹板设6个、斜腹板设2个；湿接缝两端梁体不设剪力键。

主梁采用C55混凝土，三向预应力体系，纵向预应力分3大类：预应力粗钢筋、体内钢绞线束、体外钢绞线束。其中，预应力粗钢筋采用精轧螺纹粗钢筋，直径32mm，R_y^b=750MPa，主跨全断面共40根，为预制块件悬拼的结合施加压力。边跨数量减半，为逐段现浇时承担施工荷载。体内钢绞线采用高强度低松弛钢绞线，直径15.24mm，R_y^b=1 860MPa；体外钢绞线规格与斜拉索所用的钢绞线相同，单根钢绞线直径15.24mm，体外钢绞线紧靠主跨底板布置。在主跨合龙前张拉一半体内钢绞线，合龙后再张拉另外一半体内钢绞线和全部体外钢绞线。体外钢绞线采用分段锚固以减小钢绞线'平均应变'带来的不利影响。横向预应力采用规格为4孔扁锚直径15.24mm的体内钢绞线束，以抵抗梁体横向负弯矩。竖向预应力采用精轧螺纹粗钢筋，直径32mm，R_y^b=750MPa。只布置在斜拉索锚固处，以传递斜拉索的竖向分力，满足局部受力需要。

4）斜拉索

斜拉索为平行钢绞线拉索体系，采用全封闭新构造，无黏结锚具。单根镀锌钢绞线内注油性蜡，外包HPE护层封闭。钢绞线强度R_y^b=1 770MPa，容许应力[σ]=0.45R_y^b。斜拉索共有6种规格：27～47股，全桥边塔18对，中塔23对，共236根。平行钢绞线斜拉索是一种具有四层防护的全封闭体系。它的突出优点是将施工与成索于一体的便捷构造。施工时单根张拉，调整索力时整索张拉。外套有螺纹线的钢绞线斜拉索有更优越的防腐蚀防紫外线照射和抗风雨振性能。经济上因其能充分发挥了钢绞线具有的高强度优势，施工辅助环节单一，在总体上其所花费用不比平行钢丝索高。

5）主梁架设和施工控制

主梁预制节段，经斜坡式下河码头装船运至桥下，再由安装在桥面上的架梁吊机进行吊装（图 7）。梁块起吊到位后先进行试拼，待其位置符合要求后，再将块件移开 40～50cm 后进行匹配面涂胶，胶层涂完后立即拼装到位。合龙块湿接缝采用微膨胀混凝土、换重浇筑的施工工艺。

图 7　桥面吊机完成预制梁吊装

在施工过程中，当前张拉的斜拉索的索力一般控制在与理论值相差 ±1% 范围内，测量的前 5 对斜拉索的索力与理论值一般控制在 5% 以内。3 个塔的塔顶偏位与理论值的差值都控制在 1cm 以内，其中 4 号塔塔顶偏位与理论值仅相差 1mm。主梁合龙实现了毫米级的合龙精度。

3. 主要技术特点和创新点

（1）创造性地提出了单索面三塔斜拉桥方案。在历年高、中、低不同水位情况下，桥址区中央水面均属航行盲区，上下行船舶习惯性走行线分道明显，在江心设一墩，在两岸岸边各设一墩，以两个大跨覆盖整个航行水域，无疑是经济合理的选择，该方案通航条件好，经济效益显著。

（2）边跨采用多孔连续结构以提高三塔体系斜拉桥的刚度。系统研究了三塔体系的受力特点，解决了三塔体系刚度较二塔为低而带来的一系列新问题，提出了合理的结构体系，不仅使本桥方案可行，而且非常经济。

（3）钻石型桥塔结构，受力合理，有较强的抗撞击能力，施工简便，造型新颖，实现了受力、美观、经济的和谐统一。

（4）双主跨同时合龙新技术。每个主跨设一个合龙段，每个合龙段设两条湿接缝。两主跨共设两个合龙段、四条湿接缝。双主跨同时顺利合龙，未采取任何强连措施，实现了精确合龙。

（5）斜拉桥合龙束兼用体内束及体外束，提出了体外束分段锚固设计构思及一整套锚固细节设计，开拓了桥梁设计新思路。

（6）创造了预应力混凝土箱梁节段预制拼装最长世界纪录。主梁采用节段预制拼装法施工，取得了质量易于保证，施工速度快，工期短、投资省的效果。其 348m 的拼装跨度为世界之最，最大双伸臂桥梁全长 383m 亦无先例，且拼装施工中没有加设一块垫片，有效地保证了施工质量。

（7）首先采用全封闭式新型钢绞线斜拉索体系。该体系具有施工方便，不需大型起吊设备，防腐性能优越，易于更换的特点。该斜拉索体系在本桥的应用将拓展斜拉索类型。

（8）高强陶粒轻集料混凝土首次在大跨度斜拉桥附属结构上应用（该混凝土单位重仅 $1.9t/m^3$），减轻结构自重，桥梁更为轻巧、经济。

宜昌夷陵长江大桥因地制宜，大胆创新，突破了斜拉桥常规设计思路，大量采用新结构、新材料、新工艺，实现了桥梁功能与当地景观的完美结合，且在桥梁设计理念上推陈出新，其 2m×348m 的主跨及其结构体系为国内第一，开拓了大跨桥梁的发展空间，同类型桥梁中亦属世界首位。

宜昌夷陵长江大桥获中国建筑工程鲁班奖、詹天佑土木工程大奖等。

相关资料

» 桥　　名：广东崖门大桥
桥　　型：双塔单索面混凝土斜拉桥
跨　　径：主跨 338m
桥　　址：广东省新会市
» 设计单位：广东省公路勘察规划设计院有限公司
» 施工单位：广东冠粤路桥有限公司
广东省长大公路工程有限公司
上海浦江缆索股份有限公司

» 混凝土用量：68 333m³
钢 材 用 量：13 377t
造　　价：3.60 亿元
建 成 日 期：2002 年 4 月

广东崖门大桥

图 1　崖门大桥全景

1. 概况

崖门大桥位于广东省新会市崖南镇，跨越崖门水道，全长 1 696m，其中桥梁长 1 296.04m，主桥主跨采用 338m 双塔单索面混凝土斜拉桥（图 1）。

桥位地段为河谷地貌，河床深切，河漫滩窄，水流较急，河床底高程为 −0.69～−22.0m，覆盖层为淤泥质亚黏土，基岩为粗细粒花岗岩。

崖门是珠江流域八大入海口之一，海洋动力的潮汐及波浪对海口的影响远大于河流动力的影响，属不正规混合半日周潮，平均潮差 1.24m，最大潮差 2.95m，最大平均流速 1.47m/s。桥址区位于北回归线以南，属南亚热带季风海洋性气候，年平均气温 21℃，年雨量 1 730mm。

大桥为双向四车道高速公路，设计速度 120km/h；通航底宽 ≥300m，顶宽 ≥220m；通航净高 48m；设计基本风速 53.8m/s；主墩防撞标准：按 10 000t 级船舶考虑。

2. 主桥结构

主桥采用双塔单索面，墩、塔、梁固结的混凝土斜拉桥。主桥跨径为 50m+115m+338m+115m+50m=668m（图 2）。主梁为混凝土。主墩采用双柔性墩，桥面以上塔柱高 73.5m，为单箱断面，每侧的单根斜拉索直接锚固于塔壁中心处，拉索锚固区采用设置井字形粗钢筋预应力系统。

1）主墩基础

主墩桩基为 ϕ3.00m 大直径钻孔灌注桩，每墩桩基 18 根，呈梅花型布置；主墩承台横向 30.55m，纵向 21.8m、高 6.5m（图 3）。施工采用大型套箱，在常水位以上安装

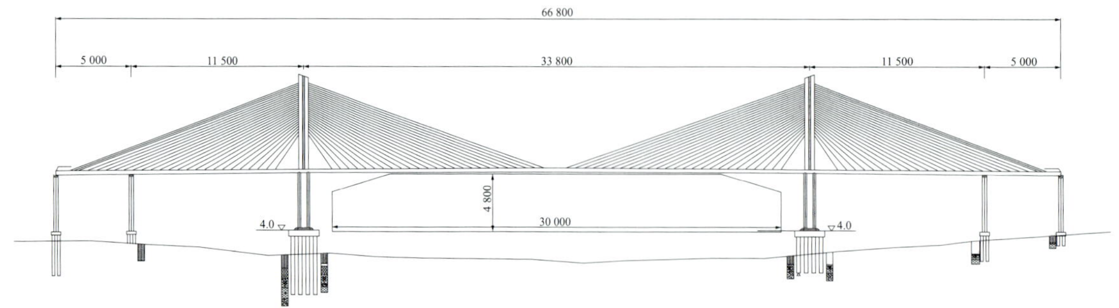

图 2　主桥桥型布置（尺寸单位：cm）

套箱模板，待安装好底板底层钢筋后，整体下放套箱，用导管灌注封底混凝土厚1.5m，混凝土1 000m^3（图4）。待封底层达到强度后，抽干套箱内水，分三次浇筑承台混凝土。

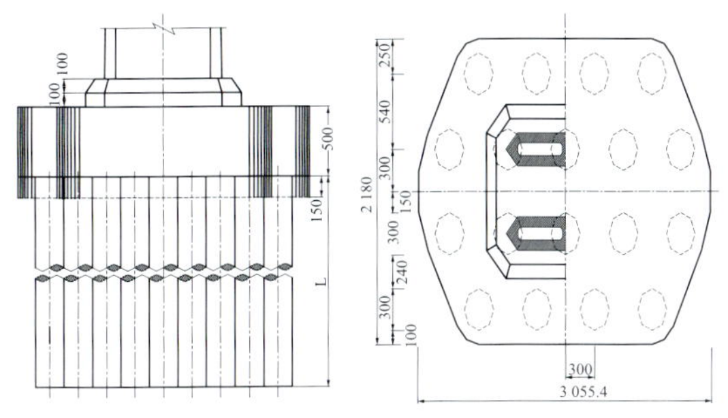

图3　主墩基础（尺寸单位：cm）

图4　基础施工

2）索塔

索塔为空心直塔，桥面以上索塔高77m。其中高程+67.086m以下12m为双向变截面结构；+67.086m以上65m为等截面。每塔每侧设25对斜拉索，索塔采用C60混凝土，每塔混凝土1 327m^3。索塔拉索锚固区设置井字形预应力粗钢筋加筋（图5）。

塔柱采用爬架翻转模板逐节施工（图6），斜拉索锚固区索塔采用劲性骨架固定锚管与环向预应力钢筋，孔道采用真空辅助压浆工艺。在主塔施工至2/3塔高时，主塔风抖振动幅动较大，不利施工安全及成桥后的运营使用，采用了TMD减振技术，对桥塔进行抑振，取得了明显的减振效果。

3）拉索

在单塔每一断面中有4根斜拉索，主桥斜拉索共200根，为PES7-109～PES7-199规格的PE、PU双层防护热镀锌拉索，最长索重为11.79t，长176.80m。拉索两端均为张拉端型锚具。拉索张拉采用主塔端张拉、主梁端锚固工艺。

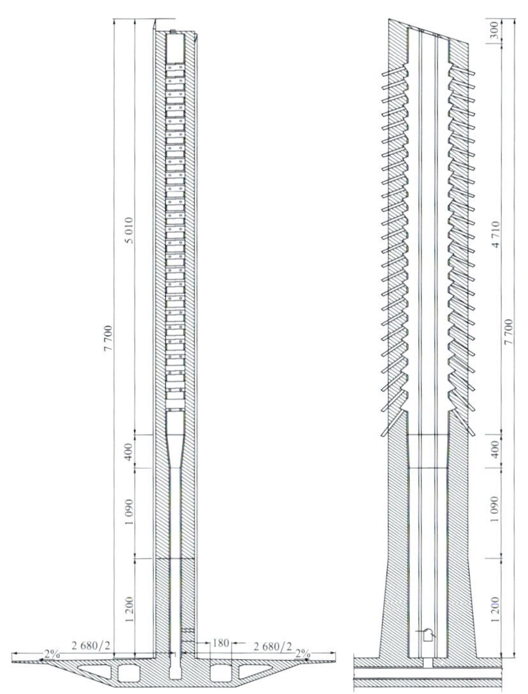

图5　索塔（尺寸单位：cm）

图6　索塔施工

4）主梁

主梁为倒梯形的单箱五室混凝土箱梁，梁高3.48m，箱宽26.8m。每个索间节段长6m，单索面桥面纵向索间距2m，全桥共有100个标准节段，主梁标准段悬浇长度为6m，混凝土为106.3m^3，重约270t（图7）。主梁0号块及边墩现浇段采用支架现浇，其余节段采用牵索挂篮全断面一次浇注施工，分别在边跨和中跨合龙（图8）。

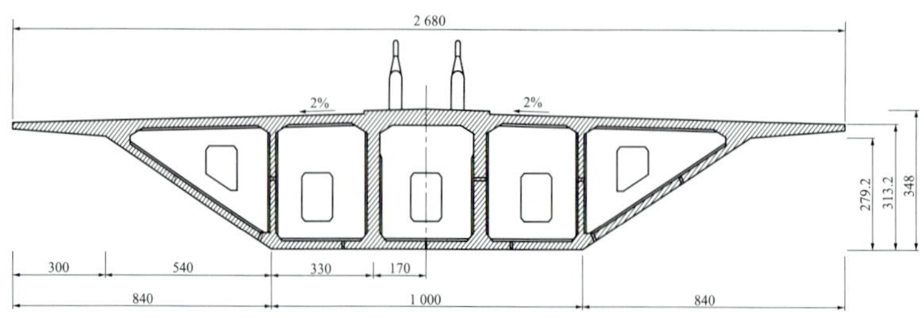

图 7 主梁标准横断面（尺寸单位：cm）

图 8 箱梁施工

大桥主梁边跨与中跨均能做到高精度合龙，合龙对接误差为 3mm，合龙处高程偏差控制在 ±20mm 范围内，达到设计及规范要求，施工期间主梁各断面的压应力值均控制在 12.5MPa 以内，确保主梁结构安全。

3. 主要技术特点和创新点

（1）主跨 338m 在塔墩梁固结单索面斜拉桥中居亚洲第一，世界第二。该桥型方案是在同时满足通航、抗风、美观和经济性要求，并适应当地环境条件下的最佳选择。

（2）桩基施工采用海水造浆技术。大桥处于海水区域，按以往在内河常用的普通泥浆工艺无法满足桩基施工要求，而用于石油钻井的造浆材料价格昂贵。为此，自主研制了性能稳定的海水泥浆，并设计了涡流泥浆处理罐，替代进口产品。解决了沿海地区桩基施工的一个重要难题。

（3）首创基于二次调索基础上的综合调索设计技术，克服了传统的确定斜拉桥合理受力状态方法的局限性，全面考虑梁、塔、墩和斜拉索的受力，综合了一系列方法，在箱梁施工阶段将索力分两次张拉到位。使梁和索的应力更均匀合理，确保结构安全，并降低造价。在一套完善的监控技术的配合下，第二次调索一举成功，避免了以往斜拉桥施工中被迫多次调整索力的现象，缩短了工期。

（4）首创单索面斜拉桥牵索挂篮，研发了单索面牵索挂篮，该挂篮前支点由斜拉索牵引，在现浇过程中，可多次调整索力和高程，为控制主梁线形提供了极大的便利。同时还能减少浇注过程中的箱梁内力、减少用钢量、节约资金。为国内外首创。

（5）主塔施工抗风减振技术，大桥位于台风多发区，桥位处还存在峡谷风效应，大风不断，常年超过 8 级风的时间达 100 天以上，大风造成桥塔的抖振严重影响了施工安全。成功研制了安装在桥塔顶部的 TMD 调谐质量阻尼器，该设备加工简单，使用方便，减振倍率最高达 53.4%，达到国际先进水平。

崖门大桥获詹天佑土木工程大奖、全国优秀工程设计铜质奖、《崖门大桥单索面牵索挂篮》项目获国家实用新型专利。

广州东沙大桥

图 1　东沙大桥全景

相关资料

» 桥　　名：广州东沙大桥
桥　　型：独塔双索面混合梁斜拉桥
跨　　径：主跨 338m
桥　　址：广州市
» 设计单位：广东省公路勘察规划设计院
» 施工单位：广东省长大公路工程有限公司
柳州欧维姆机械股份有限公司

» 混凝土用量：31 192m^3（主桥）
钢 材 用 量：11 536t（主 桥）
造　　价：2.16 亿元
建 成 日 期：2008 年 7 月

1. 概况

广州东沙大桥位于广州市中心区南部，跨越珠江东平水道，主桥主跨采用 338m 独塔混合梁斜拉桥（图 1）。

桥位处江面宽 350m，水深 4～15m，设计流速 1.35m/s，平均潮差 1.5m，覆盖层厚 12～22.5m，基岩为泥质粉砂岩。桥址区属南亚热带季风气候，多年平均气温 21.8℃、降雨量 1 696.5mm、相对湿度为 77%，年平均台风袭击约 4 次，设计基本风速 35.4m/s。

主要技术标准：双向六车道高速公路；设计速度 100km/h；地震动峰值加速度系数 0.1g；通航净高 33m，净宽 230m。

2. 主桥

1）主桥结构

主桥为独塔空间双索面混合梁斜拉桥，采用塔、墩、梁固结体系，桥跨布置为 338m+72m+56m+52m=518m（图 2），为增加体系刚度，改善结构内力，在边跨内设置两个辅墩，在边墩及其临近辅助墩共压重 655t。

2）主墩基础

主墩位于岸边，采用 20 根 D2.5m 钻孔灌注桩基础（图 3），平均桩长 32m；矩形承台尺寸 19m×28m，厚 6m，承台顶设置整体式塔座，共浇注 C30 混凝土 3 192m^3。

3）主塔

主塔为花瓶形混凝土结构（图 4、图 5），塔高 182m，桥面以

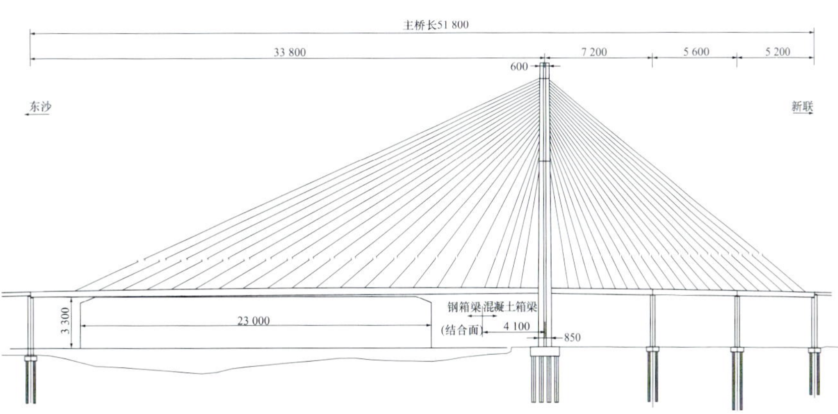

图 2　主桥桥型布置（尺寸单位：cm）

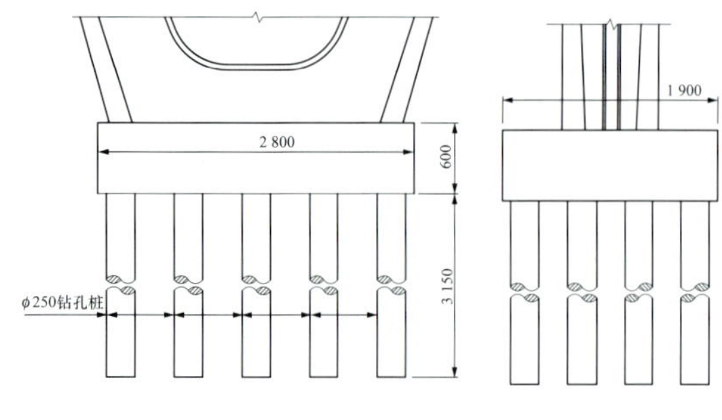

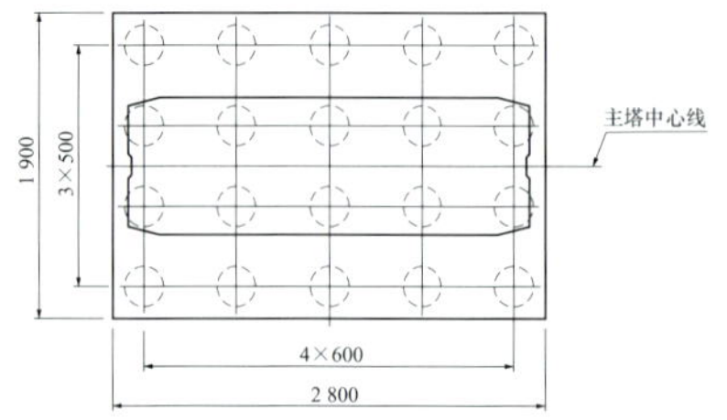

图3 主墩基础（尺寸单位：cm）

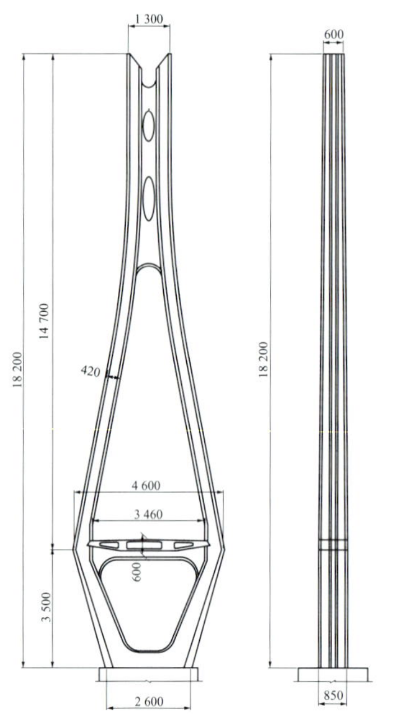

图4 主塔（尺寸单位：cm）

上塔高144m，有效高跨比0.25。横梁以上塔柱为分离式倒Y形，两个分离塔柱的锚固区之间开设椭圆景观孔的三道横梁，上塔柱转折处设大半径圆曲线，下塔柱横桥向向内倾斜。塔柱均为单箱单室截面，下塔柱横桥向宽4.2～8.5m，壁厚1.2m，顺桥向宽8.5m，壁厚1m；中、上塔柱横桥向宽4.2m，壁厚0.8m，顺桥向宽6.0～8.5m，壁厚0.8～1.2m；上连接横梁顶、底板厚0.6m，腹板厚0.7m；桥面处塔横梁中有主梁穿过，横梁宽7.5m，高6.0m，顶、底板及腹板厚0.8m。中横梁配置了预应力钢绞线和竖向预应力粗钢筋；上横梁布置了预应力钢绞线和粗钢筋；上塔柱斜拉索的锚固采用凸齿板构造，在其四周塔壁内布置了预应力精轧螺纹粗钢筋。主塔共浇注C50混凝土1 0272m^3。

图5 主塔施工

下塔柱采用常规支架翻模施工，下横梁采用钢管贝雷支架施工，中、上塔柱采用液压爬模施工。下塔柱施工设置3道预应力水平拉杆，中塔柱施工设置3道施加主动力的水平撑杆。

4）主梁

主梁采用钢箱梁与混凝土箱梁相接合的混合梁，钢箱梁与混凝土箱梁接合段设在主跨距主塔中心41m处。主跨41m及边跨180m长的主梁采用预应力混凝土箱梁，单箱三室截面（图6），结构外形与钢箱梁一致。梁高3.3m，箱全宽38m，顶面宽36m，顶底板厚0.25m，

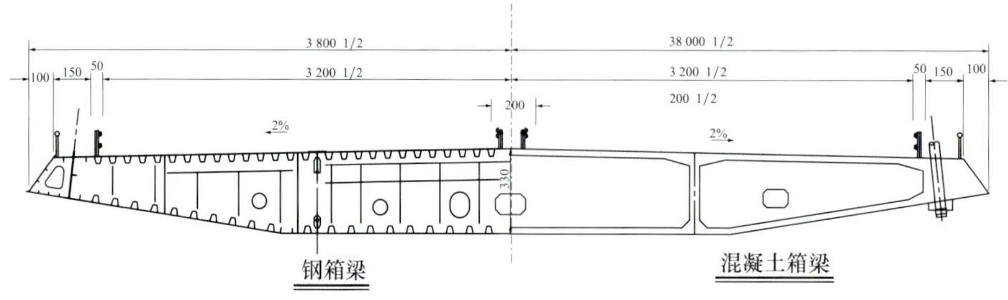

图6 主梁（尺寸单位：cm）

内腹板厚为0.4m，外腹板与风嘴相结合，形成锚固斜拉索的实体结构。在斜拉索锚固处及两斜拉索之间均设一道厚0.35m的横梁，横梁间距4m。混凝土箱梁位于岸上，采用支架节段现浇施工方案，共浇注C50混凝土8 164m^3。

中跨钢箱梁长296.75m，采用正交异性板组成的全焊箱形结构（图6），材料Q345C。梁高3.3m，梁宽38m，标准节段长16m，节段吊装重约269t。钢箱梁顶板厚14mm，板下设厚8mmU型纵肋加劲，间距600mm；底板及下斜腹板厚12～16mm，板上设厚6mmU型纵肋加劲，间距800mm；纵向外腹板厚28～40mm，间距为34.4m，其上与斜拉索下锚点的锚拉板对焊连接；内腹板间距14.7m，除钢混接合段及边墩附近无索区段为厚12mm实腹式板外，其余为空腹式结构。横隔板间距3.2m，板厚10mm（拉索锚固处作适当加强）。

接合段的钢箱梁套在预应力混凝土箱梁之外，其上、下翼缘板和端面板通过抗剪焊钉以传递剪力；其端面板利用混凝土箱梁内的纵向预应力束加以锚固，以产生预压传递弯矩；两种梁体在刚度上的突变，由在钢箱梁上、下翼缘板的U形加劲肋上加焊T形肋并逐渐变高而得到缓解。

钢箱梁施工采用船运就位，接合段及尾段采用500t浮吊吊装就位（图7），标准段采用桥面320t步履式吊机提升及全断面焊接的悬拼方案。

图7　浮吊吊装箱梁

箱梁进行了节段模型和全桥模型的数值风洞试验，最长单悬臂施工状态颤振临界风速大于115m/s，成桥态颤振临界风速大于157m/s，满足抗风稳定性要求。

5）斜拉索

斜拉索按空间双索面扇形布置，全桥共84根，塔上标准索距1.8～2.0m，钢箱梁上索距16m，混凝土梁上索距8m。拉索采用（109～301）ϕ7镀锌高强钢丝成品索，外裹热挤两层高密度PE防腐材料，为防拉索振动，在索表面缠绕防风雨振螺旋线，在索的锚固出口套管处设高阻尼橡胶减震圈，在梁上设外置式液压阻尼器。斜拉索与钢箱梁的锚固采用锚拉板结构，与混凝土梁及塔的锚固采用凸齿块结构。全桥高强钢丝用量1053t。

6）施工控制

施工控制采用自适应方法，大部分拉索索力采用一次张拉到位，索力最大误差按5%控制，位移最大误差按±2cm控制。

3. 主要技术特点和创新点

（1）在倒Y形上塔柱的两个分离塔柱之间开设椭圆景观孔的三道连接横梁，在上塔柱转折处设大半径圆曲线，不但传力顺畅，而且造型新颖、优美，具独创性。

（2）钢箱梁横隔板采用实腹式，内纵腹板采用空腹式结构，与结构空间的受力要求相适应，既保证了横向刚度而有利于施工，又减少了纵腹板的用材，节约了造价。

（3）本桥通过施工与使用阶段全过程各工况的三维有限元仿真分析（图7），对主桥各部位在各阶段的空间受力行为有一个全面清晰的了解；再据此研究恒活载应力集中效应、活载偏载效应、剪力滞效应等，以调整纵横向平面计算中的荷载分布系数，校核纵横向平面模型的计算结果，并根据计算结果对结构设计进行优化，使结构设计经济合理；以确保钢箱梁锚拉板及钢—混凝土接头等关键部位受力合理、连接可靠；确保结构的整体和局部在施工及使用阶段的安全性。

（4）锚拉板是联系钢箱梁与斜拉索的关键部位，在集中的斜拉索拉力作用下，锚拉板的应力异常复杂。本桥首次将钢箱梁的纵腹板升出箱梁顶板之上，与锚拉板直接对焊，以解决在主要受力方向的十字焊接构造问题，使钢箱梁顶板无需Z向抗撕裂材质要求，降低材料的采购和检验费用。在通过静动载试验以及全桥仿真的对比分析之后成功应用于东沙大桥，优化的锚拉板结构提高了结构受力的可靠性，节省了工程费用。

相关资料

» 桥　　名：台湾高屏溪桥
桥　　型：独塔中央索面混合梁斜拉桥
跨　　径：330m+180m=510m
地　　址：台湾高雄县与屏东县
» 设计单位：中华顾问公司
» 施工单位：泛亚工程公司

» 造　　价：21.4 亿元新台币
建成日期：1999 年 12 月

台湾高屏溪桥

图 1　台湾高屏溪桥全景

1. 概况

高屏溪桥位于台湾省南部第二高速公路高雄、屏东段，大桥全长 2 617m，桥宽 34.4m，主桥为 330m+180m=510m 独塔中央索面混合梁斜拉桥（图 1）。

桥址处于高屏溪冲击平原上，履盖层为灰色极疏松黏土、土质砂、卵砾石层，基岩为砂岩和泥岩。全桥长 2 300m 范围在河槽内，西高东低，高差 32m。桥址处于西太平洋带，地震频繁，夏季多台风，设计基本风速 52m/s。

2. 主桥结构

1）桥塔基础

每斜塔柱下设宽 15.8m、长 19m 箱型基础，壁厚 120cm，设置双向隔墙，以提高基础结构刚度（图 2）。基础底面落在坚实卵砾石层或新鲜泥岩层上，深 37m，承台厚 4.0m。两个分离基础之间采用宽 2m、高 3m 系梁连结。基础采用地下连续墙施工。

2）桥塔

桥塔为 A 形钢筋混凝土构造，高 183.5m（图 3）。桥塔包括两侧箱形斜柱、中横梁和上塔柱，考虑结构特性及景观功能，塔柱尺寸由下往上渐变，并于柱体外侧设置景观斜槽。下塔柱底面尺寸 8.38m×9.00m，渐变至高度 112.5m 处，两斜柱合并为一个垂直上塔柱，上塔柱高 73.5m，底面尺寸由 10.68m×7.09m 渐变至顶部尺寸 5.99m×4.98m。

桥塔采用爬升模板施工，每节 4.2m，共分 42 节（图 4）。

3）主梁构造

主跨为一流线形钢箱梁，边跨为混凝土箱梁（图 5），边跨外型与主跨保持一致、两侧翼缘下方斜腹板采用预制斜撑板以利分阶段施工而减少支撑设施。主跨采用全焊钢箱梁，断面全宽 34.4m、高 3.2m，顶、底板、外侧斜腹板及内部四道垂直腹板，均采用 U 肋加劲。在中央垂直腹板斜拉束锚固处

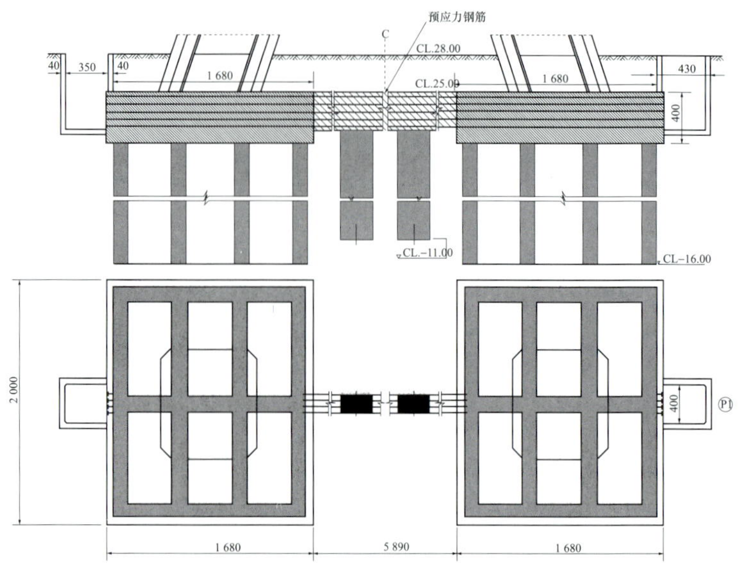

图 2　桥塔基础（尺寸单位：cm）

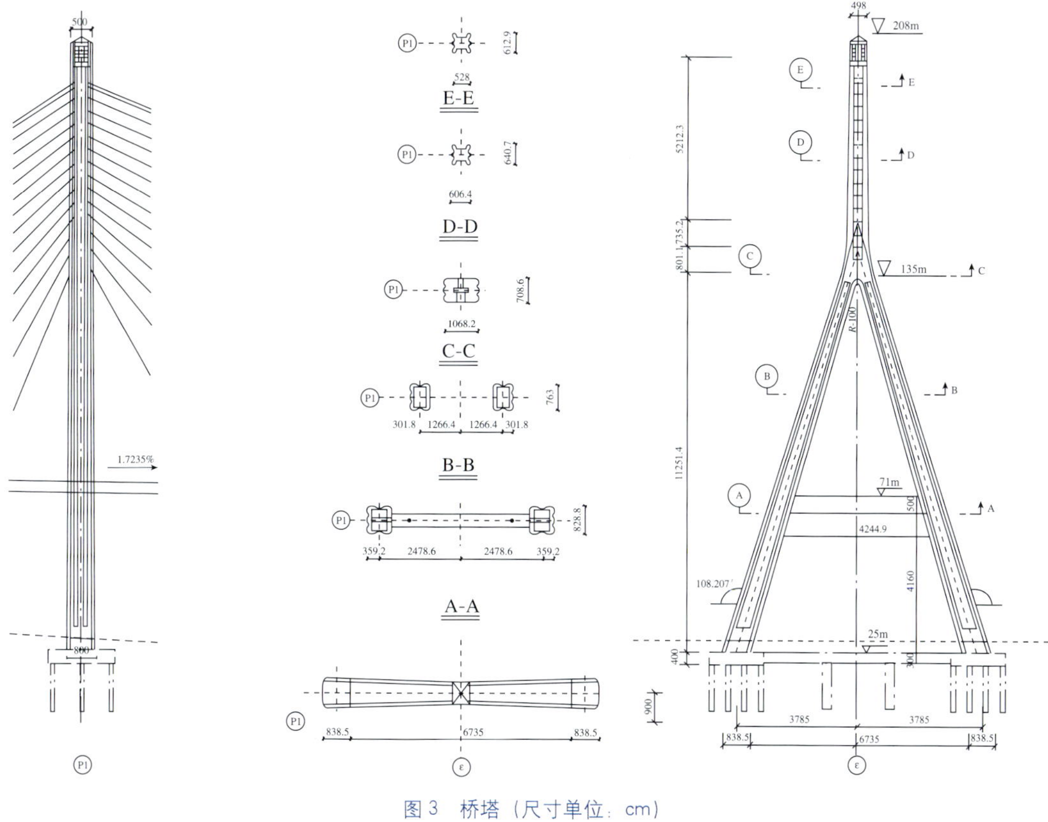

图3　桥塔（尺寸单位：cm）

图4　桥塔施工

设置有锚固钢座及补强板，以利于斜拉索索力分散传递。每一节段长20m，重370t，全桥分18节段，用钢材6 200t。

边跨预应力混凝土箱梁断面宽、高及外型均同于主跨钢箱梁以利于外型顺接，将顶板、底板、外侧预制斜腹板以及内部三道垂直腹板，组成一个四室流线形箱梁。斜拉索锚固处设有横隔梁，并于中央腹板两侧对称设置混凝土斜拉索锚座。除纵向预力筋布设外，桥面板有横向预力筋。

4）主梁施工

（1）钢箱梁架设

主跨钢箱梁长330m，分成18个大型节段由桥塔向桥墩依序吊装，采用悬臂吊装法（图6）。因节段大且桥面中央有斜拉索无法直接在桥面上运输，故首创在完成的钢箱梁上设置轨道，利用悬吊运搬工作车将节段悬吊于钢梁下将节段自岸边运至架设位置。采用桥面上移动式吊车吊上新节段。至空中定位后，实施全断面焊接，并配合对称架设桥塔两侧斜拉索并张拉索力。依该步骤循环操作、逐一完成所有节段吊装施工，至与引桥端衔接为止。

（2）预力混凝土箱型梁施工

边跨预力混凝土箱梁全长180m，宽34.4m，离地高达40m以上，箱梁施工分为中央主箱梁及两翼桥面二部分，采用落地支架将主箱梁一次浇注全断面混凝土；另以悬臂吊架安装箱梁两侧预制斜撑板及二次浇注箱梁翼板。

5）斜拉索

主、边跨各配置14组斜拉索，除两跨最外侧一组各为四根外，其余各组均为二根斜拉索。斜拉索采用目前最先进平行高强钢铰索并具多重防蚀处理，锚具应符合疲劳测试，保护套管为PE材质，并灌注具抗腐蚀

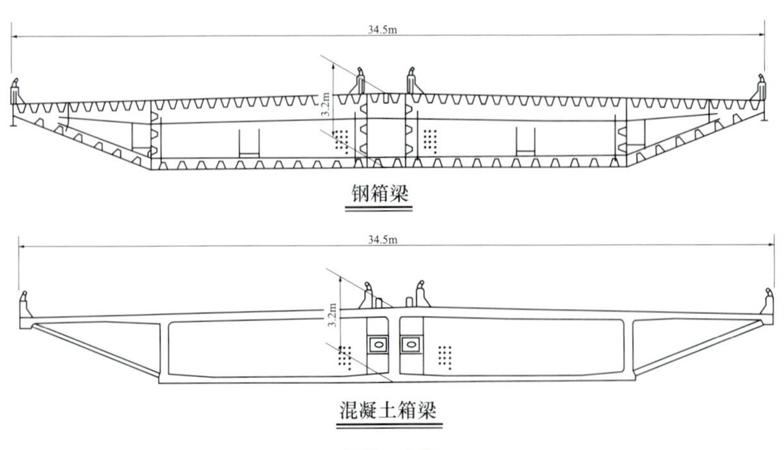

图 5　主梁

图 6　钢箱梁吊装

性能柔性浆材。本桥采用91根与61根钢绞线两种斜拉索形式，斜拉索外层HDPE护套管原材为黑色，容易吸热且不甚美观，采用红色聚氟乙烯薄模（PVF）胶带缠绕。

6）钢板面铺装

钢桥面铺装底层采用 GUSS 沥青混合物，表层采用改性沥青混合物铺装。

3. 主要技术特点和创新点

（1）斜拉索采用多重防腐保护措施，并在 HDPE 套管外采用红色聚氟乙烯胶带（PVF）缠绕，大大增加了斜拉索的使用寿命。

（2）地震风洞实验

鉴于台湾位处环西太平洋带，地震频繁，夏季多台风，为保证桥梁整体结构的空气动力稳定，除考虑地震可能造成影响外，进行风洞试验来验证其抗风性，根据本桥台风危害度分析结果，最大基本风速 52m/s，考虑大桥 100 年重现期，而风速测试结果得知，成桥状况临界风速为 94m/s。

（3）桥梁动力及静力监测系统

为充分了解斜拉桥施工中及完工后，所承受各种荷载如强风、地震影响及反应，对于桥梁不同部位装有多种监测仪器组成桥梁动力及静力监测系统，主要仪器包括地震仪、倾斜仪、钢筋计、混凝土应变计、钢筋应变计、钢索锚碇应变计、锚座拉力计、风向风速计、变位计等，对桥梁做长期监控，以确保大桥结构安全。

（4）特殊景观设计

大桥特殊造型设计，为方便行人欣赏，于河岸西侧设置一处景观台，供路人短暂伫足观赏。为增添桥梁美观，桥塔外侧凹槽漆涂红色，与斜拉桥表面采用红色一致，从远处眺望更具视觉美感。景观照明采用光束由下往上投射，将整个桥梁线条之美在夜间绽放出来，更增添桥梁配合地优美造型。

湖南岳阳洞庭湖大桥

图1　岳阳洞庭湖大桥全景

相关资料

» 桥　　名：湖南岳阳洞庭湖大桥
桥　　型：三塔预应力混凝土斜拉桥
跨　　径：主跨 130m+2×310m+130m
桥　　址：湖南省岳阳市
» 设计单位：湖南省交通规划勘察设计院
» 施工单位：湖南路桥建设集团公司
岳阳公路桥梁建设公司
上海浦江缆索股份有限公司

» 钢 材 用 量：8 823t
混凝土用量：53 407m^3
造　　价：8.4 亿元
建 成 日 期：2000 年 10 月

1. 概况

岳阳洞庭湖大桥是岳阳市跨越洞庭湖口的一座特大型桥梁。大桥总长 5 784.5m，主桥主跨采用 2×310m 三塔双斜面索混凝土斜拉桥（图 1）。

桥址处主槽常水位宽 1 400m，水深 16～18m，洪水时水深 26～28m，设计流量 49 600m^3/s，设计流速 1.0m/s。覆盖层厚度 6～8m，基岩强风化层厚度达 10m 以上。

大桥采用桥梁宽度 20m；设计速度 80km/h；通航净空 16m × 70m；地震基本烈度Ⅶ度；设计基本风速 28m/s。

2. 主桥结构

主桥为不等高三塔双斜面索预应力混凝土飘浮体系斜拉桥，全长 880m，跨径布置为 130m+310m+310m+130m（图 2）。采用这种结构形式，由于中塔无后锚索，必须采取措施提高结构的整体刚度，有效地控制主梁及索塔的变位。为满足桥梁美观及通航泄洪的特殊要求，该桥摒弃了采取空间刚性塔、塔顶对拉索、斜索交叉布置或边跨加辅助墩等传统的措施来提高结构整体刚度，而是研究采用了一套经济有效的提高结构整体刚度的技术措施：控制背索索距、中跨压重、增加尾索刚度以及调整中塔和主梁的刚度等措施。

1）索塔基础

塔墩包括两座边塔墩和一座中塔墩。边塔墩及中塔墩分别采用 13 根直径 300cm 及 13 根直径 320cm 钻孔灌注桩基础。桩基均分三排梅花形布置，尽量减小承台尺寸及阻水面积（图 3）。桩基施工平台采用钢管桩与型钢撑架结构。

承台平面形状为菱形，利用钢管桩平台悬挂套箱围堰施工（图 4）。一个承台混凝土 2 700m^3，施工中控制混凝土核心温度与表面温度差不大于 30℃。

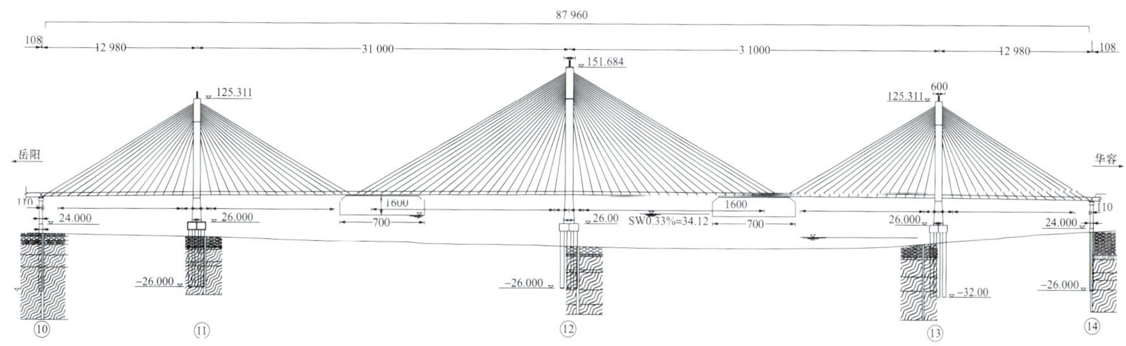

图2　主桥桥型布置（尺寸单位：cm）

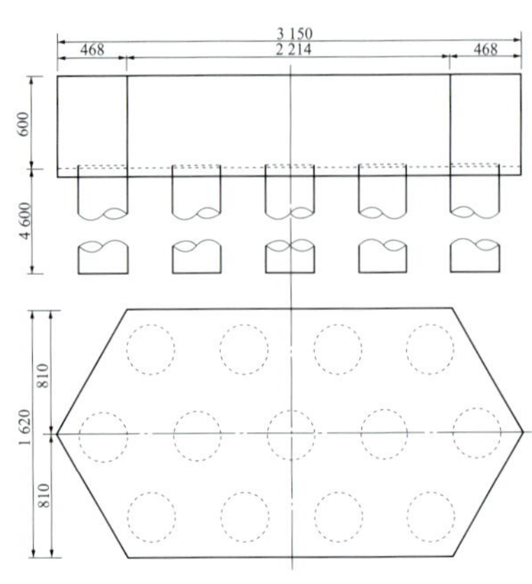

图 3　索塔基础（尺寸单位：cm）

图 4　基础施工

2）斜拉索

拉索采用国产 ϕ7mm R_y^b=1 600MPa，低松弛镀锌钢丝。组成平行钢丝束冷铸墩头锚固体系，热挤PE套防护。塔端为张拉端，梁端为固定端。拉索为扇形布置的空间双斜索面，塔上标准索距 1.2m，梁上标准索距 8.0m，背索索距为 6m。拉索与桥轴线的倾角为 29.66°～80.96°。中塔每边各 22 对索，边塔每边各 16 对索，加上塔下三对 0 号索，全桥共 111 对索，根据各拉索的设计索力并兼顾考虑全桥的整体刚度，分别采用 PES7-109 到 PES7-313 等七种规格的斜拉索，总用钢量 1 440t。单根索的最大索力 6 000kN。

由于背索截面是按刚度设计的，处于低应力状态，而且背索索长将近 200m，易发生索振。梁本身的振动也可能引起拉索的参数振动，在大悬臂状态下索振可能比较大，另外，斜拉索的风雨激振问题也引起了设计的重视。因此，在设计中采取了临时抗风墩、磁流变阻尼器等技术措施。

3）主梁

主梁采用预应力混凝土肋板式连续梁（图 5），连续长度 880m。梁肋高 2.5m，宽 1.7m，梁顶面宽 23m，桥面板厚度 32cm，标准断面面积 15.398m^2，抗弯惯矩 8.738m^4。主梁共分成 113 个节段，采用挂篮对称悬浇施工。主梁中设置了厚度 26cm 及 40cm、50cm 和东、西岸端横梁共五种规格横梁。

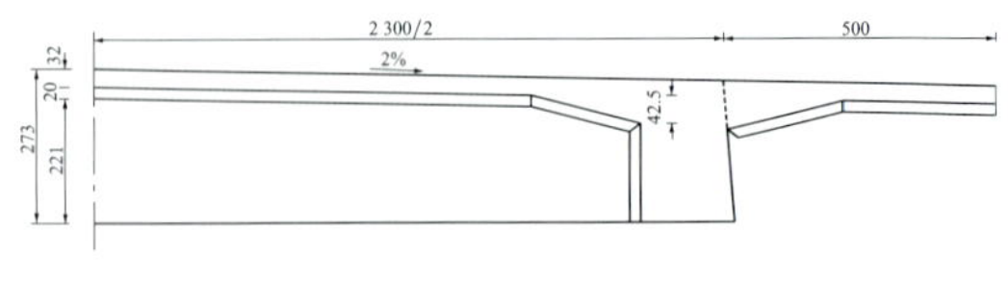

图 5　主梁断面（尺寸单位：cm）

主梁预应力布置分前期束和后期束两种，前期束为布置在梁肋上、下缘的 48ϕ^{s}7 高强钢丝，及布置在桥面板内的 ϕ^{l}32 精轧螺纹粗钢筋，后期束均布置在中跨跨中区域下缘和边跨梁端区域下缘，均采用 19ϕ^{j}15.24 高强钢绞线。

合龙段长度为 3.6m，采用临时刚性连接，水箱压重并与施工过程同步御载的方法施工。

4）索塔

索塔为 C50 预应力混凝土宝石形箱形塔（图 6）。中塔高 125m，边塔高 100m，采用提升模板逐段现浇施工（图 7）。索塔锚固段采用单箱双室断面，前锚墙布

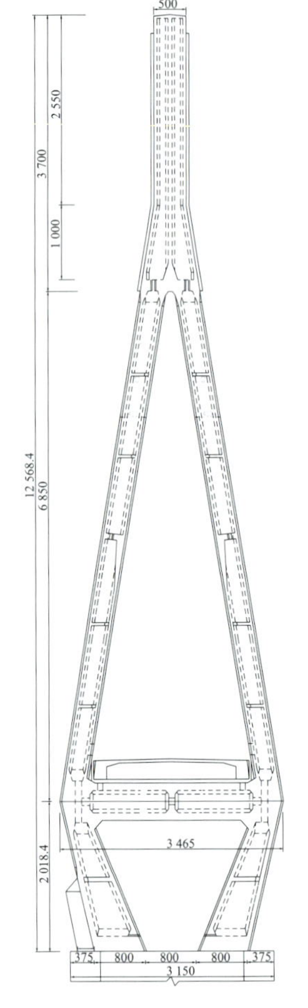

图 6　索塔（尺寸单位：cm）

图7　索塔中塔柱施工

风雨振（图8）。全桥实际安装的阻尼器减振效果非常好。根据实测数据，安装磁流变阻尼器后拉索加速度响应降低了20～30倍。

图8　拉索减振系统

置 $4\times\phi^{j}12.54$ 钢绞线，侧墙一共布置42根 $\phi^{l}32$ 精轧螺纹粗钢筋。

索塔锚固段的构造复杂，为确保安全，按1∶1的比例进行了节段模型的荷载试验，在各种荷载工况作用下，其安全性完全能够满足设计的要求。在应力、变形和超载裂缝三个方面，空间有限元分析结果均与试验结果良好吻合。

5）支座及伸缩装置

10、14号连接墩上的斜拉桥支座采用拉压球形支座。支座设计竖向压力3 000kN，竖向拉力1 000kN，位移量Δ400mm，转角1°。

综合考虑结构温度变形、地震作用时结构的纵向飘移及梁端转角等因素的影响，梁端的伸缩变形可达70cm，选用SSFB—800伸缩装置，留有适当的富余伸缩量，以备施工误差及合龙时梁水平摆动的影响。

6）主梁纵、横向限位装置

为控制主梁在地震及风载作用下的纵、横向位移，设置主梁纵、横向限位装置。横向限位装置采用经过预压缩的弹性橡胶体，纵向限位装置采用钢筋混凝土挡块粘贴普通板式橡胶支座。

7）磁流变阻尼器减振系统

大桥由于其特殊的自然地理环境，斜拉索风雨振现象较为严重。通过对风雨振现象的现场监测和试验研究设计采用了一套磁流变阻尼器系统来抑制强烈的风雨振（图8）。

3. 主要技术特点和创新点

（1）首次对多塔PC斜拉桥的基本性能进行了系统研究，探索出了一整套提高结构整体刚度、降低尾索应力幅的有效方法，在国内率先实现了不设稳定索和辅助墩的全漂浮体系多塔斜拉桥。

（2）国内首次实现风洞试验测定桥梁颤振导数的强迫振动法，提高了颤振导数测定的准确性，为我国桥梁风洞试验技术作出了创造性贡献。

（3）国内首次开展拉索振动的定量观测研究，开发和安装了世界上第一个采用现代磁流变控制技术的拉索减振系统。该系统可使每根拉索都处于最佳减振状态，为拉索减振开辟了一个新的有效途径。

（4）提出了多塔PC斜拉桥合理施工状态确定的正装迭代法及合理成桥状态确定的最优化方法，提高了计算速度与施工控制精度，合龙高程误差仅3mm。

（5）索塔预应力优化布置的概念，为今后斜拉桥索塔的优化布束提供了理论依据。

（6）开发了适应多塔斜拉桥构造特点的系列施工技术，包括配置空间转动锚座和水平止推装置的新一代前支点挂篮等。

（7）开发了C60高性能混凝土的配比及生产工艺，并在国内首次在特大型桥梁工程上推广应用。

岳阳洞庭湖大桥获国家科学技术进步二等奖、全国优秀工程设计金质奖、詹天佑土木工程大奖、中国建筑工程鲁班奖。

相关资料

- 桥　　名：天津塘沽海河大桥
- 桥　　型：独塔双索面混合梁斜拉桥
- 跨　　径：主跨 310m+190m
- 桥　　址：天津市塘沽区
- 设计单位：中铁大桥勘测设计院有限公司
  中铁大桥局集团有限公司
- 施工单位：上海建工（集团）总公司
  中铁山桥集团有限公司
  上海浦江缆索股份有限公司

- 混凝土用量：42 880m^3
- 钢 材 用 量：75 185t
- 造　　价：1.2 亿元
- 建 成 日 期：2002 年 5 月

天津塘沽海河大桥

图 1　天津海河大桥全景

1. 概况

海河大桥位于天津市塘沽区海河入海口，全长 2 650m，主桥主跨采用 310m 独塔混合梁斜拉桥（图 1）。

桥址处属软弱地基，地表层下有一层很厚的游泥层，岩层深埋于高程 −60m 地下，在一层 9～15m 的饱和黏土层可作为桩尖持力层。气候属于温暖带半湿润大陆型季风气候，多年平均气温 12.03℃，七月平均气温 26℃，一月平均气温 −4.6℃，年极端最高气温 40.3℃，年极端最低气温 −20.3℃。多年平均降水量 602.9mm，最大日降水量 191.5mm。极端最大风速 33m/s。

大桥采用四车道城市快速路标准，桥面宽 23.0m；设计速度

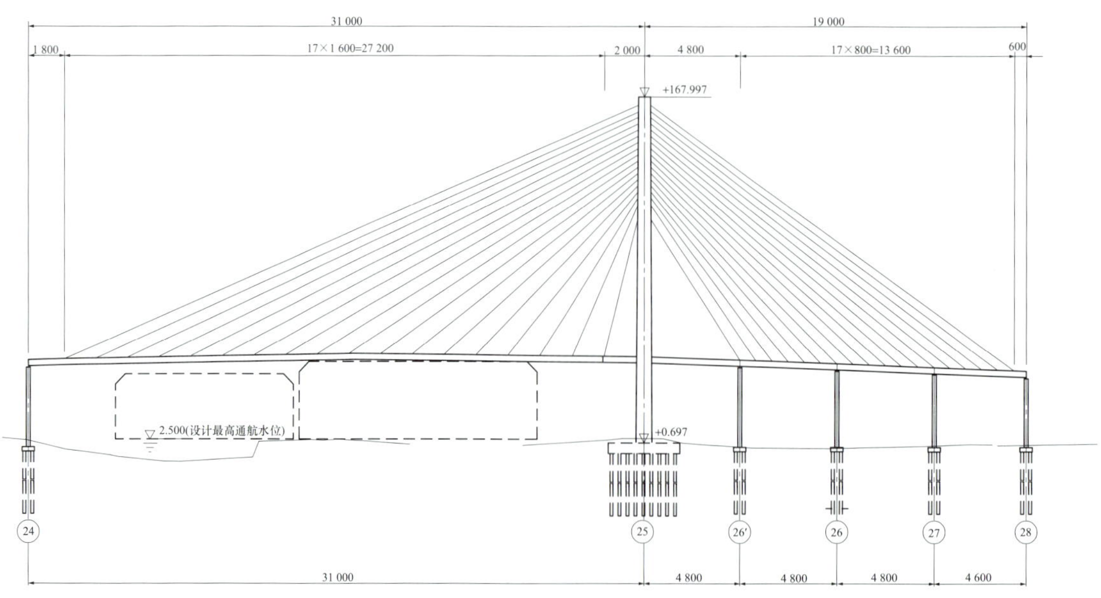

图 2　主桥桥型布置（尺寸单位：cm）

80km/h；航道净宽≥220m，净高 31.5m（一线船闸）和 37.5 米（复线船闸）；地震基本烈度Ⅶ度，按Ⅷ度设防。

2. 主桥结构

本桥处于强震区，主跨跨径达 310m，采用独塔混合梁斜拉桥是一种较合理的选择，它充分利用并发挥混凝土和钢结构两种材料的优点，即主跨钢主梁自重轻、结构跨越能力强；边跨混凝土主梁可充分发挥其结构刚度大的特点，主动参与结构受力，提高全桥整体刚度，改善结构受力性能，同时满足边跨压重需要。

1）总体布置

主桥为独塔双索面混合梁斜拉桥（图 2），全长 500m，跨径布置为 310m+190m（即 3×48m+46m），大桥位于 R5 000m 的竖曲线上，南、北纵坡分别为 3.2% 和 3.8%。主梁为分离式双箱单室结构，梁高 3.0m，除主跨靠近主塔 20m 及边跨 190m 范围内为预应力混凝土箱梁外，其余 290m 均为钢箱梁。主塔采用钻石形混凝土结构，塔高 167.3m，塔墩基础采用直径 1.5m 钻孔灌注桩。斜拉索采用镀锌平行高强钢丝束，钢箱梁索距 16m，预应力混凝土箱梁索距 8m，塔前 20m、塔后 48m 为无索区。

2）结构体系

与常规桥梁支承体系有所区别，本桥处于强震区，结构体系应有利于改善结构抗震性能。本桥除主塔处设置抗震固定支座外，各辅助墩均采用双向活动支座，以释放地震荷载。为了抵抗横桥向水平荷载，在主塔塔柱内侧与主梁交叉处设横向水平限位支座，在 24 号、28 号边墩墩顶设有横向抗震挡块。

3）主塔

良好的抗风抗震性能，选择 A 字形具有空间稳定几何形态的框架结构，桥面以下塔柱内收形成钻石形，可有效减小基础规模，主塔塔柱及横梁均采用箱形截面，以减轻结构自重，改善结构抗震性能。本桥 "钻石" 形主塔塔高 167.3m，其中桥面以上高 126m，塔高与跨度之比为 1/2.46。塔柱间设置上、下两道横梁，下横梁位于下塔柱与中塔柱交接处，主要承受两反向斜柱引起的拉力，并为主梁提供支撑效应；中横梁将桥面以上塔柱等分为两部分，一方面减小塔柱自由长度，另一方面增强主塔整体刚度（图 3）。

主塔顺桥向尺寸从塔顶 6m 渐变至中塔柱根部 8m，并等宽至下塔柱根部；横桥向尺寸从塔顶 3m 渐变至中塔柱根部 4.35m，随之渐变至下塔柱根部 7m。上塔柱壁厚顺桥向 0.6m，横桥向 1.5m；中塔柱壁厚均为 0.6m；下塔柱壁厚均为 1.2m。在塔柱截面变化区段对截面均进行了局部加强。塔柱为钢筋混凝土结构，上下横梁为预应力混凝土结构。斜拉索锚固在上塔柱内壁的锯齿块上，锚固点偏离塔柱中心线，锚管出口位于塔柱中心线上。为平衡斜拉索水平分力在塔柱截面产生的拉力，在斜拉索锚固区塔柱截面四周设置了井字型预应力粗钢筋。塔柱采用爬模施工，上、下横梁采用膺架法施工。为避免倾斜塔柱施工过程中自重引起混凝土表面开裂，施工期间，在中塔柱范围内设置四道水平对撑构架，上塔柱范围内设置三道水平对撑构架，其支撑刚度由计算确定。

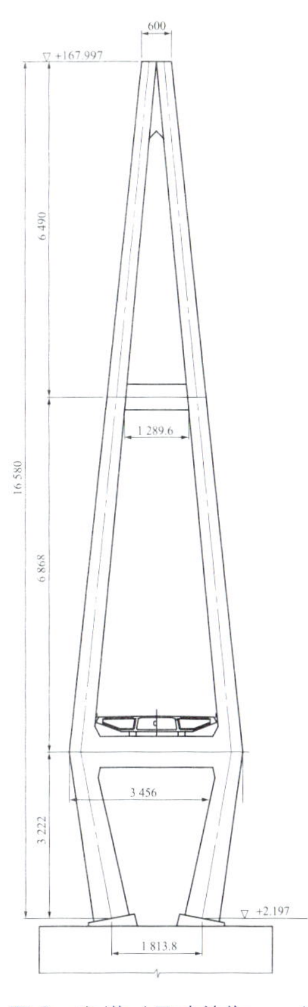

图 3　主塔（尺寸单位：cm）

4）主梁

主梁为钢与混凝土混合梁，其中边跨 190m 及主跨靠近主塔附近 20m 为混凝土箱梁外，其余 290m 均为钢箱梁。设计阶段，对主梁截面进行了多方案比选，整体式单箱截面在边跨距梁端一定范围内，主梁底板易出现纵、横向压力作用不到的盲区而易造成底板开裂，分离式双箱单室截面的两分离式边箱通过横梁连成整体，其横桥向受力由横梁单独承担，简捷明了，只要在横梁截面内配置足够横向预应力筋来抵抗横桥向拉力即可，安全可靠，故本桥主梁采用分离式双箱单室结构。

（1）钢箱梁

钢梁全长 290m，顶面宽 24.2m（含两侧风嘴），桥梁中线处梁高 3.0m，两侧风嘴处梁高 1.0m。钢梁采用正交异性钢桥面板分离式双箱单室结构（图 4），材质为 16Mnq，标准截面顶板厚 14mm，底板及内腹板厚均为 12mm，外腹板厚 24mm，U 形加劲肋板厚 6mm。箱梁每隔 3.2m 设一道横梁，有索横梁为实腹式结构，无索横梁位于箱体内部分采用空腹结构，以改善箱内作业环境。全桥钢箱梁纵桥向共分 20 个节段，标准节段长 16m，起吊重量 160t（全桥最大起吊重量 190t），在工厂全部焊接制作，运至工地悬臂拼装时桥面板采用焊接，腹板、底板及 U 加劲肋等均采用高强度螺栓连接，从而使钢桥面板的刚度尽量保持一致，改善了行车条件。

本桥钢箱梁的主要特点是将斜拉索锚管嵌在箱梁外腹板中，这不仅细节构造简单，而且传力直接。为了适应斜拉索横向角度的需要，将锚管设计成两节，在桥面处用法兰盘连接。

（2）预应力混凝土主梁

预应力混凝土主梁长210m，C50混凝土，为两分离的单箱单室箱形截面（图5），截面外形尺寸与钢箱梁保持一致，顶板厚25cm，底板厚40cm，内腹板厚50cm，外腹板厚75～133.5cm。为了提高箱梁的整体刚度，每4m设置一道横梁，墩顶横梁厚1～2m，主塔前后无索区横梁厚20cm，其余横梁厚均为30cm。

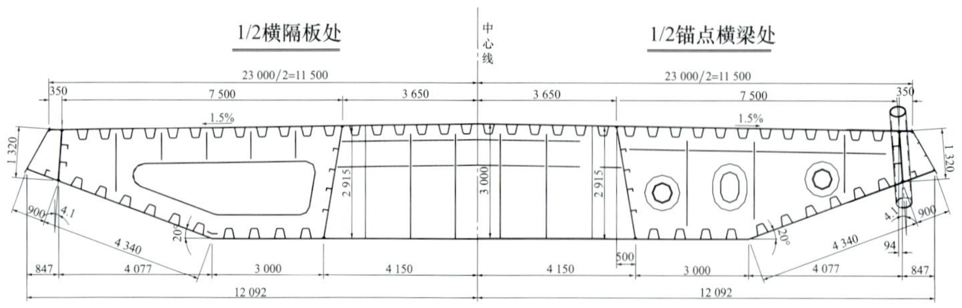

图4　钢箱梁（尺寸单位：mm）

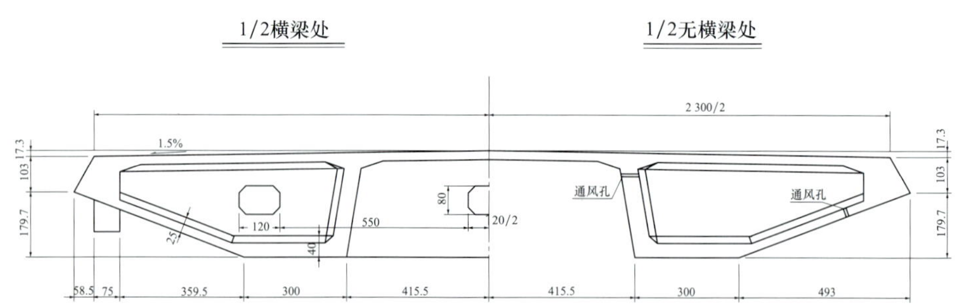

图5　预应力混凝土箱梁（尺寸单位：cm）

主梁为双向预应力体系，纵向预应力采用ϕ32mm预应力精轧螺纹粗钢筋和9-7ϕ5钢绞线，前者贯穿主梁全长，配合主梁逐段施工张拉锚固边接长，后者根据主梁受力需要布置在主塔下横梁顶部负弯距区和各跨跨中正弯距区段的主梁截面内。横梁预应力束主要用以抵抗主梁横向弯距，根据各横梁的内力大小进行配置，满足横向受力需要。边跨预应力混凝土箱梁采用满布膺架法现浇施工。

（3）结合段构造

结合段长4.8m，结合面以外部分长3.2m，其构造与钢箱梁基本相同（图6），但根据受力需要对板件进行了加厚，且在U肋下增设T肋，以实现主梁刚度的平顺过渡；结合面另一侧1.6m长的钢箱梁外壳包裹在混凝土箱梁外，两者通过剪力钉及接头预应力粗钢筋结合成整体，实现结构内力的可靠传递。结合段钢箱梁桥面板厚18mm，底板厚20mm，外腹板厚24mm，内腹板厚14mm。节段设一道普通横隔板和一道结合面隔板，间距2.4m。

（4）斜拉索

斜拉索采用ϕ7镀锌高强钢丝束，扇形布置，R_y^b=1 670MPa，双层护套防护，内层为黑色高密度聚乙烯，外层为浅灰色高密度聚乙烯。全桥斜拉索有55ϕ7、85ϕ7、109ϕ7、121ϕ7、139ϕ7、163ϕ7、199ϕ7、253ϕ7等8种类型，合计36对72根斜拉索，最长斜拉索319.5m，单根重量16.5t。

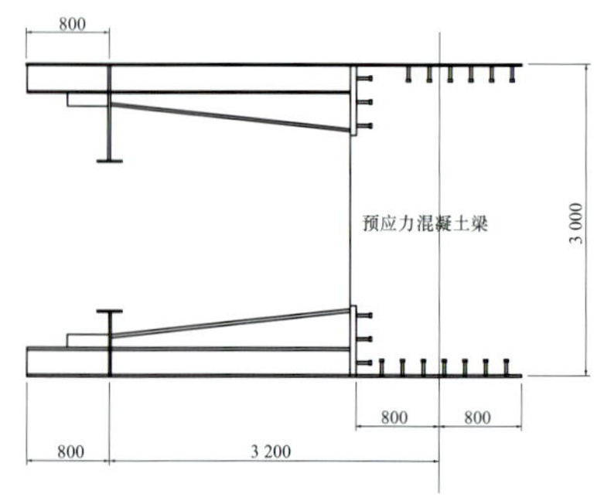

图6　结合段结构（尺寸单位：mm）

（5）塔墩基础

主塔墩设在香蕉岛上，塔墩基础采用钻孔摩擦群桩基础，共布置96根直径1.5m钻孔桩，桩长68m。

塔墩承台为整体式钢筋混凝土矩形承台，平面尺寸为46.5m×34.5m，厚5.0m。

（6）施工监控

主塔施工期间，全长210m预应力混凝土箱梁采用满布膺架法同期进行现浇施工，即可缩短工期，又使主跨钢箱梁架设变为单悬臂拼装施工，大大降低施工风险，工程质量易于保证。

主梁是通过控制安装过程中斜拉桥结构各构件单元的无应力长度和无应力曲率来实现对成桥目标的逐步逼近。在钢梁架设过程中，除前7对斜拉索采取“二拉到位”外，剩余各对斜拉索均采取“一拉到位”。

竣工后，主梁实测线型最大偏差2.8cm，全桥边主跨索力实测误差0.20%和0.06%，全桥结构的受力状态与设计吻合，内力与线形控制在设计允许的范围内（图7）。

图7 主桥贯通

3. 主要技术特点和创新点

（1）独塔双索面混合梁斜拉桥，结构新颖、技术先进、经济性好，主跨310m，为国内首次采用。

（2）钢箱梁节段内各板件全部采用焊接连接，工地安装时桥面板采用焊接，腹板和底板用高强度螺栓连接。该连接方式安全可靠，定位准确，并使钢桥面板的刚度保持一致。

（3）主梁采用带风嘴的分离式双箱单室、混合梁结构形式，受力合理，经济性好，抗风性能优越，具有较好的推广价值。

（4）斜拉索下锚点作用力大，是斜拉桥设计的重要细节，本桥采用锚管嵌入钢箱梁外腹板的锚固方式，受力直接，构造简单，同时将斜拉索出口导管分离为两段式设计，成功解决了斜拉索在管口偏移的问题，为以后同类桥梁设计提供有益的技术支持。

（5）本桥抗震按Ⅷ度设防，属于强震区，与常规桥梁支承体系有所区别，本桥除主塔处设置抗震支座外，各辅助墩均采用双向活动支座，以释放地震荷载。该设计构思巧妙、效果显著，具有一定的借鉴价值。

（6）结合建桥条件，因地制宜，边跨混凝土主梁采用支架法施工，使主梁与主塔可同期施工，既降低了施工难度，又缩短了工期，节省投资，取得了良好的社会、经济效益。

（7）主跨310m长的主梁全部采用悬臂法架设，突破了在主跨边墩搭设墩旁膺架进行主梁合龙的施工方法，施工便捷，主梁线形准确。

相关资料

» 桥　　名：长沙洪山大桥
桥　　型：无背索竖琴式结合梁斜拉桥
跨　　径：主跨 206m
桥　　址：长沙市
» 设计单位：湖南大学设计研究院
» 施工单位：中铁大桥局集团有限公司
江苏法尔胜新日制铁缆索有限公司

» 混凝土用量：25 200m³
钢材用量：5 985t
造　　价：1.21 亿元
建成日期：2004 年 12 月

长沙洪山大桥

图 1　长沙洪山大桥全景

1. 概况

长沙洪山大桥是长沙西北环线上的桥梁，跨越浏阳河。主桥主跨采用 206m 无背索竖琴式组合梁斜拉桥（图 1）。

桥址处设计基本风速为 28.28m/s，历年最高气温 40.6℃，历年最低气温 −11.4℃，年平均气温 17.1℃。通航等级 VI 级。地震基本烈度为 VI 度。基岩埋置较浅，大部分地段基岩裸露，岩性为群板岩。

大桥为城市快速道标准，桥面全宽 33.2m。设计速度 60km/h，设计荷载为城—A 级、汽车—超 20 级、挂车—120 级、人群 3.5kN/m²，并以一辆 300t 特重车验算。

2. 结构形式和构造

大桥跨径组成为 21m（边跨）+206m（主跨）+30.3m（辅助孔）（图 2）。

1）基础和索塔

由于桥址处地质条件良好，尤其北岸基岩外露，因而塔基采用扩大基础，底部布置 25 根防滑短桩。

塔身（图 3）为预应力混凝土箱形结构，水平倾角 58°，桥面以上塔高 138.3m。截面外轮廓尺寸为 12m（顺桥向）× 8.2m（横桥向），前后壁厚 1.7～1.05m，侧壁厚 0.75m。利用塔内的空腔设有观光电梯通道，可以通达塔顶的观光平台。

无背索斜拉桥的典型特征是需要利用索塔的重量来平衡主梁上的荷载，塔身的截面尺寸亦是籍此规则确定。若将梁节段自重荷载 W_T、梁节段荷载 P 简化成作用在拉索锚固点处的集中力，要使结构

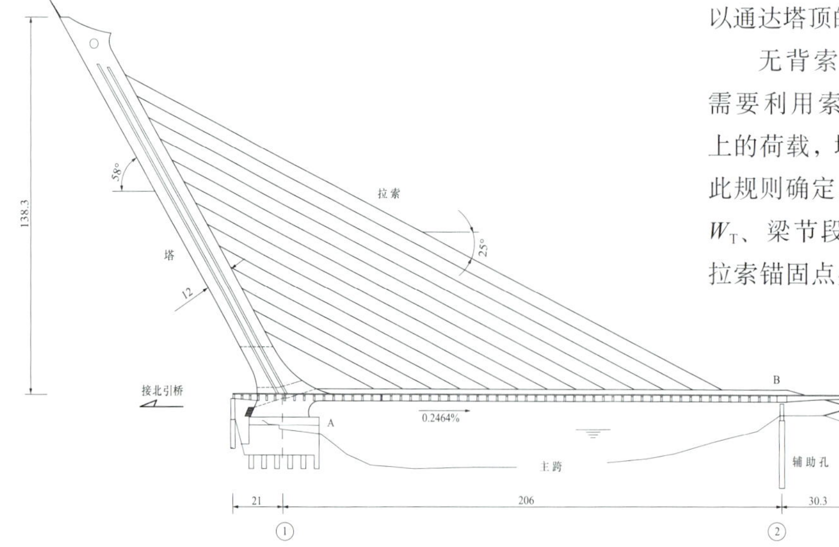

图 2　立面布置（尺寸单位：m）

处于最为理想的受力状态，即塔、梁均处于轴向受力状态，两者应遵循以下等式的关系：

$$W_{\mathrm{T}}=\left(\frac{\tan\theta}{\tan\alpha}-1\right)P \tag{1}$$

式中 θ、α 分别为索塔和拉索倾角。设计中取 P 等于主梁自重荷载加上全部交通荷载的一半。

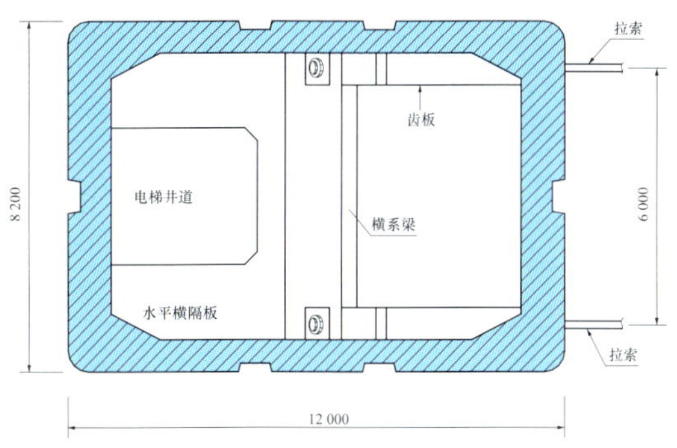

图3 索塔构造（尺寸单位：mm）

索塔锚固横系梁中的预应力筋长度仅为7.5m，回缩损失很大。针对这一问题，研发了一种新型的钢绞线二次张拉锚固装置。第一次张拉使夹片夹紧预应力筋，第二次张拉锚杯，拧紧锚杯外螺母固定。这种锚固工艺结合了夹片锚和螺母的优点，实际回缩损失相当小。

2）主梁

主跨主梁为钢—混凝土组合脊骨梁结构（图4）。中央的钢箱梁为矩形截面，宽7.0m，高4.4m。近塔的一段（塔根部至1号索）主箱梁壁厚32mm，其余梁段主箱梁壁厚为28mm。人行道布置在中央箱梁的顶面，高出车行道2m。

主箱梁两侧设悬臂长度13m的箱形钢挑梁，挑梁纵向间距4m，其截面宽度为0.7m，根部高2.3m，端部高0.5m。钢挑梁上设21cm厚混凝土桥面板，桥面板按3.45m纵向长度预制，接头现浇，通过挑梁顶板上的大头剪力钉与钢挑梁联结起来，横桥向亦与主箱梁腹板联结。主箱梁内挑梁对应位置设置横隔梁，提供强大的抵抗扭转畸变的能力。

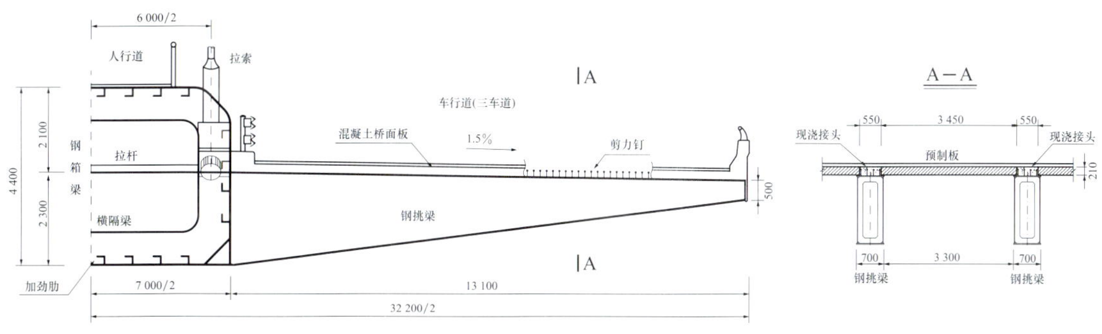

图4 主梁构造（尺寸单位：mm）

无背索斜拉桥只在塔的单边拉索，在活载作用下主梁内力变幅相对较大。将混凝土桥面桥布置在主梁截面接近中性轴，亦即应力变幅最小的位置，主箱梁作为主要承载构件，桥面板仅帮助承担部分轴压力，因此能更好地满足无背索斜拉桥主梁的受力特点。

主梁为全焊结构，除主箱梁加厚段采用14MnNbq钢外，其余部分均采用16Mnq钢，主梁总用钢量2 220t，平均每延米用钢量为11.7t/m。预制混凝土桥面板采用C50混凝土，现浇接头采用C60微膨胀钢纤维混凝土。

辅助孔主梁为预应力混凝土箱梁，梁高由2.52m变化到1.56m，上下幅分开，人行梯道从两幅中间落地。在2号墩处，设置强大的横梁将主跨与辅助跨联接。

3）塔梁连接处

主梁与索塔的连接部位（图5）借鉴了混合梁的连接方式。塔根部采用钢壳结构，以利于与主梁衔接。钢箱梁在连接段的形状不变，在箱两侧设置过渡连接钢板，变化成索塔形状。在箱内设计一个喇叭口形状的填芯区段，这样逐渐加大截面使钢箱梁与塔身结成整体。在远离塔根的一侧，在箱梁加劲肋之间设置了若干加强肋板，进一步保证结构平顺过渡。

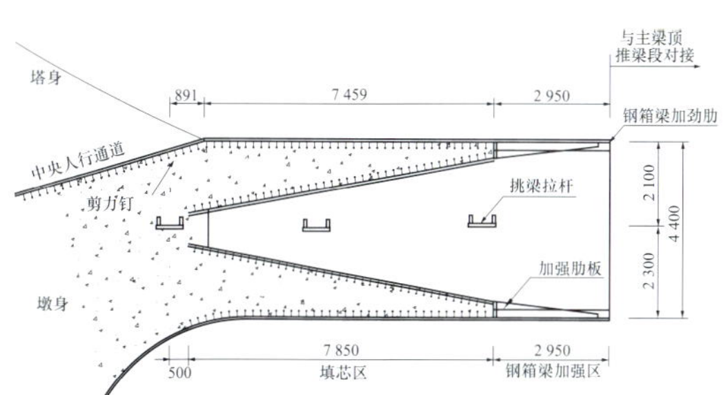

图5 塔梁墩连接中剖面图（尺寸单位：mm）

4）斜拉索

全桥共13对平行布置的拉索，水平倾角为25°，索长67～291m。两排拉索横向间距6m，其间布置人行道，顺桥向梁上索间距12m。斜拉索采用直径7mm的高强度低松弛镀锌钢丝制成的成品索，全桥斜拉索有三种规格，分别为 PES7-283（1～3 号索）、PES7-223（4～12 号索）和 PES7-187（13 号索）。拉索锚固采用配套的 PESM7 冷铸镦头锚固体系，塔端为张拉端，梁端为锚固端，在梁端安装磁流变阻尼器减小拉索振动。

塔端拉索锚固在索塔的中和轴处。无背索斜拉桥的索塔只在一边存在锚固点集中力，锚固位置在中和轴与在前后壁的方式相比，可以有效减小索力作用在塔身的附加弯矩。

3. 施工

由于斜塔自身不能维持平衡，无背索斜拉桥的施工不能像常规斜拉桥那样采用"先塔后梁，梁体悬拼（浇）"的方法，而需要保证施工过程中塔梁的平衡，因而采用"先梁后塔"的工序。

主梁钢结构部分采用顶推法施工。顶推梁段划分为 16 个节段，其中标准节段长度为 12m。在桥址处南岸布置拼装平台，利用箱梁 U 形横隔梁作为拼装组焊胎架，进行节段的拼装焊接。钢挑梁作为一个整体构件在前方另一平台上完成与主箱梁的连接工作。主跨按等间距设置了 4 个辅助墩，利用辅助墩和 2 号墩上的千斤顶拖引前移，主梁向塔岸延伸。

在主梁顶推同时，在桥塔处支架拼装塔座钢壳及与主梁联结段，并完成钢壳内混凝土的施工。待主梁顶推就位、高程调整后，完成两者的对接焊接。至此主梁钢结构部分施工完成。

塔身采用爬模工艺施工（图 6），是迄今国内外最大的混凝土斜塔工程。塔身按竖向高度 3.95m（即锚固节点高差的一半）为一浇筑节段。爬模系统由液压爬升系统、模板系统和架体及工作平台系统三大部分构成，其功能集自动爬升、模板支立、施工平台于一体。塔身在达到 2 号索锚固点位置后，完成 1 号索的张拉，在此之前已完成主梁上 1 号索至桥塔区段的混凝土桥面板施工，这样主梁中的轴力可以由混凝土桥面和钢箱梁共同承担。

图 6　塔身爬模施工

桥面板施工中有一个重要措施。桥面在横桥向上可以看作由混凝土桥面板和钢挑梁所组成的横向悬臂组合梁，在这一结构中混凝土桥面板有严重开裂的危险。为改善混凝土桥面板的受力状态，在钢挑梁上的预制桥面板与挑梁形成整体受力之前，先在每根挑梁端部施加 400kN 的预加压重（图 7）。桥面板接缝混凝土形成强度后，再去掉压重，令钢挑梁反弹，使混凝土桥面板横桥向处于受压状态。这样，在汽车荷载作用下，混凝土桥面板在横向仍能保持 1.2MPa 的压应力。

图 7　桥面板施工

4. 主要技术特点和创新点

（1）主跨 206m 竖琴式（无背索斜塔）斜拉桥，跨径居世界第一。

（2）在大跨竖琴式斜拉桥中，创新应用了混凝土斜塔，塔高 146.6m，是世界唯一高度超百米的混凝土斜塔，应用斜塔爬模成套技术，解决了混凝土高斜塔施工的难题。

（3）采用了一种独特的钢—混凝土组合脊骨梁主梁结构形式，适合于斜塔无背索斜拉桥特殊的受力要求。

（4）采用组合悬臂行车道梁，悬臂长度 13m；施工中采用大吨位预压技术，不仅有效防止了混凝土桥面开裂，又可使其分担拉索水平力。

（5）将拉索锚固在塔身中和轴上，与锚固在前壁或后壁的传统方式相比，有效减小了附加内力，确保这种特殊的斜拉桥受力良好。

（6）开发应用了预应钢绞线组合锚具，对索塔内的短索预应力进行二次张拉，彻底解决短索的预应力损失过大的问题。

澳门西湾大桥

图1 澳门西湾大桥全景

相关资料

- 桥　　名：澳门西湾大桥
- 桥　　型：双层分幅式预应力混凝土梁斜拉桥、连续梁桥
- 跨　　径：主跨180m
- 桥　　址：澳门
- 建设单位：澳门特别行政区建设发展办公室
- 设计单位：中铁大桥勘测设计院有限公司
- 施工单位：中铁（澳门）公司
  中铁大桥局集团有限公司

- 混凝土用量：119 433m^3
- 普通钢筋：15 244t
- 斜拉索：323t
- 预应力钢绞线：2 424t
- 造价：6亿元澳门币
- 建成日期：2004年12月

1. 概况

为了缓解澳门南北向交通压力并建立海上全天候交通通道，澳门特区政府决定修建澳门第三座跨海大桥——澳门西湾大桥。大桥设计为一座公路、轻轨两用双层交通大型桥梁，上层通行六线汽车、下层通行两线轻轨和两线汽车，在台风期间下层汽车道仍能正常运行。主桥全长1 825m，其中主跨为（110m+180m+110m）双层预应力混凝土斜拉桥，是世界首座双层行车的预应力混凝土斜拉桥（图1、图2）。

桥址海域平均水深3～8m属半日潮型，平均潮差1.13m，最大潮差2.84m；平均流速0.6m/s，浪高1.5m。地层有冲淤积覆盖层20～60m，基岩为花岗岩。属热带季风气候，夏热多雨，冬稍干冷，春湿多雾，秋日晴朗，年平均气温为22.3℃，一月平均气温14.6℃，最低气温–1.8℃，七月平均气温28.5℃，最高气温38.9℃，年平均相对湿度为81.5%，台风多发于9月至10月。按地震烈度Ⅶ度设防。

桥面宽度分左右双幅对称布置，上层每幅桥面宽14.55m，在箱梁顶面布置3×3.5m行车道，下层每幅桥面宽8m，在箱梁内布置3.5m行车道+4.0m轻轨车道。设计荷载：汽车荷载按澳门规范车辆荷载规

图2 大桥夜景

定计，轻轨荷载按四节车厢计，每节车厢总载 320kN，轴载 80kN，最小轴距为 1.5m；设计速度：汽车 80km/h，轻轨 70km/h；设计基本风速 45.1m/s；净空标准：桥下通航净高 28m、净宽 150m，箱内通行净高 5.2m、净宽 8m；地震设防烈度Ⅶ度。

2. 主桥结构

大桥全长 1 825m，其中主桥为（110m+180m+110m）双层预应力混凝土斜拉桥（图 3），引桥设计为四联基本跨度为 60m 的等高度连续梁桥。

斜拉桥索面布置采用竖琴式稀索体系，梁上索距 10m，塔上索距 5.3m，斜拉索水平倾角约 30°，梁高 6.13m，塔高 84.88m。

斜拉桥结构体系顺桥向采用漂浮体系：在塔梁处主梁底面设竖向活动盆式橡胶支座，在主梁侧面设有侧向盆式橡胶支座；在边墩处梁底面设有单向（顺桥向）活动盆式橡胶支座。

1）主塔基础及防撞结构

主塔基础结构设计为三个分离式承台、钻孔柱桩基础，钻孔桩桩径 2.2m，桩长约 40m，承台厚 4m（图 4）。

主塔基础防撞结构布置在两个主塔基础靠通航孔一侧，防撞结构设计为沿承台航道侧周边与基础结构分离的分体式结构，防撞体由直径 0.5m 预应力混凝土管桩与厚 1.5m、宽 2.5m 的承台构成，承台周边设计有橡胶护弦，以缓冲撞击作用（图 5）。

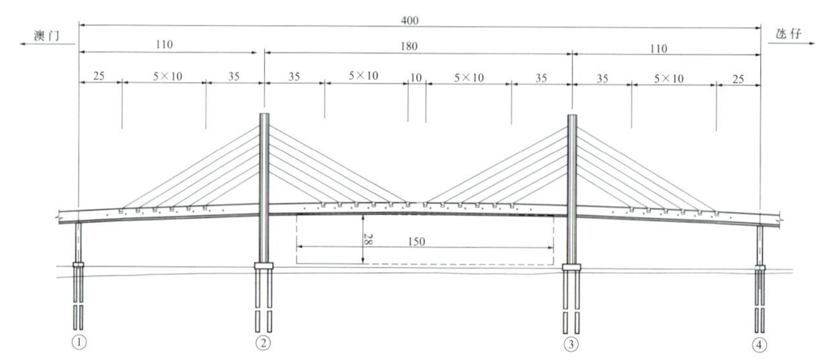

图 3　斜拉桥布置（尺寸单位：m）

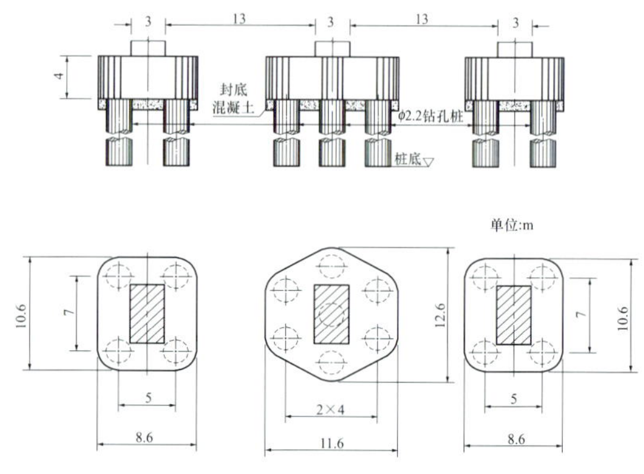

图 4　主塔基础（尺寸单位：m）

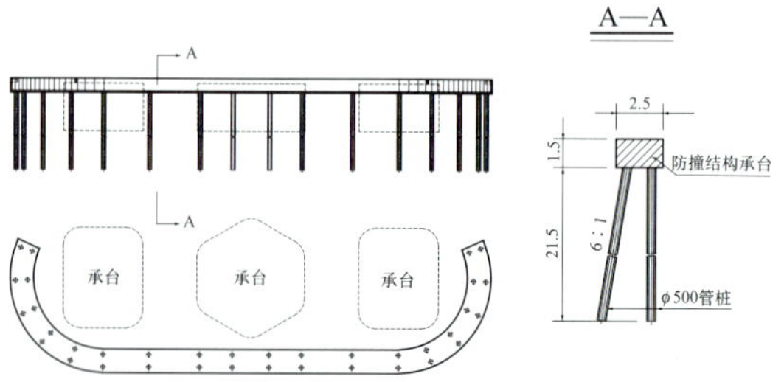

图 5　主塔基础防撞构造（尺寸单位：m）

2）主梁

(1) 主梁构造

主梁设计为双幅分离式等高预应力混凝土箱梁，选用澳门规范 B50 混凝土。每幅主梁横截面尺寸：梁高 6.2m（路冠处），顶板宽 14.55m，底板宽 10.3m，顶板厚 0.30m，底板厚 0.4m，腹板厚 0.50m（图 6）。

箱梁在支点截面局部范围底板加厚，箱内净空线与轮廓线间增设加强肋，斜拉索锚固位置箱内局部增设加强肋，以增强无内隔墙箱梁的受力性能。斜拉索锚块设于箱外侧上梗肋处。

考虑到通风及景观方面需要，在箱梁腹板中部设直径 0.8m 的圆孔，顺桥向间距按照 10m 布置，为减弱台风对箱内行车的影响，内、外腹板通风孔交错布置。考虑到应急逃生需要，在主跨及两个边跨主梁合龙段内腹板设 0.8m × 1.5m 应急逃生孔。

主梁在塔根附近 12m 范围与两个边跨各 18.8m 范围内采用现浇，在 0 号与 1 号节段间及 L/4 跨处设 0.5m 的湿接头，其余部分均采用节段预制。节段预制长度

图6　主梁构造

分2m、3m和4m三种类型。两幅梁共92个预制节段，每幅主梁节段最大重量160t。

（2）主梁预应力设计

主梁设计采用纵、横、竖三向预应力体系，材料选用R_y^b=1 860MPa、ϕ15.24mm的高强低松弛预应力钢绞线及R_y^b=750MPa的ϕ32mm预应力粗钢筋。

纵向预应力分悬臂束、合龙束、胶拼筋三种类型。悬臂束采用19ϕ15.24mm预应力束，悬臂束在无索区段每幅梁每对节段布置两束于顶板位置，进入斜拉索区后每隔两对节段布置两束于顶板位置，另在无索区段还配有12ϕ15.24mm预应力下弯束。合龙束采用19ϕ15.24mm预应力束，每幅梁主跨合龙段顶板布置2对，底板布置9对；每幅梁每个边跨合龙段顶板布置2对，底板布置7对。胶拼筋采用ϕ32mm预应力粗钢筋，顶板内布置6根，底板内布置4根，通过连接器接长张拉。顶、底板横向预应力均采用4ϕ15.24mm钢绞线束，顺桥向间距均按照0.5m布置。腹板竖向预应力采用ϕ32mm预应力粗钢筋，按照内、外两层布置，顺桥向内层基本间距为1m，外层基本间距为0.5m。

（3）主梁安装

主梁安装采用平衡悬臂拼装法，预制节段采用吊架安装（图7）。主梁在安装过程中因节段吊装的不同步等因素面临不平衡弯矩通过在塔、梁间设置临时竖向预应力固结及塔旁托架来平衡。两幅主梁共设6个合龙段，每个合龙段长度均为2m。主梁安装中先完成两幅边跨4个合龙段，然后完成2个主跨合龙段。为减小温度的影响，合龙段临时锁定及混凝土浇筑要求在夜间完成，主跨合龙段临时锁定后解除塔梁间临时纵向约束，完成成桥体系转换。

图7　主梁悬臂拼装

3）主塔

主塔设计为‘M’形钢筋混凝土结构，采用澳门规范B50混凝土。塔高84.88m，主塔横桥向宽度35m，顺桥向宽度5.5m。每个主塔由三个塔柱及下横梁、上拱形段三部分构成。除中间塔柱位于下横梁及以下部分为实心截面外，其余部分塔柱、拱形段及下横梁均采用空心截面，塔柱四角及拱形段拱圈角部作了欧式圆弧修边处理。

每塔三个塔柱截面顺桥向宽度5.5m、横桥向宽度3m，中塔柱下横梁以上部分为空心截面侧壁厚0.5m/0.6m、横壁厚0.6m（斜拉索锚固区加厚为1.2m），边塔柱为空心断面侧壁厚0.5m/0.6m（塔根4m段逐渐过渡至1m厚）、横壁厚0.6m（塔根4m段逐渐过渡至1.5m厚、斜拉索锚固区加厚为1.2m）。下横梁采用单箱截面，轮廓尺寸为4m×4m，顶、底板各厚0.6m，腹板厚1.0m，在支点处设1.2m厚的隔墙。拱形段采用单箱截面，宽5.5m、高8.44m～21.44m，顶板厚0.3m、底板厚0.4m、腹板厚0.4m（图8）。

塔柱采用爬模施工，下横梁及其相接区段塔柱采用支架施工；上拱形段分层、分块浇筑：厚3.88m的拱形段顶层整体浇筑，其余部分分块并设两个7m宽的合龙段，合龙段施工前边塔柱横桥向偏心弯矩通过在两个合龙口对称顶推消除。

4）斜拉索设计

斜拉索设计采用抗拉标准强度为R_y^b=1 670MPa的高强平行钢丝斜拉索，护套采用双层HDPE护套，最外层颜色设计为白色。每根斜拉索截面均为163ϕ7mm。全桥共96根斜拉索，索长98～40m。斜拉索导管内设体内减振器。

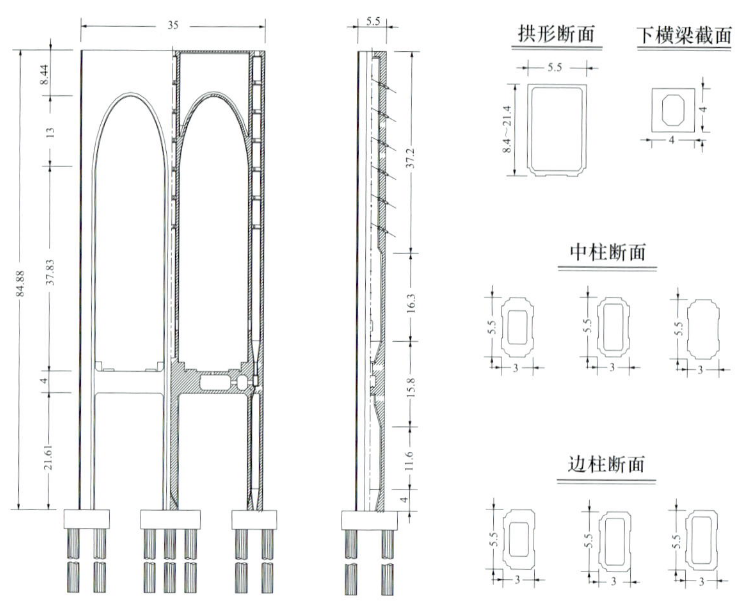

图8　主塔构造（尺寸单位：m）

3. 主要技术特点和创新点

（1）双层预应力混凝土斜拉桥新桥型。

大桥独特的双主梁箱内行车结构设计、拱门式“M”形主塔建筑造型体现了澳门中西文化融合的地域特色，使原本生硬的土木建筑注入了人文内涵，寓意深远，大桥现已成为澳门的新地标与旅游景观。

（2）斜拉桥混凝土箱梁双层承载新技术。

为满足多车道和台风期不中断行车的使用功能需要，箱外布置六条汽车道、箱内部布置两条轻轨轨道和两条避台风汽车道，受轻轨净空限制，箱内无法设置常规隔板，此种双层承载的主梁结构在斜拉桥中为首次采用。

（3）箱梁腹板大规模设置孔洞技术。

为满足大桥下层箱内行车时的通风、消防、逃生、运营安全的功能需求，在箱梁两侧腹板大规模开设直径0.8m通风孔和1.5m×0.8m矩形消防逃生孔，同时在孔周设置LED光环美化大桥夜景，为今后同类型桥梁设计提供了先例。

（4）双层主梁斜拉桥两端四工作面悬臂拼装施工控制技术。

施工中针对本桥双层主梁共用整体式主塔具有受力和线型相互影响的特点，研究实践了一套施工架梁拼装和成桥线型无应力法施工控制等新工艺，保证了大桥的安全顺利实施。

（5）新型减震隔震桥梁支座的研发应用。

针对混凝土桥梁自重大不利于抗震的特点，成功研制了13 000kN大型减振隔振橡胶支座，解决了大桥的抗震问题并取得了较好的经济效果，为桥梁抗震设计积累了经验。

（6）预制箱梁悬臂拼装不平衡弯矩主动控制技术。

为了解决预制梁段起吊过程中因不同步吊装产生的不平衡弯矩所带来的稳定性问题，研究提出半平衡重主动控制技术，突破了常规墩顶支承或临时墩的思维，实现了施工方法的创新，节约了工程投入。

（7）主塔拱形横梁双合龙段定量顶撑控制技术。

“M”形主塔三柱上横梁间为椭圆形，为了解决两个合龙段的控制难题，研究确定了定量顶撑双合龙段同步合龙方案，突破了单合龙段的常规方法，实现了主塔上横梁的准确合龙，保证了主塔施工质量与受力结构安全。

（8）预制节段剪力键选型及分离技术。

剪力键是预制拼装预应力混凝土箱梁关键传力结构，在箱梁预制和拼装时极易损坏。本桥系统研究了各种形状剪力键的特点，同步开展了预制及拼装工艺试验研究。确定了合理的剪力键结构形式及梁段分离技术，保证了结构传力安全和工程质量。

“澳门西湾大桥”获国家科学技术进步二等奖。

河南开封黄河大桥

图 1　开封黄河大桥全景

相关资料

» 桥　　名：河南开封黄河大桥
桥　　型：PC 部分斜拉桥
跨　　径：主跨 6 × 140m
桥　　址：河南省开封市
» 设计单位：河南省交通规划勘察设计院有限责任公司
» 施工单位：中铁大桥局集团有限公司
江苏法尔胜新日制铁缆索有限公司

» 混凝土用量：480 123m^3
钢 材 用 量：63 558t
造　　　价：15.48 亿元
建 成 日 期：2006 年 11 月

1．概况

开封黄河大桥位于开封市东北，桥梁全长 7837.68m，主桥采用 6 × 140m 预应力混凝土部分斜拉桥（图 1）。

大桥位于黄河中游冲积平原，为典型的游荡性河段，河道宽浅，两岸地形平坦。设计流量 18 100m^3/s，最大冲刷水深 18.61m。基岩以砂质粉土、粉细砂为主。开封市多年极端最高气温 42.0℃，极端最低气温 -17.5℃，年平均气温 14.2℃ ~ 14.50℃，年平均降水量为 670mm。

大桥按双向六车道高速公路标准，设计速度 120km/h；通航净高 8m，净宽 35m；地震基本烈度Ⅶ度。

2．主桥结构

主桥上部结构为 7 塔 8 跨双索面预应力混凝土部分斜拉桥，桥跨布置为 85.12m+6 × 40m+85.12m=1 010m（图 2）。采用塔梁固结、墩梁分离形式，墩顶设单排支座，构成连续梁受力体系。

1）主梁

主梁采用变截面预应力混凝土扁箱梁，单箱三室断面，边腹板为斜腹板。箱梁顶宽 37.4m，墩顶梁高 5m，跨中梁高 2.5m，梁高采用 1.6 次抛物线型渐变。中腹板厚 0.6m，边腹板厚 0.45m。从跨中至墩顶底板宽度由 28.41m 渐变为 16.5m，底板厚按二次抛物线变化，由 0.25m 渐变为 0.75m，顶板厚 0.28m。箱梁墩顶设 2 道厚 1.5m 的横隔梁，在每根斜拉索锚固断面设置一道厚 0.25m 横隔梁（图 3、图 4）。

箱梁采用悬臂浇筑施工法施工，划分为 18 个块件，0 号块长 6m，1 ~ 7 号块段长 3m，跨中 8 ~ 18 号块段长 4m。边跨合龙段长 1.5m，主跨合龙段长 3.0m。

箱梁采用三向预应力体系，纵

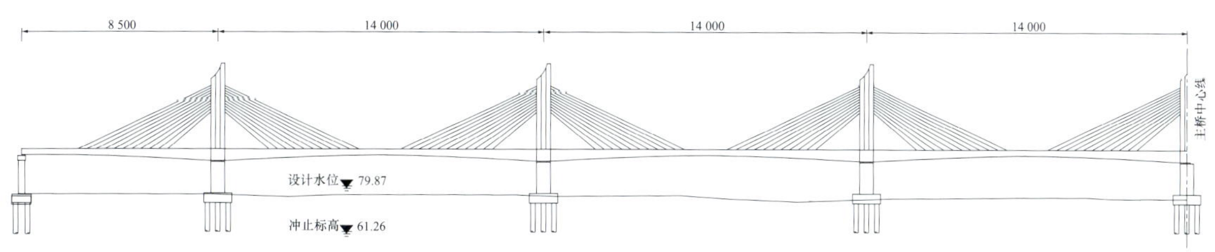

图 2　主桥桥型布置（尺寸单位：cm）

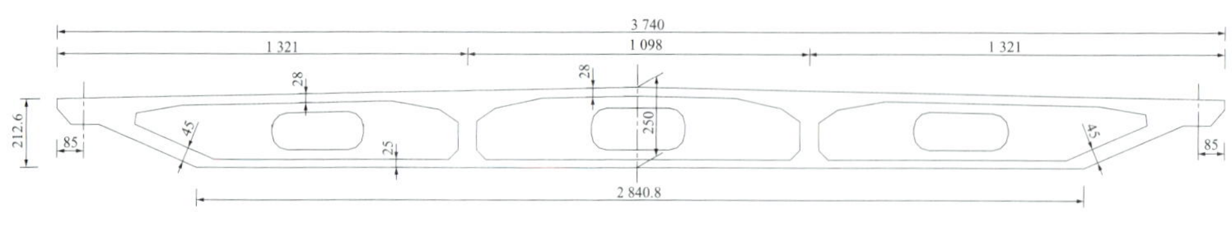

图 3　箱梁跨中截面（尺寸单位：cm）

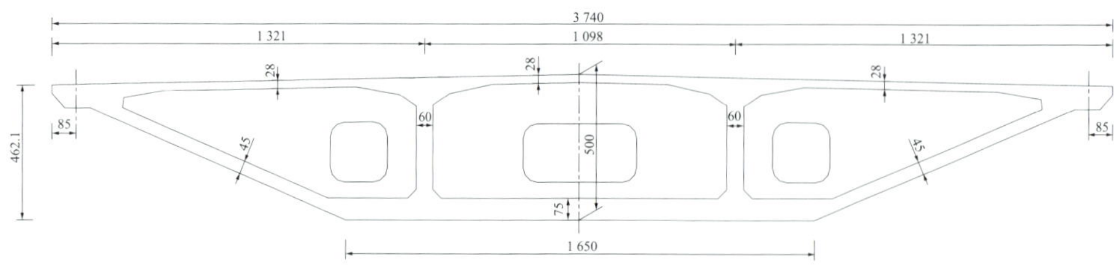

图 4　箱梁根部截面（尺寸单位：cm）

向钢束有顶板束、腹板束和底板束，在墩顶及跨中无索区箱梁顶板、拉索横隔梁下缘布置横向预应力钢束。纵向、横向预应力筋采用钢绞线束。竖向预应力筋布置在中腹板内，采用精轧螺纹粗钢筋。

2）桥塔及索鞍

在箱梁两侧各布置一个塔柱，塔高 36m，结构高度 28m。桥塔为钢筋混凝土矩形实体截面，横桥向厚 1.7m，顺桥向宽 6m。每个塔柱上与斜拉索对应位置设单排 11 个索鞍，竖向间距 1m。索鞍采用钢板焊接成矩形焊接弧形钢箱（图 5），在箱体内设置隔板，在箱体两侧焊接锚垫板，再在隔板及锚垫板上钻孔，穿入 PE 分丝管，在箱内压注 C50 微膨胀水泥浆形成索鞍结构。索鞍两端塔柱外侧设置抗滑锚，上部结构施工完成后在抗滑锚内灌注环氧砂浆以抵抗运营阶段产生的斜拉索两侧不平衡索力。对索鞍进行了足尺模型试验和有限元分析计算。

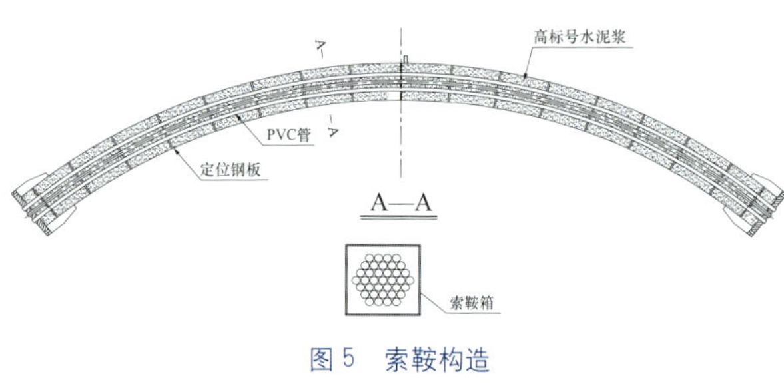

图 5　索鞍构造

3）斜拉索

斜拉索采用双索面形式，布置在主梁两侧，每个桥塔两侧对称布置 11 对斜拉索，每根斜拉索共 34 根 ϕ15.24mm，首次采用环氧填充型钢绞线 R_y^b=1 860MPa，拉索外套 HDPE 管。斜拉索在塔顶通过索鞍转向锚固在箱梁两侧加厚翼缘板上，拉索锚固点间距 4m。

4）下部构造

主墩采用两个分离的箱型墩柱（图 6），横桥向分别在墩顶和承台设置系梁加强桥墩的横向联结。墩身采用多边形箱型截面，截面外轮廓尺寸为 6m × 6m，墩高 12.0m。主墩基础采用群桩基础，承台厚 4m，每个桥墩设 3 排 26 根 ϕ2m 钻孔灌注桩，桩长 83m。

图 6　桥墩施工

每个墩柱顶设置一个 100 000kN 球形抗震钢支座。要求固定支座双向、单向支座横桥向（固定支座墩为顺桥向）满足在温度力和汽车制动力作用下固定不动，而在设计地震力作用下可在滑动面上产生一定位移，以达到抗震消能作用。

5）主桥施工

在桥位上游侧架设单线栈桥，利用栈桥搭设墩位施工平台，进行基础和承台施工。待承台施工完成后拆除墩位平台，安装塔吊进行墩身和上部结构施工。全部建桥物资通过栈桥运输，并通过栈桥上吊机吊装。

主梁 0、1 号块梁段在支架上施工，其他梁段采用后支点挂篮悬臂浇筑（图 7），斜拉索安装比悬臂浇筑滞后一个梁段。主桥合龙从边跨向河心对称逐跨进行。斜拉索采用一次张拉到位，成桥后不进行调索。

图 7　箱梁悬臂施工

3. 主要技术特点及创新点

开封黄河大桥为目前国内一联孔跨总数最多、连续长度最大的多塔部分斜拉桥，也是目前国内已建主跨跨径最大的部分斜拉桥之一。该桥的建成通车为我国部分斜拉桥建设的重大突破。

(1) 在国内同类型桥梁中首次采用环氧涂层填充型钢绞线锚固体系斜拉索，环氧涂层填充型钢绞线具有优异的防腐蚀性能。索体防腐引入一次性防腐的理念，提高了拉索寿命。

(2) 通过对现有的钢绞线锚固体系进行改进，开发出适应环氧涂层填充型钢绞线的锚固体系，改善了钢绞线斜拉索锚固体系使用耐久性能和低应力安全性能。避免过去采用大、小钢管索鞍中钢绞线相互挤压变形、钢绞线受力不均的问题。

(3) 通过足尺模型试验和有限元理论分析，在国内外首次开发并采用了新型 PE 分丝管索鞍技术，通过在本桥桥塔索鞍应用，使施工工序大大简化，节约了投资，保证了工程质量。

(4) 研制并采用万吨级大吨位球形抗震钢支座，解决了大吨位球形钢支座的抗震问题。

相关资料

>> 桥　　名：北京五环路斜拉桥
桥　　型：独塔曲线 PC 斜拉桥
跨　　径：主跨 95m
桥　　址：北京市
>> 设计单位：中铁工程设计咨询集团有限公司
>> 施工单位：中铁大桥局集团有限公司
柳州欧维姆机械股份有限公司

>> 混凝土用量：11 310m³
钢 材 用 量：2 389t
造　　价：1.3 亿元
建 成 日 期：2003 年 10 月

北京五环路斜拉桥

图 1　北京五环路斜拉桥全景效果

1. 概况

北京五环路石景山南站高架桥，全长 1 180m，主桥主跨采用 95m 独塔预应力混凝土曲线斜拉桥（图 1），全桥位于 R=16 000m 竖曲线、R=1 900m 平曲线上，桥面超高横坡为 2%，桥下铁路净高不小于 9.0m。

北京属中纬度暖温带，具有典型的暖温带半湿润大陆性季风气候。年平均气温 10～12℃。全年无霜期 180～200 天。年平均降水量 600mm。基本风压 600Pa。地表土层厚约 1～4m，以下为厚 50m 砂卵石层，再下为泥岩和砾岩。桥址场地没有不良地质现象，地震基本烈度Ⅶ度，按Ⅶ度设防。

本桥采用为六车道高速公路标准，设计速度 100km/h。大桥以 49° 的斜交度跨过石景山南站咽喉区，现有电气化铁路 7 股道，远期规划为 11 股道，铁路线间距小，行车密度大。为了减小施工对桥下铁路交通的影响，大桥采用单铰平转转体法施工，转体梁部长度 168m，转体重量 14 000t，创造了曲线桥梁单铰转体重量的新世界记录。

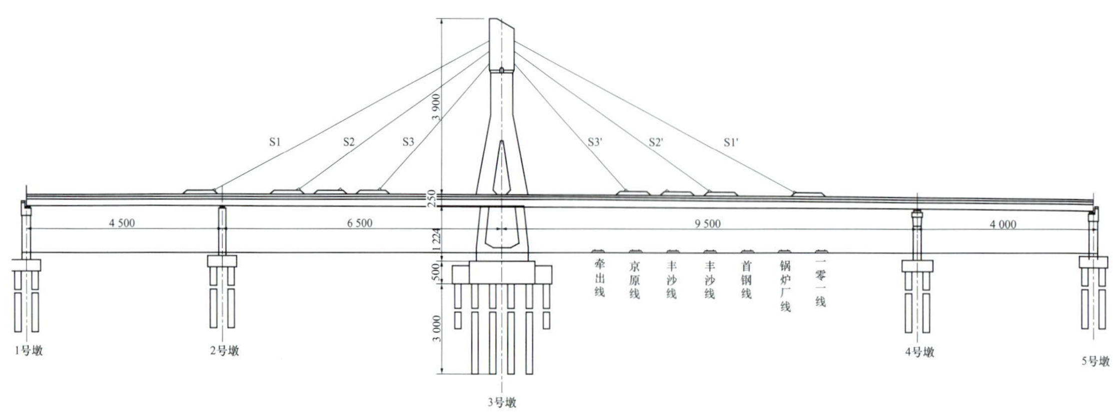

图 2　主桥桥型布置（尺寸单位：cm）

2. 主桥结构

主桥为45m+65m+95m+40m=245m四跨连续独塔单索面的预应力混凝土部分斜拉桥（图2），采用塔、梁、墩固结体系，索塔高度与中跨的比例为0.389。

1）主梁

采用单箱三室大悬臂C50预应力混凝土箱梁结构，顶板宽28.76m、底板宽17.0m、梁高2.5m。箱梁内顶、底板厚26cm，悬臂板根部厚60cm，端部厚20cm。为了将曲线箱梁的重心尽量调整到箱梁中线处，将内、中、外腹板厚度分别定为50cm，35cm，35cm，70cm（图3）。在斜拉索锚固点处顶板、腹板局部加厚（图3）。

2）主塔

本桥为单索面斜拉桥，为了加强顺桥向刚度、改善景观效果，采用了顺桥向的倒“Y”形结构（图4）。

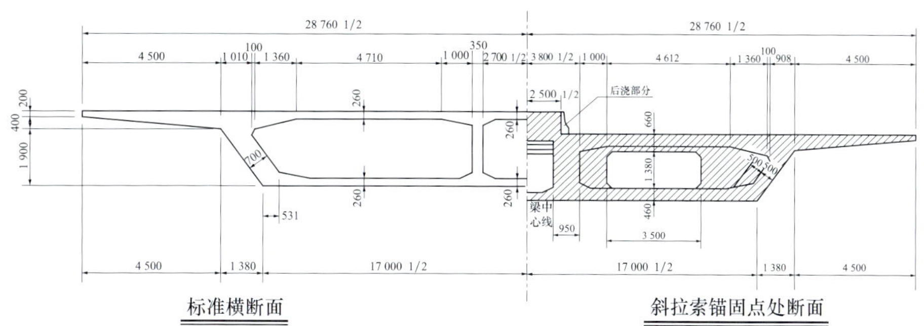

图3 主梁（尺寸单位：mm）

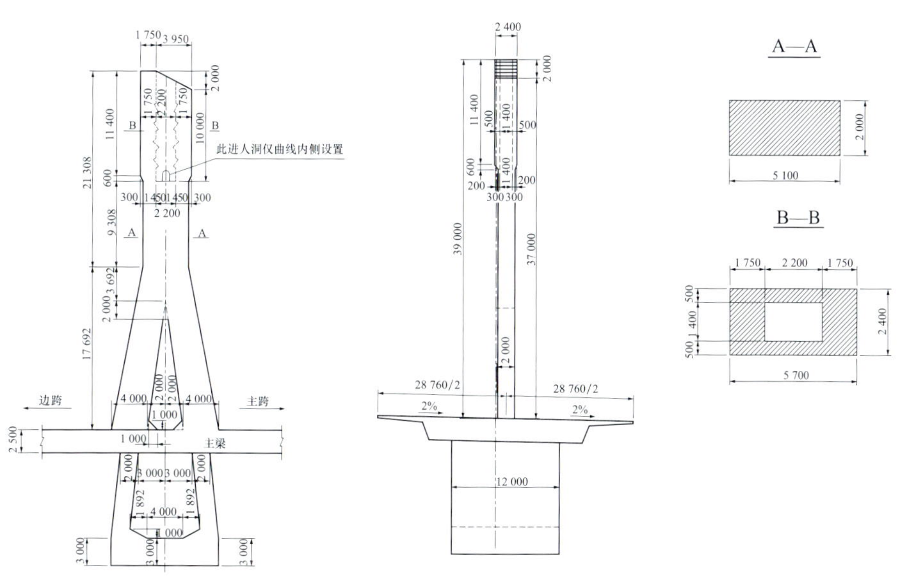

图4 主塔（尺寸单位：mm）

采用C50混凝土，顶部高19m，倒Y字交叉部高度为6m，下部高度为14m。主塔下部为实体段，横桥向厚度为2.0m，为了加强主塔的横向刚度，塔的下部顺桥向采用变宽度（由交叉点的3.27m变为根部的4.0m）的结构形式，并在内部设置有宽翼缘热轧T型钢；主塔中部顺桥向宽度为5.1m、横桥向厚度为2.0m；主塔上部为斜拉索锚固区，采用箱形截面，顺桥向宽度为5.7m、横桥向厚度为2.4m。主塔顶部的斜拉索锚固区布置有环向预应力。

3）主墩

主墩采用下部中心距10.0m、上部中心距为8m的C50混凝土双薄壁墩，墩高10m、宽12m、厚2.0m。为了方便桥梁的转体施工，将主墩根部3.0m部分连成边长为12m的正方形实体段，转体完成后与承台固结，形成塔梁墩固结的斜拉桥体系。

4）斜拉索

全桥共设斜拉索六组，每组斜拉索由2根PES(FD)7-451低应力新型索体的双层PE热挤聚乙烯拉索构成(1670MPa高强低松弛镀锌钢丝)。为了以后斜拉索更换的需要，在主梁、主塔上预留了临时斜拉索的张拉锚固构造。

PES（FD）7-451拉索是由451根$\phi 7$钢丝组成

的大节距扭绞平行钢丝索体，其直径和设计索力是目前国内最大的，为此在锚具的设计、冷铸料的配方、制索工艺、超张拉及静载试验等方面均作了深入的研究。

5）转体结构及主墩基础

转动体系主要有中心球铰支撑和环道支撑两种，前者摩阻力力矩小，转动时所需的牵引力较小，后者摩阻力力矩大，转动时所需的牵引力较大。一般说来，单铰体系需要的施工机具、场地比环道支承体系的要少，因而经济性较好、技术难度大，目前世界上还没有万吨级转体法施工的曲线桥梁。根据桥位所处的地理条件，研究提出了转体施工方案和相应的结构设计方案（图 5、图 6、图 7、图 8）。

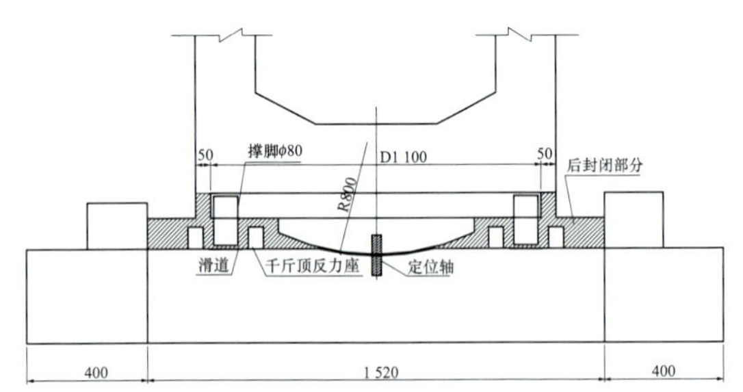

图 5　转体立面布置（尺寸单位：cm）

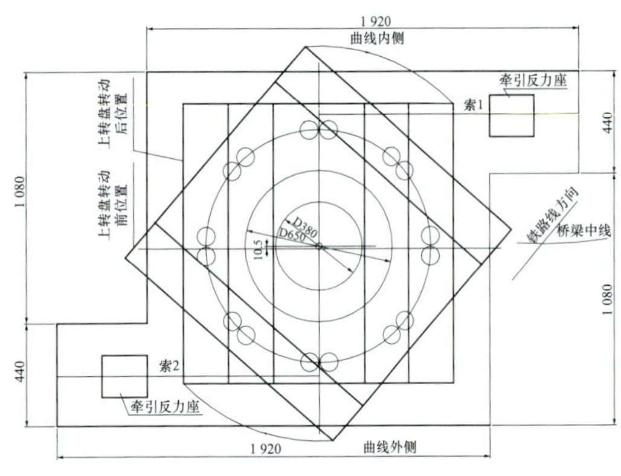

图 6　转体系统总布置（尺寸单位：cm）

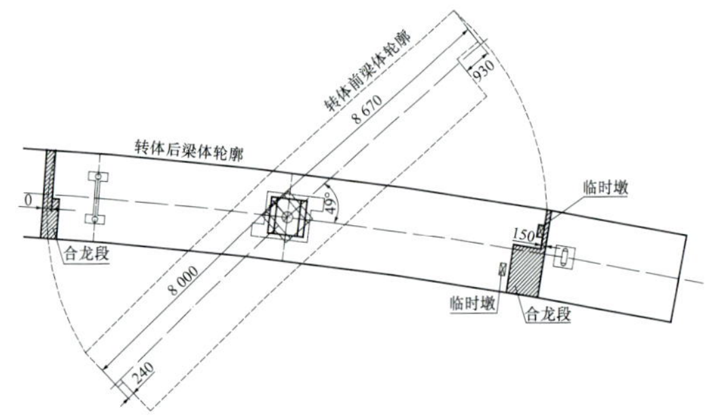

图 7　转体部分主梁布置（尺寸单位：cm）

主墩承台厚 5m，其中转体施工阶段厚 4m，余下 1m 在转体施工完成后现浇。承台下共有 18 根 ϕ1.5m 的钻孔灌注桩，承台主体部分边长为 15.2m，桩的中心距为4.2m、桩长为30m。为了放置转体施工牵引索反力座，承台两侧各增加长4m、宽4.4m、厚4m的平台，并与承台共同受力。

图 8　转体准备就绪

3. 主要技术特点和创新点

本桥单铰转体重量达 14 000t，国内外还没有万吨以上转体法施工曲线斜拉桥的先例。

（1）转体法施工的预应力混凝土单索面曲线斜拉桥，单铰转体重量达 14 000 吨的转体结构设计与重心控制技术。

（2）斜拉索设计索力 1 2500kN，主梁、主塔上每一锚点 2 束达 2 5000kN 集中力的斜拉索施工与锚固点局部应力处理技术。

为了有利于转体施工、降低工程造价、便于维修养护，斜拉索采用稀索体系，每一锚固点处两束斜拉索合计 25 000kN 的集中力，索力居国内第一位，设计中没有使用常规的模型试验法，而采用先进的计算机仿真技术和新型 7-7ϕ5 低回缩量＜1mm 钢绞线群锚预应力体系，提出了全新的斜拉索锚点构造设计和局部应力处理技术，克服了使用高强精扎螺纹钢筋作为预应力筋带来的预应力钢筋间距较小、有效预应力不好控制及普通钢筋无法布置的缺点，提高了工程可靠性、降低了工程造价。

（3）4 000t 转体球铰设计与施工技术。

转体总重量 14 000t，上、下盘混凝土均为 C50，球铰结构由钢面板、四氟块、混凝土组成，球铰的直径由混凝土压应力和上下面板间圆形聚四氟乙烯滑板的压应力控制，聚四氟乙烯滑板的设计应力达 89MPa，创全国之最。

北京五环路斜拉桥获詹天佑土木工程大奖、国家优质工程银质奖。

悬索桥

润扬长江大桥

图 1　润扬长江大桥南汊桥全景

» 桥　　名：润扬长江大桥南汊桥
桥　　型：单跨双铰钢箱梁悬索桥
跨　　径：1 490m
» 设计单位：江苏省交通规划设计院有限公司
» 施工单位：中交第二公路工程局有限公司
中交第二航务工程局有限公司
江苏省交通工程集团有限公司
中交第三航务工程局有限公司
中铁山桥集团有限公司
江苏法尔胜新日创铁缆索有限公司
上海浦江缆索股份有限公司

» 混凝土用量：391 100m^3
钢 材 用 量：77 000t
造　　价：16 亿元
建 成 日 期：2005 年 4 月

» 桥　　名：润扬长江大桥北汊桥
桥　　型：双塔双索面钢箱梁斜拉桥
跨　　径：406m
» 设计单位：北京建达道桥咨询有限公司
» 施工单位：中交第二航务工程局有限公司
中铁山桥集团有限公司
威胜利工程有限公司

» 混凝土用量：14 129m^3
钢 材 用 量：15 904t
造　　价：3 亿元
建 成 日 期：2005 年 5 月

1. 概况

润扬长江大桥位于现镇扬汽渡上游约 3km 处，南北两岸分别为镇江市与揭州市，中间跨越世业洲。大桥及接线工程全长 35.66km，其中南汊主航道桥为主跨 1 490m 单孔双铰钢箱梁悬索桥（图 1），北汊副航道主桥采用 176m+406m+176m 三跨双塔双索面钢箱梁斜拉桥，其间由穿过世业洲的高架互通式立交连接。桥址区属亚热带北部地区，具有亚热带季风性气候特点。镇扬河段属感潮河段，日水位两起两落，最大变幅 6.25m，最小变幅 4.54m。该桥为六车道高速公路特大桥，设计车速 100km/h。

2. 南汊桥

南汊桥位处江面常水位宽 1 530m，平均水深 13.8m，设计流量 95 000m^3/s。桥址区属长江冲积平原河漫滩地，南岸与世业洲基岩为花岗岩，覆盖层南岸厚 30m、世业洲厚 50m。设计基本风速 29.1m/s。北主塔船舶撞击荷载：横桥向 32 700kN，顺桥向 16 350kN。地震基本烈度Ⅶ度。通航净高：海轮 50m、江轮 24m；通航净宽：海轮 390m、江轮 700m。

1）主桥结构

主桥采用主跨 1 490m 的单跨双铰钢箱梁悬索桥，跨径布置为 470m+1490m+470m（图 2），索塔

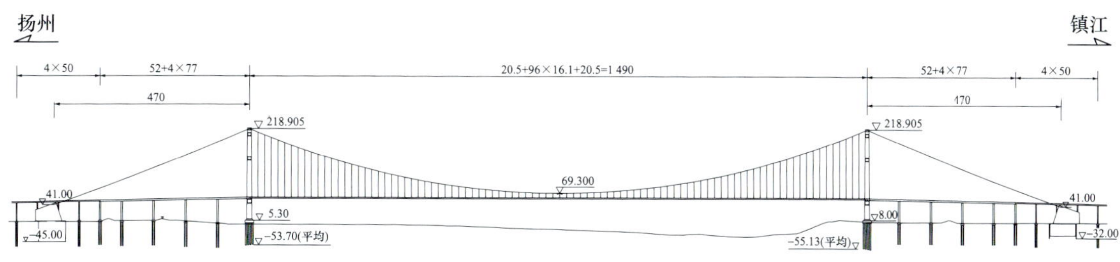

图 2　南汊桥布置（尺寸单位：m）

图3 刚性中央扣

下横梁上设滑动支座，约束加劲梁竖向和扭转位移；在索塔内侧壁与加劲梁间安装横向抗风支座，限制加劲梁的横向位移。

（1）缆索系统

主缆缆索矢跨比1/10，主缆横向间距34.3m，采用PPWS法架设，每根主缆由184根PPWS索股，每股127根直径5.30mm、强度1 670MPa的镀锌高强钢丝组成，空隙率在索夹处18%，索夹外20%，主缆外径分别为895mm、906mm，长度2 582m，全桥主缆钢丝总重为2.1万t。

吊索纵向间距16.1m，近塔第一对吊索距塔中心线20.5m。吊索材料选用平行钢丝束股（PWS），每根吊索为109根直径5.0mm、强度为1 670MPa的镀锌高强钢丝，外包PE护套。索夹采用铸钢分为上下两半，用高强螺杆夹紧相连。每个吊点由2根吊索组成，上、下端均为销接。

主缆跨中加设刚性中央扣连接（图3）。中央扣为一个5.00m长的铸钢索夹及连接加劲梁与索夹的三角钢桁架组成一个刚性连接体系。

（2）加劲梁

加劲梁采用全焊扁平流线形封闭钢箱梁（图4），箱梁中心高度3.0m，顶板宽32.9m，检修道宽1.2m，总宽38.7m。箱梁标准梁段长16.1m，两个标准梁段焊接连成一个吊装段，吊装重量492t，全桥钢梁总重2.3万吨。钢箱梁桥面板为正交异性板，顶板厚14mm，采用厚6mm的U形肋加劲。横隔板采用实板式结构，间距3.22m，隔板厚8mm（吊点处为10mm）。吊点为耳板式结构，60mm厚的耳板直接插入风咀处箱体并与其相垂直的三块35mm厚的承力板相焊连，中间一块承力板与横隔板为一整体。耳板上缘设置4个吊孔，中间两个为永久吊孔，两外侧孔为箱梁吊装用孔及成桥后更换吊索用孔。

加劲梁桥面中央设置风稳定性板以保证大桥的颤振稳定性。在钢箱梁内设置检查小车，提供检修条件。

（3）索塔与基础

主塔由两个塔柱、三道横梁组成的门式框架结构，塔高210m。柱为钢筋混凝土空心箱型结构，上、中、下三道横梁（高度分别为8m、8m、10m）。均为预应力混凝土空心箱型结构（图5）。

主塔基础为棱型柱式塔座、哑铃型承台及32根直径2.8m的钻孔灌注桩群桩基础（图6）。索塔基础承台采用异型大型钢吊箱“分块制作拼装，一次整体吊装”技术（图7）。

塔柱起步段（塔座以上10m段）采用搭支架立模施工，其余各节段均采用爬模施工，一般节段高4.5m。其中北塔爬模施工引进德国DOKA公司的液压爬升模板体系。北索塔C50混凝土采用低碱水泥配制。

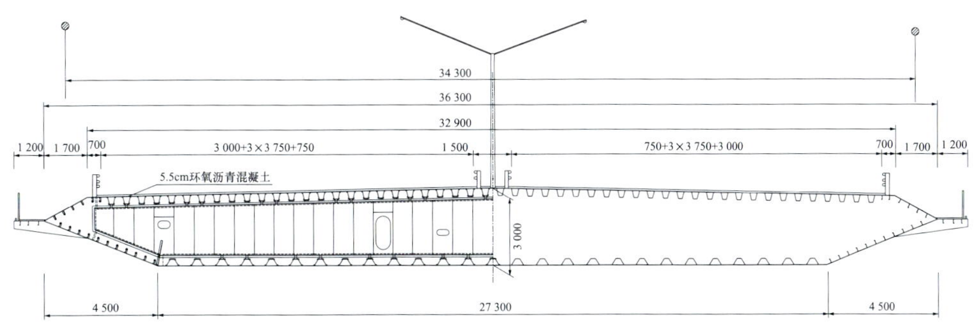

图 4　加劲梁（尺寸单位：mm）

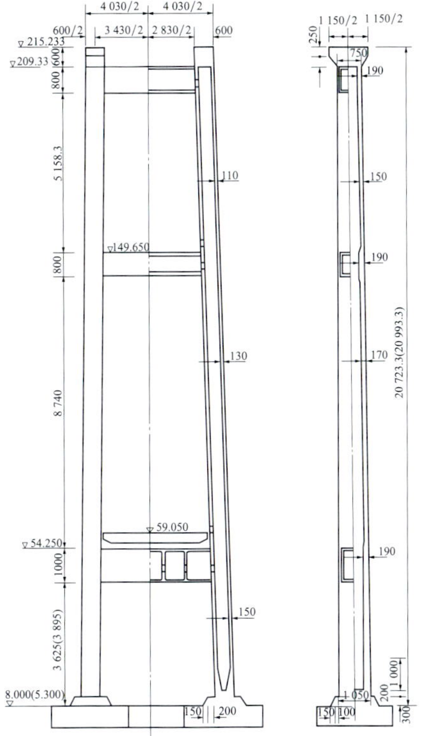

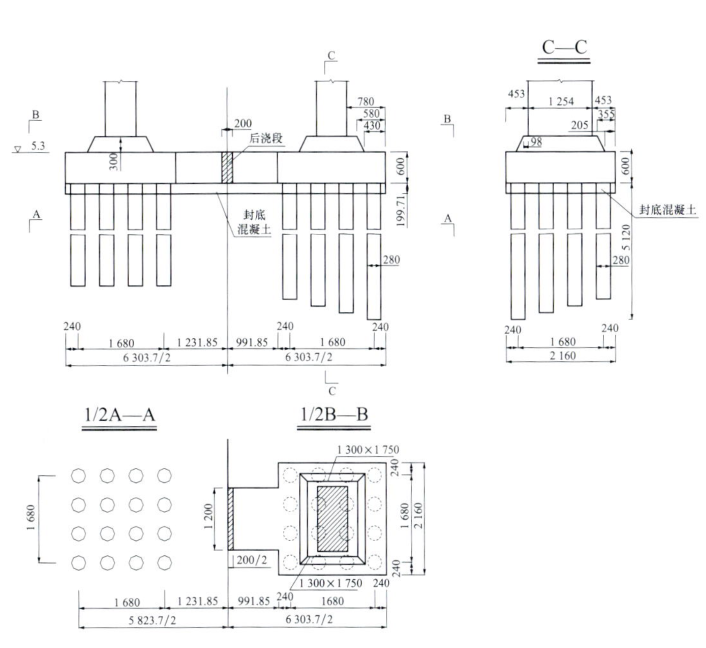

图 5　索塔构造（尺寸单位：cm）

图 6　索塔基础（尺寸单位：cm）

图 7　钢吊箱整体吊装

（4）锚碇

南、北锚碇均为重力式锚碇、预应力锚固系统。

① 南锚碇基础（图 8、图 9）平面外包尺寸为 70.5m×52.5m，四周为钻孔灌注桩，嵌入基岩约 6m。采用冻结排桩法施工，以含水地层冻结帷幕墙体形成基坑的封水结构，以排桩及内支撑系统抵抗水土压力。基坑四周共有 140 根直径 1.5m 的桩，桩长 35m，排桩外侧布设冻结孔、注浆孔、卸压孔，混凝土采用 C30。注浆孔共 74 个，孔距 3.5m，总体注浆量为 1 373.4m^3；冻结孔为 144 个，冻结壁厚度 1.3m。卸压孔共 288 个，直径 0.25m。基坑为从上至下逐段挖土、逐段施工内支撑（共 7 道）混凝土结构。基坑开挖完成并浇筑底板后，内部空间填混凝土。南锚碇基础采用冻结排桩方案将煤炭、建筑行业的施工方法有机地结合，并延伸和拓展，为国内特大型桥梁工程首次应用。

② 北锚碇

北锚基础（图 10）平面尺寸 69m×50m。基础采用嵌入基岩的矩形地下连续墙、12 道钢筋混凝土内支撑及节点处的 16 根直径 1.2m 和 16 根直径 0.6m 钢管混凝土立柱桩作为深基坑的围护结构，基坑最大开挖深度 48m。三纵四横隔墙将箱体结构分为 20 个隔舱，分区充填混凝土、砂。地下连续墙深 52m，壁厚 1.2m，槽段 V 形钢板接头。

基坑自上而下逐段挖土、逐段施工内支撑结构。开挖完成后，施工按基础底板和内隔仓——现浇钢筋混凝土外隔仓——回填混凝土或砂水——浇顶板的顺序。

地下连续墙整体刚度大，既是施工的临时支撑、挡水、挡土的围堰结构，又是后期永久性结构的组成部分。

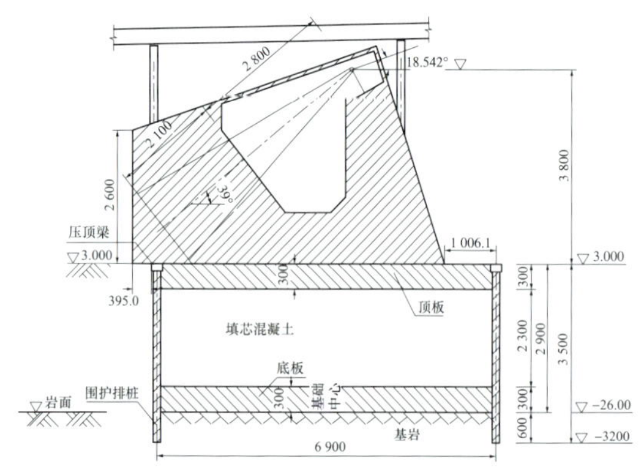

图 8　南锚碇布置（尺寸单位：cm）

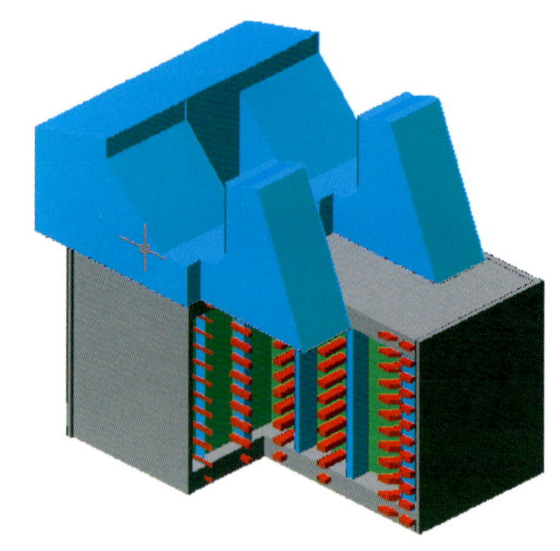
图 10　北锚碇效果

（5）上部结构安装

主缆架设采用 PPWS 法，借鉴国外的研究成果和先进技术，首次采用不设抗风缆的施工猫道结构、主缆牵引双线往复式系统。钢箱梁采用全液压跨缆吊机（图 11、图 12）。

2）主要技术特点和创新点

（1）南锚碇基础采用大型排桩冻结围护技术进行基坑施工为国内首次，解决了基坑围护结构的嵌岩、防渗封水问题，施工可操作性强，风险可控，工期短。

图 9　南锚碇基础冻结排桩

图 11　主缆架设

图 12 梁段吊装

（2）北锚碇基础工程规模国内最大。针对工程难点开展科研，成功解决了嵌岩地连墙成槽及新型槽段接头等新技术；首次采用坑外隔水帷幕，坑幕间降水措施；首次实现以三维有限元反分析和正演分析、以人工神经网络智能预测技术为分析手段的基坑开挖信息化施工。

（3）成功地进行了 120 000kN 大直径钻孔灌注桩静荷载试验和水上特大吨位（>400 000kN）试桩。

（4）主缆采用刚性中央扣构造，改善了短吊索受力，减小了活荷载引起桥面的纵向位移，增强了悬索桥的整体刚度。

（5）国内首次在悬索桥加劲梁上设置风稳定性板，提高了大桥的颤振稳定性，节约了工程造价。

（6）首次在国内采用主缆干空气除湿防护系统，增加了主缆的耐久性。

润扬长江大桥获国家科学技术进步二等奖、全国十大建设科技成就奖、詹天佑土木工程大奖。

3. 北汊桥

北汊桥位处两岸堤间距离 850m，常水位水面宽 705m，水深 8～15m。设计流量 24 500m^3/s，设计流速 1.65m/s，桥墩处最大冲刷深度 14.6m。覆盖层（粉砂层、砾砂层为主）厚 55.6～67.5m，北汊存在一条夹江断裂，北塔基岩为火山凝灰角砾岩。

设计基本风速 32.1m/s；船舶撞击荷载：顺水流方向 19 100kN，横水流方向 9 550kN；地震基本烈度Ⅶ度；通航净高 18m，净宽不小于 210m。

1）主体结构

北汊主桥全长 756.8m，为双塔双索面连续钢箱梁斜拉桥，桥跨布置为 175.4m+406m+175.4m，桥面宽度 32.5m，采用半飘浮体系（图 13）。为克服过渡墩的负反力，在墩附近 33m 范围钢箱梁内施加压重约 1 400t，压重沿过渡墩向江侧方向由大到小呈梯形分布。

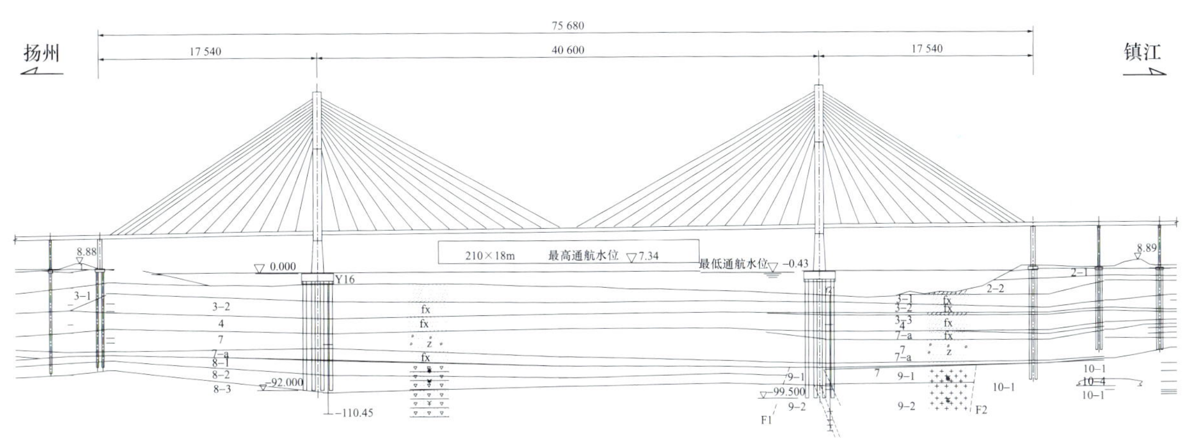

图 13 北汊桥桥型布置（尺寸单位：cm）

（1）索塔基础

主塔基础为钻孔桩群桩（图 14），由 24 根直径 2.5m 钻孔灌注桩组成，桩中心距 6.3m，北塔桩长 86m，南塔桩长 92m。采用实体钢筋混凝土矩形高桩承台，平面尺寸 36m×23.4m，承台厚 6m，承台下封底混凝土厚 2.5m。南、北索塔基础和封底共浇筑混凝土 34 700m^3。

承台采用双壁有底钢套箱施工：插打钢管桩组拼施工平台——在平台上进行钻孔灌注桩施工——钢套箱支撑在已施工完成的钻孔灌注桩上——封底后抽水——浇筑承台混凝土。

（2）索塔

索塔为钢筋混凝土花瓶型（图 15），南塔高 146.888m，北塔高 143.026m，桥面以上塔的高跨比为 0.269。索塔通过上、中、下三道横梁将两塔柱连为一体。塔柱采用矩形箱型断面，上、中塔柱断面为 7m×4m，顺桥向壁厚上塔柱 1.2m、中塔柱 1m，横桥向壁厚均为 0.8m；下塔柱断面由 7m×4m 向下渐变至 10m×7m，

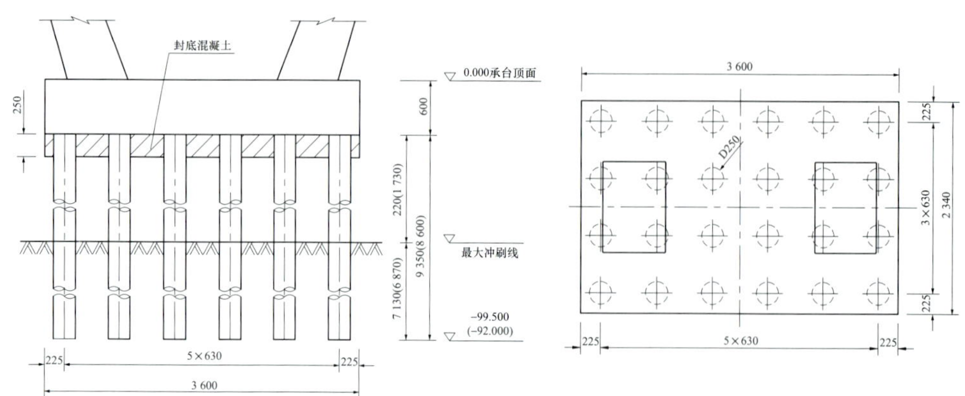

图 14　索塔基础（尺寸单位：cm）

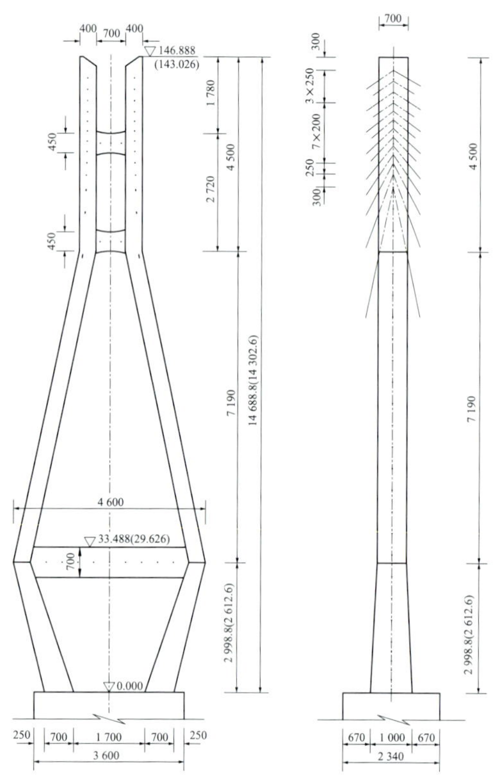

图 15　索塔（尺寸单位：cm）

壁厚1m。下塔柱直接承受船舶撞击，底部于13m高范围采用单箱六室，其余均为单箱单室断面。南、北索塔共浇筑混凝土13 227m^3。

塔的斜拉索锚固区采用环向预应力，进行了1：1的斜向加载足尺节段模型试验。

塔柱采用爬升模板逐段连续施工，每段高4.5m。中塔柱施工时在中塔柱间共设置4道主动横撑，间距16.5m，并施加水平顶推力。考虑到主梁施工及拉索恒载索力对高程的影响，下、中、上横梁以及各斜拉索锚固点、塔顶的高程均设置了预抬高。索塔锚索区和上、中、下横梁中的预应力均采用真空辅助压浆工艺。

(3) 主梁

主梁采用高3m，总宽37.4m（含风嘴）全焊扁平流线形封闭钢箱梁，其上翼缘为正交异性板结构（图16）。钢箱梁顶板厚14～20mm，底板厚12mm，斜底板厚16mm，腹板厚30mm。横隔板标准间距3.75m，板厚10mm（斜拉索处厚12mm）。梁内设两道纵隔板（距箱梁中心线8.45m），纵隔板除少部分为实体式外，余均为桁架式。采用Q345D钢，全桥用钢13 000t。钢箱梁共分9种类型61个梁段进行制造和安装，标准梁段长15m，最大吊装重量约为246t。

箱梁顶、底板采用U形肋加劲，为避免仰焊，保证连接质量，顶板U形肋采用高强螺栓连接。通过箱梁节段模型和全桥模型的风洞试验，在施工、运营期间，颤振临界风速均大于颤振检验风速，在常遇低风速下不会发生明显的涡激共振现象。

斜拉索锚固于钢箱梁腹板外侧的锚箱上，通过楔形锚垫板适应斜拉索横向倾角的变化。

(4) 斜拉索

斜拉索采用平行钢绞线拉索，VSL SSI2000体系。拉索由多股无黏结高强度平行钢绞线组成，采用单股外涂油脂、PE护套、整根HDPE外护套管三层防护。每索塔每索面有13对索，共计104根，其中最大拉索规格为15-55，全桥共用钢绞线636t。斜拉索（梁上）标准间距15m，边跨密索区间距6m。斜拉索外护套管表面附有双螺旋线，有效抑制斜拉索的风雨振动。

(5) 主梁架设和施工控制

在索塔下横梁处拼装无索区施工托架，无索区梁段利用浮吊吊装就位。边跨密索区梁段利用浮吊起吊至支架上，并用支架上的滑轨纵向推移就位，其余标准梁段采用桥面吊机悬臂对称吊装，先边跨合龙，后跨中合龙。

在主梁架设过程中，斜拉索采用一次张拉到位，

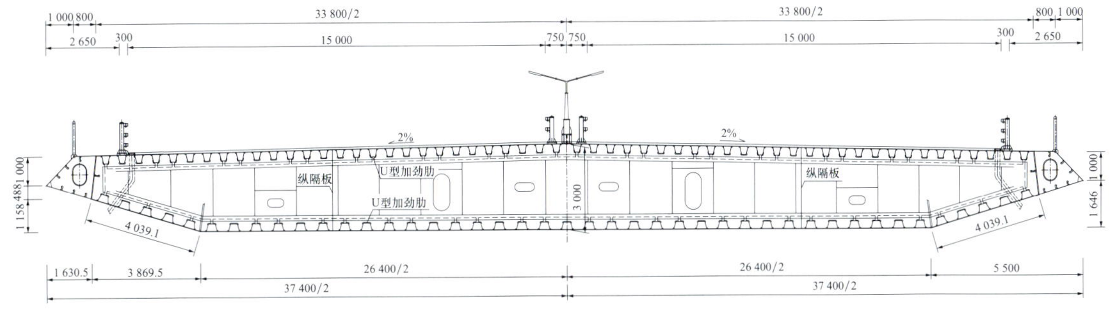

图 16　钢箱梁（尺寸单位：mm）

不进行索力调整。施工控制采用主梁标高和斜拉索索力双控，以主梁标高控制为主。成桥时主梁线形平顺，高程和轴线误差满足设计要求，主梁与索塔应力和设计值吻合较好。

2）主要技术特点和创新点

（1）索塔采用高桩承台基础，采用钢套箱，符合索塔处工程地质特点，缩短了工期，减少了投资。

（2）索塔基桩自平衡试桩，使深水基础的试桩问题变得简便可行。

（3）索塔施工采用了无支架爬模、水平主动支撑、大吨位环向预应力、塑料波纹管真空辅助压浆等新技术，提高了耐久性。

（4）1：1 的斜向加载足尺索塔节段模型试验，符合索塔的实际受力状态，验证设计，指导施工。

（5）采用平行钢绞线斜拉索体系，可在不影响桥梁正常使用的前提下进行单根钢绞线换索，方便对桥梁的维养。斜拉索外护套管表面附有双螺旋线，在不设置体外减震器的情况下，有效地抑制斜拉索的风雨振动。

（6）钢桥面采用环氧沥青混凝土铺装技术（厚55mm），经实践检验，性能稳定，使用良好。

润扬长江大桥获国家科学技术进步二等奖、詹天佑土木工程大奖，全国十大建设科技成就奖。

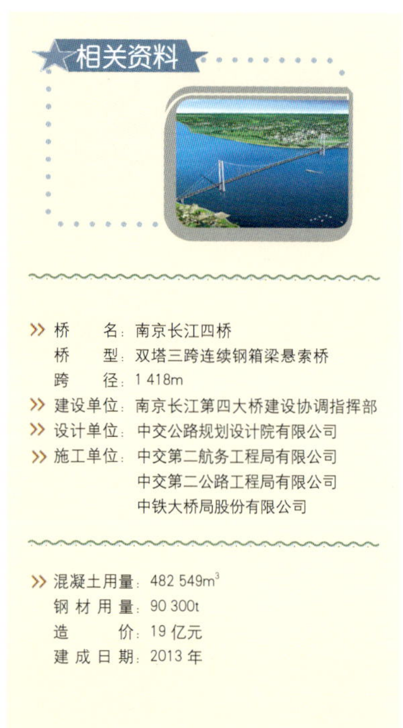

相关资料

>> 桥　名：南京长江四桥
桥　型：双塔三跨连续钢箱梁悬索桥
跨　径：1 418m
>> 建设单位：南京长江第四大桥建设协调指挥部
>> 设计单位：中交公路规划设计院有限公司
>> 施工单位：中交第二航务工程局有限公司
中交第二公路工程局有限公司
中铁大桥局股份有限公司

>> 混凝土用量：482 549m³
钢材用量：90 300t
造　价：19 亿元
建成日期：2013 年

南京长江四桥

图 1　南京长江四桥全景效果

1. 概况

南京长江四桥位于长江江苏南京区段内，在南京长江第二大桥下游约 10km 处，距长江入海口约 320km。主桥主跨采用 1 418m 三跨连续钢箱梁悬索桥（图 1）。

桥南岸为自然岸坡，北岸为人工堤防，常水位江面宽度约 2 000m，大堤之间距离 2 200m。长江冲积漫滩地貌是本桥址的主要地貌类型，河床断面为宽深型。基岩埋藏北深南浅，弱风化粉砂岩顶面高程由北锚碇 −63m 到南锚碇 −42m。

南京长江四桥为六车道高速公路特大桥，设计速度 100km/h；标准宽度 33.0m；设计风速 31.2m/s（百年一遇）；船舶撞击荷载（南塔）：顺水流方向 120MN，横水流方向 60MN；地震基本烈度Ⅶ度；通航净高 50m，净宽不小于 690m，最高通航水位 7.98m。

2. 主桥结构

主桥为双塔三跨连续悬索桥，其跨径布置为（166m+410.2m）+ 1 418m+(363.4m+118.4m)=2 476m（图 2）。主梁为扁平钢箱梁；索塔为混凝土结构；北锚碇采用沉井基础重力锚；南锚碇采用双圆形地下连续墙基础重力锚。

1）锚碇与基础

（1）北锚碇采用沉井基础重力式锚碇（图 3），以密实卵砾石层作为持力层。沉井基础总体轮廓尺寸为长 61m、宽 58m、高 52.8m，标准壁厚 1.6m，隔墙厚度 1～1.6m。

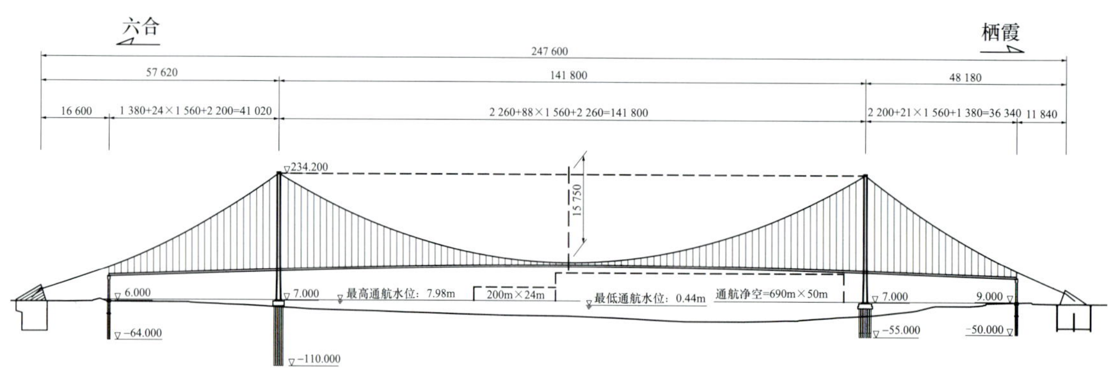

图 2　桥型布置（尺寸单位：cm）

沉井共分 10 节，除首节为钢壳混凝土外，余 9 节均为钢筋混凝土沉井。封底厚度 10m。锚体地面以上部分整体上呈三角造型，锚体顺桥向全长 73m，横桥向前趾宽 10m，后趾宽 24m，横桥向上下游两锚体中心距 34m。主缆索股散索长度 25m，锚固长度 20.3m。

（2）南锚碇基础采用井筒式地连墙，平面形状为“∞”形（图 4），长 82m，宽 59m，由两个外径 59m 的圆和一道隔墙组成，壁厚为 1.5m。地连墙顶高程 5.000m，底高程 −35.000～ −45.000m，嵌入中风化砂岩约 4m，总深度 40.0～50.0m。为方便锚体锚固系统施工，隔墙处顶部 15m 范围由实体墙改为两道支撑，支撑高度 2m，宽 2.5m。主缆索股散索长度 25m，锚固长度 20.3m。

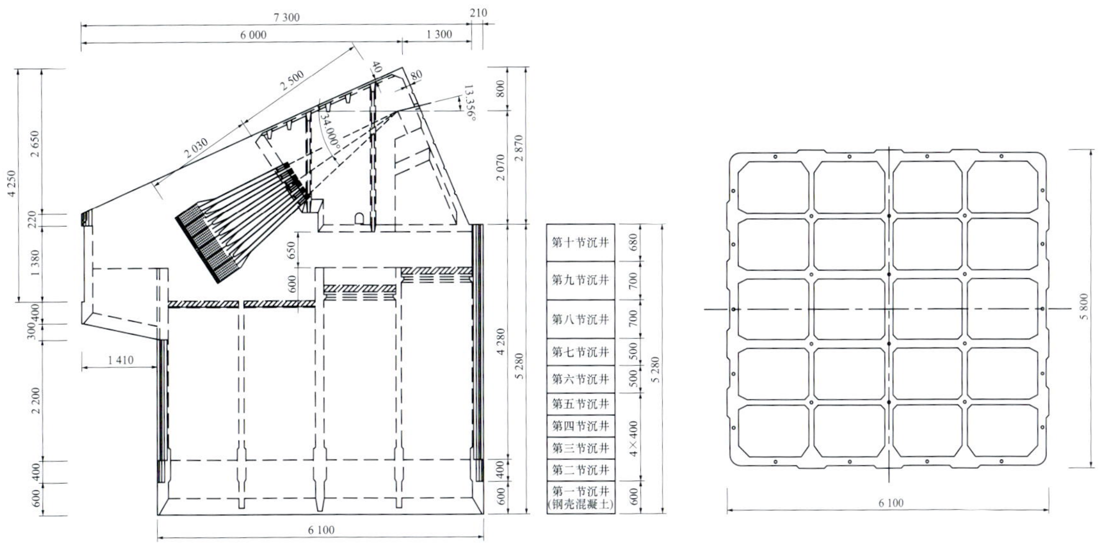

图 3　北锚碇（尺寸单位：cm）

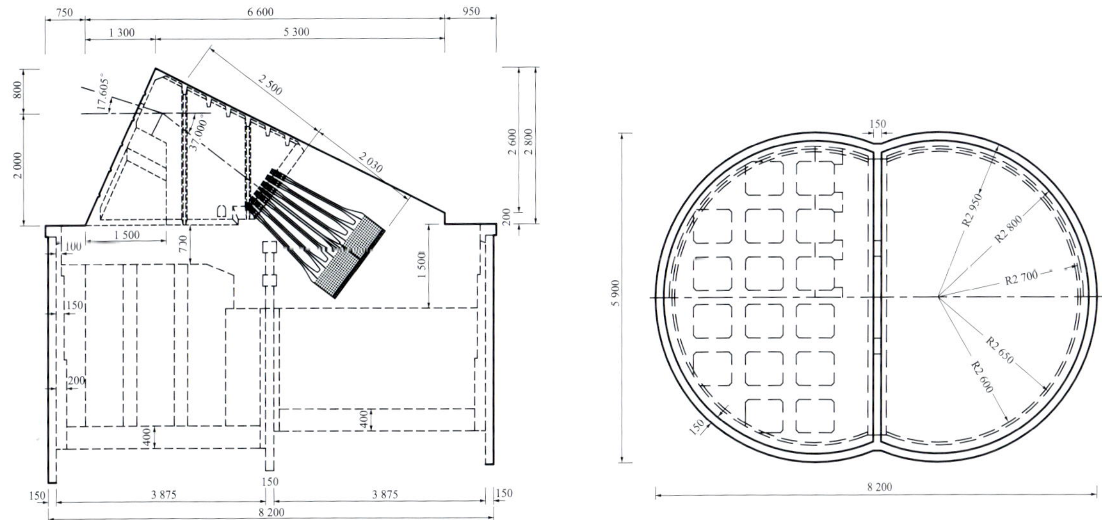

图 4　南锚碇（尺寸单位：cm）

为提高结构的可靠性和耐久性，锚固系统采用改进后锚梁锚固系统。锚固板厚度 28mm，采用 Q345D 材质。索股通过锚固箱与锚固板连接，分四索股锚固、双索股锚固和单索股锚固三种锚固方式。

2）索塔与基础

索塔采用混合结构形式（图 5）。主梁以上为刚构式索塔的优化形，构造成拱形城门式造型，拱梁高度设在标高 174.3m 处，通过竖杆与上横梁连为一体共同受力。主梁以下设一道下横梁。塔柱为钢筋混凝土结构，上下横梁为预应力混凝土结构，拱梁拱脚段为钢箱混凝土结构，拱梁（拱脚段除外）、竖杆为钢结构。南塔采用 48 根 D3.2～D2.8m 直径钻孔灌注桩基础，梅花式布置，按端承桩设计，桩底高程 −55m，桩尖持力层为微风化砂岩。承台为哑铃形，平面尺寸 80.5m×35m，厚 9.0m。北塔采用 38 根 D2.8m 钻孔灌注桩基础，梅花

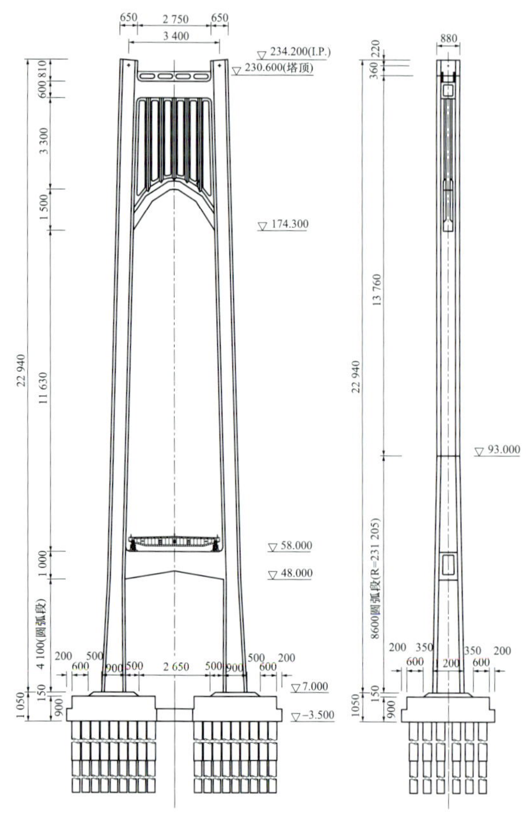
图 5　南索塔（尺寸单位：cm）

式布置，按摩擦桩设计，桩底高程 −110m，桩尖持力层为微风化粉砂岩。承台为哑铃形，平面尺寸 72.5m × 27m，厚 8.5m。

3）缆索系统

全桥共设两根主缆，缆中心距为 34m，主缆采用预制平行钢丝索股法（PPWS）制作。主缆由 135 股通长索股组成，北边跨增设 6 股背索、南边跨增设 8 股背索，背索均锚固于塔顶主鞍上。每根预制索股由相互平行的 127 丝、直径 5.35mm 的镀锌高强钢丝组成，钢丝标准强度为 1 770MPa。主缆空隙率索夹内取 17%，索夹外取 19%。索股两端设套筒式热铸锚，索股锚头与锚碇的锚箱为承压式连接。主缆防护采用 ϕ4mm 镀锌钢丝缠绕 + 腻子涂装防护。

吊索采用标准强度为 1 670MPa 的平行钢丝索股（PWS）外套 PE 防护，每吊点设两根吊索，吊索下端与钢箱梁耳板通过销铰连接。吊索长度大于 20m 时，吊索中部设置减振架。

主鞍及散索鞍采用铸焊混合结构。

4）钢箱梁

加劲梁采用正交异性板流线型扁平钢箱梁（图 6），梁高 3.5m，宽（含风嘴）38.8m；标准梁段（B 梁段）长 15.6m，三道实体式横隔板和三道横肋板间隔设置，间距 2.6m。为提高加劲梁整体性，改善桥面板刚度，设置了加劲梁通长腹板；吊索通过销接耳板直接锚固在腹板上，锚固区域腹板局部加厚。除加劲梁腹板吊点区域采用牌号为 Q370D 的钢板，腹板其余区域及顶板、底板、横隔板和横肋板均采用牌号为 Q345D 的钢板。

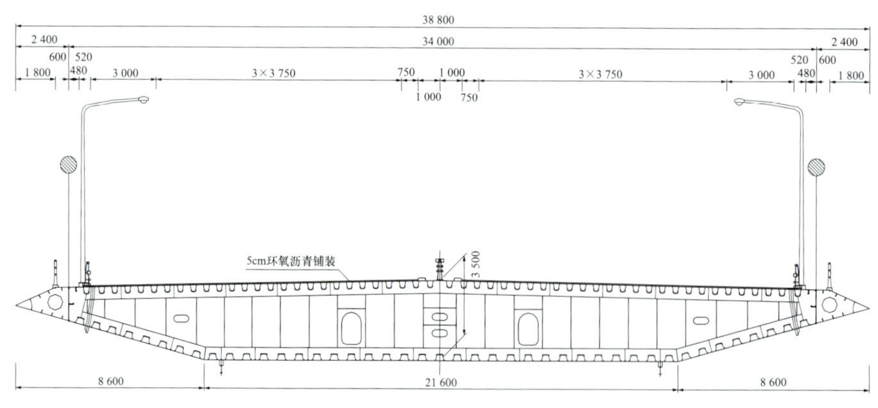

图 6　钢箱梁（尺寸单位：mm）

3. 主要技术特点和创新点

（1）本项目是南京绕城高速公路重要组成部分，承担国道主干线和国家高速公路网过境功能。索塔、锚碇造型新颖美观，整体造型流畅，气势恢弘，将成为本地区标志性建筑。

（2）国内外首次提出并实施了改进后锚梁锚固形式，锚固可靠，后期养护、维护工作量少，降低了施工难度，节约了工程造价。

（3）首次采用“∞”形井筒式地连墙，克服了圆形作为锚碇基础形式抗倾覆效率低的缺点，同时利用了圆形结构支护能力强的优点。

江阴长江大桥

图 1　江阴长江大桥全景

» 桥　　名：江阴长江大桥
桥　　型：单跨双铰钢箱梁悬索桥
路　　径：1 385m

» 设计单位：中交公路规划设计院有限公司
江苏省交通规划设计院
同济大学建筑设计研究院桥梁分院

» 施工单位：中交第二航务工程局有限公司
黑龙江路桥公司
上海建工（集团）总公司
国营武昌造船厂
上海浦江缆索股份有限公司

» 混凝土用量：577 760m^3
钢 材 用 量：84 759t
造　　　价：27.28 亿元
建 成 日 期：1999 年 9 月

1. 概况

江阴长江大桥位于长江三角洲地段的中部，连接江苏省无锡市和泰州市。跨江在长江江阴江段最窄处，主桥主跨采用 1385m 钢箱梁悬索桥（图 1）。

大桥南岸江阴西山凸入江中，北岸靖江十圩港岸线稳定，江面仅宽 1.4km。河床断面北缓南陡，深泓区紧贴河床南侧，最大水深约 60m。

该桥为双向六车道高速公路特大桥，设计车速 100km/h，设计荷载为汽车—超 20 级，挂车—300，设计基准期为 100 年。

江阴江段为感潮河段，水流既受长江径流控制，又受海洋潮汐影响，水位每日两涨两落。最高潮位 4.84m，最大潮差为 3.39m，设计流速为 3.67m/s，设计流量为 129 000m^3/s。覆盖层厚 85m，北岸基岩为灰岩，南岸基岩为粉砂岩；设计基本风速 31m/s。通航净高 48m，净宽不小于 380m。地震基本烈度为Ⅵ度。

2. 主桥结构

大桥全长 3 177m，主桥采用单跨双铰钢箱梁悬索桥，跨径布置为 336.5m+1 385m+309.34m（图 2）。

1）缆索系统

主跨缆索垂跨比 1/10.5，两缆中心距 32.5m。垂直吊索间距 16m，近塔第一对吊索距塔中心线 20.5m。

主缆由平行钢丝索股组成。每索股含 127 根镀锌高强钢丝（直径 5.35mm，强度为 1 600MPa），每根

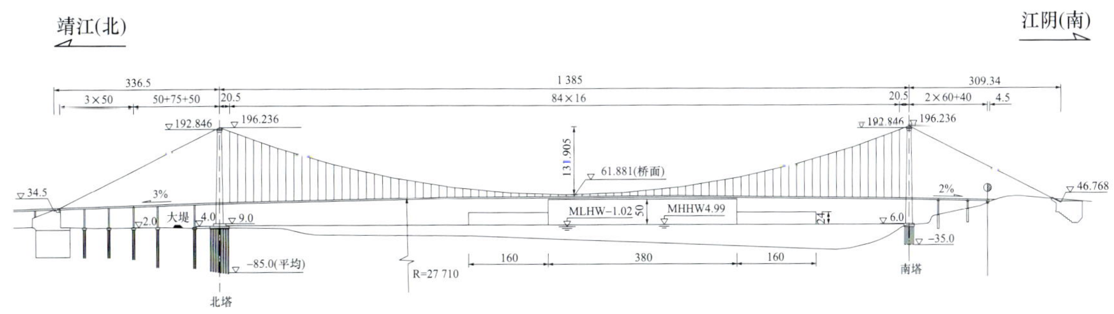

图 2　桥型布置（尺寸单位：m）

主缆：中跨为169股，竖向排列成正六边形，边跨为177股。索股锚头采用套筒式热铸锚，在铸钢锚杯内浇铸锌、铜合金。

主缆外径分别为876mm（中跨）和897mm（边跨），主缆安全系数取2.5，采用预制平行索股法（PWS法）施工。

每吊点由两根吊索组成，有平行钢丝吊索（长度>10m者）、钢丝绳吊索（长度<10m者）两种，其主鞍座和散索鞍采用铸焊组合件，重量分别为172t、587t。吊梁上端与索夹销接，下端与加劲梁采用带螺纹的套筒锚头连接（图3）。索夹采用铸钢铸造，索夹分成上下两半，用高强螺杆相连夹紧。

2）加劲梁

加劲梁采用梁高3m的扁平流线形钢箱梁（图4）。顶板宽度29.5m，底板宽度22.94m，检修道宽度（每侧）1.5m，全桥总宽度（含风嘴）36.9m。

3）索塔

南塔座落在南岸西山脚下基石上，避开海轮撞击；北塔设于距北岸85m的浅水区。两索塔均为钢筋混凝土双室箱形塔柱、三道预应力混凝土双室箱形横梁组成的框架式结构（图5），塔高（承台顶面以上）190m，塔身采用爬模施工。

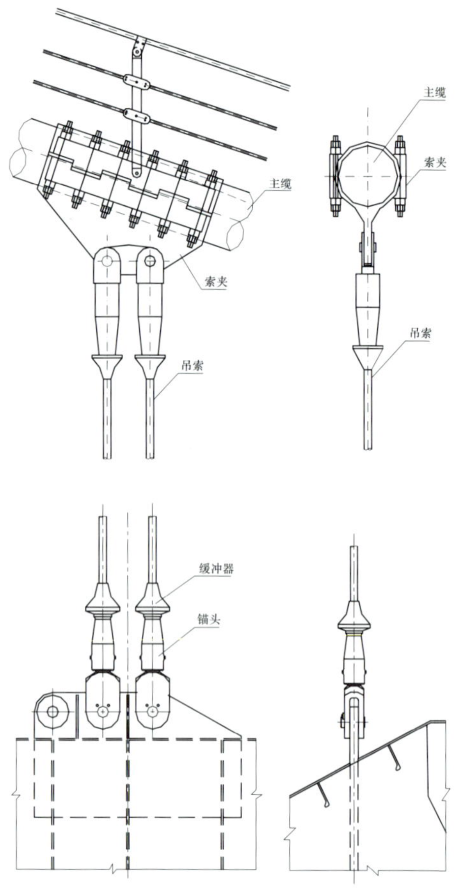

图3 吊杆与主缆及箱梁的连接

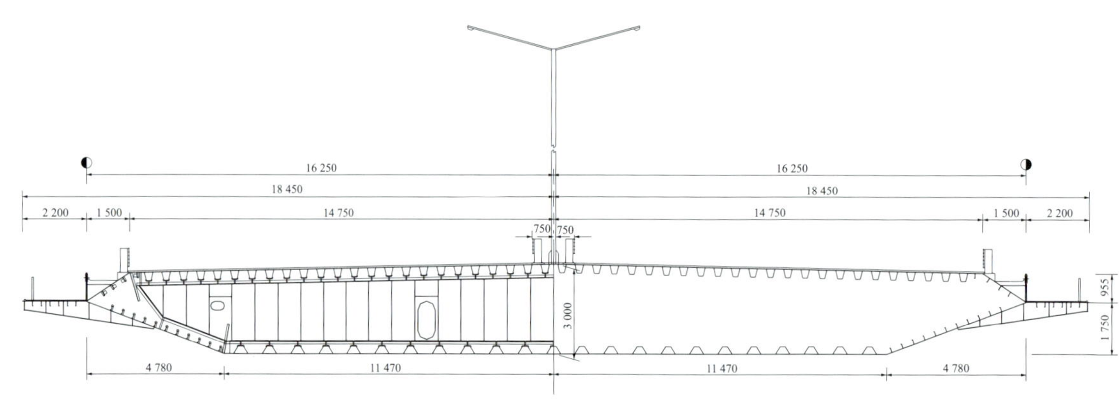

图4 钢箱梁（尺寸单位：mm）

南塔基础采用24根直径3m钻孔桩（长35m不等），穿过软弱层嵌入稳定岩层。

4）锚碇

（1）北锚碇

北锚碇外覆盖层厚达100m，基础采用深埋矩形沉井（图6），平面尺寸69m×51m，井内分36个隔舱（7×10m），埋深58m，共分11个节段，第1节段为钢制沉井，节段高8m，以上10节为钢筋混凝土节段，节高均为5m。

锚体位于基础之上，向后悬出（图7），以使运营阶段基底受力均匀。混凝土用量150 000m^3。

（2）南锚碇

采用重力式嵌岩锚（图8）。基坑挖方量160 000m^3，混凝土80 000m^3。

（3）锚固系统

锚体内的锚固系统采用前锚式、预应力锚固系统。该系统由拉杆、索股锚固连接器和预应力锚固体系组成。其优点是用钢量少，支架简单，管道架设精度可酌予放宽，减小锚块尺寸。

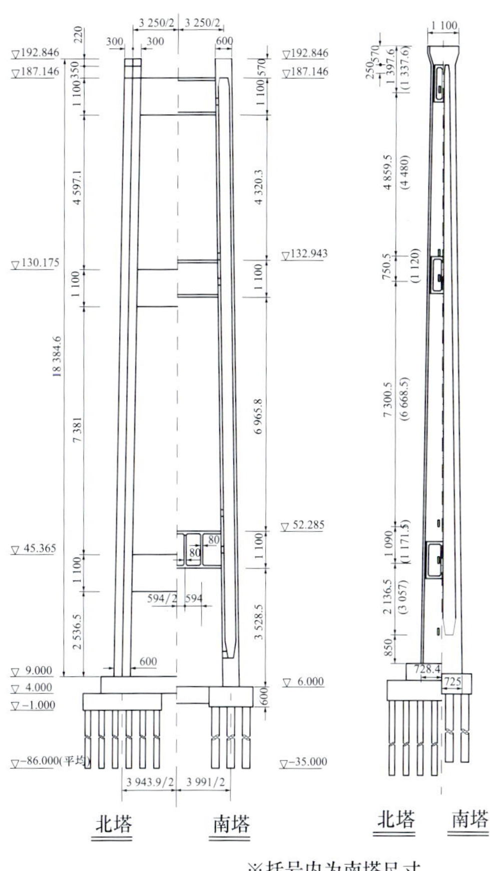

图 5　塔身（尺寸单位：cm）

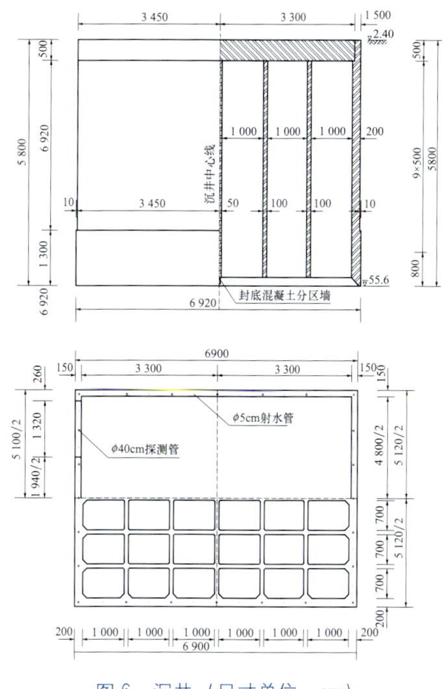

图 6　沉井（尺寸单位：cm）

3. 主要技术特点和创新点

（1）大桥地处长江下游的江阴河段，航运繁忙，建设条件复杂。本桥为我国首座主跨超千米的特大桥，规模大，技术难度高。

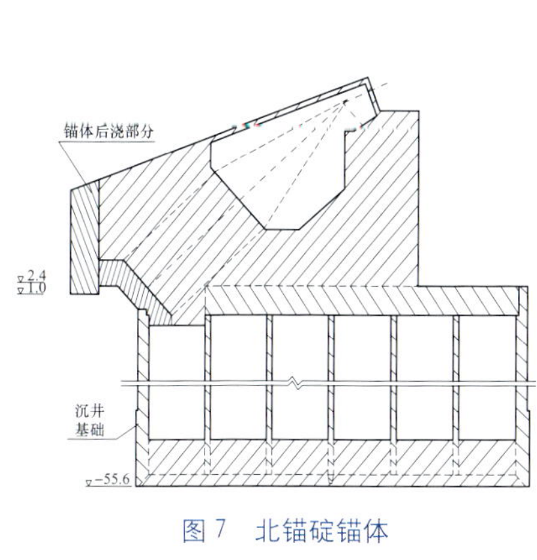

图 7　北锚碇锚体

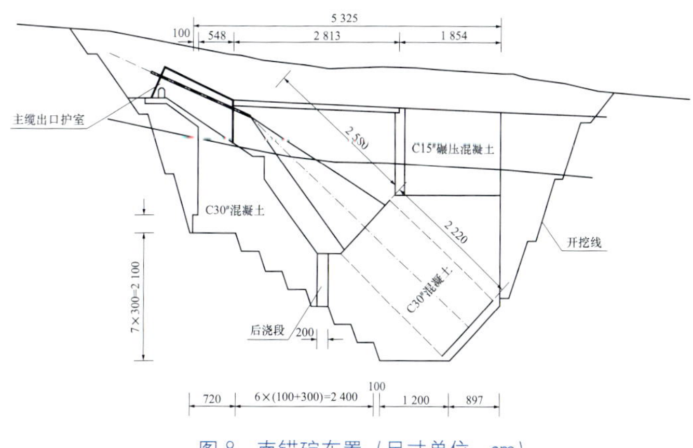

图 8　南锚碇布置（尺寸单位：cm）

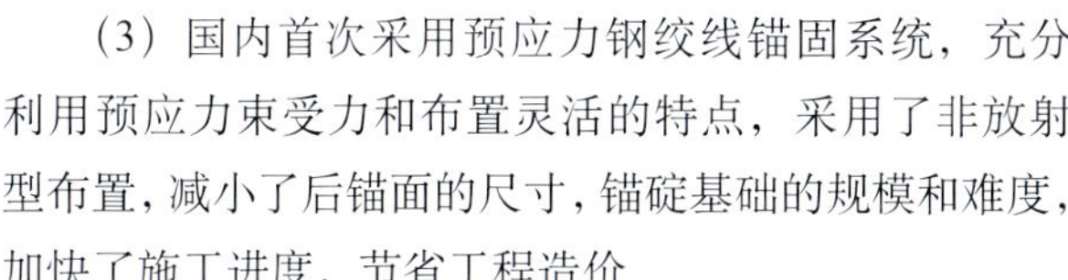

（2）北锚碇位于软土地基上，首次将特大型整体沉井用作大跨悬索桥的锚碇基础，首节沉井为钢壳混凝土，利用土模支承以利沉井下沉，为大型桥梁基础设计、施工积累了经验。

（3）国内首次采用预应力钢绞线锚固系统，充分利用预应力束受力和布置灵活的特点，采用了非放射型布置，减小了后锚面的尺寸，锚碇基础的规模和难度，加快了施工进度，节省工程造价。

（4）国内首次采用销接式索夹系统、销接式锚箱结构。

（5）充分利用两岸地形，采用不对称边跨设计，边跨主缆和中跨主缆采用不同的直径，提高了全桥刚度，节省主缆钢丝用量达 1 400t。

该桥先后获詹天佑土木工程大奖、国际桥梁大会（IBC）颁发的“尤金·菲戈奖”、中国建筑工程鲁班奖、全国优秀工程设计金质奖。

相关资料

- 桥　　名：武汉阳逻长江大桥
- 桥　　型：单跨钢箱梁悬索桥
- 跨　　径：1 280m
- 建设单位：武汉绕城公路建设指挥部
- 设计单位：湖北省交通规划设计院联合体；中交公路规划设计院有限公司（主桥）
- 施工单位：中交第二航务工程局有限公司；中铁大桥局集团有限公司；国营武昌造船厂；江苏法尔胜新日铁缆索有限公司

- 混凝土用量：36 336m^3
- 钢材用量：15 681t
- 造　　价：19.6 亿元
- 建成日期：2007 年 10 月

武汉阳逻长江大桥

图 1　武汉阳逻长江大桥全景

1. 概况

武汉阳逻长江大桥位于武汉市东北郊，上距武汉关约 30km，武汉绕城公路东北段与京珠、沪蓉国道主干线经该桥跨越长江。主桥主跨采用 1 280m 的单跨钢箱梁悬索桥（图 1）。

桥址区历年最大风速为 29.7m/s，桥位北岸为自然岸坡，南岸为人工堤防，常水位时江面宽 1 000～1 100m，大堤之间距离 1 500m。桥位河段紧贴阳逻岸，近岸较长范围有一深槽，槽宽水深，河床断面为窄深型。桥址区自北向南基岩埋藏由浅到深，弱风化岩顶面高程由北锚碇处的 −14.2m 变化到南锚碇处的 −30m。

该桥为双向六车道高速公路特大桥，设计速度 120km/h；设计基本风速 33.4m/s；船舶撞击荷载：顺水流方向 27 000kN，垂直水流方向 13 500kN；地震基本烈度Ⅵ度，按Ⅶ度设防；通航净高 24m，净宽双向通航不小于 425m、单向通航不小于 230m。

大桥总长 10km，由北接线、北引桥、主桥、南引桥、南接线几部分组成，其中桥梁长 2 725m，接线长 7 275m。

2. 主桥结构

主桥为单跨吊悬索桥，桥跨布置为 250m+1280m+ 440m（图 2），主梁为扁平钢箱梁；索塔为混凝土结构，横梁为钢剪刀撑式；北锚碇采用扩大基础实腹式锚体重力式锚；南锚碇所处位置为低漫滩平原、覆盖层较厚、根据地质条件及防洪要求采用圆形地下连续墙基础框架式重力锚。

1）锚碇及基础

（1）北锚碇采用深埋基础重力

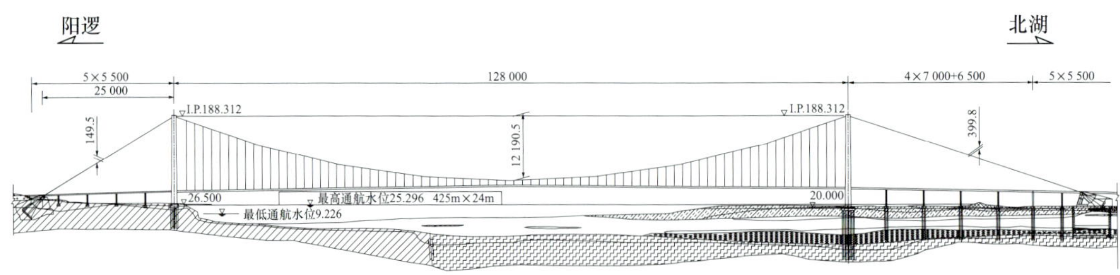

图 2　主桥桥型布置（尺寸单位：cm）

式锚碇，以弱、微风化细砂岩作为持力层。锚碇总体轮廓尺寸为长 70.5m、宽54m、高45.7m。基础底面设置两个台阶，基坑采用放坡大开挖，基坑底轮廓尺寸为长 65m×宽60m（图 3）。锚体混凝土总方量 8.74 万立方米，基坑总开挖土石方 31 万立方米。锚体采用实腹式；主缆索股散索长度 23m，锚固长度 20m，折射角 48°。

（2）南锚碇采用深埋圆形扩大基础重力式锚碇，以卵石、圆砾层作为基底持力层，锚体总体轮廓尺寸为长 70.4m、宽 54m、高 26.5m。锚体为空腹框架式，锚体混凝土 4.02 万立方米。主缆索股散索长度 23m，锚固长度 19m，折射角 35°（图 4）。

南锚碇基础采用外径 73m、壁厚 1.5m 的圆形地下连续墙加内衬作为基坑开挖支护结构，基坑最大挖深 45.5m。地下连续墙嵌入弱风化砾岩 1～2.5m，墙体总深度 54.5～61.5m。地下连续墙施工完成后，采用逆作法，分层（分层厚度 3m）开挖土体、施工内衬。基坑混凝土 17.3 万立方米，挖方 16.6 万立方米。南锚碇下伏砂层及砾石层与长江相通，为确保长江大堤的防洪安全，在地下连续墙以外 10m 处，设置厚 80cm 的自凝灰浆挡水帷幕，墙底以下 10m 深度范围内风化岩裂隙进行压浆封水处理。

锚固系统采用预应力钢绞线锚固系统。为确保锚固系统乃至整个桥梁的安全与耐久性，进行了“无黏结可更换”预应力锚固系统的研究，钢铰线采用“表面喷涂环氧树脂＋油脂”防腐体系。

2）索塔及基础

南、北索塔基础采用分离式承台，两塔基础分别为 50 根直径 2.0m 和 28 根直径 2.8m 的钻孔灌注桩。南、北索塔承台厚 6m。索塔采用带剪刀撑的框架结构，设置两道横梁。塔柱为 C50 钢筋混凝土空心结构，横梁为预应力混凝土箱型结构，剪刀撑采用钢箱。南、北索塔塔柱均为钢筋混凝土箱形结构，高度分别为 169.812 m 和 163.312 m（图 5）。

3）缆索系统

两根主缆中心距 35.0m，矢跨比 1∶10.5。南边跨及中跨主缆由 154 股索股组成，北边跨主缆由 162 股索股组成，每索股为 127 丝直径 5.35mm 的镀锌高强钢丝，钢丝极限抗拉强度 1 670MPa（图 6）。

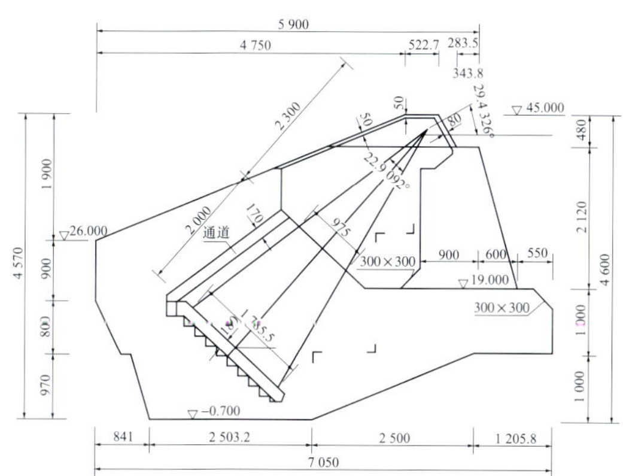

图 3　北锚碇（尺寸单位：cm）

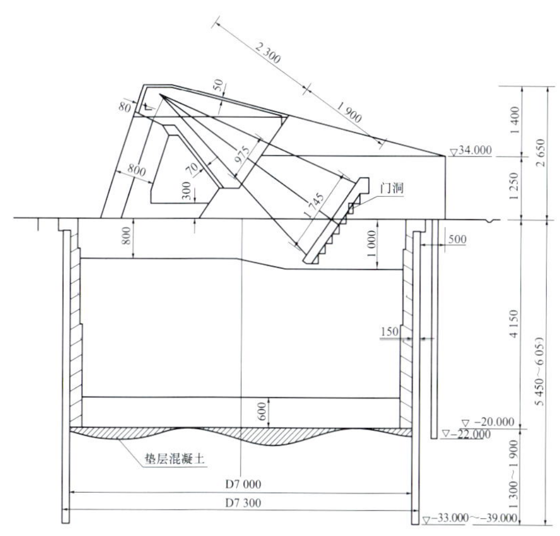

图 4　南锚碇（尺寸单位：cm）

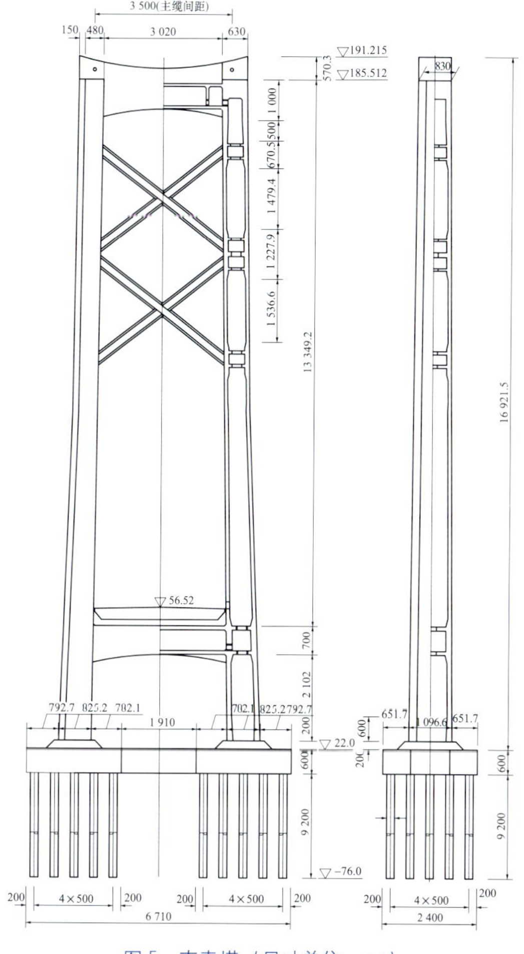

图 5　南索塔（尺寸单位：cm）

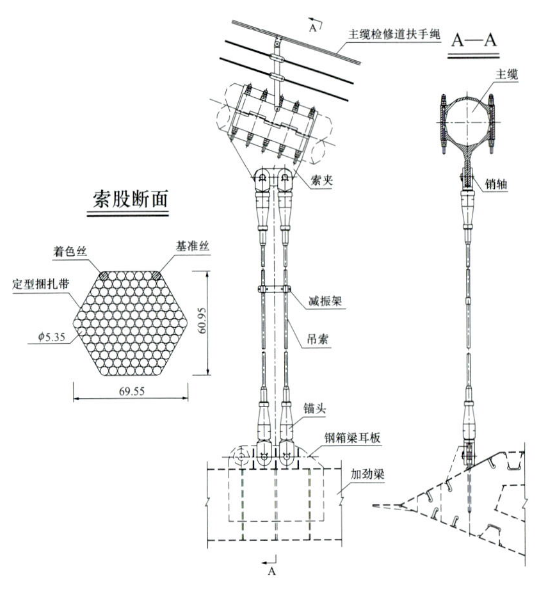

图 6 缆索系统（尺寸单位：cm）

吊索采用直径 5.1mm、标准强度 1 670MPa 的平行钢丝，标准间距 16m。上、下端均采用销接式，锚头采用热铸锚。吊索中部安装减震架，与钢箱梁销接。

主鞍及散索鞍采用铸焊混合结构。

4）钢箱梁

加劲梁采用流线型扁平钢箱梁（图 7）。全桥共分 3 种类型 80 个梁段制作安装，标准梁段长 16m。钢箱梁高 3.0m、宽（含风嘴）38.5m，两侧风嘴外各设置 50cm 宽的导流板。钢箱梁采用 Q345-D 钢，全焊连接，外部采用电弧喷铝防腐，内部设置抽湿系统。钢桥面铺装采用厚 6cm 环氧沥青混凝土。

3. 主要技术特点和创新点

（1）主桥一跨过江，该桥为武汉市东北第一大门，亦为该地区标志性建筑。

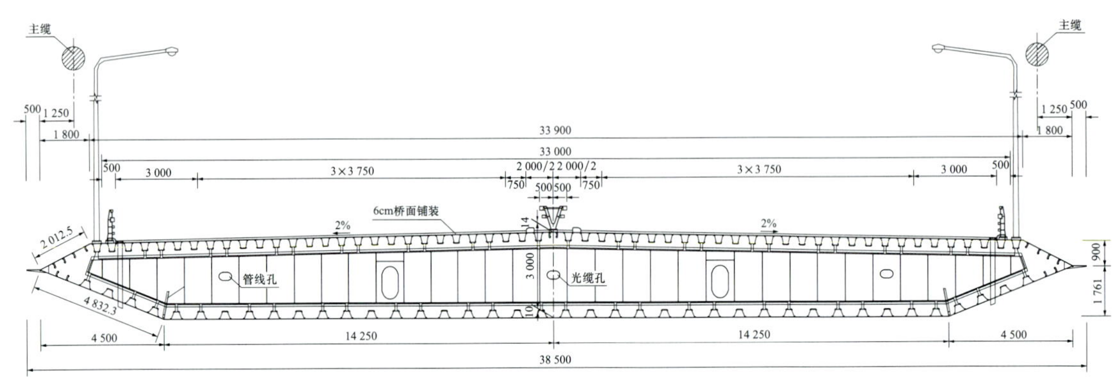

图 7 钢箱梁（尺寸单位：mm）

（2）南锚碇基坑工程采用外径 73m、壁厚 1.5m、深 61.5m、开挖深度 45.5m 的圆形地下连续墙加内衬的支护结构形式。工程规模巨大，被业内专家誉为“神州第一锚”。

（3）国内首次研究采用锚碇“即时监测无黏结可更换式”预应力锚固系统，从根本上解决了悬索桥的耐久性问题。《可更换悬索桥锚碇预应力锚固体系》获 2005 年国家实用新型专利（专利号 ZL 2004 2 0115180.X）。

（4）南锚碇基坑工程采用厚 80cm 的自凝灰浆挡水帷幕，平均深度达 52m。

（5）剪刀撑门型索塔，结构新颖、外形独特美观，为国内首例。

为解决该桥诸多关键技术问题，开展了《超深特大型圆形地下连续墙悬索桥锚碇创新技术研究与应用》课题研究，主要研究有：地下连续墙悬索桥锚碇基础研究；圆形地下连续墙悬索桥锚碇基础施工关键技术研究；圆形深基坑信息化施工技术研究与应用；圆形地下连续墙深基坑封、降、排水系统研究与应用；超深自凝灰浆挡水帷幕研究与应用；无黏结可换式预应力锚固系统试验研究与应用等。研究成果总体上达到国际先进水平。

湖南吉首矮寨大桥

图 1　吉首矮寨大桥全景效果

相关资料

- 桥　　名：湖南吉首矮寨大桥
- 桥　　型：塔梁分离式钢桁梁悬索桥
- 跨　　径：1 176m
- 建设单位：湖南省高速公路建设开发总公司
- 设计单位：湖南省交通规划勘察设计院
- 施工单位：湖南路桥建设集团公司

- 混凝土用量：123 972m^3
- 钢 材 用 量：35 541t
- 造　　价：10 亿元
- 建 成 日 期：2010 年

1. 概况

矮寨大桥全长 1 073.65m。桥位距吉首市区约 20km，跨越矮寨大峡谷。桥面设计高程与地面高差达 330m，山谷两侧悬崖距离为 900～1 300m。主桥主跨采用 1 176m 钢桁梁悬索桥（图 1）。

项目所在地区属亚热带季风性湿润气候，年平均冰冻天数为 13 天，年平均雾日为 45 天。

场地地层主要为黏土、块石，上统的灰岩，中统的白云岩、灰岩和泥质白云岩，下统的灰岩、砂质页岩。场地地下水对混凝土无腐蚀性。

大桥为四车道高速公路特大桥，设计速度 80km/h，设计基本风速 34.9m/s。地震动峰值加速度 0.05g，动反应谱特征周期为 0.35s。

2. 主桥结构

该桥采用塔梁分离钢桁加劲梁悬索桥，跨径布置为 242m+1 176m+116m，主梁全长 1 000.5m（图 2）。

吉首岸桥台距隧道洞口约 90m，两侧为观景平台；茶洞岸桥台连接的坡头为分离式隧道，在与隧道衔接的范围内，中央分隔带渐变过渡，主桥的硬路肩宽度相应压缩。

由于地形和线路走向的因素，悬索桥位于 0.80% 的单向纵坡上。主桥主缆的理论顶点受纵坡影响，茶洞岸比吉首岸高 9.408m。此设计可降低吉首岸边跨主缆的水平倾角，茶洞岸的塔高和边跨主缆的布置更合理，全桥主缆受力更均匀。

1）缆吊系统

（1）主缆

主缆矢跨比 1/9.6，主缆横向间距 27m。采用预制平行钢丝索股（PPWS）。索股由 127 根直径 5.25mm 镀锌钢丝组成。每根主缆中有通长索股 169 股；吉首岸边跨另设背索

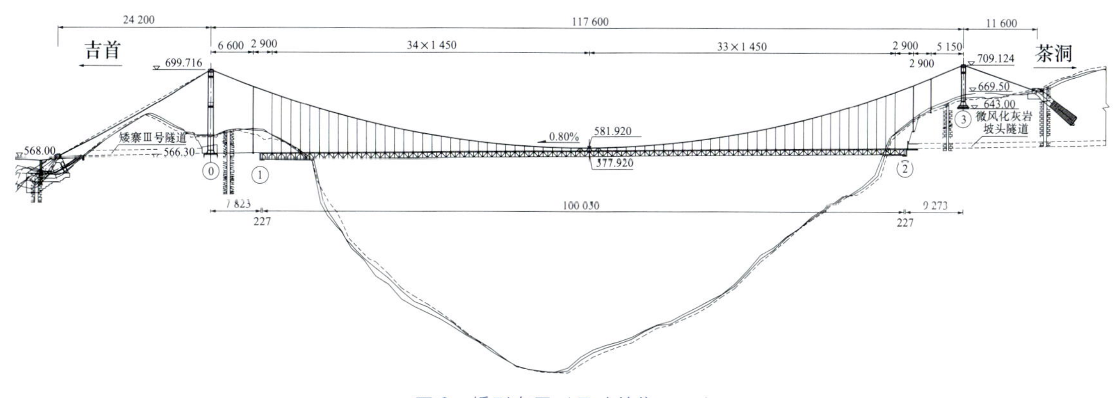

图 2　桥型布置（尺寸单位：cm）

(6 根索股) 于吉首岸主索鞍上锚固。索夹内空隙率 17%，索夹外空隙率 19%。主缆断面。

(2) 吊索

吊索标准间距 14.5m，端吊索间距 29m。

吊索 (图 3) 采用钢丝绳骑跨式，靠近主塔的吉首岸 1 个每侧吊点、茶洞岸侧 2 个吊点设 3 根吊索，通过预应力岩锚将其锚固于基岩上。其余每侧吊点设 2 根吊索，与钢桁架采用销铰式连接。吊索由高强镀锌钢丝互捻而成，有两种结构形式：J00～J01、C00～C02 吊索因拉力或应力幅较大采用直径 88mm 的 8×55SWS+IWR 的钢丝绳；其余吊索采用直径 62mm 的 8×41SW+IWR 的钢丝绳。抗拉强度 1 870Mpa。

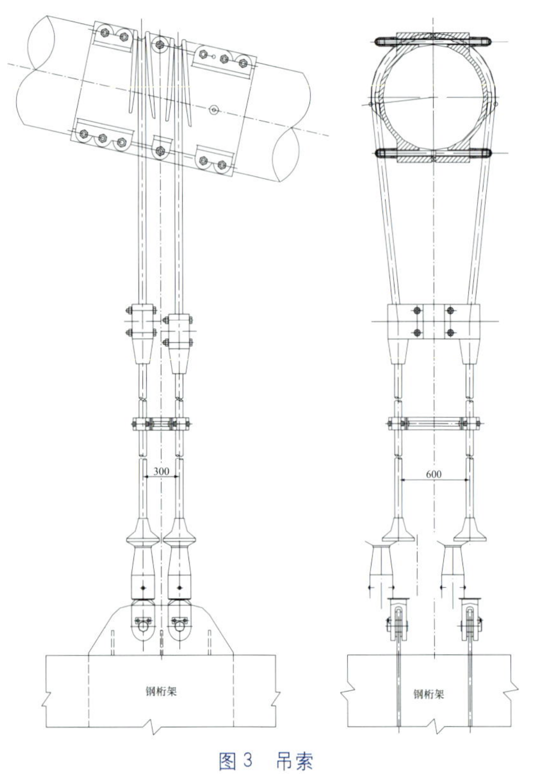

图 3　吊索

(3) 中央扣斜拉索

为限制主缆和钢桁梁的纵向水平位移，在主缆跨中设置三对柔性中央扣，中央扣斜拉索，采用直径 88mm 的 8×55SWS+IWR 的钢丝绳，钢丝绳两端设套筒式热铸锚，锚固于钢桁架的上弦杆上。

(4) 索鞍

索鞍采用铸焊组合结构，主索鞍由鞍头和鞍身组成，两者组焊为一体。为减轻顶推摩阻力，鞍体下设聚四氟乙烯滑板以适应施工中的相对位移量，吉首岸塔顶预偏量为 1 000mm，茶洞岸塔顶预偏量为 373mm。主索鞍分两半制造，吊装后用高强螺栓联为一体。吉首岸边跨背索锚固于鞍顶的锚梁上。

散索鞍鞍体采用铸焊结合的结构，鞍槽由铸钢铸造，鞍体由钢板焊成。

2) 加劲梁

钢桁加劲梁包括钢桁架和桥面系 (图 4)。钢桁架由主桁架、主横桁架、上下平联及抗风稳定板组成。主桁架为带竖腹杆的华伦式结构，由上弦杆、下弦杆、竖腹杆和斜腹杆组成。上弦杆、下弦杆采用箱形截面，腹杆除支座处采用箱形外，其余均采用工字形。主桁高 7.5m，宽 27m，一个标准节段长度 14.5m(由 2 个 7.25m 的节间组成)，在每节间处设置一道主横桁架。

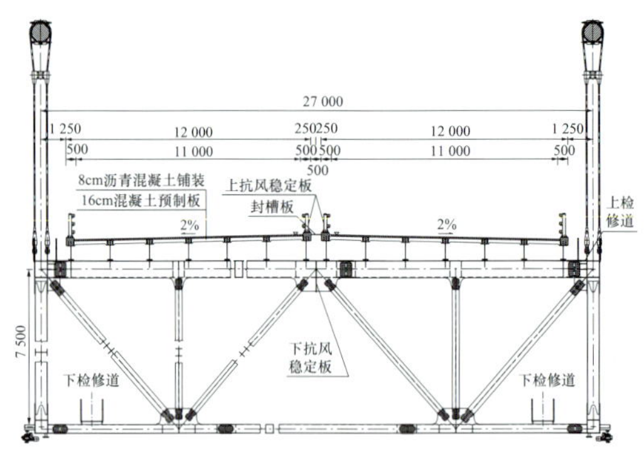

图 4　钢桁加劲梁 (尺寸单位：mm)

主横桁架采用单层桁架结构，由上、下横梁及竖、直腹杆组成，其中上下横梁采用箱形截面，腹杆采用工字形截面。上、下平联采用 K 形体系、箱形截面。

根据风洞试验结果，在桥面系上、下分别布置纵向抗风稳定板。

桥面系采用纵向工字梁与混凝土桥面板的钢－混组合结构，简支在主桁横梁的上弦杆上，理论跨径 7.25m，纵梁两端设置横隔梁。

桥面板采用预制钢筋混凝土板，板长 7.21m、宽 1.62m、厚 0.16m。桥面板通过接缝处纵梁上的剪力钉与纵梁相结合。

钢桁加劲梁采用从桥两端往跨中施工。全桥共 69 个节段，跨中设一合龙节段。主横桁架每片作为一个架设节段，全桥共 139 个节段。除端部两个节段主桁架、主横桁架采用单根杆件架设外，其余均采用平面构架法施工，上下平联和下抗风稳定板采用单根杆件拼装。

根据节段钢桁加劲梁施工受力情况，主桁架的上弦杆在架设过程中，局部位置设置临时铰，全桥共设置 6 对临时铰，临时铰待全桥二期恒载铺装完毕后取消改为刚接。

3) 索塔

索塔采用双柱式门框架结构，吉首岸索塔 (图 5) 由扩大基础、塔座、塔柱 (上塔柱壁厚 0.8m、中塔柱壁厚 1.0m、下塔柱壁厚 1.2m）和横梁（上横梁、中横梁）组成。索塔高 129.316m，塔柱横桥向由上至下向外倾斜，塔柱设上、中两道横梁，塔柱底设塔座落在分离式扩大基础上。扩大基础为 C30 钢筋混凝土，塔座、塔柱为 C55 钢筋混凝土结构，上、下横梁为 C55 预应力混凝土结构。

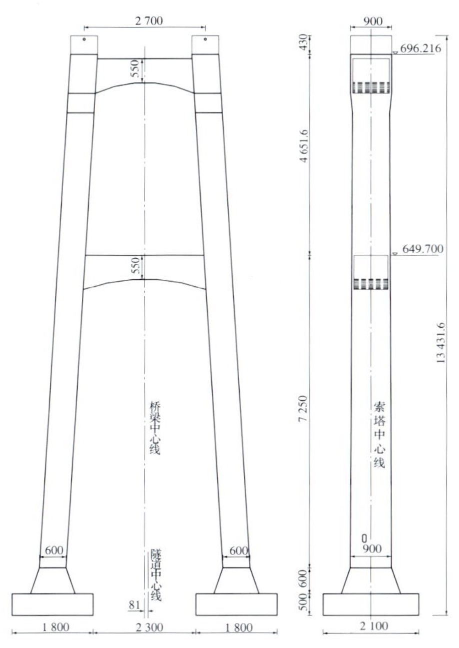

图 5　吉首岸索塔（尺寸单位：cm）

茶洞岸索塔由扩大基础、塔座、塔柱（上塔柱壁厚 1.0m、下塔柱壁厚 1.2m）和上横梁组成。索塔高 61.924m，塔柱竖直。

吉首岸桥塔扩大基础基底绝大部分位于弱风化层上。根据开挖揭示情况对基础下的弱风化岩层采用钻孔压浆加固或回填垫层混凝土，确保地基承载力。

4）锚碇

吉首岸采用重力式隧道锚碇，锚体分锚块、散索鞍支墩及基础、前锚室、后锚室四部分。其中锚块承受预应力锚固系统传递的主缆索股拉力，散索鞍支墩承受由散索鞍传递的主缆压力，前锚室、散索鞍支墩及锚块形成一个完整的三杆件人字状构造的空间受力构件。基础平面尺寸为 70m × 46m，高 6.5～29.5m；锚室高 29m，分离布置；锚块和散索鞍支墩基础分四块进行浇筑，各块之间设 2m 后浇段采用微膨胀混凝土。

3. 主要技术特点和创新点

大桥跨越峡谷，开展了抗风、抗震、施工方案、山体稳定、隧道式锚碇等十余项专题研究和科研试验，为桥位、桥型及其和施工方案的选择提供了科学依据。

（1）茶洞岸索塔、锚碇、隧道位于同一山体，结构复杂；鉴于地形、地质复杂条件，主跨主缆两端各约 100m 范围内无吊索布置，为克服由此带来的对吊索应力幅、主缆刚度及折角、钢桁端部应力等的不利影响，首次在悬索桥上设置锚固于基岩的吊索。

（2）桥为查明塔基及锚碇场地岩溶的发育状况，进行了平洞开挖、大型岩体原位测试和声波测试、塔基和锚碇处钻孔内电磁波 CT 扫描，在地面采用高密度电法和地震反射波法、瞬变电磁法物探，为桥梁基础设计提供了详细资料。

（3）开展了风洞试验、结构动力特性分析以及钢桁梁高度对整体动力特性影响研究。为提高大桥抗风稳定性，采用的气动稳定措施为：1m 高下稳定板 +1m 高上稳定板 + 桥面封槽板（上稳定板与中央防撞栏结合成整体）。经过风洞试验，多种风攻角工况下的颤振临界风速均高于颤振检验风速 51.5m/s。

（4）桥址处的峡谷效应在桥址处形成独特的风环境，风速比周围开阔地带明显偏大；大桥主桥两端连接隧道，车辆从隧道驶出时受急剧变化的剪切风速，故在两端自隧道口向主桥方向延伸的 100m 范围内均设置高度为 4～0m 的风障（分段渐变），保证车辆从隧道驶出后不会经历剧烈变化的横风作用，改善行车安全。

广州珠江黄埔大桥

相关资料

>> 桥　　名：广州珠江黄埔大桥南汊桥
桥　　型：单跨钢箱梁悬索桥
跨　　径：1 108m
>> 建设单位：广州市珠江黄埔大桥建设有限公司
>> 设计单位：中交公路规划设计院有限公司
>> 施工单位：广东省长大公路工程有限公司
中铁宝桥股份有限公司
江苏法尔胜新日制铁缆索有限公司

>> 混凝土用量：232 400m³
钢 材 用 量：29 150t
造　　价：16.2 亿元
建 成 日 期：2008 年 10 月

>> 桥　　名：广州珠江黄埔大桥北汊桥
桥　　型：独塔双索面四孔连续钢箱梁斜拉桥
跨　　径：383m+197m
>> 建设单位：广州珠江黄埔大桥建设有限公司
>> 设计单位：中交第一公路勘察设计研究院有限公司
>> 施工单位：中铁大桥局集团有限公司
中铁宝桥股份有限公司
江苏法尔胜新日制铁缆索有限公司

>> 混凝土用量：29 743m³
钢 材 用 量：15 559.6t
造　　价：5.6 亿元
建 成 日 期：2008 年 10 月

图 1　珠江黄埔大桥全景效果

1. 概况

广州珠江黄埔大桥位于广州市东部，在广州菠萝庙船厂北侧跨越珠江至广州市番禺区化龙镇。南汊主航道主桥为主跨 1 108m 悬索桥，北汊副航道桥主桥为主跨 383m+197m 独塔斜拉桥（图 1）。

南汊桥位处珠江江面宽 1 400m。潮汐为不规则半日潮，涨潮最大潮差 7.44m，落潮最大潮差 2.93m。平均最大流速 0.76m/s。覆盖层厚 20～28m，基岩为花岗混合岩。北汊江面宽 300～500m，水深 5～8m。

桥址处属亚热带季风气候，历史上自宝安登陆的台风达 12 级以上。设计基本风速 38.4m/s。

该桥为六车道高速公路（远期八车道）特大桥，设计速度 100km/h；通航标准：南汊桥 469m×60m；北汊桥净宽不小于 280m，净高不小于 55m。船舶的撞击力：南汊桥为横桥向 50 000kN，顺水方向 25 000kN；北汊桥为横桥方向 18 000kN，顺挤向方向 9 000kN。地震基本烈度Ⅶ度。

2. 南汊桥

1）主桥结构

南汊桥全长 1 748m，主跨为 1 108m 的单跨钢箱梁悬索桥（图 2），桥宽 34.5m（不含布索区），跨径布置为 290m+1 108m+350m=1 748m，两边跨均为跨径 62.5mPC 连续箱桥梁。

（1）索塔基础

每塔柱基础采用 16 根直径

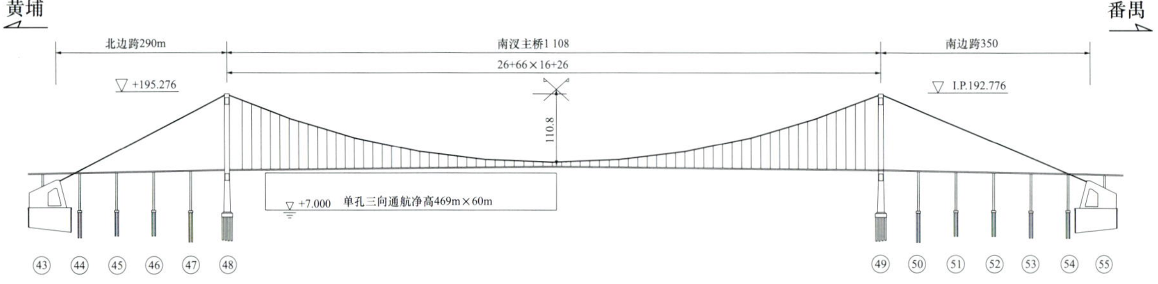

图 2　南汊主桥布置（尺寸单位：m）

2.2m 的钻孔灌注桩，桩端嵌入微风化基岩 4.4m；索塔承台及系梁呈哑铃状，承台尺寸为 19m × 19m × 6m，由 8m × 28.412m 的系梁将两承台连成整体，系梁与承台等高。承台采用钢板桩围堰施工（图 3）。

图 3　索塔承台施工

（2）索塔

索塔为钢筋混凝土门式结构，塔高 190.476m（图 4），设两道预应力混凝土横梁，横梁为箱形断面，仿古木榫结构。上、下横梁断面尺寸均为 5.5m × 11m，腹板及顶、底板厚度均为 1m。每索塔混凝土 25 700m^3。

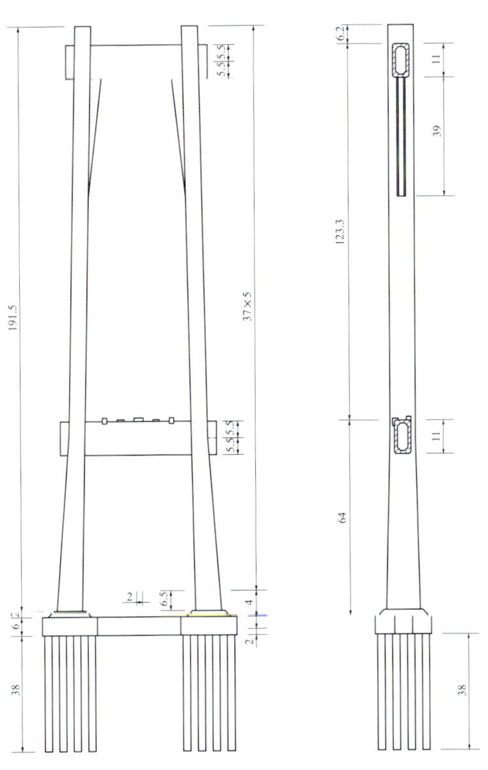

图 4　索塔（尺寸单位：m）

塔柱采用爬升模板逐段连续施工，每段高 6m；上、下横梁采用钢管支架现浇施工（图 5、图 6），设横向预应力，钢束孔道采用真空辅助压浆工艺。

（3）锚碇及其基础

锚碇为重力式，分为基础、锚体、锚固系统三部分。基础为圆形钢筋混凝土实体重力式。锚体为空间受力结构，包括锚块、散索鞍支墩、底板、前锚室以及后锚室等（图 7）。

图 5　施工中的下横梁支架

图 6　上横梁支架

锚碇基础采用圆形地连墙与内衬作为基坑开挖的支护结构。地连墙为外径 73m、壁厚为 1.2m 的圆形钢筋混凝土结构。基坑分层取土，分层施工内衬（图 8）。

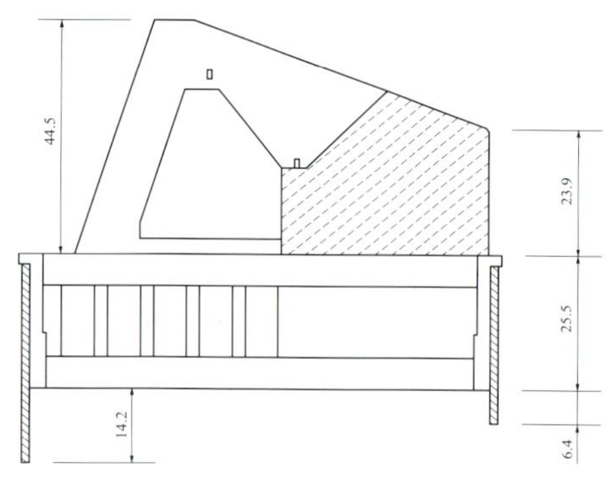

图7　锚碇结构（尺寸单位：m）

图9　施工中的锚体

图8　锚碇基坑开挖施工

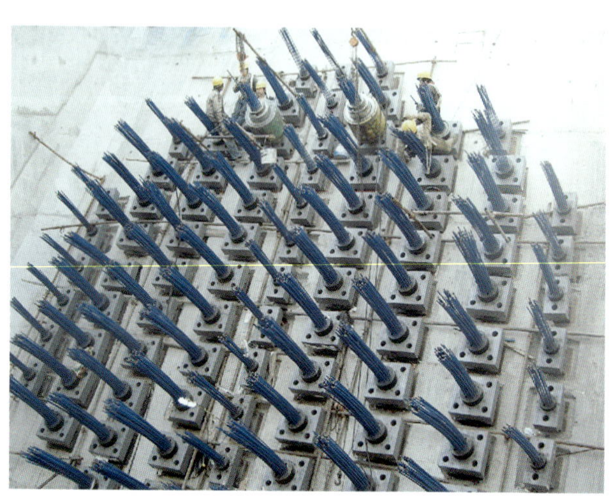

图10　锚固系统预应力

锚体结构通过钢筋与锚碇基础顶板连接成整体（图9），单个锚碇基础混凝土103 281m^3，锚体结构混凝土53 694m^3，钢筋1 652t。锚块、散索鞍支墩顶部实心段及底板均为大体积混凝土结构，为减小温度应力，防止裂缝，采用低水化热水泥和对集料进行预冷，锚块、散索鞍支墩顶部实心段采用分层浇筑、冷却水管降温。

锚碇锚固为前锚式预应力钢绞线锚固系统，由索股锚固连接构造和预应力钢束锚固构造组成。索股锚固连接构造由拉杆及其组件、连接器组成。锚固构造由预应力钢绞线及锚具、防腐油脂、锚头防护帽等组成，钢绞线采用环氧树脂钢绞线（图10）。

（4）主索鞍

主索鞍采用铸焊混合结构，鞍槽用铸钢件，底座由钢板焊成。鞍体下设不锈钢板—聚四氟乙烯板滑动副，以适应顺桥向顶推索鞍。鞍体纵向分为两半，两个单元件吊至塔顶后用高强螺栓连接，1/2主索鞍鞍体吊装重量约50t。散索鞍为转铰式，上部鞍体为铸焊混合结构，鞍槽为铸钢件，下部鞍体为钢板焊接件，鞍体吊重69t。索鞍安装采用钢悬臂门架与卷扬机滑车组吊装及横梁负重滑移的方式。

（5）猫道和牵引系统

猫道分上下游两幅，分别布设在主缆正下方，由8根直径56mm钢丝绳作为承重绳，其上敷设粗、细钢丝网、防滑木条、型钢横梁、栏杆及扶手绳。左右幅猫道之间有横向通道（中跨7条，两边跨各1条）。牵引系统采用双线往复式（图11）。

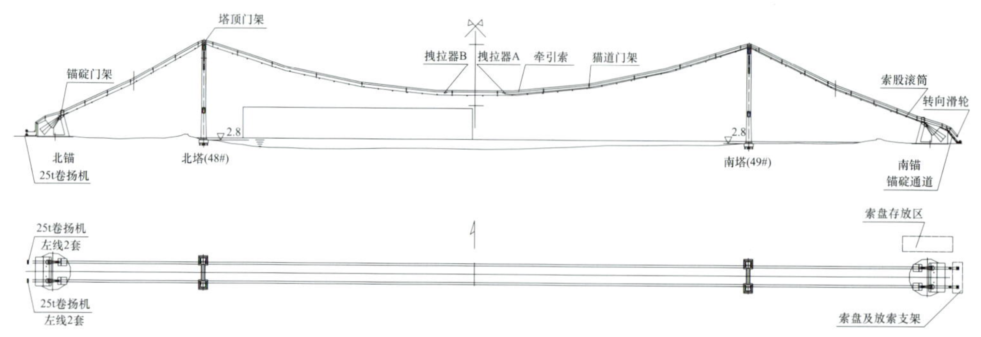

图11　猫道

（6）主缆及吊索

主缆由五部分组成，由北往南依次为：北锚、北边跨、中跨、南边跨、南锚。成桥状态跨径 290m+1 108m+350m。主缆垂跨比：北边跨 1/149.070，中跨 1/10，南边跨 1/130.504。桥塔侧吊索距桥塔中心 16.40m，其余吊索水平间距 12.80m。

主缆采用预制平行钢丝索股（PPWS）。每根主缆有通长索股 147 股，北边跨增设 6 根背索，南边跨增设 2 根背索。每根索股由 127 根直径为 5.20mm、公称抗拉强度 1 670MPa 的高强度镀锌钢丝组成。主缆在索夹外的直径：北边跨为 805.4mm，中跨为 789.4mm，南边跨为 794.8mm。

全桥中跨有吊索索夹 85 对，无吊索索夹 2 对。吊索采用直径 56mm 钢丝绳吊索，公称抗拉强度为 1 770MPa。吊索与索夹为骑跨式连接，与钢箱梁为销铰接。

（7）加劲钢箱梁

加劲梁采用全焊接扁平钢箱梁（图 12）。梁高（中心线处）3.5m，总宽度 41.69m。全桥共有 87 个梁段，标准梁段长 12.8m，最大吊装节段重 230t。本桥在桥塔处设抗风支座、竖向支座及纵向阻尼器。

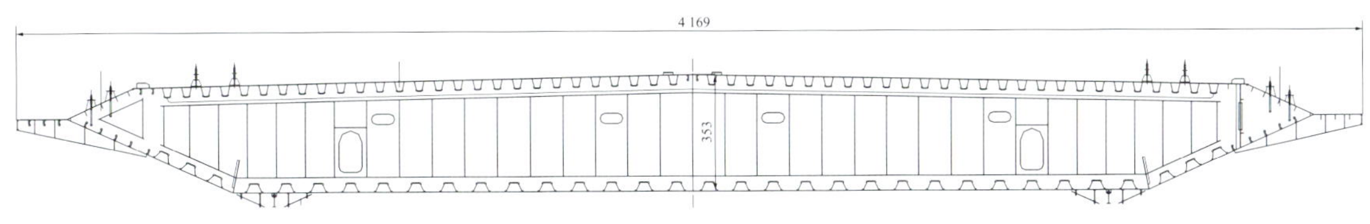

图 12　钢箱梁（尺寸单位：cm）

钢箱梁于工厂分节制造，分节运输、拼装，工地整体拼焊。钢箱梁吊装采用卷扬机提升跨缆吊机，首先自中跨跨中向南北塔对称逐梁段吊装 77 段至合龙段前，然后自两塔端向跨中逐梁段吊装 4 段至合龙段前，最终吊装 2 个合龙段。

2）主要技术特点

（1）地连墙具有墙体深、厚度大、需嵌岩等技术特点，采用“铣接头”处理槽段接缝，达到无止水帷幕、无坑外排水，缩短了工期，节约了成本。

（2）锚碇基础及锚体结构多为大体积混凝土，在底板及填芯段采用无冷却水管工艺施工。

（3）锚碇锚固系统预应力钢束采用环氧树脂钢绞线，表面喷涂防腐保护层及预应力管道内灌注防腐油脂的双重防腐。预应力钢束在桥梁运营期间可更换。

（4）门型索塔高 190.476m，在上塔柱上部设有加劲雀替段。上横梁现浇支架高 110m，属超高支架，施工难度大。

（5）猫道采用无抗风式三跨连续结构，施工方便；主缆采用单线往复式牵引系统架设，保证了质量，缩短了工期。

（6）近塔无吊索区钢箱吊装采用增设临时吊索荡摆施工法，节省施工成本。

3. 北汉桥

1）主桥结构

北汉桥全长 2467.5m，主桥为独塔双索面四孔连续钢箱梁斜拉桥（图 13），桥宽 34.5m，斜拉桥部分宽（含风嘴和锚索区）。采用半飘浮体系，桥跨布置

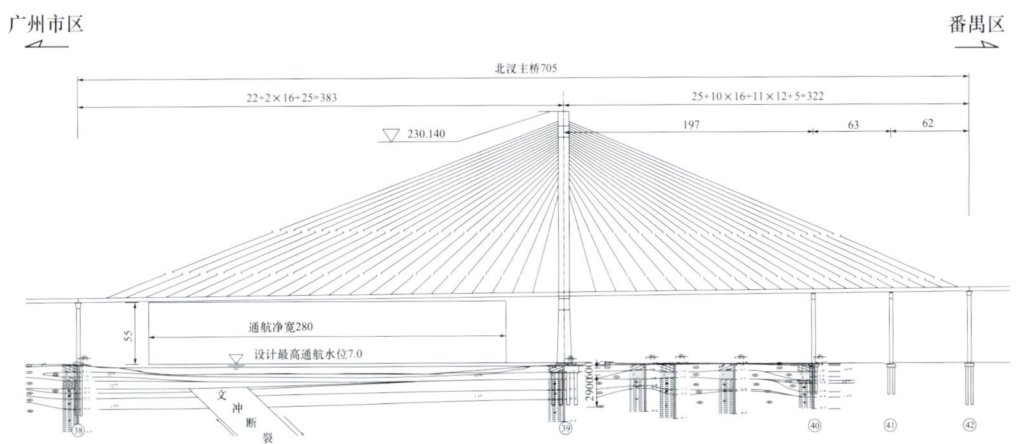

图 13　北汉主桥布置（尺寸单位：m）

为 383m+197m+ 63m+62m=705m，边跨设两个辅助墩。斜拉索索距按扇面布置，扇面由 22 对斜拉索组成。为克服过渡墩和辅助墩负反力，在锚跨设置 3 092t 压重。为保证施工过程中的抗风安全，在边跨距塔 121m 处设置临时墩一个。桥面铺装采用 6cm 环氧沥青混凝土。

（1）索塔基础

在承台顶设置 2.0m 厚的塔座，顶部平面尺寸 9m×11.5m，底部 15m×17m。索塔基础采用钢板桩围堰。每个承台平面尺寸 19m×19m，厚度 6m，封底混凝土厚 2m。系梁高 6m，宽 8m。

基础采用钻孔灌注桩，每塔柱下为 16 根直径 2.5m 的钻孔桩（嵌岩桩），桩长 35m，桩基嵌入弱风化及微风化基岩不小于 12m。在系梁下设置两根直径 2.0m 的钻孔灌注桩（摩擦桩）。承台、系梁和基桩 C30 混凝土共 11 324m^3。

（2）索塔

索塔采用仿古门式钢筋混凝土结构（图 14），塔高 226.14m（桥面以上

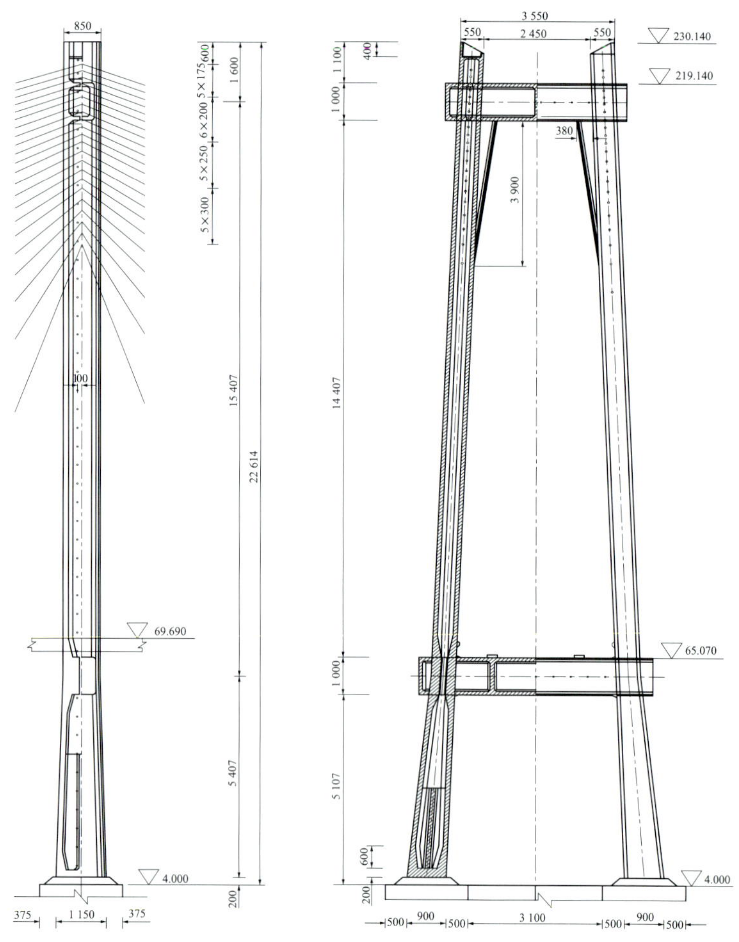

图 14　索塔构造（尺寸单位：cm）

160.45m）。塔柱横桥向倾斜，顺桥向为竖直，为矩形空心截面，其外廓尺寸：上塔柱 5.5m×8.5m，下塔柱 5.5m×(8.5～11.5m)。塔柱上、下两道横梁为预应力混凝土箱形，高 10m，壁厚 1m。为了美观与协调，横梁在塔柱外侧设置了 3m 长的悬臂，端部设 1m 宽的隔板。上横梁宽 8m；下横梁宽 7 米，内设两道 1m 宽的横隔板，其位置与主梁永久支座对应。

下塔柱在承台顶面 26m 范围内采用田字形断面，提高塔柱的防撞能力。索塔 C50 混凝土共 17 627m^3。索塔下横梁设两个竖向支座、两个横向抗风支座，纵向设两对弹性限位索。

为平衡斜拉索对塔壁的水平分力，上塔柱采用环向预应力，做了 1∶1 足尺节段模型试验。

塔柱采用爬升模板逐段连续施工。为控制自重引起的塔柱水平位移，在塔柱施工中设水平支撑（图 15）。

图 15　索塔施工

（3）主梁

主梁采用单箱三室扁平流线形栓焊钢箱梁，设 4 道纵腹板。箱梁高 3.5m，全宽（含风嘴）41m。标准段顶板厚 16mm，底板厚 12mm，在支座附近顶、底板均加厚至 20mm（图 16）。

全桥钢箱梁共 49 个梁段，分索塔区、辅助墩顶、无索区、标准段及边、中跨合龙段六种。标准梁段长度 16m，边跨有部分梁段长 12m，边跨合龙段长 14.8m，主跨合龙段长 6.4m。横隔板采用板式，

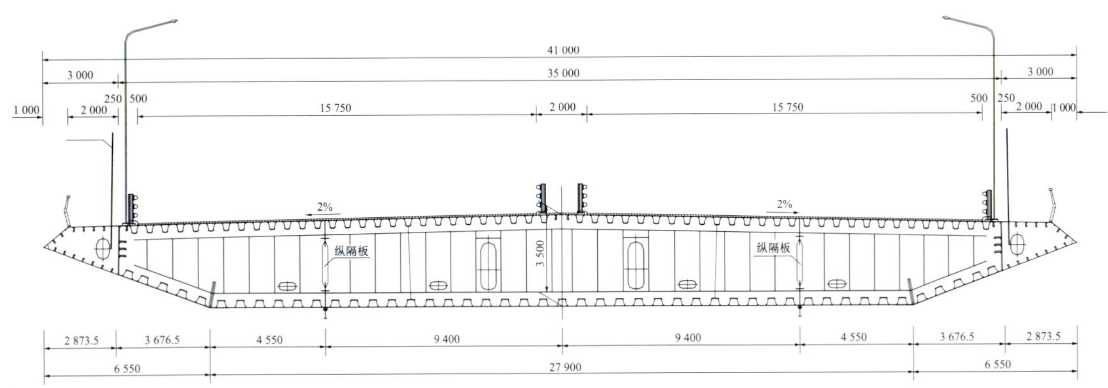

图 16　钢箱梁（尺寸单位：mm）

标准梁段间距为 3.2m 和 3.0m。纵隔板有桁架式和板式两种，标准梁段采用桁架式，在有竖向支座区段（辅助墩、过渡墩、索塔处）采用板式。

钢箱梁主体部分的钢材采用 Q345C，风嘴采用 Q235C。拉索钢锚箱与钢箱梁的腹板焊成一体。

为检修和养护钢主梁，在钢箱梁下设置相应的检修车。

（4）斜拉索

斜拉索在主梁上的标准索距 16m，边跨部分索距 10m。采用 6 种类型的斜拉索，张拉端设在索塔内，下端锚固在主梁的钢锚箱上。

斜拉索在主梁侧设外置粘性剪切阻尼器防风雨振。

在索塔处设水平弹性索，每侧 2 对，一端锚固在主梁上，一端锚固在下横梁的支座垫石上。

（5）主梁架设

索塔区、辅助墩顶、过渡墩顶梁段采用托架安装，其余梁段采用桥面吊机进行吊装。

2）主要技术特点和创新点

独塔斜拉桥主跨达 383m，为国内同类桥梁之首。

北汉桥与南汉桥共三座仿古门式塔将斜拉桥的刚劲和悬索桥的柔美和谐地统一。

相关资料

» 桥　　名：贵州坝陵河大桥
桥　　型：单跨钢桁梁悬索桥
跨　　径：1 088m
» 建设单位：贵州高速公路开发总公司
» 设计单位：中交公路规划设计院有限公司
» 施工单位：贵州省桥梁工程总公司
中交第二航务工程局有限公司
上海浦江缆索股份有限公司

» 混凝土用量：250 000m^3
钢材用量：65 000t
造　　价：13.2 亿元
建成日期：2009 年底

贵州坝陵河大桥

图 1　坝陵河大桥全景效果

1. 概况

坝陵河大桥位于贵州省关岭县境内，是沪瑞国道主干线贵州省镇宁至胜境关跨越坝陵河大峡谷的一座特大型桥梁，主桥主跨采用1088m 单距钢桁梁悬索桥（图 1）。

坝陵河峡谷两岸地势陡峭，地形变化急剧、起伏大，河谷深切达 400～600m，桥面距谷底约 370m。

该桥距黄果树风景区 7km，由于受安庄断层和关岭县城以西的上木咱断裂影响，桥位区为高差悬殊的深切河谷地形，以黄果树瀑布为典型。

桥位处属亚热带季风气候，四季分明，具有春干夏雨秋爽的气候特点。年平均降水量 1 160～1 400mm，雨量集中在 5～10 月份，无霜期 280 天。

该桥为双向四车道高速公路特大桥，设计速度 80km/h；地震基本烈度Ⅵ度，按Ⅶ度设防。设计基本风速 25.9m/s，河内水少，无法通航。

2. 主桥结构

主桥主跨为 1 088m 的双塔单跨钢桁架悬索桥，跨径组成为 268m+ 1 088m+228m（图 2）。全桥为非对

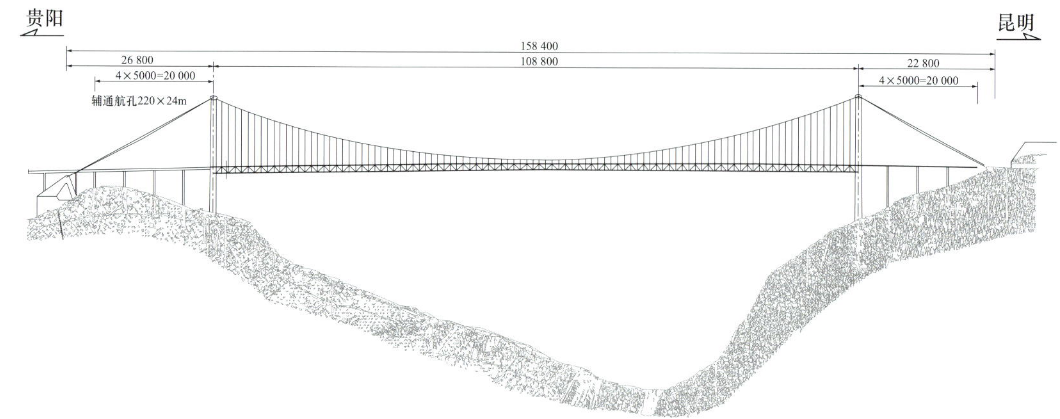

图 2　桥型布置（尺寸单位：cm）

称双向纵坡，2.2% 接 -1.0%，曲线半径 34 000m，变坡点在主跨中央。

1）锚碇（图 3）

东锚碇采用重力式框架锚，基础置于弱风化岩层。锚碇由锚块、前支墩基础、前锚室、前支墩组成，锚固段长度 25m，锚体尺寸 71m × 45.5m，高 71m。

西岸锚碇采用隧道式。锚塞体置于弱、微风化岩层且穿过浅表岩溶发育带，基底置于地表以下 50m 左右。隧道锚分左、右隧洞，洞轴长 74.34m，其中前锚室长 31.34m，锚塞体长 40m，后锚室长 3m。单洞洞口断面尺寸为 10m × 10.8m、洞底断面尺寸为 21m × 25m，左右洞间最小净距 7m。隧道锚轴线倾斜度为 45°，底面与水平面倾角 52°，系典型大断面、小间距、陡倾角隧道锚。

锚碇锚固系统采用前锚式预应力锚固系统。为减小锚块尺寸，主缆索股采用单、双股混合锚固方式。

西锚碇

东锚碇

图 3　锚碇

2）索塔及基础

索塔采用门式框架结构，塔柱为单箱单室箱形截面，横梁为预应力混凝土结构，上横梁高 10m，宽为 7.5m，壁厚 0.9m；下横梁高 10m，宽 9m，壁厚 1.0m。东塔高 185.788m，西塔高 201.316m。东、西索塔基础均采用 32 根直径 2.5m 的群桩。其中，东塔桩基每桩根长 60m；西塔桩基左侧平均桩长 31m，右侧平均桩长 41m。桩基均采用人工挖孔施工。东、西索塔塔柱均采用液压爬模施工，混凝土浇筑节段分别为 4.5m 与 4.95m，横梁与塔柱采取异步施工法（图 4）。

3）缆索系统

全桥两根主缆，主缆矢跨比为 1/10.3，横向间距 28.0m。主缆由预制高强度镀锌平行钢丝索股（PPWS）组成，每根索股为 91 根 ϕ5.2mm 钢丝。中跨主缆索股

图 4　索塔

为 208 股，边跨主缆索股为 216 股。主缆直径：边跨为 810mm，中跨为 795mm。单根通长索股长 1 727.497m，重 26.2t。

吊索上端采用骑跨索夹形式，下端与加劲梁为销铰连接。吊索间距为 10.8m，全桥加劲梁共 99 × 2=198 处吊点，每吊点为 2 根吊索。

为抵抗地震、汽车制动力和风荷载等引起的纵桥向的位移，在跨中设置 3 对柔性中央扣。

4）钢桁加劲梁

钢加劲桁梁宽 28.0m，高 10.0m，节间长度 10.8m（图 5），主体结构采用低合金结构钢。加劲梁采用正交异性钢桥面板，板厚 16mm，其下由 8 个倒 T 形纵梁支承在加劲桁架的上横梁上。紧急停车带板厚 14mm，检修道桥面板厚 8mm。

图 5　钢桁加劲梁

3．关键技术和创新

（1）主跨 1 088m 单跨简支钢桁梁、悬索桥，钢桁梁桥采用正交异性钢桥面板，为国内首例。

（2）斯特地区采用大型隧道锚为国内首例。钻孔间以电磁波 CT 技术查清基础岩溶发育情况；针对隧道锚的受力特点，在隧道锚的原位沿散索中心进行了斜硐勘察，斜硐进尺最大86m；进行了隧道锚两组1/20和1/30的现场缩尺模型试验，推断隧道锚的围岩参数指标和总体安全度。

（3）西岸隧道锚隧洞总长 74.34m，轴线倾角 45°，后锚室左、右隧洞最小间距 7m，规模为世界首例。

（4）钢桁梁拟采用桥面吊机安装，桁片架设自索塔向跨中进行，“化整为零，集零为整”。为保证施工中钢桁梁的受力安全，采用带铰逐次刚结法安装上部结构。采用结合桥面轨道运输平车和桥面全回转吊机的施工架设方案为国内悬索桥首例。

（5）主塔采用机制砂 C50 混凝土及混凝土的输送高度近 200m，系当前国内首次。

（6）国内率先开展对山区大峡谷风场的“狭管效应”进行桥位风参数研究；

（7）为提高桥梁颤振稳定性，在下检修道位置设置了气动翼板抗风措施，为世界上首次运用。

（8）对比研究了阻尼器和中央扣的两种纵向约束系统的优缺点，通过对结构受力、经济合理性和方便检修等方面的综合比较，国内首次在悬索桥上采用柔性中央扣作为纵向约束系统。

泰州长江大桥

图1 泰州大桥全景效果

相关资料

» 桥　　名：泰州长江大桥
桥　　型：三塔两跨钢箱梁悬索桥
跨　　径：2×1 080m
» 设计单位：江苏省交通规划设计院有限公司
中铁大桥勘测设计院有限公司
同济大学建筑设计研究院
» 施工单位：中交第二公路工程局有限公司
中交第二航务工程局有限公司
江苏省交通工程集团有限公司
中铁大桥局集团有限公司

» 混凝土用量：430 580m^3
钢材用量：94 510t
造　　价：30.3亿
建成日期：预计2013年5月

1. 概况

泰州长江大桥位于江苏省长江中段，上游距润扬大桥66km，下游距江阴大桥57km，北接泰州市，南连镇江、常州两市。主桥主跨采用2×1 080m三塔两跨钢箱悬索桥(图1)。

桥位所在河段河流平面形态呈微弯，河宽相对上下游稍窄，是下游心滩的分流区。河床断面形态自上而下由偏右侧较深的“V”形，转为宽浅类的“W”形，床面冲淤主要在泰州侧。桥位位于高港汽渡下游，河宽约2.1 km，深槽靠近扬中侧（南岸），水深约30m，江中心水深约17m。扬中河段两岸为长江中下游冲积平原，土质松软，覆盖层厚，基岩埋藏一般在－190m以下。

大桥标准宽度33.0m，车辆荷载等级为公路—I级，设计速度为100km/h，设计基本风速31.83m/s，地震基本烈度为Ⅶ度。通航净空主航道760m（宽）×50（高），副航道220m（宽）×24（高），防撞标准按50 000t级船舶考虑。

2. 主桥结构

主桥采用主跨2×1 080m三塔两跨连续钢箱梁悬索桥，跨径布置为390m+2×1 080m+390m（图2）。中塔与边塔高程相差20m，两根主缆横向中心距为34.8m，主缆矢跨比采用1/9。主梁在中塔处设竖向限位挡块，不设竖向支座，纵向设弹性索约束，横向设抗风支座；主梁在边塔处设竖向支座，横向设抗风支座。

（1）缆索系统

主缆采用预制平行钢丝索股，每股由91根直径为5.2mm镀锌高强钢丝组成，钢丝标准抗拉强度1 670MPa，单根索股无应力长约3 100m，重47t。每根主缆由169根索股组成。主缆在索夹内空隙率18%，索夹外20%。主缆钢丝与鞍槽之间摩擦系数μ=0.2。主缆强度安全系数K≥2.5。主缆钢丝在鞍座槽内抗滑安全系数K≥2.0。

吊索采用销接式，吊索上端通

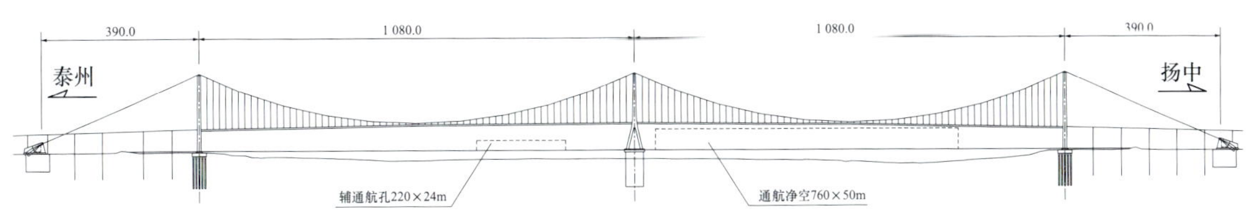

图2 主跨2×1 080m三塔悬索桥（尺寸单位：m）

过叉形耳板与索夹连接，下端通过叉形耳板与钢箱梁上的锚板连接。吊索采用预制平行钢丝束，钢丝采用 ϕ5.0mm 镀锌高强钢丝，钢丝标准抗拉强度 1 670MPa。

（2）加劲梁

加劲梁采用全焊扁平流线型封闭钢箱梁（图 3），单箱三室，两边室为风嘴兼检修道，宽 1.75m，加劲梁全宽为 39.1m，梁中心线处梁高 3.5m。标准梁段长度与吊索间距相同，均为 16m。全桥共划分 136 个制造梁段，标准梁段 128 个，特殊梁段 8 个。梁段之间采用全断面焊接方式，梁段接缝位置放在距横隔板 0.5m

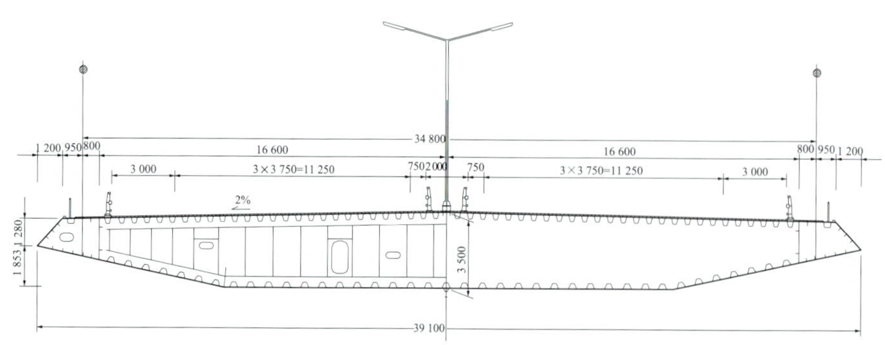

图 3　主梁横断面（尺寸单位：mm）

处。箱梁采用 Q345D 钢，吊索锚箱耳板等采用 Q370D 钢，全桥钢梁总重 33 600t。钢箱梁桥面板为正交异性板，顶板厚 14mm，局部厚 16mm，U 形肋厚 6mm，局部 8mm，横隔板间距 3.2m。

吊索锚固采用耳板形式，吊索与耳板销接。耳板直接插入箱体并与其相垂直的三块承力板相焊连，承力板与直腹板焊接成箱体，中间一块承力板与横隔板位置相对应。耳板与承力板之间的焊接为双面坡口熔透焊。根据吊索索力不同，吊索锚箱分为标准梁段锚箱和特殊梁段锚箱两类。

图 4　中塔基础施工

（3）边塔

边塔采用直径 2.8m，群桩基础，承台下顺桥向布设 5 排，每排 8 到 10 根桩，共 46 根，桩长 98m（南塔）和 103m（北塔），按摩擦桩设计。承台为哑铃型，在每个塔柱下承台平面为 32.6m × 32.556m，厚度 6m。两承台之间采用 12.221 × 23.0m 系梁相连，系梁的厚度为 6m。每塔柱底与承台间设一塔座，塔座为一个棱台柱，顶面尺寸为 14m（横桥）× 16m（顺桥），底面为 18m（横桥）× 20m（顺桥向），高度为 4m。

边塔塔身为两个塔柱与两道横梁组成的门式框架结构，塔柱顶高程 180.0m，塔柱底高程 8.30m。塔柱为钢筋混凝土空心箱形结构，横梁采用预应力钢筋混凝土空心箱形结构。

（4）中塔

① 中塔基础

中塔为沉井基础（图 4、图 5）沉井顶部尺寸纵向 50.4m，横向 64.4m，承台厚度 6m。沉井标准节段平面尺寸纵向 44m，横向 58m。第一节平面尺寸较标准节段每侧加大0.2m。标准段沉井壁厚1.6m，考虑到防船舶撞击，承台底以下到 −12m沉井壁厚向外加厚到 2.6m。隔墙厚度1.2m。

钢沉井与混凝土沉井高均为 38m，总高 76m。钢沉井在平面上布置 12 个 12.8m 方形井孔，四周井孔间布设直径 0.8m 吸泥射水孔。钢沉井平面上分成 20 块，每块间用隔仓板分隔，以便于钢结构制造拼装和压水下沉时保持平衡。

② 中塔塔身

中塔采用钢结构，纵向呈人字型，塔柱高 192.0m。斜腿段倾斜度为 1 : 4。

塔柱纵向从下到上共分为三个区段，下端斜腿段、交点附近的曲线过渡段及上端直线段，直线段与斜腿段按圆曲线过渡。索塔横向为门式框架结构，两人字型塔柱间的横向中心距：在塔顶处为 34.8m，塔底处为 42.6m。设两道横梁（图 6）。

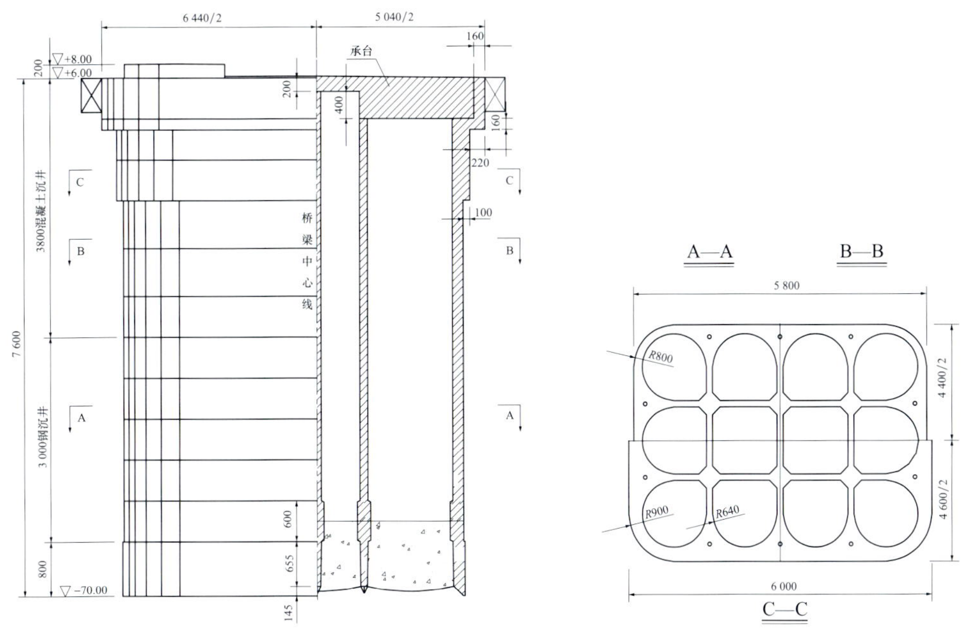

图 5　中塔沉井构造（尺寸单位：cm）

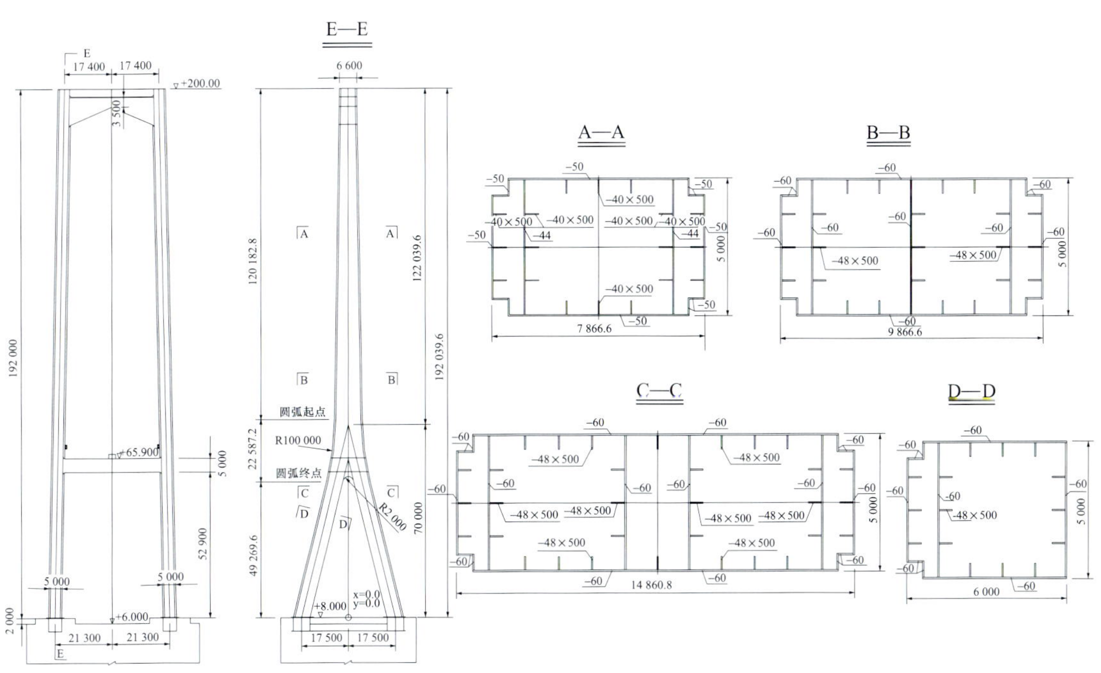

图 6　中塔塔身构造（尺寸单位：mm）

塔柱为单箱多室，由四周壁板和顺桥向的两道腹板构成，在塔顶段和斜腿交叉点以上局部范围内增设一个中腹板。为了减小塔柱截面风阻系数，改善涡振性能，把塔柱外侧角点处进行钝化。

上横梁外形为“K”形，截面呈梯形。下横梁连于塔柱曲线过渡段内，截面呈梯形。

（5）锚碇

南、北锚碇（图 7）基础沉井均为 67.9m × 52m（第一节沉井为 68.3m × 52.4m），沉井高 57m（北锚）与 41m（南锚）。北锚沉井分为 11 节，第 1 节为钢壳混凝土沉井，高 8m，第 2 至第 11 节均为钢筋混凝土沉井，除第 10 节为 4m 外，其余均为 5m。南锚分 8 节，第 1 节为钢壳混凝土沉井，高 8m，第 2 至第 8 节均为钢筋混凝土沉井，除第 7 节为 3m 外，其余均为 5m。沉井基底置于密实的粉细砂层。除底节为钢壳混凝土沉井外，其余均为普通钢筋混凝土结构，共 20 个井孔，均为现场浇筑。

锚体为大体积混凝土结构，分为 4 块，每块分层

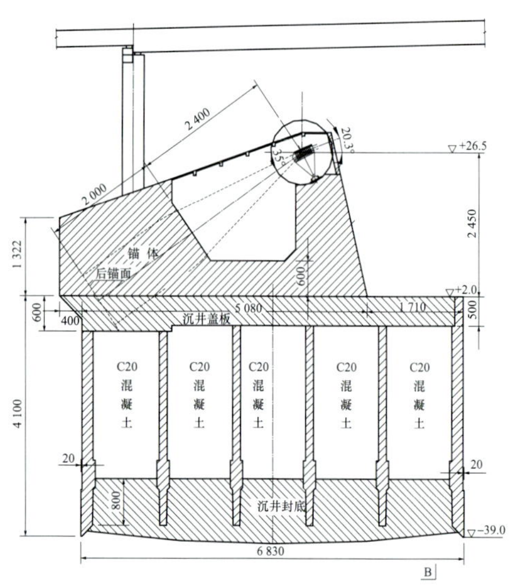

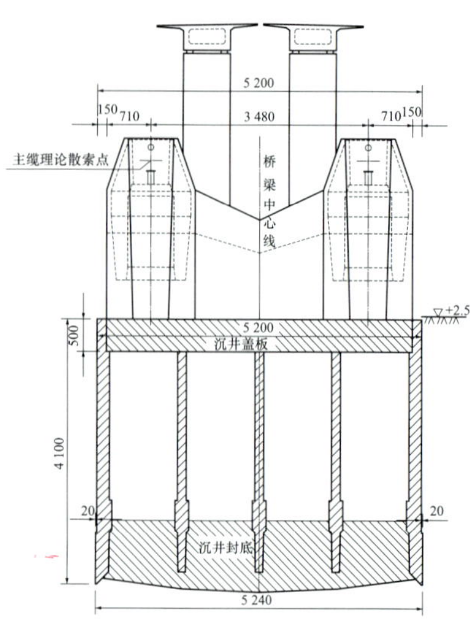

图 7　北锚碇构造（尺寸单位：cm）

浇筑，各块之间设置 2m 宽的后浇微膨胀混凝土，为防止锚体温度裂缝的发生，除要求采用低水化热水泥和对骨料进行预冷外，每层设置冷却管冷却，并在锚体表面配置 ϕ20（ϕ16）钢筋。

3. 主要技术特点和创新点

（1）大桥采用三塔悬索桥方案，是国内也是世界上首次建造千米级跨度的三塔悬索桥。

（2）首次采用纵向人字形的钢结构主塔及全桥合理的结构支承体系，解决了三塔悬索桥结构的关键技术问题。

（3）中塔的深水基础采用了浮式沉井基础形式，在长江上采用如此规模的钢壳浮运混凝土接高的沉井形式还是首次。

（4）首次采用了大节段竖向提升技术安装中主塔，减少了接头，有利于保证施工质量，节省材料用量。

宜昌长江大桥

相关资料

» 桥　　名：宜昌长江大桥
桥　　型：单跨双铰钢箱梁悬索桥
跨　　径：960m
» 设计单位：湖北省交通规划设计院
» 施工单位：四川公路桥梁建设集团有限公司
湖南路桥建设集团公司
国营武昌造船厂
上海浦江缆索股份有限公司

» 混凝土用量：127 800m^3
钢 材 用 量：24 174t
造　　价：8.9亿元
建 成 日 期：2001年9月

图1　宜昌长江大桥夜景

1. 概况

宜昌长江公路大桥（图1）是沪渝高速公路在宜昌跨越长江的一座特大型桥梁。主桥主跨采用960m单跨钢箱梁悬索桥（图2）。

桥位区长江两岸均为丘陵地形，枯水期水面宽度约960m，常年平均水深8.7m，设计流量91 000m^3/s，设计洪水频率1/300。桥位区多年平均降雨量为1 155.2mm，年平均降雨日121天，平均相对湿度78%。基岩为钙泥质及泥钙质胶结砾岩。

该桥为主跨960m单跨双铰钢箱加劲梁悬索桥，双向四车道，桥宽30m。设计荷载为汽车—超20级，挂—120；设计速度80km/h。通航标准为内河一级二类。地震基本烈度Ⅵ度，按Ⅶ度设防。

2. 主桥结构

（1）索塔

索塔为门架式（图3、图4）。承台为分离式矩形，混凝土总计4 866m^3。每承台设8根直径2.5m的挖孔桩，南、北塔桩长分别为27m和14.6m。

承台以上南塔高142.227m，北塔高112.415m，有上、中、下三道横梁。塔柱为箱形结构，壁厚0.8～1.1m，塔顶顺桥向柱顶宽6m，其下按100/1斜率渐变，横桥向宽5m。

塔柱外模均采用整体大块钢模板，每次浇筑高度为4～4.5m；横梁采用大直径钢管桩支撑体系和预埋牛腿搭设支架现浇。

（2）主梁

主梁为扁平钢箱、全焊结构（图5），全长958.2m，宽30m，中心高3m。钢箱分为三种形式计80个节段，其中：长12.06m的标准节段76节，

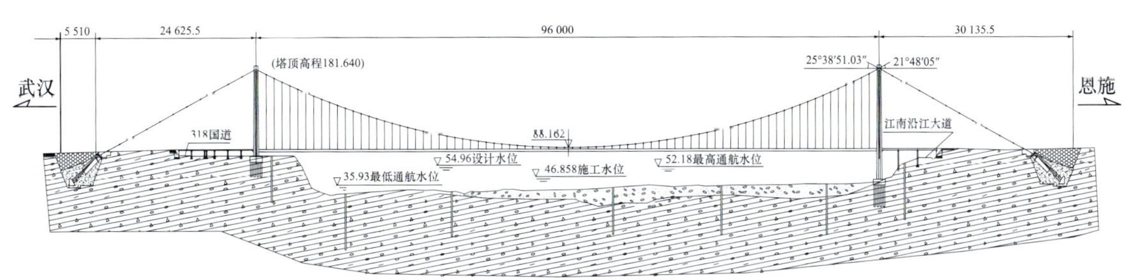

图2　主桥桥型布置（尺寸单位：cm）

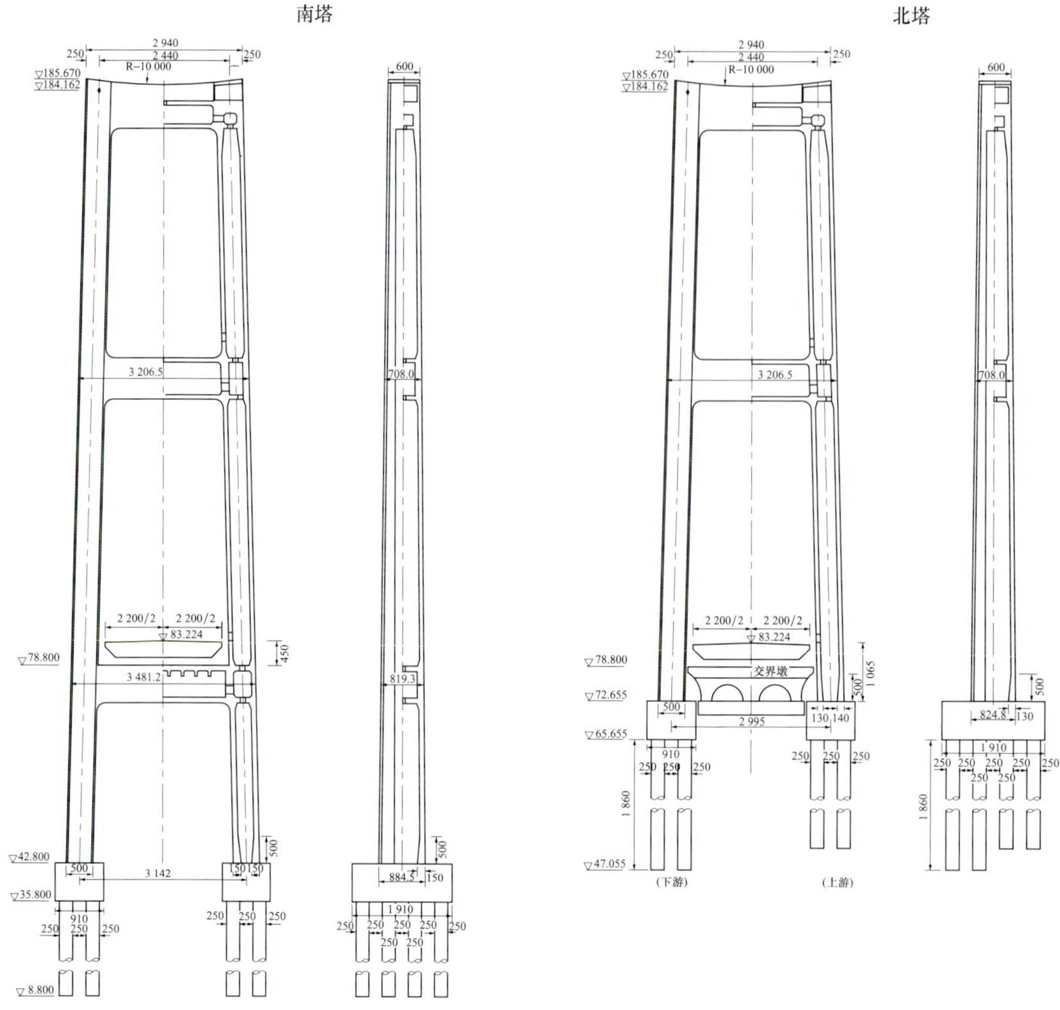

图 3　索塔（尺寸单位：cm）

图 4　封顶后的索塔

长7.332m的端节段与长13.488m的跨中节段各两节。

钢面板为正交异性板，U 形加劲肋。顶板厚 12mm，U 形肋间距 590mm，高 280mm，厚 6mm；上斜腹板板厚 12mm，设 3 道 16a 球扁钢纵向加劲肋；底板及下斜腹板厚 10mm，设间距 400mm 的 16a 球扁钢纵向加劲肋；主梁横隔板标准间距 4.02m 厚 10.8mm，在两道横隔板中间设有一道顶板加劲横肋（高 450mm，厚 16mm），以加强顶板的刚度，减小汽车荷载作用下的桥面板变形。

人行道悬臂梁顶板厚 12mm，其上设有间距 300mm 的 16a 球扁钢纵向加劲肋，其下设间距 2.01m 的支承横梁，板厚 12mm。

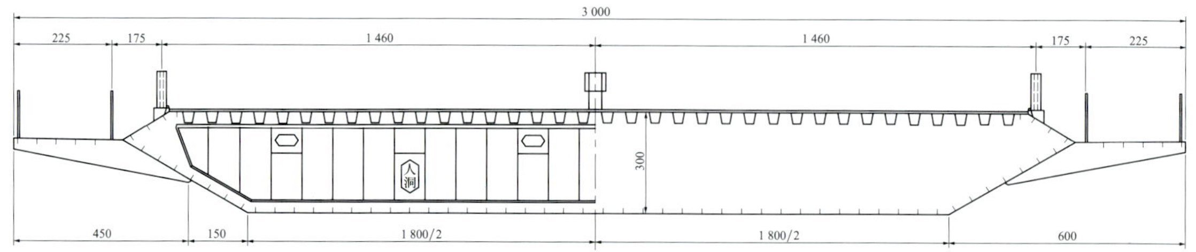

图 5　主梁（尺寸单位：cm）

钢箱梁主体结构材质为Q345-E。桥面铺装采用7cm厚的双层SMA。

钢箱梁标准节段吊装重量132.4t；端节段吊装重量118.1t，跨中节段2个，吊装重量146.6t。钢箱梁采用缆载吊机吊装，自跨中向两端对称进行。由于受地形、水位条件限制，靠近南北两岸几个梁段分别采用荡运和搭建临时栈桥平台、铺以轨道运输进行吊装。

（3）锚碇

南、北锚碇均为深埋重力式锚，长65m，宽39m，高度分别为41m和42m。锚碇基底设有一级3m高的台阶，基础底面上设置8根直径2.0m钢筋混凝土锚固桩，以增加基础的抗滑安全性。

每个锚碇混凝土采用分块分层浇筑，层高约2m，块之间用C25微膨胀混凝土连接（图6）。混凝土总计87 912m³。

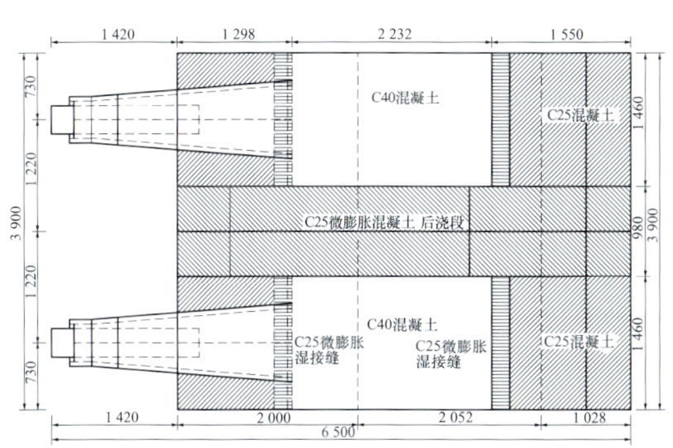

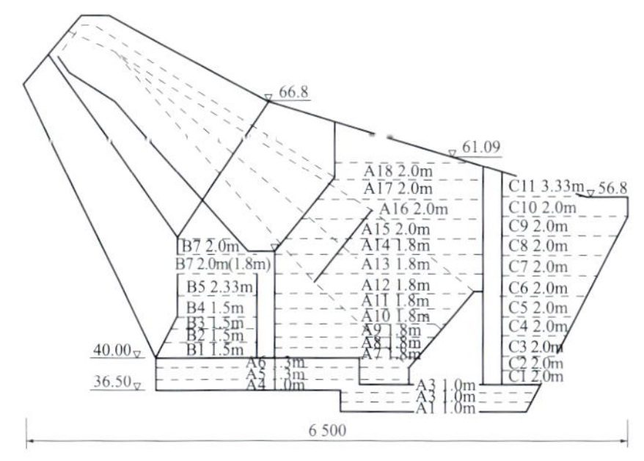

图6 锚碇分块、分层浇筑（尺寸单位：cm）

（4）缆索系统

主缆采用预制平行索股，每根主缆由104束127根直径5.1mm镀锌高强钢丝的平行钢丝组成，强度为1 600MPa。主缆架设见图7。

主索鞍和散索鞍均采用铸焊组合结构。主缆锚固系统由64孔预应力束体系组成，其中单锚为24束16根直径15.24mm钢绞线，双锚为40束31根直径15.24mm钢绞线。骑跨式吊索采用直径45mmCFRC钢丝绳。

3. 主要技术特点及创新

（1）“一跨过江”，实现了工程与周围景观的最佳协调和对通航、防洪、环境等因素影响最小。

（2）采用深埋重力式锚碇（每个锚碇混凝土4.3万立方米），采用在层间增设金属扩张网、施工全过程温度控制等综合防裂技术。

（3）采用鱼鳍型断面主梁，改善了结构受力及气动性能，节约了钢材1 090t；首次采用在钢箱梁桥面板下设横向矮肋，减小荷载作用下桥面板局部变形。

（4）针对当地温差大的特点，研究并应用双层SMA钢桥面铺装技术。

（5）吊索采用强度高、弹性模量稳定的CFRC钢丝绳，改进吊索锚头设计，锚固采用外置式锚箱结构，提高了结构安全性，箱内的密水性，方便施工和检修。

（6）猫道采取设横向天桥而不设抗风缆，提高猫道抗风稳定性，结构安全、工期短、造价低。

（7）采用预裂爆破和光面爆破技术，使国内第一高（90m）、陡锚碇基坑，（边坡率1∶0.25～1∶0.6）安全快速地开挖成功。

（8）采用ATR技术和差分三角高程测量等新技术对悬索桥进行施工全过程控制，线型高程控制精度高。

该桥获国家环保“100个最佳工程”、中国建筑工程鲁班奖、詹天佑土木工程大奖、全国优秀工程设计铜质奖。

图7 主缆架设

相关资料

» 桥　　名：湖北西陵长江大桥
桥　　型：单跨双铰钢箱梁悬索桥
跨　　径：900m
» 设计单位：中铁大桥勘测设计院有限公司
» 施工单位：中铁大桥局集团有限公司
国营武昌造船厂
上海浦江缆索股份有限公司

» 混凝土用量：85 940m³
钢 材 用 量：钢 9 140t、高强钢丝 4 900t
造　　价：3.795 亿元
建 成 日 期：1996 年 8 月

湖北西陵长江大桥

图 1　西陵长江大桥全景

1. 概况

西陵长江大桥是三峡水利枢纽工程前期准备工程的重要交通设施。该桥于长江江面较为开阔的西陵峡江段，距上游三峡大坝 4.5km，下距葛洲坝 33.5km。江段水深流急，枯水期江面宽约为 850m。

该桥主桥为单跨双铰式钢箱梁悬索桥（图 1），主跨 900m 跨越整个江面，以确保三峡大坝施工、截流期间多次航道变更情况下船舶安全通航，大坝竣工之后大桥为永久性公路通道。

该桥按四车道布置，车行道宽 15m，两侧人行道宽 1.5m，桥面净宽 18m。设计荷载：大坝施工期间，通行 650kN 特种车（一重一轻两车道行驶）及汽—36，2 900kN 单车过桥，520kN 牵引车于桥面正中行驶。设计基本风速 26m/s。通航标准：主江床按双航线布置，净宽>340m；引航道底宽 180～220m；桥下净空按最高通航水位以上>18m。地震基本烈度Ⅵ度，按Ⅶ度设防。

2. 主桥结构

大桥为主跨 900m 的单跨双铰全焊钢箱加劲梁悬索桥，北背索跨度 255m，南背索跨度 225m；引桥北岸三孔、南岸四孔 30m 预应力钢筋混凝土简支 T 梁，全桥长 1 118.66m（图 2）。

1）主塔

主塔为钢筋混凝土门式框架结构，塔高（自承台顶起）120m，塔柱为等截面的空心矩形，塔柱外轮廓尺寸顺、横桥向为 6m×4m，壁厚 0.7m，两塔柱间设三道横梁（宽 6，高 5m），配预应力筋加强。主塔基础为上、下游分离的群桩基础，两塔柱底各设 6 根直径 2.2m 柱桩，采用双壁钢护筒（以振动打桩机下沉施工），挖孔、孔内爆破成孔。最大桩长 47m，桩底进入弱风化带花岗岩大于 3m。

2）锚碇

锚碇采用重力式，南、北锚碇

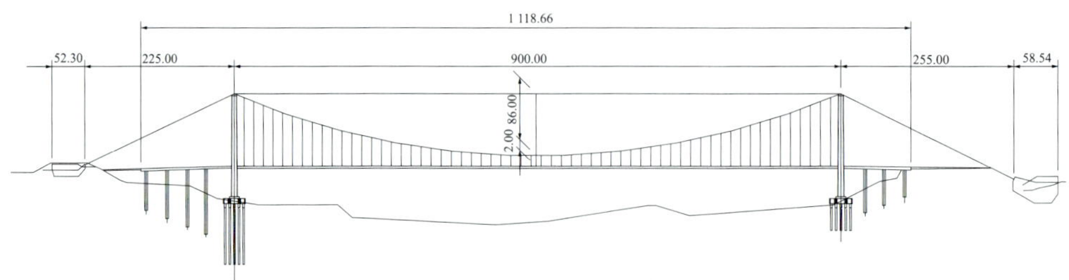

图 2　主桥布置（尺寸单位：m）

基底均置于弱风化花岗岩内。北锚碇（图3）横桥向宽32m，顺桥向长度为24～80m，基底尺寸24m×32m；南锚碇横桥向宽32m，顺桥向长度为25.5～80m，基底尺寸25.5m×32m。锚碇体内设置锚杆及其支撑钢结构（全桥约1 000t）作为主缆的锚固传力构件，锚杆前端与主缆锚固处设锚室。南、北锚碇混凝土分别为约2.5万立方米与4.5万立方米。

3）缆索系统

主缆中跨矢跨比1/10.465。主缆采用PWS法编制架设，每根主缆有110股索股，每索股由91根5.1mm镀锌高强钢丝组成，极限强度为1 600MPa。索股两端为热铸锚。主缆外经约560mm，平均长度为1 478m，重约23t。

吊索采用GB1102—74绳、7×19根直径45mm镀锌钢丝绳。吊索顺桥向间距除两端外均为12.7m，吊索两端为冷铸锚，每吊点两根，采用骑跨式；索夹为铸钢件，分左右两半，用高强螺栓连接（图4）。

4）主梁

主梁采用全焊扁平钢箱（图5），共72节段，其中标准梁段梁宽（不含风嘴）20.6m，高3m，长12.7m，重102t。主梁节段在工厂制作，工地吊装就位，全断面焊接成型。

5）主鞍座、散索鞍

主鞍座与散索鞍均采用铸钢铸造，主鞍座的座体与座极间涂减磨剂，施工中用千斤顶分阶段顶推就位，用螺栓销定，主鞍座采用塔顶起重门架安装，散索鞍安装由汽车吊机完成。

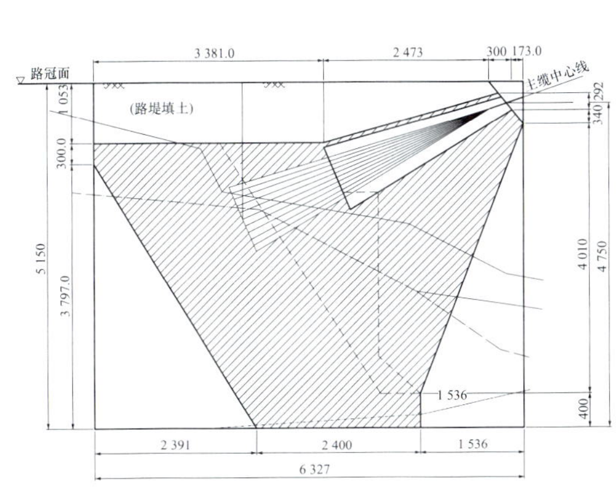

图3 北锚碇断口（尺寸单位：cm）

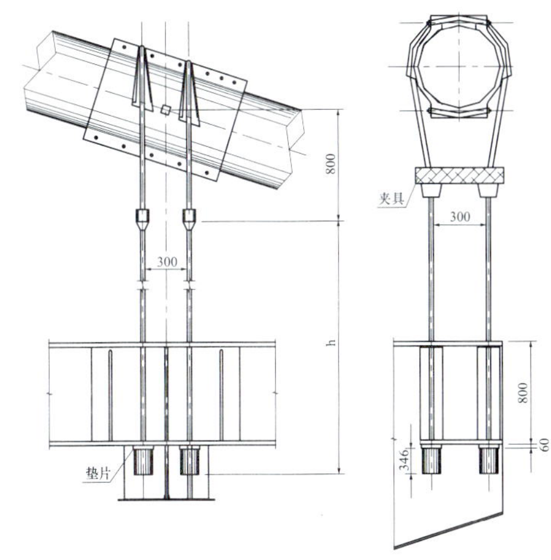

图4 主缆吊索索夹构造（尺寸单位：mm）

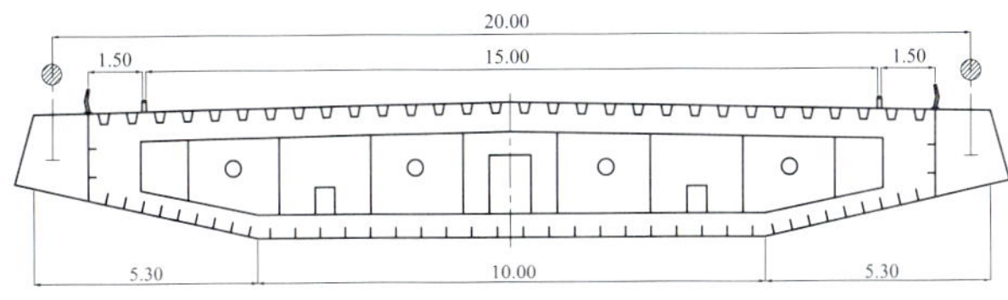

图5 钢箱加劲梁（尺寸单位：m）

6）桥面铺装采用复合改性沥青混凝土，厚度6cm，其中底层为3.5cm厚粗粒式沥青混凝土，面层为细粒式沥青混凝土。

3. 技术创新

（1）主跨跨度900m，为国内当时首座最大跨度，主跨跨越船闸引航道、隔流堤和长江主航道，首度实现一跨过江。

（2）国内首次采用全焊接钢箱梁作悬索桥的加劲梁，自重轻、空气动力性能好、制造方式灵活、涂装养护方便。

（3）钢箱梁节段制造精度较高，实现了完全互换。节段制造中，采用正作加工的端隔板作内胎，有效地控制了节能端口尺寸，提高了工效。

（4）钢箱梁节段制造使用“倒装法”，即在俯焊条件下完成顶板及闭口肋的全部工厂焊接，并将板件单元组装成整体后翻身180°，消除了仰焊缝，确保焊接质量，占用场地少，提高工效。

（5）吊索设计、制造精度较高，钢箱梁节段架设仅在吊索锚头处置少量垫片，实现了梁段架设全过程吊索长度无调节。

（6）施工控制通过“正装”与“倒装”分析，对上部结构施工各阶段进行了计算机模拟，成功地预测了梁段架设过程中塔顶位移及塔的受力情况，同时考虑了多种误差的影响，实现成桥状态主塔顶向岸微量偏移的理想状态。

（7）钢箱梁梁端水平支座利用盆式橡胶支座稍加改装，满足使用要求且构造简单；竖向支座兼具纵向限位功能。

该桥获中国建筑工程鲁班奖。

相关资料

» 桥　　名：湖北恩施四渡河大桥
桥　　型：单跨双铰钢桁梁悬索桥
跨　　径：900m
» 建设单位：湖北沪蓉西高速公路建设指挥部
» 设计单位：中交第二公路勘察设计研究院有限公司
» 施工单位：路桥华南工程有限公司
上海浦江缆索股份有限公司

» 混凝土用量：113 334m³
钢 材 用 量：24 457t
造　　价：7.2 亿元
建 成 日 期：2009 年 6 月

湖北恩施四渡河大桥

图 1　湖北恩施四渡河大桥

1. 概况

四渡河大桥位于沪蓉国道主干线湖北宜昌至恩施公路的恩施州巴东县野三关镇，主桥主跨采用 900m 钢桁梁悬索桥（图 1）。

桥址地形切割强烈，相对高差约 1 000m，桥面与峡谷谷底高差 500m，地形地貌复杂险峻，施工场地狭小、交通不便，建设条件极其困难。

该桥为四车道高速公路特大桥，设计速度 80km/h，桥宽（不含吊索区宽度）24.5m。地震烈度Ⅵ度。

2. 主桥结构

该桥主桥为 900m 单跨双铰钢桁梁悬索桥，宜昌岸与八字岭分叉式隧道相接，恩施岸布置 5 孔 40m 引桥。宜昌岸锚碇为隧道式，恩施岸锚碇为重力式（图 2）。

（1）索塔

索塔为钢筋混凝土薄壁结构（C50 混凝土），每个塔墩基础由 18 根直径 2.8m 的钻（挖）孔桩组成群桩基础，以微风化灰岩作为持力层。承台平面尺寸 16m × 16m，厚 6.0m。

主塔塔高（自承台顶面起）：宜昌岸为 117.6m，恩施岸为 122.2m。混凝土总计 7 946m³（图 3）。

（2）缆索系统

主缆垂跨比 1 : 10，采用预制平行钢丝索股（PPWS）。全桥两根主缆，每根主缆含 127 股，每股含 127 根直径 5.1mm 镀锌高强钢丝。索股锚头采用套筒式热铸锚。

吊索采用 109 直径 5mm 高强镀锌平行钢丝束，外包 PE 层防护，锚头采用热铸锚。上下接头采用铰销与主缆索夹和加劲桁梁连接。

索夹采用铸钢，为上、下分开的形式，两半索夹用螺杆相连夹紧，接缝处嵌填橡胶防水条防水。

（3）刚性中央扣

为控制主桁的纵向变位，降低跨中短吊索的疲劳应力幅，在中跨跨中设刚性中央扣。中央扣为焊接工形（H 形）钢，采用高强螺栓与中央索夹和加劲主桁上弦节点连接（图 4）。

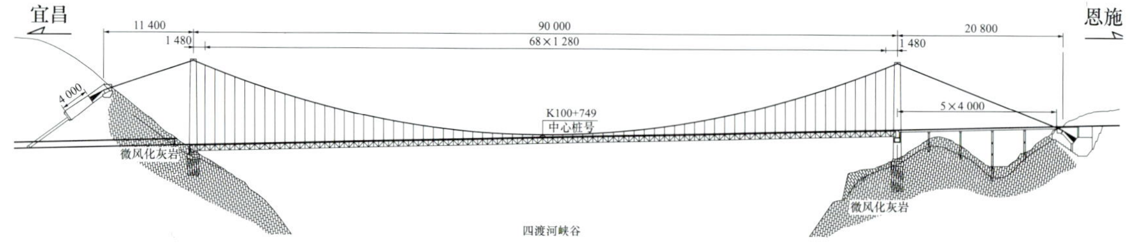

图 2　主桥布置（尺寸单位：cm）

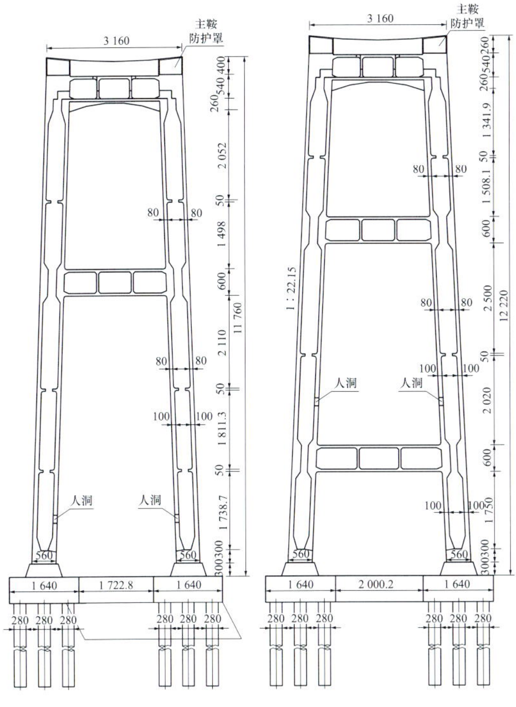

图 3　索塔（尺寸单位：cm）

(4) 锚固系统

锚固系统由索股锚固拉杆和预应力钢束锚固构造组成，分单索股锚固和双索股锚固两种。单、双索股锚固类型分别采用 19 根与 37 根直径 15.2mm 的钢绞线预应力钢束和相应的锚具，钢束采用符合 ASTM A416-97a 标准，公称直径 15.24mm 的低松弛环氧树脂全喷涂钢绞线，极限抗拉强度 1 860MPa。预应力管道及前、后锚头采用压注油脂防腐。

为改善锚碇预应力系统的耐久性和可维护性，采用可换式无黏结预应力体系，后期可根据需要进行换束。每束预应力管道采用蜂窝式设计，各丝股各行其道（图 5）。

锚固拉杆采用 40CrNiMoA，拉杆方向与相应索股一致，前锚面与后锚面均与中心索股垂直。锚固拉杆误差采用球面螺母调整。

(5) 锚碇

宜昌岸采用隧道式锚碇，锚体长度 40m，前锚面尺寸 9.8m × 10.9m，后锚面 14m × 14m，顶部为圆弧形。

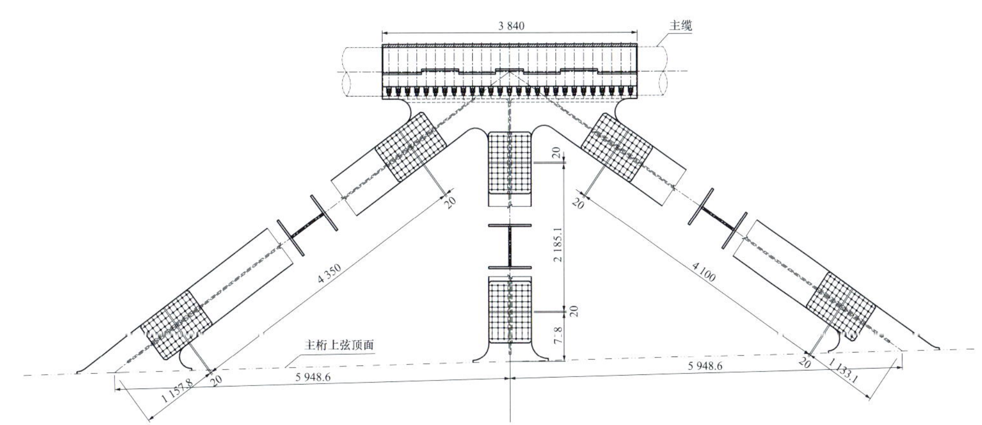

图 4　中央扣构造（单位：mm）

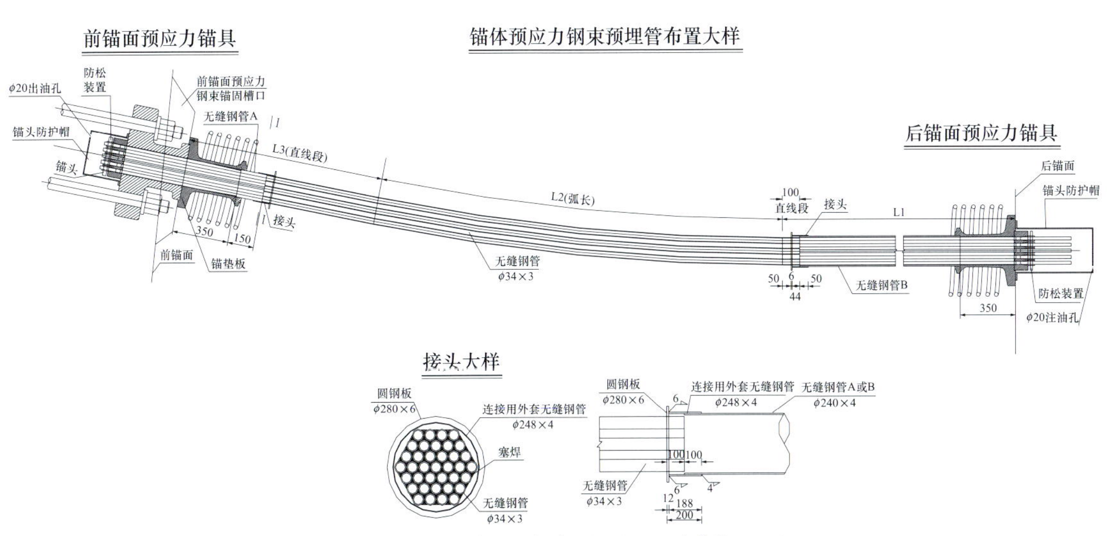

图 5　可换式锚体预应力体系构造（尺寸单位：cm）

锚洞开挖基本完成后，根据围岩岩溶裂隙发育情况设置锚杆，锚杆入锚体0.5m。隧道锚锚体为预应力混凝土结构，锚体采用微膨胀收缩补偿抗渗混凝土。

恩施岸采用重力式锚碇，锚碇下部开挖成锯齿形，并对底部基坑进行加固，锚碇前侧底部设基座，与后部锚体、侧面鞍室形成闭合体系。

(6) 加劲梁及桥面系

加劲钢桁梁采用华伦式，桁高6.5m，桁宽26.0m，小节间长6.4m，大节间长12.8m，在每小节处设横向桁架。上、下平联采用K形体系。主桁片上、下弦杆及横梁上、下弦杆采用箱形截面，腹杆及上、下平联采用工字型截面（图6）。

钢桁梁采用整体节点，工厂组焊各杆件，现场用高强螺栓连接成桁架。全桥共71个节段，采用施工缆索吊装组拼。节段吊装长度12.8m，最大吊装重量91.6t。

桥面系采用纵向工字钢梁与钢筋混凝土桥面板组合形式（图7）。钢纵梁间距1.95m，梁高0.66m，梁长6.36m，简支于主桁横梁上弦杆。桥面板采用预制钢筋混凝土板，厚0.18m，纵向接缝设于钢纵梁顶面，通过接缝处剪力钉形成组合结构。桥面板纵向采用桥面连续结构，每102.4m间距桥面板设一道无缝式伸缩缝。桥面连续现浇段采用钢纤维混凝土以提高抗裂、抗疲劳性能。

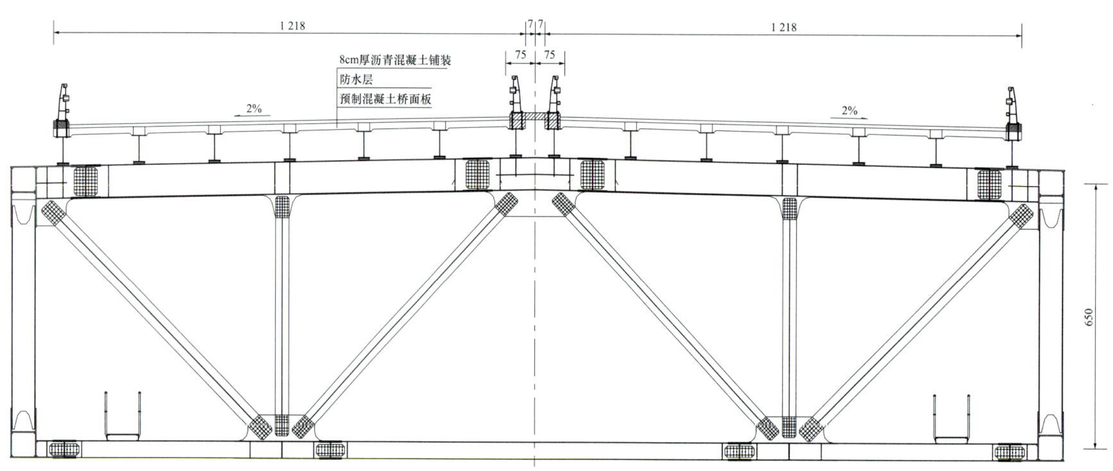

图6　加劲桁梁（尺寸单位：cm）

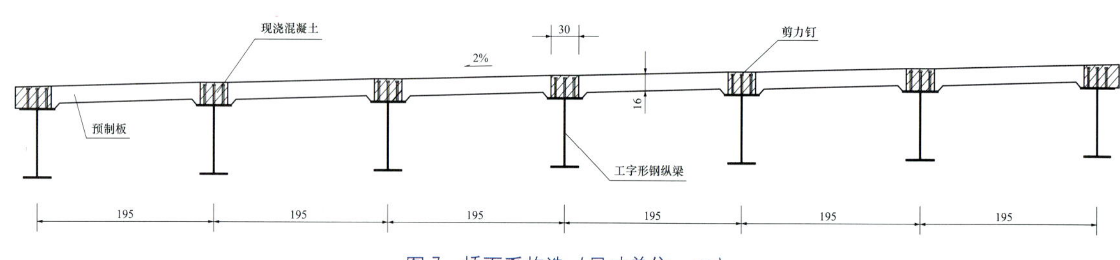

图7　桥面系构造（尺寸单位：cm）

(7) 塔连杆

大跨度悬索桥梁端纵向位移大、横向由于风载作用有较大的位移和转角，支座工作状况复杂且易损坏，本桥在每个索塔处设置两个塔连杆代替支座作竖向支承（图8）。塔连杆两铰接点距离10.7m，上端与预埋在索塔侧壁上的钢托架铰接，下端与桁架上弦杆耳板铰接。钢桁梁端部悬挂于塔连杆，通过绕上铰点摆动适应纵向变形。钢桁梁两端在上、下弦杆两侧共设置8个抗风支座。

3. 主桥技术特点和创新点

(1) 山区首座特大跨钢桁加劲梁式悬索桥。由于山区运输条件差的限制，大型钢箱节段的运输无法解决，本桥采用钢桁加方案，其设计、施工技术将为山区大跨度悬索桥工程所借鉴。

(2) 大型隧道式锚碇。本桥地质条件较好，地基承载力较高，宜昌岸采用隧道式锚碇。锚碇单缆拉力2万吨，为我国在建的最大规模的悬索桥隧道式锚碇之一。锚碇位于公路隧道上方最小距离23m，结构受力复杂，施工难度高，国内外尚无先例。进行了1∶12大比例的现场模型拉拔试验，对隧道式锚碇的安全性进行了研究、论证。

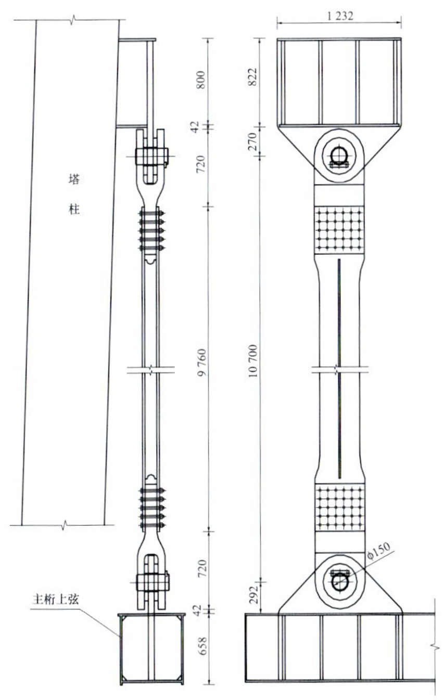

图 8　塔连杆构造（尺寸单位：mm）

（3）主缆跨中设置刚性中央扣。大桥位于单向纵坡路段，在主缆跨中与加劲桁梁间设大型刚性中央扣，为国内钢桁梁悬索桥首次采用，与常规纵向阻尼器相比，改善了结构受力特性及抗风稳定性，减少了后期维护工作量。

（4）采用可单根抽换无黏结预应力锚固系统，耐久性和可维护性好。

（5）钢—混凝土组合结构桥面系为国内首例。纵向工字钢梁与混凝土桥面板相结合的桥面系形式，结构刚度大、桥面沥青铺装结合性好、施工便捷。

（6）缆索吊跨度、吊重大。全桥钢桁梁共分 71 个节段在工地组拼，采用跨度 900m 施工缆索吊装就位拼接，缆索吊施工难度和规模居国内首例。

（7）火箭抛索架“天桥”。该桥跨越 500m 深谷，采用排障火箭弹发射先导索过峡谷，开创了国内建桥史上的先河，成功地解决了先导索过峡谷的技术难题，操作方便、作业快速、成本低廉、安全可靠。

虎门大桥

相关资料

- 桥　　名：虎门大桥主航道桥
- 桥　　型：单跨双铰钢箱梁悬索桥
- 跨　　径：888m
- 建设单位：广深珠高速公路虎门大桥有限公司
- 设计单位：中交公路规划设计院有限公司；交通部公路科学研究院
- 施工单位：广东省长大公路工程有限公司；广州广船国际股份有限公司；重庆交通科研设计院；上海浦江缆索股份有限公司

- 混凝土用量：848 273.3m^3
- 钢材用量：111 088t
- 造　　价：29.4亿元
- 建成日期：1997年6月

- 桥　　名：虎门大桥辅航道桥
- 桥　　型：预应力混凝土连续刚构
- 路　　径：150m+270m+150m
- 设计单位：中交公路规划设计院有限公司；北京建达道桥咨询有限公司
- 施工单位：广东长大公路工程有限公司

- 混凝土用量：45 137m^3
- 钢材用量：7 340t（其中预应力钢材：2 140t）
- 造　　价：2.98亿元
- 建成日期：1997年6月

图1　虎门大桥全景

1. 概况

虎门大桥位于广州东南约42km的珠江出海口附近，是广深珠高速公路网的重要组成部分，为连接深圳、珠海两个经济特区，沟通港澳及珠江三角洲地区的重要交通枢纽。虎门大桥坐落于百年前的鸦片战争古战场遗址，其建成具有经济、政治的深远意义和旅游价值。

大桥工程包括主航道桥、辅航道桥及东、中、西引桥，全长3 636m。其中主航道主跨888m钢箱梁悬索桥，辅航道桥主跨为270m预应力混凝土连续刚构桥（图1）。

大桥东起东莞虎门镇的威远山，西至番禺南沙镇的南北台，桥位处河道顺直。江面宽约3.3km，上横档岛、下横档岛将江面分成两个自然水道，东侧“虎门水道”为主航道，西侧“蒲州水道”为辅航道。主航道水深约30m，辅航道水深6～10m，深槽15m。主航道江底除岩石暗礁外，沉积有砂岩、卵石，主航道桥东塔以东基岩为粉砂岩和石英砂岩，以西为中细粒黑云母花岗岩。桥位区属热带海洋性气候，年平均气温为22.2℃，年平均降雨量为1 669mm，夏季受台风影响。

该桥为双向六车道高速公路特大桥，设计速度120km/h。设计基本风速50.2m/s。地震烈度6度，按7度设防。主航道桥桥下通净空300m×60m，通航50 000t级海轮；辅航道通航净空160m×40m。船舶撞击荷载：顺水流方向30 000kN，横水流方向15 000kN。

2. 主航道桥

为保证虎门黄金水道的良好通航条件，采用一跨过江的悬索桥方案。索塔及锚碇位于岸上或浅水区，

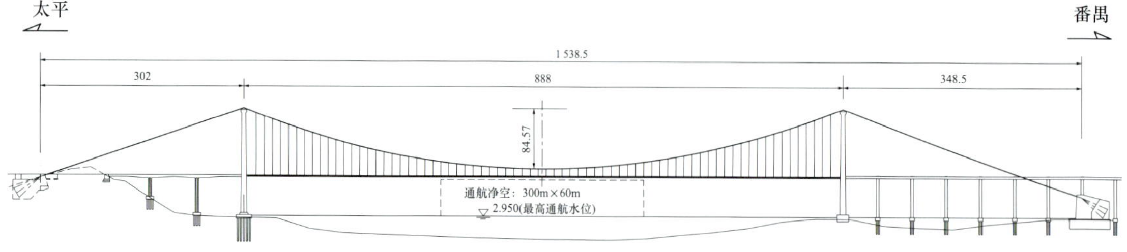

图2　桥型布置（尺寸单位：m）

避免了深水基础、减小了施工难度，缩短了工期、降低了工程造价。

1）主桥结构

主航道桥为主跨 888m 的单跨双铰加劲钢箱梁悬索桥，跨径布置为 302m+888m+302m，两边孔为不对称的直背索（图 2）。

（1）索塔

东、西索塔基础因地质情况不同，设计成两种不同形式。东索塔基础位于岩性较差的断层影响带附近，为分离式群桩基础，每塔柱下为 16 根直径 2.0m 的钻孔灌注桩，桩长 33m；西索塔基础位于微弱风化花岗岩上，上游为平面尺寸 12m × 16m 的扩大基础，下游为 12 根直径 2.0m 的钻孔灌注桩。

塔身为门式框架结构，设三道横系梁，塔高（自承台顶面起）147.55m（自桥面起算为 89.66m）（图 3、图 4）。塔柱为钢筋混凝土空心薄壁结构，塔柱顶面尺寸 5.6m × 5.6m，底面尺寸为 5.6m × 8.5m。在上、中、下横梁处的塔柱壁厚分别为 0.6m、0.75m、0.85m，并于横梁处局部加厚。横梁为预应力混凝土空心薄壁结构，预应力束布置在腹板内锚于柱塔壁外侧。

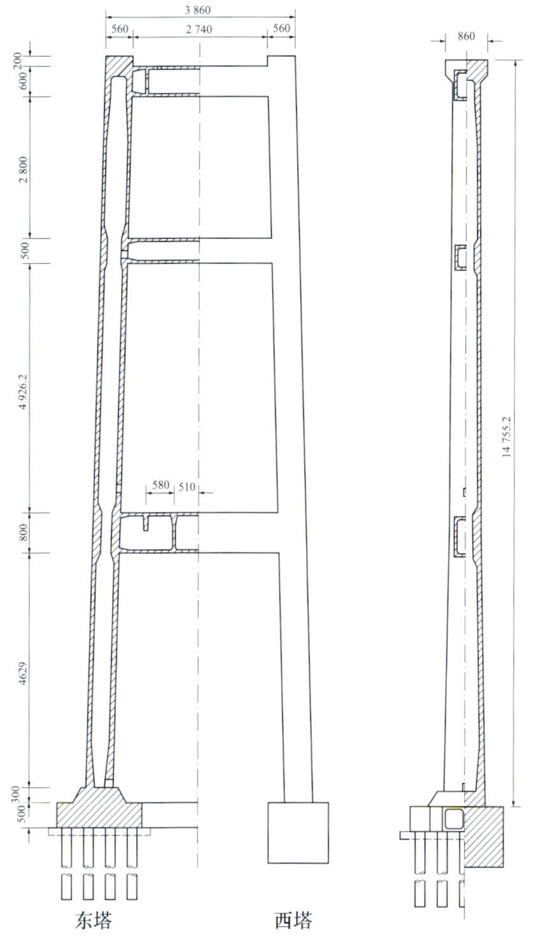

图 3　索塔（尺寸单位：cm）

图 4　索塔塔柱施工

（2）锚碇

东、西锚碇均为重力式（表 1）。

东锚碇外岩体为破碎的为泥质粉砂岩，采用明挖扩大基础，开挖深度最大达 52.8m，采取了砂浆锚杆、预应力锚索并结合挂网喷浆方法进行支护。

西锚碇位于与上横档岛连成一体的人工砂岛上，弱风化花岗岩岩面起伏不平，采用地下连续墙施工的圆形扩大基础(图 5)。地下连续墙为直径 61m 圆形结构，墙厚 80cm，平均深度 14m，嵌入弱风化岩不少于 1.0m，连续墙内部为 C20 混凝土填芯。锚体后部悬出地下连续墙部分，在其墙外侧的上、下游各设置一角状支承承台，其下为 3 根直径 1.2m 的钻孔灌注桩，形成组合基础。连续墙内混凝土分层灌注，(层厚 1.2 ~ 1.5m)，每层分八块，层、块接缝错开。

东锚碇共浇筑混凝土 4.4 万立方米，设计控制主缆拉力 2 × 172 600kN；西锚碇共浇筑混凝土 7.5 万立方米，设计控制主缆拉力 2 × 174 400kN。采用型钢支架锚

图 5　西锚碇地连墙施工

表 1　锚碇总体设计参数

	东 锚 碇	西 锚 碇
锚体	3 552.5 2 884　668.8 IP　56.509 2 597.7　2 384.7 1 050 26.700 2 750　1 050　1 400	670　4 150 K9+288.5 31.584 3 300　1 200　1 200 2.000 连续墙加劲圈梁 变化 6 100
基础形式	直接扩大基础	圆形地下连续墙基础
边跨入射角	16.417 5	17.661 0
锚跨转角	33.46	33.46
锚跨长度	20.5m	20.5m
锚固长度	17.5m	17.5m

图 6　锚碇钢框架施工

图 7　紧缆

固系统，主缆拉力由锚碇钢框架传递到混凝土锚体，锚碇钢框架由锚杆、锚梁及锚杆支架组成（图 6）。

（3）主缆和吊索

主缆采用预制平行索股制作、架设，每根主缆由 110 束索股组成，每束有 127 根直径 5.2mm 的平行镀锌高强钢丝，索股平均长度为 1 643m，预制索股两端采用锌、铜合金灌注的热铸锚。

主缆主跨垂度 84.571m，垂跨比为 1/10.5，主缆直径 687.2mm，孔隙率 20%。索股平均长度为 1 634m，全桥用镀锌高强钢丝 7 638t，索股在现场制作，牵引上桥架设。主缆用紧缆机挤压成形并有高碳扁钢双箍扎紧（图 7），完成索夹安装、悬挂吊索、架设主梁及桥面铺装后进行主缆缠丝（为镀锌软质低碳钢丝）（图 8）。主缆索股以前锚方式直接与型钢拉杆锚固，长度由钢垫板微调。

吊索为平行竖直布置，吊点标准间距为 12.0m。每个吊点由四根直径 52mm 的优质金属芯镀锌钢丝绳组成，两端为锌、铜合金热铸锚。吊索与主缆的连接采用骑跨式，通过钢箱梁风嘴锚于箱内（图 9）。

（4）主索鞍、散索鞍、索夹

主索鞍、散索鞍采用铸焊组合结构，由主（散）索鞍本体和上、下支承板、安装板（底座）、隔板、拉杆等部件组成。索鞍本体由鞍槽（钢铸件）及鞍座（焊接件）组成，顺桥向分成两个半块，安装就位后用螺栓连接。

索夹为马鞍形铸钢件，由左右两个半块组成，以高强螺栓将其联成整体，紧固于主缆上。全桥索夹分为紧靠索鞍的封闭索夹、边跨主缆索夹及中跨索夹分成 4 类、6 种形式，以适应主缆与吊索之间不同的夹角。

（5）加劲钢箱梁、支座

加劲梁采用扁平闭口流线型钢箱梁（图 10），箱梁全宽（包括风嘴）35.6m，桥中心处梁高 3.012m，桥面设 2% 双向横坡。桥面板厚 12mm，底板与斜腹板的厚度为 10mm。钢箱梁每 4m 设一道横隔板。钢箱梁共 39 个节段，标准段重约 300t，工厂分段制造，工地吊装焊接。钢箱梁采用卷扬机、液压千斤顶提升式跨缆吊机吊装（图 11），节段之间采用全断面焊接。

图 8　主缆紧缆完成

图 9　索夹、吊索安装完成

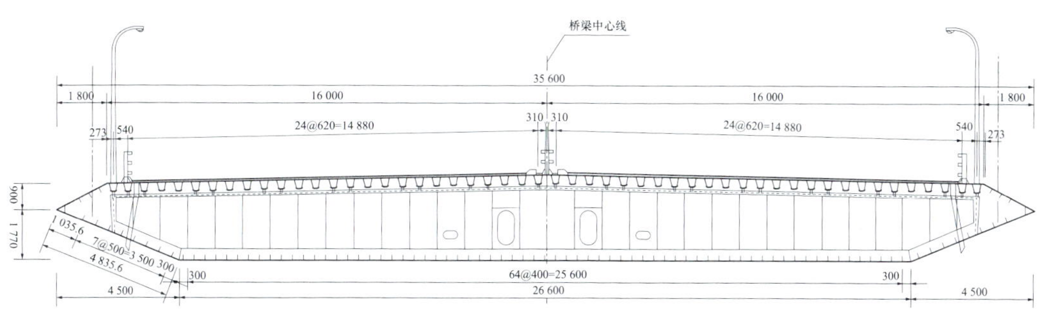

图 10　加劲钢箱梁（尺寸单位：mm）

卷扬机提升跨缆吊机

液压提升跨缆吊机

图 11　钢箱梁吊装

梁端设置滚动式竖向支座及横向抗风支座，以分别承受梁端竖向反力和水平反力。伸缩缝顺桥向伸缩量达 1 500mm。

2）主要技术特点和创新点

虎门大桥是中国桥梁发展的标志性工程之一，大桥设计布局、结构造型、计算程序开发等为我国修建大跨径桥梁积累了丰富经验。屹立在威远炮台旁的虎门大桥在香港回归前夜建成通车，具有重要的历史和社会意义。

（1）大桥工程所处的环境和建设条件复杂，选定了技术先进、经济合理、协调景观，对文物影响最小，又能反映我国改革开放新面貌的设计布局和结构造型。

（2）通过大尺寸气弹性模型风洞试验，对施工与成桥后的抗风性能进行了分析，验证了设计参数，箱梁拼装过程中采取了安全度台风的技术措施，保证了大桥的抗风稳定性。

（3）采用气动性能优越的扁平流线型钢箱梁及箱梁节段间全焊连接的结构形式，解决了在箱梁吊装焊缝间隙调整和焊接技术工艺。

（4）设计、制作、架设了每股 127 丝的大型预制索股及大型铸焊组合型主、散索鞍为国内首例。

（5）首次在我国桥梁基础中采用地下连续墙施工技术，解决了锚碇基础岩面严重不平的技术难题。

（6）开发了一套结构分析程序，通过试验研究和工程实践，建立了系统而完整的悬索桥上部构造施工监测与控制技术。

（7）研制出大跨径悬索桥大型钢箱梁吊装的液压千斤顶提升式跨缆吊机和紧缆机等施工专用设备。

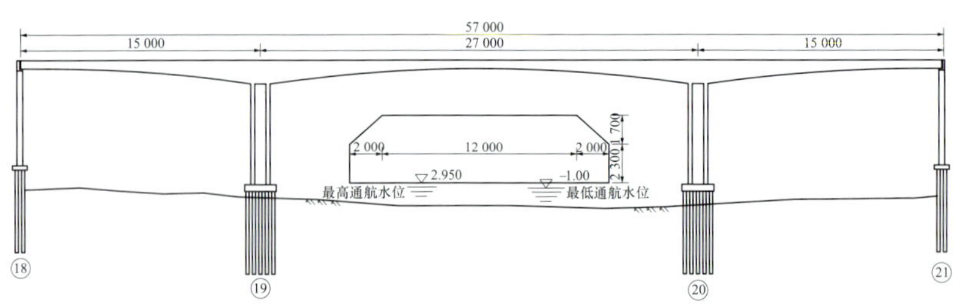

图 12　桥型布置（尺寸单位：cm）

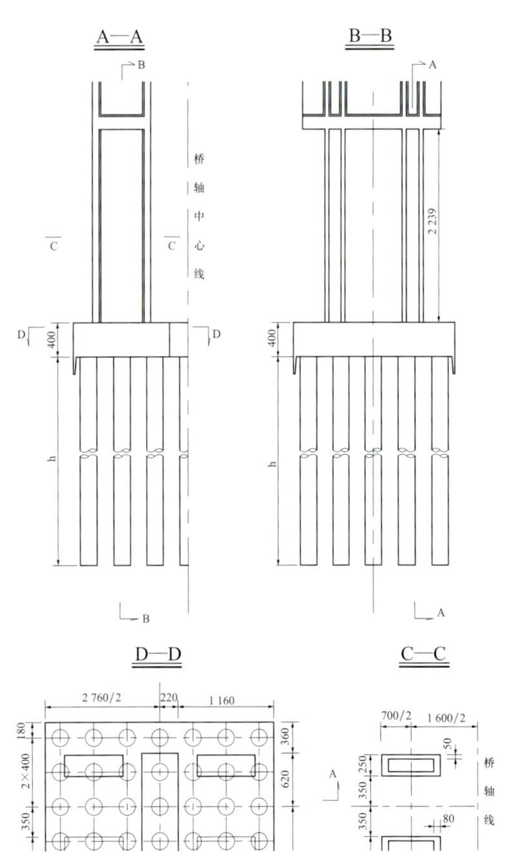

图 13　主墩构造（尺寸单位：cm）

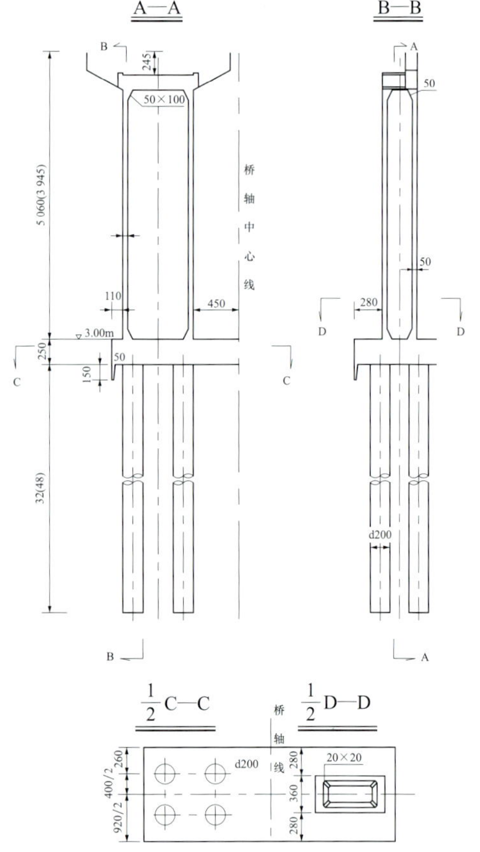

图 14　边墩构造（尺寸单位：cm）

虎门大桥曾先后获国家科技进步二等奖、全国优秀工程设计金质奖，詹天佑土木工程大奖。

3. 辅航道桥

1）主桥结构

辅航道桥位于 R=7000m 的平曲线上，桥型采用预应力混凝土连续刚构，跨径布置为 150m+270m+150m（图 12），横桥向分上、下行两幅独立桥。

（1）桥墩

桥墩（图 13、图 14）基础采用直径 2.0m 的钻孔桩群桩（嵌岩），主墩用 15 根，边墩用 8 根。主墩承台厚度 4m；边墩承台厚 2.5m；上下行桥两承台用系梁连成整体。墩身为钢筋混凝土箱形。

（2）主梁

主梁采用单室箱（图 15），顶宽 15m，底宽 7m，两侧翼缘板悬出 4m。箱高根部为 14.8m，跨中和边跨端部为 5m。底板由跨中的 32cm，逐渐加厚至根部的 130cm。箱梁底部按 2 次抛物线变化。

上、下行桥两零号块间，用 4 道厚 50cm 的横隔板连接。

（3）防撞设施

在桥轴线的上下游各设一个直径 25m 的防撞岛，为双壁钢围堰，壁间用块石压填混凝土，围堰内填砂，便于在船撞后可及时修复。

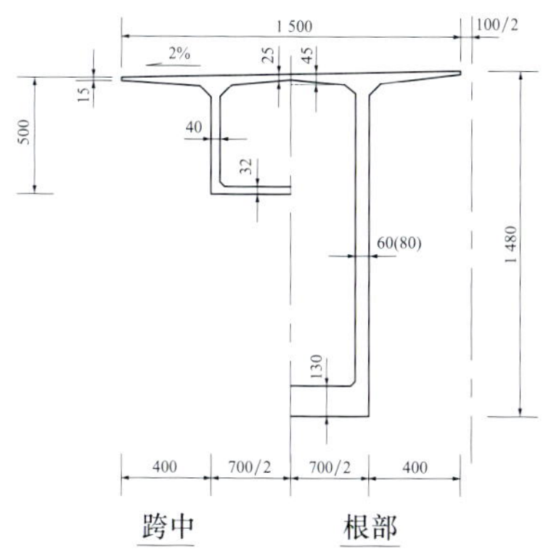

图 15 主梁截面（尺寸单位：cm）

2）特点和创新点

（1）主跨跨径 270m 居当时连续刚构的世界之首。

（2）箱梁采用 C55 混凝土，三向预应力，为克服底板束下弯引起的径向力，设置平衡钢筋。

（3）分离式防撞岛与主墩基础分别进行施工，互不干扰。

辅航道桥获国家科学技术进步二等奖、全国优秀工程设计金质奖、詹天佑土木工程大奖。

相关资料

» 桥　名：厦门海沧大桥
桥　型：三跨连续全飘浮体系钢箱梁悬索桥
跨　径：230m+648m+230m
» 设计单位：中交公路规划设计院有限公司
» 施工单位：中交第二公路工程局有限公司
广东省长大公路工程有限公司
国营武昌造船厂
上海浦江缆索股份有限公司

» 混凝土用量：256 840m^3
钢材用量：53 138t
造　价：20.92 亿元
建成日期：1999 年 12 月

厦门海沧大桥

图 1　厦门海沧大桥全景

1. 概况

厦门海沧大桥是厦门岛的第二条对外通道，位于厦门岛西海域的东渡港小轮码头作业区。工程全长 5 927.4m，其中东航道桥为 230m+648m+230m=1 108m，为世界首座三跨连续全飘浮体系钢箱梁悬索桥（图 1）。

桥位所在海域属于正规半日潮，最高潮位 4.65m，最大潮差为 6.92m，设计流速为 0.91m/s。覆盖层厚 5～20m，为人工填土、海相沉积层、洪积、坡积、残积层组成，基岩为凝灰岩、砂岩和花岗斑岩等。设计基本风速 47.4m/s。通航净高 55m，净宽不小于 450m。地震基本烈度为Ⅶ度。桥址靠近厦门高崎国际机场，桥梁结构的航空限高为 133.53m。

该桥为双向六车道高速公路兼城市特大桥。桥面宽度：32m，桥面纵坡<3%。设计速度 80km/h，设计基准期 100 年。船舶撞击力（东航道西塔）20 000kN。

2. 主桥结构

主桥采用 230m+648m+230m=1 108m 三跨连续全漂浮钢箱梁悬索桥（图 2）。主梁为扁平流线型钢箱梁，主缆采用 PPWS 索股，平行钢丝吊索，锚碇采用浅埋倒坡箱形扩大基础、空腹三角形框架式锚体重力式锚碇，主塔采用门式塔，桥面以上仅一道横梁，基础采用大直径钻孔桩。

（1）锚碇

根据水文地质条件、结构受力合理性和结构造型的景观效果等条件，采用浅埋倒坡箱形扩大基础空腹框架式重力式锚碇（图 3）。由于东、西锚碇处为厚度很大的

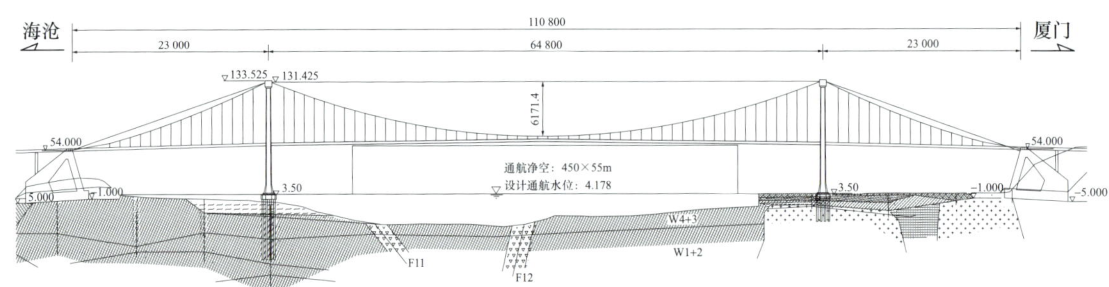

图 2　桥型布置（尺寸单位：cm）

强风化泥质砂岩或凝灰熔岩，地基容许承载力仅为0.5MPa，锚碇基础选用了较大的平面尺寸（52m×74m）；为降低基础前趾部分的地基应力，基础前半部分采用了箱形空心结构以减轻自重，散索鞍支墩选用了箱型轻型结构；为增大锚碇基底抗滑能力，基础底面采用6.7%的倒坡。锚碇采用预应力锚固系统。

（2）索塔

索塔采用门型框架式混凝土结构（图4），索塔高130m，塔柱设置上、下横梁，承台设置系梁；东、西索塔基础均采用28根直径2.0m的钻孔桩基础。塔柱采用矩形与弓形组合的变化截面，索塔上、下横梁采用下缘为圆曲线的变截面，塔冠、塔座及承台系梁的造型根据景观要求确定。

（3）缆索系统

主缆矢跨比为1∶10.5，两根主缆中心距为34.0m，主缆直径索夹外为570mm（孔隙率20%），索夹内为563mm（孔隙率18%）。主缆采用PPWS法施工，每根主缆采用110股91直径5.1mm普通松弛高强钢丝索股组成（图5），标准强度1 600MPa。吊索采用上、下端均为销接连接的平行钢丝索股，每根吊索由2根平行且独立的索股组成。吊索（间距12m）根据各吊点的受力大小分为二种类型，即普通吊索70对和特殊吊索12对。普通吊索由85直径5.1mm低松弛高强钢丝组成，特殊吊索由229直径5.1mm钢丝组成，标准强度为1 600MPa。

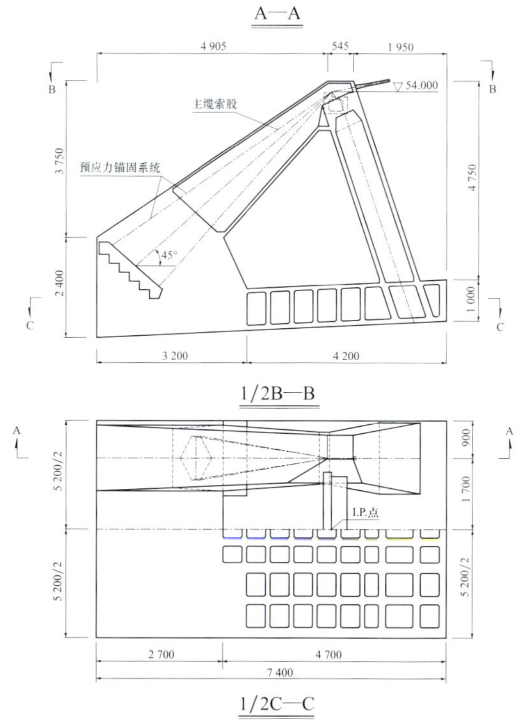

图3 锚碇（尺寸单位：cm）

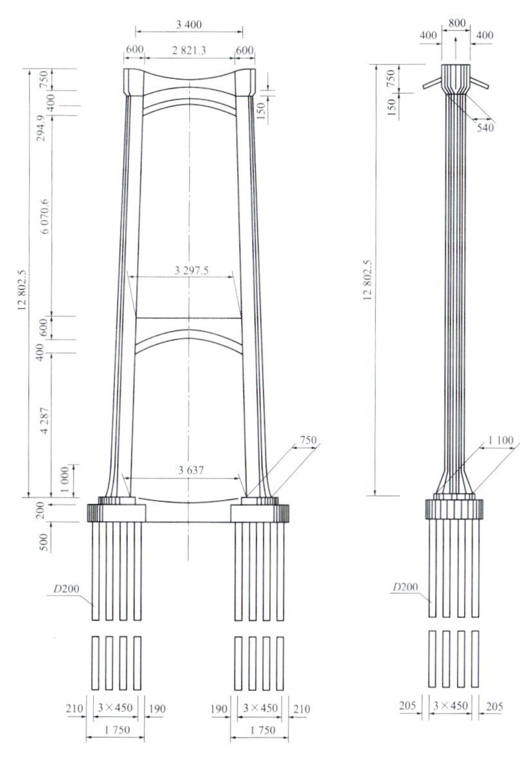
图4 索塔（尺寸单位：cm）

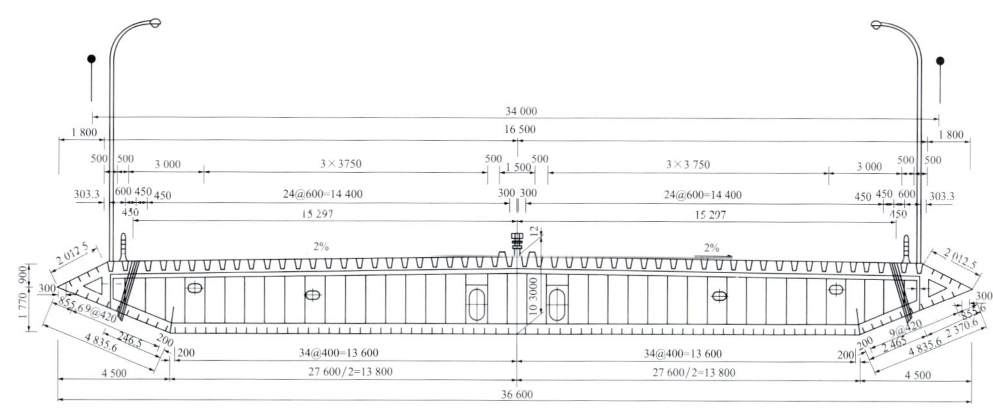
图5 钢箱梁（尺寸单位：mm）

（4）加劲梁

本桥位于台风区，为确保桥梁的抗风稳定性，加劲梁采用扁平封闭流线型钢箱梁（图5），加劲梁总长1104m，梁高3m，总宽度36.6m。加劲梁分为94个梁段进行制造和安装。

3. 大桥主要技术特点和创新点

（1）东航道桥采用三跨连续全飘浮悬索桥结构。

（2）成功研发了适用于三跨连续悬索桥的基于分段悬链线模型和计算理论的主缆线形分析软件。

（3）通过下置锚点的构造措施成功解决了短吊索抗疲劳性能技术难题。

（4）采用联板式同步控制滚轴型散索鞍以提高散索点高程。

（5）采用浅埋倒坡箱形扩大基础锚碇以减小锚碇规模和降低工程造价。

（6）采用空腹三角形框架式锚体结构以提高大桥的受力性能和景观效果。

（7）采用国产预应力锚固系统。

（8）首次全面引入桥梁景观设计。

（9）采用“先缠丝后桥面铺装”的工艺以缩短工期。

该桥是世界首座三跨连续全飘浮钢箱梁悬索桥，标志着我国大跨径桥梁的设计、建设水平又登上了一个新的台阶。

该桥获全国优秀工程设计金质奖。

重庆长江鹅公岩大桥

图 1　重庆长江鹅公岩大桥全景

相关资料

» 桥　　名：重庆长江鹅公岩大桥
桥　　型：三跨连续钢箱梁悬索桥
跨　　径：211m+600m+211m
» 设计单位：上海市政工程设计研究总院
» 施工单位：重庆桥梁工程总公司
中铁十二局集团有限公司
上海浦江缆索股份有限公司

» 混凝土用量：10 400m³
钢 材 用 量：33 200t
主 桥 造 价：6 亿元
建 成 日 期：2000 年 12 月

1. 概况

重庆长江鹅公岩大桥位于重庆市道路快速路的东西干道的大桥处于主干道的关键节点上，自成渝高速公路的终点陈家坪起，经大公馆、谢家湾，过鹅公岩大桥后至南岸 4km 与川黔路相连。大桥全长 6.5km，主桥主跨采用 600m 三跨连续钢箱梁悬索桥（图 1）。

该桥为城市快速路特大桥，为双向六车道 + 两条轻轨交通（规划），设计速度 80km/h。设计荷载：汽车－超 20 级，挂车－120，特种平板车－300。通航净宽≥400m，净高≥20m。地震基本烈度为Ⅵ级，Ⅶ度设防。

2. 主桥结构

大桥主桥为主跨 600m 三跨连续钢箱梁悬索桥，跨径布置为 211m+600m+211m（图 2）。为减少加劲梁在索塔附近的支承刚度，降低加劲梁负弯矩值，在索塔处不设常规的竖向支座而采用在塔附近设特殊吊索的措施。为提高桥梁的动力性能，在主桥梁两端设置了 4 个 200t 的高性能阻尼器。

1）主塔

主塔为门式塔架结构（图 3），东塔高 163m，西塔高 160m，塔柱基础为 14 根直径为 2.4m 的挖孔桩。塔柱为空心矩形断面，塔顶为 5m×6m，塔底为 5m×8m。塔顶部为实心段，以承受鞍座转来的巨大压力。

上、下横梁采用预应力混凝土结构。

2）加劲梁

主梁采用扁平钢箱，全宽 35.5m，高 3m（图 4）。采用 16Mnq，每个箱梁节段长 10m。

钢箱梁为正交异性板，顶、底板厚分别为 12mm 和 10mm，下腹板厚 10mm。顶板用厚 6mmU 形肋，底板采用球形扁钢加劲肋。横隔板间距 3.3m，板厚一般为 8mm，有吊索处为 10mm。

钢箱内设人孔和管线孔，箱内抽湿，箱外选用长效高性能防腐涂料。

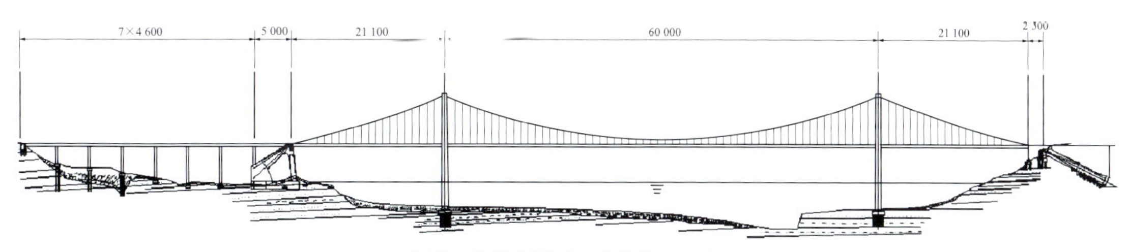

图 2　大桥布置（尺寸单位：cm）

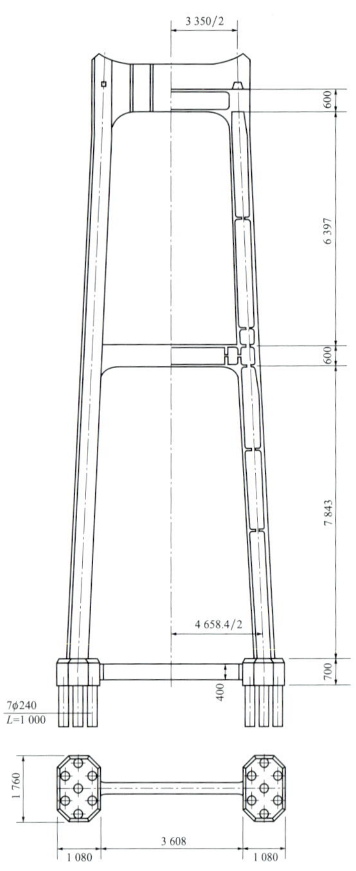

图 3　主塔构造（尺寸单位：cm）

钢箱梁上桥面铺装采用 7cm 厚的双层 SMA。

3）主缆、吊索、索箍及鞍座

（1）主缆矢跨比 1/10，主缆采用预制平行索股制作、架设，每根主缆由 110 束索股组成（图 5），每索股为 91 根直径 5.22mm 镀锌高强钢丝，强度为 1 670MPa。预制索股两端锚头采用锌钢合金灌注的热铸锚。

主缆直径为索夹外 583.91mm，空隙率为 20%。主缆的 110 根索股架设经索股调整后，采用紧缆机挤压成圆形，用高碳薄扁钢条扎紧。在完成索股安装、悬挂吊索、架设钢箱梁及桥面铺装后，主缆采用直径 4mm 的镀锌低碳钢丝，用缠丝机缠绕，最后进行防护处理。

（2）吊索分普通和特殊两种类型。普通吊索为单根吊索，由 151 根直径 5.1mm 镀锌高强钢丝外包 PE 护套，极限强度为 1 670MPa。吊索上采用带叉形耳板的锚头，内灌铸锌铜合金，与索箍用优质钢销连接，下锚头采用冷铸锚。特殊吊索为受力较大、有变形特殊要求的，由两根 301ϕ5.22mm 镀锌高强钢丝组成。吊索上端与索夹销接，下端直接固定在钢箱梁锚固钢管上，并采用球形螺母，以使受力均匀（图 6）。

（3）索夹采用铸钢制造，分上、下两半，用高强螺杆连接。高强螺杆预压轴力由设计和试验确定，接缝处嵌橡胶止水条。

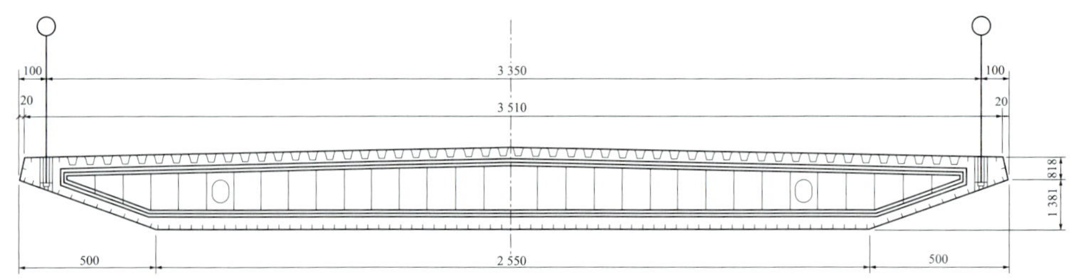

图 4　钢箱加劲梁（尺寸单位：cm）

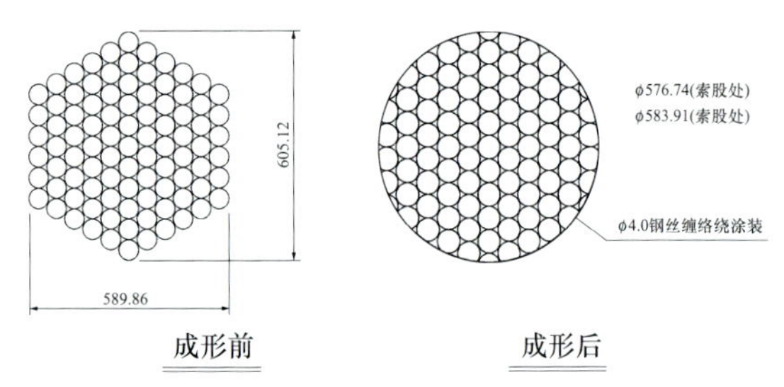

图 5　主缆断面（尺寸单位：mm）

（4）主鞍座，分上、下座体，每个主鞍座重 50 余吨。上、下座体间采用四氟板和涂油的滑移工艺。架设钢箱梁过程中，用千斤顶调整主鞍座位置，使主塔处于良好受力状态。

（5）散索鞍座可沿桥轴向移动以适应温度、活载等的主缆变形，具有将主缆索股空间扩散、定位的作用。散索鞍进口处槽口同塔顶鞍座，出口处槽口将集中的主缆按规律散开成单股状，以适应与锚碇的锚固钢束连接。散索鞍采用上、下座体，上、下座体间设钢辊轴。

4）锚碇

（1）西锚碇

西岸锚碇采用三角形重力式，由基础、锚体、锚室、散索鞍墩柱及横系梁组成。抗滑系数 $K_1>2.36$，抗倾安全系数 $K_2>2.4$。

主缆索股通过锚固连接器与锚体中的预应力锚固系统连接，锚固连接器采用锌铜合金热铸钢锚头。

（2）东锚碇

东锚碇采用隧道式，由锚体、锚室及散索鞍墩组成（图 7）。桥址处为泥岩、砂岸互层地层，故东锚碇的隧道式锚体只得置于中下层泥岩、砂岩中。为确保锚碇结构安全，进行了大比例（1∶12.5）隧道的现场模型试验和三维有限元弹塑性数值模拟分析，以优化设计。

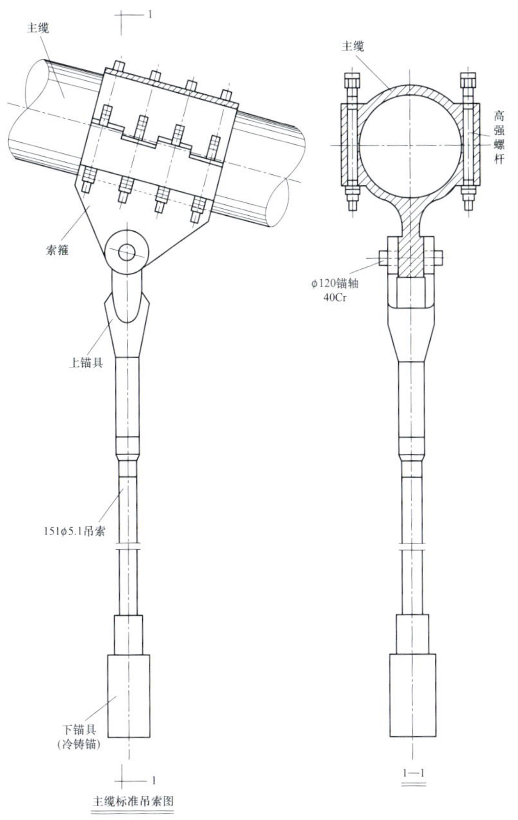

图 6　吊索构造

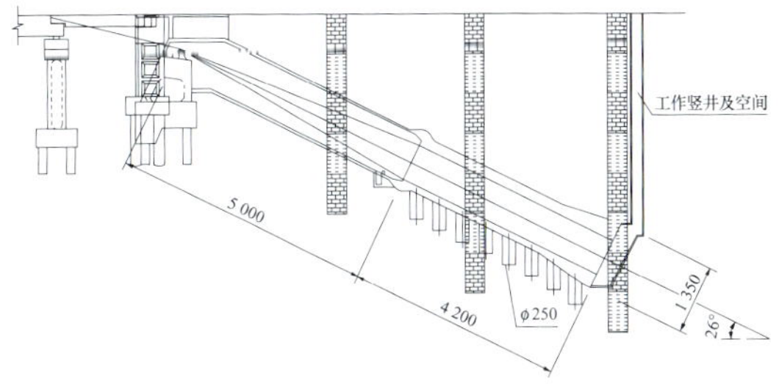

图 7　隧道式锚碇（尺寸单位：cm）

锚体采用矩形截面，尺寸为 9.5m × 10.5m，顶部为圆弧形。锚体长 42m，尾部呈楔形（截面尺寸放大至 12.5m × 13.5m），为加强锚体与围岩接触面，设置了不规则的齿坎，并在每侧锚体底面设 8 根直径 2.5m 钻孔桩，以增加抗剪能力。设计荷载下总体安全度 K=3。锚体中的预应力锚固系统同西锚碇。

5）上部结构施工

架设主鞍座和散索鞍座→架设主缆锚道→架设主缆→安装索箍、吊索→架设索道吊机→架设钢箱梁（图 8）→钢箱梁节段现场焊接→桥面系工程施工→主缆缠丝→主缆涂装→钢结构面层涂装→全桥竣工→静、动载试验验收通车。

图 8　索道安装钢箱梁

3．主要技术特点和创新点

（1）在砂岩和泥岩互层的软质岩上建造加锚桩的隧道式锚碇的新技术。

（2）受地形限制无法采用传统的缆载吊机架梁，而采用了大跨度索道安装节段钢箱梁及其施工控制新技术。

（3）开发研制了 200t 阻尼装置并成功应用，提高了悬索桥动力性能。

（4）采用热铸锚与冷铸锚混合式吊索体系。

（5）钢箱制造过程中采用无余量切割和无马拼装新技术。

该桥获全国优秀工程设计金质奖。

汕头海湾大桥

相关资料

» 桥　　名：汕头海湾大桥
桥　　型：三跨双铰半飘浮体系预应力混凝土加劲梁悬索桥
跨　　径：154m+452m+154m
» 设计单位：中铁大桥勘测设计院有限公司
» 施工单位：中铁大桥局集团有限公司
上海浦江缆索股份有限公司

» 混凝土用量：158 000m³
钢 材 用 量：22 600t
造　　价：3.46 亿元
建 成 日 期：1995 年 12 月

图 1　汕头海湾大桥全景

1. 概况

汕头海湾大桥位于汕头市东部经济特区汕头港出海口处，从出入港的主、副航道及海中著名的风景点妈屿岛跨越汕头海湾。主桥主跨采用 452m 三跨混凝土加劲梁悬索桥（图 1）。

汕头港为“潮汐汊道”型天然海湾，南侧主航道水面宽约 550m，最大水深约 25.0m；北侧副航道水面宽约 350m，最大水深约 3.0m。年高潮位平均值为 +1.32m，实测最大潮差平均值为 2.35m，涨潮流速 1.0m/s，落潮流速 2.0m/s。

桥址区均为花岗岩分布，妈屿岛南侧主航道基岩自航道中心向两岸渐次升高并裸露；中间妈屿岛范围由南至北覆盖层逐渐减薄至裸露，再至副航道及其北岸陆地，岩面逐渐埋深达 60m。覆盖层均为三角洲沉积物淤泥、粉砂和细砂等。

桥址位于汕头沿海强台风登陆地带，中心风力达 12 级以上，瞬时最大风速达 55m/s，常常造成严重灾害。

桥址所处的潮汕盆地是一地震多发区，地震基本烈度为Ⅷ度，最大平均水平加速度按 0.222 9g 计。

该桥为六车道高速公路特大桥，具有城市桥梁和高速公路的双重功能，全桥长 2 500m。设计速度 80km/h；桥位区设计基本风速 47.0m/s；南侧为主航道，供外海客货进出通航净宽不小于 400m，平均潮位以上净高 46m，满足 5 万吨级海轮通航要求，北侧副航道按 1 000t 货轮考虑。

2. 主桥结构

南侧主航道桥为三跨双铰预应力钢筋混凝土加劲梁悬索桥，桥跨布置为 154m+452m+154m=760m，采用半飘浮体系，两边跨辅助墩顶设主缆限位装置，以约束主缆的竖向变位。辅助墩至锚体散索鞍中心主缆水平距离 90m，在主桥两侧辅助墩与锚体之间各布置 4×25m 简支 T 梁（图 2）。

（1）主塔基础

主塔采用上下游分离的群桩套井式基础，适应了地层岩面高差悬殊、风化程度不一的复杂地质构造。

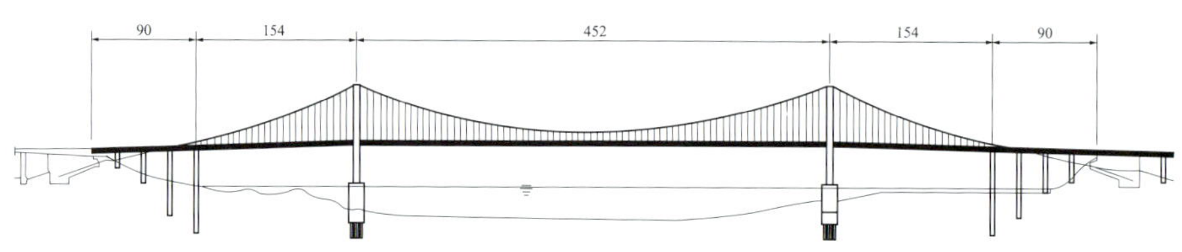

图 2　桥型布置（尺寸单位：m）

通过单壁钢壳套井中填充混凝土减少桩身的自由长度，与承台横梁形成一刚度较大的框架，提高了基础的刚度（图3）。

分离的群桩套井基础为单壁钢壳结构，长11.0m，宽7.0m，高15.5～23.0m，内设6根直径2.2m钻孔桩，桩长6～19m，单壁套井封底混凝土厚5m，承台系梁高5m。南、北主塔基础钻孔桩和承台共浇筑混凝土9 600m^3。

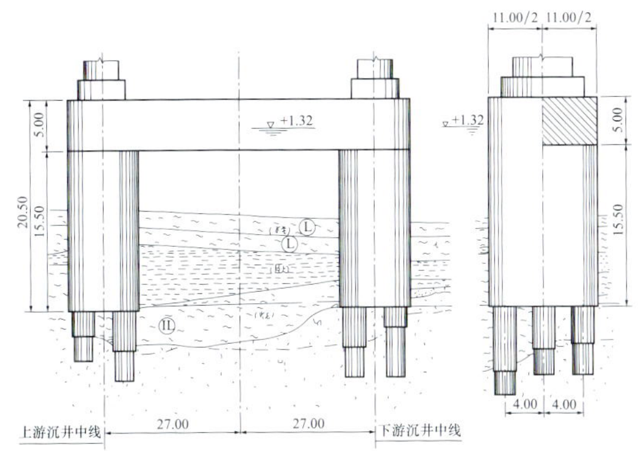

图3　主塔基础（尺寸单位：m）

（2）主塔

主塔为三层门式框架结构（图4），采用C50混凝土。承台以上塔柱高95.10m，塔柱为D形空心截面钢筋混凝土结构。外廓尺寸为6.0m×3.0m，上、中、下三道箱形截面预应力混凝土横梁。塔柱采用爬模施工，两个主塔混凝土用量约7 000m^3。

（3）主梁

主梁为宽25.2m，中心高2.2m的预应力C60混凝土单箱三室结构（图5），主梁纵、横预应力采用有粘结和无粘结束两种。体外束布置在底板顶部，主跨设27束通长束。纵向每6.0m吊索处设置一道主横梁，主横梁间现浇湿接头处设内圈式副横隔梁。主梁按吊点间距划分节段预制，节段长5.7m，重约160t，全桥标准节段121个，采用180t缆载吊机吊装。每跨两端的非标准节段及节段间30cm湿接缝待梁段安装就位后现场浇筑，

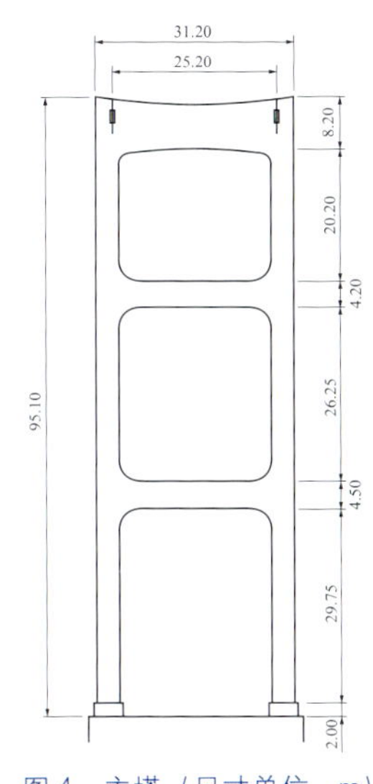

图4　主塔（尺寸单位：m）

最后施加纵向预应力束将主梁形成整体，主梁在主塔及边墩处设竖向抗压支座，在塔柱内侧设阻尼器。边墩顶设XF-120伸缩缝。

全桥主梁混凝土用量9 345m^3。

（4）鞍座

塔顶主鞍座采用全铸钢结构，由上、下座体组成，考虑运输和吊装方便，上座体纵向一分为二，单件重量在20t以内，座体就位后以高强螺栓联成整件（图6）。每个塔顶鞍座总用钢量48.5t。上、下座体的接触面涂防锈蚀和减小面摩擦的材料。

（5）锚碇

锚碇为嵌岩重力式，锚体与锚室嵌入基岩，其上采用重力式挡土墙与填料压重，主缆通过散索后，与锚体

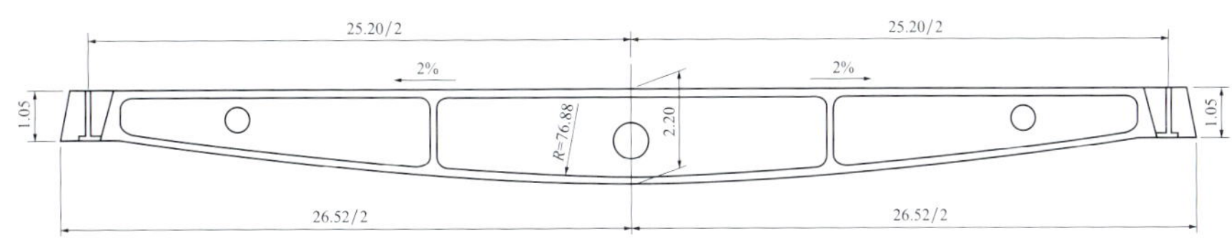

图5　主梁（尺寸单位：m）

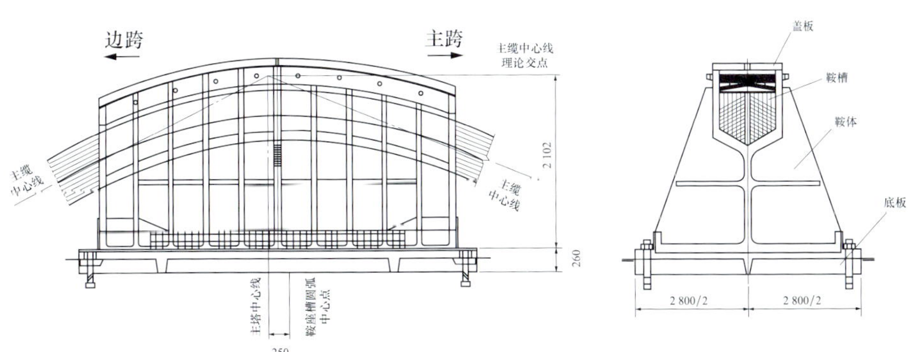

图6　主鞍座（尺寸单位：mm）

内一组工字形锚杆锚固。两座锚碇混凝土共 29 800m^3。

（6）主缆和吊索

两主缆相距 25.2m，每根主缆由 110 束索股，每股由 91 根直径 5.1mm 镀锌高强钢丝组成。索股两端为热铸锚头，通过预埋在锚碇体的钢结构锚杆锚固。

主缆主孔矢跨比 1/10，边孔矢跨比 1/29.6，边孔主缆两端以切线方向设一段 95m 长的拉缆，以便将锚碇布置在地形有利的岩体上，同时在两侧辅助墩处设置竖向支承摆柱约束边跨主缆的竖向变位，以改善主梁受力（图 7），全桥主缆镀锌钢丝用量 3 180t。

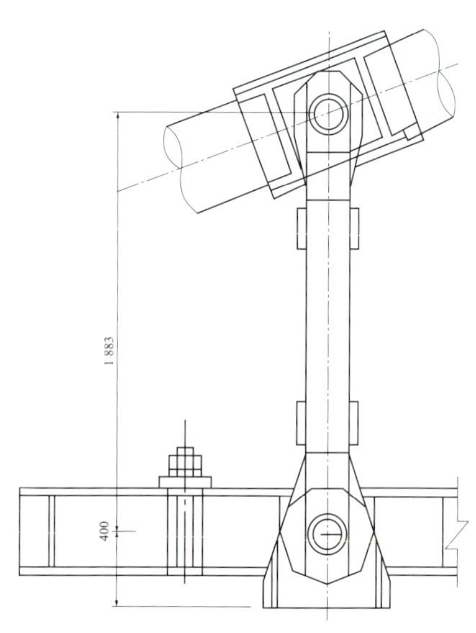

图 7　主缆竖向支撑摆柱

吊索采用骑挂式钢丝绳，上端通过索夹上的索槽骑挂于主缆上，下端通过联结器与加劲梁连接（图 8），4 根吊索转换为 2 根螺杆与加劲梁联结，又可调节吊索长度。吊索为直径 45mm 的镀锌钢丝绳，抗拉强度为 1 700MPa，吊索设计安全系数 K=3.5。

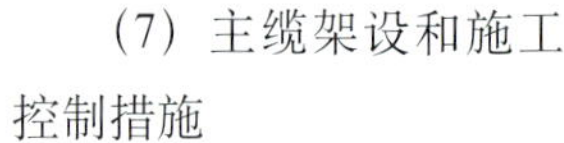

（7）主缆架设和施工控制措施

主缆采用预制平行束股制作架设（PWS 法）。束股牵引跨海，应用低轨索小车加支辊工艺，降低高空作业重心，利于安全操作、加快牵引速度。

猫道架设通过风洞试验成功地实施，保证了作业可靠稳定，方便了桥下航行安全。

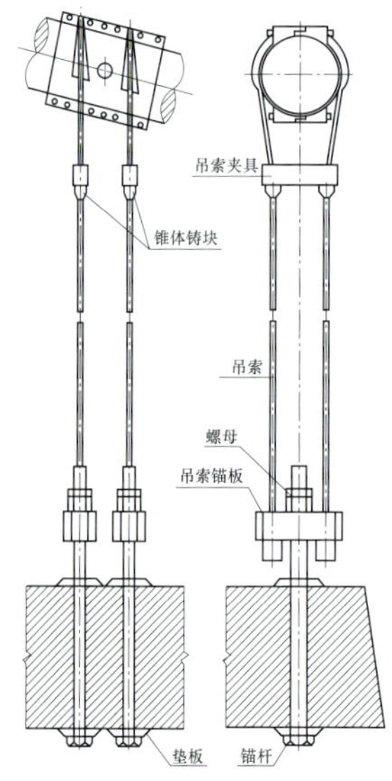

图 8　吊索连接

为使主缆在桥梁架设各阶段的恒载作用下保持弹性平衡，在空缆状态下将主鞍座的上座体向岸侧偏移，随着荷载的增加逐渐将被迫倾斜的塔顶回归原位。当主跨两端各架设约为总量 16% 的梁段时（图 9），边跨主缆水平弹性伸长达到平衡点，主塔上反力不大，塔顶附设的水平千斤顶克服较小的摩阻力逐步完成鞍座中心与主塔中心的吻合。随后在中、边跨交替按比例吊挂剩下的梁段，塔身在弹性范围内俯仰自动平衡，直至完成全桥主梁的架设。

图 9　主梁架设施工

3. 主要技术特点和创新点

（1）主桥采用三跨双铰式预应力混凝土加劲梁悬索桥，跨度和规模较大，为世界首例。

（2）加劲梁截面外轮廓类似倒置的机翼形，风洞试验证明有优异的空气动力稳定性。梁段预制、拼装，分 6 处进行合龙。采用四种类型预应力束于同一结构，超长钢束达 450m。预应力混凝土梁长、薄壁大箱体居当时国内首例。

（3）设计采用柔性索、隔振桁架、缓冲垫、剪力墙等多层次隔振、减振技术措施，开创了特大型桥梁在抗震设防利用逐级柔性吸能缓解地震反应的新思路，为桥梁工程的一个范例。

（4）研制的主缆挤紧机、缆载起重机、缆索缠丝机，性能参数均达到设计要求，施工方便，填补国内大跨度悬索桥施工专用设备空白。

（5）充分利用天然岩体的锚体构造，安全可靠。主桥将两端锚碇放置在主航道两岸的岩体中。锚碇结构在平面上呈 U 字形环绕在天然岩体的后方，基坑开挖后，直接将锚体混凝土现浇到岩石之中。在锚碇的上方，依山体地形采用砌体挡土墙压重，回填成桥头观光平台，锚碇精巧、省料、安全可靠。

（6）主塔的刚架式承台分离式群桩，桩基直接将主塔荷载传递到基岩上，所用桩数最少。

该桥先后获国家科技进步二等奖、全国优秀工程设计银质奖、中国建筑工程鲁班奖、国家优质工程金质奖。

广东佛山平胜大桥

图 1 佛山平胜大桥全景

相关资料

» 桥　　名：广东佛山平胜大桥
　桥　　型：独塔单跨四索面自锚式钢箱梁悬索桥
　跨　　径：350m
» 设计单位：湖南省交通规划勘察设计院
» 施工单位：中铁大桥局集团有限公司
　　　　　　中铁宝桥股份有限公司
　　　　　　上海浦江缆索股份有限公司
　　　　　　佛山公路工程有限公司

» 混凝土用量：155 753m³
　钢 材 用 量：48 293t
　造　　价：10 亿元
　建 成 日 期：2006 年 11 月

1. 概况

广东佛山平胜大桥是和顺至北滘公路主干线（佛山快速环线）跨越平洲水道的桥梁工程，大桥全长 2 248m，主桥主跨为 350m 自锚式悬索桥（图 1）。

该桥双向 10 车道，横桥向为两幅，每幅宽 26.1m，两幅桥间距 3.8m，桥两侧人行道宽 2.5m，全桥宽 56m。设计车辆荷载：汽车—超 20 级，挂车 –120；城市 A 级验算；人群荷载 3.5kN/m²。通航净空 150m × 18m，按 II 级航道要求。地震基本烈度Ⅶ度，设计基本风速 29.9m/s。

2. 主桥结构

（1）总体设计

佛山平胜大桥主桥跨径布置

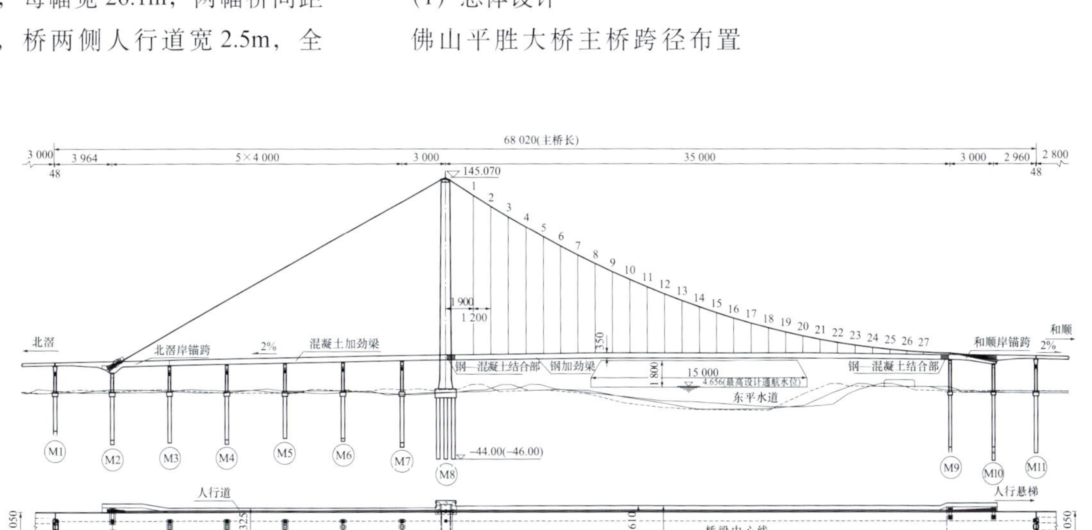

图 2 大桥布置（尺寸单位：cm）

为 5×39.64m+ 40m+30m（预应力混凝土加劲梁及锚跨）+350m（钢箱加劲梁）+30m+29.60m（锚跨），全长 680.20m（图 2）。主桥采用独塔单跨四索面自锚式悬索桥，实现了三柱式独塔、分离双主梁、四索面支撑、混合加劲梁创新设计，降低了自锚式悬索桥施工难度、节省投资，做到景观艺术与结构的完美融合。

（2）主缆

主缆由锚跨、边跨（预应力混凝土加劲梁）、主跨（钢箱加劲梁）、锚跨 4 跨组成。主跨理论跨径 350m，边跨理论跨径 224m。通过主缆锚固处水平轴向压力和竖直上拔力的参数分析及优化后，主缆矢跨比定为 1/12.5。

（3）索塔

索塔采用三柱门式，塔柱自承台以上高 138.87m，设上、下两道横梁，塔柱均为箱型结构。三塔柱中心间距为 2×26.75m。上横梁顶、底均设置装饰墙，塔顶部装饰墙横桥向采用圆弧过渡构成佛山市的“山”字造型（图 3）。左、右两边塔柱横向等宽 4.5m，底部为 6.5m，中塔柱横向等宽 6.0m，顺桥向宽度由塔顶 6.0m 渐变为 8.0m。索塔位于陆上，基础采用 21 根直径 2.5m 的钻孔灌注桩，冲击钻机成孔。下塔柱及横梁采用支架浇筑，上塔柱采用爬模施工。

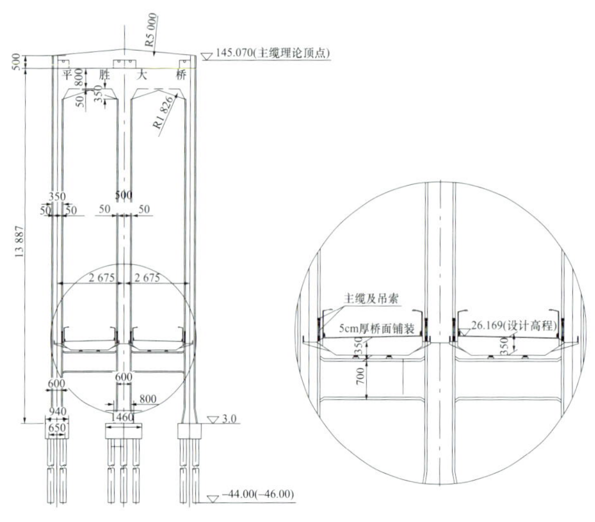

图 3　索塔（尺寸单位：cm）

（4）加劲梁

加劲梁采用混合梁。主跨采用单箱三室全焊钢箱梁，正交异性板结构（图 4）。梁高 3.50m，顶板厚 16～20mm，底板厚 14～20mm，腹板厚 16mm，顶、底板 U 形加劲肋厚 10mm。横隔板标准间距 3.0m，钢箱梁节段重 170～205t，总共约 12 000t。板厚除钢—混结合段、吊索处横隔为 12mm 外，余均为 10mm。纵隔板为实体式，板厚 16mm，板式加劲。

边跨采用 C50 混凝土加劲梁，外形与主跨钢加劲梁一致，单幅采用单箱三室（图 4），梁高 3.50m，顶板宽 23.25m，底板宽 13.70m，腹板厚 45cm，顶底板厚为 26cm。为加强与钢箱梁的连接，在距桥塔中心 10m 长范围内顶底板加厚至 50cm。

（5）钢—混凝土结合段

钢—混凝土结合段的结合面设在主跨距 M8 和 M9 号墩中心线各 2.50m 处（图 5）。过渡段钢箱梁采用 U 肋上 Π 形加劲的方式，长 3.75m；顶、底板厚 28mm，纵隔板及外腹板厚 16mm；结合段内设两道横隔板，间距 1.50m；顶底板和腹板带肋条，都伸入混凝土梁，在肋条上开孔，穿钢筋形成 PBL 剪力键，通过 PBL 剪力键与混凝土梁连接；钢梁和混凝土梁间设 60mm 厚钢承压板，通过剪力钉和纵向预应力与混凝土梁连接（图 5）。

（6）锚跨

主缆锚固在两岸混凝土加劲梁（称为锚跨）上，锚跨跨径为 39.64m+40m。为承受强大的水平力和较大的上拔力，主缆锚固处的梁高由 3.5m 渐变至 7.5m，再由 7.5m 渐变至 2.0m 与引桥顺畅连接（图 6）。适应主缆锚固所需空间，半幅桥桥宽由 23.25m 渐变至 29.25m，外侧与人行悬梯连接，由此增加的恒载足以抵抗主缆所产生的上拔力。

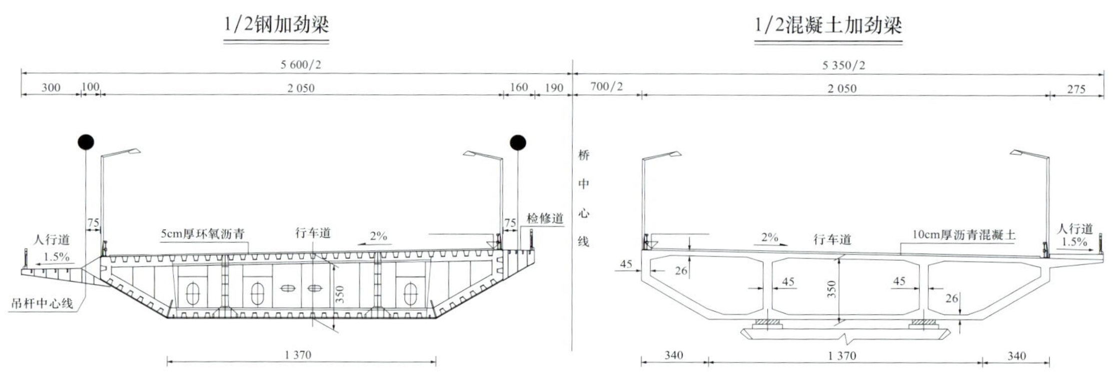

图 4　加劲梁（尺寸单位：cm）

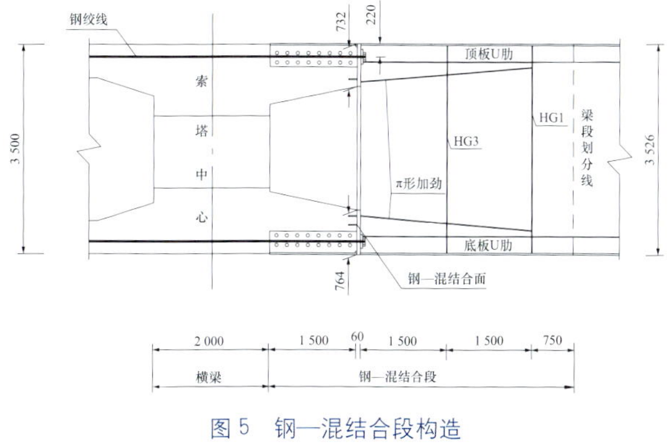

图 5 钢—混结合段构造

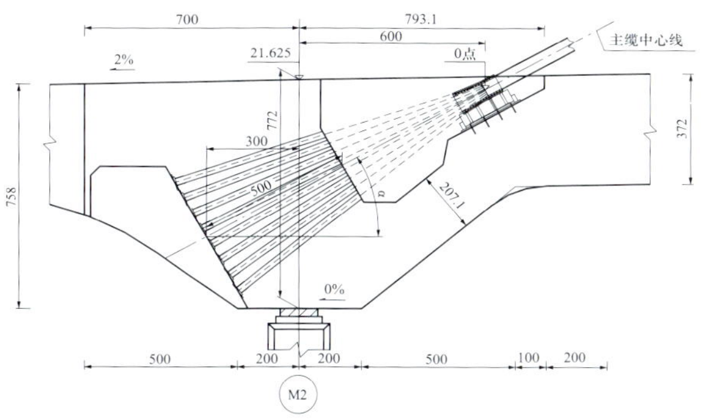

图 6 主缆锚固构造（尺寸单位：cm）

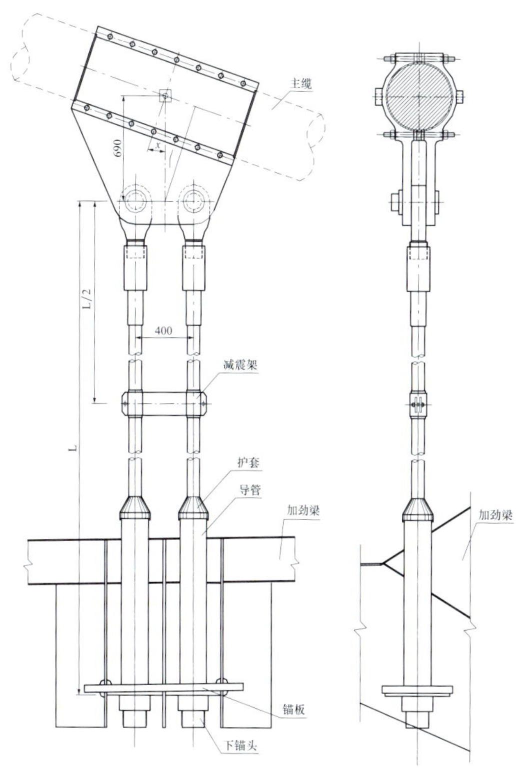

图 7 缆吊系统

（7）缆吊系统

主缆采用预制平行钢丝索股逐根架设（PPWS 法）。主缆共 4 根，每根有 48 股索股，每股由 127 根直径 5.1mm 的镀锌高强钢丝组成。索股锚头采用套筒式热铸锚，直接锚固在锚跨上。

吊杆分柔性吊索（25 对）、刚性（2 对，分上、下节）两种。柔性吊索采用 73 根直径 5.1mm 的镀锌高强钢丝索体外包 PE 护套，其上端采用铰销，下端直接锚固在主梁的锚箱上。刚性吊杆采用材质为 40CrNiMoA 的钢棒，刚性其上节的上、下均采用铰销配 SFT-3 聚乙烯衬套，下节的上端为叉形耳板与上节连接，下端采用螺母锚固在球面锚垫板上（图 7）。吊索采用冷铸锚并设置球面锚垫板，以适应吊索的变形。

主索鞍采用全铸结构，分前后两半；散索套上、下套体亦采用全铸结构，下套体与底座板间设不锈钢滑板副以适应施工中的滑移和成桥后主缆在活载作用下的微量滑移。

（8）顶推法架设钢加劲梁

钢加劲梁采用短线法组拼——多点顶推法架设工艺（图 8），每次起吊 3 节箱梁在平台上焊接组拼。顶推临时墩的跨径布置为 30.5m+2 × 78m+45m+37.5m；因桥轴线与水流交角为 68°，桥宽达 56m，为减少施工难度及船舶撞击风险，临时墩分两幅呈斜交布置，单幅斜交顶推。

临时墩最大跨径为 78.0m（航运要求），墩顶单点反力达 6 950kN，对钢箱梁的局部受力提出了严峻考验。在尽量减少一期恒载的前提下，特别对钢箱梁进行了局部加劲，并对滑道设计进行了重点研究。采取尽量加大滑道尺寸，增加接触面以减少面荷载，采用了能适应钢箱梁允许变形的支点滑道副。

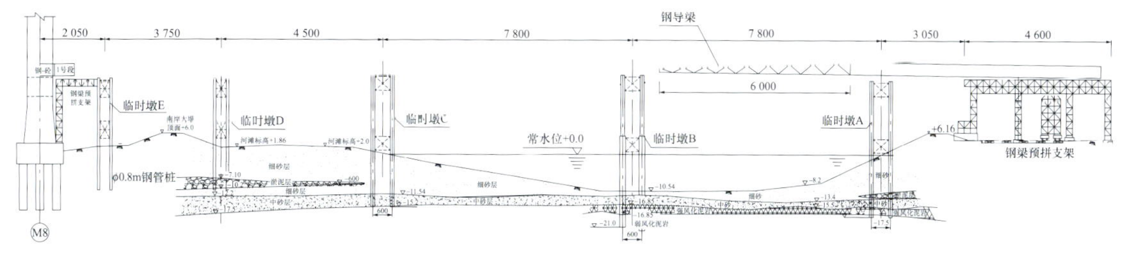

图 8 钢加劲梁顶推施工布置（尺寸单位：cm）

(9) 吊索调索施工

由于主缆的非线性变形和梁的弹性变形，以及结构体系的改变（点支承逐渐改变为悬索支承），梁、塔、缆和吊索力在施工过程中发生的应力重分配将对最终的结构状态产生影响。巨大的缆索拉力全部由主梁承担，主梁和桥塔均为混凝土结构，在轴力作用下，收缩徐变将造成主梁梁段缩短、桥塔塔顶高程降低，对主缆线形和钢主梁线形、内力的影响不可忽视。

调索的初始状态由目标状态倒拆确定。初始状态控制值充分考虑：主梁线形（顶推线形，既是主梁的制作线形，亦是无应力线形）；按轴力作用下主梁的弹性压缩量和收缩徐变量（和顺岸弹性压缩量为132mm，北滘岸弹性压缩量为33mm）设置预长值（和顺岸139mm，北滘岸101mm，共240mm）。塔顶标高考虑弹性压缩和收缩徐变后的预高值为70mm。

3. 主要技术特点和创新点

平胜大桥为独塔单跨自锚式悬索桥，主跨350m、桥宽56m，居世界第一，钢箱梁顶推法架设为国内首例。开展的自锚式悬索桥结构体系、静力与动力性能、施工关键技术、钢—混凝土结合段关键技术、钢加劲梁局部稳定、吊杆锚箱、钢加劲梁架设顶推技术研究等多项专题研究，形成了设计施工成套技术，积累了丰富经验，对同类型桥梁的设计、施工具有重要参考价值。

(1) 率先设计并建成了世界第一座独塔、混合梁、多索面、最大跨度自锚式悬索桥。

(2) 首次建立了多跨连续加劲梁自锚式悬索桥挠度理论方程和解算方法，为力学特性研究、结构体系参数优化提供了一种新的理论分析手段；提出了结构体系的比拟模型，首次从理论上解释了其力学行为。

(3) 率先发现并获得了串列双主缆的尾流驰振规律与最小安全距离、串列双桥面涡激共振规律。

(4) 开发了一套钢箱梁顶推施工的自适应变形滑道系统；通过对吊索张拉的仿真分析和1：20全桥模型试验研究，提出了吊索张拉的多点同步连续调索法，率先解决了大跨度混合梁自锚式悬索桥体系转换的技术难题。

(5) 提出了可考虑多参数、更精确的PBL剪力连接件极限承载力计算公式和钢箱梁U肋加劲板件局部屈曲临界应力计算的四边简支嵌固系数法。

杭州江东大桥

图 1　江东大桥效果

相关资料

» 桥　　名：杭州江东大桥
桥　　型：自锚式连续钢箱梁悬索桥
跨　　径：83m+260m+83m
» 设计单位：上海市政工程设计研究总院
» 施工单位：中交第二公路工程局有限公司
路桥华南工程有限公司
江苏法尔胜新日制铁缆索有限公司

» 混凝土用量：35 430m³
钢 材 用 量：13 306t
工程总投资：3.55 亿元
建 成 日 期：2008 年 12 月

1. 概况

杭州市江东大桥（图 1）位于杭州市东北角，西岸为下沙高教园区，东岸为萧山工业园区，是沟通杭州"三纵五横"快速路之一的德胜路与江东工业园区的一条快速通道。

工程自下沙至萧山全长 4.33km，由通航孔桥梁、江西侧非通航孔（含跨西大堤）桥、江中段非通航孔桥、跨东大堤桥、下沙和萧山两岸陆上段引桥以及接线道路等组成。跨江部分长约 2.1km。桥梁结构为上、下行分离式，中央分隔带宽 5m，单幅桥标准宽度 18.75m，主桥段自锚式悬索桥全宽为 47m。主线道路为双向 8 车道城市快速路，计算速度为 80km/h，设计荷载为城—A 级。

通航净宽 220m，净高 24m。通航孔桥采用主跨 260m 自锚式悬索桥，东、西侧各一座；两座通航孔桥之间为预应力混凝土连续刚构

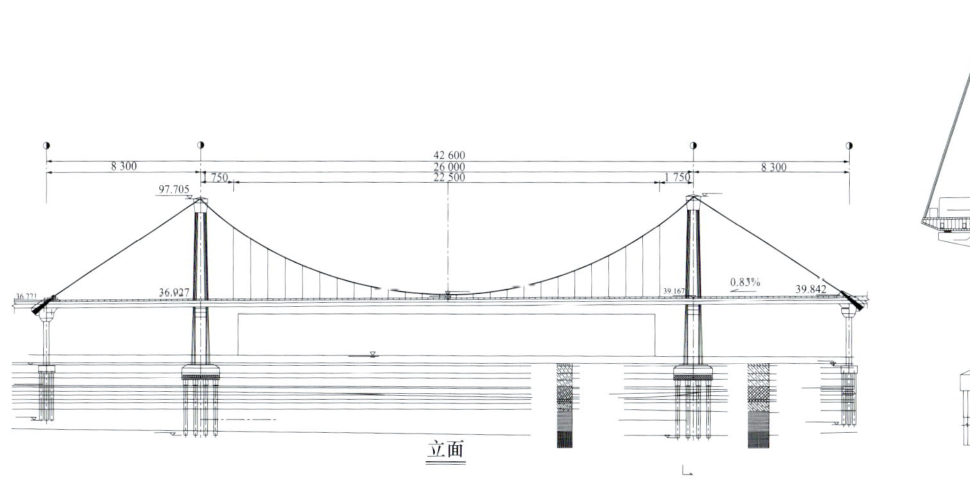

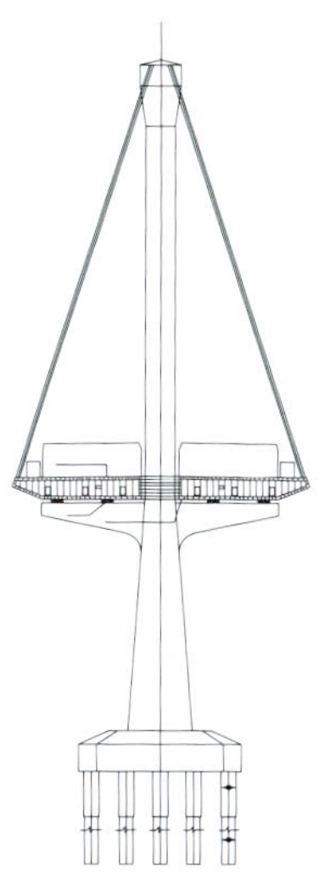

图 2　通航孔桥布置（尺寸单位：cm）

桥，解决施工期的临时通航，全桥建成后亦可作为辅助通航孔使用。

2. 主桥结构

通航孔主桥为两座、跨径组合为83m+260m+83m的自锚式连续钢箱梁悬索桥，独柱式塔，分离式钢箱梁（图2）。边跨主缆在竖直平面内锚于主梁中间，不设吊索；中跨主缆通过吊索锚于主梁两侧形成横向19°空间索面。为提高桥梁的动力性能，在两个主塔处设置了4个200t的高性能阻尼器。

1）主塔

主塔为独柱式塔（图3），以大挑臂横梁支承主梁。上塔柱高约63m，下塔柱高约34m。塔柱基础由18根直径2.0～2.3m的变截面钻孔灌注桩组成。塔柱为空心腰圆形截面，塔顶为4.8m×6m，塔底为8.9m×12m。塔顶部为实心段，以承受鞍座传来的巨大压力。

塔横梁为预应力混凝土，圆弧底箱型梁，宽度6.8m，高度3m～6m。

2）加劲梁

主梁采用扁平分离式钢箱，中间以钢横梁连接，全宽47m，高3.5m（图4）。纵向设置五段曲线预拱度，

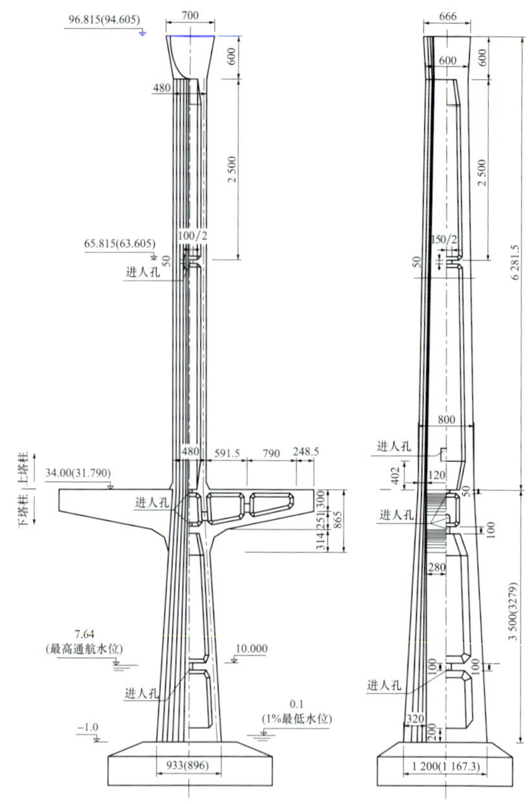

图3 主塔（尺寸单位：cm）

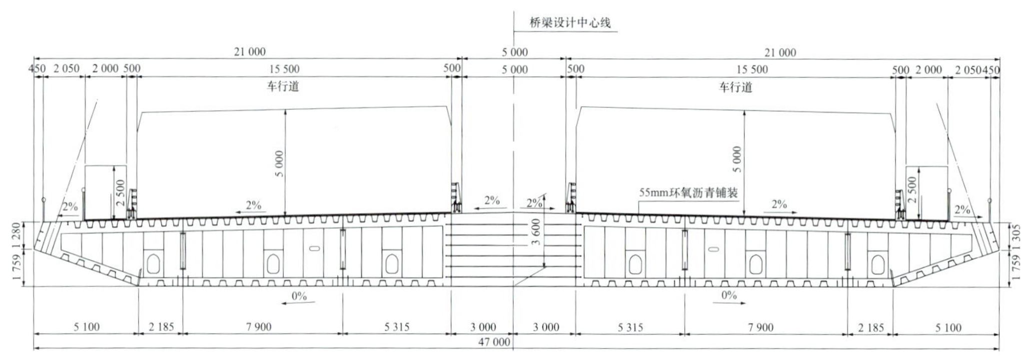

图4 钢箱加劲梁（尺寸单位：mm）

采用少支架顶推法施工。钢材采用Q345D，并对碳当量和硫含量提高控制条件，正火状态供货。

顶板为正交异性桥面板，厚度14～20mm，在主缆锚固区局部加强至30mm；顶板U形加劲肋板厚度8～10mm，高度280mm，间距600mm。

水平底板钢板厚度12～20mm，在主缆锚固区局部加强至30mm，斜底板厚度10～12mm；底板U形加劲肋厚度6～10mm，高度260mm，间距800mm。

单幅桥布置四道腹板：两道外侧腹板采用整体钢腹板，两道中腹板在支点区域梁段采用整体钢腹板，边跨跨中区和中跨悬吊区梁段采用钢管桁架式腹板。

横隔板标准间距3m，一般厚10mm，吊点横隔板厚12mm，吊索锚箱连接横隔板加厚至16mm，主缆锚固区和塔梁支承区段横隔板厚12～20mm。横隔板为整体式，由上下两块板熔透对接而成。新型球铰式吊索采用锚管式锚箱焊接嵌固在横隔板上，张拉端位于斜底板处。

钢横梁与钢箱梁节段和吊索对应布置，标准间距9m，高3.5m，宽3m。中跨钢横梁顶板厚16mm，底板厚16mm，腹板厚10mm；边跨钢横梁顶板厚10mm，底板厚10mm，腹板厚10mm。

锚固端横梁宽度4m，6～8m变高，钢锚碇位于锚固端横梁中央分隔带内，锚固端横梁及相邻钢箱梁内填充C40混凝土作为压重。

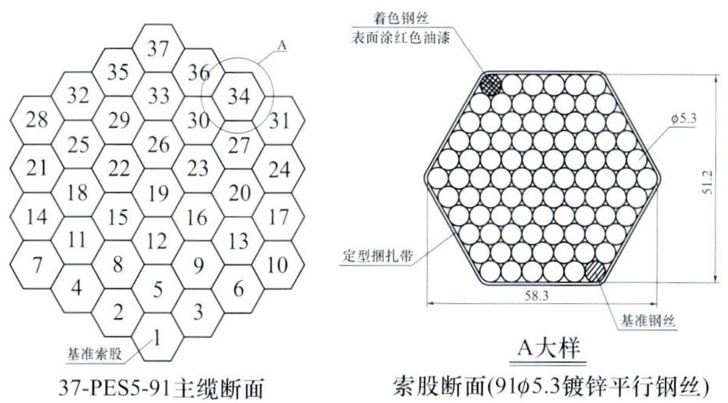

图5　主缆断面（尺寸单位：cm）

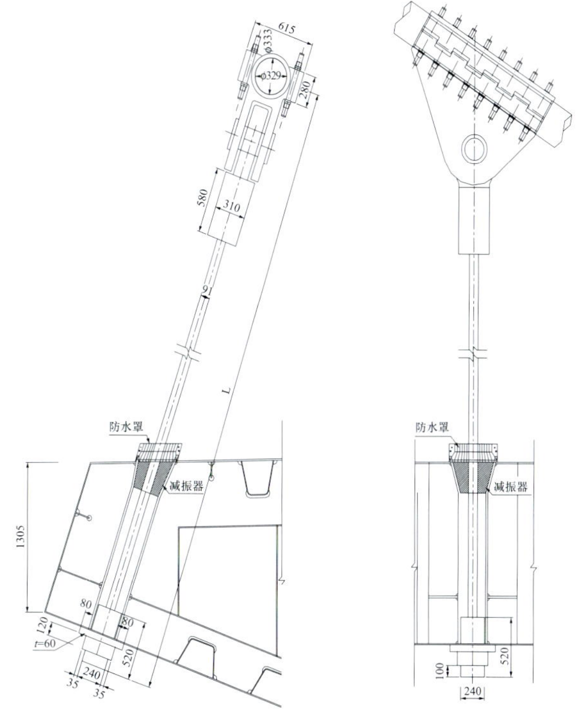

图6　销接式吊索构造（尺寸单位：mm）

3）主缆、吊索、索夹及鞍座

（1）主缆

中跨主缆矢跨比 1/4.5，采用预制平行索股制作、架设，每根主缆由 37 束索股组成，每索股为 91 根直径 5.3mm 镀锌高强钢丝，强度为 1 670MPa。预制索股两端锚头采用锌铜合金灌注的热铸锚（图 5）。

（2）吊索

中跨共设 26 对吊索，顺桥向间距 9m，横桥向倾斜，斜率约为 2.9：1。为适应空间索面双向变形，吊索采用新型球铰式：吊索上端与主缆采用销接，下端与主梁采用锚管承压方式连接，张拉端位于主梁斜底板下面；每个吊点为 127 根直径 7mm 高强度镀锌平行钢丝束索，外包吊索可以保证适应顺桥向、横桥向变形（图 6）。

（3）索夹

索夹采用铸钢结构，上下对合，高强螺栓连接（图 7）。

除中跨设吊点索夹外，边跨主缆和索鞍处布置紧箍索夹和主缆密封索夹。索夹长度 0.56～2.0m，材料采用 ZG35SiMnMo 铸钢，上下两边配套加工。采用 M45 高强螺杆连接，螺杆材料采用 40CrNiMoA。在索夹的预紧螺栓架设防水帽，索夹上、下部分接缝处嵌橡胶防水条。

（4）主鞍座

主索鞍由鞍体及下承板组成（图 8）。鞍体由鞍槽和纵横加劲肋组成。为适应中跨主缆的空间线形，鞍槽除设置竖弯圆弧外，还设置平弯圆弧过渡。鞍体采用全铸式结构，材料为 ZG275-485H。鞍体与下承板之间设不锈钢板 - 聚四氟乙烯板滑动副，以适应施工中的相对移动。

鞍体制作分左右两部分制作，吊至塔顶后横桥向用高强螺栓连接拉板。鞍体单件吊装重量约 65t。

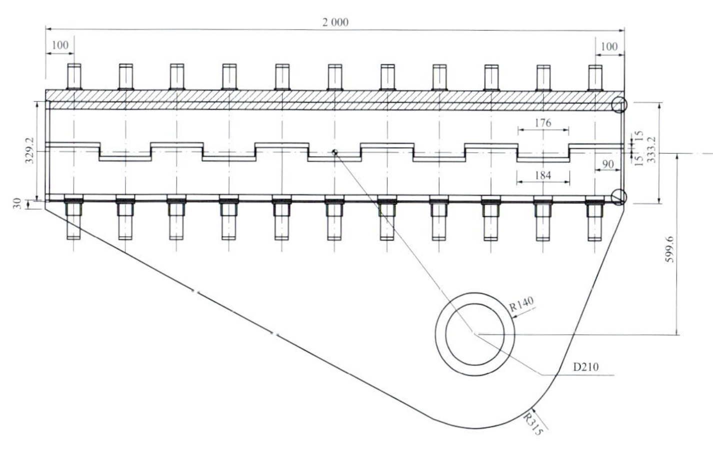

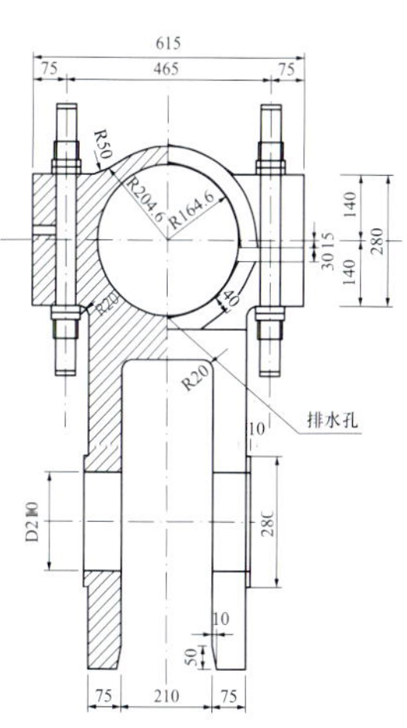

图7　索夹构造（尺寸单位：mm）

图 8　半幅主鞍座

(5) 散索鞍

散索鞍由鞍体和底座两部分组成，为全铸钢结构。散索鞍采用不锈钢—聚四氟乙烯板滑动式移动副，鞍体和底座之间可以相对滑动以适应主缆的长度变化，鞍体在主缆入口和出口处呈喇叭状以适应主缆角度变化。散索鞍支架采用钢结构，焊接在钢箱梁上，底座则栓接固定在支架上，散索鞍底座和钢支架之间考虑可调节措施（图 9）。

4）施工工艺

基本施工程序为：

(1) 施工准备→(2) 栈桥施工→(3) 基础施工→(4) 主塔、边墩施工→(5) 主梁制作、吊装、顶推架设→(6) 鞍座制作、安装→(7) 猫道架设→(8) 索股制作、安装→(9) 紧缆→(10) 索夹初步安装→(11) 主缆横移→(12) 索夹精确定位、吊索安装、张拉、结构体系转换→(13) 桥面系施工→(14) 主缆缠丝、防护→(15) 附属工程施工。

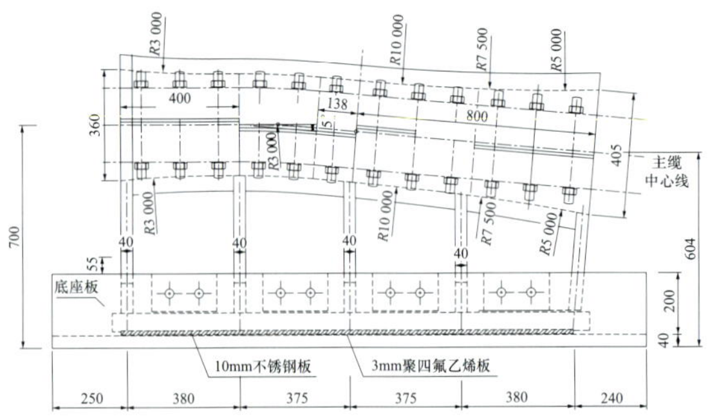

图 9　散索鞍（尺寸单位：mm）

钢箱梁采用顶推法施工（图 10）。

3. 主要技术特点和创新点

(1) 双独柱塔、宽桥面、分离式钢箱梁新颖自锚式悬索桥设计技术；

(2) 多段竖曲线钢箱梁的顶推工艺；

(3) 适应空间索面的新型球铰式吊索体系与主鞍座；

(4) 空间主缆自锚式悬索桥缆吊系统的安装技术；

图 10　钢箱梁顶推

(5) 双塔空间索面自锚式悬索桥体系转换设计与施工技术；

(6) 空间自锚式悬索桥设计与施工控制技术。

常州京杭运河龙城大桥

图 1　龙城大桥全景

» 桥　　名：常州京杭运河龙城大桥
桥　　型：独塔三跨连续自锚式悬索与斜拉组合体系
跨　　径：113.8m+72.2m

» 建设单位：京杭运河常州市区段南移改建工程建设指挥部
常州市航道管理处

» 设计单位：同济大学建筑设计研究院
施工单位：路桥华南工程有限公司
国营武昌造船厂
巨力索具股份有限公司

» 混凝土用量：35 000m^3
钢 材 用 量：6 500t
造　　　价：1.60 亿元
建 成 日 期：2007 年 12 月

1. 概况

京杭运河及 312 国道改线工程自东向西穿过常州市区，龙城大桥是新开挖的运河上新建的 11 座桥梁之一，位于常州市武进区胡塘镇常武路上，包括主桥和两侧引桥。

该桥位于常州新城区，景观要求高，主桥采用了 72.2m+113.8m+30m 拱形塔自锚式悬索与斜拉组合体系（图 1）。

桥位处河道宽 90m，水深 5～6m。覆盖层厚 28～38m，夏季受台风影响。

龙城大桥为六车道城市主干路大桥，设计速度 80km/h；通航净空 70m×7m；地震基本烈度Ⅶ度。

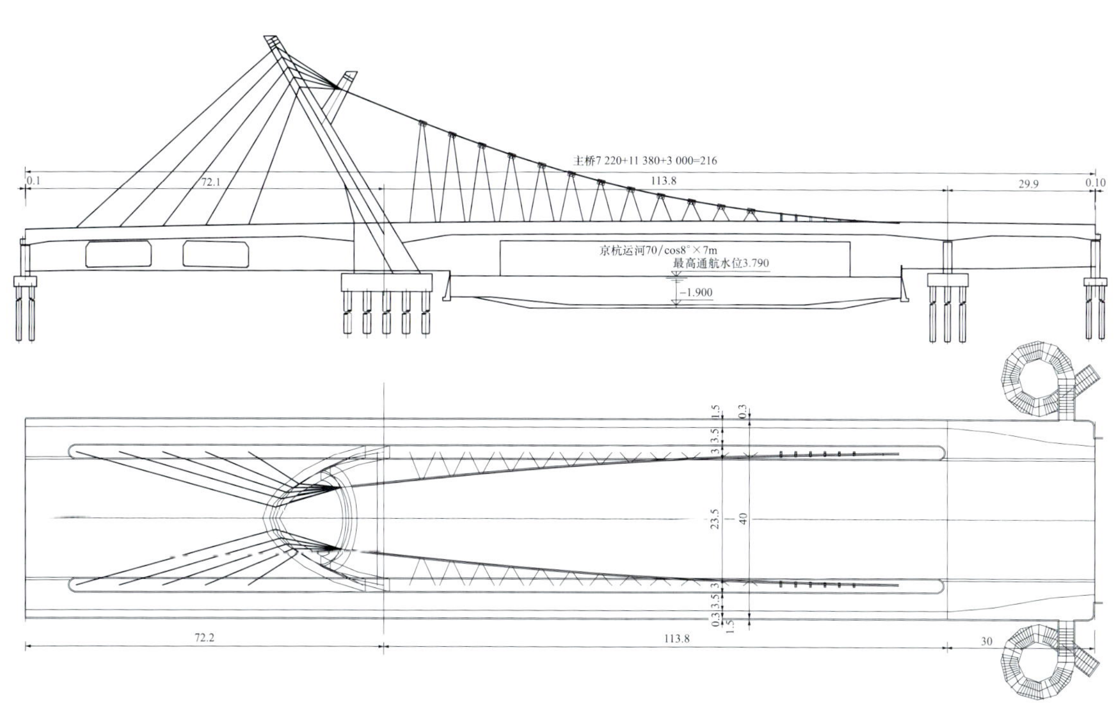

图 2　桥型布置（尺寸单位：m）

2. 主桥结构

主桥为独塔三跨连续自锚式悬索与斜拉组合体系，悬索桥跨径113.8m，斜位桥跨径72.2m（桥跨布置为72.2m+113.8m+30m）。斜向交叉吊索，悬索主缆下端锚固于主梁支承处，上端经过散束次塔分散后锚固于主塔（图2）。

1）基础

基础采用群桩（图3），横向两墩分离，每主墩基桩采用30根直径1.5m钻孔桩，桩长60m。每个承台尺寸为18.1m×11.3m，厚4m。承台及基桩混凝土共4 850m^3。

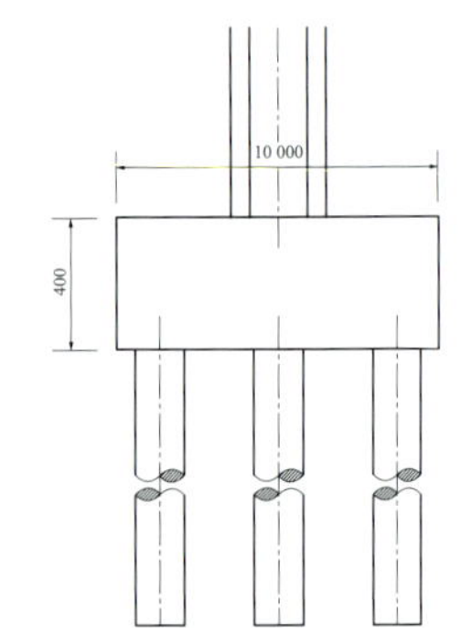

图3　索塔基础（尺寸单位：cm）

2）主梁

主梁分为钢—混凝土组合梁与预应力混凝土梁两部分，其中主跨87m为钢—混组合梁，其余部分的129m为预应力混凝土梁。

（1）组合梁

组合梁由无顶板的敞口钢箱与混凝土顶板组合成闭合箱，宽40m，梁高为2.5m（图4），钢胜利板厚14～16mm，底板厚16～24mm，顶板厚22mm，箱梁底板采用U形肋加劲，顶板和腹板采用纵肋加劲。

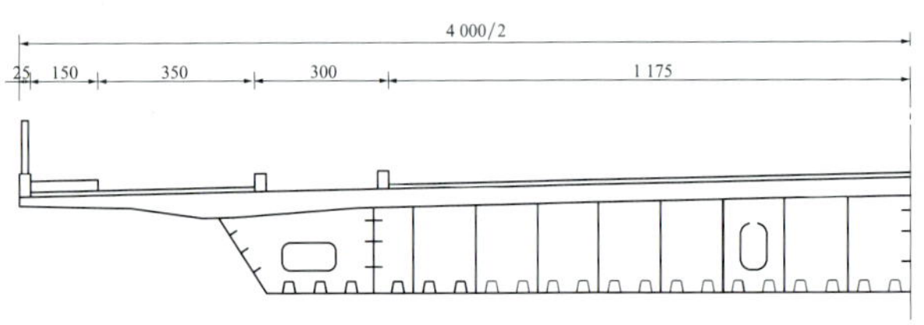

图4　组合梁横断面（尺寸单位：cm）

（2）预应力混凝土梁

预应力混凝土箱梁梁高在主塔墩处截面为3.5m，另一侧主墩梁高为3.00m，其余段为2.5m；箱梁有5个腹板（两侧为斜腹板，中间为直腹板），腹板厚度均为50～70cm，桥面板厚25cm。

主跨预应力混凝土箱梁与组合梁锚接段为全截面填充混凝土，通过组合梁端钢板上的剪力钉及张拉近腹板处的预应力精轧螺纹钢筋，确保组合梁与混凝土梁的传力。

混凝土主梁施工采用了大节段（最长45m）支架现浇，分两次浇筑。钢—混凝土组合梁施工采用支架吊装钢箱、预制桥面板、现浇湿接缝（布置剪力钉）。

3）主塔

桥塔采用变截面拱形门式结构，顺桥向倾斜30°。为适应造型和散索构造需要，主塔上方设置次塔与主塔柱呈60°交角。

主塔在桥面以上高度为37m，竖向分为预埋区、A区、B区、C区。A～B区为钢—混凝土组合结构（钢箱采用Q345qD钢材，板厚40mm与50mm，设环向加劲肋，内灌C50微膨胀混凝土），C区为钢结构，提供主缆及斜拉索的锚固。

主塔、次塔均为变截面矩形结构（图5、图6），主塔顺桥向宽4.983～2.527m，横桥向为等截面宽2m。次塔顺桥向宽3.525～2.214m，横桥向宽2m。钢板厚25mm。

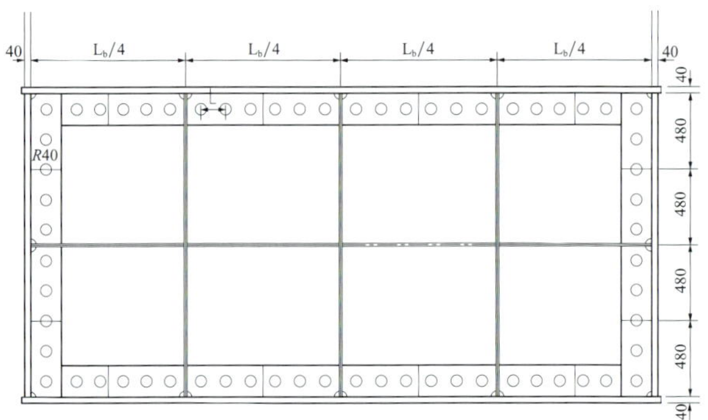

图5　主塔横断面（尺寸单位：cm）

图6　主塔构件

图 7　主塔竖转过程

主塔施工采用竖向转体工艺（图 7），保证了异形钢结构空间吊装焊接的精度及特厚板（个别钢板厚 60mm）焊接工艺。

4）主塔锚箱

本桥主缆及边跨斜拉索均锚固在主塔 C 段上，塔顶分缆最大锚固力 9 000kN、斜拉索最大锚固力达 7 000kN 以上，确定采用锚箱的结构形式，进行了锚箱结构足尺超载试验。

5）主缆

本桥缆索桥面以上部分的桥塔和缆索体系呈空间曲线，吊索在顺桥向和横桥向均呈倾斜，主缆在塔顶空中散成 7 股（图 8）。

型平行钢丝束，采用斜拉索制作工艺，外包 PE 护套。

6）主缆散索装置

由于主缆在散索点分散，在使用过程中始终处于漂浮状态，本桥就散索器和索夹构造作了专题研究与开发。次塔柱的散索器由散索套与锁定防退装置组成。主缆索股在散索套内发散，在主塔柱上锚固。锁定防退装置保证了散索系统不产生滑移。散索套 + 过渡索套 + 固定防退索夹的“三段式”散索装置（图 9）。

7）斜拉索

副跨斜拉桥体系斜拉索为带 PE 护套的平行钢丝成品索，分别锚固于主塔预应力混凝土梁。

图 8　主缆散索方式

图 9　散索装置外形

主缆轴力达 53 000kN，经过散索装置后，最大分缆力（最上面一根）达 9 100kN，主缆采用 397 根直径 7mm 平行钢丝索股。

散索装置和主塔锚固点之间的分缆索股采用扭绞

主缆、斜拉索均采用冷铸锚。主缆在主塔上的锚头需另设球垫铰以便施工中缆索角度调整。

8）吊索

主跨吊索分为柔性斜吊索和刚性直吊索两种，全桥有柔性吊索48根，刚性吊索12根。

柔性吊索采用冷铸锚式成品吊索，锚固于索夹和主梁上，与主梁连接需另设球垫铰。刚性吊索采用40CrNiMoA合金钢，与主缆连接采用索夹，与主梁连接采用球垫铰以适应主缆变形。

由于吊索采用交叉式，柔性吊索为双耳式索夹，索夹为两个铸钢半圆构件，采用高强螺栓对接，索夹下端伸出吊耳，吊耳与吊索采用销接。按吊索力大小、主缆倾斜角度和吊索角度以及索夹的长度和所需的螺栓数量不同，全桥共18对索夹。

3. 主要技术特点和创新点

（1）三跨连续自锚式悬索与斜拉组合体系为国内外首例，为我国中小型景观桥梁及大型异形桥梁提供了经验。

（2）开发了空间几何非线性计算方法和计算程序，成功的解决了空间主缆的定位问题。

（3）397根直径7mm平行钢丝缆索索股的成功应用，为索股大型化提供了经验。

（4）开发了自锚式结构的体系转换专用计算程序，拟定了合理的体系转换过程，使体系转换工作（吊杆张拉）在一个循环内完成。

（5）针对大型索股的锚固开展了锚箱研究与试验，成功应用高强度桥梁结构钢，在小空间内实现了较大集中力的锚固。

（6）成功地解决了主缆空中分散锚固。

（7）开展了空间交叉吊索的研究分析，并成功应用。

（8）采用国内少见的矩形截面拱门钢—混凝土组合桥塔，完善了异形桥塔的设计、加工制作及安装工艺。

（9）采用了扁平宽钢箱—混凝土桥面板的结构形式，主梁的抗扭刚度大，改善了桥梁结构的动力性能。

拱　桥

重庆朝天门长江大桥

图 1 朝天门长江大桥全景效果

相关资料

- 桥　　名：重庆朝天门长江大桥
- 桥　　型：三跨连续钢桁系杆拱
- 跨　　径：190m+552m+190m
- 设计单位：重庆交通科研设计院
  中铁大桥勘测设计院有限公司
- 施工单位：中交第二航务工程局有限公司
  中铁大桥集团有限公司
  中铁宝桥股份有限公司

- 混凝土用量：55 300m^3
- 钢 材 用 量：49 054t
- 造　　价：13.2 亿元
- 建 成 日 期：2008 年 12 月

1. 概况

重庆朝天门长江大桥地处重庆市主城区中央商务区，位于嘉陵江与长江交汇口(朝天门)下游约 2.4km 的长江王家沱河段，在重庆主城区向外辐射的东西向快速干道上。

大桥桥位处江面河床宽 570m，水深 18m，洪水时最大表面流速 4.07m/s，设计流量 88 700m^3/s。桥位区基岩主要为砂岩、泥岩、泥质砂岩、砂质泥岩，覆盖层厚度较小。桥位区多年平均气温 18.3℃，年平均降水量 1 082.6mm。

大桥为公轨两用特大型拱桥，全长 1.741km，主桥主跨采用 552m 中承式钢桁系桥拱桥（图 1)。大桥为双层桥面，上层桥面为双向六车道，下层桥面为 2 个预留车道和 2 条双向轨道交通。设计速度 60km/h；设计基本风速 26.7m/s；船舶撞击荷载：顺桥向 1 100kN，横桥向 1 400kN；地震基本烈度Ⅵ度，按Ⅶ度设防；通航净高 18m，通航净宽不小于 242.1m。

2. 主桥结构

朝天门长江大桥主桥采用 190m+552m+190m 三跨连续钢桁系杆拱桥（图 2)，主桥全宽 36.5m，桁宽 29m，两侧边跨为变高度桁梁，中跨为钢桁系杆拱。拱顶至中间支点高度为 142m，拱肋下弦线形采用二次抛物线，矢高 128m，矢跨比 1/4.312 5；拱肋上弦部分线形也采用二次抛物线，与边跨上弦之间采用 $R=700$m 的圆曲线进行过渡。主桁采用变高度的“N”形桁式，拱肋桁架跨中桁高为 14m，中间支点处桁高 73.13m (其中拱肋加劲弦高 40.65m)，边

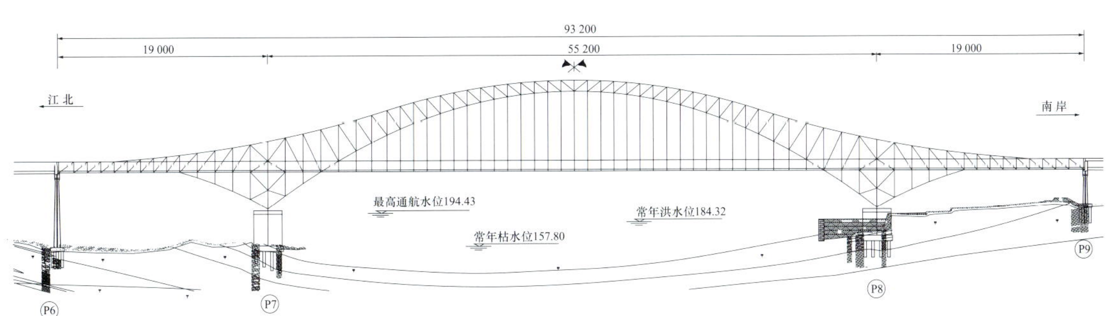

图 2 主桥桥型布置（尺寸单位：cm）

支点处桁高 11.83m。全桥采用变节间布置，共有 12m、14m、16m 三种节间形式，边跨节间布置为 8×12m+14m+5×16m，中跨节间布置为 5×16m+2×14m+28×12m+2×14m+5×16m。

主桥支承体系布置：纵向支承体系布置为江北侧中支点（P7 墩）设置固定铰支座，其余各墩均设置活动铰支座。横向支承体系布置为中支点均设置固定支座，边支点设置横向活动支座，边支点下横梁中心设置两个横向限位支座。

1）基础

P7、P8 主墩基础为分离式群桩基础，两承台对称桥轴线，均为 25m×19.4m 长方形、厚 6m 的钢筋混凝土结构。每一承台基桩为 3 排 12 根桩径为 2.5m 的群桩，每一墩共 24 根（图 3）。

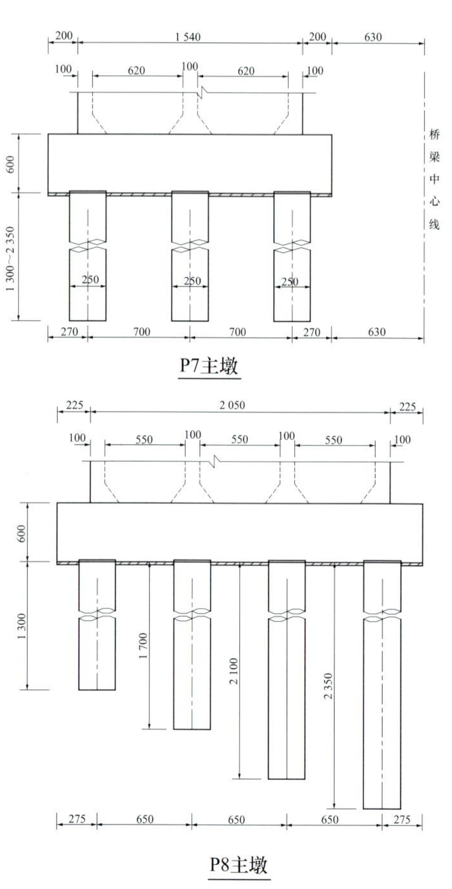

图 3 主墩基础（尺寸单位：cm）

2）墩身

P7、P8 主墩墩高分别为 36m 及 26.6m，墩顶均设 145 000kN 的球型支座。主墩由两个分离式钢筋混凝土薄壁墩组成，为增强两桥墩横向联系，两薄壁墩间设一厚 4.0m 的横梁。每座分离式桥墩均为 20.5m（顺桥向）×15.4m（横桥向）长方形单箱 6 室（6.2m×5.5m），墩壁厚 1.0m。墩顶部设有高 4.0m 的实体段（图 4）。

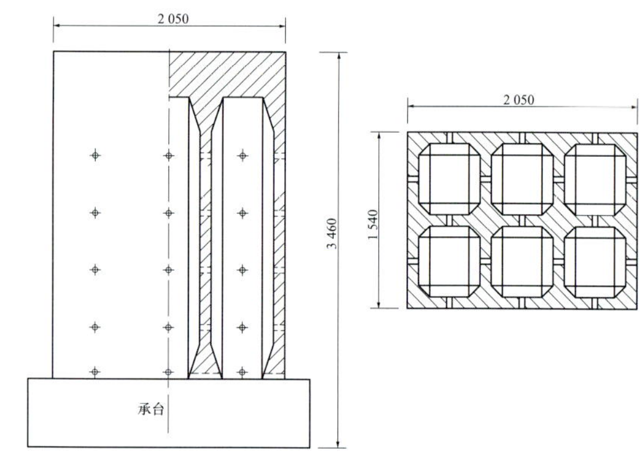

图 4 主墩（尺寸单位：cm）

3）主桁杆件

主桁弦杆为焊接箱形截面（图 5），截面宽度有 1 200mm 和 1 600mm 两种，截面高 1 240～1 840mm，板厚 24～50mm。杆件按四面拼接设计，拼接处杆件高、宽相同，不同宽度和高度杆件之间采用变宽（高）度设计。对于同一杆件，宽度和高度不同时变化。

腹杆采用箱形、“H”形及“王”形截面，箱形截

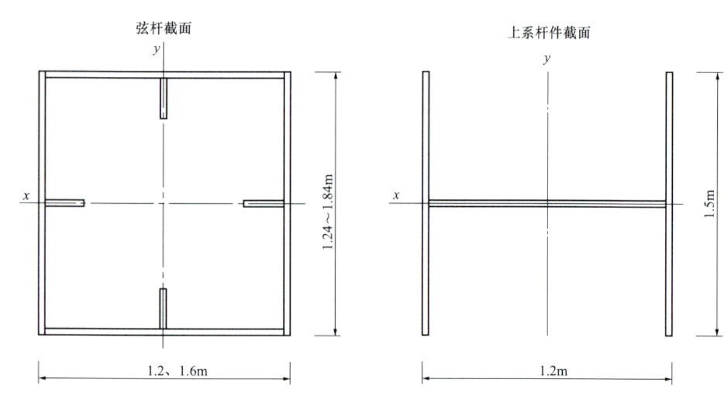

图 5 主桁杆件截面

面高 1240～1440mm，板厚 24～50mm；“H”、“王”形截面高 700～1100mm，板厚 16～50mm，杆件端部按照两面拼接设计。

中跨布置有上下两层系杆，其中心间距为 11.83m。下系杆与加劲腿部中弦及边跨下弦贯通。上层系杆采用焊接“H”形截面，截面高 1 500mm，宽 1 200mm，板厚 50mm。下层系杆采用焊接“王”形截面，高 1 700mm，宽 1 600mm，板厚 50mm，系杆端部与拱肋下弦节点相连接，下层辅助系索锚固于节点端部。

主桁杆件所采用的最大板件厚度 50mm，最大长度 44m，最大安装吊重 80t。

4）主桁节点

主桁节点除中间支承节点（E15）（图 6）采用整体节点外，其余均采用拼装式节点。节点板最大厚度 80mm（E15 节点），最大规格为 5 570mm × 7 620mm（E18 节点）。

5）桥面系

上、下层桥面采用正交异性钢桥面板，桥面板厚 16mm，采用“U”形闭口肋，沿纵桥向设置横隔板，其间距不大于 3m，在主桁节点处设置一道横梁。上层桥面沿横桥向布置 6 道纵梁，下层桥面每侧布置 2 道纵梁，中间采用纵、横梁体系，其横梁与两侧钢桥面板横梁共为一体。共设置两组轻轨纵梁，其中心距为 4.2m，每组轻轨纵梁由两片组成，通过平联和横联连为一体，纵梁端部通过鱼形板和连接角钢与横梁连接，轻轨纵梁上设置木质桥枕和 60kg/m 钢轨。上层桥面在主桁节点外侧设置人行道托架，上置“∏”形正交异性钢人行道板（图 7）。

6）平纵联

下层桥面平纵联为交叉型设置，杆件采用焊接工形构件，横梁作为下平联撑杆。拱肋上、下弦平纵联采用菱形桁式，加劲弦平纵联采用“K”形桁式。由于

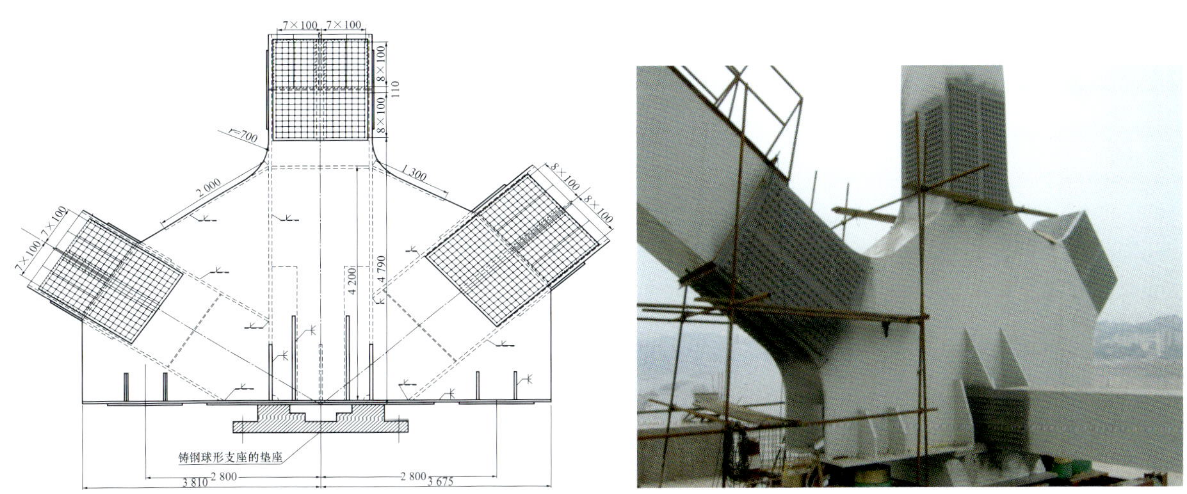

图 6 E15 节点（尺寸单位：mm）

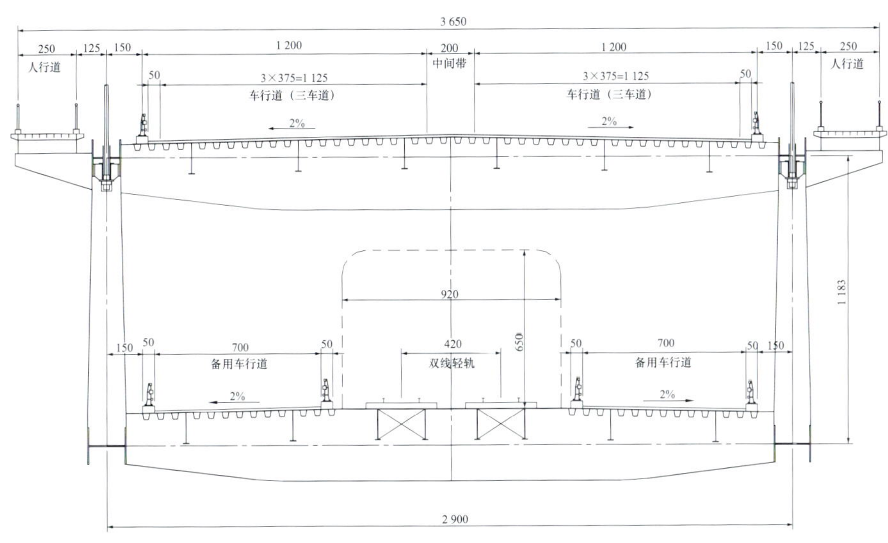

图 7 吊杆区断面布置（尺寸单位：cm）

相邻节间存在一定的夹角，平联节点板采用弯折方式进行过渡。

7）横联与桥门架

主桁拱肋每两个节间设置一副桁架式横联，位于拱肋上下平纵联“M”字形心处；加劲腿区段每个节间均设置一副桁架式横联。中间支点处设桁架式桥门架，边支点 A1～E1 和 E18～E19 等处均设板式桥门架，E19～E20 处设置桁架式桥门架。

8）高强度螺栓连接

主桁构件采用 M30 高强度螺栓，ϕ33mm 栓孔，设计有效预拉力为 360kN；桥面系、联结系采用 M24、M22 高强度螺栓，分别为 ϕ26mm、ϕ24mm 栓孔，设计有效预拉力 240kN、200kN。摩擦面抗滑移系数按照 f=0.45 计。

9）主桁安装

边跨采用平衡重辅以临时墩半伸臂架设。起步段（前两节间）利用边墩旁塔吊在膺架上架设，同时架设两个临时节间，与前两节间共长 48m 以加载配重平衡悬臂端。然后在钢梁上弦拼装拱上爬行架梁吊机，并在离边墩 36m、50m、80m 处设置临时墩。利用拱上爬行架梁吊机悬臂架设至主墩，与此同时在平衡节间加载适当配重。

中跨采用平衡重辅以斜拉扣挂系统全伸臂架设（图 8）。先主拱架设至合龙后再进行中间梁系架设。中跨安装时钢梁先整体安装至 108m，随后仅架设拱肋桁架及吊杆至跨中合龙。斜拉扣挂系统塔架高 98.07m，共设置两层拉索。中跨钢梁悬臂架设至 168m 时，挂设内索并初张拉，继续架设钢梁至 240m，挂设外索、初张拉、架设钢梁，最后进行跨中合龙。钢梁悬臂架设同时在平衡节间加载适当配重。跨中合龙后，安装临时系杆并张拉，完成结构体系转换，然后逆序斜拉扣挂系统及拱上爬行架梁吊机。再利用桥面吊机在上层桥面行走，逐节间安装上下层系杆及上层桥面横梁直至跨中合龙。系杆合拢后拆除临时系杆，然后桥面吊机后撤同时安装下层桥面横梁、平联、轻轨纵梁和上下层桥面板直至完成。主体结构安装完成后安装并张拉辅助系索。全桥附属结构、桥面铺装等完成后，辅助系索及吊杆进行全面调索并达到设计要求。

图 8　主桥施工

3. 主要技术特点和创新点

（1）首次推出主跨 552m 的公轨两用飞燕式多肋钢桁架中层式拱桥，跨径居世界同类桥梁之最。

（2）主桁结构中支点采用支座，使得大桥结构体系在外部为三跨连续梁受力体系。

（3）重庆朝天门长江大桥采用双层交通，轨道交通与汽车的通道上下分离，互不干扰。为了保证轨道交通乘客过江时有较好的视觉感受和舒适性感，取消桁架斜腹杆。

（4）成功研制并应用于朝天门长江大桥的世界上最大吨位 145 000kN 抗震支座。

（5）整个大桥主桁构造除 E15 采用整体节点外，其余均采用拼装式节点，方便施工。

（6）采用钢结构系杆和预应力系杆相结合的方式，钢结构系杆构造上同时作为钢桁梁的一部分，其平面与主桁拱平面重合，系杆与主桁拱间的连接构造简单，受力明确。

（7）本桥采用架梁吊机、斜拉扣挂技术，结合抬高梁体标高使主桥转动的思路，实现先拱后梁零应力合龙模式，为世界首例，成桥线形易于保证。

上海卢浦大桥

图1　卢浦大桥全景

相关资料

- 桥　　名：上海卢浦大桥
- 桥　　型：中承式钢箱系杆拱桥
- 跨　　径：100m+550m+100m
- 设计单位：上海市政工程设计研究总院
- 施工单位：上海建工（集团）总公司

- 混凝土用量：22 269m^3
- 钢 材 用 量：44 499t
- 主 桥 造 价：6.4亿元
- 建 成 日 期：2003年6月

1．概况

卢浦大桥位于上海市区的南面，是市区黄浦江第七座越江设施。桥位距下游南浦大桥3km，距上游徐浦大桥约7km，主桥主跨采用550m中承式钢箱系杆拱桥（图1）。卢浦大桥道路等级为城市主干道，双向六车道，车行道总宽24.5m；每侧观光人行道宽2.0m。设计速度60km/h。航道净空：净高46m（含2m富余高度），净宽340m。设计基本风速32m/s，地震基本烈度Ⅶ度。

桥位处黄浦江规划岸线宽度为480m。主桥一跨过江、江中不设墩。地质为典型的软土地基。

2．主桥结构

卢浦大桥主桥桥型结构采用中承式系杆拱桥。主桥中孔跨径550m、矢高100m（矢跨比$\frac{f}{L}=\frac{1}{5.5}$），跨径组合：100m+550m+100m=750m。主桥两边跨端横梁之间布置强大的水平拉索，以平衡中跨拱肋的水平推力。加劲梁通过吊杆或立柱支承于拱肋。边跨加劲梁分别在中跨和边跨的拱梁交会处与拱肋固结。中跨加劲梁的两端支承于中跨拱梁交会处的横梁上，端支承为纵向滑动支座，横向和纵向设置阻尼限位装置。其结构体系如图2所示。

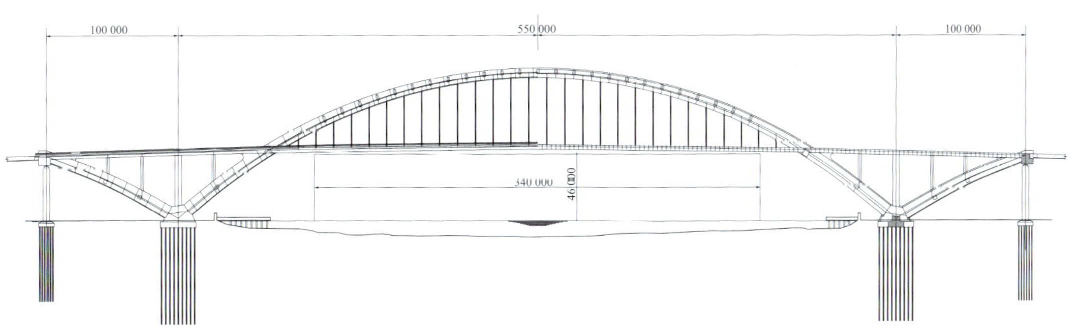

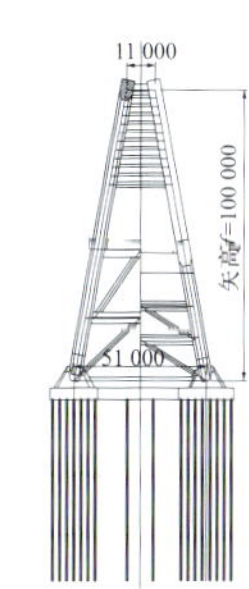

图2　主挎桥型布置图（尺寸单位：mm）

1）基础

主墩基础采用ϕ900mm钢管桩。钢管桩数量：浦东主墩基础共计118根，浦西主墩基础考虑雪龙港局部加强共计128根。

主墩承台高3.5m。单个承台平面尺寸27.2m（纵桥向）×（18.4～21.5）m（横桥向）。承台横桥向中心距为51m，承台之间通过系梁联结。

为加强主墩基础对上部结构水平力的抵抗能力，并限制主墩在水平力作用下的变位，对主墩基础的相当范围进行土体加固。土体加固采用格栅状布置的ϕ700mm水泥土搅拌桩，河向侧采用ϕ1 000mm旋喷桩方案，桩桩相连形成整体。

2）拱座

拱座是中跨、边跨拱肋及大立柱的连接节点，同时又是上部钢结构与下部混凝土承台的连接节点。拱肋通过拱座传递的垂直分力和水平分力达20～30万kN。

拱座设计采用钢—混凝土混合拱座，分上部钢拱座和下部混凝土拱座，即拱肋中板以上的矩形部分采用钢拱座将中跨与边跨连接，拱肋中板以下的梯形部分通过端板直接作用在混凝土拱座上。

3）拱肋

拱肋截面形状为陀螺形（图3）所示。中拱总高度9.0～6.0m，边拱总高9.0～7.0m。拱肋上半箱为矩形截面：宽5.0m，高度中跨部分从拱脚的6.0m渐变至拱顶的3.0m，边跨部分则为6.0～4.0m；下半箱为倒梯形截面：顶宽5.0m，底宽3.0m，高3.0m。中拱顶板30～32mm，拱梁结合段加厚至65mm；底板42～45mm，拱梁结合段65mm；腹板22mm，拱梁结合段32mm；中板20mm，拱梁结合段30mm；边拱顶板30mm，底板40mm，腹板20mm，中板20mm。拱肋加劲采用T形加劲。

4）系梁及横梁

边跨三角区系梁截面为闭口钢箱梁（图4）。箱梁

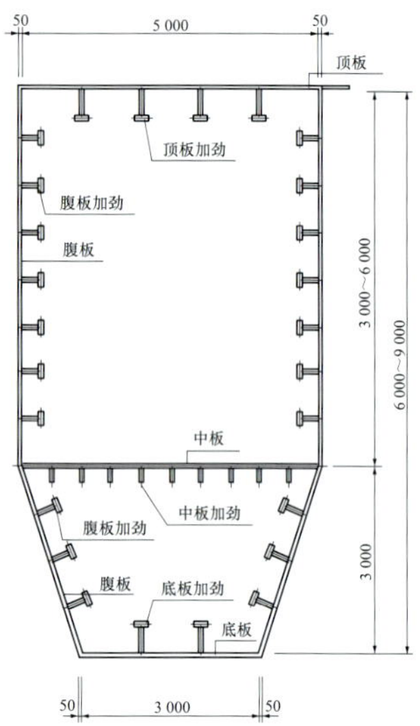

图3　拱肋截面（尺寸单位：mm）

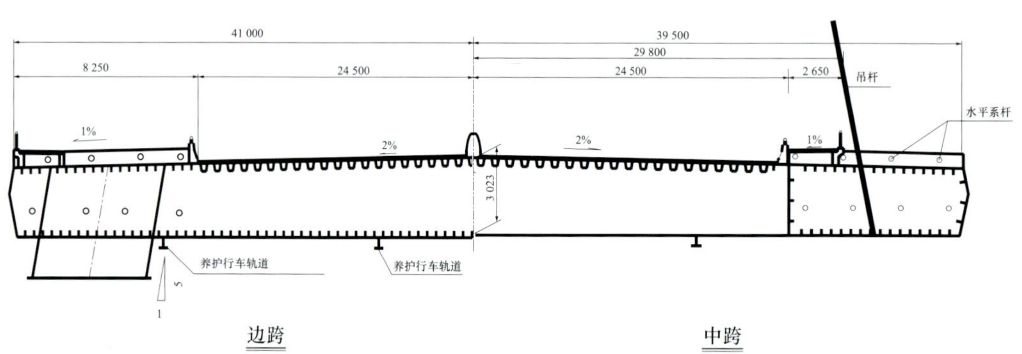

图4　系梁截面（尺寸单位：mm）

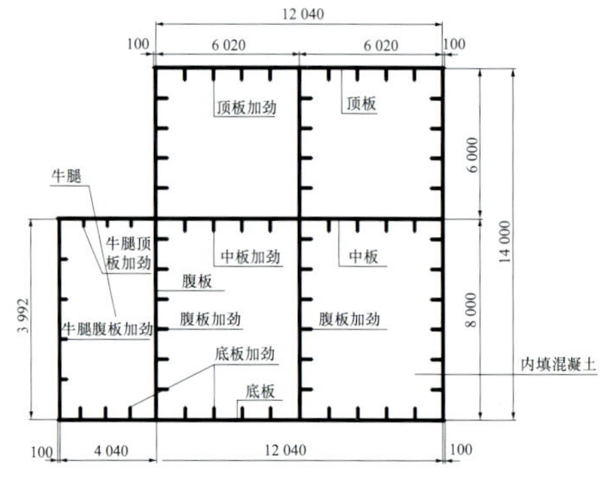

图5　尾端横梁截面（尺寸单位：mm）

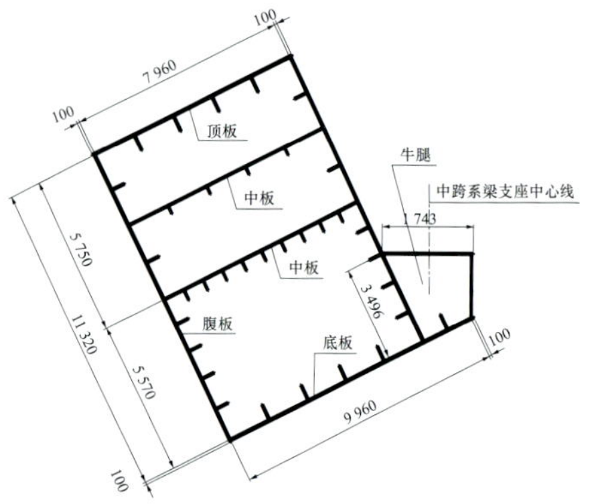

图6　中跨横梁截面（尺寸单位：mm）

宽 41.0m，高 2.7m。顶板 13mm，U 形加劲 6mm，底板 10mm，横梁间距 3.375m。边跨系梁与拱肋、立柱、边拱末端横梁、中跨拱梁结合段横梁固结。边拱末端横梁、中跨拱梁结合段横梁是联系拱肋之间以及拱梁之间的重要构件（图 5、图 6）。

中跨系梁为开口钢箱梁，即双主梁（箱梁）+ 横梁结构体系（图 4）。箱梁宽 39.5m，高 2.7m。顶板 14mm，U 形加劲 8mm，横梁间距为 3.375m。中跨系梁通过吊杆支撑于拱肋上。中跨系梁两端则通过支座与中跨拱梁结合段横梁相连接。

5）风撑

桥面以上全桥共设 25 道风撑，水平间距 13.5m。风撑为变高度矩形截面，顶底板分别与拱肋的顶板、中板对齐。桥面以下每侧边拱、中拱分别设 2 道 K 撑。K 撑也为矩形截面。

6）立柱

一侧边跨三角区系梁下共设 4×2 根立柱。立柱为矩形截面，其中主墩顶大立柱断面为 5m×5m，其他小立柱断面为 5m×2.5m。

7）吊杆与水平拉索

中跨吊杆共 28 对，为双吊杆，顺桥向间距 13.5m。吊杆横桥向与拱肋在一个平面内（对倾 1：5）。

全桥共有 2 组水平拉索，布置在两片边拱拱端。每组由 8 根拉索组成，拉索采用预制平行钢丝索、冷铸锚具。水平拉索的总索力近 20 万 kN，用以平衡中跨拱肋的恒载水平推力。

8）施工方法

主桥的施工方法可以归纳为以下三种不同施工方法的组合（图 7）。

（1）边跨拱、三角区桥面加劲梁采用支架法施工；

图 7　拱肋及主梁施工

（2）中跨拱分段采用斜拉扣索法悬臂施工；

（3）中跨桥面加劲梁采用悬索桥桥面加劲梁施工方法。

3. 主要技术特点和创新点

（1）该桥是世界已建成的最大跨径拱桥，是在软基上修建的钢箱系杆拱桥。

（2）空间薄壁结构非线性静力、动力、稳定分析及其软件的开发与应用。按照有限元结构分析理论建立先进、适用的计算模型及其有关的计算公式，研制有效、高质量的计算软件，以确保具有薄壁结构特性的大跨径钢箱拱桥的受力安全及结构稳定。

（3）关键节点（节段）的研究及节段缩尺模型加载试验，进一步验证加劲肋截面参与结构整体受力，并确保底、中、顶、腹板的局部稳定，以综合稳定安全系数来保证对钢结构的加工工艺精度，弥补材料的缺陷。

（4）施工过程结构分析及控制研究。本桥的施工采用综合三种不同施工工艺的组合施工技术，施工过程中需进行多次体系转换，施工控制和调整措施的要求高。

（5）超大跨径拱桥等效风荷载及抗风稳定性。研究主拱结构和钢桥桥面体系在施工阶段和成桥状态的静风稳定问题和风振受力问题是本桥抗风性能研究的关键。

（6）超大跨径拱桥抗震性能及减震装置研究。主跨达 550m 的钢拱桥，其抗震设计在我国无规范可循。为此对主桥（大跨度系杆拱桥）在地震作用下的性能、薄弱环节的位置及破坏机理等方面进行了研究。

（7）本桥与国内外已建拱桥在截面形式、构件重量、设备性能、工期要求等方面存在着较大的差异，针对本桥构件重量大、安装精度要求高、钢结构现场焊接的工作量大、高空焊接条件差、施工过程中体系转换步骤多及长达 760m 的大吨位超长水平拉索的制作、安装等特点分别进行了大量的专题研究，确保了主桥施工的安全、可靠、顺利。

卢浦大桥获国家科学技术进步二等奖、詹天佑土木工程大奖、国际桥梁会议（IBC）颁发的尤金·菲戈奖。

相关资料

- 桥　　名：重庆巫山长江大桥
- 桥　　型：中承式钢管混凝土双肋拱
- 跨　　径：主跨 460m
- 设计单位：四川省交通厅公路规划勘察设计研究院
- 施工单位：四川路桥建设股份有限公司
  国营武昌造船厂

- 混凝土用量：38 669m^3
- 钢材用量：9 022t
- 造　　价：1.33 亿元
- 建成日期：2004 年 12 月

重庆巫山长江大桥

图 1　巫山长江大桥全景

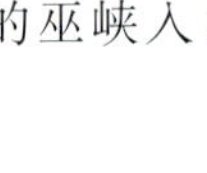

1. 概况

巫山长江大桥位于长江三峡段的巫峡入口处，全长 612.2m 主桥主跨采用 460m 中承式钢管混凝土拱桥（图 1）。

三峡工程蓄水前，桥位处枯水期江面宽约 300m，水深约 70m，1/300 流量 35 600m^3/s，流速 3.54m/s；三峡工程蓄水后，流速约 0.3m/s。两岸主拱座均处于裸露的灰岩上，两岸引桥及桥台基础均位于岸坡上。桥址区段属亚热带温湿季风气候区，年平均气温 18.4℃，多年平均降雨量 1 049.3mm。

大桥桥面净宽净 −15.0m+2×1.5m（人行道）+2×0.5m（拦杆），通航净空 300m×18m，地震烈度Ⅵ度，按Ⅶ度设防，设计基本风速 26.3m/s。

2. 主桥结构

巫山长江大桥设计为中承式钢管混凝土双肋拱桥（图 2），主孔净跨为 460m，位居同类桥型世界第一，跨径组合为 6×12m（引桥）+492m（主跨）+3×12m（引桥）。桥面为预应力混凝土 Π 形连续梁；全桥吊杆

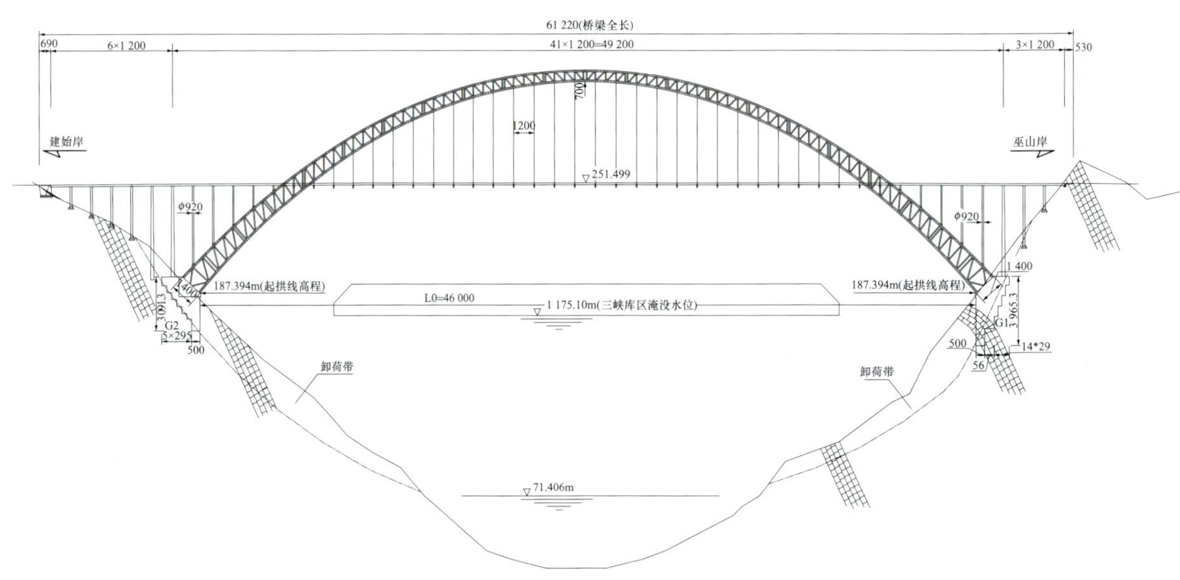

图 2　大桥桥型布置（尺寸单位：cm）

和立柱间距为12m，吊杆、立柱横梁及引桥墩盖梁均设计为预应力混凝土截面梁，桥面与拱肋交会处横梁为组合截面梁。

1）主桥拱座

两岸主拱座为明挖基础，均处于裸露的灰岩上，并位于卸荷带上。采用按地质构造的卸荷线开挖拱座以上土石方卸载，然后按图纸要求人工开挖基坑再施工拱座。

2）拱肋

主桥两条拱肋为钢管混凝土组成的桁架结构，拱顶截面高7.0m，拱脚截面高为14.0m，肋宽为4.14m（图3），每肋上、下各两根ϕ1 220mm×22（25）mm的内灌C60的钢管混凝土弦杆，弦杆通过横联钢管ϕ711mm×16mm和竖向钢管ϕ610mm×12mm连接而构成钢管混凝土桁架。吊杆处竖向两根腹杆间设交叉撑，加强拱肋横向连接。拱肋中距为19.7m，两肋间桥面以上放置“K”形横撑，桥面以下的拱脚段设置“米”形撑，每道横撑均为空钢管桁架。全桥共设横撑20道。

3）拱上立柱

每条拱肋上在立柱处为1根ϕ920mm×12mm的立柱钢管。

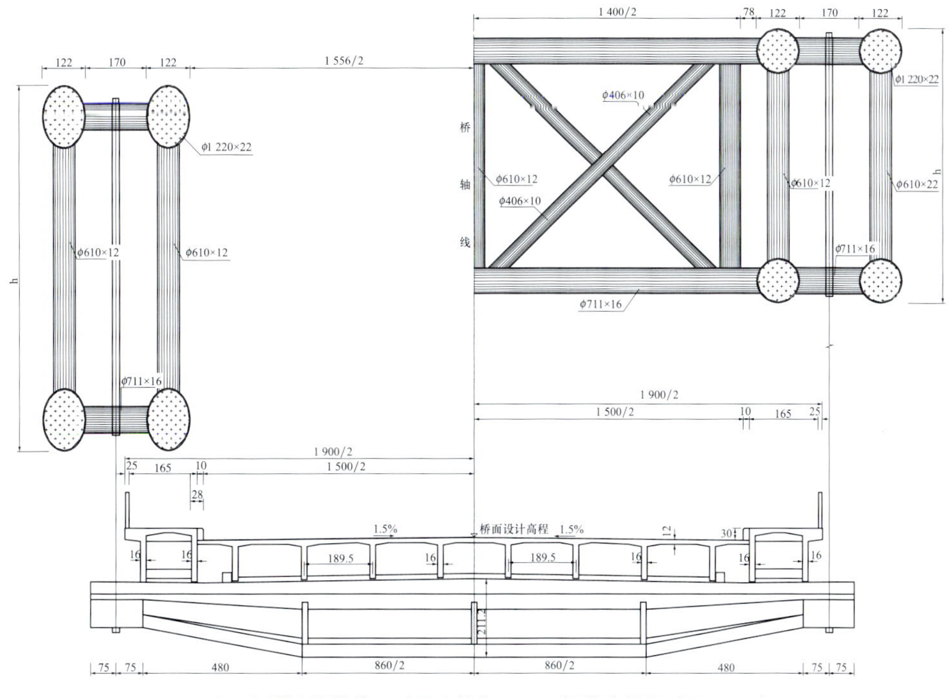

图3 主桥结构横截面（尺寸单位：cm，钢管直径及壁厚：mm）

4）吊杆

采用109ϕ7mm镀锌钢丝，两端采用冷铸镦头锚具，上、下两端锚具设有可调节横梁高度的螺母。吊杆钢丝外采用聚乙烯护套及哈佛管双层防护。

5）横梁与桥面梁

吊杆横梁和钢管混凝土拱肋上立柱横梁为预应力混凝土组合截面梁，拱肋间横梁为钢横梁。两岸肋间横梁与端吊杆横梁间设有纵向撑，以限制吊杆横梁纵向变位。

行车道梁、人行道梁均为先简支、后连续的预应力混凝土“Π”形连续梁。

6）钢结构防腐

巫山长江公路大桥的防腐蚀寿命设计为30年，防腐工艺由以下体系组成：

（1）多棱角钢砂喷砂除锈达GB8923—88中的*Sa*3级，粗糙度40～80μm。

（2）热喷涂铝镁合金涂层：膜厚160μm。

（3）喷涂环氧封闭底漆：干膜厚度30μm。

（4）喷涂环氧云铁中间漆：干膜厚度50μm。

（5）喷涂丙烯酸聚氨酯面漆：干膜厚度80μm。

7）拱肋吊装

巫山长江大桥主桥拱肋钢管桁架每肋半跨分为11个吊装节段，全桥两肋共44个吊装节段（另有20道横联），24个扣段，节段的安装采用无支架缆索吊装系统吊运就位、扣索系统斜拉扣挂位置的方式。

（1）无支架缆索吊装系统

吊塔设于扣塔之上。缆索吊装系统扣塔重量为680t，钢结构重量为6 200t，主拱圈节段最大设计吊重126t，缆索系统设计吊重170t，索跨576m，索塔高150.22m，起吊高度260m。为使索塔稳定，设通长缆风绳。

(2) 斜拉扣挂系统

扣索分为正式扣索和临时扣索（图4），临时扣索为2或4ϕ47.5mm钢绳（单肋），正式扣索分别为4组6～10根ϕ^j15.24的钢绞线，都锚固于拱肋2根上弦管上。正式扣索通过塔顶索鞍（各由20个直径240mm的轮组成，曲线半径为3 000mm），进入扣锚张拉端。

正式扣索张拉端采用自主开发的低应力夹片锚固系统进行锚固。该系统获得国家专利。

(3) 钢管拱肋的吊装

两岸吊装顺序：巫山岸1号节段上游桁片→巫山岸1号节段下游桁片→建始岸1号上游桁片→建始岸1号节段下游桁片→交替循环进行，对称悬拼。

一岸吊装顺序：1号节段上游桁片→1号节段下游桁片→2号节段上游桁片→2号节段下游桁片→2号节段横撑→电焊横撑接头→3节段→……→9节段→焊接拱脚接头形成无铰悬臂结构→10节段→11节段→瞬时合龙→正式合龙。

钢管拱肋合龙，各节段接头焊接完成形成无铰拱后，逐级松扣，仅保留2号、3号扣索，待拱肋钢管内混凝土灌注时张拉力以控制拱肋线形。

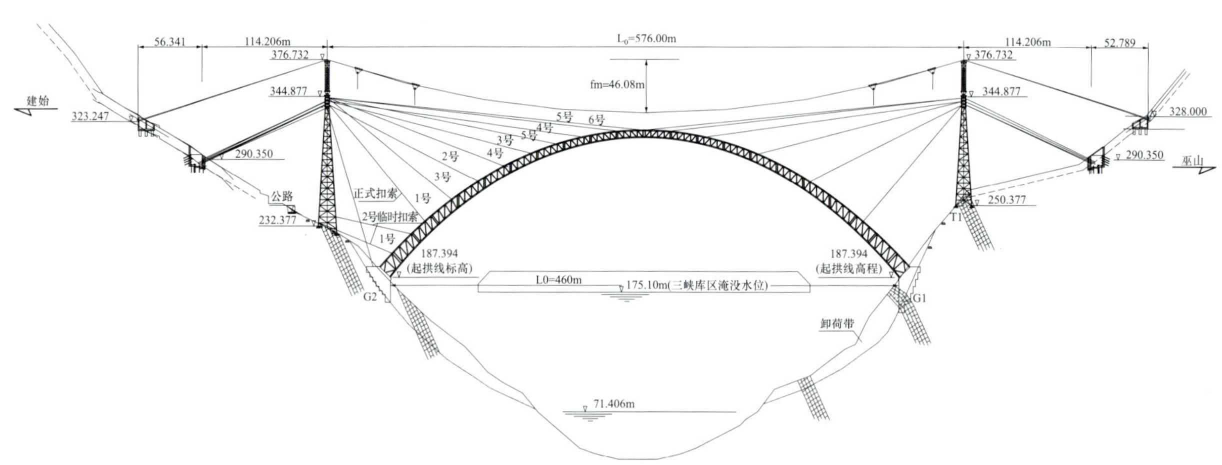

图4　巫山长江公路大桥吊、扣系统布置

3. 主要技术特点和创新点

(1) 首次在大跨钢管混凝土拱桥设计中计入钢管桁架腹杆对抗弯刚度的影响，采用钢管混凝土统一理论、采用钢管混凝土桁式拱圈节点承载力和疲劳计算方法等，完善了钢管混凝土拱桥的设计方法。

(2) 拱圈采用全管桁结构、竖径向腹杆布置，桥面梁与拱圈联合作用等多项构造技术，提高桥梁的整体受力性能，具有创新性。

(3) 吊杆横梁、桥面梁等结构的轻型化设计、拱座构造设计为分离式肋、吊杆上下端锚具防腐构造设计等技术的创新和发展。

(4) 自主设计并布设的索跨576m、吊重170t、索塔高度150.22m、起吊高度260m的缆索吊机系统，解决了特大跨钢管混凝土拱桥钢管拱肋节段吊运就位安装的难题，发展和完善了无支架缆索吊装技术。

(5) 在缆索吊机系统中首创研制了主动式承索器，解决了起吊绳在空载时下垂太多相应需要的配重大和牵引绳的放出端下垂太多的难题。

(6) 施工使用的钢绞线扣索、自主研发的可调索低应力夹片锚固系统及缆索吊机系统一起来实施安装钢管拱肋的工艺，总结为“大跨径钢管混凝土拱桥无支架吊装斜拉扣挂工法”，确保了拱肋顺利安装。

(7) 钢管内混凝土压注采用分段灌注，分别从两岸拱脚向拱顶方向按设计分段的一、二、三段顺序接力连续泵送施工，总结为“大跨径钢管混凝土拱桥钢管混凝土施工工法”，保证了大体积弦管混凝土灌注质量。

(8) “巫山长江公路大桥特大跨径钢管混凝土拱桥施工技术研究” 成果解答了大跨度钢管混凝土拱桥钢管拱肋节段吊扣、钢管混凝土连续泵送灌注等技术难题，提升了我国大跨度钢管混凝土拱桥的施工技术水平。

(9) “大型钢管混凝土拱桥的光纤传感监测系统研究”探索出了钢管混凝土监测新方法，实现了对钢管内混凝土质量的远程监测。

(10) 结合本桥开展的一些课题，如“化学自应力钢管混凝土应用研究”，“脱空缺陷对钢管混凝土工作性能影响的研究”，“初始应力对钢管混凝土承载力的影响研究”，“钢管混凝土收缩徐变影响研究”，以及“钢管桁架拱节点承载力的试验研究”，其成果应用于本桥，且为该桥型的发展奠定了技术理论基础。

巫山长江公路大桥获国家优质工程银质奖。

宁波东外环甬江大桥（明州大桥）

图 1 宁波甬江大桥全景效果

相关资料

» 桥　　名：宁波东外环甬江大桥（明州大桥）
　桥　　型：中承式拱梁组合体系的双肢钢箱系杆拱桥
　跨　　度：100m+450m+100m
» 设计单位：上海市政工程设计研究总院
　　　　　　中铁山桥集团有限公司
» 施工单位：上海建工（集团）总公司
　　　　　　中交第二航务工程局有限公司

» 混凝土用量：40 392m³（主桥）
　钢 材 用 量：28 363t（主桥）
　造　　价：12.69 亿元
　建 成 日 期：建设中

1. 概述

宁波东外环路是宁波市中心城快速路网的主要组成部分，东外环甬江大桥是东外环路跨甬江的特大型桥梁。大桥长约 1.3km，包括主桥、两岸引桥及附属工程，其中主桥长 650m，主跨采用中承式拱梁组合体系的双肢钢箱系杆拱桥（图 1）。

大桥桥区地势平坦，该段江面宽约 340m，主河槽位于西北一侧，东南一侧有近 120m 的浅滩区，常水位水深 10m 以内，北岸堤坝到南岸堤坝之间长度 400m 左右，主墩位于堤岸内侧。桥区⑧层粉细砂和⑩层含黏圆砾可作为桩基持力层。

大桥设双向八车道，主桥两侧设人行道，桥宽 45.8m，引桥桥宽 32.5m。设计车速 80km/h，设计荷载：城—A 级。通航标准海轮 1 000 吨级，通航净宽 180m，净高 24m，双向通航。地震基本烈度Ⅶ度，设计基本风速 31.3m/s 。

2. 主桥结构

主桥为中承式拱梁组合体系的双肢钢箱系杆拱桥，跨径布置为 100m+450m+100m。箱形拱肋采用钢箱结构，加劲梁采用正交异性桥面板钢箱梁，主跨下肢拱矢跨比 1/5，加劲梁通过吊杆及立柱支承于拱肋，中跨加劲梁的两端支承于中跨拱梁交汇处的横梁上，端支承为纵向滑

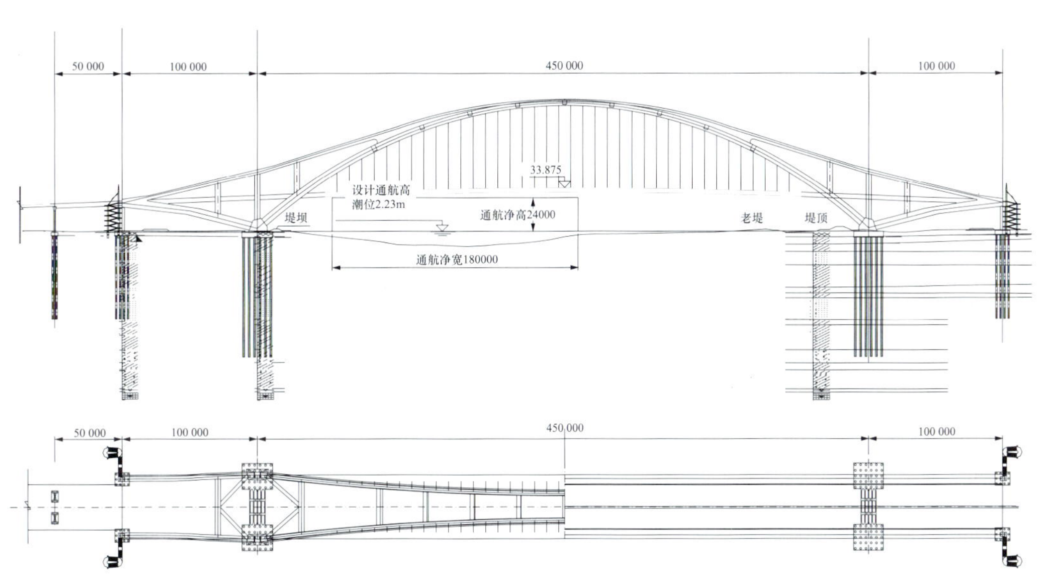

图 2 主桥总体布置（尺寸单位：mm）

动支座，横向和纵向设置阻尼限位装置。边跨加劲梁分别在中跨和边跨的拱梁交汇处与拱肋固结。主桥两边跨端横梁之间布置水平拉索，以平衡中跨拱肋的水平推力（图2）。

1）拱肋

拱肋分为上、下两肢，选用全焊钢箱形截面，上、下肢拱采用矩形截面，上下肢结合段采用凸形断面。上肢拱肋箱形断面高3m，宽2.8m，下肢拱箱形断面宽3.5m、高3.8～6m，在钢箱的内部设置纵、横向加劲钢板。两片拱肋之间设置横撑使其连成整体，拱肋节段起吊重量控制在250t以内。拱顶段标准断面（图3）。

2）加劲梁

加劲梁采用正交异性桥面板全焊钢箱梁方案，边跨采用闭口断面，中跨采用开口断面。车行道部分桥面板厚14mm，采用U形加劲肋，钢板厚8mm。其余部分桥面板以及腹板、底板均采用球扁钢加劲肋，规格16a。横梁间距3m。钢结构工厂制作和现场连接均采用全焊结构。标准节段重约160 t，主梁标准横断面（图4）。

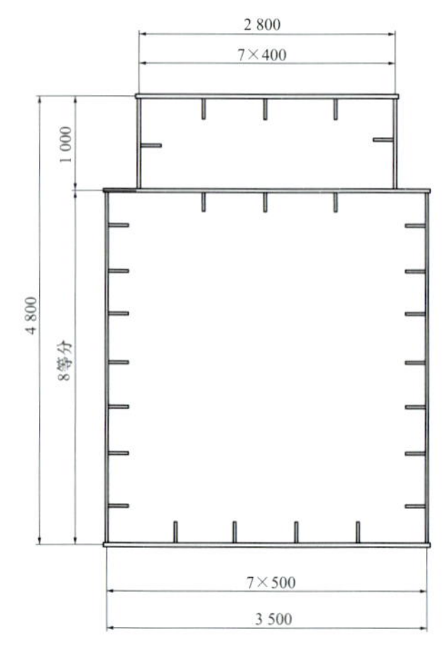

图3　拱肋拱顶段横断面图（尺寸单位：mm）

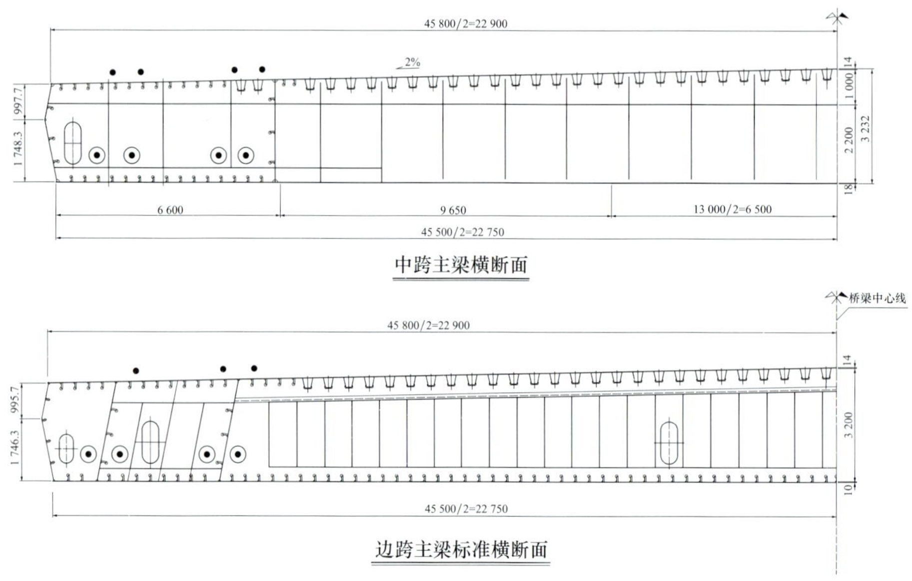

图4　主梁标准横断面（尺寸单位：mm）

3）水平拉索

主桥两端横梁之间布置强大的水平拉索，以平衡主跨拱肋恒载和活载作用下的水平推力。水平拉索分二组布置，每组8根，拉索规格：PES7-367。拉索与桥面独立互不干扰。水平拉索采用扭绞型平行钢丝索、热挤PE护套、冷铸锚。镀锌高强钢丝的强度为R_y^b=1 670MPa，E=2.0×10^{5}MPa。每根拉索可更换。

4）吊杆

吊杆顺桥向布置为直吊杆，间距9m，边吊索规格：PES5-199，中吊索规格：PES5-91。吊杆采用与水平拉索相同的钢丝索，吊杆在拱上张拉。

5）风撑和立柱

桥面以上钢箱拱肋间设置箱形“一”字形横撑，箱形横撑高、宽3～4.8m，桥面下设置6组K形横撑，箱形截面高2m、宽3m，横撑与钢箱拱肋间采用焊接连接。立柱采用箱形截面，尺寸纵向3.0m、横向2.2m，立柱采用全焊钢结构。

6）主墩基础及拱座

主墩基础采用70根ϕ1 500mm钻孔灌注桩，桩长约86m，以⑩层含黏圆砾作为桩基持力层。承台平面尺寸22.5m（顺桥向）×18.5m（横桥向），高4m。承台之间通过系梁联结，横桥向水平分力通过系梁中的水平预应力束平衡锚固在混凝土拱座上（图5）。为减少桩基础沉降，桩基基底进行压浆处理，为控制承台水平位移，对承台范围附近的土体进行加固处理。

拱座采用钢—混凝土结构混合拱座，拱座分为上部的钢拱座和下部的混凝土拱座，钢拱座顺桥向底宽11.5m，横桥向宽3.5m，高3.6m。钢拱座内填充C40混凝土。

7）施工方案

（1）主墩及边墩承台采用大开挖法施工。

（2）边跨三角区拱肋及钢箱梁采用跨桥龙门吊机结合支架法架设。两岸各布置一台跨桥龙门吊机，龙门吊机下设双线栈桥，三角区拱段及梁段通过水运到达栈桥前端码头处，由龙门吊机起吊、运输、架设。

（3）中跨拱肋的安装。利用缆索吊装系统从船上起吊拱肋节段，纵移到位调整落位，安装斜拉扣索，悬臂施工，直至合龙。

（4）中跨钢箱梁安装施工：船运钢箱梁节段定位，利用缆索吊装系统起吊钢箱梁纵移就位，与吊杆连接进行安装，适时张拉系杆。

主桥施工总体布置（图6）。

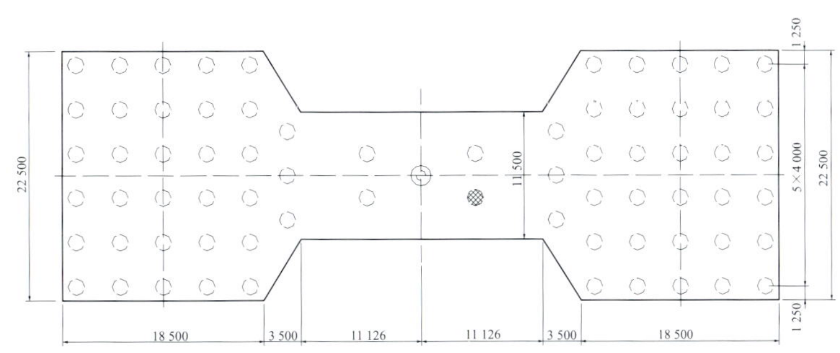

图5　主墩承台平面（尺寸单位：mm）

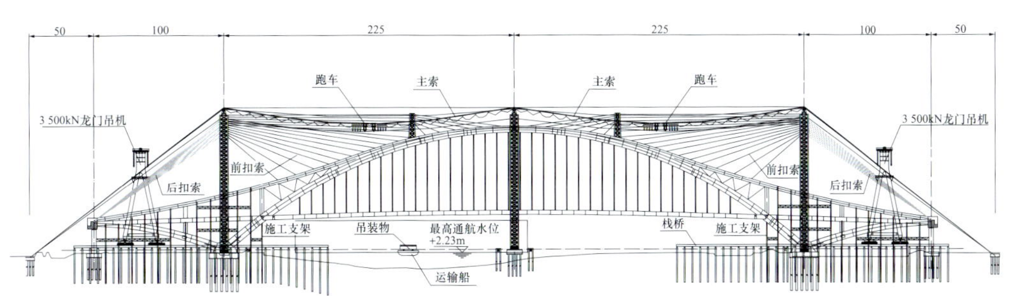

图6　主桥施工总体布置（尺寸单位：m）

3. 主要技术特点和创新点

（1）本工程主桥采用中承式双肢钢箱系杆拱桥，在特大型桥梁中属首次采用，其外形独特，气势宏伟。

（2）主桥主跨拱梁三角区、边跨尾部拱梁结合段、双肢拱结合段及拱座等结构构造和受力复杂，设计进行了专题研究和试验，确保结构受力合理和安全。

（3）主墩基础设计采用软土地基桩端后压浆技术和基础局部范围的土体进行加固，以控制基础沉降和水平位移。

（4）对大桥的抗风抗震性能进行了专题研究和试验，在此基础上优化大桥构造及结构设计。

（5）对特大跨度拱桥施工安装过程的结构分析及控制进行了专题研究。

相关资料

» 桥　　名：湖北支井河大桥
桥　　型：上承式钢管混凝土拱桥
跨　　径：430m

» 建设单位：湖北沪蓉西高速公路建设指挥部

» 设计单位：中交第二公路勘察设计研究院有限公司

» 施工单位：中铁十三局集团有限公司

» 混凝土用量：24 358m^3
钢 材 用 量：9 618t
造　　价：1.44 亿元
建 成 日 期：2008 年 6 月

湖北支井河大桥

图 1　湖北支井河大桥全景效果

1. 概况

支井河大桥位于湖北省巴东县野三关镇，横跨支井河峡谷，是沪蓉国道主干线湖北宜昌至恩施高速公路上的一座钢管混凝土拱桥，桥梁全长 545.54m，主桥采用 430m 上承式钢管混凝土拱（图 1）。

支井河峡谷两岸悬崖陡立，谷底宽 30m，该河水量丰富，河床宽 15～30m，最高洪水位远低于拟建桥面。桥址区多年平均降水 1 084.1mm，年平均气温 17.4℃。覆盖层 0～2.3m，基岩为灰岩。

支井河大桥宜昌侧接漆树槽隧道出口，恩施侧接庙垭隧道进口，

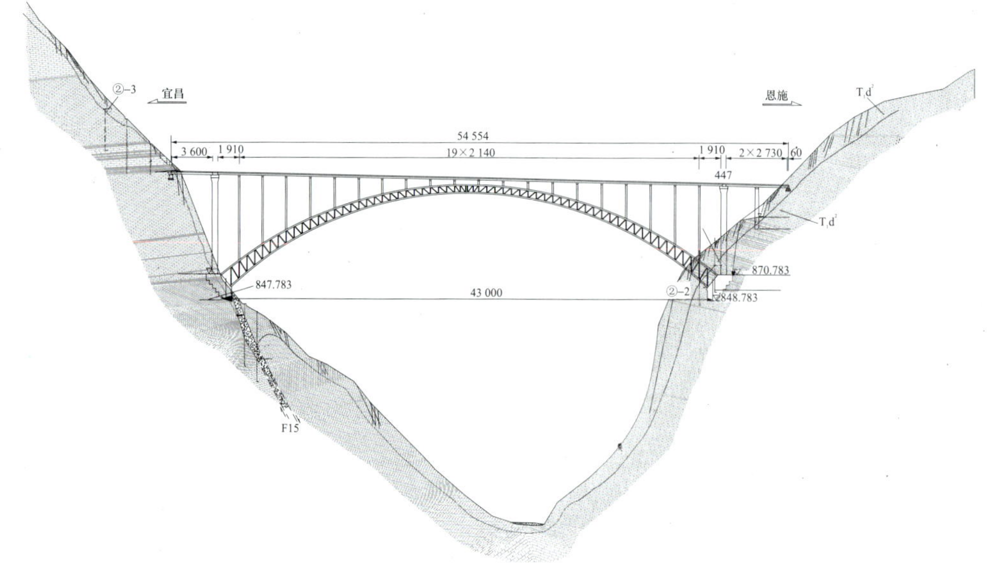

图 2　大桥桥型布置（尺寸单位：cm）

由于桥隧紧密相接，两侧均为陡峻的悬崖峭壁，交通运输条件恶劣，施工场地狭小。

支井河大桥为四车道高速公路特大桥，设计速度80km/h；地震基本烈度Ⅵ度，按Ⅶ度设防。

2. 主桥结构

主桥为跨径430m上承式钢管混凝土拱桥，拱上桥跨共21孔，跨径为19.1m+19×21.40m+19.1m（图2）。

1）拱座

拱座采用整体式钢筋混凝土结构，拱座基础置于稳定、完整的弱风化基岩上（图3）。两岸拱座共浇筑混凝土10 963m^3。

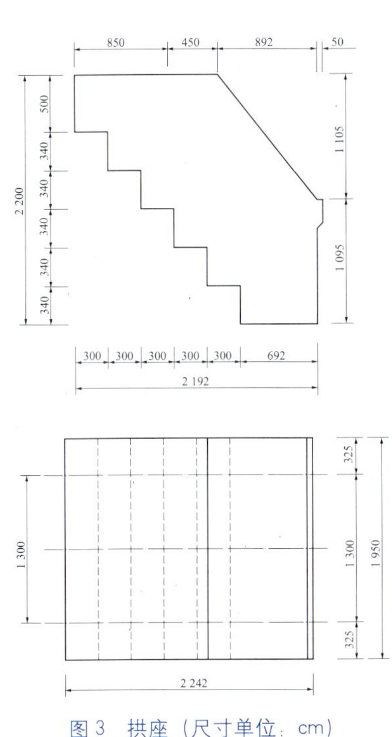

图3　拱座（尺寸单位：cm）

2）交界墩

交界墩采用双柱5.0m×3.5m、壁厚40cm的钢筋混凝土薄壁空心墩，墩高82.6m。交界墩同时又作为施工时的吊塔平台，并设置扣索锚梁。

3）主拱肋

主拱圈计算跨径为430m，计算矢高78.18m，矢跨比为1/5.5，两个拱肋拱脚和拱顶的中心距离均为13m。主拱圈断面采用钢管混凝土与钢管组成的桁架式断面，断面高度从拱顶6.5m（中到中）变化到拱脚13.0m（中到中），拱肋宽度为4.0m（图4）。主拱圈钢管采用Q345c钢材，外径1 200mm，管壁厚度24～35mm。钢管内填充C50高强混凝土。

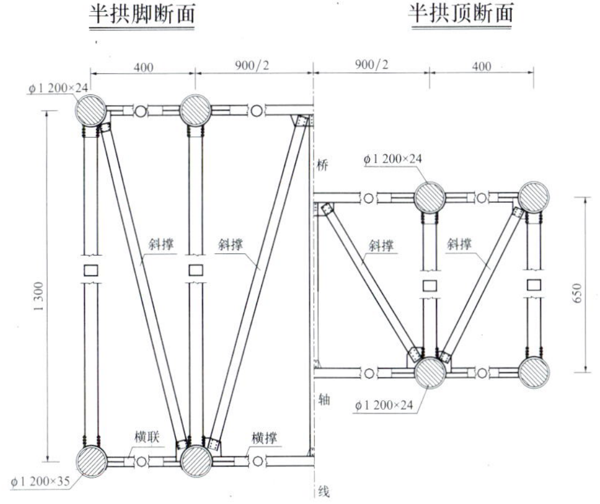

图4　主拱圈断面（尺寸单位：cm；钢管直径及壁厚：mm）

单片拱肋通过上、下横联、腹杆及横向斜杆组成空间稳定体系，在两片拱肋横向间设20道米撑横联，均为钢管桁架。

由于桥位处地形复杂，整体运输困难，仅能以小单元散件运抵现场。拱肋构件均采用结点板高强螺栓连接，在工厂加工并进行预拼，以散件运抵桥梁现场，在拼装平台上复拼为大节段后吊装就位。大段接头及杆件节点均采用“先栓后焊，栓焊结合”的原则连接，即管内端部设法兰盘，采用高强螺栓连接，管外沿接缝熔透焊一周。在拱顶设60cm的合龙段。

4）桥面系

桥面主梁均采用预应力混凝土连续箱梁，全桥横向布八片小箱梁，每片预制梁宽2.4m，主梁间现浇湿接缝宽65cm。桥面铺装为6cm C50混凝土＋防水层+9cm沥青混凝土。

5）拱上立柱

为减轻恒载，拱上立柱及盖梁均采用加劲钢箱结构。

拱上立柱采用1.4m×1.0m钢箱结构，工厂分段加工，现场分段吊装焊接。盖梁也在工厂加工为整体梁，运工地吊装。

6）主拱肋吊装

主拱肋采用缆索吊装、扣挂施工的方法施工。每条拱肋共分成30个节段，双肋节段最大吊重约270t。节段间采用“先栓后焊、栓焊结合”的原则连接。主拱肋安装利用缆索吊装系统，采用“两岸对称悬拼、齐头并进至跨中合龙的斜拉扣挂法”施工。

吊装系统主要由扣塔、缆索、主（扣）锚碇三部分组成。根据现场施工地形条件，本方案设计时考虑不用吊塔，主索等直接锚固在岩锚（吊锚）上，不用索鞍。索跨设计为756m，利用交界墩作为扣塔，在墩顶上布设扣、锚索锚梁。锚碇分为吊锚和扣锚两部分，均布置在两岸山坡上。吊锚设计为锚梁加锚杆的形式，主承重索和工作索直接锚在锚梁上；扣锚设计为利用原桥台台身作为锚梁，台前和台后两面分别锚固锚杆和扣索，大大方便了施工（图 5）。

3. 主要技术特点和创新点

（1）主跨 430m 上承式钢管混凝土拱桥，居国内同类桥型之首。

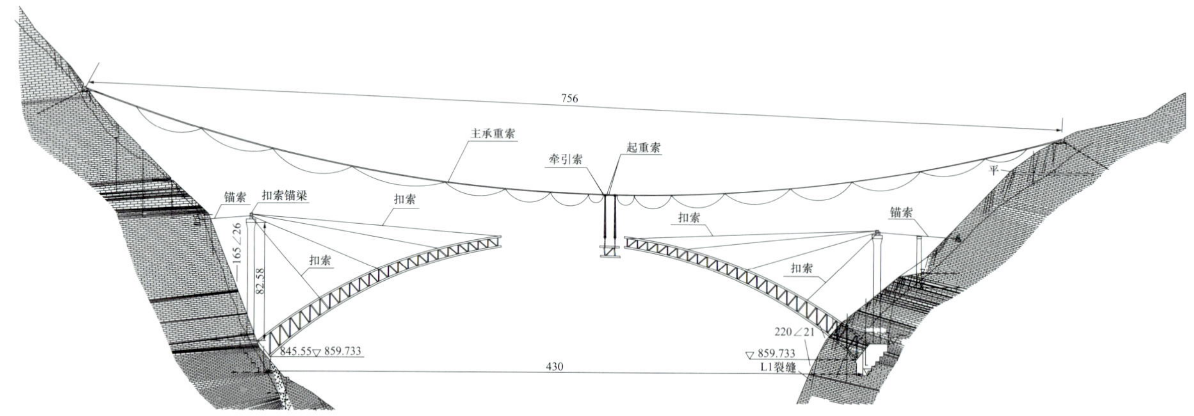

图 5　缆索吊装拱肋（尺寸单位：m）

（2）大桥两岸均为陡峻的悬崖峭壁，桥隧相接，交通运输条件恶劣、施工场地狭小。拱肋构件采用结点板高强螺栓连接，工厂预拼，现场组装为大节段；大段接头及杆件节点采用“先栓后焊，栓焊结合”连接，管内端部设法兰盘，高强螺栓连接，管外沿接缝熔焊。

（3）缆索吊装系统，跨径达 756m，而且利用地形，不设吊塔，主索直接锚在岩锚上。

广州新光大桥

相关资料

» 桥　　名：广州新光大桥
桥　　型：连续刚架钢桁拱
跨　　径：177m+428m+177m
» 设计单位：中铁工程设计咨询集团有限公司
» 施工单位：贵州省桥梁工程总公司
中铁山桥集团有限公司

» 混凝土用量：104 492m³
钢 材 用 量：27 857t
造　　价：4.1 亿元
建 成 日 期：2006 年 9 月

图 1　新光大桥全景

1. 概况

新光大桥为广州新光快速路上跨越珠江主航道的一座桥梁，主桥主跨采用428m连续钢架钢桁拱桥（图1）。本桥上游2 500m处为洛溪大桥，下游1 500m为番禺大桥。桥位处年平均气温21.8℃、降水量1 702.5mm，最大风速22m/s，瞬时极大风速达35.4m/s。

大桥为城市快速道路，设计速度80km/h，双向六车道，两侧设3m宽的人行通道。设计基本风速27.9m/s。通航净空：通航净高大于34m，双向通航孔净宽210m。地震基本烈度：Ⅶ度（按Ⅷ度设防）。

2. 主桥结构

大桥跨越珠江主航道，其桥跨按(3×50)m+(177+428+177)m+(3×50)m三联连续桥跨结构布置，全长1 083.2m。

主桥三连拱为三跨连续刚架钢桁拱桥（两个边墩墩顶设置顺桥向

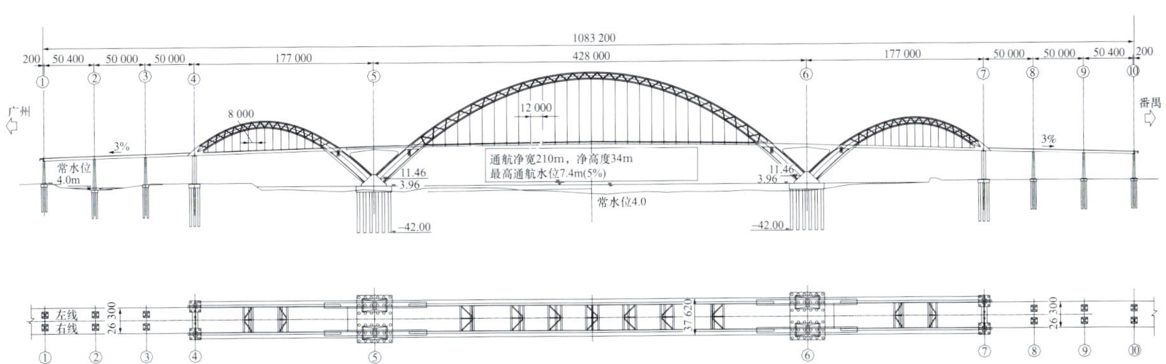

图 2　大桥桥型布置（尺寸单位：mm）

活动支座，两个三角刚构相当于与上部系杆拱固结的刚架墩（图 2）。

1）基础

本桥所有基础均采用嵌岩钻孔桩基础，大桥的主墩是 5 号、6 号墩，为整体承台，承台尺寸为 48.3m×34.7m，承台厚度 6.0m。桩基础直径为 2.6m，每个基础设 36 根桩基，全桥共 72 根（图 3）。

施工选定单壁钢板桩围堰，且通过抽水降低水位，不做封底层的方案。钢板桩围堰平面尺寸确定为 52m×38m，围堰由 FSP Ⅳ型钢板桩、围囹和支撑组成围堰施工（图 4）。

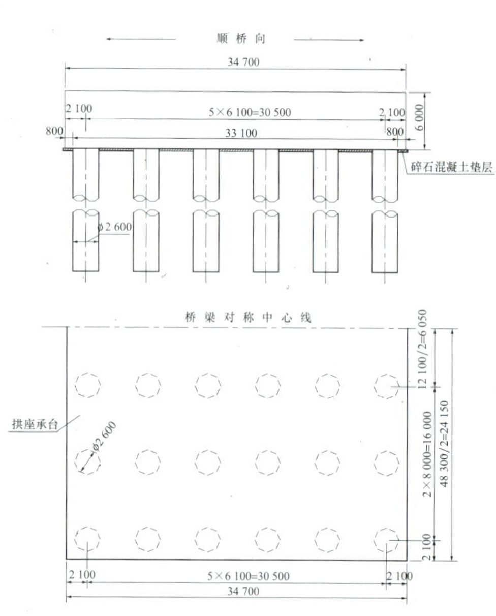

图 3　承台结构（尺寸单位：mm）

图 4　承台围堰施工

2）三角刚架

三角刚架两侧斜腿为主跨、边跨拱圈的延续。主跨侧斜腿拱脚处截面径向高为 12m，与桥面梁交界处截面径向高为 10.5m；边跨侧斜腿拱脚处截面径向高为 12m，与桥面梁交界处截面径向高为 9.0m；斜腿宽 5.6m。主、边拱两侧斜腿根部为实体截面，斜腿与系梁相交区也为实体截面，斜腿中间部分为箱形截面，翼缘板厚 1.5m，腹板厚 1.2m。斜腿为钢筋混凝土结构（图 5）。

三角刚架的施工，5 号墩采用搭设满堂支架法施工，6 号墩采用劲性骨架法施工，都设有水平拉杆（图 6）。系梁为实体矩形截面，跨中高 3m，与斜腿相交处高 6m。

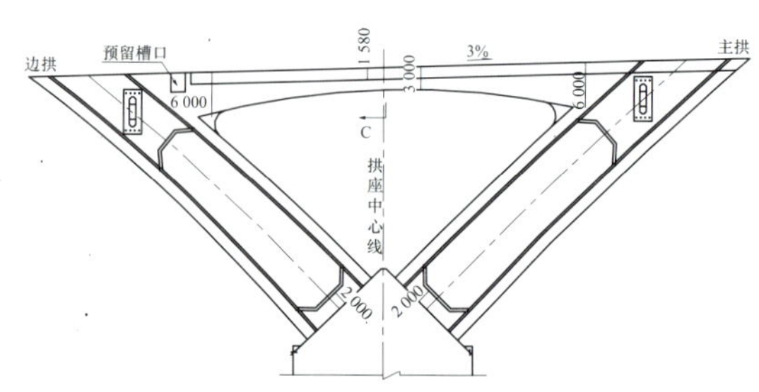

图 5　三角刚架构造（尺寸单位：mm）

图 6　三角刚架施工

3）拱肋

主跨为一孔 428m（净跨 416m），矢高为 104m，矢跨比为 1/4，拱轴系数为 m=1.2 的悬链线变桁高拱肋，两拱肋的横向中心距为 28.1m。拱顶截面径向高为 7.5m，拱脚截面径向高为 12.0m。拱肋上、下弦均为箱形断面，箱高为 1.58m，箱内宽为 2.10m 定值，以便于腹杆连接。钢箱最大板厚 50mm。拱肋腹杆为"H"形截面，与上、下弦整体节点板通过高强度螺栓连接（图 7）。

边跨为 177m（净跨 171m）的不对称变桁高三次抛物线拱肋，两拱肋的横向中心距为 28.1m。三角刚构侧拱脚截面径向高为 12.0m，交界墩侧拱肋截面径向高为 7.5m，拱顶截面径向高为 7.5m，矢高为 56m（图 8）。

拱肋与腹杆构造（图 9）。

全桥共设置 11 组横撑，主拱拱肋 7 组，两边拱拱

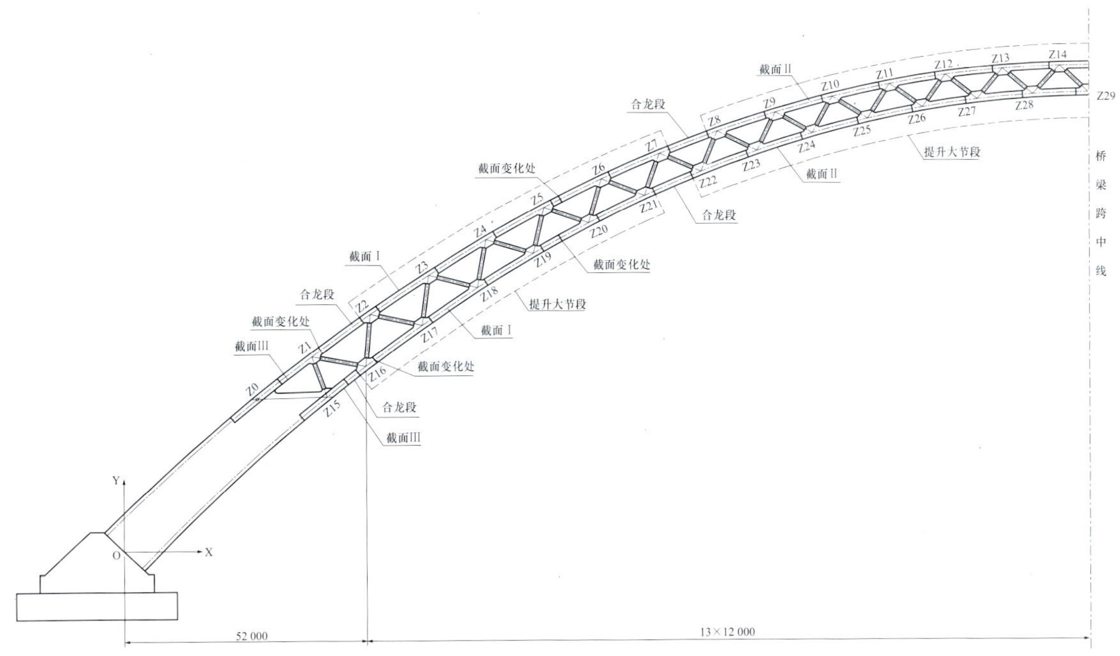

图 7 主拱拱肋立面（尺寸单位：mm）

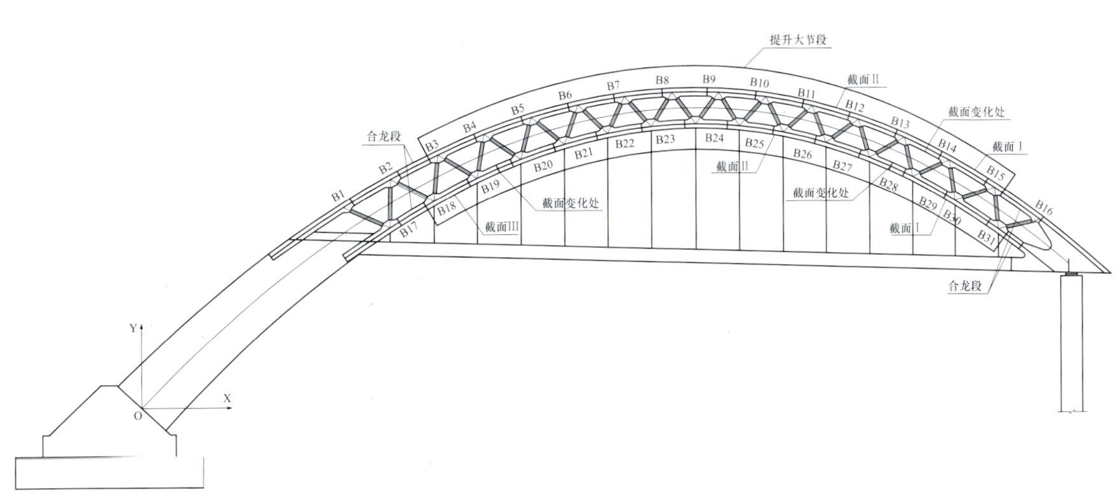

图 8 边拱拱肋（尺寸单位：mm）

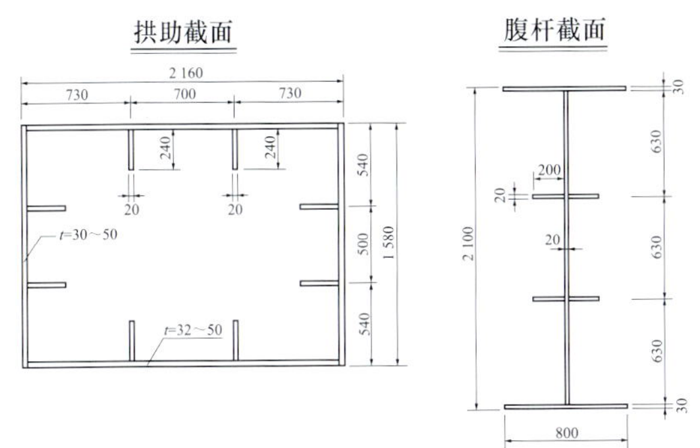

图 9 拱肋与腹杆构造（单位：mm）

肋各 2 组。钢桁拱肋间为桁架式横撑，横撑上、下弦杆均为箱形断面。横撑上平面设三角形平纵联，横撑上、下弦杆通过竖面的三角形横联连成整体，上平联及横联杆件截面均为工形断面（主拱拱肋两端横撑的上平联斜杆为箱形截面）。

三角刚构上的主跨、边跨钢桁拱脚段采用“固结”连接方案，拱肋上、下弦杆均伸入三角刚构斜腿内，伸入深度均大于 4m。弦杆钢箱内设钢混过渡段，延伸至三角刚构以上一定高度，内设预应力粗钢筋和普通钢筋，并伸至三角刚构斜腿内一定深度。

4）桥面结构

主跨由钢横梁、钢纵梁、钢筋混凝土桥面板组成，为半飘浮式桥面结构体系。主跨部分由吊杆支承钢横梁，其余钢横梁放在三角刚构桥面梁的槽口上，并在钢横梁下翼缘两端设置顺桥向活动球型钢支座（顺桥向位移量 ±150mm、横桥向位移量 ±15mm）。边跨是指边拱及三角刚构部分。此部分桥面结构由边拱混凝土系杆或三角刚构桥面系梁 + 混凝土纵、横梁 + 预制桥

面板＋后浇层组成。混凝土横、纵梁组成了桥面格子梁体系，预制桥面板支承于纵横梁顶面，浇筑接缝混凝土和桥面后浇层形成整体桥面（图 10）。

边跨桥面横梁为预应力混凝土结构，端横梁为箱形断面，宽 2.0m，高 1.87～2.11m，其余混凝土横梁均为矩形断面，宽 0.8m，高 2.0～2.24m。

边跨桥面纵梁为钢筋混凝土结构。桥面板由厚 12cm（14cm）C50 钢筋混凝土预制板 +10cm 厚 C50 混凝土后浇层 +8cm 厚中粒式改性沥青混凝土组成（图 11）。

5）系杆

每条拱肋布置 8 束系杆，系杆两端锚固于三角刚构处拱肋上弦杆外侧。由系杆支撑架支撑在钢横梁顶板上。系杆支承架既作为系杆施工用支架，又是系杆在运营状态的永久支撑构件，便于日后系杆的换索施工。

6）拱肋的安装

拱肋在制造厂内分节段制作完成后，运至拼装场进行组拼。边拱肋拼装是在桥位处搭设拼装支架进行，主拱肋是在距离桥位处 200m 的拼装场内分为三大段进行拼装。

全桥拱肋采用同步液压提升技术安装。两边跨拱肋不包括拱脚段和合龙段，整体节段长度为 104m，提升重量 1800t；主拱两边大节段（简称边段）长度为 60m，提升重量约 1200t，中间大节段（简称中段）长度为 168.0m，提升重量约 3 200t。中段就位后，精调拱肋线形、高程后，精确测量拱肋合龙长度，安装合龙段（图 12、图 13）。

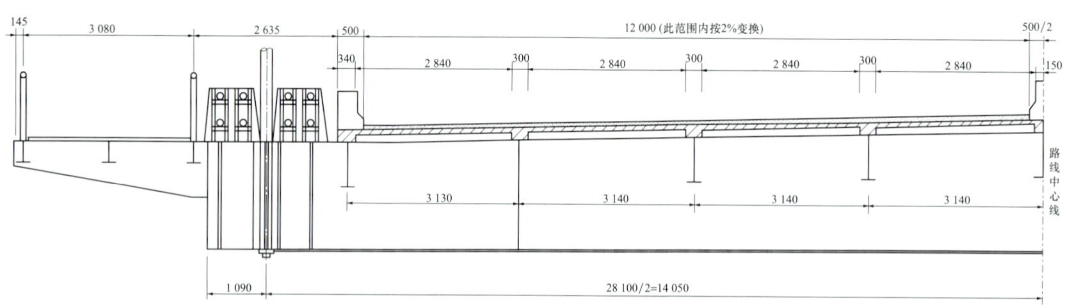

图 10　主跨桥面系布置（尺寸单位：mm）

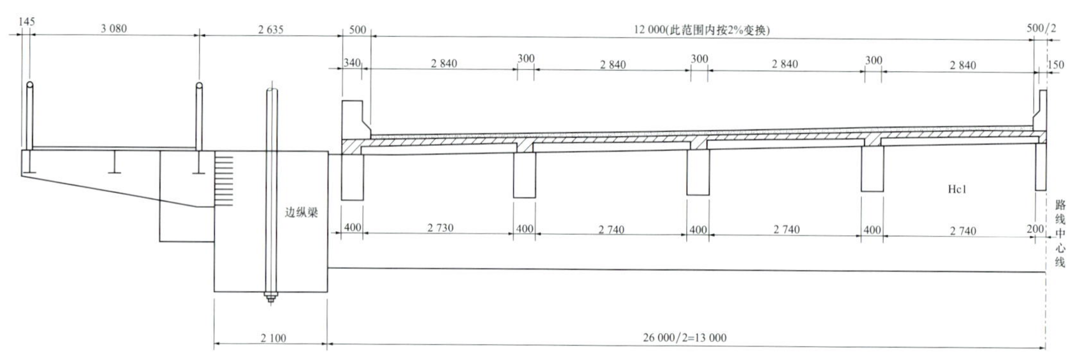

图 11　边跨桥面系布置（尺寸单位：mm）

图 12　边拱肋提升

图 13　主拱肋中段提升

3. 主要技术特点及创新点

（1）设计了大跨度三跨连续钢桁拱与混凝土三角刚构的新型组合桥型，提高了拱桥的抵抗船舶撞击能力。

（2）利用小型机具安装大跨度桥梁的新方法。在繁忙通航的中孔采用三大节段异地拼装、水上提升的安装方案，主拱中段长172m、宽30.1m、高27.48m、重3 078t、滑移上船距离200m、连续提升85m高，其滑移、浮运、提升构件的尺寸、重量及提升高度综合指标居世界同类型桥梁的前列。

（3）提出了大型深水基础不封底单层钢板桩围堰施工新工艺。单个围堰面积2 000m^2，计算水深10m，在国内已建桥梁中位居前列；完善了钢板桩围堰抗渗、抗浮计算方法。

（4）设计了承担弯、剪受力为主的钢—混连接新型构造并通过了试验验证。通过有限元分析结合模型试验验证，对钢桁拱拱肋与混凝土三角刚构、连拱钢拱肋拱脚处以及大体量的三角刚构等复杂节点进行了深入研究，探明各种荷载状态下的应力分布规律，成果用于设计中，保证了结构施工、运营中的安全。

（5）成功建造了系梁长102m，高37.2m的三角刚构，单个刚构的混凝土方量为5 700m^3。

（6）大跨度新型组合桥的抗风性能。通过全桥抗风试验研究，创新地完成了飓风气候模式下的抗风性能理论研究和风洞试验，实现了大跨度拱桥抖振位移的理论计算与风洞试验的一致性验证。

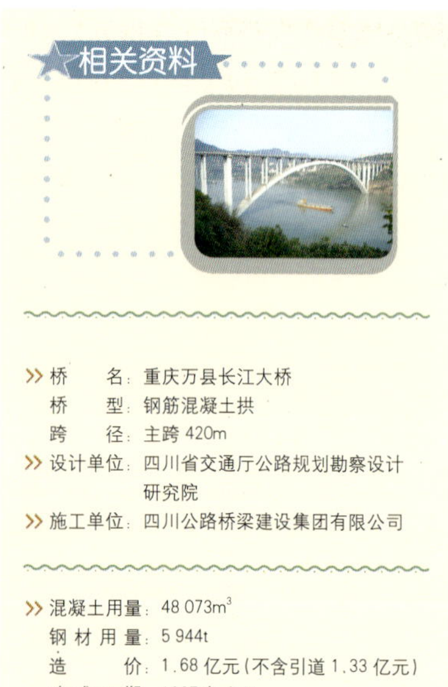

相关资料

- 桥　　名：重庆万县长江大桥
- 桥　　型：钢筋混凝土拱
- 跨　　径：主跨 420m
- 设计单位：四川省交通厅公路规划勘察设计研究院
- 施工单位：四川公路桥梁建设集团有限公司

- 混凝土用量：48 073m³
- 钢 材 用 量：5 944t
- 造　　价：1.68 亿元（不含引道 1.33 亿元）
- 建 成 日 期：1997 年 6 月

重庆万县长江大桥

图 1　重庆万县长江大桥全景

1. 工程概况

该桥位于重庆市万州长江上游 7km，是国道主干线（成都—上海）、国道 318 线上跨长江的一座特大公路桥梁（图 1）。

桥轴与河流正交。三峡水库蓄水后桥位处最宽江面 476m、最大水深 120m。万州年平均气温 18.1℃，多年平均降雨量 1 185.4mm。桥区基岩由巨厚层砂岩与薄—中层状泥质粉砂岩、泥岩相间组成。

大桥为四车道公路（兼城市道路功能）特大桥，设计风速 20m/s；地震基本烈度Ⅵ度（按Ⅶ度验算）；通航净高 24m，净宽不小于 300m，可双向通行三峡库区规划的万吨级船队。

2. 主桥结构

万县长江大桥孔跨布置为：5×30.667m（利川岸）+420m（主孔）+8×30.667m（万县岸），大桥全长 856.12m，桥面全宽 24m（图 2）。主桥为钢筋混凝土箱形拱桥，一孔跨江，无水下基础，拱上孔跨与引孔一致，为 30.667m。

1）主拱

拱圈：净跨径 420m，净矢高 84m，f_0/L_0=1/5。拱圈横向等宽 16m、高 7m，内部在拱脚以上 30m 段长内加厚顶、底、侧板，达到最佳受力效果。横向分为三室（图 3）。

2）拱上构造

为了减轻拱上荷载，拱上主柱采用了钢筋混凝土双柱式变截面箱形墩方案（图 4）。柱身顶部外形尺寸 1.4m×2.5m（纵×横），纵向按 1∶100 向下放坡，横向等宽不变，壁厚为 25cm。柱顶设钢筋混凝土悬臂盖梁支撑 T 梁及桥面系，

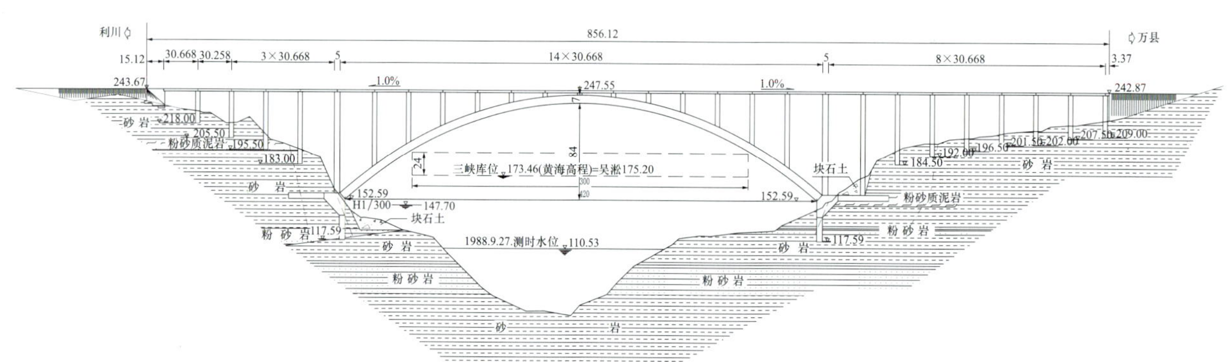

图 2　大桥桥型布置（尺寸单位：m）

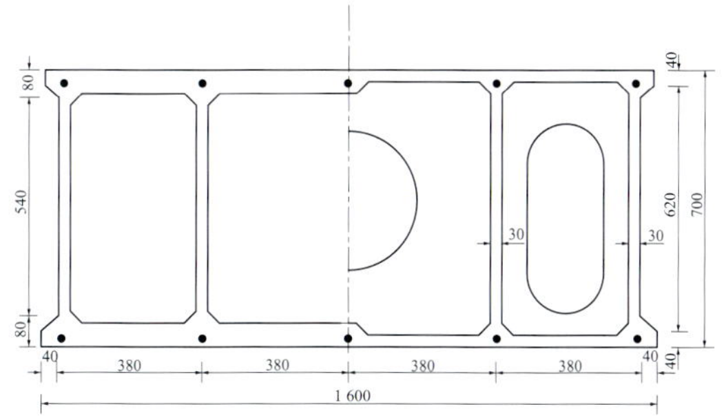

图 3 拱箱构造（尺寸单位：cm）

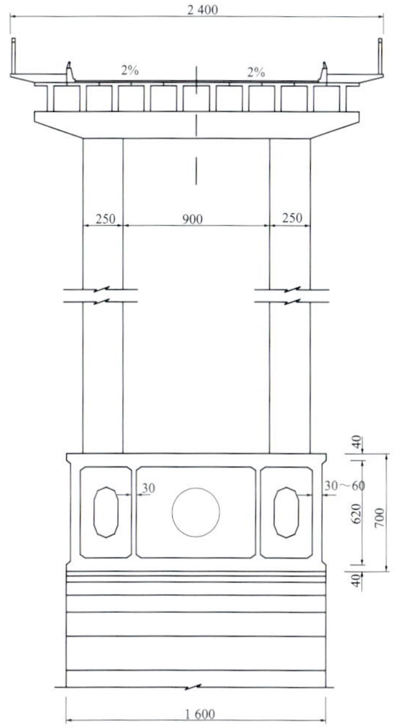

图 4 拱上构造（尺寸单位：cm）

两柱之间不再设任何横系梁。引桥墩柱与拱上立柱采用同样规格。拱上立柱最高60m，引桥墩最高84m。

3）桥台构造

桥台由拱座、水平撑、立柱三部分组成。拱座落在巨厚砂岩层内，以一对断面 5m × 5m 的混凝土水平撑穿过卸荷裂隙发育区，南岸（利川）长 32m，北岸（万县）长 45m，支撑到裂隙已不发育的砂岩层内（图 5）。另用一对断面 5m × 5m，长 21m 的混凝土柱竖向穿透软弱的页岩夹层，支承在厚层砂岩内，大大减少了两岸石方开挖与结构工程数量（降低约 50%）。主拱座混凝土体积较大（每岸约 4 000m^3），采用肋板式填心结构，减少水化热，避免混凝土开裂。

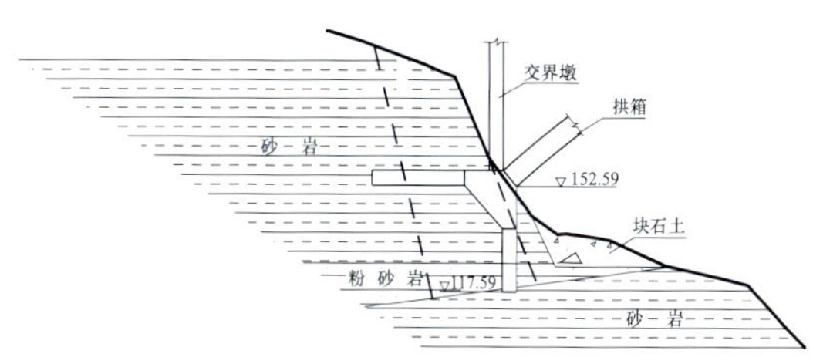

图 5 南岸主拱座构造

3. 主桥施工

1）钢管混凝土劲性骨架法成拱

本桥选择“钢管混凝土劲性骨架法”成拱方案，刚度大，经济节约，技术成熟可靠，是拱桥施工方法的一大突破。空钢管骨架重量轻，施工便捷。钢管混凝土劲性骨架安装就位后，先浇注管内混凝土再以其为支架，安装模板，浇筑混凝土，将劲性骨架浇入混凝土中，形成箱形拱圈。

骨架弦管材料选用 16Mnϕ402m × 16m 热轧无缝钢管，按全桥轴长分为 36 节桁段，每节段长 12.5m、宽 15.6m、高 6.8m，重约 60t，最重段 68t，全部骨架重 2 200t。每桁段横向由 5 个桁片组成，间距 3.8m（图 6），在工厂制作完成桁架节段（全焊结构）。节段之间用上、下弦杆处法兰盘螺栓连接。每桁段由船运至工地后起吊、高空拼装。

施工时在桥轴跨江上布设缆索吊装系统，主缆跨距 435m。起重系统包括索塔、锚碇、缆索、扣索及行走系统等，扣索系统包括扣索、锚索、上锚梁、下锚梁、锚具等（图 7）。安装高程由扣索系统调整。

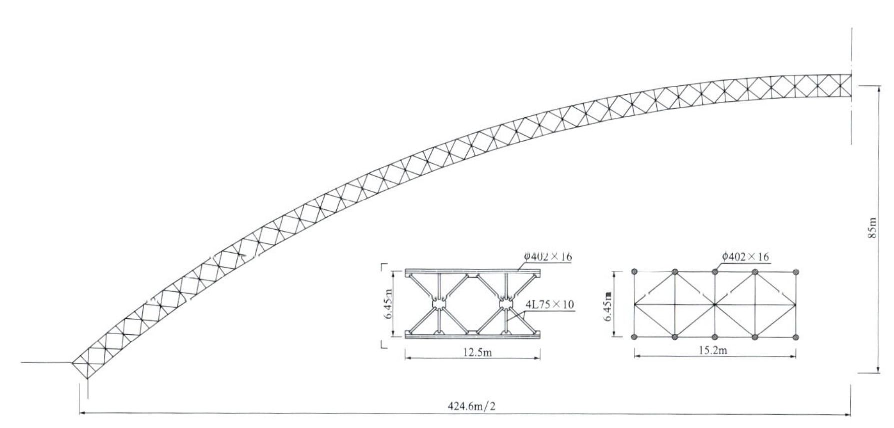

图 6 劲性骨架构造（钢管及壁厚以 mm 计）

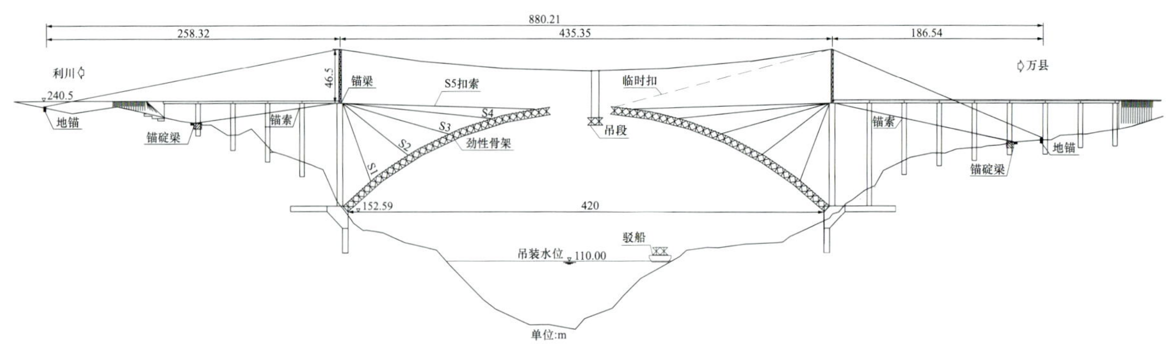

图 7　劲性骨架吊装方案及锚扣体系（尺寸单位：m）

吊装劲性骨架节段时逐段吊运、安装，从两岸拱脚向拱顶进行悬拼，直至合龙。每三节吊装段组成一个“扣索单元”、每岸各 6 个单元，其中第一段悬拼，第二段“临时扣”，第三段“正式扣”。全桥 36 节段共设 12 组“正式扣”，2 组“临时扣”（两岸各一半）。

2）压注钢管混凝土

劲性骨架吊装合龙松扣以后，向弦管内压注 C60 混凝土。压注顺序为：先中间后两边，先下弦后上弦。在弦管拱脚压注口安装液压阀门；拱顶设隔板和排气（浆）管。每根钢管混凝土由拱脚向拱顶一次压注完成，南北岸同步、对称进行。

3）拱箱混凝土施工及控制

劲性骨架形成钢管混凝土桁拱结构后，再浇筑 11 054m^3 拱圈混凝土外包骨架，成为钢筋混凝土箱形拱圈。靠骨架本身不能一次承受全部拱圈混凝土重力，经多方案计算比较后采用了横向分环、纵向分段、对称同步的渐进方法浇筑拱圈混凝土。

分环程序设计：采用先中箱、后边箱；每箱先底板、后腹板（分两层）、再顶板的工序分环浇筑先后合龙，分环顺序（图 8）。各环间混凝土均间隔一个龄期，使先浇环的混凝土参与结构整体受力，共同承受新浇环的混凝土重力。在每一环的浇筑过程中，将拱箱沿纵向等分为 6 段，设置 6 个工作面，在“6 工作面”上对称、同步地浇筑混凝土（图 9），最多允许有一个工作段的快慢差别。采用“6 工作面”方法后，骨架的挠度、内力曲线比较均匀，又有较多的工作面以利施工，每工作面模板向前移动周转达 80m 长（拱圈弧长的 1/6），相对也较经济。

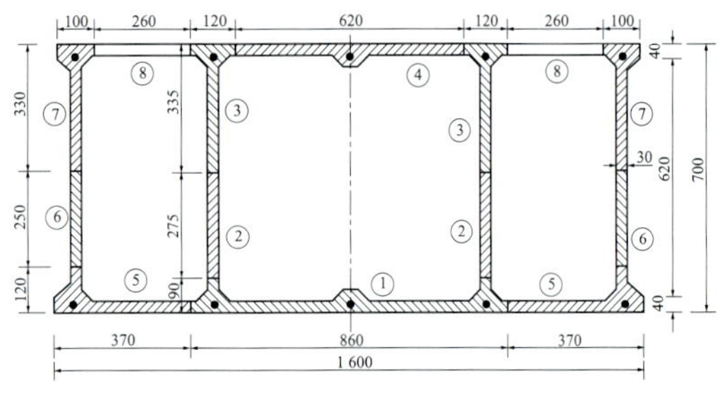

图 8　拱箱混凝土浇筑顺序（尺寸单位：cm）

图 9　分环分段浇筑拱箱混凝土

4．本桥技术特点和创新

（1）设计计算：根据有限元基本原理，提出了拱圈强度验算的非线性综合分析法，建立了施工过程非线性稳定分析方法，提出两级控制的施工控制方法，提出变截面空心薄壁高墩稳定计算的解析公式。

（2）施工工艺技术：提出钢管混凝土劲性骨架成拱方法，这是本桥一大突破，发展了大跨混凝土拱桥建造技术，发展了大吨位、多节段缆索吊装、悬拼技术和桥用高强混凝土配制、生产、输送工艺技术，提出“6 工作面”对称同步浇筑法，不需压重，结构变形及受力均衡，发展了拱圈混凝土浇筑技术。

（3）新材料应用和新结构措施：在桥梁领域，首次采用钢管混凝土（C60 高强混凝土）为拱圈材料，并形成新的复合结构；针对万县长江大桥两岸不良地质情况，提出了新型组合式刚架桥台的创新设计。

通过大悬臂的桥道结构、变截面空心薄壁高墩、轻型桥道系等措施，实现拱上结构轻型化。

万县长江大桥获国家科学技术进步一等奖、全国优秀工程设计金质奖、国家优质工程银质奖、詹天佑土木工程大奖。

重庆菜园坝长江大桥

图 1　重庆菜园坝长江大桥全景

相关资料

>> 桥　　名：重庆菜园坝长江大桥
桥　　型：刚构、钢桁梁、系杆拱组合结构
跨　　径：88m+102m+420m+102m+88m
>> 设计单位：重庆交通科研设计院
林同棪国际公司
>> 施工单位：中铁大桥局集团有限公司
中铁山桥集团有限公司

>> 混凝土用量（主桥）：53 000m³
钢 材 用 量（主桥）：25 900 t
造价（全桥建安费）：9.5 亿元
建成日期：2007 年 10 月

1. 工程概况

重庆菜园坝长江大桥地处重庆市主城区中心地带。大桥工程由主桥、南北引桥、菜园坝立交、苏家坝立交、南城隧道等几部分组成，路线全长约 4 000m。其中 800m 长的刚构、钢桁梁、钢箱系杆拱组合结构主桥是大桥工程的重要组成部分，是一座公、轨两用的特大桥梁（图 1）。主桥通行荷载为六车道公路交通和双线轨道交通，另在桥面两侧各设有 2.5m 宽人行道。主线引桥为多联多跨 75m 跨径的双层预应力混凝土桥梁，上层桥为连续刚构，通行公路车辆；下层桥为连续梁，通行轻轨。桥址处年平均温度 18.3℃，汛期最大流量 86 200m³/s，最高流速 4.07m/s。

大桥主桥主要设计技术标准：

设计速度：公路 60km/h；轨道交通 75km/h；桥面宽度 30.5m，轨道交通下层通行，净宽 8.6m；设计基本风速 26.7m/s；地震基本烈度Ⅵ度，按Ⅶ度设防；设计通航净宽：三峡工程蓄水后不小于 378m；船舶撞击力：横桥向采用 1 400kN，顺桥向采用 1 100kN。

2. 主桥结构体系

大桥主桥由 420m 中跨和两侧对称布置的 102m+88m 边跨组成，主桥全长为 800m（图 2）。大桥结构体系包含下列基本结构：

1）下部构造

P15、P16 桥墩采用 12m×12m×6m 的扩大基础；P19 桥墩采用 4ϕ2.5m 桩基和 12m×12m×4m 的承台。P20 桥墩采用与墩身尺寸对应的 4.1m×4m 实体桩基础。

P15、P20 墩身用 4.1m×4m 等截面空心薄壁结构，P16、P19 墩身用 4m×4.3m 的等截面空心薄壁结构。

边墩（P16、P19）主要功能，满足支撑主桁梁的同时，墩顶设置有 9 根 PESH7-91 竖向拉杆索，与刚构形成超静定结构，并能通过系杆索和竖向拉杆索调节刚构及主墩内力。

P17 主墩基础由 9 根直径 3m 的挖孔桩及 17m×17m×5m 的承台组成，P18 主墩采用 17m×17m×6m 的扩大基础形式，墩身采用变截面空心薄壁结构。

2）预应力混凝土刚构

Y 形刚构由前后悬臂、主横梁、前后次横梁、前后主横梁及系杆索

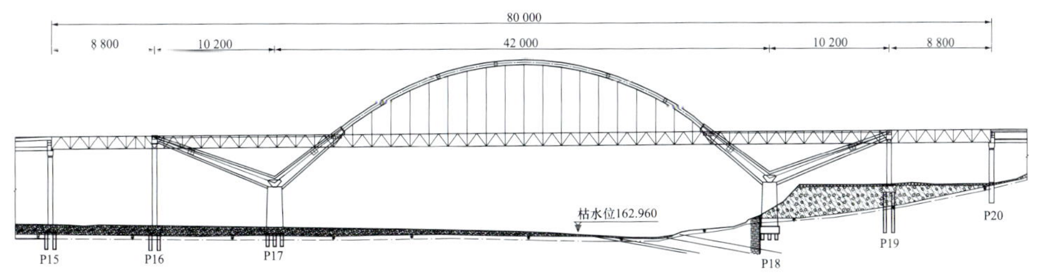

图 2　大桥桥型布置（尺寸单位：cm）

锚固件等组成。

刚构前悬臂为10m×6m～5.2m×3.6m的变截面空心薄壁结构，从前悬臂顶缘中心向下15m长为实心构造。在离墩中心50m处设置了系杆索锚固键及一道前次横梁，横梁根部设置了桁梁支点吊索。在离墩中心32.91m处设置一道前主横梁。主横梁设置在两墩顶部，连接主墩及两侧刚构，结构造型为六边形宝石结构，高为6m，底宽3.5m，顶宽7.6m。

刚构后悬臂为10m×6m～4m×3.6m的变截面空心薄壁结构，从后悬臂顶缘中心向下10m长为实心构造。在离主墩中心102m处设置了3.0m×1.5m后次横梁。在离墩中心68.07m处设置一道后主横梁，截面为3.6m×3.3m。在边墩墩顶实心部设置了系杆索锚固结构和竖向拉杆索。

3）钢桁梁

主桥钢桁梁采用桁架和正交异性桥面板组合体系。800m的连续钢桁梁在大跨拱内以吊杆索作弹性支承，在拱与梁的交接处以多束支点吊索通过托梁为支点，在边墩及交界墩下弦节点设支座。除设在边墩横梁上的4个纵向阻尼限位器之外，钢桁梁在纵向与刚构和拱结构主体没有连接。主梁仅有的两个纵向伸缩缝分别设在梁端的主、引桥相接处。

钢桁梁采用正交异性桥面板与桁架的组合结构（图3），并采用整体节点和整体节段设计，把钢桁梁的杆件、节点、正交异性桥面板块在工厂内拼装成整体节段，作为基本单元运至工地进行吊装拼接。总长800m的钢桁梁分为51个节段单元，其中标准节段长16m，宽39.8m，高11.20m，重240t。最重节段宽43m，重约360 t。

图3　钢桁梁横断面

4）主拱结构

本桥主拱结构为提篮式钢箱拱，跨度320m，矢高约56.44m，主拱肋内倾角为10.67°。拱肋箱形截面尺寸为2.4m×4.0m，板厚在24～40mm之间变化。两片拱肋通过6道钢箱横撑连为一体。上下游拱肋沿着桥轴立面内水平线，分为23个节段，包括：起拱段、标准段(分有横撑及无横撑两类)、合龙段。单肋吊装施工，最重节段为92t。

5）吊杆索及支点吊索

大桥沿桥轴水平向吊点标准中心距为16m。横桥向梁段内沿桥面系主横梁腹板横向设锚点，采用双侧双吊杆索。吊杆索采用HDPE护套平行钢丝索，上端为冷铸锚头，直接锚在拱箱内横隔板上，下端桥面锚点为穿销铰。

除了拱上吊杆索，拱与梁交接处的托梁吊索是本桥承力最大的吊索组。2×6-187的吊索将数千吨的恒载、活载传到刚构前次横梁根部。为了使钢梁的纵向位移不引起过大的索内局部应力，索上端冷铸锚头设有转动球铰。

6）系杆索

菜园坝长江大桥系杆索分为中跨系杆索和刚构系杆索两组。系杆索由高强度低松弛镀锌预应力钢绞线制成，外包HDPE保护层。中跨系杆共8根，单侧4根，设在桥面之下，穿过桥面系横梁锚固在两侧刚构前端部的剪力键内。刚构系杆索共有14根，每侧7根。

7）大型缆索吊机

本工程缆索吊机是实现钢梁整体节段安装及中跨钢箱拱和钢桁梁施工的关键设施，其跨度为420m，最大净吊重280t，最大矢跨比1/13，最大起升高度150m。主索分2组，中心距34m，每组主索由12ϕ60钢丝绳组成，上下游主索各设两台起重小车（图4～图6）。

3. 主要技术特点及创新

1）刚构、钢桁梁、系杆拱组合结构体系

大桥主体是由三个子结构组成，即一对预应力混凝土Y形刚构边跨和一个320m的钢箱提篮拱中跨组成的组合结构。三个相对分离的子结构通过中跨系杆和边跨系杆连接成主跨420m的系杆拱桥。

2）空间Y形刚构体系

对于桥面下的拱部分，取消了主梁下的支撑立柱，并将Y构悬臂直线化，其受力特性已从拱的特性转化为梁的特性，杆件受力从受压为主变为受弯为主，采用预应力结构；特别是为了实现空间的提篮拱结构，Y形刚构也设计成了前后悬臂端在平面上内收的、悬臂断面扭转的空间结构。

3）主动控制体系设计

菜园坝长江大桥首次采用了大型结构主动控制体系，即中跨系杆与边跨系杆分开设置，独立锚固，通

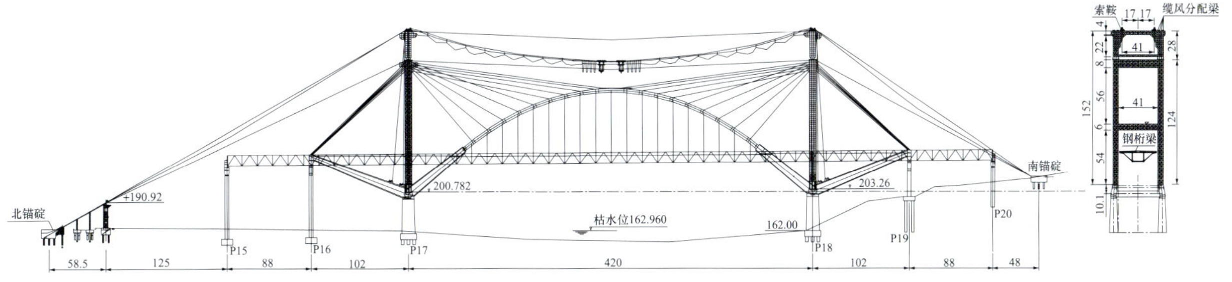

图 4 缆索吊机总体布置（尺寸单位：m）

图 5 钢箱拱节段吊装

图 6 钢桁梁节段吊装

过设置在 Y 构前悬臂前端的系杆锚固键连为一体，Y 构后悬臂与边墩通过竖向拉杆索连接。三套相对独立的拉索体系可在实施过程及成桥后对大桥主体结构进行内力与线形的调整与控制。

4）大节段整体钢桁梁的设计

菜园坝长江大桥在国内首次采用正交异性板钢桁梁整体节段安装技术，实现了钢桁梁整体节段设计、制造、运输和吊装综合技术的突破，提高了工地钢梁安装速度，更好地保证了结构质量。

5）钢绞线系杆索的应用

从系杆的可实施性、可操作性、可更换性考虑，采用了钢绞线系杆索，实现了大桥重要结构的可视、可检、可调、可换，以确保大桥的耐久性。

6）单片拱肋安装

首次采用斜拉扣挂法进行钢箱提篮拱单片拱肋节段安装，克服了起拱节段准确定位、拱肋节段空间对接等技术难题，实现了空间拱肋的三维坐标控制，丰富了提篮拱桥的施工方法，解决了特殊条件下双片拱肋受预拼场地限制、运输受通航条件限制的难题。

7）试验研究

主拱拱肋钢混接头大比例模型试验研究、前次横梁接头大比例模型试验研究、主梁下弦 轨道横梁整体节点疲劳试验研究、主桥关键施工阶段及成桥气动特性试验研究、公轨两用钢混组合刚构—系杆拱施工控制研究、钢桥面铺装试验研究等科研项目的开展为大桥建设提供了强有力的技术支撑。

8）监测系统

建立桥梁运行状态监测与诊断系统，以使桥梁拥有信息化的安全保障体系，从而能够及时、准确地对桥梁运行状态下出现的异常或故障进行诊断判定，确保大桥的运行安全。

相关资料

» 桥　　名：重庆大宁河大桥
桥　　型：上承式钢桁拱
跨　　径：400m
» 建设单位：重庆高速公路发展有限公司渝东分公司
» 设计单位：中交第二公路勘察设计研究院有限公司
» 施工单位：贵州省桥梁工程总公司，国营武昌造船厂

» 混凝土用量：38 383m^3
钢材用量：19 420 t
造　　价：2.6 亿元
建成日期：2009 年 6 月

重庆大宁河大桥

图 1　重庆大宁河大桥全景效果

1. 概况

大宁河大桥位于国家重点公路杭州至兰州线重庆巫山至奉节段(巫山县巫峡镇白水村)，跨越大宁河，桥址区属构造溶蚀、剥蚀深切谷地斜坡地貌区，相对高差 228m，切割深度大、地形起伏剧烈，是巫山至奉节段高速公路建设项目中地形地貌最为复杂险峻路段的特大型桥梁工程。桥梁全长 681m，主桥主跨采用 400m 上承式钢桁拱桥（图 1）。

桥址地处亚热带湿润区。多年平均气温 18.4℃。多年平均降雨量 1 049.3mm，最大瞬时风速 24.7m/s。桥位处基岩为灰砂岩和溶崩角砾岩，上有很薄覆盖层。

大桥位于长江小三峡风景名胜区内，为三峡库区高速公路沿线最壮观的一座大桥，同时将成为小三峡风景区内一道亮丽的人文景观。

大桥为四车道高速公路特大桥，桥宽 24.5m，设计速度 80km/h；地震动峰值加速度 0.05g。

2. 主桥结构

大宁河大桥主桥为净跨径 400m 钢桁上承式拱桥（图 2），矢跨比 1/5，拱脚固接，为固端拱体系，跨径规模居钢桁上承式拱桥世界第二、中国第一。大桥主拱肋采用三片等高桁架结构，桁高 10m，桁架上下弦杆采用箱形断面，腹杆采用工字形或箱形断面，上下横联采用工形断面。拱上立柱采用钢排架结构，横向三根立柱与三片桁架相对应，设横向交叉提高立柱稳定性。

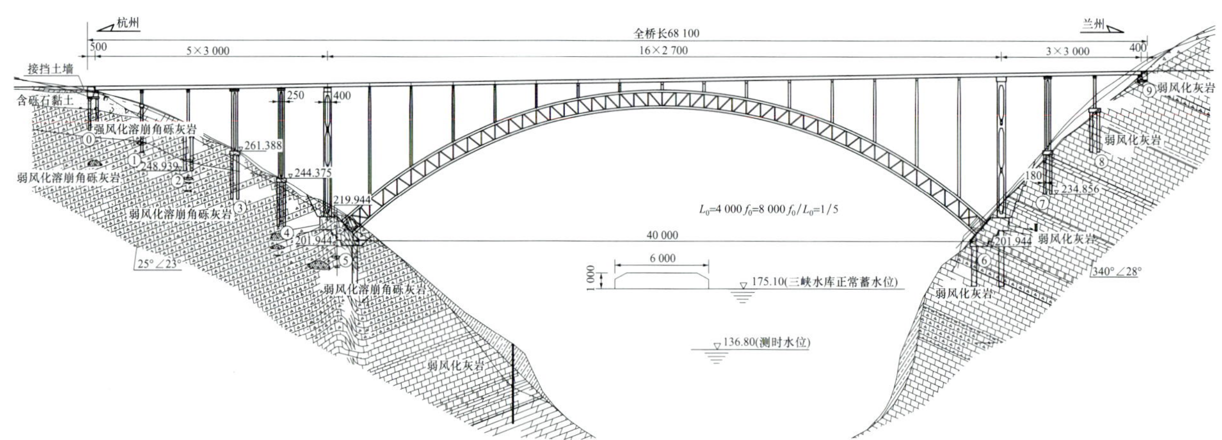

图 2　大桥桥型布置（尺寸单位：cm）

拱上立柱纵向间距 27m，立柱采用钢箱结构。

桥面行车道结构采用 16 孔跨度 27m 钢—混凝土组合连续梁，混凝土桥面板上采用 9cm 沥青混凝土铺装。

1）拱座

主桥拱座采用整体式钢筋混凝土结构，底面设计成阶梯形，以利于拱座与地基间的传力；拱座前缘横向设 3 根桩作竖向支撑，位置与拱肋对应，以改善拱座前缘的受力，提高边坡稳定性，保证拱座基础的受力安全；拱座后缘横向设 3 根倾斜 10° 的抗推桩，以提高拱座基础抵抗水平力的能力并减小拱座位移；西岸拱座基础局部风化严重、岩体破碎，拱座基底对应于交界墩位置增设 3 根竖桩，以提高基础承载能力。两岸拱座竖向支撑桩、抗推桩桩底均以弱或微风化岩层作为持力层（图 3）。

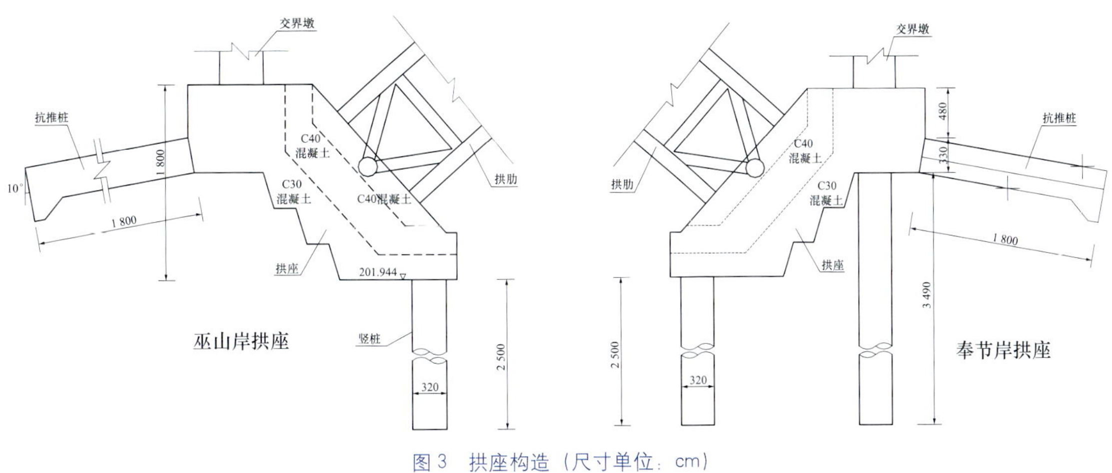

图 3 拱座构造（尺寸单位：cm）

两岸拱座基坑地质条件较差，对基底及拱座基础以外 2m 范围进行压浆加固，加固深度 10m。

2）主拱肋

主拱肋采用桁架结构，钢桁高度为等高，桁高 10m（上、下弦中心线间），横向分三片拱肋，肋间距通过计算优化确定为 10m。拱肋上下弦杆采用等截面钢箱，高 1.5m，宽 1.0m，内设纵向加劲肋。钢桁拱肋节段划分按吊装重量控制，从拱脚至拱顶划分为 9 个节段，全桥共 54 个节段，最大节段吊装重量 165t（图 4）。

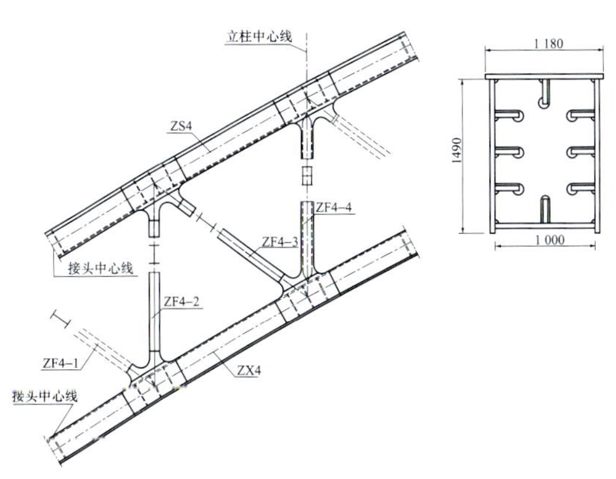

图 4 桁式拱肋构造（尺寸单位：mm）

钢桁拱肋上下弦杆壁厚从拱顶至拱脚按受力要求变厚，变厚范围 30～48mm。桁架节点采用整体式节点。拱肋腹杆采用焊接工字钢或钢箱，上下平联、横联等杆件采用焊接工字钢，板厚 12～20mm，杆件与整体式节点之间采用对接焊缝连接。

3）拱上立柱

拱上立柱墩采用钢排架结构，横向三根与拱肋对应。立柱采用箱形截面，根据稳定性要求，纵桥向尺寸 1.7～0.9m，横向尺寸 1.0m，立柱 LZ1～LZ6、LZ10～LZ15 柱间设置交叉斜撑，以提高横向稳定。立柱板厚 16mm，内设纵向加劲肋。

4）桥面系行车道

拱上桥面行车道结构采用钢—混凝土组合梁，跨径 27m，为连续结构。组合梁焊接工字钢梁高 1.7m，上翼板厚 16mm，下翼板厚 26mm，支点处由于下翼板受压，增加叠合钢板提高其抗弯能力（图 5）。

工字钢梁腹板厚 16mm，每隔 2.25m 设一道竖向加劲肋，每隔 6.75m 设一道钢横梁。

钢筋混凝土桥面板采用分块预制，厚 12cm，吊装就位后，通过现浇 9cm 钢纤维混凝土桥面板和湿接头形成整体，钢梁和钢筋混凝土桥面板通过布置在湿接头处的栓钉剪力键形成组合梁。栓钉间距按剪力设置。钢纵梁位于交界墩顶的端部设现浇混凝土端横梁，混凝土端横梁设伸缩缝。

5）钢结构涂装

钢桁拱肋、立柱及桥面系纵梁外露表面采用涂装

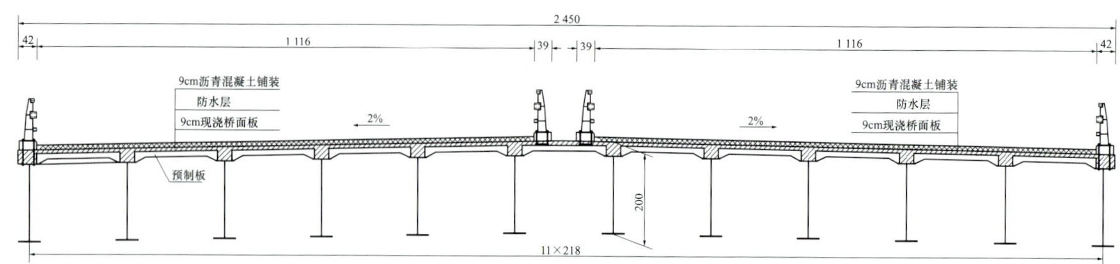

图 5　多跨钢—混凝土组合连续梁桥面系（尺寸单位：cm）

长效防腐，防腐涂装工艺及要求是：表面净化处理到无油、干燥，除锈、喷砂等级到 *Sa*2.5，环氧富锌底漆 80μm，环氧云铁厚浆漆 70μm+70μm，氟树脂面漆两度 35μm+35μm。

3. 主桥技术特点和创新点

（1）国内规模最大的特大跨上承式钢桁拱桥

本桥主跨 400m，在上承式钢桁拱中位列美国 New River Gorge Bridge（主跨 518m）之后，居同类桥型世界第二、中国第一。

（2）大型复合式拱座基础

拱座基坑地质条件复杂。拱座基础按桩—拱座—土相互作用机理的复合式基础设计，解决了软弱地质条件下有推力拱桥的设计难题。

（3）首座全焊式特大钢桁拱桥

本桥主跨钢结构采用全焊式，即杆件、桁片工厂焊接制造，分桁片节段运输、现场吊装焊接而成。桁架为整体节点、节点外对接焊拼装，现场对接焊缝板件最大厚度 48mm，控制焊接变形和焊后残余应力是影响拱轴线线形和结构抗疲劳性能的关键。

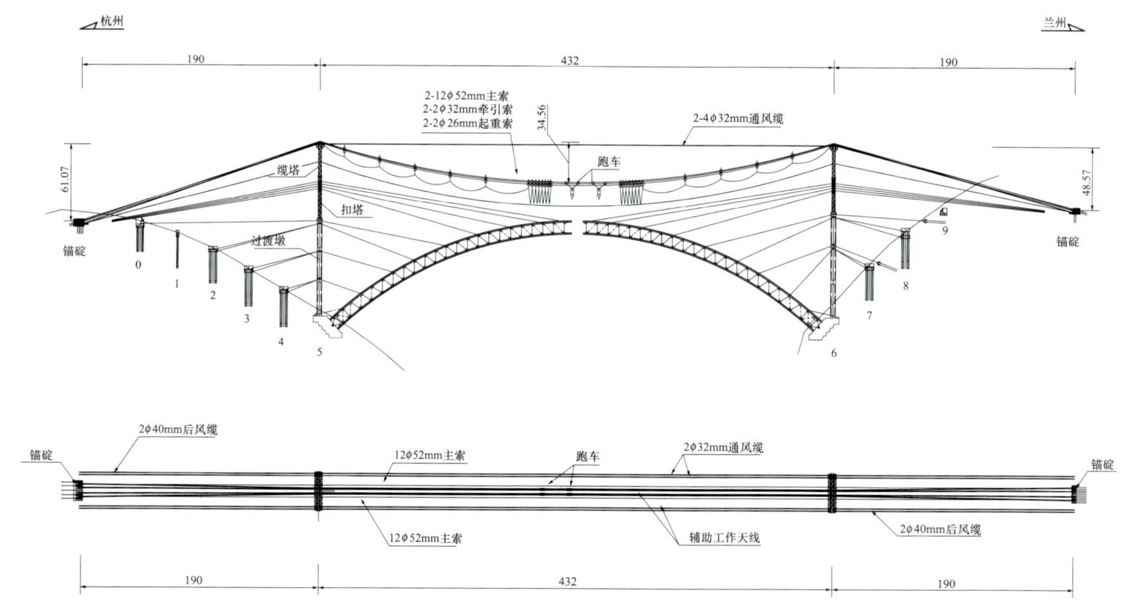

图 6　主拱缆、扣系统布置示意（尺寸单位：m）

（4）钢—混凝土组合结构

采用较轻的钢—混凝土多跨连续组合梁作桥面系，结构形式新颖，改善了拱肋、基础的受力状态。

（5）大型无支架缆索吊装系统施工

拱肋分片、分节段采用无支架缆索吊装安装，吊装缆索系统在吊塔上整体横移来分别安装三条拱肋。该系统跨径大（432m）、吨位大（165t）、吊装的节段长（长 26m、高 10m）。缆索吊塔与扣塔合二为一，其间铰接，利用交界墩及永久结构作为扣塔的一部分。主拱缆、扣系统布置（图 6）。

湖南益阳茅草街大桥

图 1 湖南益阳茅草街大桥全景

相关资料

- 桥 名：湖南益阳茅草街大桥
- 桥 型：三跨连续自锚中承式钢管混凝土拱桥
- 跨 径：80m+368m+80m
- 设计单位：湖南省交通规划勘察设计院
- 施工单位：湖南路桥建设集团公司

- 钢材用量：21 042t
- 混凝土用量：98 780m^3
- 造 价：5 亿元
- 建成日期：2006 年 12 月

1. 概况

益阳茅草街大桥是湖南省省道S204线跨越洞庭湖区淞澧洪道、藕池河西支、南茅运河及沱江的一座特大型公路桥梁，大桥全长为2 848.64m主桥主跨采用368m三跨连续自锚中承式钢管混凝土拱桥（图1）。

主桥主孔桥宽：16m（2×0.5m防撞护栏+净15m），通航等级：Ⅳ—(1)级，通航净空8m×60m，地震参数：地震动峰值加速度为0.05g，地震动反应谱特征周期为0.35s。

2. 主桥结构

1）总体设计

主桥设计为80m+ 368m+80m三跨连续自锚中承式钢管混凝土拱桥，边跨、主跨拱脚均固结于拱座，两边跨曲梁之间设置钢绞线系杆（图2）。主拱拱肋所产生的水平推力由两边跨之间系杆承担。湖区修建拱式结构与环境的协调性好，做到景观艺术与经济的完美结合。

2）主墩基础与拱座

主桥5号、8号墩是拱桥的边墩，基础按钻孔灌注摩擦桩设计，每墩为4根D=220cm桩基。6号、7号墩是拱桥的拱座，采用实体式钢筋混凝土墩块，在拱座内设置施工精度较高的预埋钢构件以便拱肋安装定位。边拱拱肋、主拱拱肋最后均与拱座固接。6号、7号拱座均采用26根D=250cm桩基（图3）。拱座桩基础施工完后对桩基地基进行了固化处理。

3）拱肋与横撑

主拱拱肋采用中承式双肋悬链线无铰拱，计算跨径356.00m，矢跨比1/5，拱轴系数m=1.543。拱肋为钢管混凝土桁式结构，截面宽3.20m，在拱脚处高度为8.00m，拱顶处高度为4.00m。每片拱肋由4根ϕ1000mm×20（22、28）mm的钢管组成，内灌C50混凝土作为弦杆。上弦和下弦横向两根钢管之间在拱脚至桥面处用平联钢板，在桥面以上用ϕ650mm×10（16）mm

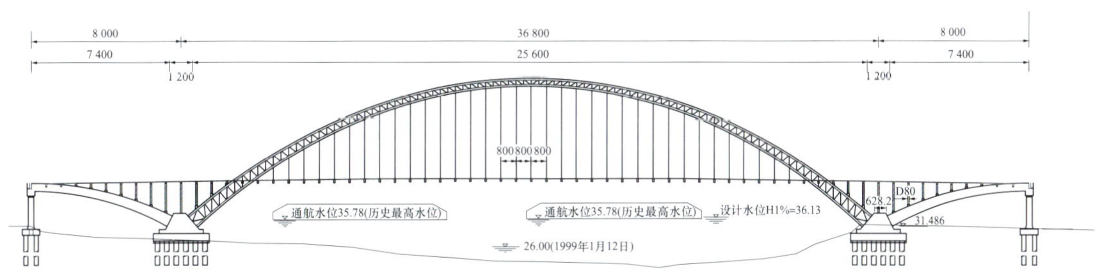

图 2 大桥桥型布置（尺寸单位：cm）

平联钢管连接，在平联板内及吊杆处平联管内灌注 C50 混凝土。上、下弦之间腹杆为 ϕ550mm × 10（12）mm 空钢管（图 4）。

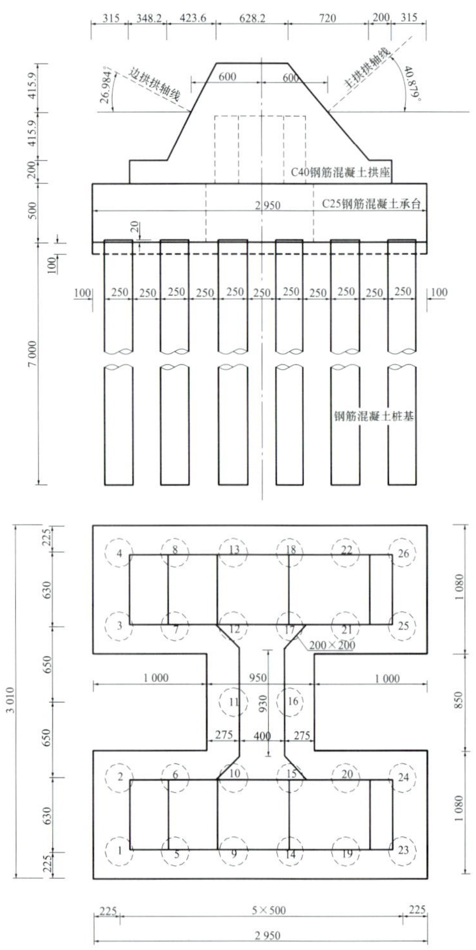

图 3　拱座基础（尺寸单位：cm）

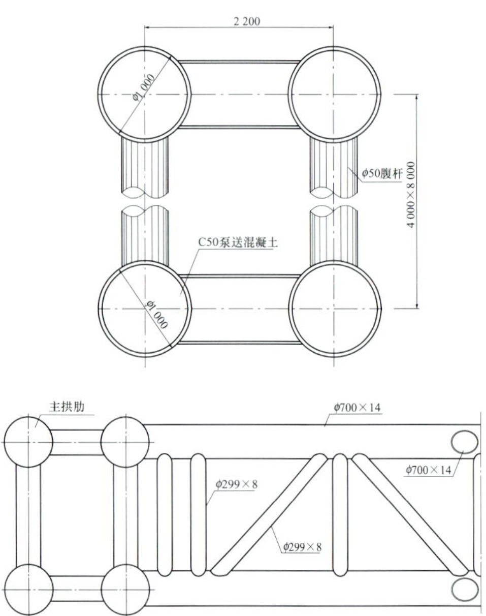

图 4　主拱肋、横撑断面（尺寸单位：cm；钢管直径与壁厚：mm）

两肋中心距为 19.30m，共设 6 组“米”字横撑和 6 组“K”字横撑，每道横撑均为空钢管桁架，另外在拱肋与桥面交接处，设置一道肋间横撑，主拱肋共设横撑 14 道。

边拱拱肋采用上承式双肋悬链线半拱，计算跨径 74.00m，矢跨比为 1/8.5，拱轴系数 m=1.543。每片拱肋由等宽变高度钢筋混凝土箱梁组成，肋宽 3.20m，拱脚处肋高 6.00m，拱顶处肋高 4.00m，两肋间设有一组“K”字和一组“米”字钢管桁架式横撑，它们与同边拱端部固结的预应力混凝土端横梁一起，组成一个稳定的空间梁系结构，边拱拱肋与主拱拱肋轴线处于同一直线上，便于传递水平力。

主拱拱肋采用无支架缆索斜拉扣挂法吊装施工，为降低工程造价，吊塔和扣塔合二为一（图 5、图 6）。

图 5　拱肋现场安装

4）吊杆与系杆

吊杆标准间距为 8.0m，采用 61ϕ^s7 镀锌高强低松弛钢丝束，R_y^b=1 670MPa，PE 防护，采用加装有位移释放装置的 OVM-LZM 型冷铸镦头锚，分别锚于主拱拱肋的平联钢管顶和钢横梁的下翼缘。吊杆考虑换索，换索时可用专用构件作为临时吊杆支承钢横梁，拆除旧吊杆，再装上新吊杆。全桥吊杆均在冷铸锚下锚头处采用球铰与拉杆连接。吊杆钢丝外采用彩色 HDPE 护层防护，要求护层经 2×10^6 次循环脉冲加载试验后无明显损伤。

主桥采用柔性系杆以平衡拱的绝大部分水平推力，系杆锚于两边拱的端横梁上，每肋共设 12 束 31ϕ_j15.24 环氧喷涂钢绞线，采用 OVMXG.T15-31 钢绞线拉索体系，R_y^b=1 860MPa。系杆外包双层 PE 热挤塑护套，同时设置系杆保护箱防止系杆保护层破坏。为了能快捷施工、方便换索、准确定位及可靠运营，

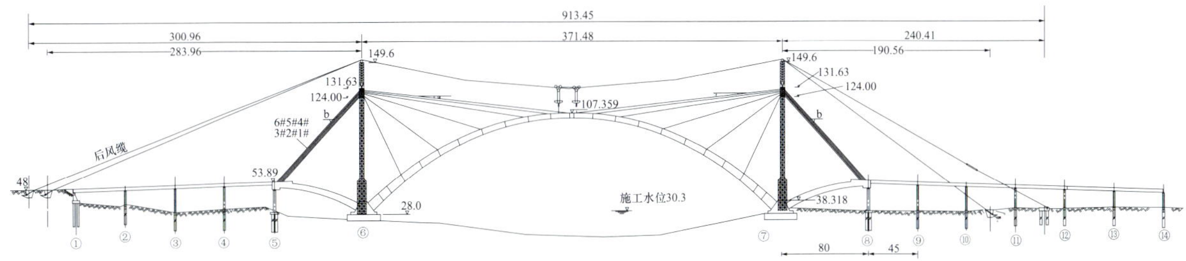

图6 斜拉扣挂系统（尺寸单位：m）

在每根横梁处设置了带简易滑动轴承的系杆支撑架。每束系杆拉索的设计索力为 4 000kN，在全部施工过程中每索只需张拉一次，成桥后再集中调整一次索力（考虑钢绞线的应力松弛等影响）。为方便换索，每边各留有一束备用束孔。

5）桥面系

为减轻桥面系自重，茅草街大桥吊杆横梁和主拱拱肋上立柱横梁、边拱拱肋上横梁均为钢-混凝土组合截面梁。桥面板由桥面板钢纵梁、预制钢筋混凝土Π形板、现浇 8cm 厚铣削钢纤维混凝土及 5cm 厚细粒式沥青混凝土铺装层构成（图 7）。桥面板钢纵梁采用施工方便、易于维修的焊接工字钢梁，横向共设 6 组，纵向采用高强度螺栓与钢横梁连接，使桥面系形成稳固可靠的梁格体系。预制板通过纵、横向湿接缝与桥面板钢纵梁及钢横梁连接，湿接缝混凝土采用 C40 补偿收缩混凝土。8cm 厚铣削钢纤维混凝土层计入受力截面。

为加强对钢纵横梁的防腐检查，本桥增设检查车钢纵梁轨道。

3. 主要技术特点和创新点

该桥主跨 368m 是目前国内同类型桥梁最大跨径，宽跨比较小（为 1/18.5），技术难度大。由设计单位牵头、联合福州大学等 6 家单位开展了“钢管混凝土拱桥设计、施工及养护关键技术研究”。主要技术特点和创新点为：

（1）系统地进行了钢管混凝土拱桥设计刚度取值研究，以行车舒适为出发点，对钢管混凝土拱桥的设计变形限值和舒适度指标提出了建议值。

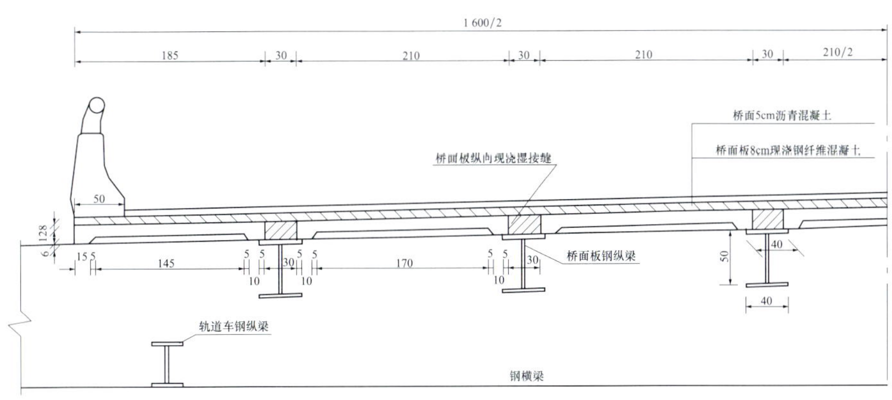

图7 桥面系构造（尺寸单位：cm）

（2）对钢管混凝土的收缩徐变性能进行了系统研究，在长期（4 年）构件徐变收缩试验的基础上，提出了对钢管混凝土设计理论具有指导意义的钢管混凝土收缩徐变发展规律，并编制了徐变分析程序。

（3）将背索直接锚固在边拱上，将扣塔直接布置在拱座上，省去了背索地锚和扣塔基础。

（4）系统地提出了钢管混凝土用管内高性能混凝土的要求，将新拌混凝土的泌水作为控制指标，大幅度减小了钢管混凝土拱顶的脱空；提出了用 L 形箱的充填性为指标优化混凝土砂率的方法，实现了长距离、大高度的一次泵压顶升。

（5）开发并应用了钢管混凝土拱桥运营健康监测系统、健康监测数据管理系统。

相关资料

» 桥　　名：广州丫髻沙大桥（主桥）
桥　　型：自锚中承式钢管混凝土系杆拱
跨　　径：76m+360m+76m

» 设计单位：中铁工程设计咨询集团有限公司
四川省交通勘测设计研究院

» 施工单位：贵州省桥梁工程总公司
广州广船国际股份有限公司

» 混凝土用量：49 333 m^3（主桥）
钢 材 用 量：7 498t（主桥）
造　　价：2.53 亿元
建 成 时 间：2000 年 6 月

广州丫髻沙大桥（主桥）

图 1　广州丫髻沙大桥全景

1. 工程概况

丫髻沙大桥主桥主跨采用 360m 三跨连续自销中承式钢管混凝土拱桥，是广州市环城高速公路西南环上跨越珠江主航道的一座特大桥（图 1），上游邻鹤洞大桥，下游望洛溪大桥。本段江面宽广，河道顺直，桥轴线与河道流向约 70°斜交。江中水位、水深及江水流速的变化均受珠江口潮汐的控制。

大桥南北两岸、丫髻沙岛及江底土层厚度为 4～15m，下伏基岩为粉砂岩与泥灰岩互层，岩层硬度不均。

广州地区属暖亚热带气候，受海洋季风影响，气温较高，多台风及暴雨。年平均气温 21.9℃，极

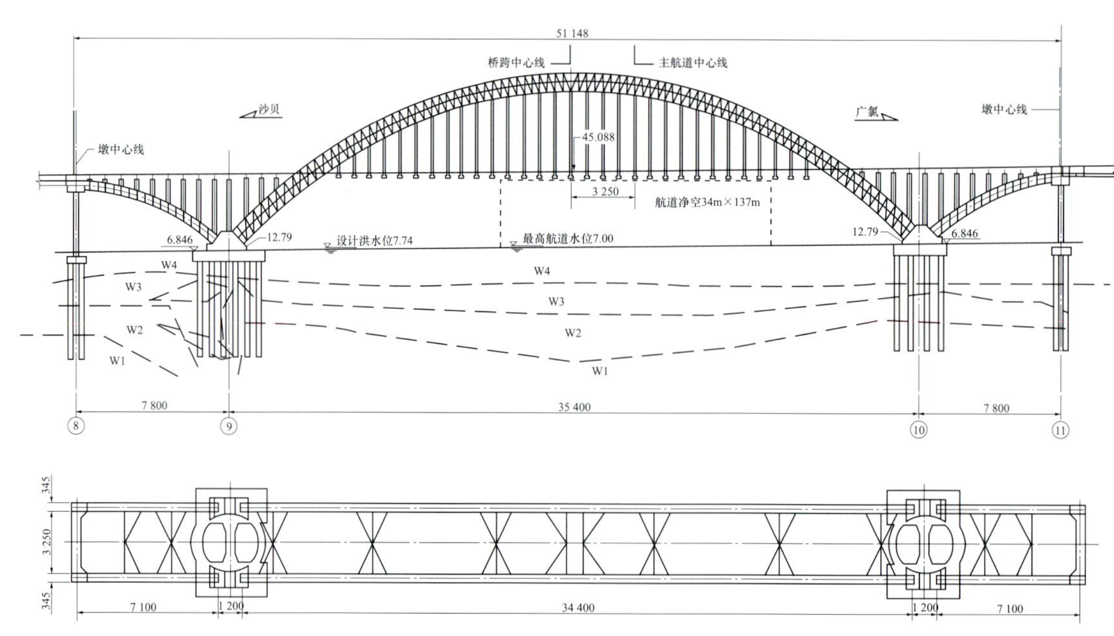

图 2　大桥桥型布置图（尺寸单位：cm）

端最低气温 0℃，极端最高气温 38.7℃；年降水量 1 699.8mm，极大风速 36～38m/s。

2. 主要技术指标

桥面净宽 32.4m，总宽 36.5m，双向六车道。桥下通航净空为 34m×137m。地震烈度：Ⅶ度，按Ⅷ度设防。风力：基本风压 800Pa，极大风速 38m/s。船舶撞击力：主航道按通行 7 000t 船舶计。

3. 主桥结构

大桥全长 1 048m，主桥为 76m+360m+76m 的三跨连续自锚中承式钢管混凝土系杆拱桥。矢跨比 1/4.5，拱轴系数 m=2。边拱拱肋为上承式双肋悬链线半拱，采用钢管劲性骨架外包钢筋混凝土的单箱单室等截面（图 2）。

1）基础、承台及拱座

9、10 号主墩拱座下为上下游群桩基础布置的整体式刚性承台，两承台为实体式钢筋混凝土结构，混凝土数量为 14 388m^3。拱座采用相对刚度较小的横系梁联成一体，混凝土数量为 4 632m^3。

为了能让由边拱拱肋、拱座、主拱拱肋及施工用索塔组成的体系在承台上平转，拱座承台（图 3），其下共有 ϕ3.0m 桩 24 根、ϕ2.0m 桩 10 根，承台及滑道均能承受达 136 000kN 的施工荷载。

为了能让主拱拱肋竖转施工，还在主拱拱肋与拱座间设置了竖转铰，其中铰座为钢结构，铰轴为钢管混凝土结构，二者的接触面经过机加工，粗糙度为 12.5。

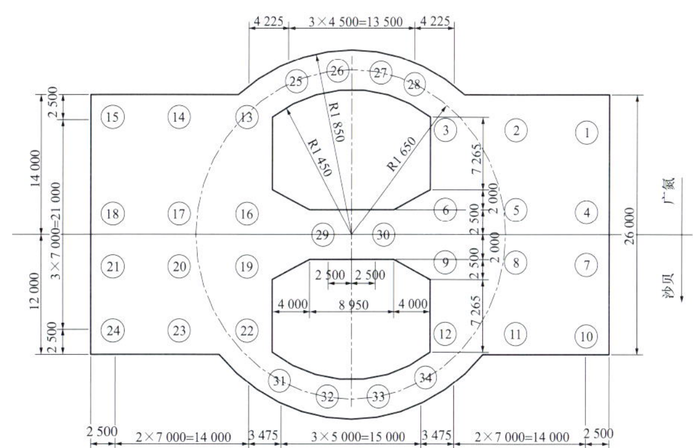

图 3 南岸拱座承台、桩基（尺寸单位：mm）

2）主拱拱肋

本桥选用 6 管式拱肋截面（图 4），每肋由 6ϕ750mm 钢管混凝土组成，由横向平联板、腹杆连接成钢管混凝土桁架。其中外侧、内侧钢管为 ϕ750mm×18mm，中间钢管为 ϕ750mm×20mm，钢管间的横向平联板总厚 500mm。内、中、外三根钢管通过平联板形成了能共同受力的类似肋板式的结构，上、下排钢管间通过 ϕ450mm×12mm 及 ϕ351mm×10mm 的腹杆组成稳定的空间结构。沿拱轴采用变高度（拱脚钢管中心距 8.039m，拱顶钢管中心距 4.00m）、等宽度（3.45m）截面，两肋中心距 35.95m，共设置 6 组“米”字、2 组“K”字横撑。

在拱肋的弦管和平联板内灌注 C50 高强混凝土，腹杆和横撑钢管内则不灌混凝土。为了便于转体施工，2 组“K”撑置于拱顶。

3）边拱拱肋

采用上承式双肋悬链线半拱。每肋由高 4.5m、宽

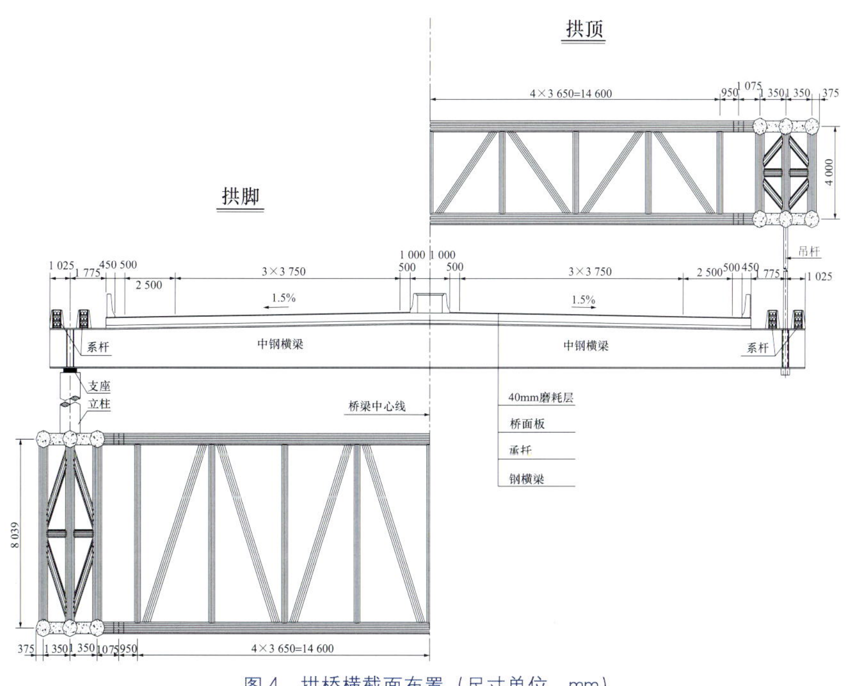

图 4 拱桥横截面布置（尺寸单位：mm）

3.45m 的 C50 钢筋混凝土箱梁组成，两肋间设有一组“K”字和一组“米”字钢管桁架式横撑，它们与同边拱端部固结的预应力混凝端横梁一起组成了一个稳定的空间梁系结构。

为了便于传递水平力，将主拱拱肋、边拱拱肋的轴线置于同一直线上，且拱肋宽度相等。为使主桥能采用转体法施工，将边拱设计为劲性骨架结构，在转体施工时，边拱拱肋为钢管混凝土结构（图 5）。

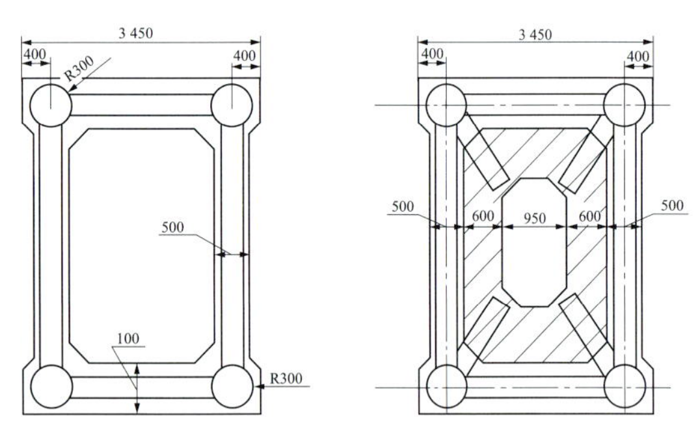

图 5　边拱肋截面（尺寸单位：mm）

4）拱上建筑与桥面结构

立柱除拱座上及与之相邻的边拱共两组采用 ϕ1 300mm 外，其余皆为 ϕ1 000mm 的钢管混凝土构件，同一组立柱间设置横系梁。

吊杆采用镀锌高强低松弛 91ϕ7 钢丝束，R_y^b= 1 670MPa，OVM-LZM 型冷铸镦头锚。

桥面结构由钢横梁、钢纵梁、桥面板组成（图 6）。钢横梁长约 38m，计算跨径 35.95m，工字形截面上翼板宽 800mm、厚 20mm，下翼板宽 1 000mm，厚 16～50mm，腹板厚 16mm，梁高 1 719～1 974mm，每梁约重 30.0t。钢纵梁采用热轧 Π 型钢，全桥共设置了 4 组钢纵梁。桥面板由预制 Ⅱ 形 C50 钢筋混凝土板和现浇桥面铺装层构成，板厚 22cm。桥面铺装厚 12cm，其中钢纤维混凝土厚 8cm，中粒式改性沥青混凝土厚 4cm。钢横梁、钢纵梁、桥面板组成了长约 512m、宽 32.4m 的连续板结构。钢横梁与立柱间以 KQGZ 型双向活动抗震球形钢支座相连，以释放弯矩及温度力。

5）系杆

全桥设系杆 20 根，每根长 516m。采用 OVMXG15-37 钢绞线拉索体系，R_y^b=1 860MPa，系杆外包双层 PE 热挤塑护套。为了能快捷施工、方便换索、可靠运营，特设计带简易滑动轴承的系杆支撑架。每束系杆的拉力为 5MN，在全部施工过程中每索只需张拉一次。

6）拱肋施工

利用主拱拱肋、拱座、边拱拱肋及扣索、塔柱撑脚组成竖转、平转的转动体系，整个转动体系由承台上直径为 33m 的转体环道支撑，转体施工时不用封航，其施工步骤如下（图 7～图 9）：

（1）安装承台上的转体环道、拱座及竖转铰，沿江岸搭设边拱劲性拱架、主拱拱肋卧拼用支架；

（2）安装转体塔架、边拱劲性骨架、主拱拱肋；

（3）安装边拱端部及其他设计规定部位的压重钢筋混凝土；

（4）安装转体用扣索、千斤顶及施工监测设备；

（5）两岸主拱拱肋分别竖转；

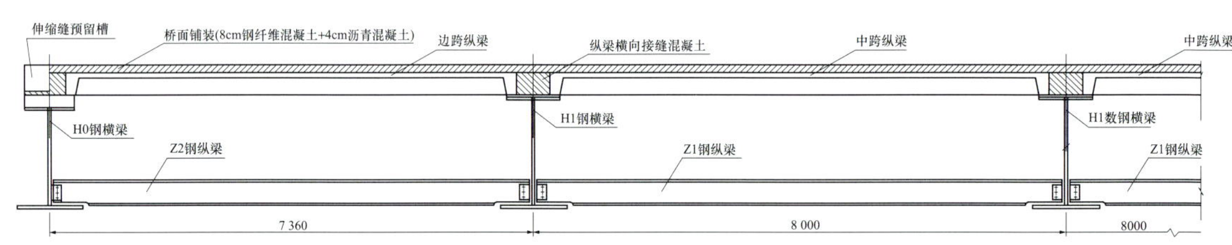

图 6　桥面板与钢梁（尺寸单位：mm）

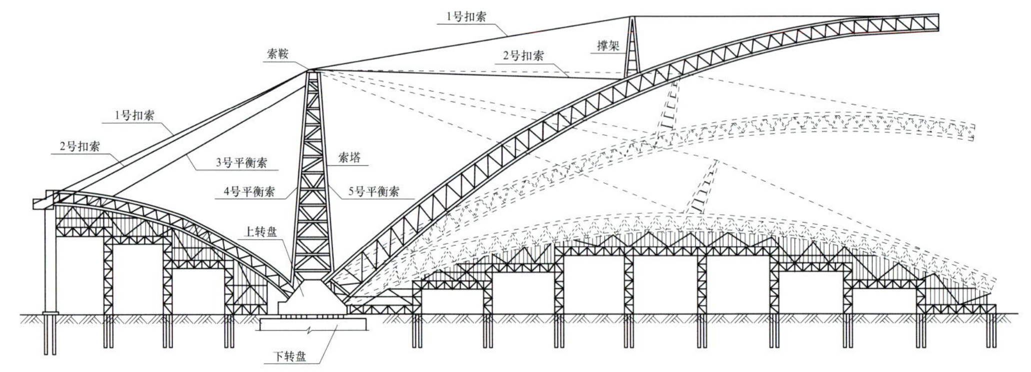

图 7　竖转体系

图 8 平转下转盘滑道

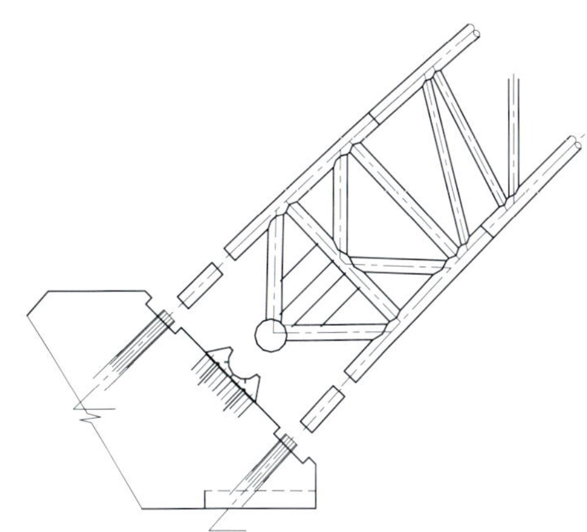

图 9 拱肋竖转铰

（6）两岸转动体系分别平转到桥位。

主拱拱肋平转合拢中线误差仅 2mm，最终成桥后拱轴线横向偏位 12mm，两岸拱肋对称点最大高差 32mm，上下游两肋对称点最大高差 25mm，拱肋最大竖向变位 45mm。

4. 主要技术特点和创新点

（1）主拱拱肋首次采用 6 管桁式钢管混凝土拱肋截面，具有更好的整体工作性能和结构可靠性，增强了结构的稳定性和耐久性。

（2）设计了当时居世界同类桥梁第一的主跨 360m 的中承桁式钢管混凝土拱肋，516m 有竖曲线的超长体外索系杆结构，具有施工方便、受力可靠、维修便捷的优点，采用的拱桥桥面结构与国内、外同类结构相比具有重量轻、整体性好、施工方便的特点。

（3）首次提出了大跨度桁架式钢管混凝土拱桥的非线性稳定控制指标，可供其他类似桥梁借鉴。

（4）深入系统地研究了大跨度钢管混凝土拱桥的徐变特性和抗风、抗震性能，编制了较完善的《丫髻沙大桥钢结构制造及验收规定》，可供类似桥梁的设计与施工参考。

（5）竖转结构体系、“变角度、变索力”的液压同步提升技术和平转、竖转相结合的施工控制技术是大跨度拱桥施工技术的一个重大突破，成功地实施了超大吨位、超大尺寸拱肋“竖转＋平转”施工技术方案，转体施工的实施规模（平转几何尺寸长 × 宽 × 高为 258.1m × 39.4m × 86.3m）和综合转体重量（竖转重量 2 050t、平转重量 13 680t）居世界首位。

该桥获全国优秀工程设计银质奖、詹天佑土木工程大奖。

相关资料

- 桥　　名：广西南宁大桥
  桥　　型：曲线梁非对称外倾拱桥
  跨　　径：300m
- 建设单位：南宁市城市建设投资发展总公司
  南宁国研科技投资有限公司
- 设计单位：四川省交通厅公路规划勘察设计研究院
- 施工单位：中铁二局股份有限公司
  国营武昌造船厂

- 混凝土用量：92 742m³
  钢 材 用 量：22 873t
  造　　价：6 亿元
  建 成 日 期：2009 年

广西南宁大桥

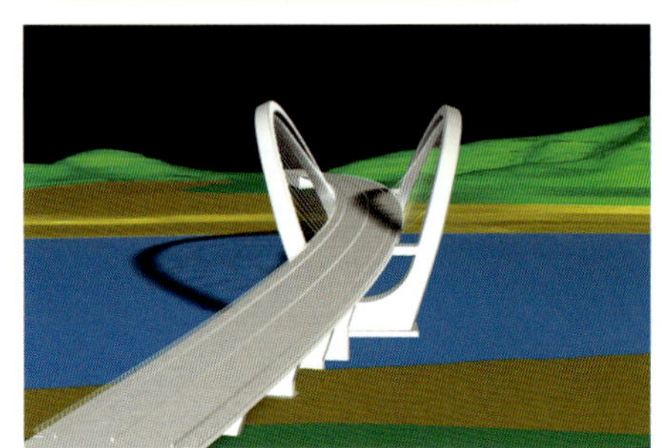

图 1　广西南宁大桥全景效果

1. 项目概况

南宁大桥位于南宁市东南郊的青秀山风景区西侧，跨越邕江（图 1）。

南宁属南亚热带季风气候，日照充足、气候湿热，年均气温 21.6℃，年均降雨量 1 304mm，设计基本风速 25.9m/s，环境腐蚀类别 C3～C4。

场地地震基本烈度Ⅵ度；桥址区覆盖层 5～17m，基岩为湖积相泥岩，成岩性差，遇水易膨胀、溶化。邕江南宁段蜿蜒曲折，水量充沛，河槽稳定，航道等级为Ⅲ级；桥位处江面宽约 400m，设计流速 2.78m/s，设计流量 21 100m³/s，最大水深 30.2m，最大冲刷深度 11.4m。

南宁大桥工程采用城市主干路Ⅰ级标准，双向六车道，设计速度 50km/h，工程全长 1 314.77m，其中主桥长 300.5m，引桥长 434.0m，桥宽 35m。

2. 主桥结构

南宁大桥采用“曲线梁非对称外倾拱桥”这一全新的桥型，主桥跨径 300m，主梁位于 R=1500m 平曲线内；东西两条独自向外倾斜的拱肋，外倾角度不同，桥面以上拱肋间没有任何横向联系，两条拱肋于主梁下交会，于拱顶遥相分离，通过倾斜的吊索支承弯曲的主梁。

1）基础

主桥采用承台群桩基础形式，承台尺寸 38.2m（长）×42.2m（宽）×（5～8）m（高）。为减小基础承担的弯矩，主墩基础整体向河心预偏 3.85m。主墩共设 36 根 ϕ2.5m 钻孔灌注桩，桩长 39～41m，桩底置于弱风化泥岩层内。

2）拱轴线形

拱肋由钢箱拱肋段和混凝土拱肋段组成，东西两拱向外倾斜，但都位于各自的拱平面内。

东侧拱肋计算跨径 300m，计算矢高 82.92m，拱平面横向倾角 69.72°；钢箱拱肋采用 m=1.244 的悬链线，混凝土拱肋轴线由

R=41.68m 的圆曲线和直线组成。

西侧拱肋计算跨径 300m，计算矢高 86.74m，拱平面倾角 66.54°；钢箱拱肋采用 m=1.190 的悬链线，混凝土拱肋轴线由 R=43.77m 的圆曲线和直线组成。

3）拱肋

承台以上至刚出桥面的拱肋部分，为混凝土拱肋，再上面是钢拱肋。

（1）混凝土拱肋

混凝土拱肋采用等宽变高的单箱单室截面，拱肋宽度 7.5m，高度由顶端的 10.1m 渐变至承台顶面的 14.6m，标准壁厚 80cm。

混凝土拱肋段分为 3 个大的区间、21 个小节段，采用曲面液压自爬模施工。拱肋内共布设 10 组预应力束，下端锚固，上端单端张拉后通过连接器接长。

拱脚设肋间横墙，为薄壁结构，标准壁厚 60cm，起到拱脚横撑的作用。肋间横墙顶面形状为 R=21.5m 的圆柱面，并与两拱肋内侧面相切。

（2）钢箱拱肋

东、西钢箱拱各自划分为 15 个节段，节段宽 7.4m，高 5.6～10.0m，长 13.93～21.15m，最大吊重 218t。

钢箱拱肋采用等宽变高的单箱单室截面，面板厚度分别为 20、24mm，内设 18mm、20mm 厚板式加劲肋，采用 Q345C 钢材。

每一段钢箱拱肋节段内，均设置 2 道竖直的吊点横隔板和 3 道呈径向布置的定位横隔板，另设少量局部横向加劲肋（图 2）。

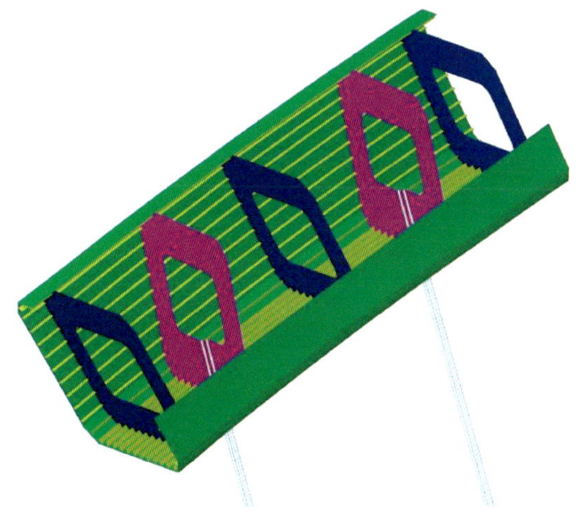

图 2　钢箱拱肋节段构造

E1、W1 节段与混凝土拱肋连接，节段下端设置钢—混凝土连接段（图 3）。

4）系杆

全桥共布置 32 束系杆，分为四组。每束系杆由 24 根

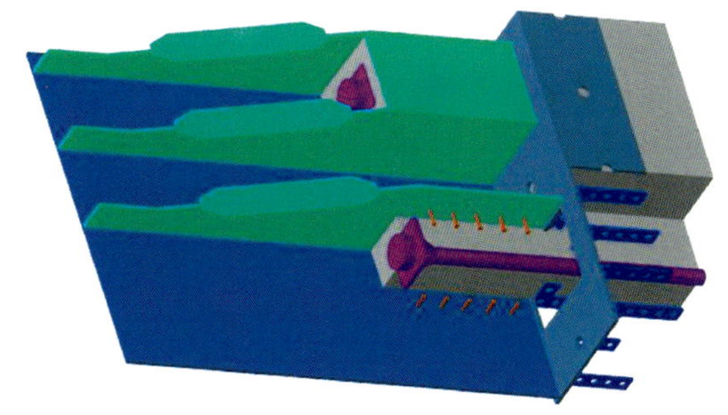

图 3　钢—混凝土连接段构造

ϕ15.2mmPE护套钢绞线及3根备用孔道组成，排列成六边形。全部系杆均布置于钢箱梁内，锚固于肋间平台上。

第一组、第四组系杆在平面内直线布置；第二组、第三组系杆在平面内弯曲布置，以平衡吊索产生的横向分力。钢箱梁吊点横隔板上，设置有系杆转向构造。

系杆锚具采用钢绞线拉索群锚体系，允许整体换索和单根换索。

5）肋间平台

由于拱的外倾及主梁的平弯，专门设计了与传统系杆拱不同的特殊构造——肋间平台作为空间系杆的锚固构造。肋间平台由平台主梁和连接东西两拱的横梁共同构成，采用预应力混凝土结构，是全桥的关键构造之一（图 4）。

肋间平台内设两道锚固横梁，用于锚固系杆。平台前后两端设置牛腿，支承主、引桥箱梁。肋间平台内共设 7 组预应力束，采用两端或单端张拉。

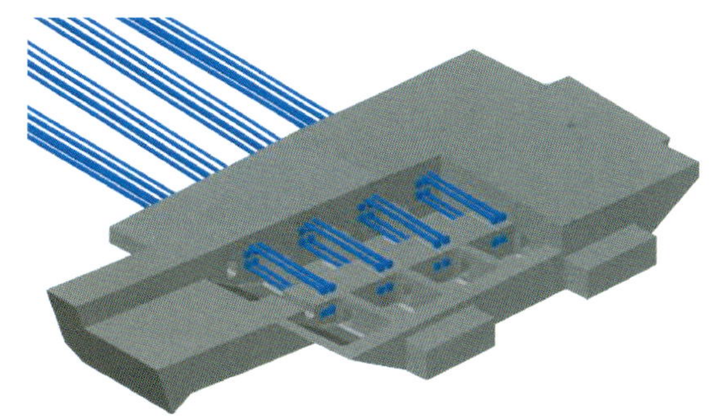

图 4　肋间平台构造

6）钢箱梁

主桥位于 R=1500m 平曲线上，箱梁节段呈扇形，纵向加劲肋按照曲线布置。

主梁采用单箱单室扁平流线型全焊钢箱梁，全宽 35.016m，中心高 3.5m。钢箱梁顶板、上斜腹板厚 14mm，底板、下斜腹板厚 12mm，采用 Q345C 钢材。

钢箱梁顶板在机动车道、非机动车道采用 U 肋进

行纵向加劲，在顶板人行道区域以及底板、下斜腹板采用板式加劲肋进行纵向加劲。

钢箱梁内每隔3m设置一道横隔板，其上需安装系杆转向导管或定位导管。

7）吊索

吊索采用109ϕ5.0mm平行镀锌钢丝成品索，纵向间距9m，全桥共设26对。为便于运营阶段换索施工，采用横向双索体系。

3. 主要技术特点和创新点

（1）南宁大桥采用“大跨径曲线梁非对称外倾拱桥”，桥型新颖，丰富了我国的桥梁类型，也为城市景观桥梁的建设提供了借鉴。

（2）主梁弯曲、东西拱肋外倾且不对称、桥面以上拱肋间没有任何横向联系，使得南宁大桥存在特殊的结构平衡关系：①外倾拱肋的向外倾覆趋势，由不共面的吊索体系横向分力来抵抗；②主梁及桥道系荷载由吊索传递至拱肋承担，同时主梁及桥道系荷载又维持着拱肋平衡；③拱的水平推力传递至肋间平台，由水平系杆、弯曲系杆共同平衡；④吊索体系水平分力对主梁产生的横向力由布置于钢箱梁内的反向弯曲系杆来平衡。

通过协调研究桥梁造型艺术和结构受力特点，优化结构几何参数，确保了桥梁造型美观以及三维结构具有高度的稳定性能。

（3）创新细致的特殊结构细节设计：①将黏滞阻尼器应用于拱桥的飘浮体系主梁，以限制在地震响应下的纵向位移；②遵从多次应力扩散原则，设计应力均匀、有效过渡的钢—混凝土连接段；③采用多孔HDPE套管形式的系杆转向装置，起到定位、转向、传递横向分力的作用，并允许系杆钢绞线在孔道内滑移；④钢箱梁U形加劲肋过焊孔采用国内罕见的两次半径过渡方式，大大削减了钢箱梁横隔板过焊孔区域的应力峰值。

（4）贯彻耐久性、可检查性、可维护性设计思想，采用高品质耐久性混凝土，钢结构部位设计涂装配套，配备拱肋检修车、梁底检修车及完善的检修通道，对系杆、吊索进行运营期监测，可方便地更换系杆、吊索。

（5）对混凝土拱肋段、肋间平台采用实体仿真计算，按施工阶段分析拱肋、肋间平台等复杂预应力混凝土结构的效应。

（6）主墩深水基础施工采用钢筋混凝土排桩＋旋喷桩止水帷幕支护方案。

（7）混凝土拱肋段为双向倾斜曲面结构，采用少见的曲面液压自爬模施工工法。

（8）钢箱拱肋采用缆索吊装、三维斜拉扣挂施工工艺，在三维扣索、临时横向联结系、横向风缆的共同作用下维持施工期结构平衡，进一步发展了拱桥斜拉扣挂建造技术。

（9）吊扣合一的临时塔架高136m、宽110m，为满足外倾式拱肋、曲线梁节段吊装，缆索吊机采用塔顶索鞍大距离横移技术丰富了缆索吊机的使用功能。

（10）对工程项目进行风险评估，为施工和运营管理提供系统的抗风险策略。

广东佛山东平大桥

相关资料

>> 桥　　名：广东佛山东平大桥
桥　　型：钢拱连续梁协作体系
跨　　径：300m
>> 设计单位：四川省交通厅公路规划勘察设计研究院
>> 施工单位：路桥华南工程有限公司

>> 混凝土用量：54 358m³
钢 材 用 量：21 093t
造　　价：2.9 亿元（主桥）
建 成 日 期：2006 年 9 月

图 1　佛山东平大桥全景

1. 概况

本桥位于佛山市禅城区南部，跨越东平河，是佛山市中央组团新城区的重要桥梁，主桥主跨采用 300m 钢拱连续梁协作体系（图 1）。

本区年平均气温较高，夏季炎热，冬季温和，历年平均气温 21.8℃；年平均降雨量 1 702.5mm。

场区覆盖层主要由松散～稍密的素填土：流塑淤泥质土、软塑～可塑状亚黏土、松散状粉细砂、可塑～坚硬状残积质亚黏土等组成，下卧基岩为泥岩、泥质粉砂岩、粉砂岩。

道路等级为城市主干道Ⅰ级（双向八车道）；设计速度 60km/h；桥梁宽度 48.6mm；设计基本风速 27.9m/s；通航净空：通航净高大于 18m，双向通航孔净宽 180m；地震烈度Ⅵ度（主桥按Ⅶ度设防）。

2. 主桥结构

桥型采用了造型别致、线形优美的组合体系，主孔跨径 300m、边跨跨径为 95.5m 的钢拱—连续梁协作体系桥（图 2）。

1）主跨拱圈

主孔跨径 300m（计算跨径 292.9m），主拱圈采用计算矢跨比为 1/4.55、拱轴系数为 1.1 的悬链线。全桥拱肋均采用箱形截面，箱宽 1.2m，桥面以上拱肋截面高 3.0m，桥面以下拱肋截面高 3.0～4.5m；拱顶段主、副拱肋合并，截面高 7.2～4.0m；副拱肋线形为直线——圆曲线的组合线形，拱肋截面高 2.0m（图 3）。

主拱肋每隔两个吊杆（或立柱）间距，设一道 1420mm × 2240mm × 20mm 的异形管式横撑，拱顶处为了减少空中安装，对称跨中线分设两根 ϕ1420mm × 20mm 的管式横撑和 ϕ600mm × 12mm 的管式平联。

2）边跨拱圈

两岸边跨半拱为净跨径 49.1m、净矢跨比 1/6 的抛物线。拱肋截面高由 3.0m 向 4.5m 渐变，其端头与系杆箱、副拱肋合并。

边跨拱肋箱宽为 1.2m，箱内灌注 C40 混凝土，钢箱与混凝土间采用纵向加劲肋上开孔成为 PBL 抗剪器的锚固连接。拱上采用 1.2m × 0.8m“H”形截面的钢立柱，设 ϕ820mm × 20mm 管式横撑。

3）桥面梁及桥面板

桥面梁由三道主纵梁（即钢系杆）、两道次纵梁和主、次横梁组

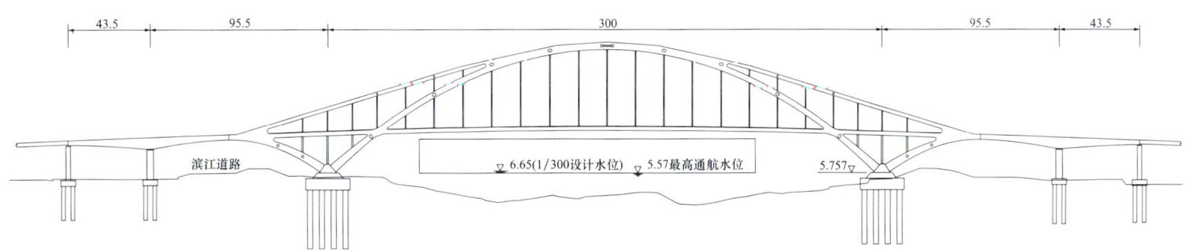

图 2　大桥桥型布置（尺寸单位：m）

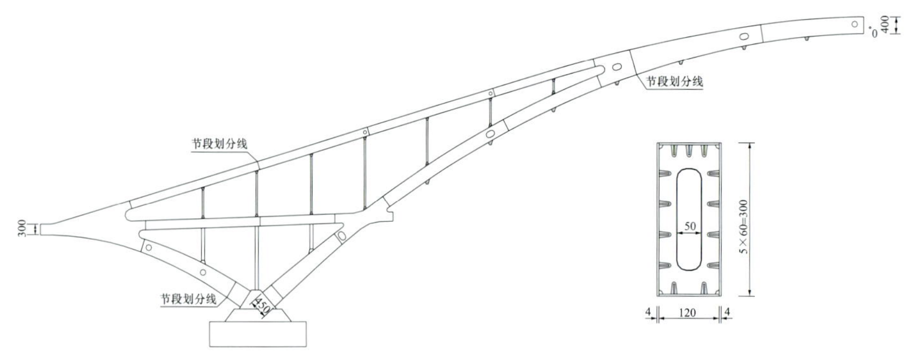

图 3　拱肋一般构造（尺寸单位：cm）

成格子桥面梁（图 4）；格子梁上设置 8mm 厚钢板，再现浇 12cm 厚钢纤维混凝土，形成钢—混凝土组合桥面板（图 5）。桥面格子梁间的全部构件采用高强螺栓连接。

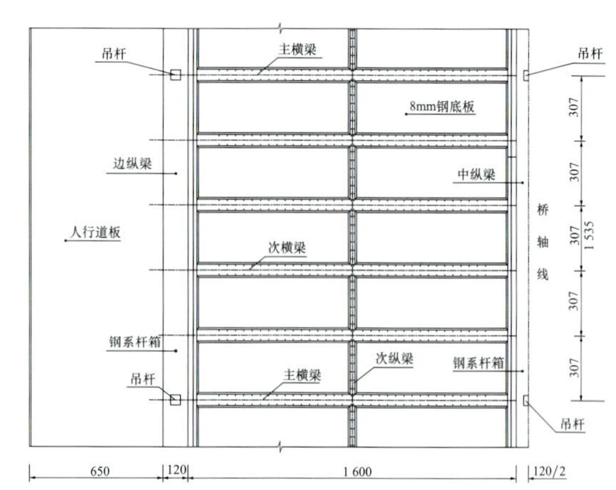

图 4　桥面格子梁的构造（尺寸单位：cm）

4）钢吊杆及钢系杆

桥面三道纵梁既为桥面主纵梁，又为平衡拱圈水平推力的系杆。其箱形截面尺寸采用 1.2m×2.2m。两岸钢系杆之间，在主跨跨中设置张拉合龙接头，张拉钢系杆合龙接口上的钢绞线，合龙钢系杆（图 6）。

吊杆、上立柱、下立柱采用“H”形截面，与主、副拱肋及钢系杆同宽为 1.2m，吊杆与拱肋、钢系杆通过高强螺栓拼接连接。全桥钢吊杆、上立柱腹板均合理设计了孔洞，提高桥梁抗风性能（图 7）。

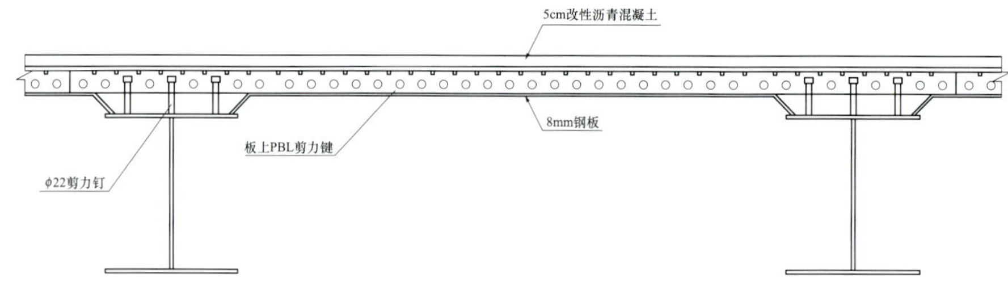

图 5　桥面板的构造

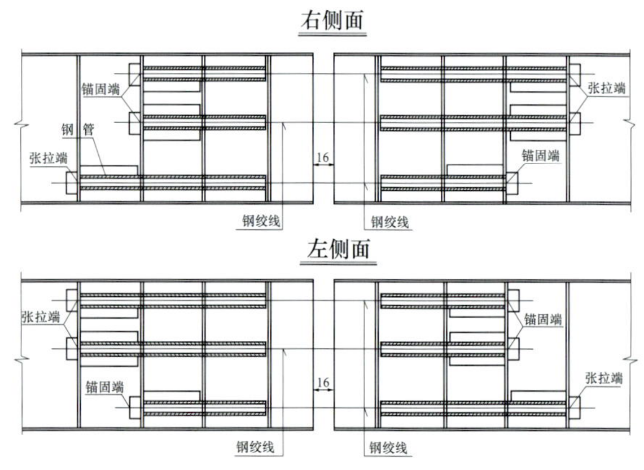

图 6　钢系杆合龙装置构造（尺寸单位：mm）

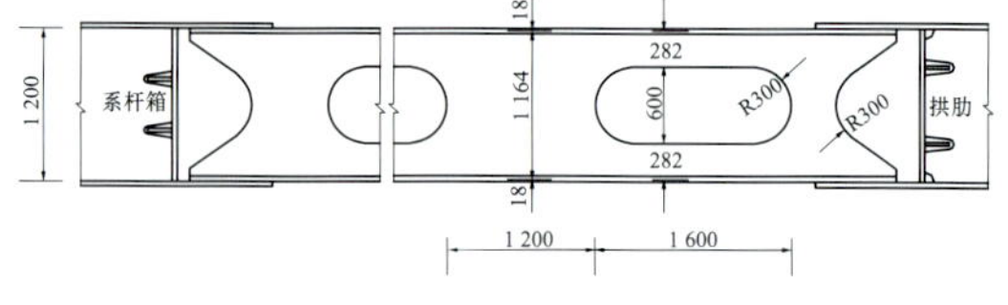

图 7　吊杆构造（尺寸单位：mm）

5）钢—混凝土过渡接头

两岸边跨预应力混凝土连续梁与主跨拱肋的连接，因两岸连续梁为 5 肋，主跨拱圈为 3 肋，其中有两肋无法与拱肋对接，因此，连接段接头设置了加强端横梁，使连续梁纵肋与钢拱肋及两者桥面板均为固结连接（图 8）。

6）钢结构防腐设计

根据桥位处自然气候等条件形成的腐蚀环境，设

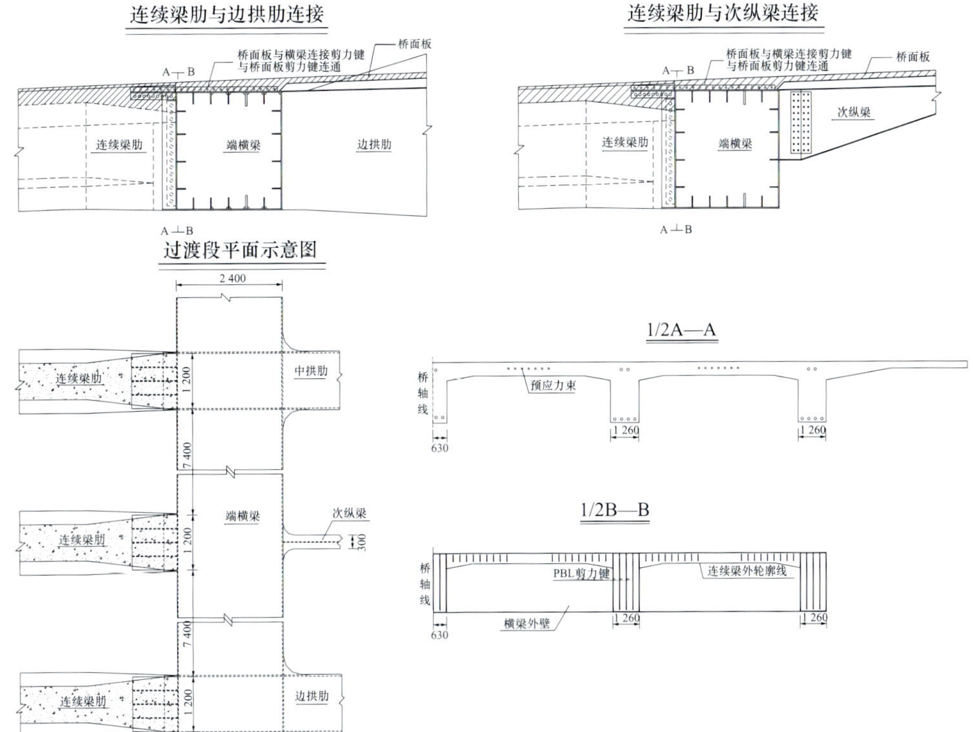

图 8 钢—混凝土过渡接头一般构造（尺寸单位：mm）

计结构的防腐方案如下：

硅酸锌车间底漆 20μm+ 醇溶性无机富锌漆 75μm+ 环氧封闭漆 25μm+ 环氧云铁 100μm+ 丙稀酸聚氨酯面漆 2×50μm（工厂与工地各一道），干膜总厚度为 300μm。

钢箱内部采用硅酸锌车间底漆 20μm+ 环氧富锌底漆 75μm+ 环氧面漆 100μm 涂装，再封闭钢箱的防腐方案，干膜总厚度为 175μm。

高强螺栓连接摩擦面采用喷铝处理，金属表面处理等级 *Sa*3.0；钢结构出厂前抗滑移系数大于 0.55，钢结构架设前抗滑移系数大于 0.45。

7）施工方案设计

采用了先在两岸低支架卧拼拱肋，尔后先竖转主拱再平转合龙的施工工艺。

（1）竖转设计

为保证施工进度和降低工程造价，提出了在主跨拱肋拱脚处设置竖转铰、采用提升塔提升就位的竖转施工方案（图 9）。

（2）平面转体设计

主跨拱圈由主拱及副拱组成，这种设计体系中的副拱便起到半跨转体时平衡主、边跨的扣索作用，同时，由于边跨拱圈设计为钢—混凝土组合结构，相对较重的边跨，在平面转体时成为平衡主跨的平衡重（图 10）。

（3）利用已成拱圈安装吊杆（图 11），但要注意拱圈受力平衡。

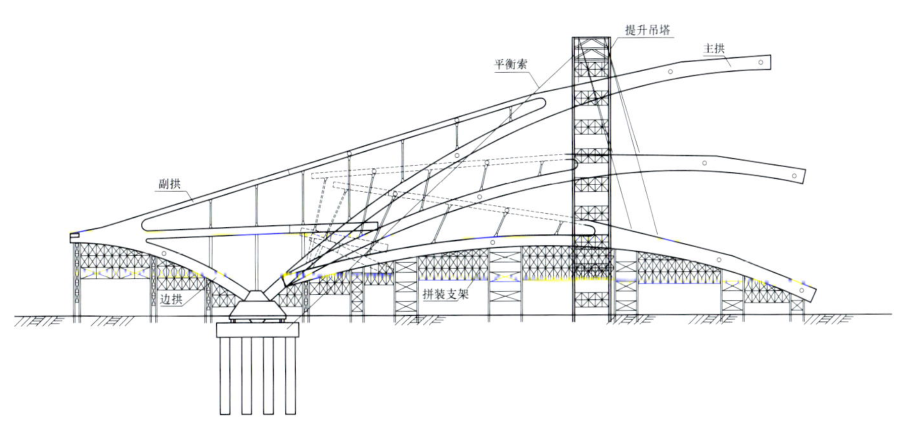

图 9 竖转施工过程示意

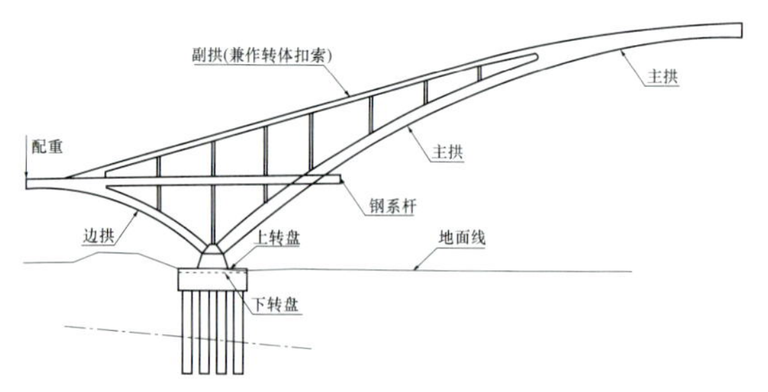

图 10　平面转动体系一般构造

3. 大桥主要技术特点和创新点

(1) 根据桥位地形特点，主桥为预应力混凝土连续梁与钢—混凝土组合拱的协作的混合体系；拱桥由主拱、副拱与边拱共同形成组合结构体系。

(2) 引用既有理论，依据试验测试数据成果和实桥验证，提出了钢—混凝土组合结构适用计算方法。

(3) 合理地采用了钢—混凝土组合结构：主桥桥面板、边跨连接过渡接头、PC钢箱混凝土端横梁、钢箱混凝土边拱肋等组合结构，通过模型试验和实桥验证，提高了结构整体刚度，具有科学性、合理性和先进性；采用了钢系杆、钢吊杆和管式横向联系，空透性好，造型美观。

图 11　利用已成拱圈安装吊杆、系杆

(4) 钢与混凝土共同工作性能检测手段——光纤光栅监测系统，技术先进。对“H”形钢吊杆的风致振动效应开展了大比尺的模型试验研究，证明了结构的合理性。

(5) 根据桥位特点和本桥结构特点，设计了新的竖转、平转施工工艺，技术先进，经济性好，施工工期短，不影响通航。

(6) 完成的《桥梁检查、养护及维修技术指南》，系统性强，具有指导性和适用性。

重庆奉节梅溪河大桥

图 1　重庆奉节梅溪河大桥全景

相关资料

» 桥　　名：重庆奉节梅溪河大桥
桥　　型：上承式钢管混凝土拱
跨　　径：288m
» 设计单位：四川省交通厅公路规划勘察设计研究院
» 施工单位：中铁大桥局集团有限公司

» 混凝土用量：21 396m³
钢 材 用 量：2 656t
造　　　价：3 227 万元
建 成 日 期：2001 年 12 月

1．概述

奉节梅溪河大桥位于奉节县以东 2km，距梅溪河长江入口处约 1.3km，东岸连接白帝城及奉（节）—巫（山）公路，西岸连接奉节新老县城及奉（节）—云（阳）公路，桥梁全长 491m，主桥主跨采用 288m 上承式钢管混凝土拱（图 1）。

该桥桥面宽度净 −14m+2×1.75m 人行道及栏杆，全宽 17.5m，地震烈度Ⅵ度。

桥区年平均气温 16.4℃，多年平均降雨量 1 423.7mm，多年平均流量 42.62m³/s，最大洪峰流量 2 500m³/s，为典型山区性河流。桥位区出露基岩为灰岩含泥灰岩，覆盖层为卵砾石、粉细砂、粉质黏土，厚 1～5m。

2．主桥结构

大桥主跨为一孔 288m 的上承式钢管混凝土拱（图 2）。

1）上部结构

（1）主拱圈：主桥上部为上承式钢管混凝土桁架式肋拱，净跨径 288m，矢跨比 1/5，矢高 57.60m，拱轴系数 m=1.5。拱肋为变高等宽的钢管混凝土桁架，肋高 5～8m（拱顶 5m、拱脚 8m），宽 5.32m，弦管采用内灌 C60 混凝土的 ϕ920mm×14mm 钢管混凝土（图 3）。

（2）主拱节点构造：主拱圈弦管与腹杆的连接为相贯线，坡口焊接，在竖直面还设有节点板加强节点的连接（图 4）。

（3）主拱接头构造：分拱脚接头、节段接头和拱顶接头三种。

拱脚接头：采用竖向可转动的铰接头，即拱脚截面中心处设一弧形铰，铰轴采用钢管混凝土（图 5），以两铰拱合龙后，再固结拱脚，转

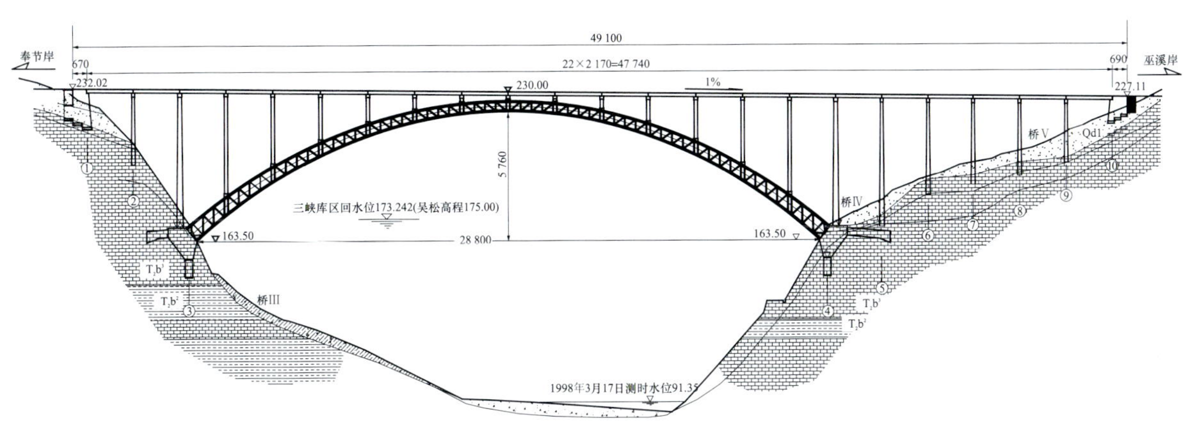

图 2　大桥桥型布置（尺寸单位：cm）

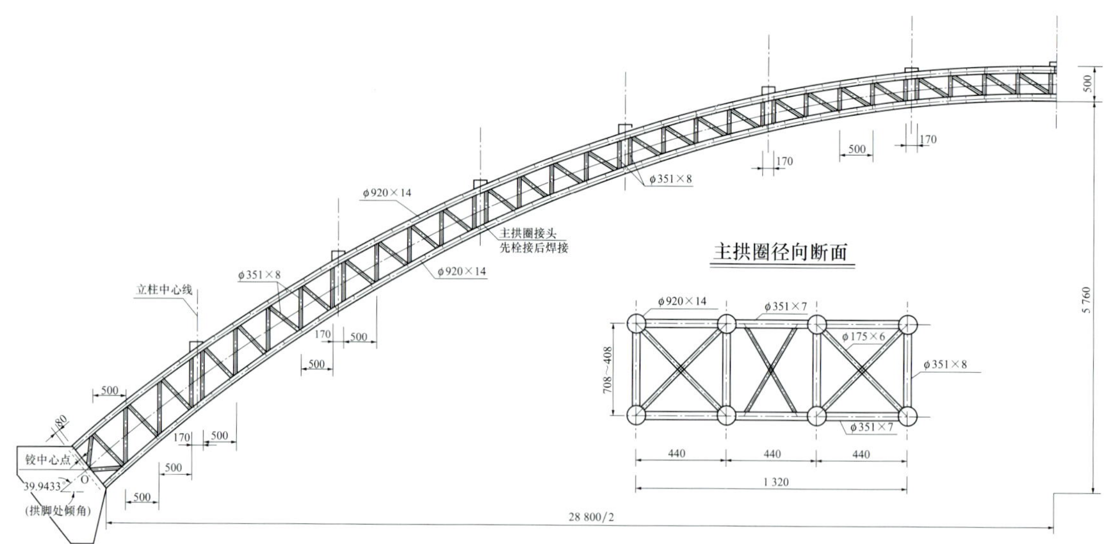

图3 拱肋一般构造（尺寸单位：cm，钢管直径及壁厚：mm）

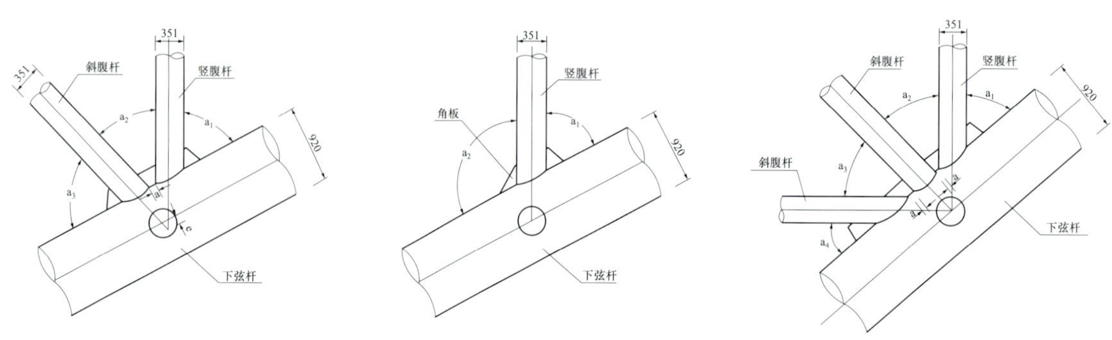

图4 主拱节点构造（尺寸单位：mm）

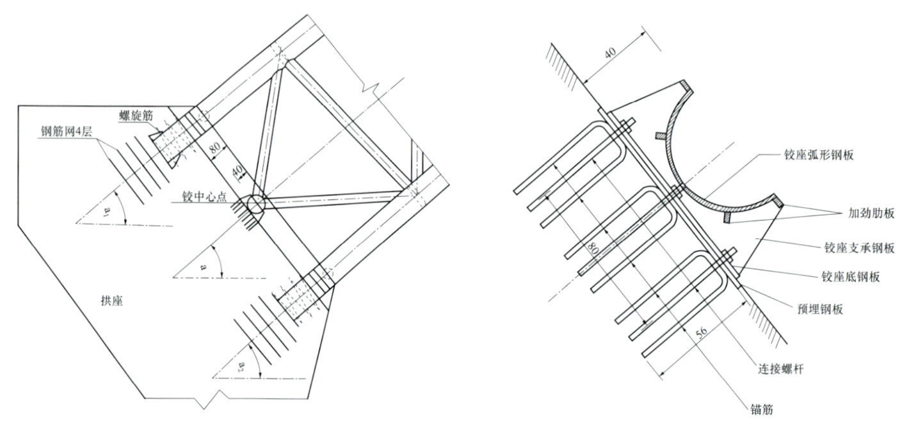

图5 拱脚接头构造（尺寸单位：cm）

化为无铰拱。

节段接头：采用内法兰形式，法兰盘间用高强螺栓等强度联接。

拱顶接头：采用内置式接头构造，接头间设置钢楔，钢楔的作用一是调整拱顶合龙间距，以消除拱肋因制作等原因造成的接段长度误差，二是通过千斤顶对组合钢楔施力调整拱肋上下弦管内力，同时可起到调整拱轴线形的作用。

(4) 拱上立柱及盖梁：拱上立柱采用钢管混凝土排架，竖向主管采用 ϕ351mm 钢管，内灌 C50 混凝土；盖梁为宽 1.8m、高度 1.2m 的钢筋混凝土“Π”形盖梁，分两段预制安装，立柱上下端接头采用预埋连接件先栓接后焊接。

2）下部结构

主桥拱座纵向 13.5m、高 14m，其下设置竖撑、后面设置平撑，西岸水平撑10m、竖撑8m，东岸水平撑20m、竖撑8m；引桥墩墩柱为双柱式变截面矩形空心柱，盖梁宽度1.4m、高度1.6m；交界墩墩柱亦为双柱式变截面矩形空心柱，盖梁宽度2.0m、高度2.0m，兼作主拱施工扣锚交换梁；桥台均为U形桥台。

3. 大桥主要施工方案

1）拱圈桁架的加工

拱圈桁架采用工厂制作成拱肋节段，利用汛期水路运输至工地起吊安装。全桥共分28个拱肋节段，拱肋主弦杆为螺旋焊接管，采用远红外—全液压自动弯管机加热煨弯的方法将弦杆加工成微弧形。

2）拱圈桁架的安装（图6、图7）

采用60t缆索吊装，斜拉扣挂方式安装拱圈。

扣索、锚索：扣、锚索采用临时防护的平行钢丝，两端用镦头锚锚固。

锚碇、交换梁：西岸利用1号桥台、东岸利用10号桥台，分别在台后增设地锚梁与桥台连接共同组成

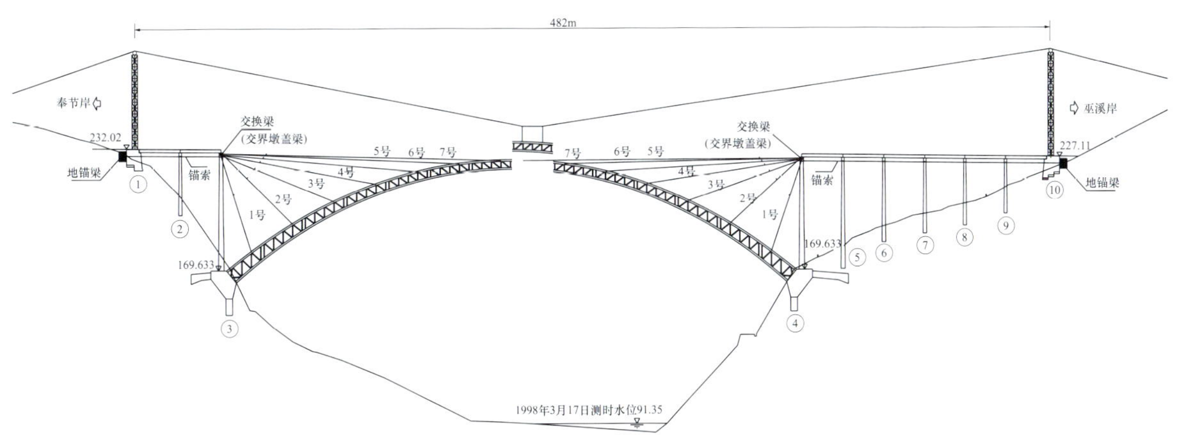

图6 拱肋桁架节段吊装示意

图7 拱圈桁架安装

重力式锚碇，交界墩盖梁即兼作交换梁。

扣、锚拱肋节段：全桥拱肋节段共28段，每岸共14个扣索单元（单肋7个），扣索张拉端设在交换梁（即交界墩盖梁）上，锚索张拉端设在锚碇上，扣、锚索应同步张拉，使交换梁基本保持零位移状态。

3）拱肋合龙

拱圈合龙的体系转换：两铰拱（拱顶合龙）→无铰拱（拱脚封铰），步骤是：分级释放扣索力、拱顶合龙、封拱脚铰。

4）拱圈混凝土灌注

管内混凝土的灌注程序：先上弦后下弦、先内侧后外侧、每次分左右两肋、每肋一根管，对称、均衡进行施工。

5）拱上立柱

立柱钢管排架采用工厂制作成空间排架节段，运输至工地起吊安装，在安装好立柱排架后，先安装盖梁再灌注立柱管内混凝土。

4. 主要技术特点及创新

（1）拱肋及立柱等主要受压构件均采用钢管混凝土，充分利用了钢管混凝土抗压强度高这一突出优点，减轻了结构自重，钢管既为结构又兼作混凝土浇注模板，为施工带来了极大的方便，大大节省了工期和造价。

（2）采用了一种新型的主拱接头，为主拱的架设和安装提供了方便，实现了多节段快速安装，为同类型桥梁设计起到了指导作用。

（3）设计采用了“斜拉扣挂”施工工艺，拱圈桁架的安装采用缆索吊装、斜拉索扣挂拱肋节段的方法，实现拱桥超多段（本桥分14段）的缆索吊装施工。

（4）利用交界墩盖梁作交换梁、利用引桥和桥台的重量作锚碇，安装主拱钢管节段，省去了扣挂系统中的地锚和交换梁，节约了大量的施工费用。

武汉晴川桥

相关资料

>> 桥　　名：武汉晴川桥
桥　　型：下承式钢管混凝土系杆拱桥
跨　　径：280m
>> 设计单位：中交第二公路勘察设计研究院有限公司
>> 施工单位：中铁大桥局集团有限公司

>> 混凝土用量：14 045m³（主桥）
钢材用量：3 100t（主桥）
造　　价：7 543万元（主桥）
建成日期：2000年12月

图1　武汉晴川桥全景

1. 概况

武汉市晴川桥，位于汉江与长江交汇处，连接汉口和汉阳，该工程包括主桥、汉口岸副桥、沿河大道上下匝道桥、汉阳岸副桥、引桥工程，主桥为净跨280m的下承式钢管混凝土系杆拱桥（图1）。

桥址处最大流量约11 000m³/s，汉江汛期受长江顶托，流速较低，长江退水时最大流速可达4m/s以上。两岸覆盖层厚43～50m，依次为人工填土、亚黏土、亚砂土、粉细中砂（混砾卵石），基岩为含粉砂泥岩，强、弱风化互层，天然含水率时单轴极限抗压强度平均12.35MPa。

设计速度。主线40km/h，匝道25km/h。桥面宽度20m。地震基本烈度Ⅵ度，按Ⅶ度设防。通航按内河三级航道标准，通航净宽不小于150m，通航净高不小于10m。

2. 主桥结构

主桥桥型布置（图2），净跨280m，矢跨比1/5，拱轴线为悬链线 m=1.543，主桥全长302.926m。

1）拱桁

主拱桁架为等高度，全高5.50m，单桁宽2.40m，由四根 ϕ1000mm×12mm的弦管加缀板组成上、下弦杆，弦杆内灌注C50无收缩混凝土，腹杆一般为 ϕ400mm×10mm，拱桁截面（图3）。横撑共11道，除拱顶横撑为矩形外，其余10道均为K撑，横撑平面布置（图4）。

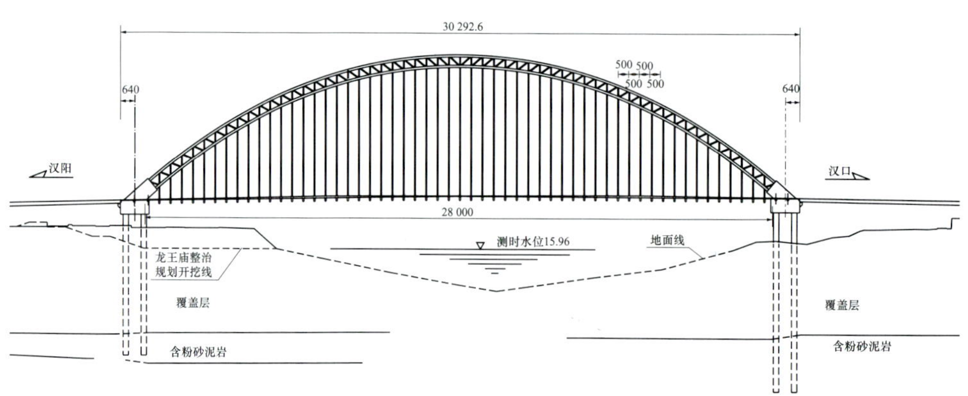

图2　主桥桥型布置（尺寸单位：cm）

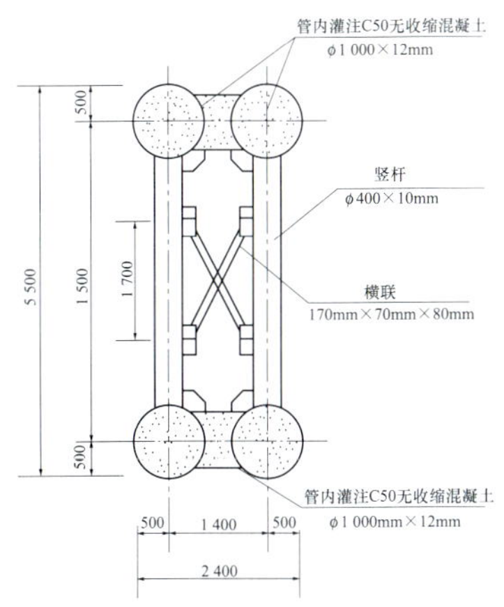

图 3　拱桁断面（尺寸单位：mm）

拱脚段采用混凝土拱肋，以抵抗车辆的意外撞击，其高度为按 4.5m。

拱桁结构受力，以弹性理论、应力叠加法计算。

2）拱座与基础

两岸主墩都将拱座与承台合并，选用 8 根 ϕ2.4m 的基桩。全桥 16 根主墩基桩全部嵌入岩层，依岩性汉阳岸嵌入 5.6～11.2m，汉口岸嵌入 18.5～24.6m，两岸桩长 51.5～66m。

基桩与墩柱（C25、C30 混凝土）直径相等。每个主墩设两个分离式拱座（C40 混凝土），其间以 3 根小横梁联结。每个主墩上设有 4 个限位支座。主墩构造（图 5）。

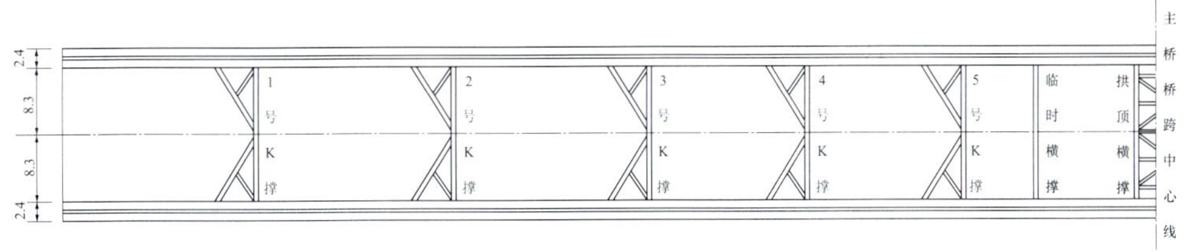

图 4　横撑平面布置（尺寸单位：m）

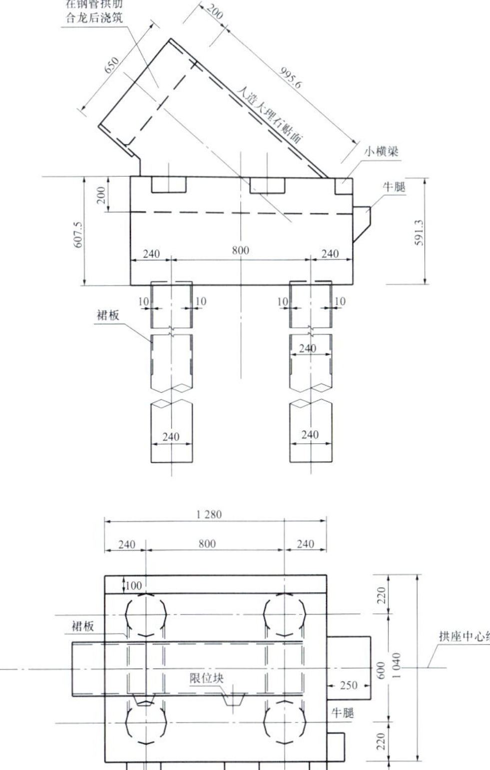

图 5　拱座与基础（尺寸单位：cm）

3）系杆与吊杆

系杆是承受拱推力的关键结构，锚固于拱座尾端。全桥系杆共 40 束，其中 36 束为 19 股 ϕ15.24 钢绞线，4 束为 13 股 ϕ15.24 钢绞线。钢绞线极限强度 1 860MPa。

每束系杆采用防锈油脂与外包 PE（6mm）防护，锚具选用 OVM 体外索锚具，设有防松装置。

每根吊杆为 61ϕ7 镀锌高强钢丝，极限强度 R_y^b = 1 670MPa，冷铸镦头锚具。吊杆下钢管与吊杆间，设有热塑管密封，并“打伞”防水。

4）桥面结构

横梁为预应力结构，C50 混凝土，简支带悬臂，吊杆横距 19m。横梁高 1.68～1.79m，配以 4 束 6ϕ15.24 钢绞线。

桥面纵梁（C40 混凝土）跨径 5m，纵梁与横梁间以现浇无收缩混凝土形成固结。纵梁全高 0.5m，预制高度 0.42m，与 0.08m 现浇桥面形成组合截面。

5）拱桁吊装

钢管桁架分 11 段预制、吊装（全桥 22 段），最大吊重＜60t，长度约 25～30m。考虑到 280m 的大跨与吊装的稳定安全，吊装阶段在拱脚设置每管一个简支铰，形成吊装阶段纵、横向都是双铰的结构。节段之间采用法兰接头。合龙段内端选用一种新型夹板螺栓式接头（图 6），可调整长度误差 7.5cm。合龙后加焊外包钢板。

鉴于城区的拆迁困难，又有高压线的影响，缆索吊机很难寻到合适的主塔与后锚位置，采用 H 形双腿塔架、主扣塔合一的吊装方案（图 7）。

3. 主要技术特点和创新点

（1）主墩拱座与承台合一的结构，每个主墩仅有 8 根 ϕ2.4m 的基桩。

（2）首创钢管拱夹板式合龙段的构造设计。

（3）在国内首次采用滚珠轴承支承系杆，为系杆张拉、变形及更换创造了必不可少的条件。

（4）缆索吊装施工的塔架与扣塔合二为一，节省了施工用料和场地。

（5）系杆受力监测系统：2003 年更换系杆后，有 34 根系杆由 19 股改为 22 股，降低了应力水平从而提高了安全系数，并且每根系杆均设置了光纤光栅测力装置，与桥址区气温及拱座位移测量组成了一套远程实时监测系统。

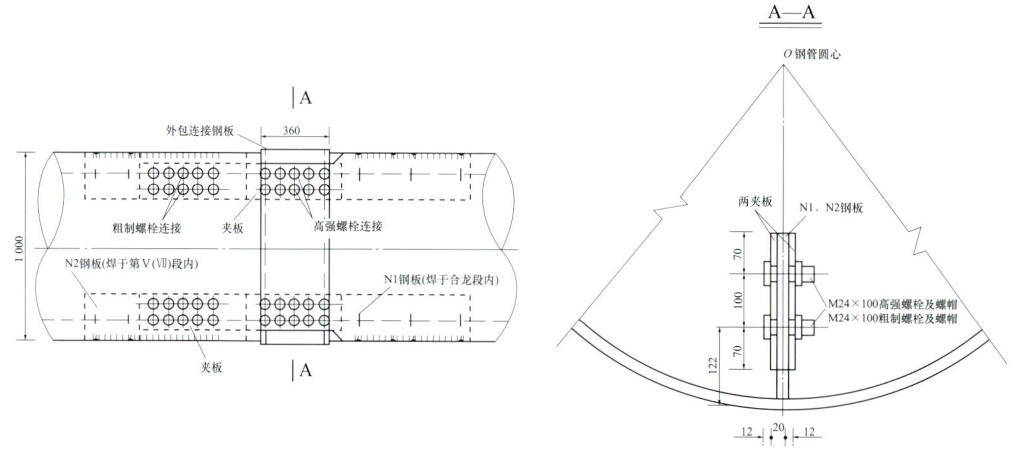

图 6　新型夹板螺栓式接头（尺寸单位：cm）

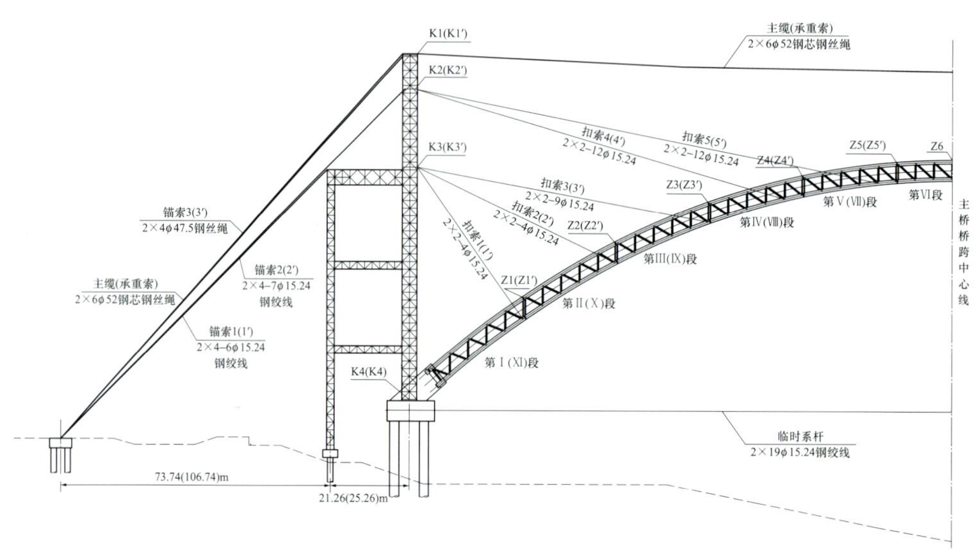

图 7　缆索吊机系统构造

（6）钢管热弯：制作单位通过新研制的 W27Y-1000-T 型中频弯管机进行热弯，这种弯管加热方法对管材加热能做到加热温度均匀。

江苏邳州京杭运河大桥

图1　邳州京杭运河大桥全景

相关资料

- 桥　　名：江苏邳州京杭运河大桥
- 桥　　型：中承式自平衡钢管混凝土“提篮”式拱
- 跨　　径：57.5m+235m+57.5m
- 桥　　址：江苏省邳州市
- 设计单位：中交第一公路勘察设计研究院有限公司
- 施工单位：中交第二公路工程局有限公司　路桥华南工程有限公司

- 混凝土用量：27 500m³
- 钢 材 用 量：6 290t
- 造　　价：7 800万元
- 建 成 日 期：2002年10月

1. 概况

邳州京杭运河大桥是连云港—徐州高速公路跨越邳州京杭运河上的一座大桥，位于江苏省邳州市南侧，主桥跨越河槽航道及彭河，桥梁全长2 577m，主桥主跨采用235m三跨连续自平衡中承式钢管混凝土拱桥（图1）。

主桥桥位处河槽宽约240m，按水利部门规划，将向西拓宽100m，正常水深6.5m，随着南水北调工程实施，水深有所增加。设计流速2.10m/s，设计流量5 760m³/s，主槽最大冲刷深度2.14m。覆盖层厚约70m，基岩为砂砾岩。桥位地区属暖温带半湿润季风气候区，具有大陆性气候特征，多年平均温度15℃。年平均风速2.8m/s，最大风速为23.4m/s。

该桥为六车道高速公路特大桥，设计速度120km/h，桥梁宽度：（不含吊索锚固区宽度及检修道宽度）28m，地震基本烈度：Ⅷ度，通航净空：65m×7m。

2. 主桥结构

京杭运河大桥主桥长350m，主桥跨径组合为57.5m+235m+57.5m=350m（图2），结构体系采用三跨自平衡中承钢管混凝土“提篮”式系杆拱桥，桥面全宽33m（含检修道）。

1）主拱肋及横撑

主拱肋为4ϕ850mm钢管混凝土平行四边形格构柱，钢管壁厚

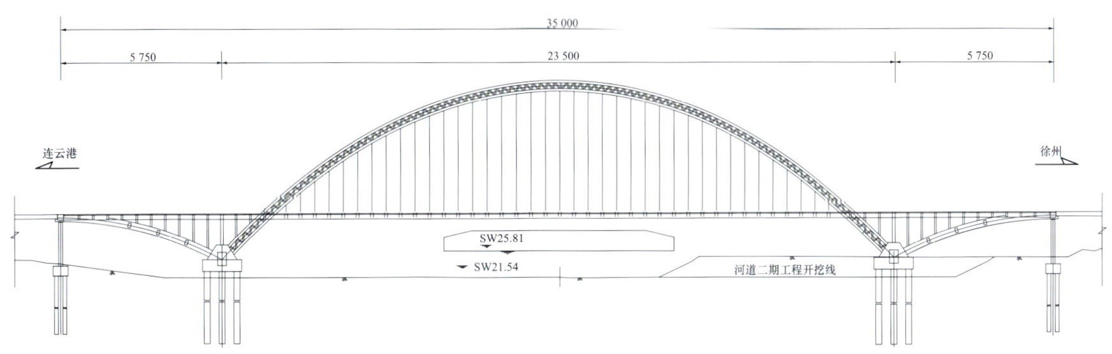

图2　主桥桥型布置（尺寸单位：cm）

14mm，断面高3.7m，采用Q345-D钢，管内灌注C50微膨胀混凝土，用量为1 819m³。主拱肋间共设9道横撑，其中两边为K形横撑，每道横撑为空钢管构成的桁式梁（图3）。横撑钢管中心距为3m×2.85m，四角钢管直径为ϕ55cm，腹杆钢管直径为ϕ35cm，壁厚均为10mm。主拱肋采用现场拼装及竖向转体施工，每片拱肋分七段预制，每段长度约为39m，重约55t，主拱用钢1 327t。每段拱肋拼装完成后，及时安装相应横撑。空管吊装合龙后，精确测定各控制点高程，使其与设计值相符，竖向转体后按合龙温度精确测量拱轴线并合龙，完成两铰拱至无铰拱的过渡（图4）。边拱肋为平行四边形钢箱内填混凝土，高2.5m。

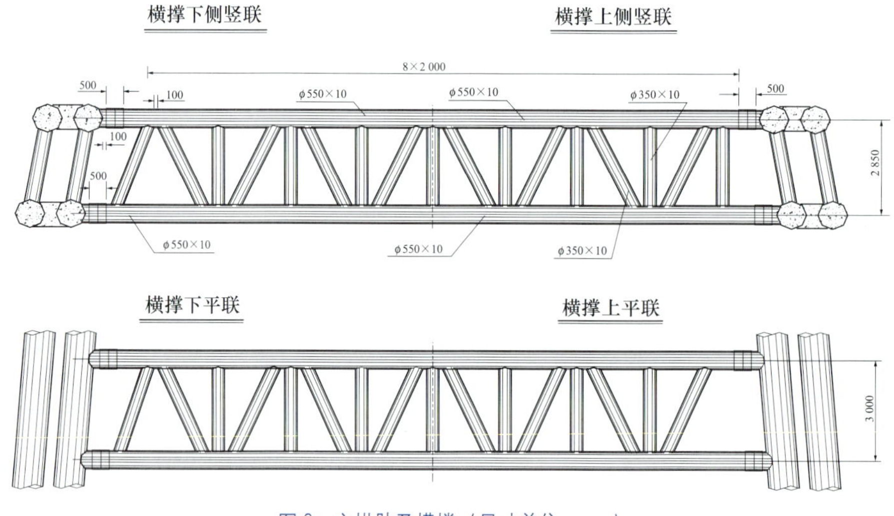

图3　主拱肋及横撑（尺寸单位：mm）

图4　主拱肋竖转前

图5　转轴槽口

2）主拱肋转铰

主拱转动铰采用ϕ402mm×2 500mm的铸钢轴，它与拱肋弦管通过钢板焊接相连，侧向采用限位支座限制拱肋向两侧变位。转体到位完成拱轴线调整后，焊接拱脚段拱肋弦管，封固拱脚（图5）。转轴槽口与拱座预埋件焊接相连，同时与主弦管连为一体（图6）。

3）系杆

系杆采用热挤PE平行钢绞线拉索，以适应平面内的弯曲变化。其锚固顺序与拱肋吊装施工加载顺序相对应。系杆拉索需按编号进行张拉锚固。成桥后，系杆连同其保护箱一同隐藏于桥面板的实心板之内，成为永久保护。全桥系杆拉索共由32孔25ϕ15.24mm的预应力钢绞线组成，全桥总重为310t。系杆锚具均采用OVMXG15—25型锚具（图7）。

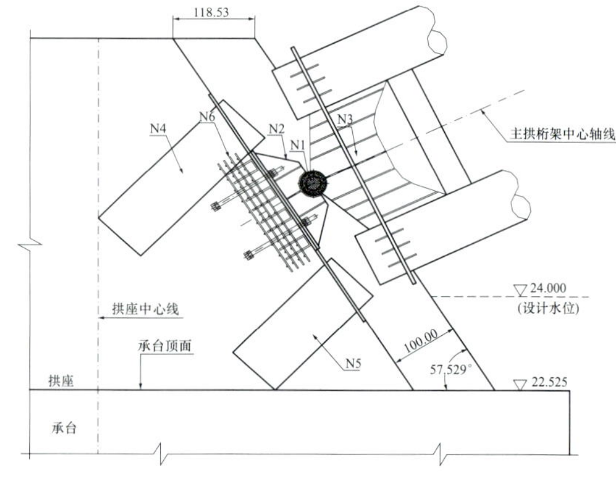

图6　转轴构造（尺寸单位：cm）

4）横梁

主柱用钢管混凝土，柱顶设竖向和侧向支座。

京杭运河大桥吊杆及立柱处横梁，为预制钢箱梁，其外形尺寸为1000mm×1500mm。腹板厚为16mm，顶板上焊有剪力钉，使钢横梁与混凝土桥面板固接。顶、底板厚度分别均为30mm，隔板厚度为10mm，全桥横梁钢板用量2 067t。横梁内底板设置预应力筋（图8）。

5）吊杆

京杭运河桥设39对吊索，标准索距5m，吊杆采用PE护套镀锌高强平行钢丝束，锚具采用OVMDS（K）可调试冷铸镦头锚，分别将平行钢丝束锚固于主拱肋的上缀板及横梁的下缘，并以横梁的下端作为高程调整端。吊杆直径为90mm，由163根直径为5mm镀锌平行钢丝组成，平行钢丝总量160t（图9）。

6）桥面系

车行道板为预制钢筋混凝土Π形板，全桥共有4种类型的Π形板和5种类型的空心板。采用预制吊装并与钢箱横梁固结，混凝土用量为3 081m^3（图10）。

7）下部构造

每个拱座设置左、右两个承台，承台厚度为4m，平面尺寸为13.7m×13.7m。承台顶面设四棱台拱座，高度为5.5m。左右两个承台由断面为3m×4.5m的箱型空心系梁相连，箱型断面腹板厚度为50cm，顶底板厚度为60cm。为了克服拱脚产生的横向推力，采用横梁内设置预应力钢束，并且锚于拱座及承台外侧面。基础采用群桩，每个承台底由9根ϕ200cm的钻孔灌注桩组成（图11）。

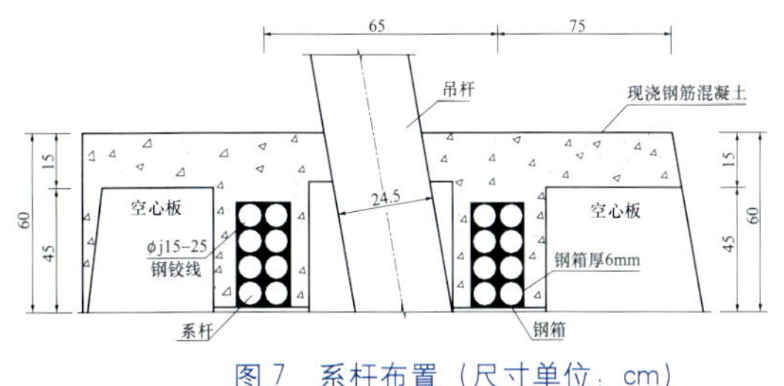

图7　系杆布置（尺寸单位：cm）

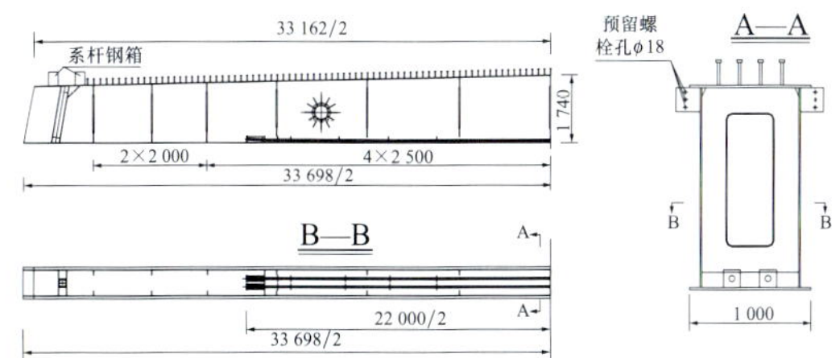

图8　钢横梁构造（尺寸单位：mm）

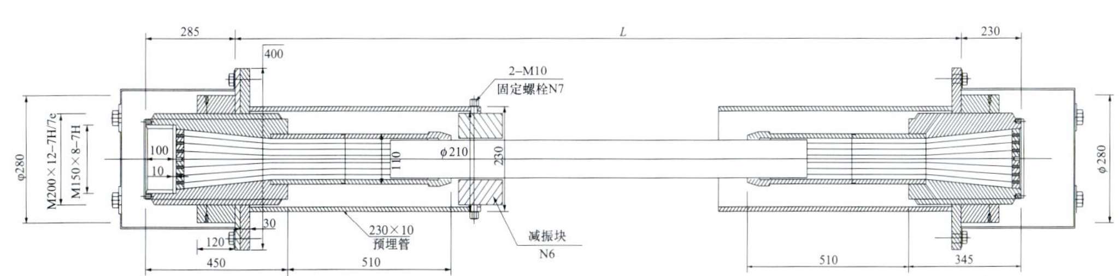

图9　吊杆构造（尺寸单位：mm）

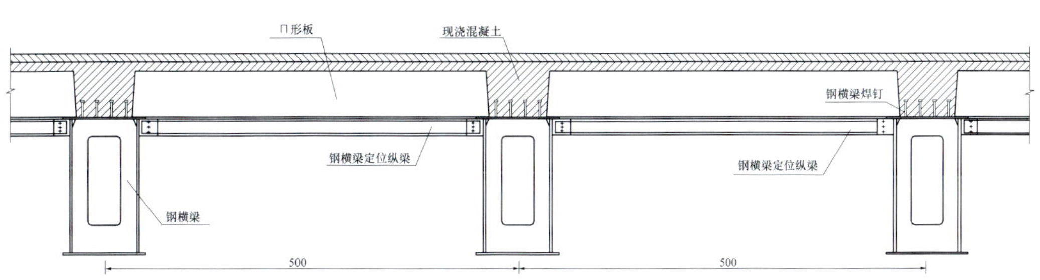

图10　桥面系构造（尺寸单位：cm）

8）主拱肋竖转施工

主拱肋竖转施工采用先进的液压同步提升系统，首先，在支架上用浮吊在水中拼装主拱肋及横撑，用

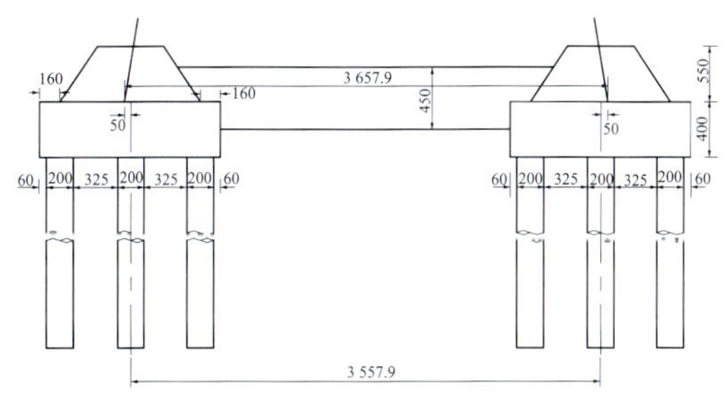

图11　主桥桥墩构造（尺寸单位：cm）

龙门吊机拼装岸上拱肋，两侧拱肋先后采用液压同步提升法进行竖向转体提升（图12），同时分阶段进行拱肋线形监测，根据线形及拱肋应力监测情况在合适的温度下进行临时合龙，通过合龙段的花篮螺杆进行拱肋轴线和内力微调，然后进行合龙段焊接合龙（图13）。合龙后逐渐释放扣索，主拱成两铰拱状态，再进行拱脚的焊接封固成无铰拱。

然后进行主弦管混凝土的灌注和系杆张拉等工序。从转体施工的拱轴线控制到管内混凝土压注，尔后从横梁及桥面板吊装到桥面铺装，对拱肋线形及桥面高程进行全程控制，拱肋轴线及钢管与混凝土应力均满足设计要求，并与设计计算值良好吻合。

图12　主拱肋竖转中

图13　主拱肋合龙状态

3. 主要技术特点和创新点

（1）京杭运河大桥成功地解决了在软土地区采用中承大跨度提篮式钢管混凝土拱桥的钢拱肋制造、运输和安装，施工过程中运河的通航、空间拱肋的拼装、主拱肋的转体施工及控制，微膨胀钢管拱肋混凝土施工、空间吊索的横梁吊装、超长系杆索的吊装及张拉及施工控制等关键技术，使我国大跨度中承钢管混凝土提篮拱桥的设计和施工技术再上一个新的台阶。

（2）转体施工中扣索转向索鞍采用钢轴辊轮，侧向设四氟滑板以减小扣索与索鞍间的摩阻力，大大提高液压提升的千斤顶张拉效率。

（3）实时控制网络技术应用于液压同步提升系统来实现桥梁的竖转施工，大大提高了系统的可靠性和实时性，实现了液压同步提升系统的远程控制，为桥梁竖转施工提供了有力的技术支持。

（4）高流动微膨胀钢管混凝土的成功试验，为钢管混凝土的压送及密实提供了可靠保证。

（5）采用超声波检测钢管内混凝土的密实度，通过波形、波速定量判断钢管内混凝土的质量，并在判读首波后利用声时计算混凝土与钢管壁脱开缝隙的宽度。

该桥获詹天佑土木工程大奖、全国优秀工程设计银质奖。

杭州钱塘江四桥（复兴大桥）

相关资料

» 桥梁名称：杭州钱塘江四桥（复兴大桥）
　桥　　型：双层钢管混凝土系杆拱
» 建设单位：杭州市城市基础设施开发总公司
» 设计单位：杭州市城建设计研究院有限公司
» 跨　　径：2×85m+190m+5×85m+190m+2×85m
» 施工单位：中交第二公路工程局有限公司
　　　　　　广西公路桥梁工程总公司

» 造　　价：6.4 亿元（主桥）
　建成日期：2004 年 10 月

图 1　杭州钱塘江四桥（复兴大桥）全景

1. 概况

杭州钱塘江四桥位于钱江一桥和钱江三桥中间，距两桥各约4.3km，是连接杭州市中心与江南滨江新区的最便捷通道。

大桥为公轨两用的双层钢管混凝土系杆拱桥，全长1376m（图 1）。上层六车道，为快车道；下层为轻轨，公交专用道和人行道。设计车速 80km/h；轻轨按《城市快速轨道交通工程项目建设标准》（试行本）的正线标准，最大编组数 6 节。船舶撞击荷载，顺桥向，横桥向；地震基本烈度Ⅵ度，按Ⅶ度设防。通航标准：净高 10m，净宽大于80m。

2. 主桥结构

主桥跨径组合为 2×85m+190m+5×85m+190m+2×85m，双层钢管混凝土系杆拱桥，共 11 孔拱，其中 2 孔 190m 拱为下承与中承拱的组合，全宽 32m，矢跨比为 1/4；9 孔 85m 拱为上承与下承拱的组合，全宽 26.4m，矢跨比 1/7。两种拱的轴线均用二次抛物线。各拱独立，均设系杆，分别设承重为 65 000kN 和 30 000kN 的支架，形成刚拱刚梁外部静定的结构体系（图 2）。

1）下部构造

主孔 190m 有主墩 4 个，每墩 21 根 ϕ200cm 的钻孔灌注桩基础，承台厚 4.5m，85m 孔有桥墩 8 个，每墩有 13 根 ϕ200cm 的钻孔灌注桩基础，承台厚 3.5m。钻孔桩均为嵌岩桩。

2）拱肋

拱肋拱轴线均采用二次抛物线。190m 跨矢跨比为 1/4，拱肋断面形式为桁架式，拱肋高度为 4.5m，宽 2.6m，上层桥面以上每一拱肋由 4 根 ϕ950mm 的钢管通过腹杆和上下平联组成，纵向 4 根钢管的壁厚四

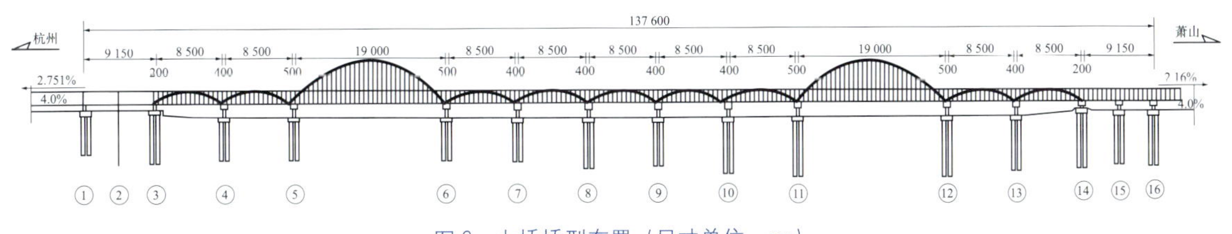

图 2　大桥桥型布置（尺寸单位：cm）

分点以下为 24mm，以上为 22mm；腹杆采用 ϕ400mm × 14mm 的钢管；上下平联采用 ϕ500mm × 10mm 的钢管，上下平联水平向间距为 2.0m。上层桥面以下至拱脚，拱肋断面由横哑铃形的上下弦杆通过腹杆连接而成。纵向 4 根钢管和哑铃形断面内灌注 C50 混凝土，其余为空钢管。上层桥面以上设置 5 道桁架式风撑，风撑弦杆采用 ϕ900mm × 16mm 的钢管，腹杆和平联采用 ϕ400mm × 10mm 的钢管。在上层桥与拱肋相交处设置 2 道钢结构的拱肋横梁（图 3）。

图 3　190m 拱肋结构

85m 跨拱肋拱轴线形式也为二次抛物线，矢跨比为 1/7。采用单钢管，直径为 1 700mm，壁厚为 22mm，为了增加拱肋的刚度，纵向设置 6 道厚 22mm 高 250mm 的钢板加劲肋，与钢管内壁焊接。为了保证拱肋的横向稳定性，拱肋之间设置 3 道风撑，风撑直径为 ϕ900mm × 16mm 钢管。上述钢材均采用 Q345C 钢（图 4）。拱肋钢管内灌注 C50 混凝土。

图 4　85m 拱肋结构

3）拱上建筑

拱上建筑包括拱上立柱和吊杆。拱上立柱均采用钢管混凝土结构。190m 跨钢管规格为 ϕ900mm × 10mm；85m 跨钢管规格为 ϕ800mm × 10mm，钢管内灌注 C50 混凝土。吊杆为成品索，由强度为 1 670MPa 的高强度镀锌钢丝外包 PE 套制成，锚具采用冷铸锚。190m 跨吊杆采用双吊杆，在拱肋锚箱处共有 2 对 4 根吊杆，每对吊杆分别吊 1 层桥面。吊杆纵桥向间距为 8m，横桥向吊杆中心距为 29.4m。上层吊杆规格为 2 × 55ϕ7mm，下层吊杆为 2 × 85 ϕ7mm。85m 跨吊杆为单吊杆，吊杆纵向间距为 6.1m，横向中心距为 10.4m，规格为 109 ϕ7mm。

4）系梁

190m 跨系梁为 2 500mm × 2 500mm 的钢箱断面。系梁在纵向分为标准段系梁及拱脚段系梁两部分，其顶、底板及腹板厚度分别为 20mm 和 30mm。钢系梁设置横隔板和纵向加劲肋。系梁内设置平衡水平推力的预应力束。预应力束采用外包 PE 护套的环氧喷涂钢绞线成品索，标准为 ASTMA416 - 900a （270k），标准强度为R_y^b=1 860MPa 。预应力束在钢箱内采用圆钢滚轴定位，进入拱脚混凝土范围内采用预埋弯钢管作为预应力管道。预应力束数量为 16 × 37ϕ^j15. 24。85m 跨系梁采用劲性骨架预应力混凝土结构，系梁断面尺寸为 2 500mm × 2 000mm，壁厚为 400mm。每一系梁内设置 12 束 31 ϕ^j15. 24 的高强度低松弛钢绞线。

5）桥面系

桥面系包括横梁和桥面板及桥面铺装等。190m 跨横梁包括下层吊杆横梁、上层吊杆横梁、拱肋横梁、拱上立柱横梁、墩上立柱横梁和端横梁 6 种。除墩上立柱横梁采用预应力混凝土结构和端横梁采用劲性骨架预应力混凝土结构之外，其余横梁均采用钢结构（图 5）。85m 跨横梁包括下层吊杆横梁、拱上立柱横梁、墩上立柱横梁和端横梁 4 种。下层吊杆横梁由 C50 混凝土预制后通过现浇湿接头与系梁连成整体；拱上立柱横梁为预制构件，施工时直接安装于拱上立柱上；墩上立柱横梁为现浇预应力混凝土构件；端横梁为 3.9m × 3.8m 的劲性骨架预应力混凝土现浇箱梁结构。两种拱的钢管拱肋、端横梁和系梁在拱脚位置相互连成整体。同时端横梁预应力、系梁预应力和拱脚处的竖向预应力使拱脚节点处于三向预应力状态。桥面板除轻轨位置采用空心板外，其余均采用预制 Π 形 C50 钢筋混凝板，Π 形预制板高为 50cm（85m 跨为 40cm），肋宽 20cm，翼板厚 10cm，边板宽 200cm，中板宽 175cm。预制板间纵向接缝宽 50cm，横向接缝有 50cm 和 15cm 两种。接

图 5　190m 跨上、下层桥面

缝混凝土采用补偿收缩混凝土。桥面铺装厚12cm，其中钢纤维混凝土厚8cm，中粒式改性沥青混凝土厚4cm，并将8cm厚的现浇钢纤维混凝土计入桥面板的受力中。钢横梁与桥面板的横向接缝连成整体，使横梁在承受二期恒载和活载时成为钢混叠合梁。

6）拱肋施工方案

上部结构安装采用无支架缆索吊装系统(图6)。上、下游缆索索道各由7根ϕ50mm密封式钢丝绳组成，设计吊装重量分别为65t，设计总吊装重量为130t。85m跨拱肋分3段吊装，190m跨拱肋分13段吊装，采用钢绞线斜拉扣挂悬拼架设合龙。横梁均采用双索道抬吊。桥面板及其他重量较小的构件采用单索道吊装。

这里仅列出190m跨的施工过程：施工下部结构的同时工厂制作钢结构→现浇端横梁并与桥墩临时联结→吊装钢拱肋→灌注拱肋混凝土→安装钢系梁→穿系梁预应力束→安装下层吊杆横梁→安装上层吊杆横梁、拱肋横梁和拱上立柱及拱上立柱横梁→架设上、下层桥面板并现浇湿接头→附属部分施工。这里需说明的是端横梁与墩的临时联结只承受水平力，不承受弯矩；190m跨由于水平推力太大，在系梁施工前端梁之间设临时束；另外，无论是85m跨还是190m跨，在整个施工过程中应同步张拉系梁预应力束和吊杆。

7）钢结构防腐

钢结构的防腐包括钢结构的外壁、空钢管内壁和钢箱梁内壁三种情况。钢结构外壁防腐方案为：喷砂除锈*Sa*3级；电弧喷铝不少于200μm；881-D防锈底漆2道共计40μm；涂881-YM面漆2道共计50μm。空钢管内壁：喷砂除锈*Sa*2级，涂防锈漆2道共计50μm。钢箱梁内壁防腐方案为：下料前对钢板进行预处理（喷砂*Sa*2. 5级，硅酸锌车间底漆1道25μm），钢梁加工完毕后对焊缝及损坏部分进行机械打磨达到*St*3级后，再涂环氧耐磨漆2道，厚度2×80μm。

3. 主要技术特点和创新点

1）设计技术

（1）桥型方案新颖独特，为国内外首例。

钱江四桥（复兴大桥）主桥采用双层双主拱的钢管混凝土拱桥，全桥包含了上承、中承、下承三种拱桥结构形式。结构受力体系为刚拱刚梁外部简支的静定体系。

图6 190m拱肋吊装

(2) 主桥11跨双层均采用钢管混凝土拱桥结构，桥面宽度26.4m，是国内外规模最大的双层钢管混凝土拱桥。

(3) 采用外部简支的刚拱刚梁钢管混凝土拱桥形式，为同类型双层桥面（刚拱刚梁，外部静定）钢管混凝土拱桥中跨径最大者。

2）施工技术

(1) 钱塘江强涌潮区域首次采用双（单）壁有底钢吊箱施工。

强涌潮区域单壁钢吊箱施工工艺，采用打设防潮桩，壁外吹砂等关键技术，有效地解决了强涌潮区吊箱的侧向稳定。比同类型的双壁钢套箱节省钢材20多吨，加快了施工进度，还节约了成本。

(2) 85m跨拱肋钢管管壁最厚24mm，管径达1.7m，在国内单根拱肋钢管直径最大。

预应力混凝土系梁的施工采用在拱肋上设临时吊点，悬挂模板浇筑混凝土的悬挂法，加快了施工进度。

(3) 钢管拱采用的电弧热喷铝复合涂层，可达50年以上防腐蚀寿命。国内首次研制新型手持式二次雾化电弧喷枪首次用于钱江四桥钢管拱结构的防腐涂装，施工效率高，防腐质量好。

3）科研方面

为搞好这种新桥型的设计；开展了主跨1/10缩尺整体模型、1/5比例拱脚节点模型试验研究、1/20比例拱肋模型极限承载力的试验研究；进行了吊杆与拱肋节点应力、抗风及抗震的全面分析研究。为拱的受力性能及其构造的可靠性和其计算模型进行了验证，为本桥的完善设计及顺利建成提供了保证。

该桥曾获中国建筑工程鲁班奖、詹天佑土木工程大奖。

相关资料

» 桥　　名：山西晋城丹河大桥
桥　　型：全空腹式变截面悬链线无铰石板拱
跨　　径：主跨净 146m
» 设计单位：中交第一公路勘察设计研究院有限公司
» 施工单位：中铁十七局集团有限公司

» 混凝土用量：23 100m³（用于基础及桥墩）
砌 体 用 量：52 200m³
钢 材 用 量：2 900t（用于拱架、桥墩及基础）
造　　价：1.39 亿元
建 成 日 期：2000 年 7 月

山西晋城丹河大桥

图 1　丹河大桥全景

1. 概况

丹河大桥位处太行山脉南端，于山西晋城—河南焦作高速公路 K10+300 处跨越丹河，主桥采用净跨径 146m 的特大石拱桥，单跨跨径居世界同类桥型首位，桥梁全长 425.6m（图 1）。

桥址区为低山沟谷地貌，地形起伏大，河谷受河水切蚀，断面呈“U”形，相对高差达 80.98m。晋城岸山势陡峻、基岩基本裸露，焦作岸基岩埋深约 10m 左右，为弱风化、微风化白云岩，属硬质岩类。焦作岸引桥有黄土、卵石及砾石覆盖层 10～14m，工程条件好，宜于建桥。丹河属黄河水系，发源于长治市与高平县交界的河泊村后沟，桥址上游干流长约 93km，汇水面积 2 098 km²，考虑到上游汪庄水库溃坝影响，丹河 300 年一遇计算流量为 5 660m³/s。晋城属温带季风型大陆性气候，四季分明，年平均气温 11.0℃，年平均降水量 618.0m，最大风速 23m/s。

大桥在四车道高速公路上，设计速度 60 km/h，桥面宽度 24.8m（含人行道）。

2. 主桥结构

大桥桥型布置（图 2）。

1）主拱圈

丹河大桥采用全空腹式变截面悬链线无铰石板拱结构。其主要参数如下：

主跨净跨径 146m，净矢高 32.444m，矢跨比 1/4.5，拱顶厚度

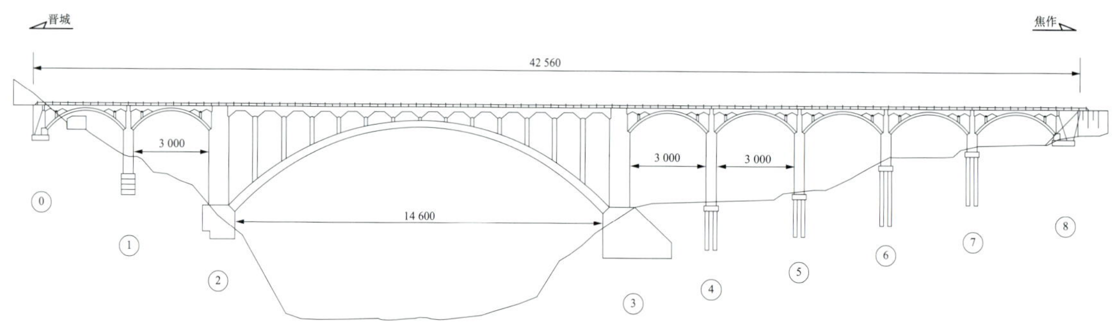

图 2　大桥桥型布置（尺寸单位：cm）

2.5m，拱脚厚度3.5m，拱轴系数2.30，截面变化系数n=0.5225。

2）拱上建筑

腹拱由14个等跨径腹拱组成空腹式断面，其主要参数如下：

腹拱净跨径9.40m，矢跨比1/3.5，拱圈厚度0.60m，腹拱圈形式为等截面悬链线石板拱。

为减轻拱上建筑重力，增加结构的透视与美学效果，腹拱墩采用横向挖空形式。

腹拱采用边孔设三铰拱，跨中设置变形缝的构造形式。

3）拱上填料

丹河大桥为了减少拱上荷载，设计采用轻质填料——蒸压粉煤灰加气混凝土，具有干密度低、质量轻，砌体强度利用系数高，弹性系数大，吸水少而慢，抗冻性好，原材料广泛、价格低廉，具有可加工性，便于施工等特点（图3）。

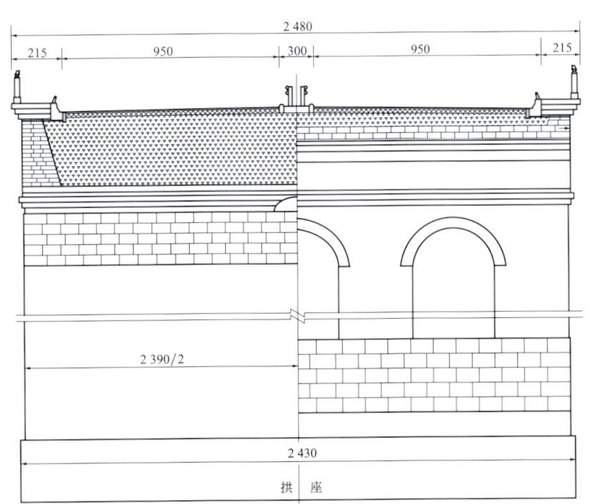

图3　桥梁标准横断面（尺寸单位：cm）

4）拱桥栏杆装饰艺术

丹河大桥人行道内侧采用混凝土防撞墙，外测采用石质工艺栏杆。桥梁侧面采用主拱圈及人行道出檐措施，增加桥梁的美学效果（图4）。

5）施工

主拱圈采用在拱架上分环分段砌筑施工。拱架采用钢木联合结构，高度近80m。拱架主体为A3和16Mn钢万能杆件拼成的钢拱架，钢拱架上设置落架装置——组合木楔，其上为木拱盔。

主拱圈共分五环砌筑而成，每一环分为五个阶段共18个工作面进行砌筑。施工顺序为：在拱架上按第一～五环的顺序依次砌筑，第一环砌筑完成后暂不合龙，保留11道预留空缝；第二环砌筑完成后，第一、第二环同时合龙。第三、四、五各环实现单环拱圈砌筑与合龙。主拱圈合龙完成后进行拱上横墙施工，完成后进行落架（图5）。

图4　栏杆装饰艺术

图5　主拱圈分环砌筑

组合木楔是本桥的落架装置。为保证拱架的安全性和拱圈的稳定性，落架采用分阶段、分步骤的落架方式。第一阶段，主拱圈完全合龙后，砌体强度达到设计强度的95%，部分落架；第二阶段，主桥腹拱墩砌筑完成后，部分落架；第三阶段，主桥腹拱砌筑完成后，完全落架（图6）。

3. 主要技术特点和创新点

（1）146m的特大石拱桥居世界同类桥型首位。

（2）结构分析采用传统的悬链线拱轴理论与现代计算机相结合的方法，采用空间杆单元、板壳单元、实体单元等多单元联合建立包括上部结构、下部结构、基础、拱架在内的计算模型，分析拱圈分环砌筑状态、裸拱状态、成桥状态、拱上建筑联合作用、车辆荷载、人群荷载、温度、拱脚位移作用等多种工况下的结构

图6　丹河大桥施工全貌

内力、应力、位移、稳定性及动力特性，建立了一套适合大跨径石拱桥的设计计算方法。

(3) 完成的施工仿真模拟分析，首次发现了分步施工石拱桥拱脚下缘高应力区，较准确地反映大跨径石拱桥的施工状况。

(4) 大型砌体模型试验、施工监控起到了对设计理论和施工仿真模拟进行验证的作用。

(5) 高强度等级小石子混凝土砌石砌体力学性能研究成果已被《公路圬工设计规范》采用，填补了国内外高强度等级砌体力学性能指标的空白。

(6) 首次在拱桥的腹拱填料中采用加气混凝土轻质填料，减轻了结构自重，改善了结构受力，降低了工程造价，并总结了一套相应的施工工艺，具有推广运用价值。

(7) 设计采用三阶段卸落拱架措施，使结构受力更趋合理，提高了施工的安全性。

(8) 通过理论分析、施工仿真模拟分析、大型砌体模型试验、现场监控和荷载试验，探讨了分环砌筑特大石拱桥主拱截面应力分布、主拱与拱架联合受力的规律，取得了大跨径石拱桥设计方法和施工安全控制的创新性成果。

该桥获全国优秀工程设计铜质奖。

天津海河大沽桥

图1　天津海河大沽桥全景

相关资料

- 桥　　名：天津海河大沽桥
  桥　　型：下承式外倾钢系杆拱
  跨　　径：24m+106m+24m
- 设计单位：天津城建设计院有限公司
- 施工单位：天津城建集团第三市政公路工程有限公司

- 混凝土用量：13 000m³
  钢 材 用 量：6 000t
  造　　价：1.6 亿元
  建 成 日 期：2005 年 3 月

1. 概况

大沽桥是天津市海河综合开发工程中第一座新建桥梁，是一座中跨为敞开式大小拱空间四索面吊杆下承式系杆拱桥，边跨钢梁与中跨拱梁结构刚性连接，形成三跨连续结构（图1）。桥梁全长154m，跨径布置为24m+106m+24m，桥面宽为30～59m，机动车道宽为24m，两侧均有5.5m的镂空部分，在镂空部分的外侧为观景平台，观景平台为直径不同的两个圆弧曲线。

车行道为双向六车道，设计速度40km/h。桥位区最大风压600Pa。地震基本烈度Ⅶ度，按Ⅷ度设防。

海河规划为Ⅵ级航道，要求桥下净空4.5m，主航道净宽30m。

2. 主桥结构

天津大沽桥主桥为下承式系杆拱钢桥（图2），由两个不对称的拱圈构成，大拱圈拱高39m，面向东方，象征着太阳；小拱圈拱高19m，面向西方，象征着月亮。由于两条拱肋高度不同，而且拱平面倾斜，使得桥梁的整体具有特异的美观效果。大拱侧人行道由桥头位置宽3.0m按曲线渐变到主跨跨中位置宽11.5m，小拱侧人行道由桥头位置宽3.0m按曲线渐变到主跨跨中位置宽8.5m。桥梁主跨车行道与人行道之间设计有宽5.5m的镂空梁。桥梁结构为顺桥向对称，横桥向不对称。

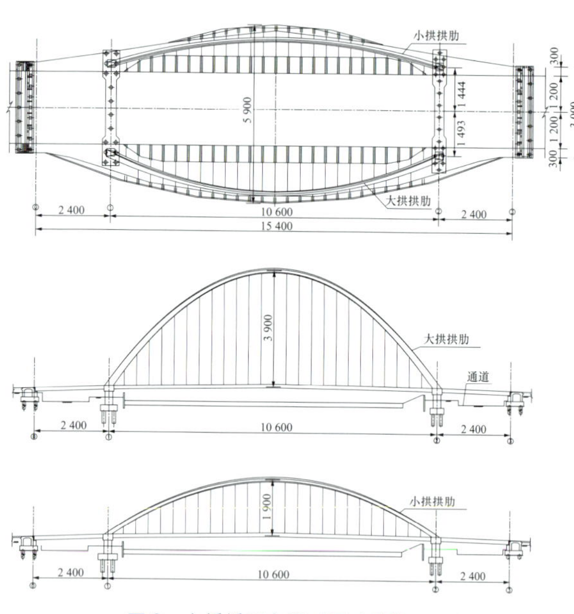

图2 大桥桥型布置（尺寸单位：cm）

1）非对称倾斜拱结构

大、小拱肋均为倾斜的钢箱结构（图3、图4）。大拱平面向外倾斜比例1：3，拱圈在竖直平面内的投影高度为39m，横截面为梯形变截面，上底宽自拱顶至拱脚由1.3m至2.2m线性变化，梯形高度与上底宽相等。小拱平面向外倾斜比例1：2.5，拱圈在竖直平面内的投影高度为19m，横截面为梯形等截面，上底宽1.5m，梯形高度与上底宽相等。大拱拱脚距离道路中心线14.93m，小拱拱脚距离道路中心线14.44m。拱脚底与钢箱梁顶面齐平并由高强螺栓连接在中横系梁上。大拱侧系杆与大拱脚距离3.423m，预加力6 000kN；小拱侧系杆与小拱脚距离2.933m，总预加力10 500kN。车行道桥面结构为24m宽正交异性板钢箱梁，钢箱顶板为带U肋的正交异性板，钢箱底板为带板肋的正交异性板，梁高由道路中心线处的1.3m按1.5%的横坡变到1.06m。

图4 挂索后的大小拱

为了体现本桥的特色，并考虑到景观步道吊杆对拱结构的影响，需要车行道侧的吊杆与拱平面存在偏心，来平衡景观步道侧吊杆对拱的倾覆力矩，拱的倾斜布置又显得有其合理性。

2）景观步道的设计

本桥在功能上既要满足车辆通行，还要满足人行通过。对于人行方案设计既考虑了通行要求，又提供了游览功能，这方面的考虑是以往单纯功能桥梁所没有的。结合大、小拱平面投影区域大小的不同，景观平台的尺寸又有所不同。

景观步道与车行道间有5.5m段考虑为镂空梁，可为人、车之间分离提供安全保障（图5）。

3）横桥向三跨连续梁

主桥的两道拱为了承担车行桥及两侧景观步道的荷载，每道拱上设置了两排吊杆，分别吊在车行道外侧和景观步道外侧。吊杆的设置是比较合理的，由于拱外倾的缘故车行道外侧的吊杆也外倾，对行车净空没有任何影响；景观步道外侧的吊杆设置在外侧的挑梁上，对于净空要求较低的人行基本也没有影响。

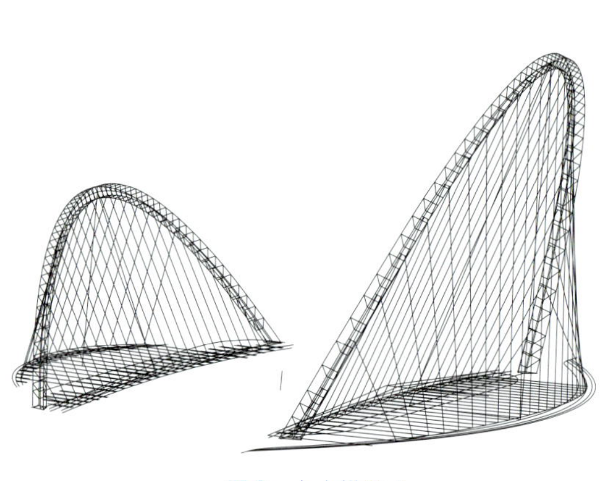

图3 大小拱形式

图5 景观步道实景

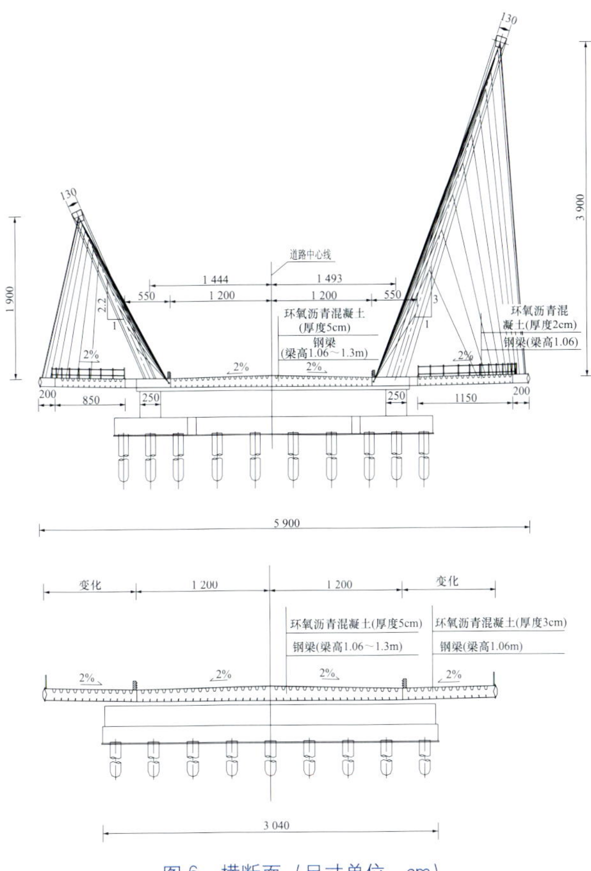

图 6　横断面（尺寸单位：cm）

桥面系的受力控制是横桥向控制。横向每个断面有 4 根吊杆，结构受力上可以看作三跨连续梁，三跨的跨径布置由吊杆间距控制。尤其在桥跨中心，跨径匀称（18.5m+24m+15.5m），三跨连续梁的效果明显，这也是本桥采用较小梁高（1.06～1.3m）的一个有利因素（图 6）。

4）顺桥向三跨连续梁

本桥顺桥向为三跨连续结构，除主桥外，两侧各有一跨钢箱梁结构，三跨为一整体，跨径布置为 24m+106m+24m。此举增加结构尤其拱脚位置的结构刚度，减小拱脚位置的转动角度，并且对边跨的结构受力也有一定的益处（图 7）。

5）吊杆

全桥共有 88 根吊杆，其中大拱内侧吊杆 25 根、外侧吊杆 23 根，小拱内侧吊杆 25 根、外侧吊杆 15 根。吊杆采用热挤聚乙烯高强平行钢丝拉索。内吊杆为 73ϕ5 钢丝束；外吊杆为 19ϕ5 钢丝束。吊杆与拱肋的连接端采用叉耳式构造热铸锚，与钢箱梁的连接端采用冷铸墩头锚。

6）系杆

在车行道钢梁内布置有 4 组用于平衡拱脚水平推力的系杆，系杆均采用非集束钢绞线形式。其中在大拱侧 2 组，每组 37 根钢绞线，小拱侧 2 组，每组 55 根钢绞线。钢绞线在钢梁内顺桥方向曲线布置，线形与道路线形相同，以每道横隔梁位置的穿孔式转向器实现曲线布置。由于采用非集束形式布置，要求每根钢绞线均设置外挤 PE，每组钢绞线外增设 PE 防护套。钢绞线采用单

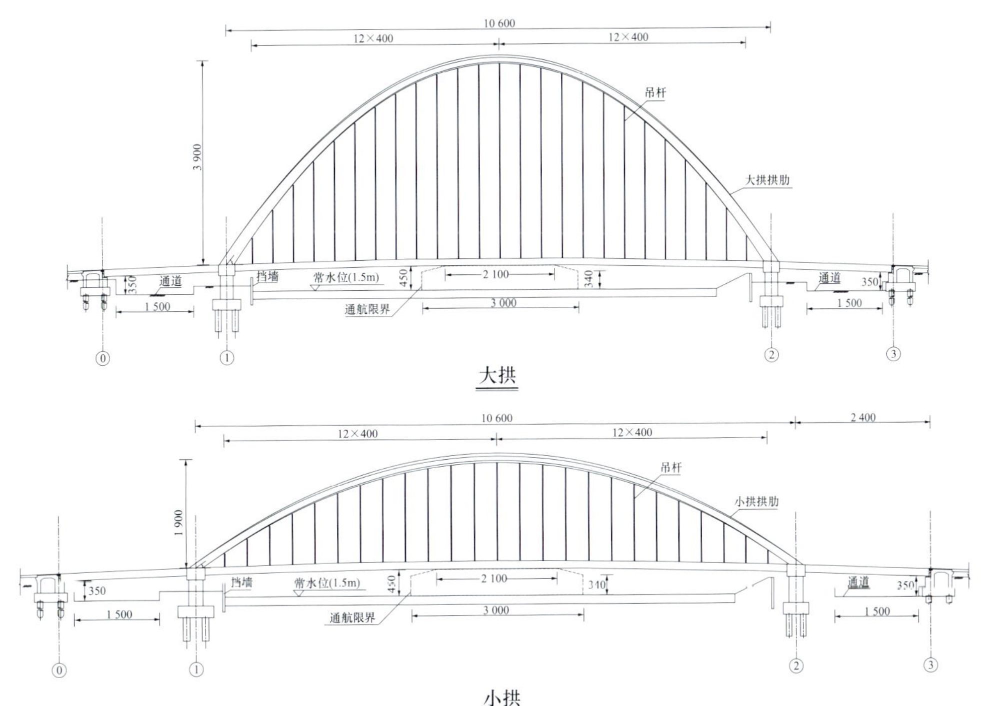

图 7　立面（尺寸单位：cm）

根双向张拉工艺，锚垫板下设置纠偏装置。

7）钢箱拱肋安装

大沽桥大小拱肋具有高度较高、重量较大、向外倾斜角度较大的特点，钢箱拱肋安装的施工难点主要体现在拱肋支撑体系架设；拱肋吊装空间姿态调整；拱肋空间定位精度调节和空间测量控制等方面。由于钢拱整体质量较大，决定将钢拱肋进行分节处理，尔后分段吊装、组拼的施工方法。

3. 主要技术特点和创新点

（1）大沽桥结构构件设置复杂、空间受力特性明显，桥梁结构分析计算采用多种大型空间结构计算程序 ANYSYS、MIDAS、千年 Robot 等程序进行静、动力计算分析和复核验算，确保了桥梁结构的安全稳定。编制了多种更便利的补充程序和符合设计实际的后处理模块，为以后空间异形桥梁设计提供了合理、高效的设计手段。

（2）横系梁拱脚加强部位（材质为 Q345qD，肋板的厚度为 16mm、20mm）及拱箱（材质为 Q370qD，板厚为 32mm、40mm、60mm）的主角焊缝的焊接系狭小空间焊接，通过一系列研究，制订了《焊接工艺评定试验方案》保证了焊接质量。

（3）拱和纵梁均为厚板结构，板厚 32～60mm（材质为 Q370qD）应用于全焊钢桥中是在国内外罕见。通过大量的试验、数据采集，归纳、分析、总结出比较完善的厚板焊接工艺。

（4）将三维坐标法应用于系杆拱桥空间定位的施工测量。

（5）钢拱肋安装采用分节处理，分段吊装、组拼的施工方法，确保了拱肋在空间状态下的稳定及定位安装空间位置的准确。

（6）首次在我国北方地区钢桥面铺装中采用环氧沥青混凝土铺装技术（厚 50mm），经大交通量及高温考验，性能稳定。

天津海河大沽桥工程获国际桥梁会议（IBC）颁发的尤金·菲戈奖。

梁 桥

重庆石板坡长江大桥复线桥

相关资料

》桥　　名：重庆石板坡长江大桥复线桥
桥　　型：连续刚构连续梁混合梁
跨　　径：87.75m+4×138m+330m+133.75m
》设计联合体：林同棪国际（美国）工程咨询有限公司
林同棪国际（重庆）工程咨询有限公司
》施 工 单 位：重庆桥梁工程总公司

》混凝土用量：55 268m³
预应力钢绞线用量：2 222t
普通钢筋用量：10 052t
钢 材 用 量：1 849t
造　　价：4.2 866 亿元
建 成 日 期：2006 年 8 月

图 1　重庆石板坡长江大桥复线桥全景

1. 概况

重庆石板坡长江大桥复线桥包括北引道、正桥、南桥头立交、黄葛渡立交。原石板坡大桥，修建于1981年，为带挂梁T构，跨径布置为86.5m+4×138m+156m+174m+104.5m，大桥复线桥位于老桥的上游侧（与原桥中心线之间相距25m），距重庆菜园坝长江大桥1.2km。经过通航论证分析，中跨156m、174m跨间不能再设桥墩，故主跨跨径达到330m（图1）。

两岸地形较对称，河谷开阔，江心有珊瑚坝砂砾洲，主河道被分隔为内外两条分汊河道，以外河为主流。洪水期间江面宽约950m。设计流量81 000m³/s，设计流速5.2m/s，最大冲刷深度3.5m。覆盖层为厚15～22m的卵石层，基岩为泥岩。年平均气温17.0～18.8℃，常年降雨量为1 000～1 400mm。

大桥复线桥为四车道城市主干道Ⅰ级特大桥，设计速度60km/h；设计基本风速26.7m/s；船舶撞击荷载：按内河Ⅰ级航道，顺水流方向12 000kN，横水流方向6 000kN；地震基本烈度为Ⅵ度，按Ⅶ度设防；

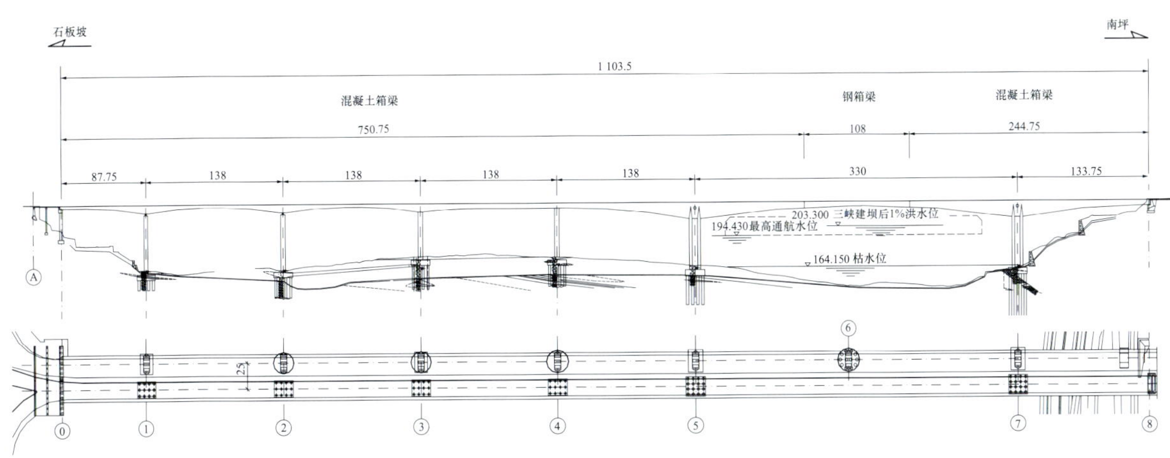

图 2　大桥桥型布置（尺寸单位：m）

通航净宽 290.2m，通航净高 18m。

2. 主桥结构

结构体系采用长联大跨径刚构—连续混合梁桥，桥跨布置为 87.75m+4×138m+330m+133.75m，桥梁总长 1 103.5m。全桥除主跨 330m 中部为 108m 钢梁外，其他均为预应力混凝土结构（图 2）；单向四车道，桥面全宽 19m。

1）主墩基础

1 号墩基桩直径为 2.5m，3×4 根，承台为 19m×16m×5m。

2、3、4 号墩基桩直径为 2.0m，3×4 根。承台为 19m×16m×5m。

主墩 5 号、7 号墩基础（图 3、图 4），为 4×4 根直径 2.5m 挖孔桩，承台为 19m×19m×6m。

2）墩身

1、2、3、4 号墩墩身为 4.6m（纵）×9m（横）的矩形空心桥墩，壁厚1m，墩顶设置活动支座。

5、7 号墩为双壁实体钢筋混凝土墩，每个墩壁宽 2.8m，双壁间净距 5.4m，横桥向墩身总宽 10.2m，由两个 0.6m 的分水尖和 9m 的墩身构成，桥墩与主梁固接。5、7 号墩墩身高 49.7m（图 5）。

3）主梁

复线桥采用竖直腹板箱形截面（图 6）。底板宽 9.0m，顶板宽 19m，两侧翼缘宽 5m。在第一、二、三跨，梁高由桥台和跨中的 3m 渐变至根部的 8m；第四跨梁高从 3 号墩附近的 8m，逐渐变化至中跨处的 5m，余下梁段均为 5m 等高；第五跨梁高从 4 号墩处的 5m 渐变至 5 号墩处的 16m；主跨梁高从根部的 16m 渐变至中跨的 4.5m；第七跨梁高由桥墩处的 16m 渐变至桥台处的 5m。

钢箱梁（图 7）桥面采用正交异性板，板厚 18mm，下设 8mm 厚的加劲肋，间距 640mm。钢结构依据最新的美国 AASHTO 规范进行细部设计。

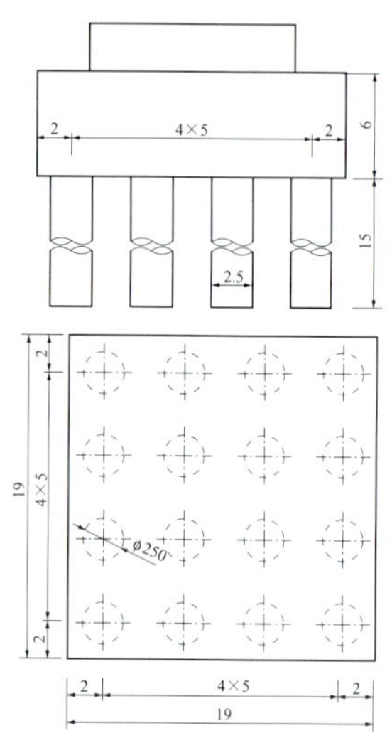

图 3　主墩基础（尺寸单位：m）

图 4　基础施工

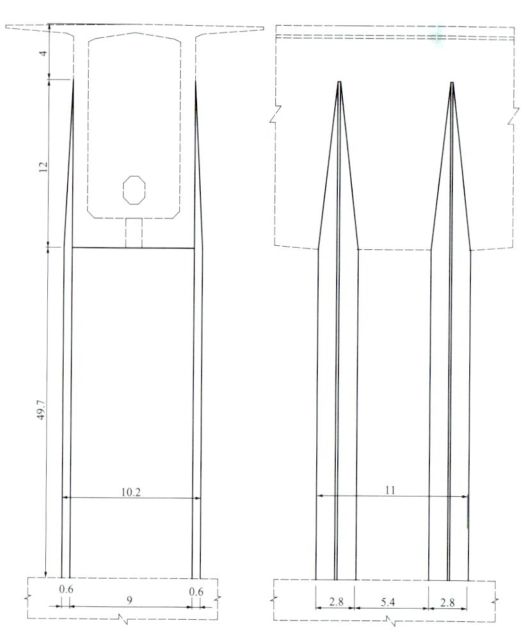

图 5　主墩墩身（尺寸单位：m）

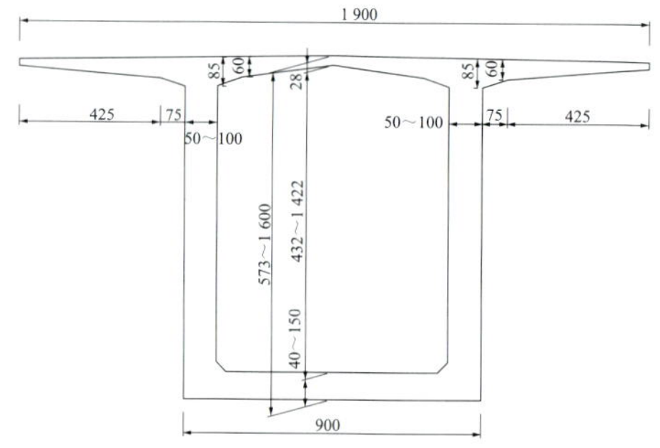

图 6　混凝土箱梁（尺寸单位：cm）

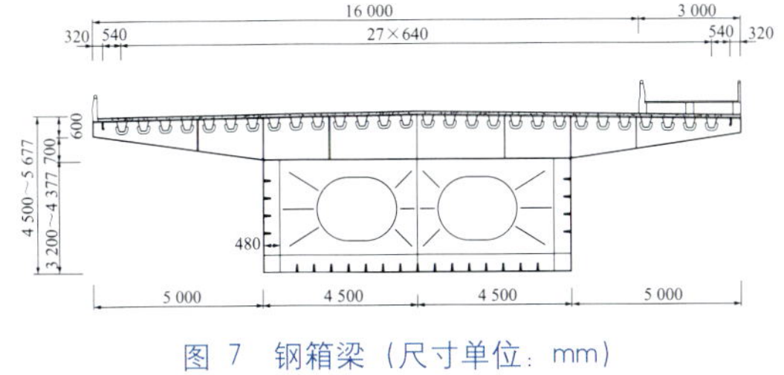

图 7 钢箱梁（尺寸单位：mm）

如上所述，主跨跨中设置了长 103m 的钢箱梁及两端各长 2.5m 的钢—混结合段，共长 108m（图 8）。

混凝土梁为三向预应力结构，预应力束采用直径 15.24mm 的 7 丝钢绞线，抗拉强度标准值为 1 860MPa。所有的顶板束锚固在节段端面的腹板上部。顶板纵向索采用 15-21 至 15-31 钢束，顶板横向预应力索采用 15-3 钢束；竖向预应力除了在 5、6 号墩附近 12.5m 的范围内采用 15-12 钢束以抵抗较大的剪力外，其余均采用 15-3 钢束。

4）体外索

石板坡复线桥体外索体外设置在 P5、P7 的 0 号块之间，即 330m 主跨。体外索线形设计以后期下挠曲线为基本参照准绳。

体外索线形的布置特点是：尽量简化线形，减少转向装置，有利于简化结构构造、方便施工和提高体外索使用效率；体外索每一处转折角度较小并尽量靠近箱梁加腋处布置，使转向器受力和构造简单化(图9)。

在 330m 主跨箱内的体外预应力索，在运营过程中，如有需要，可用来调整钢箱梁的变形。

图 8 钢—混混合梁

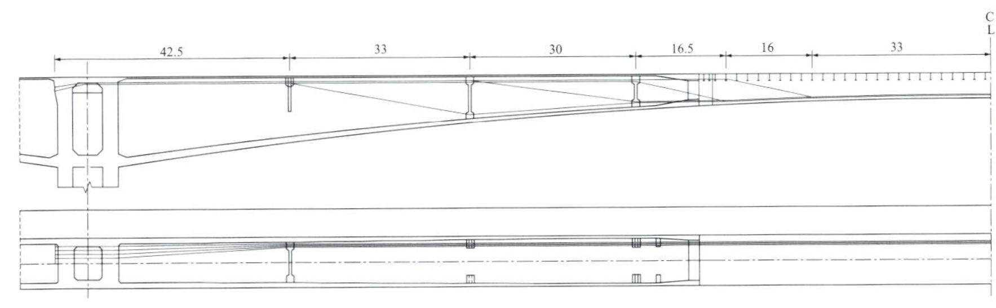

图 9 体外索布置（尺寸单位：m）

5）钢—混接头

石板坡长江大桥钢—混凝土接头采用填充混凝土后板式（图 10、图 11）。钢箱梁端部的顶板、底板和腹板为双壁板，填充的混凝土与紧邻的混凝土箱梁段的顶板、底板和腹板通过 PBL 剪力板、预应力钢筋和普通钢筋等连接，并稍往前延伸将其与混凝土横隔板连接。预应力短束锚固在混凝土横隔板和钢箱横隔板上，预应力长束锚固在混凝土横隔板后梁段的顶板、底板的齿块上。

钢—混凝土接头钢结构，接头纵向长 4m（其中钢箱部分长 2.5m，内填充混凝土部分长 1.5m），在结合面设置一块厚 50mm 的承压板，连接钢箱梁顶板加劲板与混凝土部分内的加劲板（PBL）对应。

6）主梁浇筑和施工控制

除南岸 21.55m、北岸 17.55m 长梁段和第四跨跨中 45m 长梁段采用临时支架施工外，其余混凝土梁采用挂篮悬浇法施工（全桥共使用 10 付挂篮）。主梁采用 C50 和 C60 混凝土。

钢箱梁在重庆下游 1 000km 处的武汉加工，钢箱梁两端在临时封闭后，长 103m、重 1 400t 钢箱梁用拖船从武汉起航经过长江三峡，拖运至重庆，钢箱梁在桥下水面准确定位，整体提升就位（图 12）。

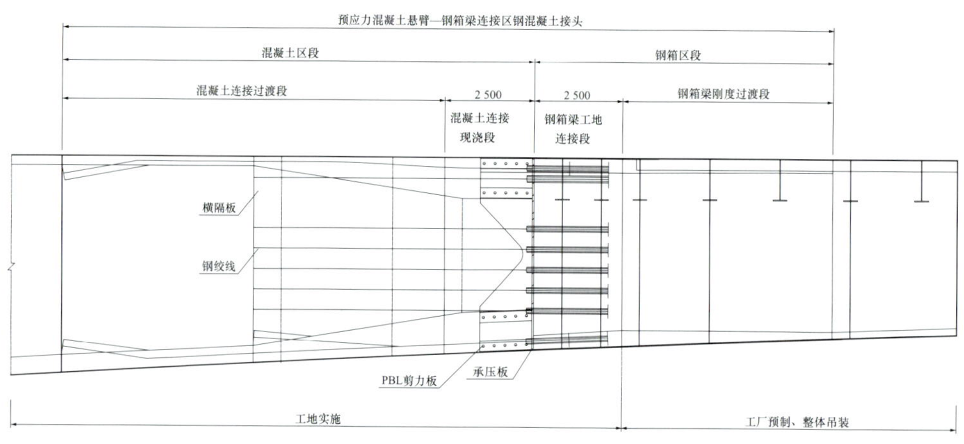

图 10　钢—混凝土接头布置（尺寸单位：mm）

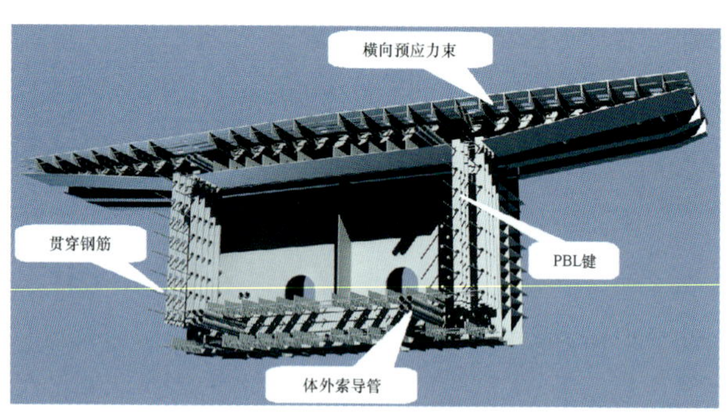

图 11　钢—混凝土接头

图 12　钢箱梁吊装

3. 主要技术特点和创新点

（1）为解决预应力大跨连续刚构因恒载应力过高而难以提高跨越能力的难题，在 330m 主跨中间创造性地采用 108m 钢箱梁（中间 103m 钢箱梁与其两端各有 2.5m 钢—混凝土结合段组成），有效地降低了自重，增强了连续刚构的跨越能力，施工的风险减少，大大加快了施工速度。

（2）在梁桥上首次采用钢—混凝土接头；该接头位于正、负弯矩交替作用区，在较短的距离内实现了钢箱梁到混凝土梁力的平顺传递；通过 1 : 1.5 的接头模型的静力和疲劳性能的试验研究，确认了构造的合理及结构的安全性。

（3）在主跨采用可调可换的体外索体系措施，解决了以往一些桥在使用一段时间后下挠过大、裂缝较多的问题。

（4）为减轻自重荷载，桥面铺装取消了国内惯用的调平层，仅设置厚 7.5cm 的沥青铺装。

（5）在国内首次采用钢箱梁整体自浮方式运输，通过船队的不同组合和周密策划，从制造厂顺利运抵重庆。

本桥钢箱梁长 103m、宽 19m、重 1 400t。在桥位处钢箱梁作业区位于长江主航道，水深流急，钢箱梁需水平旋转 90° 并与水流方向垂直，其旋转、定位施工技术均为国内首次。

实施了旋转抬头、平行上升、再恢复水平的钢箱梁吊装出水方案，消除了平行出水产生的数值较大的吸附力，保证了主体结构的安全。该方法在全国首次采用。

（6）吊装设备设在 111m 悬臂上，1 400t 钢箱梁在柔性支撑上动态吊装，其空间几何状态精度控制十分困难。本桥吊装系统实现了精度达 0.5mm 的纵、横、竖三向位移调整。

云南红河大桥

图 1　红河大桥全景

相关资料

» 桥　　名：云南红河大桥
桥　　型：预应力混凝土连续刚构
跨　　径：58m+182m+265m+194m+70m
» 设计单位：云南省交通规划设计研究院
北京建达道桥咨询有限公司
» 施工单位：中交第二航务工程局有限公司

» 混凝土用量：47 312m³
钢 材 用 量：11 600t
造　　价：1.1 亿
建 成 日 期：2003 年 5 月

1. 概况

红河大桥位于云南省元江县城西北，是国道 213 线元江—磨黑高速公路上的一座特大型桥梁。

大桥为跨径 58m+182m+265m+194m+70m 的 5 跨预应力混凝土连续刚构桥，桥梁总长 801m（图 1）。平面第一跨中的 56.66m 位于半径 800m、转角 14° 51′25″的缓和曲线内，其余各跨均位于直线上。

桥位地处亚热带季风地区，日温差变化大，雨量充沛，年平均气温 16.5～21.5℃。元江无通航要求，水位不控制设计。

设计速度为 60km/h，六车道桥梁宽度 22.5m，设计基本风速 22m/s，地震按Ⅶ度设防。

2. 桥梁结构

1）桥梁总体布置

红河大桥跨越 V 形深谷，谷深 170 多米，采用主跨为 265m 的 5 跨预应力混凝土连续刚构桥（图 2）。本桥基岩为微风化板岩，桥台和 1、4 号边墩采用扩大基础，2、3 号中墩采用群桩基础（承台下设 20 根直径 2m 钻孔桩）。

2）箱梁构造

箱梁采用直腹板单箱单室结构（图 3），结构轻巧，美观。2、3 号主墩单“T”箱梁梁高按 1.5 次抛物线变化，其余主梁梁高采用 2 次抛物线。底板厚度均采用 2 次抛物线变化。箱梁腹板厚采用 40cm、50cm、60cm 按梯度变化，在边跨梁端和主梁零号块稍有加厚。本桥 2、3 号墩顶梁高 14.5m，高跨比 1/18.3；根部底板至 196kN；锚头

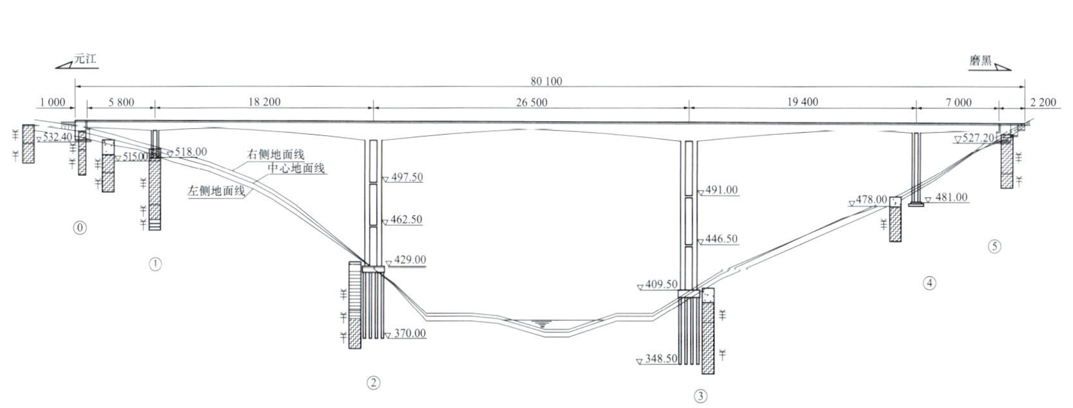

图 2　大桥桥型布置（尺寸单位：cm）

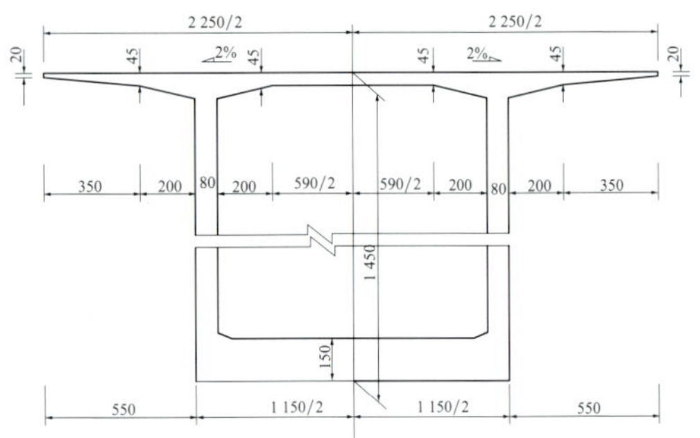

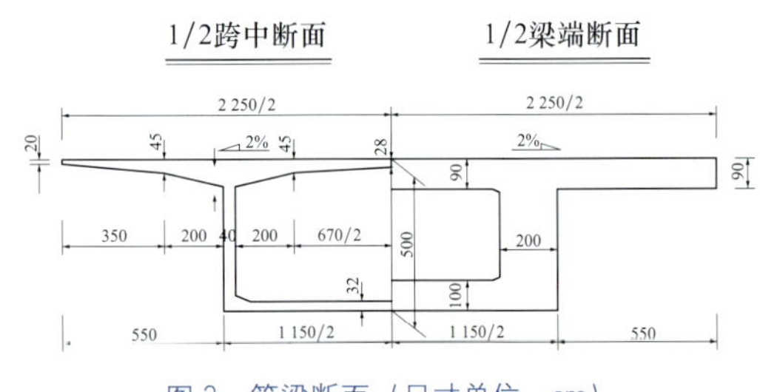

图3 箱梁断面（尺寸单位：cm）

厚130cm，腹板厚60cm，跨中腹板厚40cm；箱梁顶板横向悬臂长5.5m。在次边跨和中跨合龙段位置各设置两道厚40cm的横隔板。

3）桥墩

主墩均采用双柱式薄壁墩身，墩身外轮廓为矩形，墩身横桥向宽度与箱底宽同为11.5m。桥台采用重力式台（图4）。

4）箱梁预应力束布置

箱梁为三向预应力混凝土结构。本桥预应力束设置的特点是纵向预应力只有顶板束、中跨底板束、边跨底板束，并均设置平弯，唯边跨底板束在梁端一定范围内设置竖弯。

纵向预应力采用真空辅助压浆工艺。为防止箱梁张拉纵向预应力引起悬臂端部拉应力过大而出现顺桥向裂缝，在距箱梁悬臂端部1.5m处增加单根钢绞线，在每个块件纵向预应力张拉到50%时张拉该根钢绞线

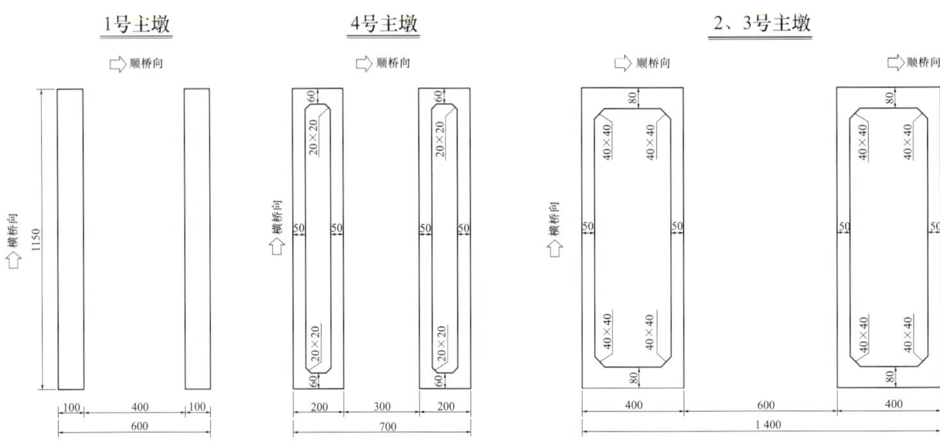

图4 各桥墩断面（尺寸单位：cm）

采用单孔可张拉连接器，在下一块件浇筑前以连接器接长。

5）主梁施工和施工控制

箱梁采用悬臂浇筑施工，先合龙边跨（边跨合龙前后对梁端加卸载，改善边墩的受力状况），再合龙两个次边跨（二、四跨），最后合龙中跨。次边跨及中跨合龙前分别对主梁施加了2 000kN和3 000kN的水平顶推力。对全桥各施工阶段实施了监控，最终合龙时，主梁梁体应力、高程与设计值吻合良好。

图5 桥墩高度相差较大

3. 主要技术特点和创新

1）大、高、长

主跨265m，主跨长度居当时国内已建成的连续刚构第二位。2、3号主墩高度均超过100m，其中3号墩高达121.5m，为当时混凝土连续刚构桥型桥墩最高者。连续长度为769m（图5）。

2）墩身内力调整

4个桥墩，3号墩最高为121.5m，1号墩最矮为21.85m，矮墩分配到的温度水平力和制动力较大，采

取以下两种施工方法改善桥墩的这种受力不均状态：

（1）边跨合龙前加载，合龙后卸载。当悬臂浇筑完成后，在悬臂端施加了1 000kN的压重，然后浇筑边跨合龙段，张拉边跨底板钢束，最后拆除等量压重，这种办法可有效改善1号墩的墩顶轴力，使两墩墩顶轴力相差较小。

（2）次边跨、中跨合龙前对主梁进行顶推。在次边跨合龙前，对主梁施加2 000kN的顶推力，焊接劲性骨架，然后次边跨合龙将顶推力永久保存在主梁里，最后张拉次边跨底板钢束。在中跨合龙前，对主梁施加3 000kN的顶推力，中跨合龙。这样，对改善1号桥墩的墩顶弯矩效果显著，而且有助于防止主跨梁的下挠。

3）构造特点

（1）跨中合龙段设置横隔板。由于中跨跨径较大，中跨跨中底板钢束较多，纵向预应力沿底板曲线布置，对底板产生径向分力，跨中设置横隔板，由于横隔板的强大作用，在距离跨中一定范围内径向力将被横隔板平衡，改善了底板受力。

（2）设置径向力平衡钢筋。为防止由于底板受到纵向钢束的径向力作用而产生劈裂，在底板内设置径向力平衡钢筋，使底板上、下缘整体受力。

（3）高墩设置隔板。2、3号桥墩高度均在100m（2号墩高102.8m，3号墩高121.5m）以上，为了增加桥墩的稳定性，在两片墩中间沿墩高等间距设置了两道隔板（图6）。

图6　高墩设置

相关资料

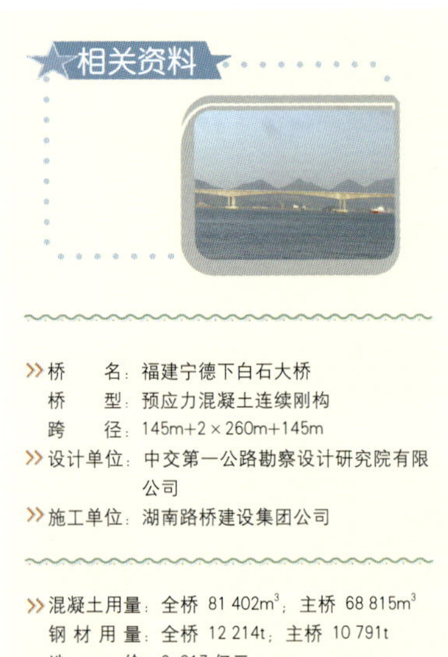

》桥　　名：福建宁德下白石大桥
桥　　型：预应力混凝土连续刚构
跨　　径：145m+2×260m+145m
》设计单位：中交第一公路勘察设计研究院有限公司
》施工单位：湖南路桥建设集团公司

》混凝土用量：全桥 81 402m³；主桥 68 815m³
钢 材 用 量：全桥 12 214t；主桥 10 791t
造　　价：2.017 亿元
建 成 日 期：2003 年 3 月

福建宁德下白石大桥

图 1　福建宁德下白石大桥全景

1. 概况

下白石大桥位于福建省宁德市下白石镇，是国道主干线同江（黑龙江）至三亚（海南）高速公路福建省境内福宁高速公路上的一座特大型桥梁。桥梁全长 999.6m，主桥长 810m，为四跨预应力混凝土连续刚构桥（图 1）。

下白石大桥跨越赛江赛歧至下白石河段，桥位处河面宽约 750m，水深 15～32m，断面平均流速 2.44m/s，最大流速 3.42m/s，最大冲刷深度 20.88m。桥位处河道受潮汐、径流共同作用，潮汐占主导地位。该河段航道为国家Ⅲ级航道，通航 1 000t 级海轮。桥位覆盖层为砂与卵石，厚 23～45m，基岩为微风化凝灰熔岩。桥址所在地区属于中亚热带海洋性季风气候，具有四季分明、多雨，台风频繁等特点。多年平均气温 19℃，极端最高气温 39.4℃。

桥梁总宽 24.5m，设计速度 80km/h；设计基本风速 40m/s；地震基本烈度Ⅵ度；通航净空：最高通航水位以上 29m，净宽不小于 200m；船舶撞击力：横桥向为 13 400kN；顺桥向为 6 700kN。

2. 主桥结构

主桥桥跨布置为 145m+2×260m+145m，四跨预应力混凝土连续刚构桥，引桥为 4×45m 四跨预应力混凝土连续 T 梁桥（图 2）。

主桥位于平曲线上，从起点到 7 号墩处位于缓和曲线段上，从 7 号墩到终点位于半径 R=4 000m 的圆曲线段上。

1）主梁

主桥横桥向分两幅，桥面总宽 24.50m，仅在主墩处将两幅桥主梁以四道横梁连接起来。每幅主梁采用单箱单室断面（图 3），箱梁顶板宽 12.00m，底板宽 6.00m，箱梁顶面设单向横坡。箱梁根部梁高为 14.00m，跨中以及现浇段梁高均为 4.20m。主桥箱梁梁高按 1.6 次抛物线变化。箱梁底板根部厚为 140cm，跨中为 30cm，边跨现浇梁段 13.52m 范围内由 30cm 变为 60cm，按直线变化。腹板厚度在 0 号梁段的隔板范围内为 70cm，各梁段为 60～40cm，边跨现浇段 13.52m 范围内由 40cm 变为 120cm，按直线变化。每幅桥墩顶箱梁内设柔性横隔板 4 道，梁端

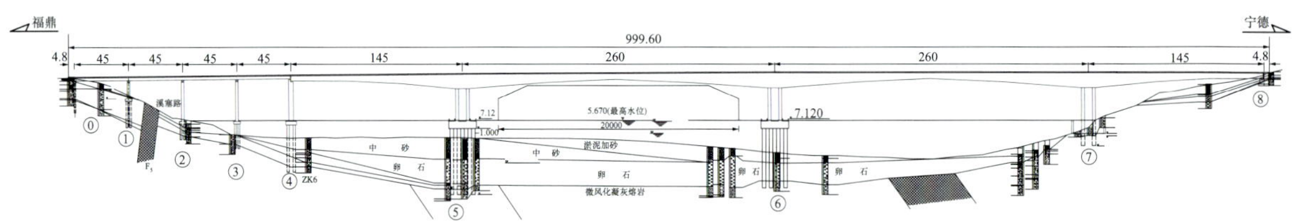

图 2　大桥桥型布置（尺寸单位：m）

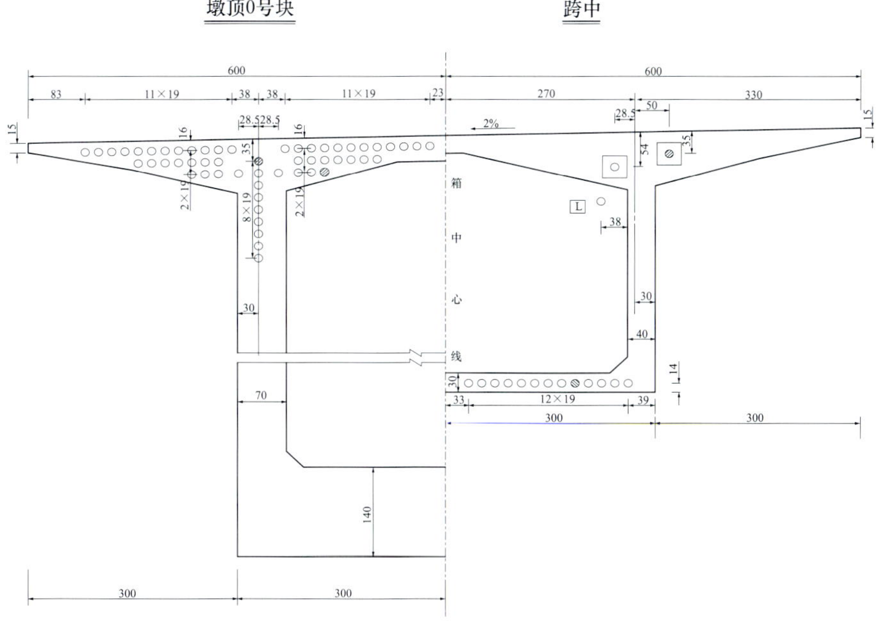

图3 箱梁横断面（尺寸单位：cm）

各设横隔板一道。

2）预应力

主桥箱梁采用三向预应力体系。纵向预应力钢束设置了顶板束、墩顶下弯束、中跨底板束、边跨底板束以及预备束和临时束。其中顶板束和墩顶下弯束随施工阶段张拉锚固，其余钢束待主桥箱梁合龙后分段张拉锚固。顶板钢束最长达260m。

主桥箱梁横向预应力束顺桥向每米一道，采用BM15-3扁锚体系，一端单根张拉，张拉端与锚固端交错布置，张拉吨位为195kN。

主桥箱梁竖向预应力钢筋采用直径为32mm的高强度精轧螺纹粗钢筋，屈服强度为1 080MPa。设计张拉力为782kN，采用梁顶一端张拉。

3）下部结构

主墩均采用双柱式空心薄壁墩身（图4、图5），5、6、7号主墩墩高均为25m左右，墩身断面外轮廓为矩

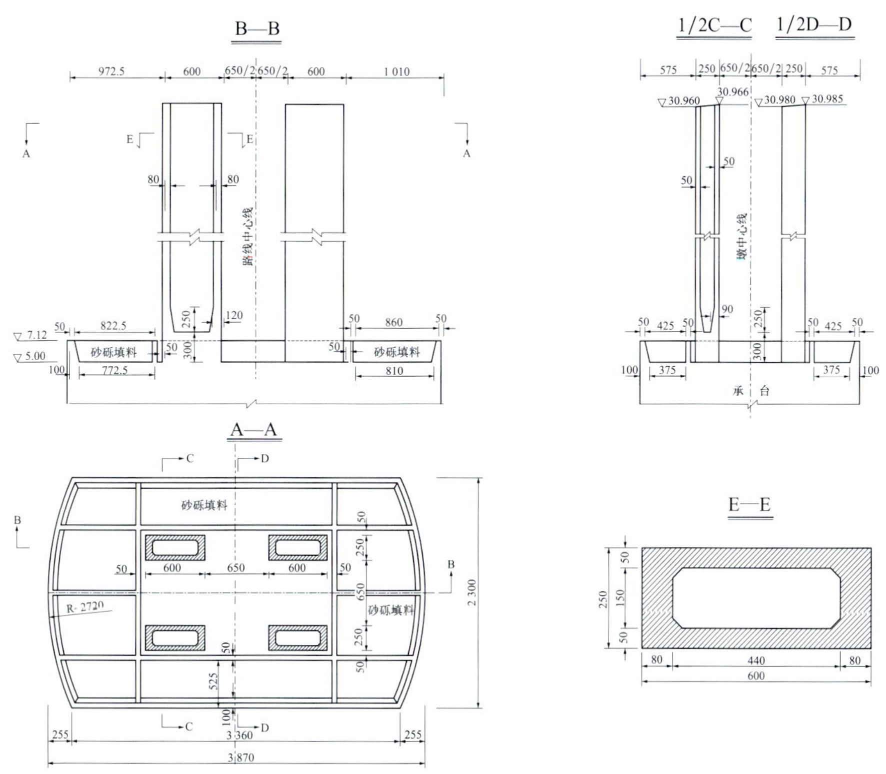

图4 主墩构造（尺寸单位：cm）

图5　主墩施工

形，墩身横桥向宽6m（与主梁箱底同宽），顺桥向为2.5m，两墩柱顺桥向间净距6.5m，每个空心薄壁墩身顺桥向壁厚50cm，横桥向壁厚80cm，墩身底部高度3m范围内为实心段。

5号、6号主墩位于主河道内，采用群桩基础（图6），一个主墩下设24根直径3m的钻孔桩，桩长50m左右，桩基嵌入微风化岩层。为防止船舶直接撞击墩身，在承台顶设置了混凝土护墙，护墙与墩身间留有一定间隙，护墙内填筑砂砾起缓冲作用。左右幅桥共设一座承台，横桥向最宽处为38.70m，桥向宽23.0m，承台厚6.0m，一个承台的混凝土体积达5 100m^3。

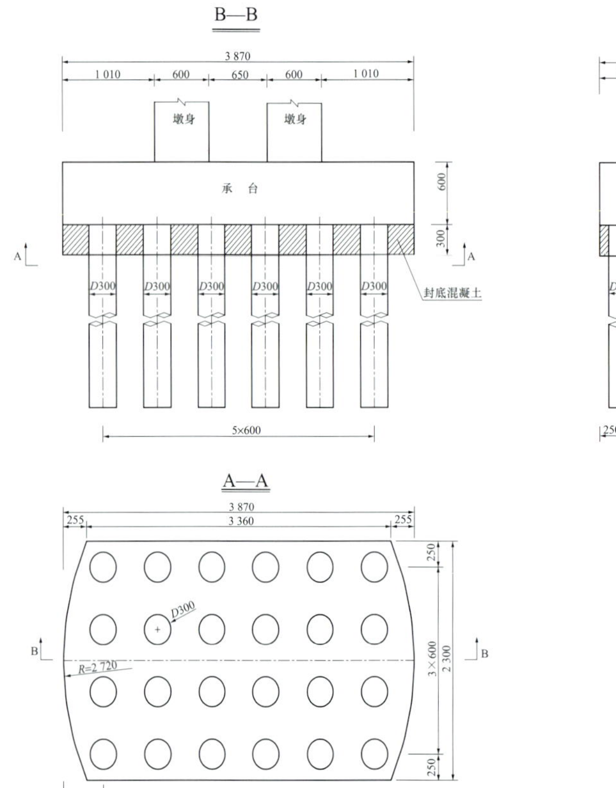

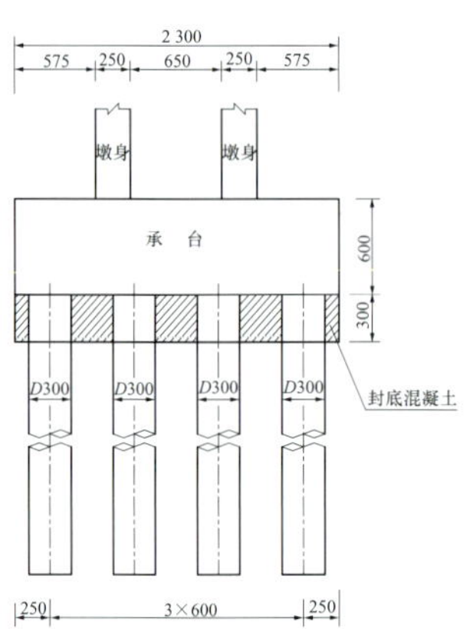

图6　5号、6号主墩基础（尺寸单位：cm）

采用有底钢套箱施工，在承台底设置了3m厚度的套箱封底混凝土。

7号墩墩身构造与5、6号墩基本相同，但墩底实心段高度为10.5m。7号墩处基岩埋藏较浅，强度高，为降低基础工程量，减少基础开挖，降低施工难度和费用，采用新型明挖墙式嵌岩基础。四个墩柱基础分离，不设承台，平面尺寸比墩身略大（为3m×6.5m），各采用独立的钢围堰围水施工。

4）施工

箱梁施工顺序按单幅箱梁（上游幅与下游幅）、三个“T”同步施工。墩顶0号梁段长14m在墩顶预埋牛腿支承的托架上施工，竖向分段浇筑（图7）。

1～29号箱梁段长3～5m，在挂篮上对称悬臂浇筑（图8），各悬臂施工梁段一次浇筑完成，最大重量达225.2t。

边跨现浇段长13.52m采用落地支架一次连续浇筑完成。

全桥箱梁合龙由边至中对称进行，即先两边跨合龙，其次两中跨合龙。合龙梁段利用合龙吊架施工，一个合龙段吊架和模板共重约50t。

图 7　0 号梁段施工

图 8　箱梁悬臂浇筑施工

3. 主要技术特点和创新点

1）上部结构轻型化

大桥梁高根部为 14m，跨中 4.2m，高跨比分别为 1/18.6 和 1/61.9；腹板厚 40～60cm，最大底板厚 140cm，厚跨比 1/186。

2）梁底线形优化

大桥梁底曲线采用 1.6 次抛物线，改善了 $L/4 \sim L/8$ 梁段梁底受力状况，整个主梁的受力都处于一个良好的状态。

3）预应力钢束精细布置

设计对钢绞线的布局进行了反复调整，力争使其线形流畅，钢绞线设置在最有利的部位，提高了预应力效率，节约了钢材。80% 的梁段均未设置下弯束，使得腹板高度的 90% 范围内无预应力管道，方便了腹板混凝土的浇筑施工；在 0 号块两侧的 8 个梁段内设置了下弯束，有利于抵抗根部范围的主拉应力，提高桥梁耐久性。

4）7 号墩采用新型墙式嵌岩基础

7 号墩基岩埋藏较浅，初步设计为扩大基础。为减少基坑开挖量，改为墙式嵌岩基础，不设承台，使基岩开挖量减少为原设计的 11%（工程数量仅为原设计的 13%），施工方便。

5）新材料、新工艺的推广应用

（1）本桥纵、竖向预应力管道采用塑料波纹管，纵向管道采用真空辅助压浆技术。

（2）环氧涂层钢筋的使用

本桥处于海洋性环境，为确保主墩安全，增强耐久性，主墩墩身主筋采用环氧涂层钢筋。

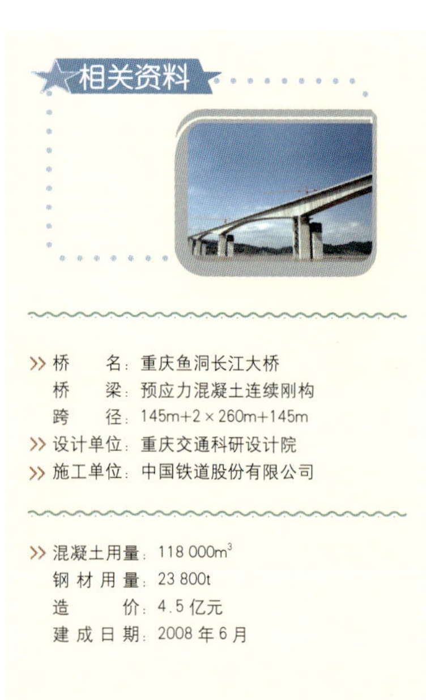

相关资料

- 桥　　名：重庆鱼洞长江大桥
- 桥　　梁：预应力混凝土连续刚构
- 跨　　径：145m+2×260m+145m
- 设计单位：重庆交通科研设计院
- 施工单位：中国铁道股份有限公司

- 混凝土用量：118 000m³
- 钢 材 用 量：23 800t
- 造　　价：4.5 亿元
- 建 成 日 期：2008 年 6 月

重庆鱼洞长江大桥

图 1　重庆鱼洞长江大桥全景

1. 工程概况

鱼洞长江大桥，全长 1 541.6m，桥跨布置为(6×40+6×40)m+(145+2×260+145)m 预应力混凝土连续刚构（桥）+（3×40+3×40）m（图1）。大桥总体设计为并列双幅桥，每幅桥均为单箱双室箱梁，单幅桥宽 20.3m，双幅桥面总宽 41.6m（中间分隔带 1.0m），布设双向六车道汽车和双向两车道轻轨，轻轨车道位于桥面内侧，每幅断面不对称。

该桥按城市快速路标准，公路 - I 级荷载设计，并用城 -A 进行验算；轻轨为跨座式单轨列车，按 8 辆车编组，单轴重力 110kN，总重力 3 520kN；设计速度为汽车 60km/h，轻轨 75km/h。桥址年平均气温 18.3℃，极端最高温度 42.2℃，极端最低温度 −1.8℃，最大风速 26.7m/s。通航等级为国家内河航道 I 级，枯水期江面宽约 300m，船只撞击力为顺桥向 1 100kN、横桥向 1 400kN。

2. 主桥

主桥上部结构为四跨（145m+2×260m+145m）预应力混凝土连续刚构，长 810m（图 2）。近期只实施上游幅桥（将轻轨预埋件埋于主梁中），桥面按四车道车行道设计，远期再对桥面进行处理，以满足通行轻轨的要求。

1）基础

采用承台加短桩基础，承台截面尺寸为 17.4m×16m，高 4.5m，每个承台下布置 8 根直径 2.8m 桩，承台底面置于弱风化砂岩上，整个基础按桩基和承台共同受力考虑，以减小基础尺寸（图 3）。

2）桥墩

双肢薄壁墩墩身，单肢截面尺寸为 12.9m×2.6m，两肢间净距 6.8m，三个主墩高分别为 61m、54m 和 55m，上游主墩迎水面设置分水尖。

3）主梁

主桥主梁为单箱双室断面，单幅桥箱顶面宽 20.3m，箱底宽 12.9m，外侧悬臂 4.8m，内侧悬臂 2.6m，根部梁高 15.1m，跨中梁高 4.6m，箱梁高度从合龙段中心到悬

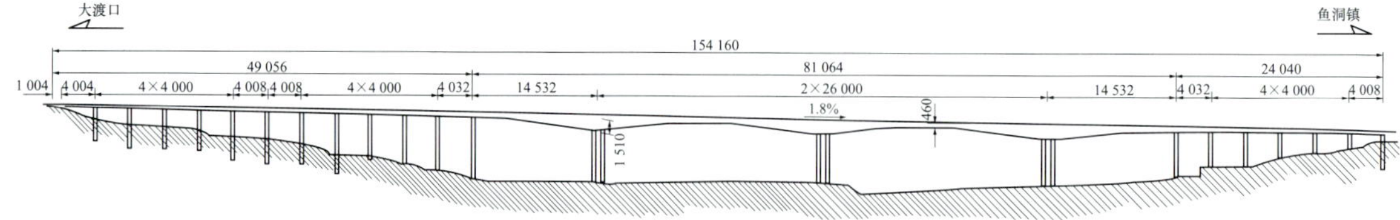

图 2　大桥桥型布置（尺寸单位：cm）

臂根部按1.8次抛物线变化，采用挂篮对称悬浇施工(图4)。

在0号块、边跨支点及跨中设横隔板，横隔板均设置了人洞。在箱梁根部区段底板设置了排水孔。为改善箱梁的内外温差和为维护人员提供好的环境，在箱梁的腹板上设置通气孔或人洞。

4）预应力体系

纵向预应力钢束共设置了顶板束、腹板束、中跨底板束和边跨底板束、合龙束和预备束共六种。竖向预应力采用二次张拉锚固系统。

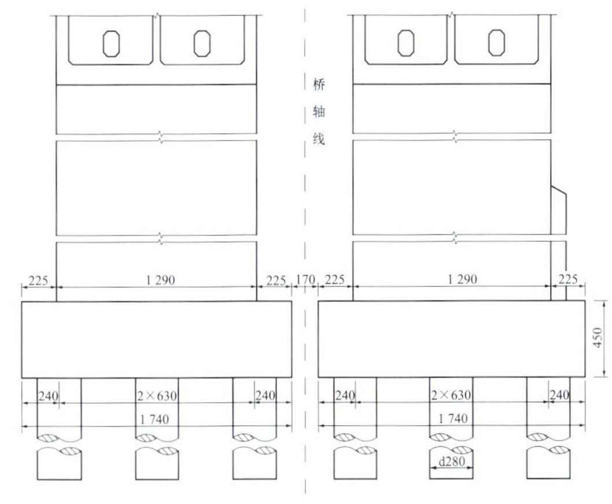

图3 下部结构（尺寸单位：cm）

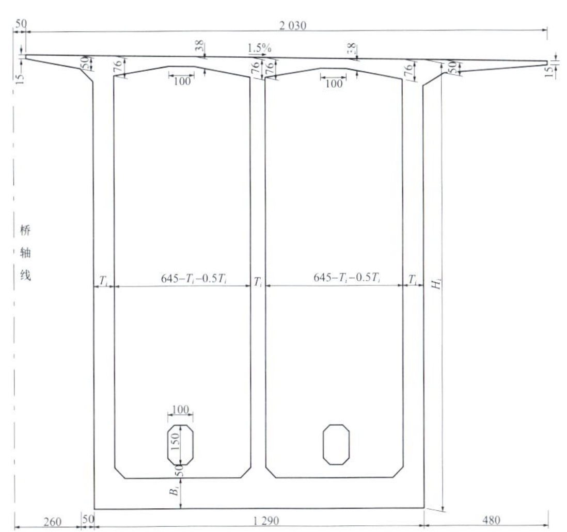

图4 箱梁（尺寸单位：cm）

3. 主要技术特点和创新点

(1) 主桥为同桥面通行汽车和轻轨两种荷载，截面及受力均不对称。

(2) 二个主墩位于江中，承台须穿过砂卵石地层嵌入岩石。由于砂卵石地层渗水量大，基岩裂隙很发育。虽有钢筋混凝土围堰，仍必须采取有效的止水措施。开展膏浆帷幕止水技术应用研究，在深水基础施工中得到成功应用。

(3) 主桥0号梁段长18m，宽20.3m，高15.1m，混凝土达1 638m^3。为防止0号块开裂，采取以下措施：①托架按0号块全荷载设计，采用刚性支撑和联结，减少了托架的弹性和非弹性变形；②主桥0号块分三次浇筑，采取施加临时预应力措施；③0号块的设计，从构造上增加了ϕ8防裂钢筋网片，混凝土中参加杜拉纤维。

(4) 为防止悬浇梁段产生裂纹，采取了以下措施：①竖向预应力钢绞线采用二次张拉；②在1~3号节段连接部位增设加强环形钢筋，以防止新旧混凝土结合面由于收缩不同步而产生裂纹；③在0~9号节段周边设置ϕ8焊接钢筋网片；④在箱梁混凝土中添加矿粉，并在0~5号节段混凝土中添加杜拉纤维；⑤在0~9号节段底板中设置冷却管。

(5) 大桥主桥悬浇施工梁段最重达510t，为此对大吨位施工挂篮进行研制。

(6) 大桥主桥为偶数跨，为避免长江洪水对高支架的影响，采用先中后边的合龙顺序，并采取主跨跨中顶推措施，以消除混凝土收缩徐变给结构带来的不利影响。

相关资料

- 桥　　名：四川泸州长江二桥
- 桥　　型：预应力混凝土连续刚构
- 跨　　径：145m+252m+54.75m
- 设计单位：四川省交通厅公路规划勘察设计研究院
- 施工单位：四川公路桥梁建设集团有限公司

- 混凝土用量：91 333m³
- 钢 材 用 量：11 048t
- 造　　价：1.462 亿元
- 建 成 日 期：2000 年 11 月

四川泸州长江二桥

图 1　泸州长江二桥全景

1. 概述

泸州长江二桥属于国道 321 线隆昌至纳溪高速公路上一座跨越长江的特大型桥梁，桥位位于泸州市纳溪县城上游 3km，桥梁全长 1 408m，主桥采用（145+252+54.75）m 预应力混凝土桥（图 1）。

桥位处，设计流速 5m/s。两岸地形存在明显差异，隆昌岸地形平缓，为堆积阶地地貌；纳溪岸地形陡峻，基岩出露。

泸州属于四川盆地亚热带湿润气候区，年平均气温 19.5℃。年最大降雨量 1 437mm，日最大降雨量 251mm。

大桥为四车道高速公路特大桥，设计速度：80km/h，桥面宽度：25m，通航标准为内河航道Ⅱ-(3)级，宽 108m，高 18m。地震基本度Ⅵ度，按Ⅶ度设防。

2. 主桥结构

因受地形和通航条件限制，主桥选用三跨不对称的预应力混凝土连续刚构桥型，跨径组合为 145m+252m+54.75m。小边跨侧（纳溪岸边跨）设一锚碇桥台以平衡梁体结构内力。主墩为双薄壁墩，深水基础选择钢沉井与桩基组合基础（图 2）。

1）箱梁

箱梁为变截面三向预应力混凝土结构，单箱单室断面，顶板宽 25m，底板宽 13m；箱梁根部高 14m，跨中及边跨现浇段梁高 4m；箱梁顶面设 2% 双向横坡（图 3）。

箱梁墩顶 0 号段长 15m，墩两侧各外伸 1.5m，隆昌岸“T”两侧划分 39 个对称梁段，纳溪岸“T”两侧分别划分为 39 个（跨中侧）和 18 个（边跨侧）不对称梁段，累计悬臂总长分别为 118.5m 和 43.5m。节段长 2.2～4m。

0 号段搭架施工，分三次浇筑

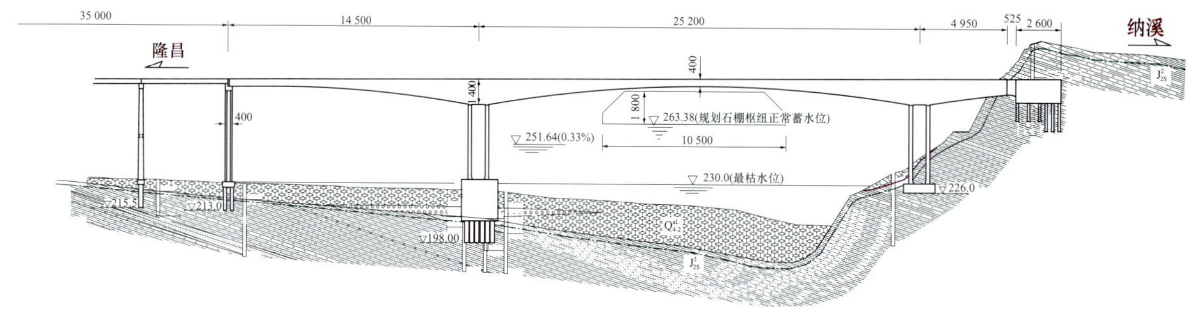

图 2　大桥桥型布置（尺寸单位：cm）

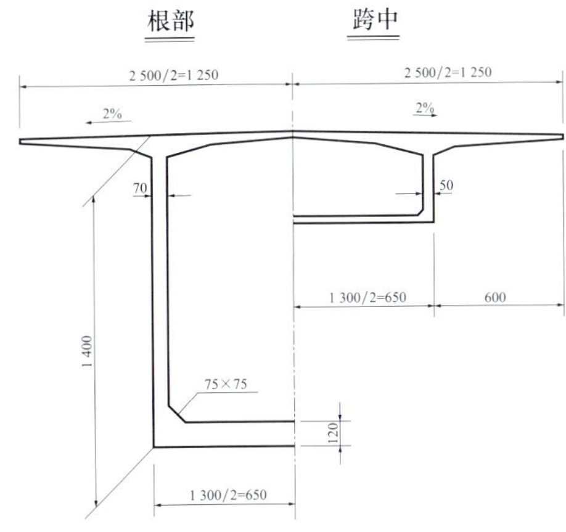

图 3 箱梁截面（尺寸单位：cm）

混凝土。其余梁段采用挂篮悬臂浇筑施工，挂篮自重140t，悬臂浇筑梁段最大重量270t。主桥首先合龙纳溪岸边跨与锚碇桥台，再合龙隆昌岸边跨，最后合龙中跨。

2）主墩

主墩为双肋式柔性薄壁墩，两肋净距 8m，截面为 2m×13m，墩身上、下游设置弓形分水尖。采用翻模施工。

3）主墩深水基础

两个主墩基础分别采用两种形式，纳溪岸主墩基础采用明挖扩大基础，而隆昌侧主墩基础采用钢沉井深水基础（图 4）。为减小沉井嵌岩难度，当沉井下沉至弱风化基岩面后，采用沿沉井内周边均匀布置 10 根直径 2.5m 嵌岩桩基代替沉井嵌岩。钢沉井结构类似于双壁钢围堰，其直径 21m，壁厚 1.6m。

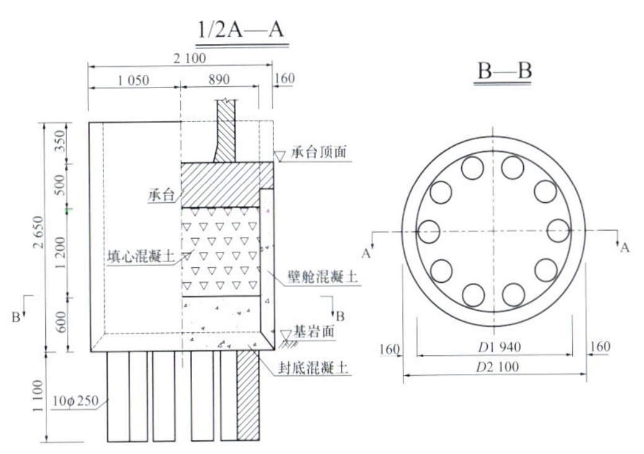

图 4 钢沉井组合基础（尺寸单位：cm）

4）纳溪侧锚碇桥台

纳溪岸锚碇桥台长 26m（与箱梁一致），两端加隔板，箱内用浆砌片石填心，不平衡梁段的纵向预应力束锚于台尾。锚碇桥台（图 5）通过合龙段与箱梁刚性连接以平衡主桥结构。为保证锚固的可靠性，减少锚碇数量，布置 18 根方形抗拉锚桩，通过设在锚桩内竖向预应力束将桥台可靠地锚于基岩中。桥台为三向预应力结构。

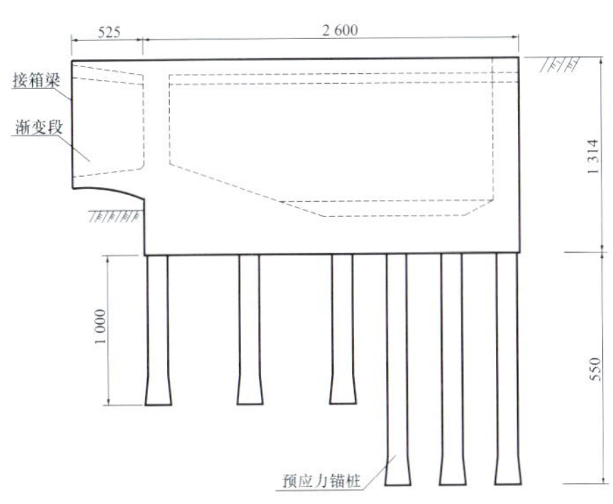

图 5 锚碇桥台（尺寸单位：cm）

3. 主要技术特点及创新点

1）连续刚构边跨极不对称

为保证主桥结构受力平衡，纳溪岸设锚碇桥台与边跨箱梁刚性连接，由此引起主桥结构的水平位移只能在另一端（隆昌侧）发生，导致隆昌侧主墩水平力过大，钢沉井基础合力偏心距大。

2）采取改善钢沉井基础受力的措施

钢沉井与桩基共同作用为组合基础。钢沉井基础顶面弯矩大，左右墩身受力极不均匀。为减小钢沉井基础的合力偏心距，采取两项措施：

（1）将沉井中心向纳溪侧偏离墩中心 80cm，使自重恒载产生一反向抵抗弯矩；

（2）中跨合龙前，在合龙段施加 8 000kN 顶推力。

3）小边跨侧（纳溪岸）设锚碇桥台与箱梁刚性连接平衡主桥结构。为保证锚固的可靠性，减小锚碇工程规模，布置 18 根方形抗拔锚桩，通过设在锚桩内竖向预应力束将桥台可靠地锚于基岩中。

4）主桥全桥仿真分析及 0 号块应力集中的处理

进行了全桥结构仿真分析，计算工况包括施工阶段和成桥运营阶段共 13 种，并对最大悬臂状态进行了动力分析。

根据 0 号块应力集中的进一步分析，最终选用减薄横隔板顶端厚度，加大此部位倒角尺寸，减弱相交部位的节点刚度突变，降低了应力集中的程度。

相关资料

» 桥　　名：重庆嘉华嘉陵江大桥
桥　　型：预应力混凝土连续刚构
路　　径：138m+252m+138m
» 设计单位：上海市政工程设计研究总院
重庆市交通规划勘察设计院
» 施工单位：中铁八局集团有限公司

» 混凝土用量：约 55 200m³
钢 材 用 量：约 9 600t
主 桥 造 价：约 1.9 亿元
完 成 日 期：2007 年 6 月

重庆嘉华嘉陵江大桥

图 1　重庆嘉华嘉陵江大桥全景

1. 概况

嘉华大桥跨越嘉陵江，是联系重庆市南北主发展轴上的主要纽带(图 1)。道路等级为城市快速路，设计车速 80km/h，设计荷载为公路 -I 级。航道标准为三级航道，通航净空高度 10m，主通航孔净宽 180m。

2. 主桥结构

嘉华大桥为三跨预应力混凝土连续刚构桥，桥长 528m，主跨 252m，边跨 138m，对称布置(图 2)。双向八车道，两侧各 1.5m 人行道。

1）基础

主墩基础采用 24 根直径 2.5m 的挖孔桩，上下行主墩承台形成整体，承台厚 6.5m。南侧边墩基础采用 12 根直径 1.8m 的挖孔桩，上下行承台分离，承台厚 3.0m。弱风化基岩为持力层。承台埋入河床以下。基础采用土石围堰施工。

2）下部结构

主桥桥墩采用薄壁箱形单墩，国内同类桥梁罕见。主墩采用 C55 混凝土。主墩顺桥向宽度 7.0m，横桥向（不包括分水尖）宽 9.8m，壁厚分别为 80cm 和 100cm。上下游设分水尖。墩身内设隔板，墩底设圆弧倒角。边墩采用 C40 混凝土，墩身形式与主墩相同，顺桥向宽度 3.5m，横桥向（不包括分水尖）宽 9.8m，壁厚分别为 50cm 和 60cm（图 3）。桥墩采用翻模法进行施工（图 4）。

3）上部结构

上部构造为变截面单箱单室，垂直腹板（图 5）。单箱顶宽 17.8m，底宽 9.8m，翼缘板长 4m，箱梁根部梁高 15.5m，为主跨的 1/16.3，跨中处梁高 5m，为主跨的 1/50，梁底按 1.5 次幂曲线变化。腹板变厚度 100cm（支点）~45cm（跨中），主梁 0 号梁段断面适当增大。底板变厚度 110cm（支点）~32cm（跨中），顶板箱室内厚度 30cm，悬臂端厚 20cm，根部厚 55cm。设支点横隔梁，0 号段墩顶处横隔梁厚

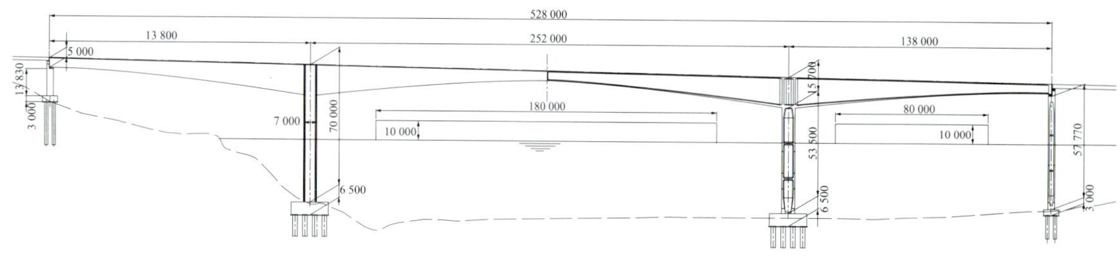

图 2　主桥桥型布置（尺寸单位：mm）

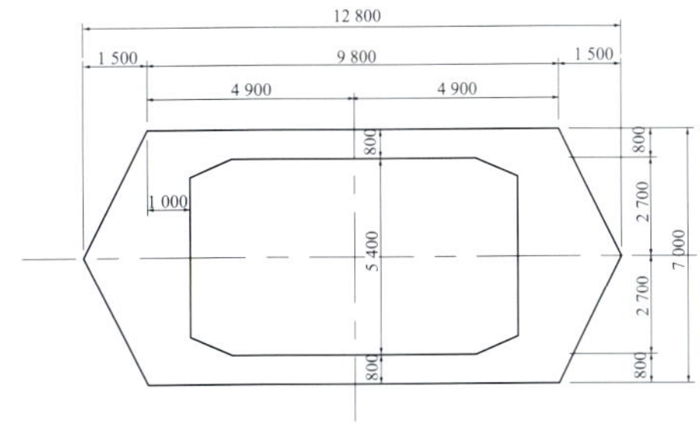

图 3 主墩断面（尺寸单位：mm）

图 4 墩身施工

100cm，梁端横隔梁厚 150cm（图 5）。中跨跨中设横向隔梁厚 40cm。0 号块长度 12m，悬臂施工梁段划分为 3m、3.5m 和 4m 三种，合龙段长度 2m。悬臂浇筑最大浇注重量 350t。箱梁采用 C55 混凝土。箱梁顶面设 2% 单向横坡，腹板上设通气孔。

箱梁采用三向预应力体系。预应力管道采用 PE 波纹管，真空压浆工艺。

0 号块在横隔梁及腹板处布置横、竖向预应力钢束。在中孔合龙段布置抗剪预应力钢筋，中间用连接器连接。为避免今后出现不可预测的梁体下挠等现象，箱梁内预留体外预应力孔和锚垫块。

主梁采用对称挂篮悬臂浇筑法施工。

3. 主要技术特点与创新

1）主桥桥墩

采用薄壁箱型单墩，桥墩两侧设分水尖（防撞及导流）与桥墩结合成整体。

2）克服结构裂缝的措施

为克服同类桥存在的结构裂缝及梁体结构下挠问题，采取以下措施：

（1）采用高性能混凝土及耐久性设计。施工采用混凝土自动喷淋养护系统，确保混凝土的高质量。

（2）箱梁内预留体外预应力系统。

（3）进行严格的建设管理、严密的施工监控，通过参数敏感分析技术、合理的预拱度设置、关键参数的识别修正、合龙前对顶等措施，确保成桥线形和内力状态，全桥合龙精度平均为 4mm。

（4）优化挂篮工艺，对挂篮的传力系统、锚固系统、行走系统作了多项改进，使施工临时荷载对永久性结构的影响降到最低。

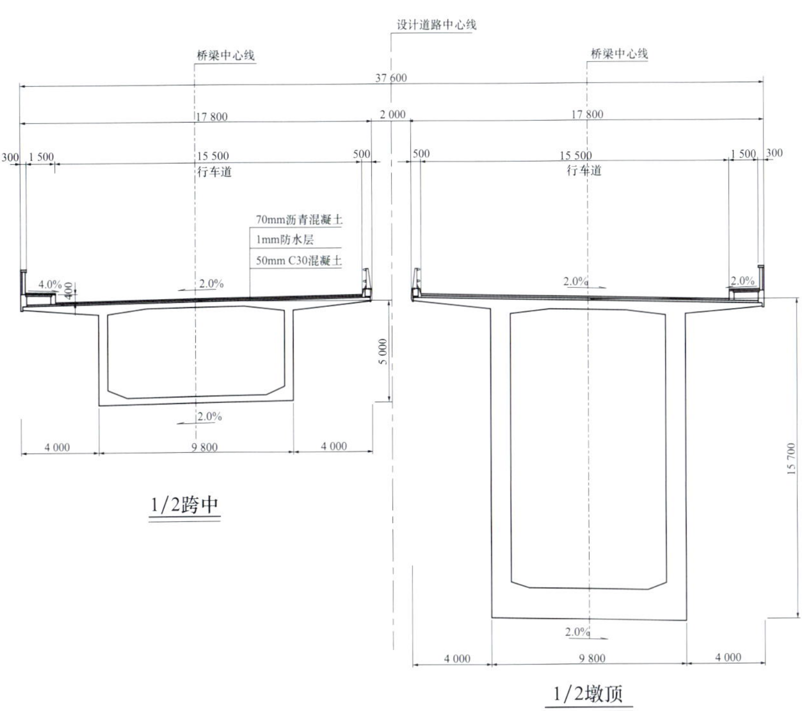

图 5 箱梁断面（尺寸单位：mm）

3）优化施工组织设计及施工工艺

（1）在水深 3～5m，流速为 2m/s 的江心处，采用土石围堰施工，采用钢筋笼超前阻流，克服堰体被冲刷及壅水对堰体造成的阻水侧压力影响，达到较为理想的止水效果。

（2）承台采用了大体积混凝土（4 500m^3）一次性浇筑技术、“环宇大体积混凝土一线通”混凝土内部测温系统及蓄温水混凝土的保温养护工艺，保证混凝土浇筑质量。

（3）优化模板工艺，最大一次性悬臂浇筑重量达 322t，最大悬臂一次性浇筑高度达 14.80m。

（4）施工采用斜拉式桁架施工栈桥工艺、高性能泵送混凝土技术、万能杆件支架系统（高约 60m）等一系列关键技术。

相关资料

» 桥　名：重庆黄花园大桥
桥　型：预应力混凝土连续刚构
跨　径：137m+3×250m+137m
» 设计单位：中交公路规划设计院有限公司
» 施工单位：中交第二航务工程局有限公司
贵州省桥梁工程总公司

» 混凝土用量：全桥 60 965m³，主桥 47 600m³
钢材用量：全桥 11 702t，主桥 4 732t
造　价：全桥 4.12 亿元，主桥 1.8 亿元
建成日期：1999 年 12 月

重庆黄花园大桥

图 1　重庆黄花园大桥全景

1. 概况

重庆嘉陵江黄花园大桥是重庆市中环干道的关键工程，下游距两江交汇的朝天门约 2.5km，上游距牛角沱大桥 2.7km，全桥总长 1 218m。主桥上部为五跨预应力混凝土连续刚构（图 1）。

黄花园大桥位于嘉陵江下游末端，高水位时江面宽达 800~1 000m，每年 7~9 月份为洪水期，最大流速 5.0m/s。河床覆盖层较薄，仅 3~5m，主要为砂卵石层，其下为完整性较好的基岩，以紫红色粉砂质泥岩、泥质砂岩为主。重庆年平均气温 18.4℃，平均降雨量 1 087.3mm，受洪水影响严重。一般冲刷和局部软岩冲刷均各按 5m 考虑。

黄花园大桥为城市双向六车道特大型桥梁。设计速度 60km/h，最大风速 27m/s。船舶撞击力顺水流向 3 000kN，横水流向 1 500kN。地震基本烈度Ⅵ度，桥下通航净空 120m×20m，要求桥下设三个通航孔。

2. 主桥结构

大桥主桥全长 1 024m，五跨预应力混凝土连续刚构桥，跨径组合为 137m+3×250m+137m，桥面宽 31m，分双幅各 15m（图 2）。单幅桥在 4 个主墩上按“T”构各分为 29 个梁段，采用后支点挂篮施工，梁段最大重量 286t。

1）主墩基础

岸边基础采用桩径 2.2m 的挖孔桩，桩长 17m，桩尖进入微风化基岩；中间基础采用混凝土扩大基础 17.4m×9m×4.5m，枯水期施工。

2）主墩墩身

为 4 片薄壁柔形空心矩形墩，高 43~57m，中间设一横向联结板，单壁间净距 7m。墩横桥向宽 7m，顺桥向厚 2.5m，采用翻模法施工。墩身通航水位以下及墩顶 2m 范围均做成实心墩。

3）0 号梁段

0 号梁段位于墩顶上，顺桥向长 16m，横桥向底宽 7m，顶宽 15m，高 13.8m，箱室内有 4 道横隔墙，三向预应力混凝土结构，分 4 次浇筑（图 3）。

4）箱梁结构

每幅箱梁为单箱单室断面，桥面宽 15m，底宽 7m，顶面有 1.5% 的横坡。梁高由 13.8 ~ 4.3m，按 1.5 次抛物线变化。梁顶板厚 0.5~0.15m，

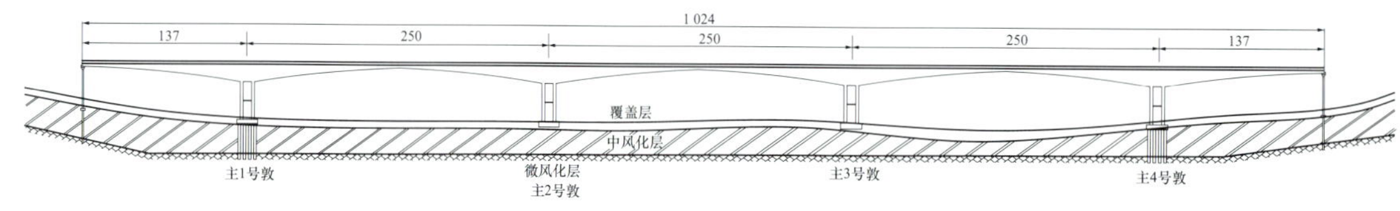

图 2　主桥总体布置（尺寸单位：m）

底板厚 1.5 ~ 0.28m，按 1.5 次和 2 次抛物线变化，腹板厚 1.0 ~ 0.4m，采用菱形后支点挂篮施工（图 4）。

箱梁采用 C50 混凝土和三向预应力。

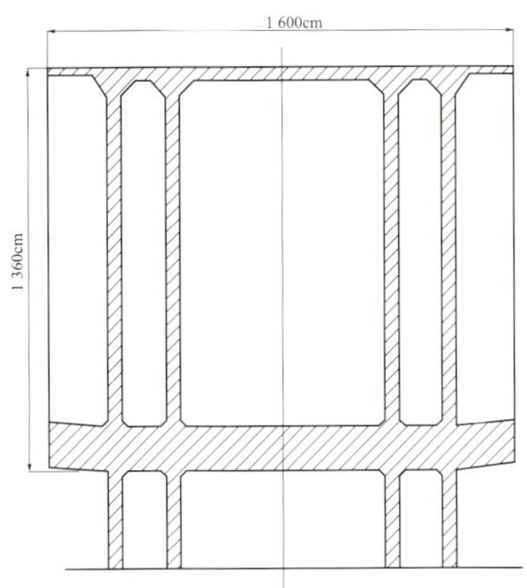

图 3　0 号梁段结构图

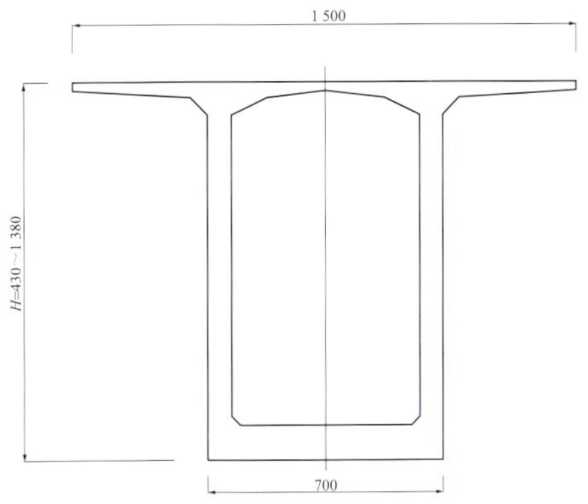

图 4　挂篮悬浇施工（尺寸单位：cm）

3. 主要技术特点和创新点

（1）根据地质特点，主墩基础采用挖孔桩和扩大基础，减少了施工难度，节约了工程成本。

（2）本桥设计中根据不同内力，对边、中墩实行不同配筋（即等强度配筋），对边主墩墩顶内力较大部位实行特殊配筋（这样在保证安全的前提下较“控制配筋”墩身和基础共节省钢材约 703t）；同一主墩的不同高度分别采用实心或空心断面，以调整抗推刚度；在两薄壁墩间增设铰接横系梁，以增强柔性墩的抗撞能力。

（3）0 号块设柔性横隔板，节省工程量约 70%，减少了 0 号块发生裂缝的风险。

（4）本桥加长了边跨梁端底板及腹板增厚段的范围，提前起弯底板钢束，以克服梁端较大的剪力和主应力，避免该部位出现裂缝。

设计时将腹板主拉应力控制在 $0.5R_L$ 以内，并尽量减小在长期荷载作用下箱梁上、下缘压应力的差值。

（5）采用菱形后支点挂篮悬浇施工，利用桥梁结构本身的竖向预应力锚固，全液压推进。

（6）为了减小降温及混凝土收缩徐变对箱梁和薄壁墩的不利影响，中跨合龙时，在悬臂梁端采取了对顶措施。

（7）主桥南边跨与黄花园立交两匝道桥衔接，为了确保箱梁的抗扭刚度和超长翼缘板（悬臂最长 11.22m）的强度和刚度，采用 4 道横隔板将两幅箱梁在与匝道桥衔接部位连成整体，并加以横向预应力。该处桥面还设计了专门的纵向变形缝，使主桥与匝道桥受力和变形互不影响。

（8）黄花园大桥景观效果十分重要。采用镶有十二生肖铸铁饰花的欧式组合钢栏杆，人行道采用高级彩色地砖，桥面、人行道及桥体采用分级照明，使黄花园大桥真正成为了重庆市又一精品工程和靓丽风景线。

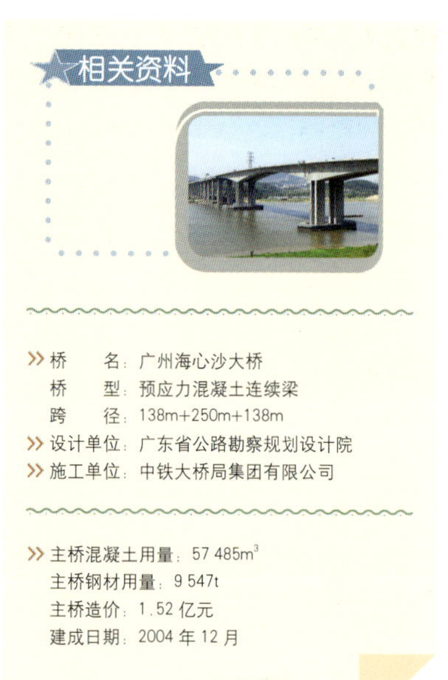

相关资料

- 桥　　名：广州海心沙大桥
- 桥　　型：预应力混凝土连续梁
- 跨　　径：138m+250m+138m
- 设计单位：广东省公路勘察规划设计院
- 施工单位：中铁大桥局集团有限公司

- 主桥混凝土用量：57 485m³
- 主桥钢材用量：9 547t
- 主桥造价：1.52 亿元
- 建成日期：2004 年 12 月

广州海心沙大桥

图 1　广州海心沙大桥

1．概况

广州海心沙大桥位于广州市中心区东南部，跨越珠江主航道，北面通过仑头立交与环城高速公路东环段相连，南面连接番禺区，是广州市仑头至龙穴岛快速路上的一座特大型桥梁，主桥主跨采用 250m 预应力混凝土连续刚构方案（图 1）。

桥位处江面宽约 625m，设计通航水位时水深 4～14m，设计流速 1.3m/s，多年平均潮差 1.69m，最大潮差 3.64m。新鲜基岩覆盖层厚 33～49m，基岩为泥岩或粉砂质泥岩夹砂岩。桥址区属南亚热带季风气候，年平均气温 21.8℃，年平均降雨量 1 702.5mm、相对湿度 78%，年平均台风 4 次，设计基本风速：35.4m/s 。

主要技术标准为：双向八车道城市快速路；设计速度 80km/h；地震基本列度Ⅶ度；通航净高 36.5m，净宽 220m，主航道防撞按 5 000t 级海轮考虑，船撞力横桥向 30 000kN，纵桥向 15 000kN。

2．主桥

1）主桥结构

主桥选用 138m+250m+138m 预应力混凝土连续刚构，主桥长 526m，边中跨比 0.552，边跨现浇段 12m（图 2）。

2）主墩及其基础

主墩高 34m，双薄壁墩身，单箱单室截面，墩身纵桥向宽 2.5m，横桥向与上部箱梁同宽为 7.8m，壁厚 50～80cm，薄壁墩中心间距 9.3m。

半幅桥主墩基础采用 12 根直径 2.5m 钻孔灌注桩，按嵌岩桩设计。承台顺桥向宽 20.6m，厚 5.0m。为提高结构的防撞能力及施工中的抗风能力，将左右两幅桥承台连成整体，横桥向总宽 35.90m（图 3、图 4），并在主墩承台设钢套箱防撞设施。承台混凝土 7 041.8m³。

本桥处于海潮到达之处，在浪溅区、水位变动区采用高性能混凝土，保留水中桩基施工用钢护筒，加大混凝土保护层，不使用碱活性

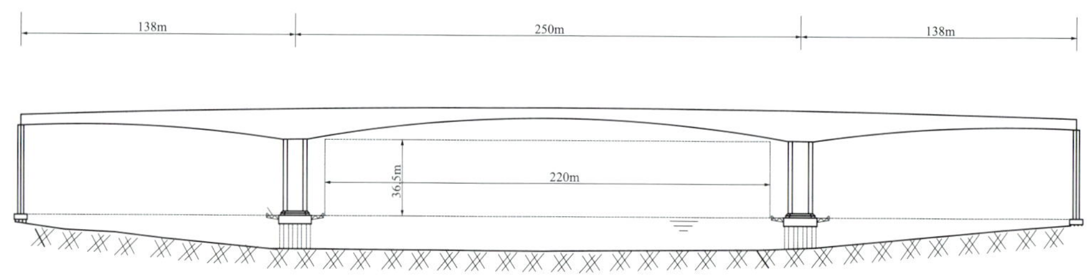

图 2　大桥桥型布置

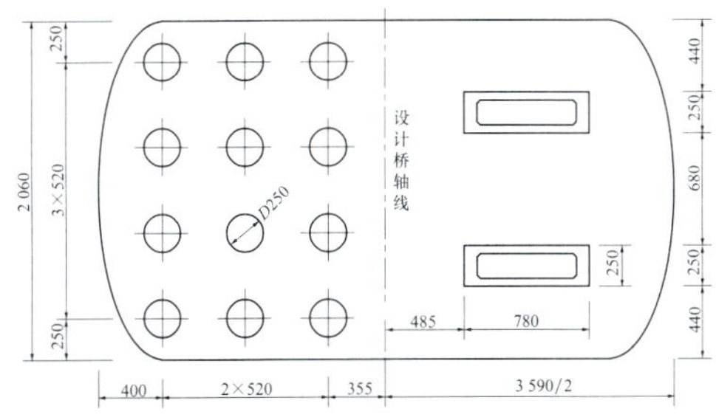

图3 主墩及基础（尺寸单位：cm）

图4 承台吊箱下沉

材料，严格控制主拉应力和温度、收缩裂缝，确保结构的耐久性。

3）主梁

主梁为分幅单箱单室断面，半幅桥宽16.5m，箱宽7.8m，两侧悬臂长4.35m。主梁根部梁高13.8m，跨中及边跨尾段梁高4.3m，箱梁高度按1.6次抛物线变化。腹板厚度0号块采用90cm，1～19号梁段以及边跨现浇段采用70cm，20号梁段为过渡段，其余采用50cm。箱梁底板厚度也按1.6次抛物线变化，由根部130cm渐变到跨中32cm。顶板厚除0号块采用50cm外，其余采用25cm。顶板设置2%的横坡（由腹板高度调整，底板保持水平）（图5）。箱梁用C60混凝土24 760.2m^3。

箱梁采用三向预应力，纵桥向顶板、腹板配置25～27根直径15.24mm钢绞线，底板配置19根直径15.24mm钢绞线。腹板内设置竖弯束，预应力管道用塑料波纹管并采用真空压浆工艺。

顶板横向预应力采用4根直径15.24mm钢绞线，按1m间距交错单端张拉布置。竖向预应力采用直径32mm精轧螺纹粗钢筋，按50cm间距均布于腹板内，厚≥70cm腹板内布置双排，厚50cm腹板内布置单排。

主梁采用悬浇施工，最大节段重按250t控制，挂篮按0.4倍节段重控制，边跨尾段采用吊架施工方案。

在悬臂施工过程中为增强结构的抗风能力，减小受风强迫振动的振幅，在墩顶0号块用箱外横隔板将左右两幅桥连成整体，并将箱梁悬臂临时联结。

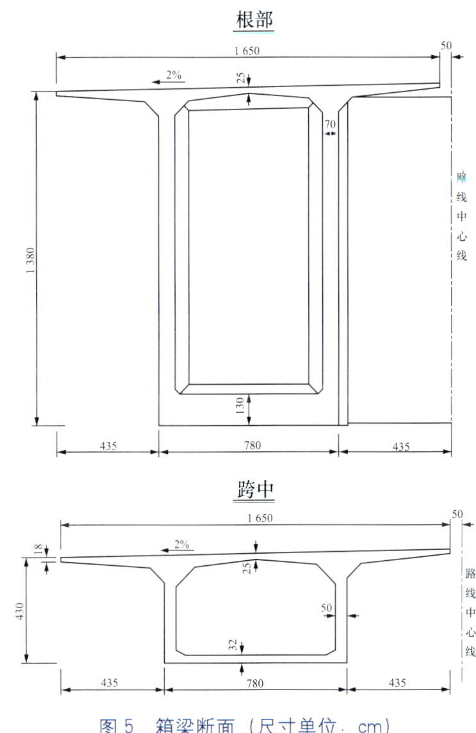

图5 箱梁断面（尺寸单位：cm）

4）结构分析与计算

采用多个桥梁专用平面和空间杆系程序进行施工阶段和使用阶段的结构静力及动力分析计算，采用ANSYS大型结构分析程序进行承台节点、0号块节点和全桥的仿真分析，多个程序互相校验指导结构设计与计算。

由计算分析可知：

（1）在人洞左上方，其横桥向拉应力超出混凝土抗拉强度，易造成的横隔板在此范围开裂，因此，横隔板布置横桥向预应力对抗裂是有效的。

（2）在跨中底板中部，横桥向拉应力较大，设计中加强了底板防崩构造钢筋。

（3）对比平面杆系程序计算和全桥的仿真分析计算结果，得出主梁主要控制断面在对称活载和非对称活载作用下的应力增大系数（主要是剪力滞效应）以及在恒载时的应力增大系数如表1所示，为平面计算提供依据。

5）根据施工和运营监控进行动态设计，留足预应力备用束，实时进行内力调整

对施工中得到的大量监控数据通过参数识别，估算出恒载、刚度、预应力、摩阻损失、收缩徐变等参数的变异，进行结构重分析计算和预应力的动态调整设计，将部分纵桥向顶板、腹板配置25根直径15.24mm钢绞线部分调整为27根直径15.24mm钢绞线。通过参数变异计算留足预应力备用束，即在边中跨底板内及每个T构的顶板内分别设置2束体内备用束，全桥设置8束体外备用束，在0号块横隔板留出孔洞，在梁上留出转向块和锚固块。所有预留体内管道均采用塑料波纹管，并对锚垫板等钢件进行防腐处理。若需要时即对备用束施加预应力，可以达到低成本调整内力。

表1　应力增大系数

项　目	中跨2号断面（上缘/下缘）	中跨 $L/4$ 断面（上缘/下缘）	中跨 $L/2$ 断面（上缘/下缘）
对称活载	1.25/1.24	1.15/1.14	1.06/1.04
非对称活载	1.35/1.32	1.27/1.25	1.05/1.04
恒载	1.29/1.25	1.17/1.14	0.98/0.96
恒载+非对称活载	1.31/1.30	1.20/1.19	1.01/1.00

3. 主要创新点

（1）进行了主桥全桥仿真分析，得到了全桥应力的详细分布、主要控制断面在恒载和对称及非对称活载作用下的应力增大系数，为平面计算中荷载增大系数的取值提供依据；对常见的横隔板和跨中底板顺桥向等开裂病害的机理有了较深入了解，并制定了相应对策，取得了较好效果。

（2）通过参数识别进行结构重分析计算、预应力的动态调整设计，尽量使调整后的新设计与实际相符；通过参数变异计算留足预应力备用束。

杭州下沙钱塘江大桥

图 1　杭州下沙钱塘江大桥全景

相关资料

» 桥　　名：杭州下沙钱塘江大桥
桥　　型：五跨预应力混凝土刚构连续梁组合体系
跨　　径：127m+3×232m+127m

» 设计单位：浙江省交通规划设计研究院

» 施工单位：中交第二航务工程局有限公司
中交第二公路工程局有限公司

» 混凝土用量：333 000m³（含引桥）
钢 材 用 量：61 800t（含引桥）
造　　价：10.82 亿元（含引桥）
建 成 日 期：2002 年 12 月

1. 概况

下沙大桥是杭州绕城公路东段跨越钱塘江的一座特大型桥梁。大桥位于杭州市东部钱江二桥下游约15km。大桥北岸通过5 000m的高架桥穿越杭州下沙经济技术开发区，大桥全长7 920m，主桥主跨采用232m预应力混凝土连续刚构桥（图 1）。

桥址处河面宽度约2 000m，北岸有约500m的浅滩，由于处在河弯地段，主河槽有一定的摆幅，游荡范围700～800m。桥位处是钱塘江涌潮强度最大的区段，最大潮压达80kN/m²，且涌潮的行进速度达6m/s以上。桥位处水深3～12m，主桥主墩的最大冲刷（含一般冲刷和局部冲刷）达30m以上。基岩埋置较深，约100m，北岸基岩为砾岩，南岸基岩为晶屑凝灰岩。杭州属亚热带季风气候区，年平均气温16.4℃，夏季受台风影响。

大桥为六车道高速公路特大桥，设计速度120km/h，桥梁宽度34.5m，设计基本风速28m/s，船舶撞击荷载：顺桥向撞击力为1 500kN，横桥向撞击为3 000kN，地震基本烈度Ⅵ度，设三个主通航孔，通航净高24m、净宽180m。

2. 主桥结构

主桥全长950m，采用127m+3×232m+127m的预应力混凝土刚构连续梁组合体系，即中间两个主墩采用墩梁固结，另两个主墩采用设置支座的铰结形式。箱梁采用左右分幅设计（图 2）。

1）主墩基础及墩身

中间两个主墩基础为12根直径2.0m的钻孔灌注桩，另两个主墩基础为13（12）根上端直径2.3m、下端直径2.0m的变截面钻孔灌注桩，承台为六边形，厚5.5m（图 3、

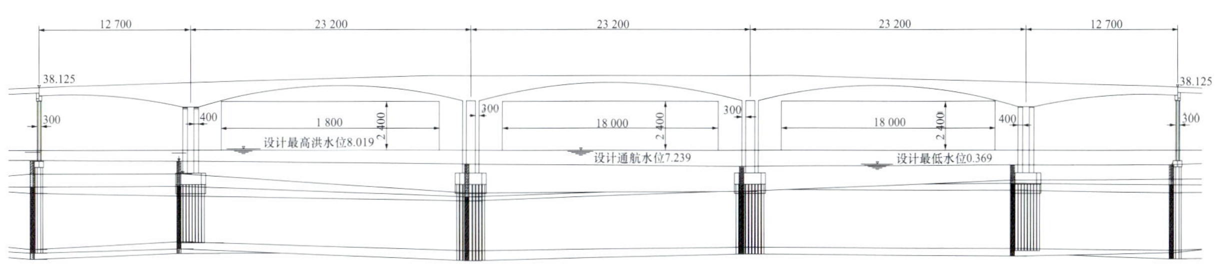

图 2　大桥桥型布置（尺寸单位：cm）

图 4)。边墩基础为 4 根直径 1.7m 的钻孔灌注桩，承台亦为六边形，厚 3.0m。主墩承台采用双壁钢围堰施工，吸泥下沉到位后，封底后浇筑混凝土（图 3、图 4)。

主桥主墩为双薄壁墩身，与箱底同宽。固结墩单肢宽 3m，壁厚为 50～100cm；铰结墩单肢宽 4m，壁厚 50～100cm。边墩为空心墙式墩身，宽 3m，壁厚 60～100cm。采用翻模施工。

2）箱梁

每幅箱梁为单箱单室，箱梁顶面宽 16.6m，底面宽 8.0m（图 5)。箱梁于墩顶处梁高为 12.5m，各跨跨中和边跨现浇梁段梁高均为 4.0m，其间梁底下缘以二次抛物线变化。箱梁顶板厚为 15～45cm。箱梁底板厚根部为 135cm，跨中为 30cm，也按二次抛物线变化。边跨现浇梁段 9.25m 范围内由 30cm 变为 60cm，其间按直线变化。腹板厚度为 100～45cm。边跨现浇梁段 9.25m 范围内由 60cm 变为 125cm，按直线变化。每幅墩顶箱梁内各设横隔板 4 道，其中边主墩的箱梁内横隔板厚度为 1.2m、中主墩的箱梁内横隔板厚度为 0.5m。边墩顶各设横隔板一道，厚 1.5m，均设置了人洞，箱梁根部区段底板上设有排水孔。每个梁段的两侧腹板中间各设置一个直径 8cm 的通气孔，以减小箱内外温差。

图 4　钻孔平台经受涌潮考验

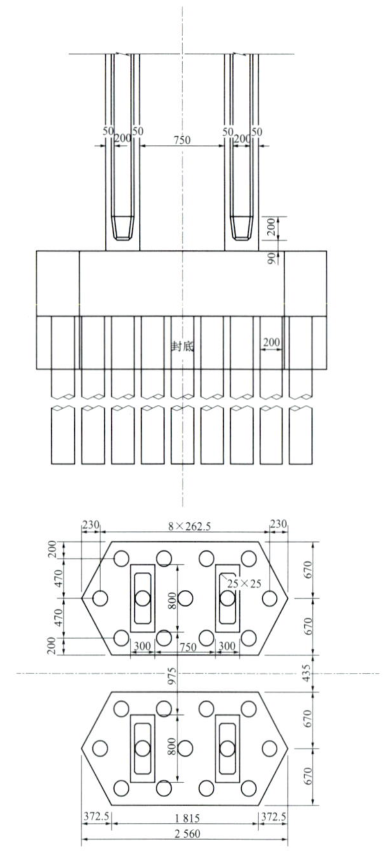

图 3　主墩基础（尺寸单位：cm）

箱梁采用三向预应力体系。纵向采用 15-22 的钢绞线束，横向采用 15-3（2）的钢绞线束，竖向采用精轧螺纹钢筋。

3）支座

在边墩顶，每幅桥每端上下游各设置一个 GPZ6000SX 和 GPZ6000DX 盆式橡胶支座；在两个铰结主墩顶，每幅桥上下游各设两个 GPZ60000SX 和 GPZ60000DX 盆式橡胶支座。

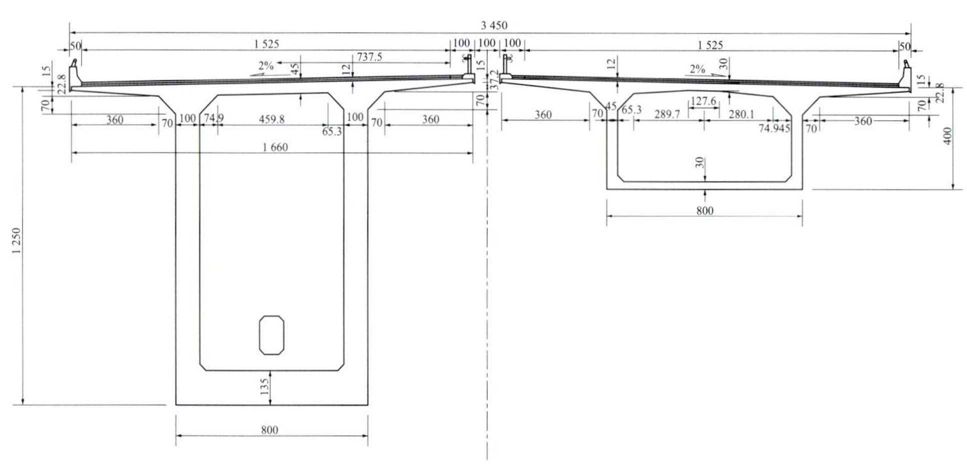

图 5　箱梁横断面（尺寸单位：cm）

4）箱梁悬浇施工

单幅桥5跨刚构连续梁组合体系，由4个托架浇筑墩顶0号梁段，4个主墩上按“T构”用挂篮分段对称悬臂浇筑的梁段（图6），吊架上浇筑跨中合龙梁段，落地支架上浇筑边跨现浇梁段。4个“T构”的悬臂各分为27对梁段，悬臂浇筑梁段最大控制重量约2 58t。

图6 箱梁长悬臂施工

箱梁最终合龙的线形平顺，轴线偏差2mm。箱梁的应力和高程与设计值吻合良好。

3. 主要技术特点和创新点

（1）下沙大桥主桥采用了127m+3×232m+127m的预应力混凝土刚构连续梁组合体系，较好地适应了桥位处主河槽有一定的摆幅，游荡范围约700～800m，及需设三个通航孔的要求。

（2）大桥位于钱塘江涌潮强度最大的区段，为减小涌潮压力，一个桥墩大承台分成了两个小承台，减小了双壁钢围堰的浮运、定位、下沉难度。

（3）主墩桩基础的深度（钻孔平台以下）达115m，为当时国内首例。

（4）针对百年一遇洪水主桥主墩的冲刷（含一般冲刷和局部冲刷）达30多米，将主墩基础部分设计成2.3 ～ 2.0m的变截面钻孔灌注桩，满足了受力要求，节省了工程造价。

（5）主桥的60MN大吨位抗震盆式橡胶支座为国内首次采用，吨位居当时国内第二。在箱梁合龙段内采用聚丙烯纤维新材料，有效地减少了混凝土的收缩裂缝。

（6）施工控制显成效，中跨合龙时，两侧桥面高程只差3mm，轴线偏差只2mm。

下沙钱塘江大桥获国家优质工程银质奖。

相关资料

» 桥　名：湖北龙潭河大桥
桥　型：预应力混凝土连续刚构
跨　径：106m+3×200m+106m
» 建设单位：湖北沪蓉西高速公路建设指挥部
» 设计单位：中交第二公路勘察设计研究院有限公司
» 施工单位：湖北路桥集团有限公司
中铁十七局集团有限公司

» 混凝土用量：125 915m³
钢材用量：17 121t
造　价：2.2 亿元
建成日期：2008 年 6 月

湖北龙潭河大桥

图 1　龙潭河大桥效果

1. 概况

龙潭河大桥为沪蓉国道主干线湖北宜昌至恩施公路上一座特大桥，主桥上部构造为 106m+3×200m+106m 五跨预应力混凝土箱梁连续刚构桥（图 1）。该桥左右线分离，分离式路基宽 12.5m，左线桥长 1 182m，右线桥长 1 143m，主桥墩高 178m，居梁式桥墩高之最。

该桥跨越龙潭河，河谷宽 300m，常年水面宽 12～18m，水深 0.8～1.2m，两岸山体坡度较陡，河谷切深较大。桥位处覆盖层较浅，基岩为灰岩。桥位处属亚热带大陆性夏热潮湿气候区，年平均气温 17.4℃，极端最高气温 41.6℃，极端最低气温 −15.2℃。

大桥为四车道高速公路特大桥，设计速度 80km/h；地震基本烈度Ⅵ度，按Ⅶ度设防。

2. 主桥结构

桥跨布置左线桥为 5×40m+106m+3×200m+106m+4×40m，右线桥为 4×40m+106m+3×200m+106m+4×40m，其中主桥 106m+3×200m+106m 采用变截面预应力混凝土箱梁连续刚构（图 2）。

1）主墩基础

主墩承台厚 4m，基础采用直径 2.4m 的钻（挖）孔灌注桩，两个最高的中主墩基桩纵、横向均按 4 排布置，每墩共 16 根桩。两个稍矮的边主墩基桩按纵向四排、横向三排布置，每墩共 12 根桩，桩长 28 ～ 56m（图 3）。

2）主桥桥墩

主桥桥墩墩身采用双肢变截面

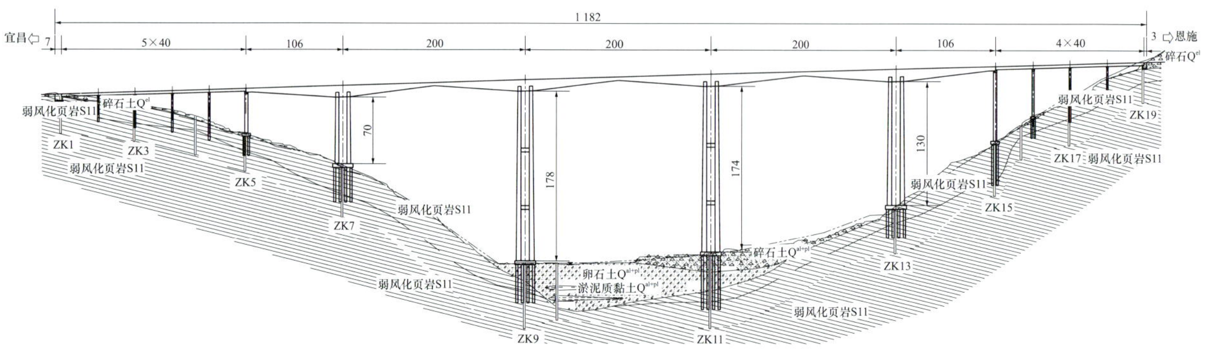

图 2　大桥左线桥桥型布置（尺寸单位：m）

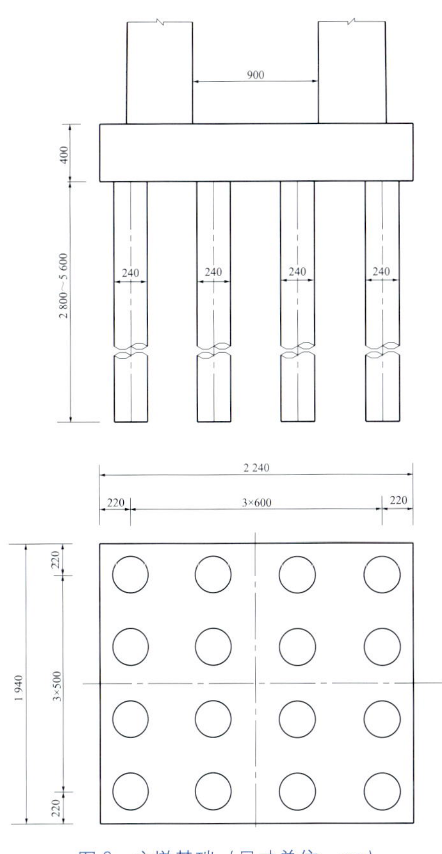

图 3 主墩基础（尺寸单位：cm）

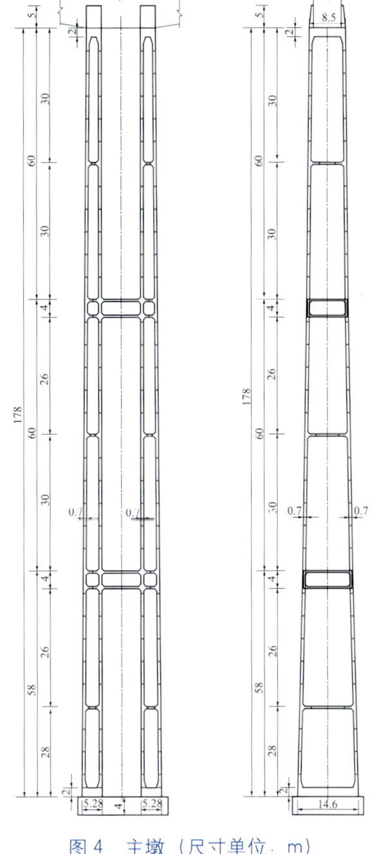

图 4 主墩（尺寸单位：m）

矩形空心墩，高 178m，为单箱单室断面，壁厚 0.7m，肢间净距 9m，纵向每墩双肢外侧均按 100：1 放坡，横向根据墩高采用分段放坡方式，从上到下分别采用 100：1、60：1、40：1 三种坡率（图 4）。

主墩墩身采用翻模施工工艺逐段连续施工，每段高 4.5m，每 30m 高设置一道临时支撑。

3）主桥箱梁

主桥上部构造为 106m+3×200m+106m 五跨预应力混凝土连续刚构，箱梁根部梁高 12m，跨中梁高 3.5m，顶板厚 28cm，底板厚从跨中至根部由 32cm 变化为 110cm，腹板从跨中至根部分三段分别采用 40cm、55cm、70cm 三种厚度，箱梁高度和底板厚度按 1.8 次抛物线变

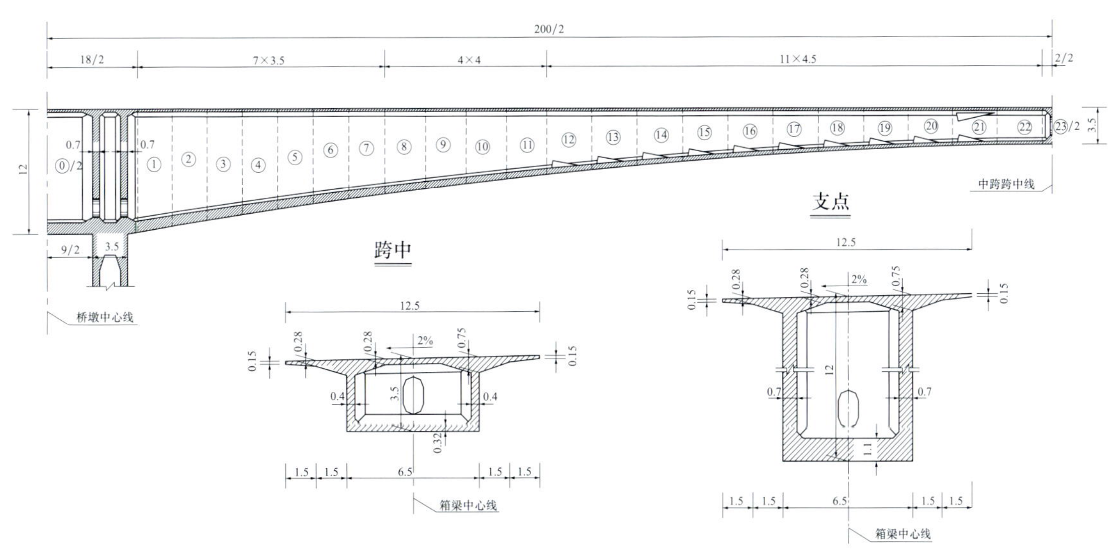

图 5 箱梁（尺寸单位：m）

化。箱梁顶板横向宽12.5m，箱底宽6.5m，翼缘悬臂长3m。每个悬浇“T”纵向对称划分为22个节段，梁段长3.5～4.5m，悬浇节段最大重量240.9t。边、中跨合龙段长均为2m，边跨现浇段长5m。箱梁根部设4道厚0.7m的横隔板，中跨跨中设一道厚0.4m的横隔板，边跨梁端设一道厚2.0m的横隔板。箱梁采用C55混凝土（图5）。

主桥上部构造按全预应力混凝土设计，采用三向预应力，为改善箱梁腹板受力，减小其主拉应力，在腹板内设下弯钢束（扁锚体系）；竖向预应力在箱梁高度大于6m的采用钢绞线，在箱梁高度小于6m的采用精轧螺纹钢筋。纵向预应力束采用预埋塑料波纹管道、真空辅助压浆工艺。

3. 主要技术特点和创新点

（1）龙潭河大桥主桥桥墩最高178m，是目前世界第一高墩连续刚构桥梁，该桥成功地解决了高墩稳定、抗风、施工控制等关键技术问题，并通过风洞模型试验验证了结构的安全。

（2）主桥箱梁经计算分析选择合适的梁高变化曲线和细部构造尺寸，腹板内布置下弯钢束，加强竖向预应力，设置足够的预拱度，有效减小截面的剪力和主拉应力，预防腹板开裂和跨中下挠。

广东佛开高速公路九江大桥

相关资料

>>桥　　名：广东佛开高速公路九江大桥
桥　　型：预应力混凝土连续梁
跨　　径：50m+100m+2×160m+100m+50m
>>设计单位：广东省公路勘察规划设计院
>>施工单位：广东省长大公路工程有限公司

>>混凝土用量：82 884m^3
钢 材 用 量：9 016t
造　　价：3.06 亿元
建 成 日 期：1996 年 11 月

图 1　广东佛开高速公路九江大桥

1. 概况

广东佛开高速公路九江大桥是广东省佛山至开平高速公路上的一座特大型桥梁，位于佛山和江门两市之间，跨越南海和鹤山交界处的西江干流。佛开高速公路九江大桥全长为 1 819.16m，桥面总宽 25.47m，主桥主跨采用 160m 预应力混凝土箱形连续梁桥（图 1）。

佛开九江大桥桥位处江面宽 1 200m，设计流量 46 736m^3/s，设计流速 2.3m/s，主槽最大冲刷深度 39.178m。河床为松散沉积层及花岗岩（R_a= 9～147.3MPa），覆盖层最大厚度约 72m，其中砂层厚 68m。年平均气温 21.6～22.6℃，年平均降雨量 1 619～1 800mm，夏季受台风影响。

该桥为双向 4 车道高速公路特大桥，设计速度 100km/h；设计基本风速 33m/s；船舶撞击荷载 12 000kN；地震基本烈度Ⅶ度；两通航孔净空为 80m（宽）× 22m（高）。

2. 主桥结构

大桥主桥为 6 孔一联的预应力混凝土连续梁，跨径布置为 50m+100m+2 × 160m+100m+50m（图 2）。

1）主桥下部结构

九江大桥三个主墩（图 3），全部位于深水区，每墩采用 18 根直径 2.5～2.2m 变截面嵌岩群桩，最大桩长达 99.0m，主墩承台为双幅整体式尺寸为 30.37m × 13.6m × 5.5m，采用封底钢套箱施工，承台及水下封底混凝土 7080m^3。墩身为变截面薄壁墩，壁厚 3m，横桥向顶宽 6.8m，侧边按 15：1 坡度变化至承台顶，墩高为 15.74～16.90m（图 3）。

2）主桥上部结构

主桥箱梁为单箱单室结构，采用悬拼施工。根部梁高 9.0m，跨中合龙段梁高 3.0m，箱梁顶板宽 11.898m，底板宽 6.8m，顶板厚 40～28cm，腹板厚 90～40cm，底板厚 150～23cm。单 T 划分为 49 个梁段，块件最大长度 4.0m，最大重量（除 0 号块外）为 129t，主墩上每个墩设两个球面支座，每个支座的承载力为 31 900kN。

采用纵竖双向预应力，纵向预应力 160m 跨主墩支点处顶板设置 54 束 15-19 型束，中跨跨中底板设置 28 束 15-12 型束；100m 边跨跨中顶底板分别配置 20 束 15-19、4 束 15-12 型束。竖向预应力采用 ϕ32 冷拉Ⅳ级粗钢筋，单边张拉，间距 50cm。

0～2 号块采用墩旁托架悬臂浇

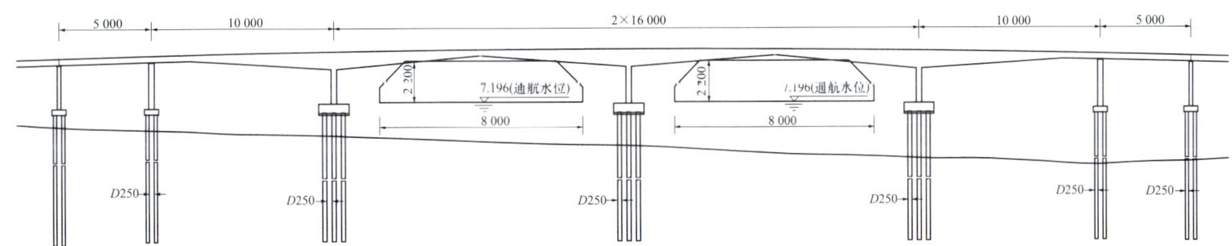

图 2　大桥桥型布置（尺寸单位：cm）

筑，其他梁段采用预制块件悬拼吊机吊装施工（图4）。而南边68.5m（边跨50m+18.5m合龙段）则是靠与南岸连续梁顶推施工一起顶推到位后解联而成。北边68.5m（边跨50m+18.5m合龙段）采用支架现浇施工。

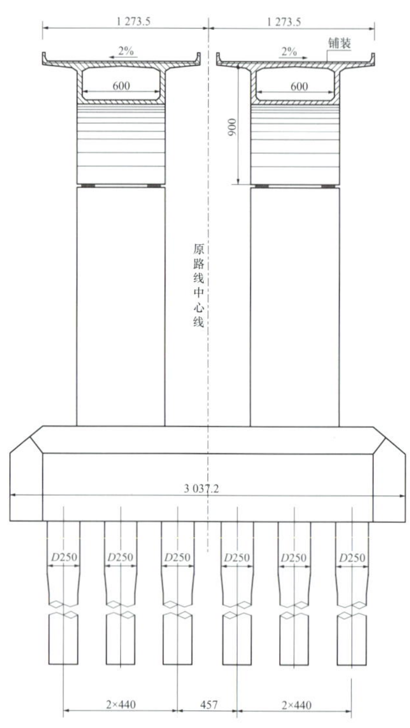

图3　主墩构造（尺寸单位：cm）

图4　主桥悬臂拼装施工

3. 主要技术特点和创新点

（1）佛开高速公路九江大桥主桥跨径160m，是当时国内最大跨径的预应力混凝土连续梁桥。

（2）箱梁采用长线分段多点预制的方法，按工期要求设4个长线预制台座（每台座周转使用3次）；每个悬臂又分3段来预制，多工作面同时进行施工，保证了3个主墩6个“T”同时悬拼施工的需求。

大桥预制场地基属于软土地基，研究的软弱地基大吨位大型预制场预制构件调整高程和平面线形的测量控制技术，较好地保证了构件预制过程中的轴线及高程。

（3）先进的大跨度箱梁悬臂吊机拼装总体线形调整控制技术。经过研究攻关，采用拼合断面采用横竖双向多齿键；底板预加临时预应力；合理设置预抬高量、湿接缝及三维动态控制拼装线形，梁体线形在预制场上一次形成，以及严格的施工控制等综合技术措施。

（4）施工中采用了全断面暗管无黏结预应力拼装技术：管道分为三段，从两端张拉断面到各自对应的前一接缝断面各为一段，中间为一段；按满足钢束握裹力的要求先对头尾两段进行压浆，中间段待主桥合龙、全部预应力钢束张拉完后，与合龙钢束、纵向连续束的压浆一同进行。此举拼接质量好，消除了压浆过程中的串浆弊病，加快了施工进度。

（5）以引桥顶推施工连续梁实现边跨合龙。引桥50m箱梁采用柔性墩多点顶推法施工。

在岸上箱梁制梁台将主桥边孔及副孔接长段的68.5m箱梁分段预制好后，作为顶推连续梁的前联与南岸连续梁（后联）一同向前顶推，最后与主桥悬拼施工的箱梁端部合龙成为主桥连续梁的一部分。

（6）微差（毫秒）爆破解除墩梁固结技术。箱梁悬拼施工中，墩梁临时固结采用临时支承混凝土垫石加竖向预应力粗钢筋锚固。体系转换时，采用微差（毫秒）爆破技术，施工安全可靠，简化了施工，节约资金约200万元。

（7）佛开高速公路九江大桥在全国率先推行项目法人制，是广东省首个世界银行贷款项目，采用国际通用的FIDIC条款管理模式。

广州琶洲珠江大桥

图 1　琶洲珠江大桥全景与夜景

相关资料

- 桥　　名：广州琶洲珠江大桥
- 桥　　型：V 形刚构连续组合箱梁
- 跨　　径：70m+135m+160m+135m+70m
- 设计单位：铁道第一勘察设计院集团有限公司
- 施工单位：广东省长大公路工程有限公司

- 混凝土用量：16 300m^3
- 钢 材 用 量：4 860t
- 造　　价：1.69 亿元
- 建 成 日 期：2003 年 7 月

1. 概况

琶洲珠江大桥位于广州员村热电厂和琶洲村之间，主桥主跨采用 160mV 形刚构连续组合箱梁桥，全桥长 1 205m（图 1）。

琶洲珠江大桥桥址处江面宽 552m，日平均潮差 2.0m。两岸属珠江三角洲平原，覆盖层较浅，基岩为泥质砂岩、砂岩。桥址处淤泥层厚约 1m，粉砂层厚约 2m，全风化层厚约 3m。岩石天然湿度的单轴抗压强度 >10 000kPa。

琶洲珠江大桥为城市快速道路

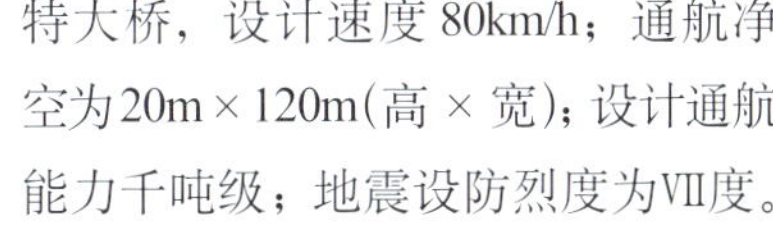

特大桥，设计速度 80km/h；通航净空为 20m × 120m(高 × 宽)；设计通航能力千吨级；地震设防烈度为Ⅶ度。

2. 主桥结构

主桥长 570m，为 V 形刚构连续组合箱梁，桥跨组合为 70m+135m+160m+135m+70m（图 2）。V 形刚构桥墩高 20m。

1）基础

每个主墩基础为 8 根直径 2.8m 桩，平均桩长 40m。均为低桩承台，按支承桩设计，持力层均置于微风化岩层上（图 3）。由于覆盖层较厚且有不透水层，潮差不大，主墩基桩采用挖孔施工，用直径 3.1m 厚 14mm 钢护筒振动下放至不透水层，然后开挖。其余桥墩基础采用钻机和冲机成孔。

2）承台

主墩承台尺寸为 13m × 10m × 4m，左右幅桥独立，属低桩承台。承台面低于平均低潮位，承台底位于河床面以下 1m。采用钢板桩围堰施工（图 4）。

3）V 形墩

琶洲珠江大桥主墩为 V 形墩，是由两个斜肢、一段梁组成的三角形结构。V 形支撑为钢筋混凝土结构，两斜肢夹角约为 65.9°。撑体

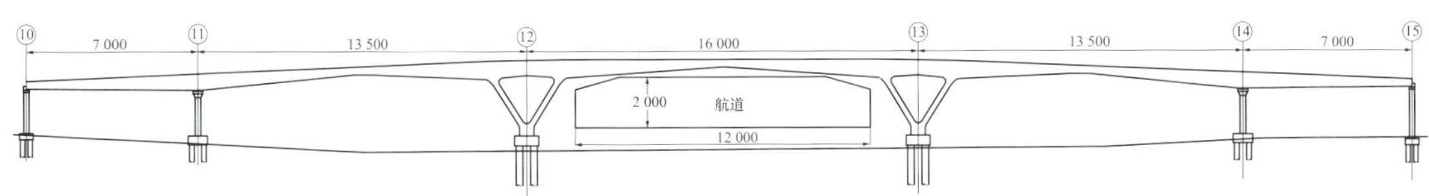

图 2　桥型布置（尺寸单位：cm）

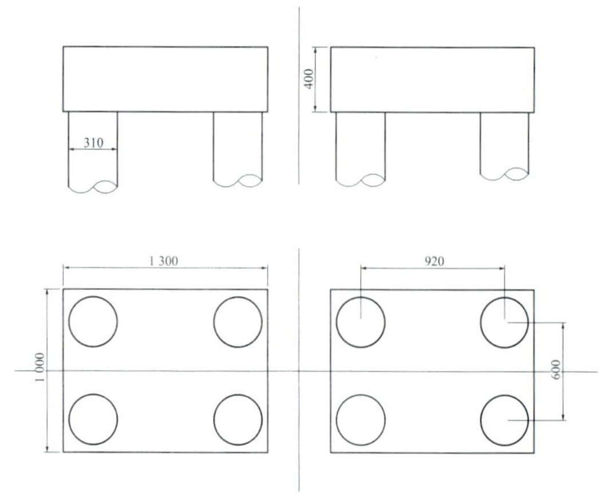

图 3　主墩基础（尺寸单位：cm）

图 4　钢板桩围堰施工

厚度为 2.3m，采用双箱单室箱形截面，为普通钢筋混凝土空心箱形结构，内含由型钢组成的劲性骨架，施工荷载由劲性骨架承受（图 5）。V 形墩结构轻巧，是全桥的亮点，也是全桥的施工难点。V 形墩主梁箱梁顶、底板厚度均为 60cm，腹板厚度分别为 60cm、40cm；每个箱内空腔尺寸为 110cm × 320cm。为避免刚度产生过大的突变，斜肢顶、底部各设有一定长度的实体传力过渡段。墩顶托顶梁长 33m，混凝土方量约为 800m^3，单箱单室结构。两端为实心段，其下与 V 撑固接。中间为单箱式箱梁，长 23m。托顶梁采用钢结构护筒支架施工，施工中注意支架均匀受力，对称施工（图 6～图8）。

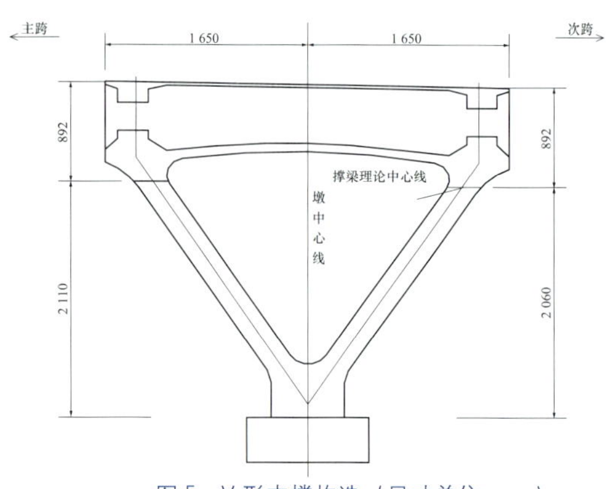

图 5　V 形支撑构造（尺寸单位：cm）

图 6　V 撑首节施工

图 7　V 撑第三节施工

图 8　V 形墩托顶梁施工

4）箱梁

V 形支撑斜腿与主梁固结处梁高为 7.0m，V 形支撑上部托顶梁跨中梁高为 6.0m，梁顶位于 4% 纵坡上（竖曲线半径 4 500m），梁体下缘除跨中合龙段和边跨 13.88m 现浇段为直线、托顶梁梁底为半径 65.718m 的圆曲线以外，其余部位梁体下缘曲线线形为二次抛物线。

箱梁顶板宽 15.0m，底宽 8.0m（图 9），全桥合龙段长均为 2m，边跨现浇段长 13.88m。箱梁采用挂篮悬

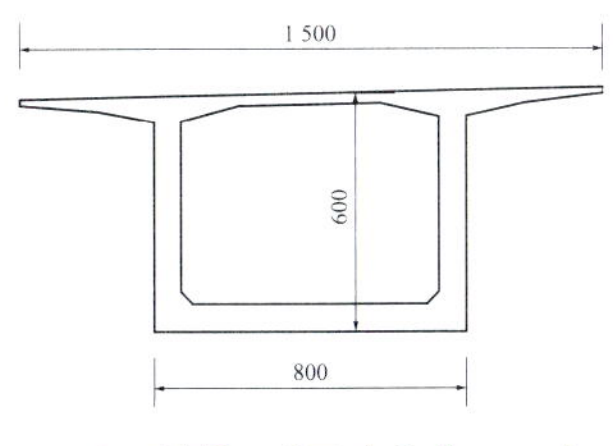

图 9　箱梁（尺寸单位：cm）

浇施工。全桥共有16套挂篮，其中V构采用8套三角挂篮，T构采用8套简易挂篮。

悬浇：三角挂篮由主桁架、底篮、模板系统、行走系统和锚固系统组成，自重 63t，适用于面板宽 16m 以下，底板宽 8m 以下，梁高 2～8m 之间，最大块重 200t 以下的箱梁悬浇施工（图 10）。

图 10　箱梁施工

3. 主要技术特点和创新点

（1）主桥上构形式采用 V 形支撑刚构—连续组合梁方案，结构新颖美观，总体布局合理。

（2）主墩为 V 形墩，是由两个斜肢和一段横梁组成。斜肢为普通钢筋混凝土空心箱形结构，内含型钢组成的劲性骨架，承受施工荷载。V 形墩结构轻巧，是大桥的亮点和施工难点。

斜肢采用落地支架配合翻转模施工，每次浇筑高度为 3m，分 6 次完成，施工操作、控制难度大。

（3）悬浇用的三角挂篮具有自重轻，装、拆简便，施工方便等优点。

相关资料

» 桥　　名：福建三福高速公路猫坑溪大桥
桥　　型：预应力混凝土弯箱梁连续刚构桥
跨　　径：85m+150m+85m

» 设计单位：中交第二公路勘察设计研究院有限公司

» 施工单位：吉林省交通建设集团

» 混凝土用量：31 400m^3
钢 材 用 量：4 850t
造　　价：5 000 万元
建 成 日 期：2004 年 2 月

福建三福高速公路猫坑溪大桥

图 1　福建三福高速猫坑溪桥全景

1. 概况

猫坑溪大桥在三福高速公路上，位于福建省尤溪县东南部洋中镇境内，跨越猫坑溪。桥位区地形切割较为强烈，呈“V”字形深沟，主桥主跨采用 150m 预应力混凝土连续刚构桥（图 1）。

桥位处设计流量为 8 247.6m^3/s，设计流速 13.76m/s。基岩为硬质钾长花岗岩。多年平均气温 18.9℃，年平均降水量 1 655.4mm。历年最大风速 31m/s。

本桥为四车道高速公路大桥，设计速度 80km/h，桥宽 2×12.0m，地震基本烈度Ⅵ度，无通航等级要求。

2. 主桥结构

猫坑溪大桥左、右幅桥长分别为 514.93m 和 451.74m，主桥平面位于半径 620m 的圆曲线上，上部构造为 85m+150m+85m 预应力混凝土弯箱梁连续刚构，引桥为 30m 的预应力混凝土组合 T 梁连续刚构（图 2）。

1）主桥箱梁

主桥单幅桥为预应力混凝土单箱单室截面，顶宽 12.0m，底宽 7.0m，两侧悬臂长度 2.5m。箱梁根部梁高 9.0m，跨中及端部梁高 2.8m，悬臂板端部厚 15cm，根部厚 65cm。箱梁根部底板厚 120cm，跨中底板厚 32cm，梁高及底板厚从根部到跨中采用二次抛物线变

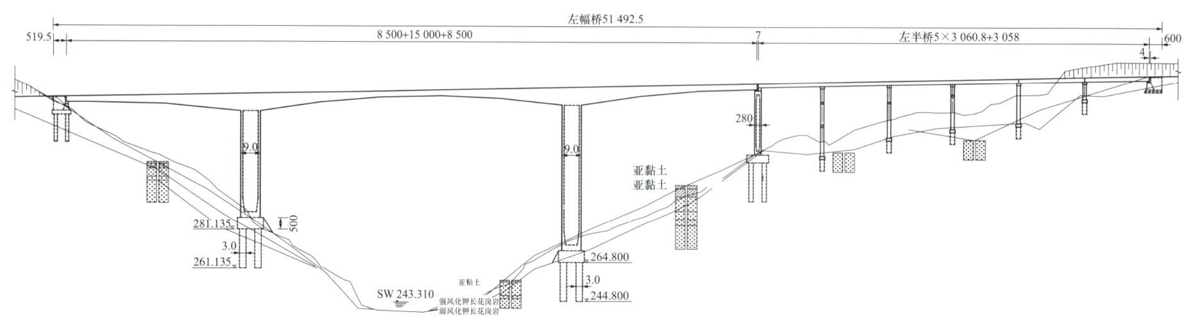

图 2　大桥桥型布置（尺寸单位：cm）

化，腹板根部厚70cm，跨中厚40cm，按三个箱梁节段直线变化。箱梁顶板厚度28cm，箱梁顶设有4%的超高横坡。按桥中心线展开计，箱梁浇筑分段长度依次分别为：12m长0号段、8×3m、11×4m，合龙段长均采用2m，边跨现浇段长9m。主桥上部构造按全预应力混凝土设计，采用双向预应力，纵向采用大吨位群锚体系，钢绞线最多每束达25根，竖向预应力采用ϕ32精轧螺纹粗钢筋及轧丝锚。

2）主桥桥墩

主墩及过渡墩采用薄壁空心墩，墩顶部与箱梁底同宽，底部直线变化为9.0m，顺桥向尺寸亦为9.0m，过渡墩厚度为2.8m。

3）施工控制

主桥上部构造采用挂篮悬浇逐段施工，箱梁0号块在墩顶旁利用托架浇筑（图3），主梁每个单悬臂共分19个悬浇节段，采用菱形挂篮，左右幅同时施工，挂篮工作系数为0.42。

图3 0号节段悬浇施工

本桥位于平曲线上，挂篮向前移动时，通过将底模、内模、外模前端内移8mm，适应“箱梁”平面线形的变化；在挂篮行走时采取在矮腹板侧的轨道下加轨枕和调整前上横梁角度的方法消除桥面横坡的影响。

悬臂块件浇筑时混凝土自悬臂端向已浇块件方向浇筑，避免造成新旧混凝土接缝面处出现竖向裂缝。

主桥箱梁采用先边孔后中孔的顺序合龙。边孔梁段采用满堂支架施工，边孔及中孔合龙梁段采用吊架施工（吊架重50t），合龙段施工采用预埋劲性骨架支承，两端悬臂用水箱压重，在浇筑混凝土的同时压重同步卸除，待混凝土强度达到85%设计强度时张拉合龙段钢束，形成连续刚构体系，合龙温度控制在20℃±5℃。

作为大跨径小半径曲线箱梁，空间受力复杂，悬臂施工除弯曲变形外，主梁自重力和挂篮的重力将使结构产生扭转变形。为此，对箱梁及各高墩的控制截面应力、应变、位移及变形加强了施工监控，随时检查结构的弯曲、扭转变形及上拱对梁体线形和结构内力的影响程度，正确选定立模高程并确保结构安全。

3. 主要技术特点和创新点

（1）猫坑溪大桥为大跨度、高桥墩、小半径悬浇预应力连续刚构弯箱梁桥，平曲线半径620m，主桥跨径组合为85m+150m+85m，主墩高达75m，为国内同等曲线半径下跨径最大、墩高最高的曲线梁桥。

（2）桥梁横向弯矩和扭矩较大，空间受力及预应力效应复杂。结构计算分析过程中采用平面杆系程序初步布置预应力钢束，利用多套空间分析程序对主要施工阶段及运营阶段进行详细的三维空间力学、预应力分析及超高桥墩稳定分析。并通过多个空间有限元分析程序分析结果的相互认证，优化设计，确保结构安全可靠。箱梁横向按弹性约束下的平面框架模型进行计算，并考虑了纵向预应力钢束平面弯曲的崩力影响。

（3）在桥梁构造设计上，通过合理设置箱梁两腹板内的纵向钢筋和箍筋，有效抵抗了曲线箱梁的额外扭矩和横向弯矩。

（4）采用自适应法的施工监控手段，模拟实际工况，合理设置抛高值，实现了小半径悬浇梁桥合龙后桥梁平纵面线形的流畅。

相关资料

» 桥　　名：天津海河进步桥
桥　　型：桁吊组合连续钢梁桥
跨　　径：26m+128m+26m
» 设计单位：天津市市政工程设计研究院
» 施工单位：中铁十八局集团第五工程有限公司

» 混凝土用量：7 400m³
钢 材 用 量：4 400t
造　　价：1.5 亿元
建 成 日 期：2007 年 10 月

天津海河进步桥

图 1　天津进步桥全景

1. 概况

天津市进步桥工程西起南开区东马路，跨越张自忠路、海河以及海河东路，终止于河北区进步道与平安街交口处，与海河河道斜交角度为 8°，桥梁总长度 180m（图 1）。在 1、3 号墩处设有连接地面道路与主桥人行道的坡道桥；在海河西岸亲水平台上设置人行梯道桥。

2. 桥梁结构

该桥是（自锚式）桁吊组合钢连续梁桥，采用全焊工艺，钢材 Q345qD。桥梁跨径布置为 26m+128m+26m，节间距 16m（一榀），桁高 13m，包括上弦杆、竖杆、斜杆、下弦杆（即行车道钢箱梁）以及连接上下弦杆的刚性吊杆等主要受力杆件（图 2、图 3）。

1）上弦杆

分为主上弦杆和次上弦杆，其中主上弦杆共 2 根，为单箱单室钢箱梁，外形整体为双圆形，标准段宽 1m，高 1.4m。主跨部分为直线段（长 130m），边跨部分为圆曲线段（半径 25.8m、长 27.6m），钢箱钢板厚度 40mm（跨中局部 50mm），每隔 4.0m 设置一道横隔板，板厚 12mm；次上弦杆为 2 根直径 60cm 的圆钢管，壁厚 16mm，长 133m，均为直线段。

两主上弦杆于边跨下弯，交于一点，与下弦钢箱锚固（图 4、图 5）。

2）竖杆

是由横向主、次竖杆组成的异形组合构件，沿纵桥向每 16m 设置一道，共 9 榀。竖杆纵桥向宽度为 120cm，横桥向单体构件均为箱形，断面宽度 70～150cm，钢板厚度 40mm（1、2 墩处 50mm）。

3）斜杆

位于两根竖杆之间，一端与主竖杆、主上弦杆连接，一端与主梁连接，每个节间 2 根，全桥共 16 根，其标准断面为 35cm×56cm 箱形截面。与主梁连接部位两根斜杆交汇在一起，断面加大。斜杆钢板厚度为 50mm（1、2 墩相邻两排

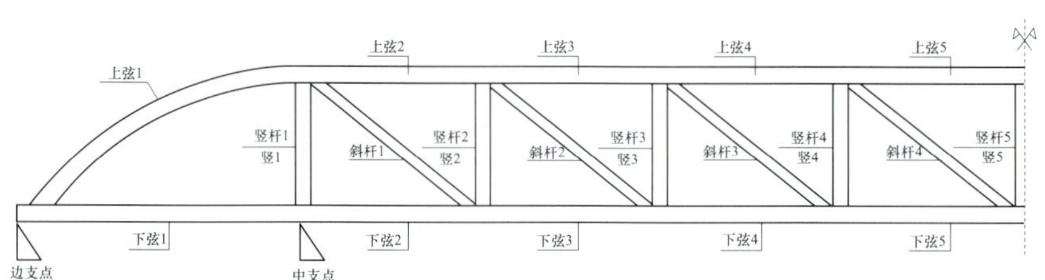

图 2　桥梁立面

65mm)，长度为 20m。

4）横撑

在主上弦杆之间设有主横撑和两中横撑，在主、次上弦杆之间设置次横撑。横撑均为箱形断面，钢板厚度 20mm（1、2 墩处 30mm），主、次横撑纵桥向分别为 60cm、40cm，横桥向长分别为 7.0m、5.0m，截面高度沿桥横向为变截面，主横撑 40～70cm，次横撑 30～70cm。两根主横撑之间设置 1 组 V 形撑，以提高主桁的整体刚度、稳定性能，保证全桥简约、整齐的景观效果。V 形撑为 40cm×40cm 的钢箱截面，钢板厚度 20mm。

5）吊杆

在次上弦杆与主梁之间每 16m 设置一对吊杆，吊杆采用直径为 10cm 的实心钢拉杆，分别锚固在主梁及次上弦杆上。

6）下弦（行车道梁）

由于扭转效应明显，因此将下弦设计为钢箱梁，以提高刚度。

M1～M4 梁段梁高为 1.2m，M4～M5 为 1.2m 到 1.5m 的渐变段，其余主梁梁高均为 1.5m（与跨径的比例值为 1/85.33）。正常梁段内箱梁顶板厚度为 14mm，底板厚度 12mm，顶、底板在某些区域内加厚到 20mm；腹板厚度在竖杆根部处的 3 片为 40mm，其余为 14mm；横隔板厚度 14mm，横隔板间距 4.0m（图 6）。桥面铺装采用环氧沥青。

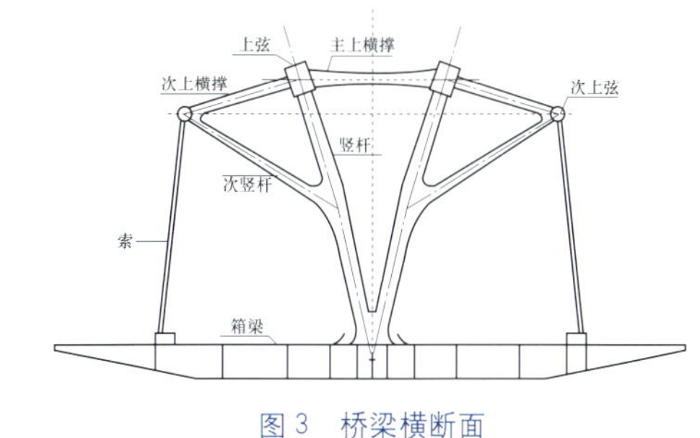

图 3 桥梁横断面

图 4 桥梁上弦、竖杆、斜杆

图 5 上弦下弯段

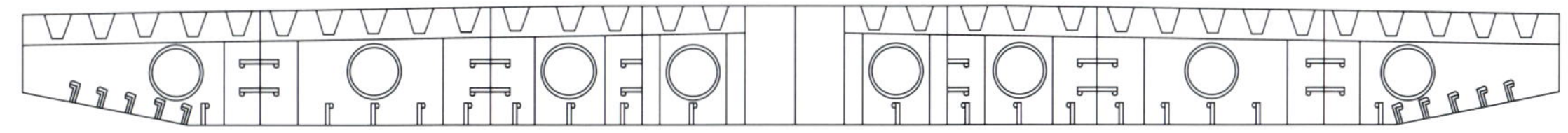
图 6 下弦钢箱梁断面

7）施工简述

进步桥为全焊钢结构桥，采用工厂预制和现场焊接的施工方法。

下弦（行车道梁）分为 M1～M33 共 33 个梁段，长度分为 4m、5m、6m 三种；预制节点的杆件预留长度为 1～2m。将预制好的构件运至现场，在钢管桩上搭设施工平台，先焊接下弦（行车道梁），然后在支架上安装上桁各杆件。

3. 主要技术特点和创新点

（1）进步桥造型独特，兼有连续梁、桁架及拱桥的受力特点，以单片树形（倒三角）竖杆支撑与吊杆组合代替常规的两片及多片支撑形式，突破了以往的桥梁体系，是一种新型的空间组合桥梁体系——自锚式桁吊组合连续梁钢桥。针对结构受力的复杂性，使用 Ansys、Midas 等大型通用有限元软件进行建模分析。

（2）钢结构多由空间异型构件组成，大量构件现场焊接，且多为厚钢板；竖杆、斜杆与上下弦相交，形成上下节点，且所有节点均为空间全焊结构，因此对加工、组装、焊接工艺以及精度要求都很高。

（3）两条平行的上弦通过下弯段横向相交于一点，与下弦钢箱形成锚固，造型新颖，下弯段上弦为变截面钢箱结构，设计及加工难度大。

（4）上、下节点构造复杂，杆件受力集中，在使用有限元软件进行分析的基础上，特别对其进行了 1：1 的实体模型试验，单杆最大顶力为 20 000kN。

>>桥　　名：山东鄄城黄河大桥
桥　　型：波形钢腹板连续梁桥
跨　　径：主跨 70m+11×120m+70m
>>设计单位：中国公路工程咨询集团有限公司
>>施工单位：中交第二公路工程局有限公司

>>混凝土用量：107 571m³
钢 材 用 量：14 416t
工 程 造 价：9.08 亿元
完 成 日 期：2009 年 5 月

山东鄄城黄河大桥

图 1　山东鄄城黄河大桥全景效果

1．概况

鄄城黄河公路大桥，地处山东省南部鄄城县以北，位于山东与河南两省交界处，跨越黄河。它是规划建设的德州至商丘高速公路的一个重要控制工程，是晋煤东运及交通运输又一跨越黄河的通道。

鄄城黄河公路大桥为 4 车道高速公路特大桥，大桥桥孔设置为 9×50m（预应力混凝土 T 梁）+（70+11×120+70）m（波形钢腹板预应力混凝土连续箱梁）+58×50m（预应力混凝土 T 梁）。桥梁宽度 28m，设计速度 120km/h；通航净空Ⅳ(3) 级航道，通航净高 8m、净宽 35m。地震基本烈度Ⅶ度，按Ⅷ度设防。

2．主桥结构

主桥为波形钢腹板预应力混凝土连续箱梁，跨径布置为 70m+11×120m+70m，全长按一联设置（图 1、图 2）。

1）主桥下部构造

鄄城黄河公路特大桥主桥基础 9 号墩、22 号墩为连接墩，每幅桥主墩承台下设 4 根直径 2.0m 基桩，桩长 68.0m。10 号墩至 21 号墩为主墩，每幅桥主墩承台下设 6 根直径 2.2m 桩，桩长 75.0～82.0m（图 3）。

陆地承台全部采用放坡开挖，水中承台采用钢板桩围堰施工。

主墩墩身采用花瓶式薄壁箱形，墩身高度 12.0～16.0m。

2）主桥上部构造

（1）主梁断面

箱梁采用双向预应力混凝土、波形钢腹板组合结构，单箱单室变高度直腹板截面（图 4）顶板结构

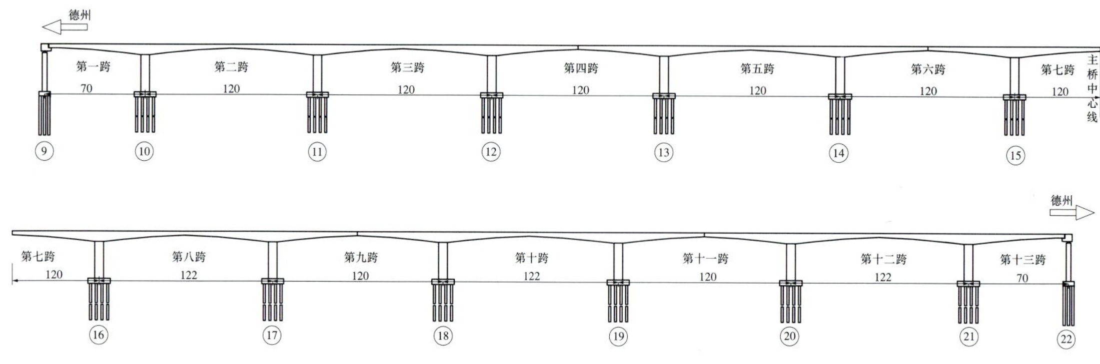

图 2　桥型布置（尺寸单位：m）

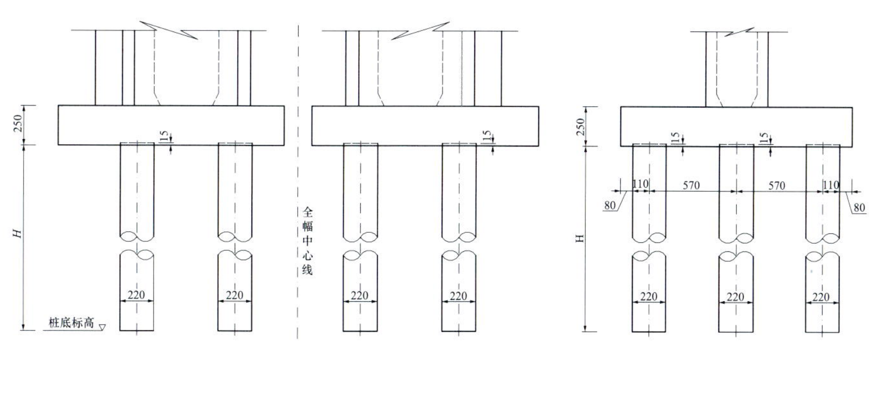

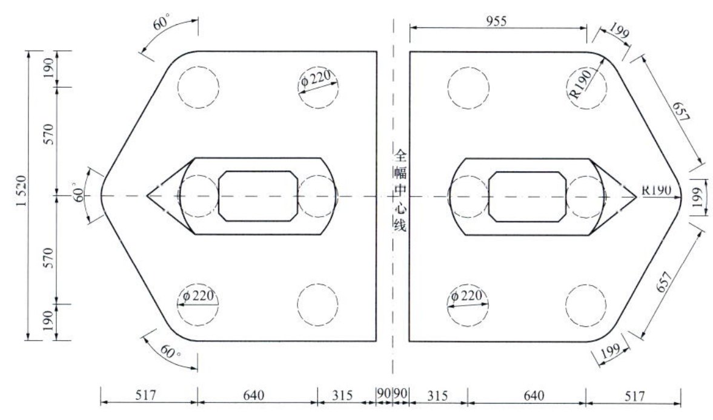

图 3　主桥主墩基础（尺寸单位：cm）

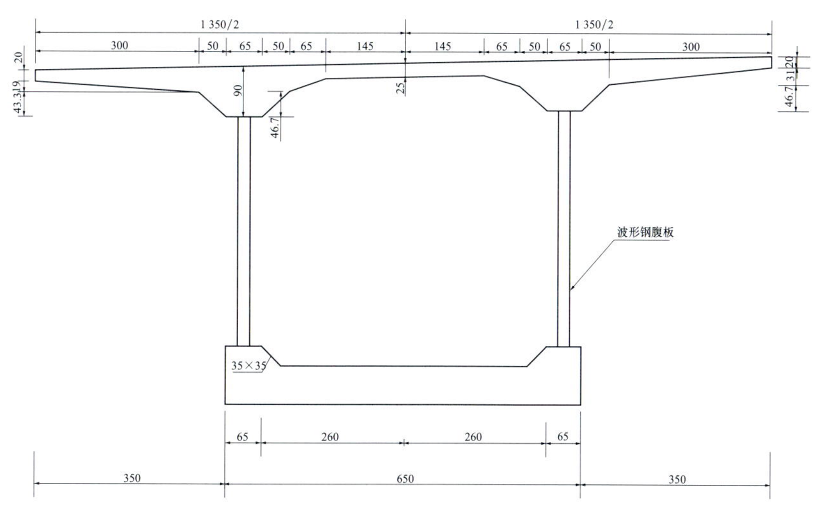

图 4　箱梁横断面（尺寸单位：cm）

全宽 13.5m，箱底宽 6.5m，悬臂端部板厚 0.20m，悬臂根部厚 0.50m。梁高由支点处的 7m 减小到跨中的 3m，梁底缘按 1.6 次抛物线变化。箱梁顶板厚 0.25m，设 2.0% 的横坡，底板厚度 0.25～0.80m，按二次抛物线变化，横向水平。

（2）波形钢腹板。波形钢腹板是在工厂压制成的构件（图 5）。

波形钢腹板连接，采用栓焊结合的方式（图 6）。

钢—混结合部的连接，采用在波形钢板上打孔，穿过钢筋（贯通钢筋），再在钢板的上、下端部焊接纵向钢筋（约束钢筋），并埋入混凝土中使其结合（图 7）。

（3）波形钢板—混凝土组合腹板结构

0 号块及 12 号块段部分采用波形钢—混凝土组合腹板（图 8）。

3. 主要技术特点和创新点

（1）主桥上部结构为波形钢腹板连续箱梁，共跨径居国内同类桥型之首。

（2）该桥型具有以下优点：

① 减轻自重，降低材料用量，也减小对下部结构和基础的要求。

② 提高预应力效率，改善结构性能。由于波形钢

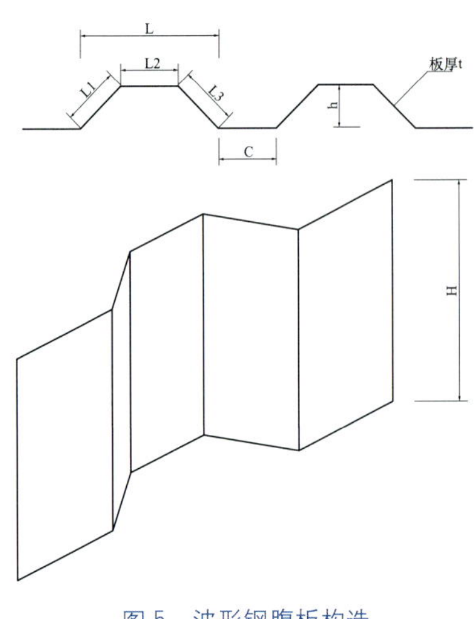

图 5　波形钢腹板构造

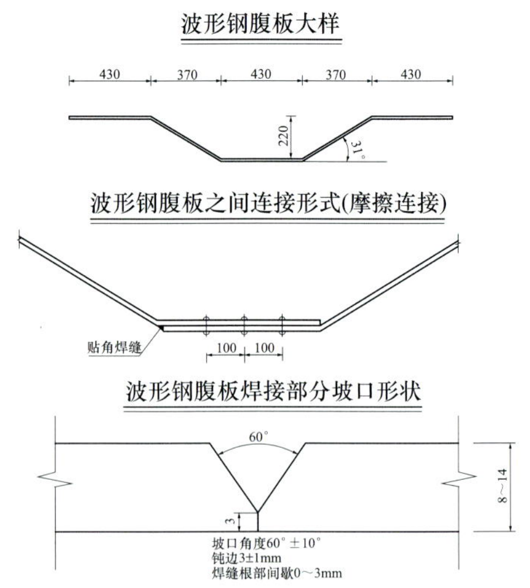

图 6　波形钢腹板连接示意（尺寸单位：mm）

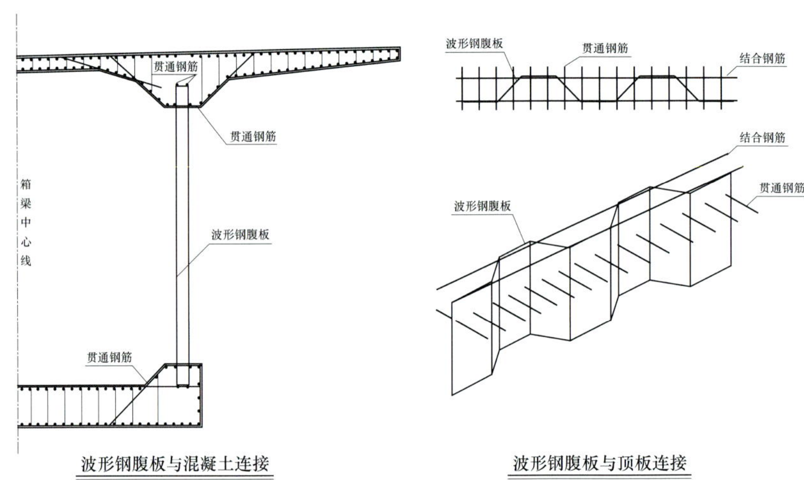

图 7　波形钢腹板与混凝土连接示意

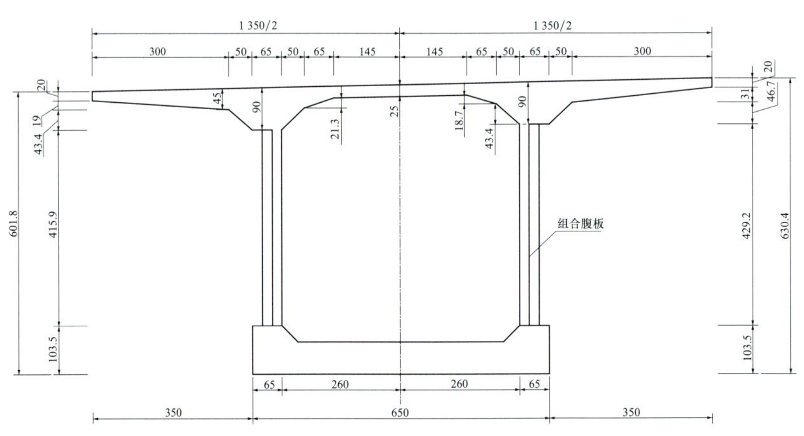

图 8　组合腹板断面（尺寸单位：cm）

腹板不能抵抗轴向力，预应力全作用在顶底板。以预应力混凝土抗弯、钢腹板抗裂及抗主拉应力，避免腹板的开裂，提高结构的使用和抗震性能。

③ 加快施工进程，缩短 2 期。用钢腹板可以减少现场浇筑的时间；由于自重减轻，可加长节段长度，减少节段数。

④ 综上所述，可以降低造价。

⑤ 波形腹板可通过涂装而呈彩色，比较美观。

（3）在设计理念上，对波形腹板 PC 箱梁采用体外预应力承受活载，因而在长期运营后，体外预应力索更换方便。

公铁两用桥与铁路桥

武汉长江大桥

图 1　武汉长江大桥全景

相关资料

》桥　　名：武汉长江大桥
桥　　型：钢桁架连续梁
跨　　径：9×128m
桥　　址：湖北省武汉市
》设计单位：中铁大桥勘测设计院有限公司
》施工单位：中铁大桥局集团有限公司
中铁山桥集团有限公司

》混凝土用量：91 500m^3
钢 材 用 量：21 420t
造　　价：7 189 万元
建 成 日 期：1957 年 10 月 15 日

1. 概况

武汉长江大桥，西北始于汉阳龟山南坡，东南止于武昌蛇山入江的山头。大桥全长 1 670m，其中主桥长 1 156m，两端引桥长 514m，是新中国成立后在长江上修建的第一座大桥（图 1）。

桥位处最大水位涨落高差约 19m，设计流速 0.4～3.0m/s，设计流量 76 000m^3/s，最大冲刷深度达 22m。覆盖层在 3、4 号墩墩位处最厚，达 25～27m。以下岩石为石灰岩、泥灰岩和页岩，极限强度最高达 170MPa（石灰岩），最低为 20MPa（泥灰岩）。

武汉多年平均气温 15.4℃；台风影响集中在 5～11 月，江面最大风力达 7～9 级；年最大降雨量达 1 266mm。

大桥主桥为公铁两用连续钢桁梁桥；上层为六车道公路，宽 22.5m；下层为双线铁路，宽 14.5m；船舶撞击力：顺桥向 2、3 号墩采用 3 000kN（1 号墩采用 1 500kN），横桥向按顺桥向的 50%取值。桥址处于Ⅵ级地震区；通航净高 18m。

2. 主桥结构

大桥主桥长 1 156m，采用 3 孔一联等跨的连续钢桁梁，共 3 联，每孔计算跨度为 128m。江中桥墩除 7 号墩为钢筋混凝土管桩基础外，其余均为管柱基础。墩身高 33m，下部宽 7.4m、长 13.8m，从管柱钻岩基底算起至墩帽的高度，最高达 64m。公路桥面和两侧人行道均为钢筋混凝土板，行车道上铺沥青混凝土、沥青沙磨耗层。

1）主桥钢梁

主桁为平行弦杆的菱形桁架，桁高 16m，桁距 10m（图 2）。每孔分为 8 个 16m 的大节间，由补充的竖杆将大节间再分为 2 个 8m 的小节间。

主桁采用 H 形截面。主桁主要节点的铆合是与钢梁安装同时进行的，随装随铆，铆合工作不得落后于三个 8m 长的小节间。

2）主桥基础

桥墩采用管柱基础方案的有 1～6 号墩及 8 号墩。1 号墩基础为长方形，用管柱 24 根。其余 6 个桥墩的基础均为圆形，直径 16.76m，每墩各有管柱 30 或 35 根，管柱内钻入岩层深 2～7m。钢筋混凝土管柱全部在工地分节制造，每节长度一般为 9m 或 12m，每根管柱最下端设有带加劲肋高 1.2～1.5m 的钢管靴（图 3、图 4）。全桥共用管柱 224 根，总延长 6 000m。

7 号墩由于基底为破碎的碳质页岩，桥墩范围内岩面高差达 6m，河床没有覆盖层，因而采用了直径 55cm 的钢筋混凝土管桩。116 根管桩中有 80 根的入岩深度达到 15～17m。

3）施工组织及施工控制

钢梁的架设采用悬臂法。为避免部分弦杆超应力，在墩侧设支架，限制最大悬臂为 112m（图 5）。架梁方案从两岸分别进行。从左岸向江心架设两联，从右岸向江心架设一联。

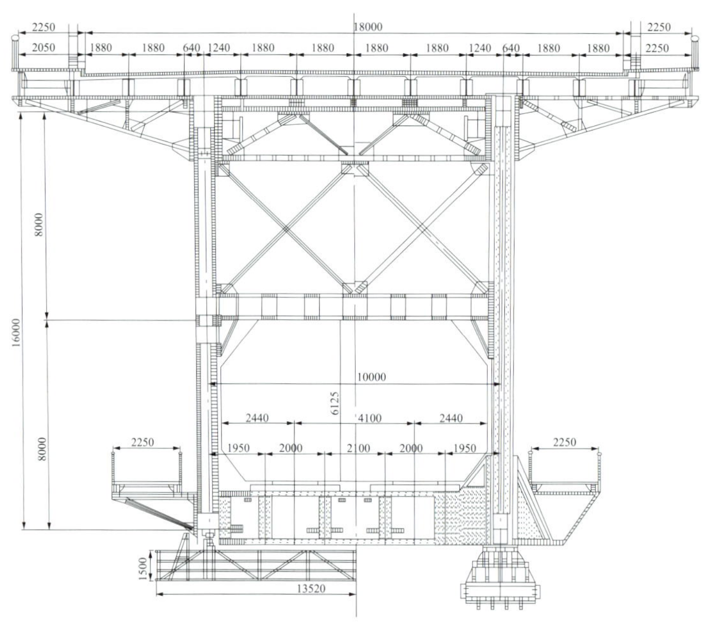

图 2　钢梁横断面（尺寸单位：mm）

图 3　围令浮运就位

图 5　墩旁支架施工

图 4　利用管柱进一步下降围令

3. 主要技术特点和创新点

（1）武汉长江大桥江心桥墩基础采用了新型的管柱结构基础，使全部工程均可在水面上进行，大大缩短工期，改善劳动条件，并节约资金，使深水基础的结构和施工方法得到了前所未有的新发展。

（2）大桥钢梁采用了平行弦杆、菱形桁架、三孔等跨连续梁，主桁杆件一律采用 H 形断面，反挠度用三种不同的节点板来控制，简化了工厂制造及现场安装工作，也方便运营维修。钢梁制造所达到的高度精确性以及伸臂安装法的运用，都达到了世界先进的技术水平。

（3）施工组织完善。设计、制造并运用了许多新型机具，逐步充实并改进了新技术的施工操作方法，提高了我国桥梁工程施工水平，培养出一批桥梁建设力量。

南京长江大桥

图 1　南京长江大桥全景

相关资料

» 桥　　名：南京长江大桥
桥　　型：钢桁架连续梁
跨　　径：128m+9×160m
桥　　址：江苏省南京市
» 设计单位：中铁大桥勘测设计院有限公司
» 施工单位：中铁大桥局集团有限公司
中铁山桥集团有限公司

» 混凝土用量：384 000m³
钢 材 用 量：67 000t
造　　价：28 757.7 万元
建 成 日 期：1969 年 5 月

1. 概况

南京长江大桥位于江苏省南京市下关和浦口之间，是全部由中国自行设计和施工的特大铁路、公路两用桥。该桥铁路桥长 6 772m，公路桥长 4 589m，其中江面主桥 10 孔，长 1 576m（图 1）。

大桥位于感潮河段，年最大潮差平均值为 1.42m。设计流量 95 500m³/s，设计流速 2.5m/s。基岩极限强度最大为 200～400MPa，最小为 11～15MPa，覆盖层厚 33～47m。南京地区年平均降雨量为 1 021.3mm，年平均温度 15.7℃，最高温度 43℃，最低温度 −14℃，夏季受台风影响。

大桥采用公铁两用连续钢桁梁桥；上层为 4 车道公路，宽度 19.5m；下层为双线铁路，宽度 14m；设计风速：27.8m/s；船舶撞击力：船舶最大长度取 164m，据此进行船撞力计算，作用点取计算通航水位以上 1m 处；桥址处于Ⅵ级地震区，故按Ⅶ级设防；通航净高为 24m，通航净宽大于 120m。

2. 主桥结构

主桥浦口岸第一孔为跨度 128m 的简支钢桁梁，其余 9 孔为三联 3 孔等跨 160m 的连续钢桁梁（图 2）。有 9 个水中墩，其基础深在施工水位以下 66～70m。铁路桥面铺设长钢轨无缝线路。预制行车道板混凝土为 C25 级、工地接缝为 C30 级的粉煤灰陶粒轻质混凝土。整平层上涂沥青漆，再铺设 2cm 厚的沥青砂磨耗层。

1）主桥基础

主桥桥墩采用了四种不同类型的基础。

（1）8、9 号墩采用钢板桩围堰管柱基础，水深约 20m；覆盖层厚达 40m，最终取得了在砂层中管柱下沉超过 47m 的有益经验。

（2）1 号墩采用重型混凝土沉井基础。墩位处覆盖层厚 90m，全年水深变化在 1～6m。沉井下沉入土深度为 54.87m，先穿过 16m 厚的呈软塑状态的淤泥质砂黏土，继进入粉砂、细砂、粗砂层，沉井底脚最后置于砾砂层上。

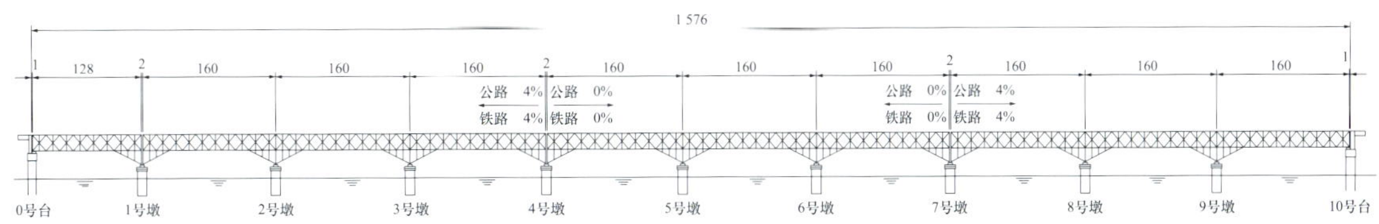

图 2　主桥桥型布置（尺寸单位：m）

(3) 2、3 号墩采用浮式沉井加管柱的复合基础。这是本桥最深的两个基础，墩位处水下深度达 73m，其中覆盖层厚度约 40m。复合基础用浮式沉井代替了钢板桩围堰，在沉井先穿过一部分土层后再下管柱，因而减少了管柱穿过土层的厚度，也减短了管柱的自由长度；用管柱代替部分沉井并嵌入岩层，降低了沉井高度。

(4) 4、5、6、7 号墩采用自浮式钢筋混凝土沉井基础。沉井下沉施工步骤（图 3）。

2）主桥钢梁

本桥上部为连续钢桁梁。主桁基本杆件、铁路横梁与起重横梁、加劲支点处的横向联结系等，大部分是用 16 锰低合金钢（16Mnq），少部分为进口的低合金钢。公路纵梁用 16 桥钢(16q),其他均用 3 号钢(A3q)。

主桁中心距 14m，节间长度 8m，跨中桁高 16m，支点处桁高 30m，公路纵梁用焊接，铁路纵横梁用高强度螺栓连接，其他均为铆钉连接。主桁采用双腹杆系统，其斜杆比腹杆系统的斜杆内力约小一半，节点的连接铆钉少，节点板的高度可控制在 2 500mm。主桁杆件系统采用平弦菱形桁，它与支点处的“加劲桁”组成类似于“梁”、“桁”共同受力的“组合梁”体系。这种布置的特点在于不变更桁梁的标准节间，既有曲线桁的特点，又使杆件达到较大程度的标准化，简化制造。主桁钢梁架设（图 4）。

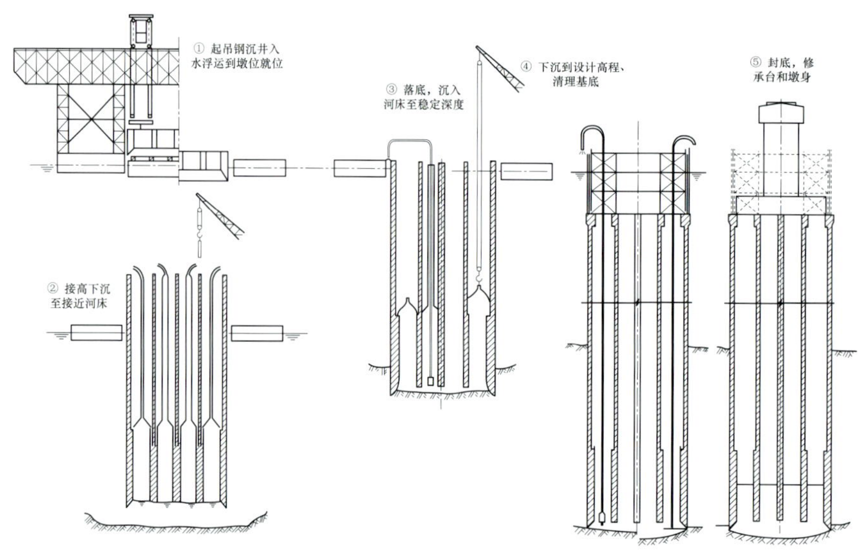

图 3　沉井下沉施工步骤

图 4　钢梁架设

3. 主要技术特点和创新点

(1) 本桥首次采用国产 16 锰低合金钢。

(2) 首次在特大桥梁的行车道板中采用粉煤灰陶粒轻质混凝土。

(3) 4 至 7 号墩采用的自浮式钢筋混凝土沉井基础，在基础施工中首创的“半支承、半漂浮”工艺，打破了先落底再整平和清基的传统做法，成功地用普通潜水装置下潜 70m 深水，解决了基底质量检验与水下焊接、氧割等难题。

(4) 灵活运用各种施工手段建造深水桥墩，为提高我国桥梁基础设计、施工水平跨出了重要的一步。

南京长江大桥获国家科学技术进步特等奖。

九江长江大桥

图 1　九江长江大桥

相关资料

» 桥　　名：九江长江大桥
桥　　型：三拱连续钢桁梁桥
跨　　径：2×(3×162m)+(180m+216m+180m)+2×126m
桥　　址：江西省九江市
» 设计单位：中铁大桥局勘测设计院有限公司
» 施工单位：中铁大桥局集团有限公司
中铁山桥集团有限公司

» 混凝土用量：435 155m^3
钢材用量：56 797t
造　　价：6.52 亿元
建成日期：1994 年 10 月

1. 概况

九江长江大桥是我国铁路南北通道京九线和公路干线105国道上的重要桥梁（图 1）。桥位处长江河段，洪水期最大流速在2.5m/s以上，最大风力7～9级，阵风8～11级，每月都可能出现。极端最高气温41.7℃，极端最低气温 -10℃。桥址区基岩为红色砂岩、砾岩、由泥质、铁质、钙质胶结，胶结不均一。

船撞力顺水流向为7 740kN，顺桥向为3 870kN；地震按Ⅶ级设防；按高速铁路要求考虑列车摇摆力；主孔道航净高为24m，通航净宽大于160m。

该桥由正桥和南北两岸公路、铁路引桥组成。

正桥：双层公铁两用桥，公路在上层，4车道，宽18m；下层为双线铁路，宽14m，线间距4.2m。正桥共11孔，自北向南为：两联3×162m连续钢桁梁，一联180m+216m+180m用柔性拱加劲的钢桁梁和一联2×126m连续钢桁梁。桁宽12.5m，桁高16m，最大下加劲弦高16m，最大加劲拱矢高32m，所有钢梁为栓焊结构。正桥全长1 806.712m。

铁路引桥：南岸35孔，北岸109孔，为跨度40m的无渣无枕预应力钢筋混凝土简支箱梁，每孔两个单箱。铁路引桥南岸长1 428.444m，北岸长4 440.934m。

公路引桥：南岸33孔，北岸32孔，均为跨度40m的预应力钢筋混凝土T梁，每孔8片。公路引桥南岸长1 347.021m，北岸长1 306.389m。

该桥铁路部分长7 675.09m，公路部分长4 460.122m。

2. 正桥结构

1）正桥下部结构

正桥共11孔，计2台10墩。0号台位于北岸大堤上，11号台位于南岸堤内与引桥相接。基础形式：1号墩为钢筋混凝土沉井基础，2号墩为浮运钢壳混凝土沉井基础，3、5、6、7号墩为双壁钢围堰钻孔基础，4号墩为浮运钢壳混凝土沉井钻孔基础，8、9、10号墩为钢板桩围堰大直径管柱钻孔基础。

2）正桥上部结构

（1）正桥钢梁共4联计11孔（图 2）。主体系为带竖杆的三角形桁架，桁高16m，节间长度为9m，在支点处设有下加劲桁（桥台处除外），跨度162m梁及126m梁的加劲弦杆的起点设在距支点36m处，加劲桁高14m（与跨度180m梁相接处的加劲桁高增至16m）。180m+216m+180m梁除设有下加劲桁外，还设有加劲拱，成为刚性桁梁柔性拱体系。下加劲桁的起点设在距支点18m处。支点处加劲桁高16m，加劲拱的矢高180m跨为24m，216m跨为32m（自上弦至拱顶）。两主桁中心距12.5m。

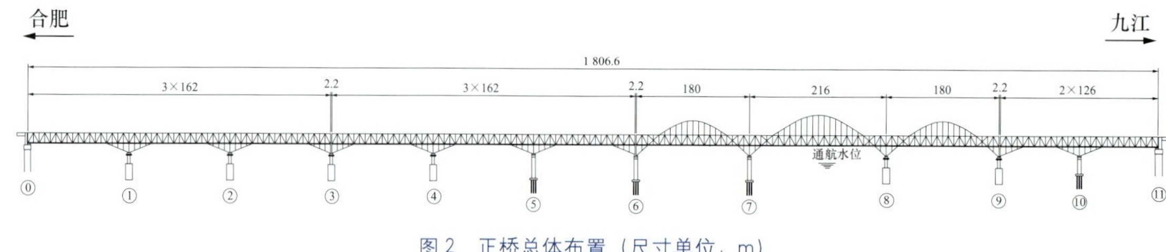

图 2　正桥总体布置（尺寸单位：m）

（2）两主桁的弦杆间（含拱圈及加劲弦）设有平面纵向联结系，三角形桁架的竖杆处，每隔一节间设横向联结系，加劲弦处每一节间，设有横向联结系，各支点处设有桥门架（图 3）。

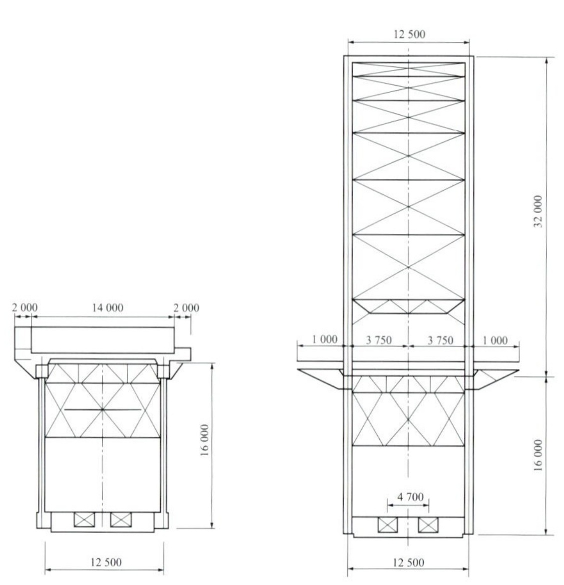

图 3　正桥钢梁剖面（尺寸单位：mm）

（3）双线铁路布置于钢梁的下弦，纵横梁系统，铁路明桥面。为了减少铁路纵横梁与主桁的共同作用，设有伸缩纵梁。

（4）公路位于钢桁梁的上弦，钢纵梁叠置在横梁上，钢纵梁设计成 4 跨连续梁（4×9m），以减少公路面的伸缩缝。预制的轻质陶粒钢筋混凝土板搁置在钢纵梁上。

（5）钢桁梁的每个支点处，设有起重横梁，每一中间支点，每桁布置 10 个起重点，端支点处，每桁布置 6 个起重点，但在桥台处，每桁布置 3 个起重点。每一起重点可安置一台 500t 千斤顶，在钢梁安装过程中及日后养护需要起顶钢梁时，要求上下游侧各起重点所有起重千斤顶（同一型号）用同一油泵并联起顶，以免上下游侧受力不均而引起超载。

（6）钢梁的每一支点设有钢梁支座，每联仅有一个支点设固定支座，其余支点设活动支座。固定支座设置在反力较大的中间支点，唯独 2×126m 梁的固定支座设在端支点，目的是为了减少 9 号墩处钢梁端伸缩跨度的总长。本桥采用铰轴式支座，铸件采用 ZG25 Ⅱ铸钢，铰轴采用 35 号锻钢。

（7）桥上的主要附属设备有钢梁检查设备和铁路员工走道，不设避车台。

3. 主要技术特点和创新点

（1）“双壁钢围堰大直径钻孔基础施工法”（已荣获国家优秀设计金质奖）。

（2）将触变泥浆套和空气幕工艺用于下沉深度达 50m 的正桥和引桥沉井基础。

（3）采用简易水上工作平台法修建管柱钻孔基础，创该类型基础在洪水期开工的先例。

（4）采用浮式基础，解决了在地质极为复杂条件下修建基础的难题。

（5）在国内采用最大跨径 216m 的三跨连续刚性梁柔性拱结构。

（6）研制、应用成功屈服强度不小于 412MPa 的 15MnVNq 新钢料。

（7）解决了钢梁 15MnVNq 低合金高强度钢焊接杆件的板材焊接技术问题。

（8）研制成功了材质为 35VB 并经磷化处理的大直径高强度螺栓。

（9）采用双层吊索架全伸臂安装 180m 钢桁梁。

（10）采用 216m 大跨跨中合龙及柔性拱合龙工艺。

（11）在三大拱的吊杆上采用抑制振动的新型质量调谐阻尼器（TMD）。

（12）采用自行设计制造的吊重 300t、跨度 40m 的架桥机。

（13）试制成功 ϕ2.5m 反循环旋转钻机，桥梁施工中取得成功。

九江长江大桥获国家科学技术进步一等奖、全国优秀工程设计金质奖，詹天佑土木工程大奖、中国建筑工程鲁班奖。

芜湖长江大桥

图 1　芜湖长江大桥

相关资料

>> 桥　　名：芜湖长江大桥
桥　　型：三跨斜拉索加劲的连续钢桁梁
跨　　径：(120m+2×144m)2(3×144m)+(180m+312m+180m)+2×120m
桥　　址：安徽省芜湖市
>> 设计单位：中铁大桥勘测设计院有限公司
>> 施工单位：中铁大桥局集团有限公司
中铁宝桥股份有限公司
中铁山桥集团有限公司

>> 主体工程量：混凝土为 520 000m^3
钢　　材：96 000t
造　　价：29.99 亿元
建成日期：2000 年 9 月

1. 概况

芜湖长江大桥位于安徽省芜湖市及巢湖市所辖无为、和县两县境内。工程包括公铁两用大桥主体工程、铁路枢纽相关工程和公路引线工程三部分。跨江正桥为公铁两用，桥长 2 193.7m，铁路下层，公路上层，公铁引桥按分离式落地接线布置。铁路桥全长 10 520.966m。公路桥全长 5 681.25m（图 1）。

芜湖地区气候温和湿润，年平均气温 16℃，年平均降水量 1 195.5mm，年平均风速 2.3m/s，瞬间极大风速为 32m/s。桥址两岸均系长江冲积平原，因长江河槽冲刷深度不同，河床覆盖层厚度相差颇大，0 号墩处为 56.5m，深槽中厚度仅 10m 左右，覆盖层除两岸滩地上部有少量黏性土外均为砂类土。

芜湖公铁两用大桥的铁路桥

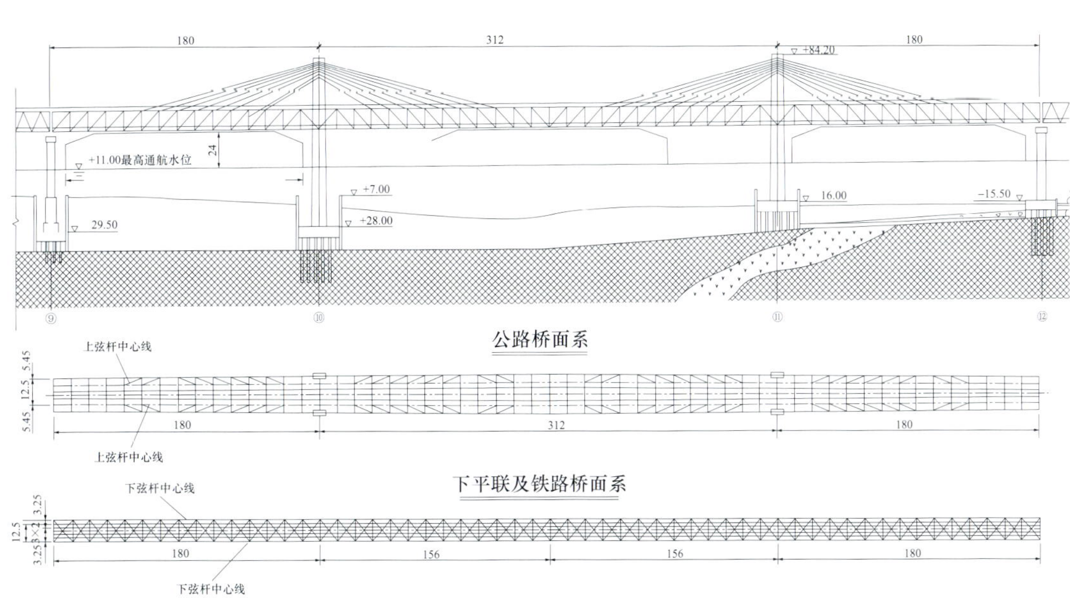

图 2　主通航道斜拉桥平立面（尺寸单位：m）

为Ⅰ级双线，宽 12.5m；公路桥为双向四车道，车道宽 18m，两侧各 1.5m 宽的人行道，全宽 21.7m；主航道等级Ⅰ-（1），通航净高 24m，净宽 160m；副航道净高 20.5m，净宽 120m；地震基本烈度Ⅵ级，按Ⅶ级设防。

2．主桥结构

1）桥跨划分

正桥共 14 孔，桥孔排列自西向东，无为侧副航道 0～9 号墩的孔径为（120m+2×144m）+2(3×144m）三联连续钢桁梁，主航道 9～12 号墩的孔径为 180m+312m+180m 一联用斜拉索加劲的连续钢桁梁（简称斜拉桥，图 2），芜湖侧副航道 12～14 号墩的孔径为 2×120m 一联连续钢桁梁。

2）结构设计与施工

（1）主桁

主桁为“N”形桁架，桁宽 12.5m，节间长 12m，每个索梁锚点处设副桁与主桁连接（图 3）。主桁弦杆和部分斜杆采用箱形截面，其余斜杆和副桁杆件均为“H”形截面。上弦杆内宽 1 100mm，内高 1 428mm；下弦杆内宽 1 100mm，内高 1 610mm，箱形斜杆外宽 1 100mm，外高 1 140mm，组成箱形杆件的 4 块板中部各设一根纵向加劲肋。

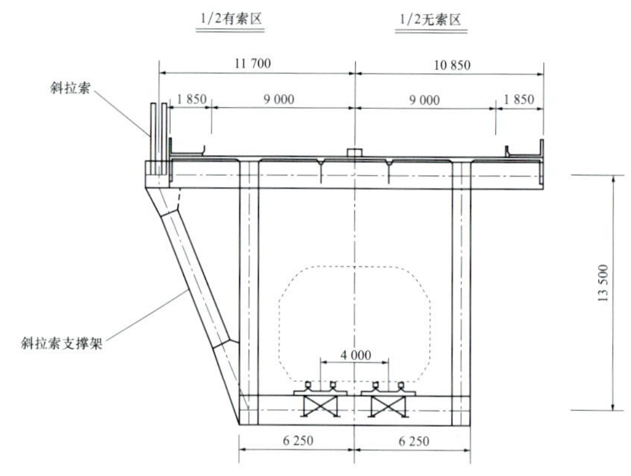

图 3　主桁（尺寸单位：mm）

主桁节点为封闭的焊接整体节点，1 根弦杆与整体节点对接焊连接，工地杆件间连接为节点外拼接。最大整体节点板高度达 3.04m。芜湖长江大桥钢梁所采用的整体节点，杆件截面积大，附连件多，最大杆件重量达 40t（图 4）。14MnNbq 钢整体节点由于焊缝密集，节点部位构造和受力都非常复杂。主桁杆件所用板件的板厚为 32～50mm，焊接难度大，因此安排了防断实验研究和模拟构造细节的疲劳试验研究。

桁梁箱形杆件表面难以涂装，采用端隔板密封的办法使其与空气隔绝以达防腐效果，有效地避免了由

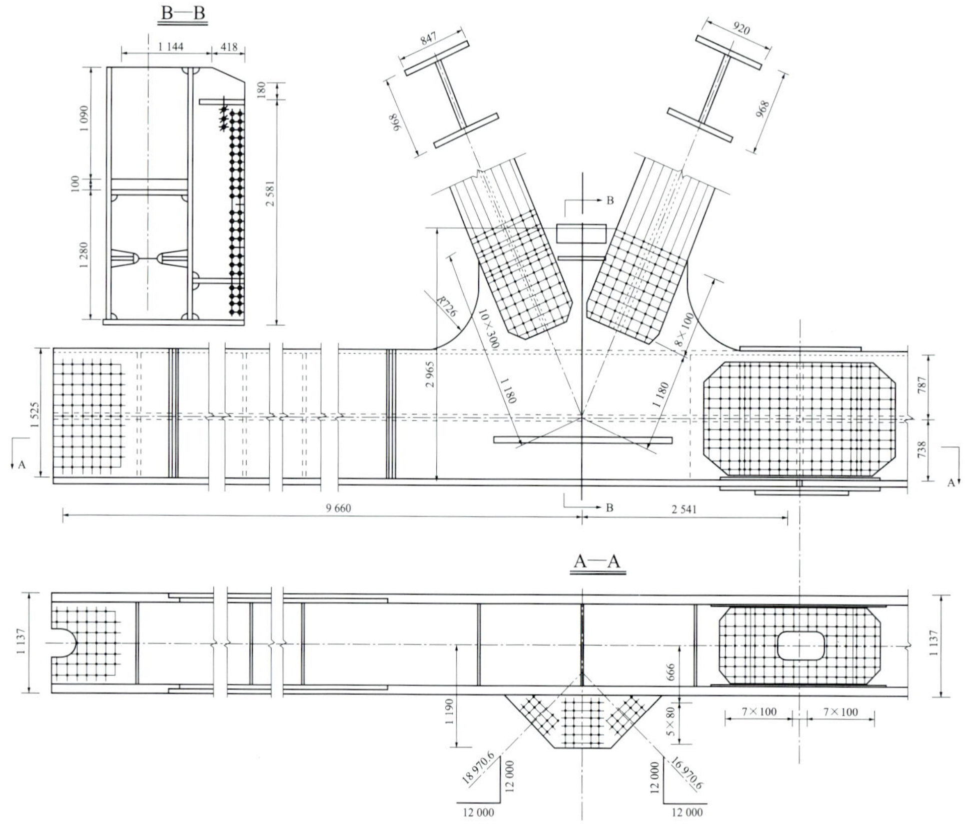

图 4　连续钢桁梁下弦节点（尺寸单位：mm）

于交叉焊缝引起疲劳强度降低的问题。

钢梁制造全面采用精密切割工艺，试验证明其疲劳性能与机加工相当，结束了我国铁路钢桥部件采用切割后再机加工的旧工艺。

（2）副桁

主塔两侧各设 8 对斜拉索，由于主桁宽 12.5m，而两索面中心距为 23.4m，故必须在每个索梁锚点处设副桁与主桁相连。每个锚点处副桁均由 3 根杆件组成，从锚点处两根连向上弦节点，一根连向下弦节点（图 5）。靠塔的 6 对索的水平斜杆为压杆，外侧两根则为拉杆，以改善结构的受力。

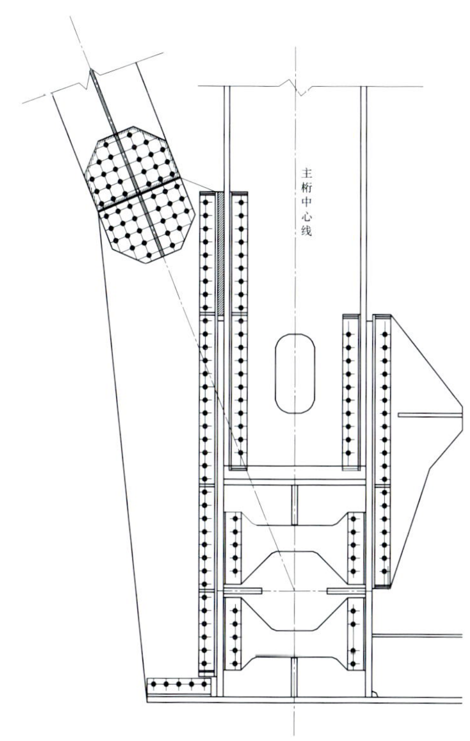

图 5 副桁与主桁连接

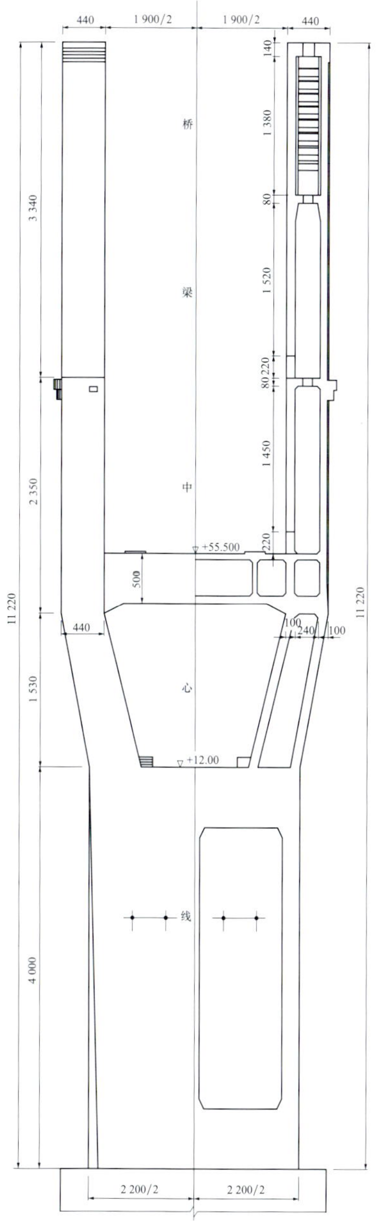

图 6 主塔倒梯形结构（尺寸单位：cm）

（3）桥面系

采用纵横梁体系，铁路横梁高 2 209mm，采用双层盖板形式；铁路纵梁高 1 480mm，每孔钢梁设置两副伸缩纵梁。

公路桥面系也为纵横梁体系，在每一上弦节点处桁内设置公路横梁，桁外设托架，公路横梁高约 1 774mm，公路纵梁高约 1 460mm，采用钢梁与公路桥面混凝土板结合的板桁组合结构。公路纵横梁上翼缘设 ϕ22mm 剪力钉与公路桥面板结合共同受力。

（4）主塔

由于两塔墩处地面高程不同，两塔实际高度也不一样，10 号墩主塔高 110.8m，11 号墩主塔高 99.3m。主塔采用倒梯形结构，采用爬架施工（图 6、图 7）。

横梁以上为两独立的上塔柱，柱高 48.7m，单箱单室截面，壁厚为 0.9m 和 1.2m；主塔柱上端 15.2m 范围为锚固区，宽度根据斜拉索布置的要求确定，宽为 4.4m，锚固区为单箱单室截面，锚固壁壁厚 2.1m，承拉壁壁厚为 0.9m。

横梁以下 15.3m 为下斜腿，斜率为 3.9:15.3，斜腿顶宽 4.4m，底宽 5.4m，断面亦为单箱单室截面。由于轴向压力增大，壁厚相应增大，分别为 1.0m 和 1.5m。考虑船舶撞击的影响，下塔柱为整体结构，横向宽度为 22m，单箱双室截面，壁厚：顺桥向为 1.61～2.59m，横桥向为 1.8m，塔柱顺桥向顶宽为 8.5m，底宽为 14m。下横梁梁高 5m，宽 6m，为单箱双室截面，下横梁上设置铸钢支座。

图 7　主塔倒梯形结构采用爬架施工

图 8　双壁钢围堰施工

由于索距较小及塔上张拉斜拉索的要求，塔顶索的锚固方式采用了齿槽形式。

（5）斜拉索

每塔两侧各 8 组平行钢丝斜拉索，冷铸锚，每组由两根斜拉索并列组成，共 4 种类型：283-ϕ7，295-ϕ7，313-ϕ7，337-ϕ7。最大索力 16.3MN/ 桁。索距 12m，两索面中心距 23.4m，180m 边跨端部有 60m 无索区，312m 主跨中部有 72m 无索区。

（6）主桥基础

正桥（0～14 号墩范围）共有 15 个桥墩。0、14 号墩位于岸边，为正、引桥交界墩，采用 ϕ2.5m 钻孔桩基础；1～8 号墩为无为侧连续钢桁梁桥墩。其中 2、5、8 号墩为制动墩，ϕ3.0m 钻孔桩基础，采用水上固定平台吊箱围堰施工；9～12 号墩为主跨斜拉桥钢桁梁的桥墩。其中 10、11 号墩为斜拉桥主塔墩，采用双壁钢围堰 ϕ3.0m 钻孔桩基础（图 8），9、12 号墩为斜拉桥边墩，采用双壁钢围堰 ϕ2.8m 钻孔桩基础；13 号墩为芜湖侧连续钢桁架的制动墩，ϕ2.5m 钻孔桩基础，采用水上平台和防水围堰施工。

（7）支承体系

为 9 号墩、12 号墩、10 号主塔、11 号主塔设竖向支承，两主塔两侧各设一对水平弹性索作为水平约束。

3. 主要技术特点和创新点

（1）主跨采用板桁结合结构矮塔斜拉桥。本桥正桥建筑高度受飞行禁空、通航净空和既有铁路编组站三条高程控制线的严格限制，是在特定条件下产生的新结构体系，是国内首座公铁两用矮塔斜拉桥，主跨 312m 是我国已建成公铁两用桥的最大跨度。

（2）高性能 14MnNbq 桥梁用钢的开发。为解决大桥厚板焊接、整体节点对钢材的要求，开发了强度适度、厚板效应不明显、可焊性好、韧性及抗断裂性好的新一代钢材。

（3）国内首次在正桥采用钢梁与公路桥面混凝土板结合的板桁组合结构。通过试验研究，解决了板桁组合结构的传力机制，确保结合的可靠性和耐久性。

（4）正桥钢梁采用厚板（最大板厚 50mm）组成的全焊箱形杆件和整体节点构造，钢梁制造精度、焊接工艺及规模均为我国公铁两用桥之首。

（5）自主开发 250MPa 高疲劳应力幅斜拉索。

（6）正桥副跨采用吊箱围堰大直径钻孔桩高承台基础为国内首次，工期短，取得了较好的经济效益。

（7）主跨塔墩采用 ϕ30.5m 双壁钢围堰钻孔桩低承台基础，双壁钢围堰抽水水头达 43m，创我国桥梁深水基础之最，为我国桥梁深水基础建造积累了宝贵的经验。

（8）钢梁悬臂架设首次采用预应力索锚固法。

芜湖长江大桥获国家科学技术进步一等奖、中国建筑工程鲁班奖，詹天佑土木工程大奖。

香港青马大桥

图 1　青马大桥全景

相关资料

» 桥　　名：香港青马大桥
桥　　型：双塔双跨悬吊式连续钢桁架公铁两用悬索桥
主　　跨：1 377m
桥　　址：香港特别行政区马湾海峡
» 建设单位：香港特别行政区路政署
» 设计单位：万隆工程师顾问香港有限公司
» 施工单位：英高日建筑联营所（由特法佳建筑（亚洲）有限公司
高捷达土木工程有限公司及三井物业有限公司联营）

» 混凝土用量：桥塔 52 000t、
青衣锚碇 200 000t、
马湾锚碇 250 000t
钢 材 用 量：主缆 26 700t、主梁 49 000t
造　　价：70.6 亿港元
建 成 日 期：1997 年 5 月

1. 概况

青马大桥是目前世界最长的公铁两用悬索桥（图 1）。大桥横跨香港青衣岛及马湾岛之间宽约两公里的马湾海峡，位于通往赤鱲角香港国际机场的青屿干线上最显要部分。马湾航道，水深达 30m。香港位于亚热带，年平均气温和总降雨量分别为 23℃和 2 214mm，每年平均有 15 次台风，最高风速达 118km/h。

2. 主要技术标准

（1）双层主梁：上层六车道高速公路

下层全天候双单线车道及双轨铁路

（2）设计使用年限：120 年

（3）设计速度：公路 100km/h

铁路 135km/h

（4）主梁宽度：41m

（5）荷载标准

车辆荷载：HA+45 单位 HB（根据英国运输部标准 BD37/88）

铁路荷载：RL（根据英国标准 BS5400 第二册）

设计风速：阵风 85m/s，平均风速 50m/s

船舶撞击荷载：220 000 吨级海轮于时速 8 浬之撞击

地震基本烈度：修订麦加利烈度表Ⅶ级

（6）通航净空：净高 62m，净宽 1 000m

大桥上层行驶汽车，下层行驶火车。为确保在任何天气情况下均可开放使用，设计师将两条铁路路轨置于大桥不受风雨影响的下层，并在路轨两旁兴建密封的行车道（图 2）。

3. 大桥体系与桥跨布置

大桥为双跨悬吊式连续梁悬索桥，全长 2 160m，主跨 1 377m。主梁结构布置为流线型体中央开孔双向钢桁架加劲梁。大桥巨大的荷载由两条主缆及两座钢筋混凝土桥塔承托，主缆锚固在两座的巨型锚碇上。每组吊索由四根竖直的 75mm 直径钢丝绳组成。

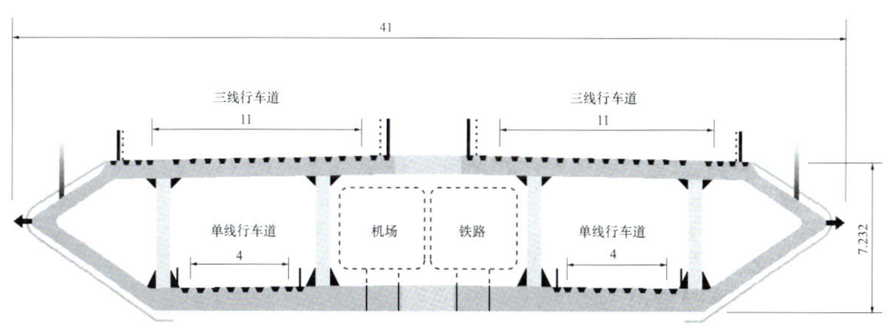

图 2　主梁横断面（尺寸单位：m）

从马湾端开始，桥跨布置为63m+76.5m+355.5m+1 377m+72m+72m+72m+72m=2 160m（图3）。大桥两端边跨的结构布置显著不同，马湾悬吊边跨由马湾锚碇及两座桥墩支承，青衣边跨由于通往青衣引道需逐步扩宽，以容纳延伸向三号干线交汇处的引路，并由于青衣边跨建于陆地上，所以不设吊索采用桥墩来支承。大桥主梁结构采用连续梁，全桥纵向锚固在马湾桥台，使大桥之伸缩集中在设有大位移行车道及铁路伸缩缝的青衣活动端，该伸缩缝的伸缩量达 ±750mm，是世界上同类型中最大之一。大桥主梁通过青衣及马湾桥塔时分别支承在桥塔最低横梁上的滑动和旋臂式支座上。

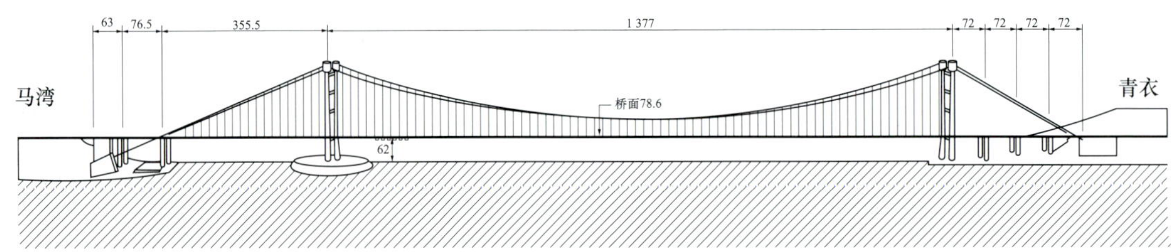

图3　主桥桥型布置（尺寸单位：m）

4. 主桥结构

1）锚碇

采用重力式锚碇，承受每根主缆逾 500 000kN 的巨大拉力。青衣侧锚碇重约20万吨，深藏地下（图4）；而马湾锚碇则局部埋藏于地下，重约25万吨。锚碇状似一个嵌入石床内的混凝土箱，锚碇的底部建有永久排水道。主缆锚固采用前锚式，再通过两束施加4 000kN 预应力拉索将缆力传至锚体。

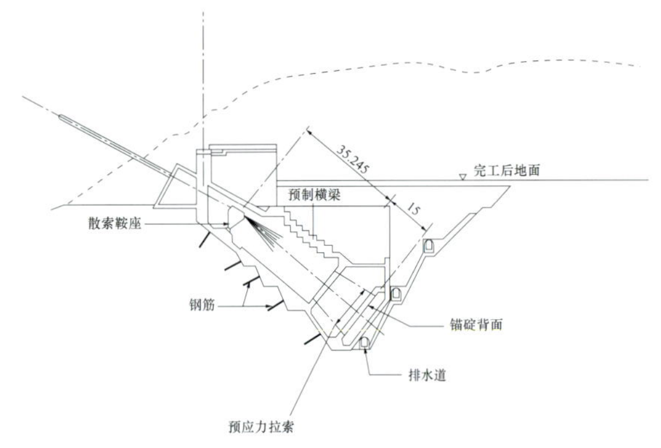

图4　青衣的锚碇截面（尺寸单位：m）

图5　青衣锚碇的深坑

马湾锚碇挖掘至地下约20m 深；而青衣锚碇必须建于山坡上一个深入地下约50m 的漏斗形深坑(图5)，爆破岩石约共30万立方米。

2）桥塔基础

组成桥塔的一对支柱建于混凝土地基上。每个地基承受最大荷载超逾 1 000 000kN。所有钢筋均涂上环氧树脂保护层。

青衣桥塔地基直接建于岸边坚稳的岩石上，每根桥塔支柱分别由长27m、宽19m 及厚7m 的钢筋混凝土地基支承。地基临海建造，四周再筑起混凝土海堤，可防止桥塔支柱被重型船舶直接碰撞。而马湾桥塔地基则建于海床，水深达12～14m。建造时首先将地基范围内的淤泥挖走，然后在水中进行爆破工作，在海床岩石上造成两个约1m 深的凹槽，放置两个钢筋混凝土沉箱。每个沉箱长约28m 及宽20m（图6）。桥塔四周筑建人工岛以防止塔柱被船只直接碰撞。

图6　马湾桥塔地基沉箱

3）桥塔

桥柱以柔和的弧线向上收窄（图7），桥塔用钢筋混凝土建造，高206m，最大荷载约为400 000kN。两条支柱，由四道横梁连成一体。每座桥塔各有两个竖井，装有升降机及爬梯与工作台。支柱顶安放铸钢鞍座及不锈钢上盖覆罩。

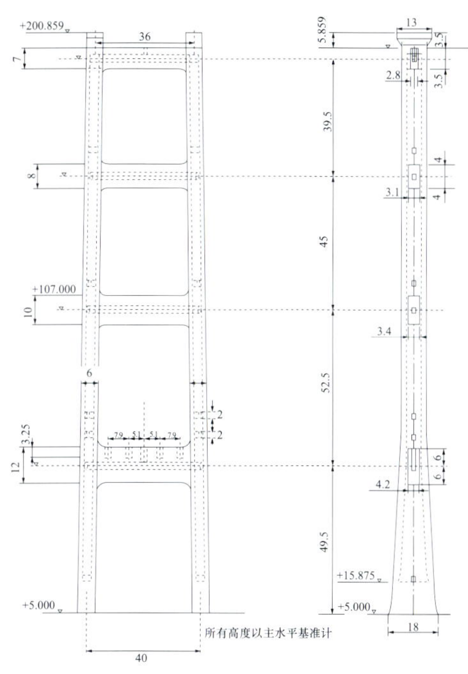

图7 桥塔（尺寸单位：m）

图8 建造中的马湾桥塔

桥塔支柱是采用滑模建造法成对建造（图8）。为保证在建筑期间，塔柱能抵御台风或狂风吹袭，承建商预先对桥塔模型进行风洞试验。

两座桥塔的顶部共装上四个鞍座，每个重约500t，采用三节分体式结构，以减低吊装能力的限制。鞍座下装有格床，格床与鞍座之间设有一个滑动支座，在架设主梁时分三个阶段将鞍座顶回，鞍座的最大预偏量为1 200mm，当工程竣工后，滑动支座即被永久锁紧。

4）主缆

大桥主缆采用空中编缆法建造，边跨共有97组缆束，而主跨则有91组。两条主缆均由直径5.38mm的镀锌高拉力钢丝平衡并列织成。在主跨部分，每条主缆索由33 400根钢丝组成。但在边跨部分，由于主缆角度陡峭，主缆需承受较大拉力，因此组成主缆索的钢丝多达35 224根。进入锚碇内的缆束张拉室，经过散索鞍座后分成多组缆束，每组缆束回绕由钢铸成的半月形缆束索靴将缆力传至锚体。

图9 调整主缆钢丝垂度

编缆工序历时共九个月完成；编缆工序完成后，紧缆工作随即展开（图9、图10）；两条主缆均被压缩成圆形并用钢制的临时箍带捆扎主缆；随后安装索夹与吊索（图11）。

图 10　紧缆

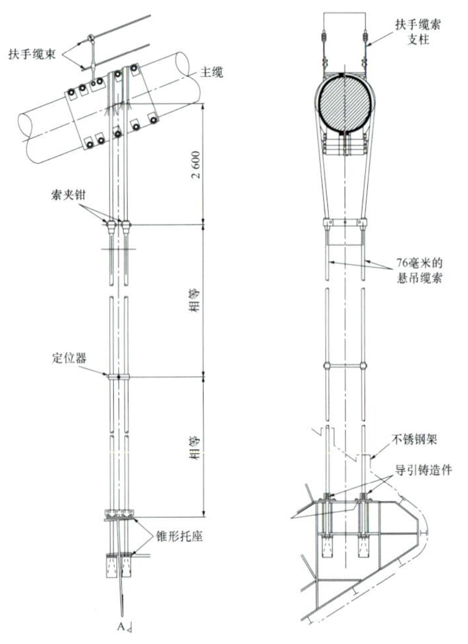

图 11　索夹及吊索（尺寸单位：mm）

在防腐措施方面，每条主缆均涂上红铅漆并用直径3.5mm的镀锌钢丝包捆。再刷上6层保护漆。完成后的主缆直径为1.1m，总长约4.4km，总重接近26 700t。

5）主梁

大桥主梁宽41m，高7.2m，采用首创的流线型体中央开孔双向钢桁架结构（图12），纵向及横向分别采用华伦式及空腹式桁架，上及下层桥面铺上正交异性钢板，具有自重轻及刚度大的优点。主梁采用异剖面形设计，两边外缘装上流线型不锈钢覆面及经特别设计的风嘴。主梁在上下层桥面中央预留一道气隙，可提高主梁的气动稳定性。

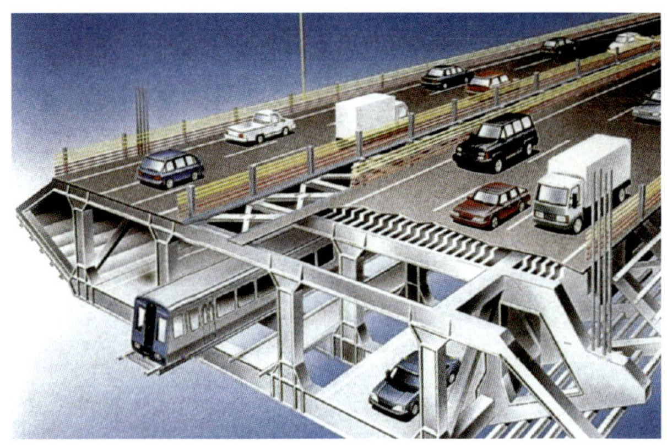

图 12　主梁结构

根据阶段和全桥模型风洞试验结果，施工状态在最不利的+5°风攻角时的颤振临界风速，在低紊流度（I_u=9%）和高紊流度（I_u=16%）分别大于48m/s及45m/s；成桥状态在0°风攻角时颤振临界风速大于95m/s，建成后的大桥能抵御342km/h的台风，完全满足抗风稳定性要求。

主梁组件共用逾49 000t优质结构钢建造。95个主梁节段，标准长度为18m。主梁吊装采用逐节段架设方法，由大型驳船运至预定位置，然后垂直吊装。为使工地架设工作更快完成，每两节段预先嵌接成36m、重1 000t组件，然后顺序吊装。架设工程在主跨中央对称逐步向两侧桥塔推进（图13）。

图 13　主梁吊装

为减少焊接变形和有利于焊接应力释放，已架梁段之间通过每个节段两端的工地匹配件临时联结，以满足抗风稳定要求。在架设约60%梁段后，梁段成桥线形接近设计线形，此时开始焊接部分上下层桥面钢板，继而用螺栓将各段桁架连接，最后再进行焊接，逐一固接梁段。

6）桥面铺装

上层车道铺装采用40mm厚沥青马蹄酯，表面洒花岗岩碎石，加强车道防滑作用。在铺筑沥青马蹄酯前，铺上经特别设计的防水胶膜（图14），可抵御施工时达220～240℃高温。下层车道只在紧急事故或修护时使用，选用7mm厚环氧树脂钢砂料铺装。

图14 车道防水胶膜铺装及主缆防腐

7）桥梁健康监测系统

为了监测大桥的结构健康情况和进行结构评估，桥上安装了一套桥梁结构健康监测系统（简称为桥监系统）。其作用是监测大桥在使用期间结构健康变化和进行结构评估，以作出相应的应变措施，进行特别检查和维修等工作。结构健康是指结构的可靠性，其中包括结构承载能力、状态和耐久能力等。而结构评估工作是指利用特定信息，分析既有桥梁的可靠性并作出随后的修护决策。

桥监系统主要由六个系统组成并通过网络联系运作。六个系统包括：

（1）传感器系统；

（2）讯息收集及传送系统；

（3）信息处理和分析系统；

（4）结构健康评估系统；

（5）结构健康数据管理系统；

（6）检查及维修系统。传感器系统主要是指安装在大桥内约350个传感器及有关附件，其中包括风速仪、加速仪、应变仪、位移仪、温度仪、水平仪、车轴车速仪、全球定位仪、信息放大处理器和串联接口等。信息收集及传送系统安装在大桥内三个由微型计算器控制的信息收集站，收集传感器传来的信息并将之数据化，然后利用光纤网络传送至信息处理和分析系统进行初步分析，输送至结构健康评估系统中，进行整体结构的可靠性评估工作。

5. 主要技术特点和创新点

（1）青马大桥是目前世界最长的公铁两用悬索桥，现已成为香港标志工程。

（2）大桥主梁创新地采用流线型体中央开孔双向钢桁架结构，流线型桥身加上独特的中央通风隙设计有效地减低主梁底面风致压差，大大提高主梁的气动稳定性。主梁下层采用全天候密封式设计，确保公铁交通在恶劣天气情况下仍可运行。

（3）在大桥上安装了齐备的监测仪器，利用计算机分析监测结果，藉此预测大桥的结构性能。

（4）大桥主缆是世界上使用空中编缆法建成之最大者。设置的大位移行车道及铁路伸缩缝，是世界上同类型中最大之一。

（5）大桥首创采用安装在主缆上的钢绞线起重机吊装重达1 000t的主梁组件，大大提高吊装能力，吊装工时短，对海上交通影响减至最低。

（6）大桥上安装了一套精密的交通控制及监控系统，达至高效管理及提升道路安全水平，确保大桥及邻近的道路网络交通畅顺。

青马大桥获英国建造业土木工程奖及英国建造业荣誉奖、英国结构工程师学会特别奖及钢料结构设计奖、日本土木学会“田中赏”、香港十大杰出工程项目选举之冠军。

相关资料

>>桥　　名：香港汲水门大桥
桥　　型：双塔双索面六孔连续加劲箱梁斜拉桥
主 跨 径：70m+2×80m+430m+2×80m
桥　　址：香港特别行政区汲水门水道
>>建设单位：香港特别行政区路政署
>>设计单位：佳拿国际有限公司
承 建 商：熊谷－前田－横河－日立合营企业

>>钢材用量：4 770t
造　　价：16.43 亿港元
建成日期：1997 年 5 月

香港汲水门大桥

图 1　香港汲水门大桥全景

1. 概况

汲水门大桥为公铁两用桥（图 1），通往赤鱲角香港国际机场，也是连接青衣岛及大屿山之青屿干线的重要一环。跨越汲水门水道，水深达 10～30m。

香港位于亚热带，年平均气温和总降雨量分别为 23℃和 2 214mm，每年平均有 15 次台风，最高风速达 118km/h。

2. 主要技术标准

（1）双层主梁：上层六车道高速公路下层全天候双单线行车道及双轨铁路

（2）设计使用年限：120 年

（3）设计速度：公路：100km/h
铁路：135km/h

（4）桥梁宽度：35m

（5）荷载标准

车辆荷载：HA + 45 单位 HB（根据英国运输部标准 BD37/88）

铁路荷载：RL（根据英国标准 BS5400 第二册）

设计风速：最大阵风 85m/s，平均风速 50m/s

船舶撞击荷载：220 000t 级海轮于时速 8kn 之撞击

地震基本烈度：修订麦加利烈

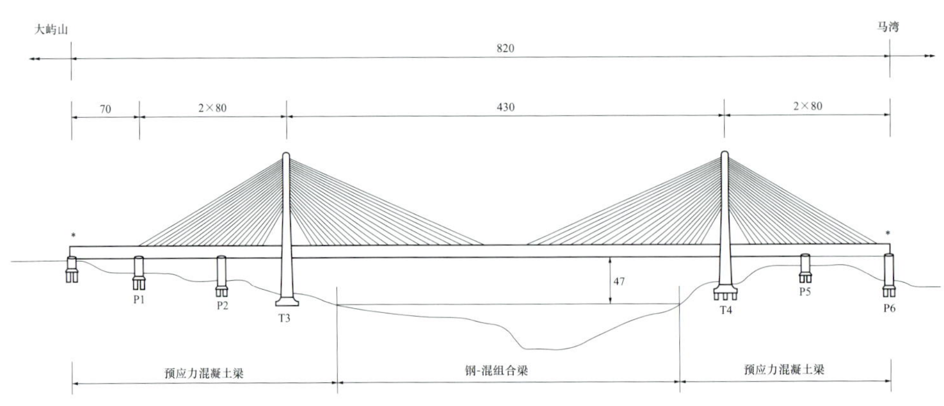

图 2　主桥桥型布置（尺寸单位：m）

度表Ⅶ级

（6）通航净空：净高 45m、净宽 300m

3. 主桥结构

汲水门桥全长 820m，为双塔双索面 6 孔连续箱梁斜拉桥。从大屿山端开始，桥跨布置为 70m+2×80m+430m+2×80m=820m（图 2）

1）索塔基础

索塔的基础结构是整体设计中重要的一环，加上索塔自重，每个索塔基础需承受荷载高达 700 000kN。

大屿山索塔基础置于浅海岩石上（图 3）。索塔基础施工工序包括：竖立混凝土围堰、在围堰内先挖出多余的岩石、再用 C35/C20 混凝土填平地台至水平，以供建造长 50.5m、宽 16m 和厚 5m 的钢筋混凝土筏形基础墩台。索塔基础四周筑起斜坡式堆石防波堤，防止索塔被重型船舶直接碰撞。

为符合航道净宽要求，善用天然岸矶作防卫桥塔支柱被船只意外碰撞，以及选取坚实岩层支承索塔基础的缘故，马湾索塔基础定位在离岸边 35m 的岩坡上（图 4），高出水平线约 12m。由于临海岩层急速倾斜，基础临海一方用两根直径 4m 及深 26m 的人工挖孔桩来支承，其上用长51m，宽18m和厚5m的钢筋混凝土筏形基础支承桥塔。

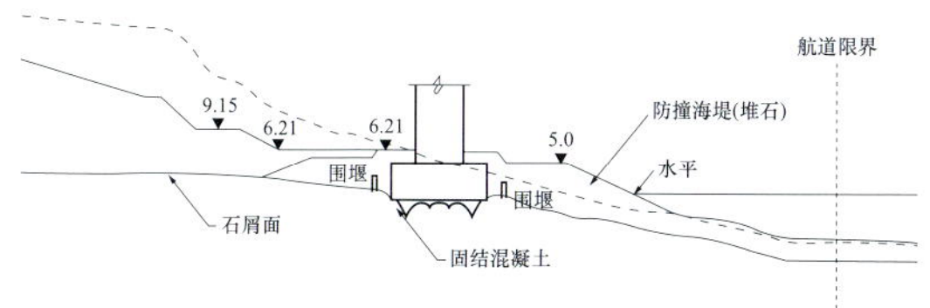

图 3　大屿山索塔基础

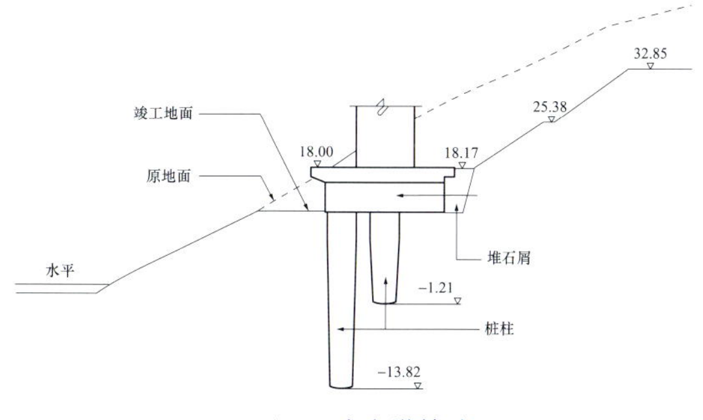

图 4　马湾索塔基础

2）索塔

索塔为钢筋混凝土结构，高 150m，采用双柱 H 形结构（图 5），通过三道横梁将塔柱连为一体。拉索锚碇箱室则藏于索塔顶部内壁，以便拉索安装及日后检查维修。

塔柱由下而上向内微倾直达上横梁，截面由 9.0m×4.5m 向上渐变至 7.0m×4.5m，继而转为垂直向上而截面维持不变。塔柱截面为单箱单室，短边壁厚 1.75～2.5m，长边壁厚 1.0～1.25m。全桥索塔混凝土 19 600m^3。大屿山索塔的中横梁上设有各 4 个竖向支座和侧向限位支座；而马湾索塔的中横梁则与主梁固结。

由于斜拉索扇面对称锚固于塔柱顶部内，产生巨大剪应力，故需于混凝土长短塔壁内分别加装环形预应力钢束及高强度钢螺栓，两者皆按后张预应力设计。

每座索塔均设有两个竖井，其一装有升降机，另一建有爬梯及工作台，以便进行养护工作。

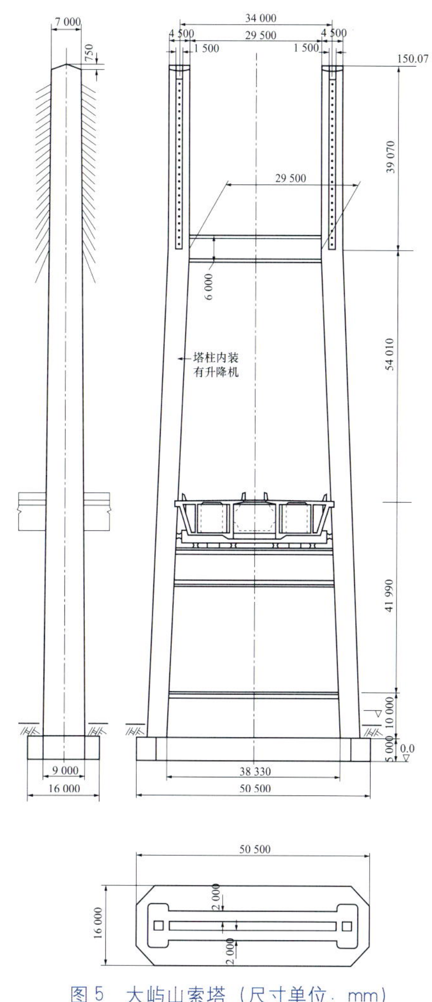

图 5　大屿山索塔（尺寸单位：mm）

3）主跨主梁

主跨主梁选用了双向钢桁架和钢筋混凝土桥面板的组合式加劲箱梁（图 6）。

主梁顶部及底部的钢筋混凝土桥面板构成了上下层行车道，两边外缘为钢腹板。位于下层中央的铁路，由钢梁承托，在钢梁上盖以混凝土厚板，以简化路轨的铺筑。

主跨主梁由预制梁段装嵌而成，共 39 节，每节标准梁段长 8.7m、宽 35m、高 7.47m（图 7）。主梁截面外形包括两边外缘的整流罩及中央气隙，都经过风洞测试验证。根据试验结果，施工状态在最不利的风攻角时的颤振临界风速大于 47.5m/s；成桥状态在 0°风攻角时颤振临界风速大于 95m/s，完全满足抗风稳定性要求。

图 6　主跨结构

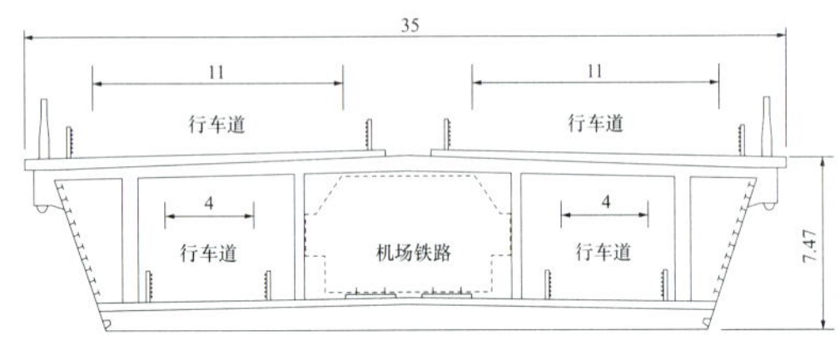

图 7　主跨主梁断面（尺寸单位：m）

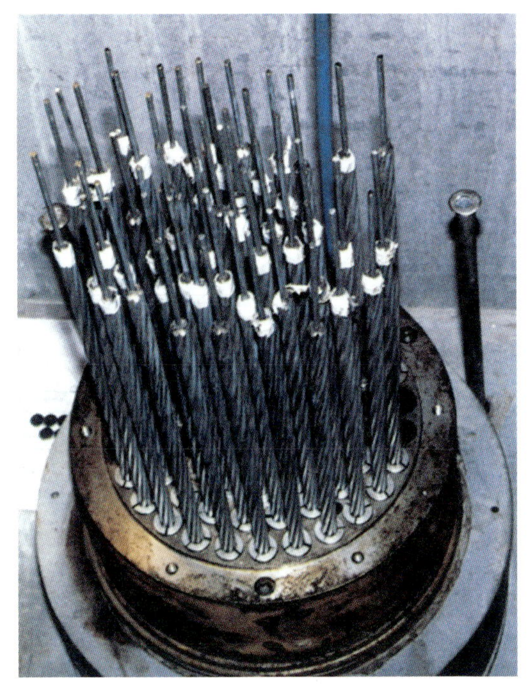
图 8　塔顶斜拉索锚固

边跨梁为预应力混凝土箱梁，外形尺寸同主跨主梁。

4）斜拉索

斜拉索作扇形布置，每一扇面由 22 对斜拉索组成，标准索距 8.7m，斜拉索采用高强度镀锌平行钢束（图 8），共 176 根。每根斜拉索由 51～102 根直径 15.7mm 钢绞线索组成，涂油脂后，外置高密度聚乙烯（HDPE）护套。

张拉工序首先是使用 20kN 的千斤顶先后把每根钢束张拉，然后用 15 000kN 的千斤顶把整束钢绞线索同时张拉。斜拉索所承受的拉力最大为 11 000kN。

每根斜拉索均外置护套由多段长 3m 的 HDPE 开边胶管在工地焊接而成，护套的外围直径为 250～315mm。部分斜拉索设有阻尼器，以防止发生风雨振。

5）主梁架设和施工控制

边跨梁段采用分段顶推法施工，每阶段在已架梁段末端拼建长约 18m 的预应力混凝土箱形节段，再将整组箱梁向索塔方向推进，这工序重复进行直至首段箱梁及顶推导梁超越索塔。

架设主跨主梁，则利用趸船把长 8.7m 的主梁节段运至正确位置，然后使用已安装在桥身前端的垂直起重机将梁段缓缓从趸船吊升就位（图 9）。起重机基本

图 9　主跨梁的架设

结构为一条长约20m的纵向钢梁，使用螺栓固定于已架梁段末段，以悬臂式伸出海面。

当梁段吊升至桥面的正确高度及位置后，采用高强度摩擦螺栓把梁段两侧的钢腹板接合，然后浇筑上下层混凝土桥面板的连接缝。待混凝土强度足够时，继而进行张拉斜拉索的工序。

为能达至主梁柔顺的预拱线形，整个吊装过程及合龙工序均经精确计算，准确地控制桥身高程，同时也利用调整斜拉索的拉力来控制主梁线形。在张拉斜拉索前，先收集桥身温度、桥塔倾斜度及桥身的高程数据，然后输入计算机运算每根拉索所需的拉力。

6）桥梁健康监测系统

为了监测大桥结构健康情况和进行结构评估工作，桥上安装了一套桥梁结构健康监测系统（简称为桥监系统）。其作用是监测桥梁在服役期间结构健康变化

和进行结构评估，以作出相应的应变措施，例如进行特别检查和养护等工作。结构健康是指结构的可靠性，其中包括结构承载能力、状态和耐久能力等。而结构评估工作是指利用特定信息，分析既有桥梁的可靠性并作出随后的修护决策。

桥监系统主要由6个系统组成并通过网络联系运作。这6个系统包括：①传感器系统；②信息收集及传送系统；③信息处理和分析系统；④结构健康评估系统；⑤结构健康数据管理系统；⑥检查及维修系统。传感器系统主要是指安装在桥上约350个传感器及有关附件，其中包括风速仪、加速仪、应变仪、位移仪、温度仪、水平仪、全球定位仪、信息放大处理器和串联接口等。信息收集及传送系统安装在桥上3个由微型计算器控制的信息收集站，收集传感器传来的信息并将之数据化，然后利用光纤网络传送至信息处理和分析系统中，进行初步分析，并将已处理和分析信息输送至结构健康评估系统中，进行整体结构的可靠性评估。

4. 主要技术特点和创新点

（1）汲水门桥是目前世界上第二长的公铁两用斜拉桥，现已成为香港的标志之一。由于工程计划紧迫，选用“设计及建造”合约方式承建，尽量善用承包商的丰富建桥技术及经验，以达至经济及快捷的方案。

（2）首次采用独一无二的“双重合成”混叠合式结构的主跨主梁，即桥身面板及底板均采用钢筋混凝土结构，大大增加本桥的气动稳定性，既能提高结构效能，又能减低建造成本。

（3）边跨运用顶推法施工，大量减少在地势不平场地的脚手架的使用量，并可和桥塔建造同步进行，大大节省时间。

（4）设计的另一重要考虑是为防止边跨在某种荷载组合下升离支座，故此采用预应力钢束把边跨桥身锚固在其中一座桥墩上。

（5）主跨主梁独特的中央通风隙设计可减低主梁底面风致压差，大大提高主梁的气动稳定性。主梁下层采用全天候密封式设计，确保公铁交通在恶劣天气情况下仍可运行。

（6）另一创举是在大桥内安装了齐备的监控仪器，利用计算机分析监控数据，藉此监控及预测大桥的结构性能表现，大大推进桥梁监控技术的发展。

（7）桥上安装了一套精密的交通控制及监控系统，达至高效管理及提升道路安全水平，确保本桥及邻近的道路网络交通畅顺。

汲水门桥获1998年日本土木学会颁发“田中赏”、1998年美国顾问工程师学会最佳工程设计奖。

相关资料

» 桥　　名：武汉天兴洲长江大桥
桥　　型：五跨双塔三索面三片主桁双层桥面钢桁梁斜拉桥
跨　　径：98m+196m+504m+196m+98m
桥　　址：湖北省武汉市
» 设计单位：中铁大桥勘测设计院有限公司
» 施工单位：中铁大桥局集团有限公司
中铁十二局集团有限公司
中铁山桥集团有限公司

» 混凝土用量：880 000m^3
钢 材 用 量：121 500t，其中 Q370q-E 45 800t
造　　　价：34.24 亿元
建 成 日 期：2008 年 9 月

武汉天兴洲长江大桥

图 1　武汉大兴洲公铁两用长江大桥

1. 概况

武汉天兴洲长江大桥位于武汉长江二桥下游 9.5km 的天兴洲江段（图 1）。桥址处长江被天兴洲分隔成南北两汊。跨长江南汊主航道主桥为双塔三索面钢桁梁斜拉桥，桥面按上、下两层布置，上层为公路桥面，下层为铁路桥面（图 1）。跨长江北汊副航道为预应力混凝土连续梁桥，公路桥与铁路桥平行分建，铁路在下游，公路在上游。跨天兴洲区段为从双层桥到平行桥的过渡区段，大桥全长 4 657.1m。

南汊主河道宽约 1.4km，北汊副河道宽约 1km，主河道水深 15～31m，桥址百年一遇洪峰流量为南汊 55 000m^3/s，北汊 22 100m^3/s；最大冲刷深度 29.91m；覆盖层 25～32m，基岩以砾岩为主；水流平均速度为 2.13m/s；设计船舶碰撞速度为 3m/s；桥渡区为典型季节性气候，七、八月份最高温度达 42℃，一月份最低为 －15℃，年平均气温为 +16℃，年平均降雨量 1 214～1 448mm，年最大降雨量达 1 266mm。

该桥为公铁两用桥，公路部分按城市快速路标准设计，设计速度 80km/h；双向六车道，桥面宽 27m；设计基本风速：29.9m/s。铁路部分，线路等级：客运专线，Ⅰ级；正线数目：四线，客运专线和Ⅰ级干线均分别为双线；正线间距：客运专线 5m，Ⅰ级线 4.2m，客运专线与Ⅰ级线间距 8.6m；牵引定数：货车 5 000t，客车 700～1 100t；旅客列车设计行车速度：200km/h 以上，按 250km/h 作动力仿真设计；设计荷载：客运专线采用“ZK 活载”，Ⅰ级铁路采用“中－活载”。地震基本烈度Ⅵ度。主航道通航净空尺度：航道等级Ⅰ（1），净宽不小于 455m；净高：最高通航水位以上不小于 24m；北汊通航孔净空高度：设计最高通航水位以上不小于 10m，考虑洪水期可通航小型船舶，统一设置两个净宽不小于 60m 的通航孔。

2. 主桥结构

1）上部结构

南汊主桥为双塔三索面三片主桁双层桥面钢桁梁斜拉桥，孔跨布置为 98m+196m+504m+196m+98m=1 092m（图 2），采用半飘浮体系，两边跨各设一辅助墩。边墩、辅助墩以及主塔墩上均设有竖向支座和约束梁体横向位移的支座或构造，主塔－钢桁梁之间设约束梁体纵向位移的 STU 及 MR 阻尼装置。公路桥面：两端 168m 为预制混凝土板，其余为钢正交异性板桥面。铁路桥面：混凝土槽板道渣桥面。

2）主塔墩基础

2 号墩为柱桩基础，采用 32 根 ϕ3.4m 钻孔桩，行列式布置，桩长 53～57m。3 号墩为摩擦桩基础，采用 40 根 ϕ3.4m 钻孔桩，行列式布置，桩长 84m。承台均采用双壁钢吊箱围堰施工（图 3）。

3）索塔

（1）主塔结构设计为倒‘Y’形钢筋混凝土结构，由下、中、上塔柱及下横梁 4 部分组成（图 4）。塔高（从塔座顶面算起）为 190m，主塔顺桥向宽度为 9～18m。每塔采用 C50 混凝土 22 127m^3。每塔普通钢筋（HRB335）4 100t。预应力

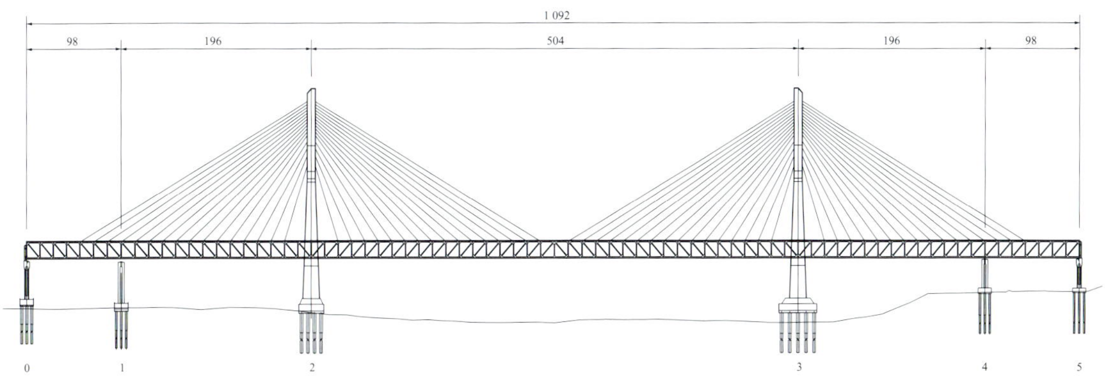

图 2　主桥桥型布置（尺寸单位：m）

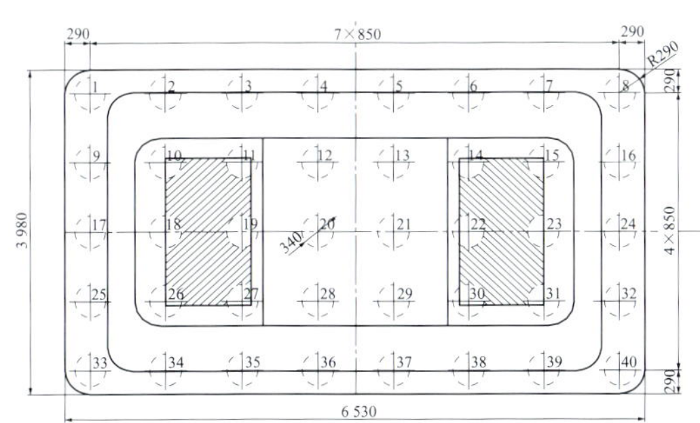

图 3　3 号墩主塔基础桩位平面布置（尺寸单位：cm）

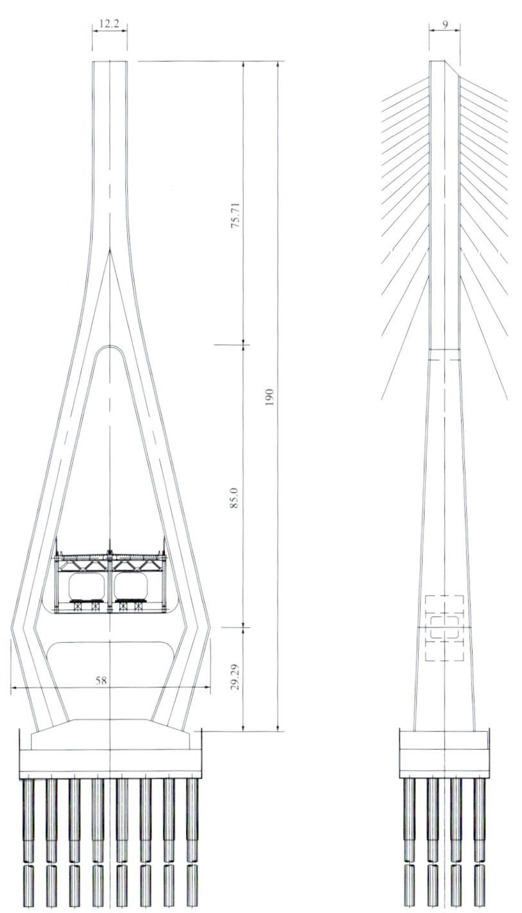

图 4　索塔结构（尺寸单位：m）

筋采用19根直径ϕ15.2mm钢绞线及24根直径ϕ7mm钢丝束两种类型。桥面以上塔高135m，与主跨度之比为0.27。

(2) 下塔柱高 29.29m，横桥向宽 7.2～10.75m，顺桥向宽 16～18m，采用单箱双室截面，壁厚为 1.5m，在根部及与下横梁交界的一定范围内壁厚逐渐加厚。

(3) 中塔柱高 85m，横桥向等宽 7m，顺桥向宽 9～16m，采用单箱单室截面，壁厚为 1.3m，在顶部及与下横梁交界部一定范围内壁厚逐渐加厚。中塔柱在桥面处设有 1.8m×1.0m 人孔，电力管线从该处通过。

(4) 上塔柱高 75.71m，横桥向等宽 12.2m、顺桥向等宽 9m，采用单箱三室截面，四个侧墙壁厚为 0.8m、两个锚固墙为 1.5m，在根部及与中塔柱交界处一定范围内壁厚逐渐加厚。上塔柱内设有斜拉索锚块。塔塔顶部设有 0.8m 厚的盖板，盖板上设人孔。

(5) 下横梁高 8m，横桥向长 58m，顺桥向宽 14m，采用单箱双室截面，顶、底板厚度为 0.8m，腹板厚度为 1～1.6m，在支点位置设 2m 厚的横隔墙。顶面布置有支座垫石及阻尼装置的固定垫块。顶面留有4个进人孔，下横梁内部设有通道与中塔柱相通。

(6) 塔的斜拉索锚固区采用预应力锚固形式，预应力体系采用24根直径ϕ7mm高强度低松弛钢丝束镦头锚。

4) 主梁

(1) 主梁采用五跨连续钢桁梁，三片主桁（N 形桁架），斜拉桥三个索面分别锚于三片主桁的上弦，主桁间距 15m，桁高 15.2m，节间长度 14m。上层公路桥面为钢正交异性板与混凝土组合面板；下层铁路桥面为纵横梁体系（图 5）。采用国产低合金钢 Q370q-E。

(2) 斜拉桥主桁大部分杆件在安装及运营状态下处于受压状态，上桁弦杆最大杆力约 56MN。主桁弦杆均采用箱形截面，宽度为 1 000mm，梁端 126m 范围上弦杆高度 1 000mm，其余区段高度 1 300mm；下弦杆高度 1 450mm，组成箱形杆件的四块板中部各设一根纵向加劲肋。主桁部分斜杆采用箱形截面，其余斜杆、竖杆采用H形截面；腹杆与节点的连接采用插入式。主桁节点采用焊接整体，节点外拼接。钢桁梁工地连接采用直径ϕ30mm、ϕ24mm高强度螺栓，材质35VB。

(3) 斜拉索锚固于主桁上弦节点，锚箱结构（图6）。

5）斜拉索

每塔两侧各有3×16根斜拉索，主桥共192根。斜拉索为高强镀锌钢丝镀锌平行钢丝组成，双层PE防腐护套，冷铸锚。斜拉索截面最大为451根直径7mm高强镀锌钢丝，最大设计索力12 170kN，单根最大索长272m，重40t，全桥共用高强镀锌钢丝4 200t。钢桁梁上索距14m，相邻索面中心距15m。斜拉索下端锚固于主桁上弦节点锚箱内，上端锚固于上塔柱。斜拉索上、下端均可作为张拉端。

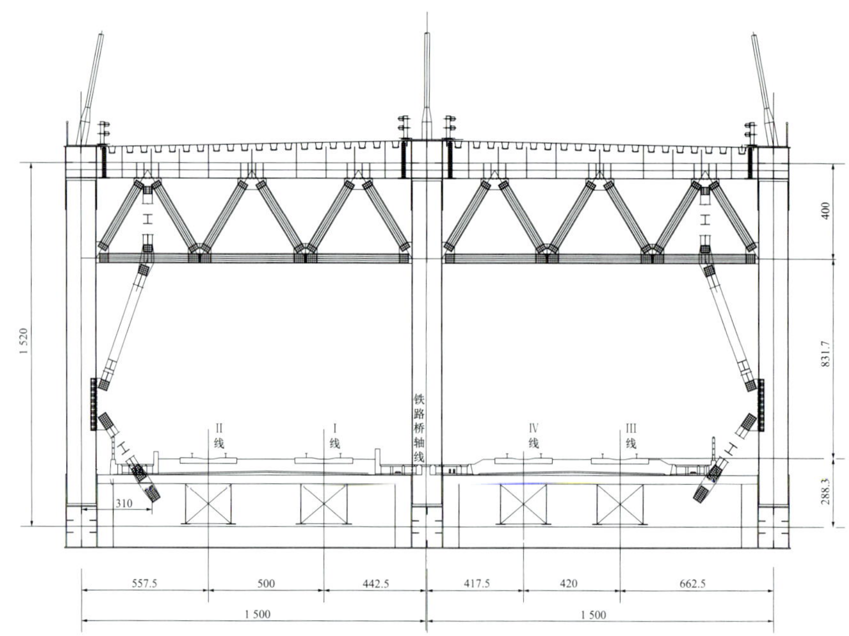

图5 钢桁梁标准横断面（尺寸单位：cm）

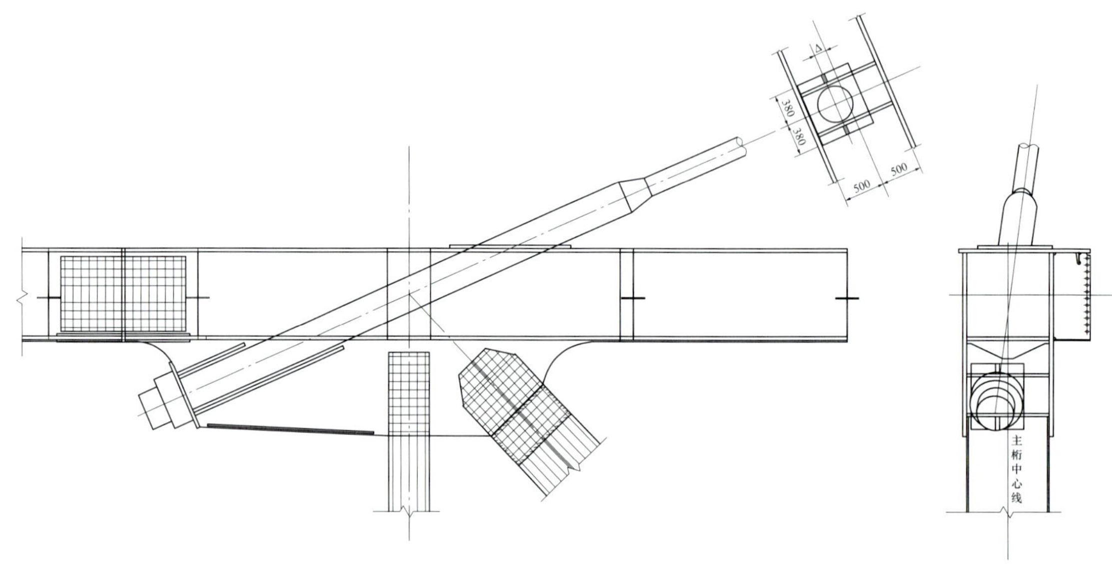

图6 斜拉索锚箱构造（尺寸单位：mm）

拉索PE护套上采用螺旋线，连同塔上设高分子黏滞阻尼橡胶圈和梁上设液压阻尼器，可有效地抑制拉索风雨振。

6）主梁架设和施工控制

钢梁架设采用整节段+散拼的方式，以整节段架设为主（图7），一个节间最大吊重为700t。

在墩顶采用整节段架设比较困难，则采用散拼的方式。2号、3号主墩设支架，采用浮吊散拼架设墩顶四个节间钢梁（图8）。

用浮吊拼装架设节段钢梁用的700t架梁吊机，在南岸滩地无水部分在支架上拼装钢梁，水中部分用架梁吊机对称悬臂架设钢桁梁节段（图9）。

主桁节段在工厂拼装焊接成型，并设置合适的临时杆件以方便运输和吊装。700t架梁吊机横向设可独立调整和控制的3个吊点，方便3个主桁的对位安装。

为实现杆件合拢，按工厂制造长度无应力安装，支架上钢梁需要顶升和纵横移。钢梁跨中合龙，完成全桥钢梁架设（图10）。

3. 主要技术特点和创新点

1）设计技术

（1）主跨 504m 的公铁两用斜拉桥，建成后将为世界上最大跨度。

（2）世界上荷载最大的公铁两用斜拉桥。本桥荷载标准为六车道公路、四线铁路（两线客运线、两线Ⅰ级干线），首次采用三片桁架主梁、三索面结构。

（3）在钢桁梁桥中采用钢正交异性板与混凝土桥面板的新结构。

（4）深水基础首次采用直径 3.4m 的大直径钻孔灌注桩。

图 7　三片主桁整节段吊装

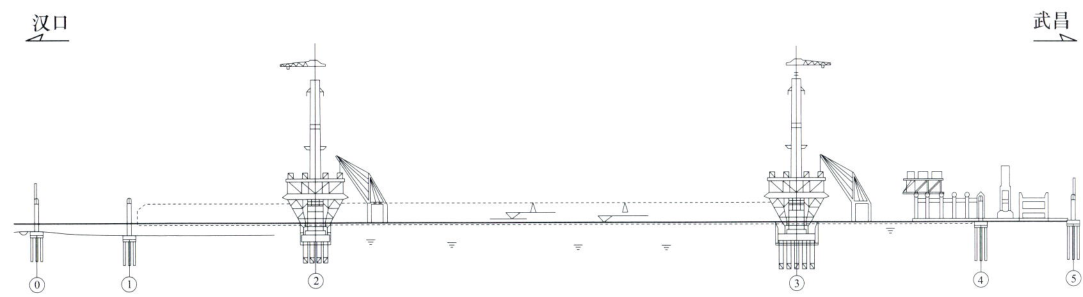

图 8　墩顶 4 节间散拼

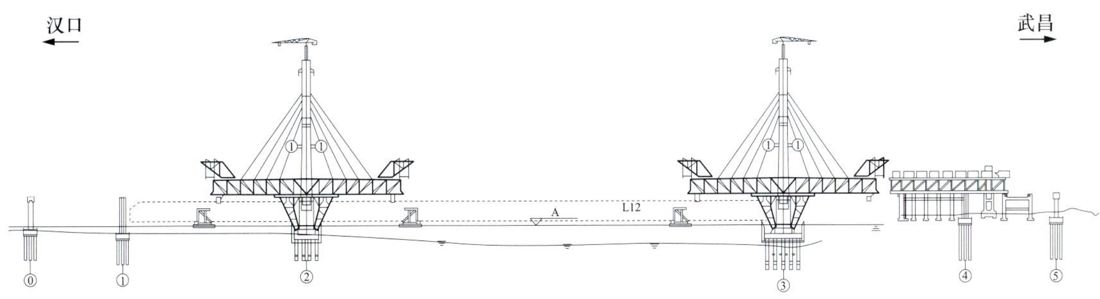

图 9　架梁吊机对称悬臂架设钢桁梁节段

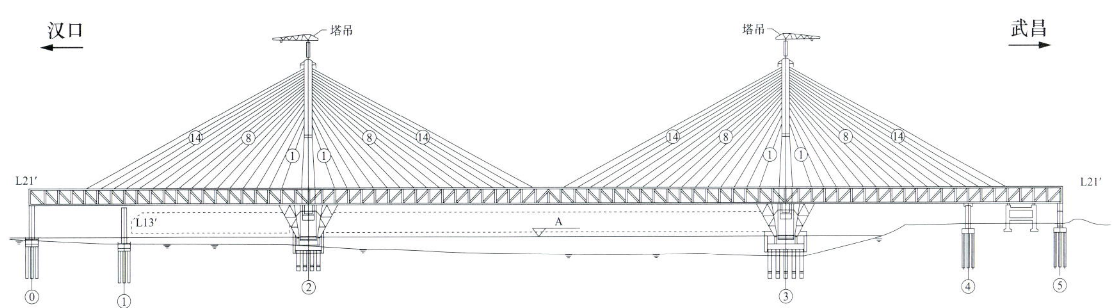

图 10　三片主桁整节段吊装跨中合龙

（5）桥梁纵向约束采用大吨位阻尼装置，有效改善了斜拉桥体系的受力。

2）施工技术

（1）主塔墩基础施工采用“巨型双壁钢吊箱围堰成套技术”，在复杂施工条件下整体浮运、精确定位。该技术中“钢吊箱整体浮运锚墩预施拉力定位、兼作钻孔平台方法”、“桥梁深水基础钢吊箱、钢套箱浮运重型锚墩定位施工方法”等两项研究成果分别获得国家发明专利授权。

（2）研制了扭矩为 300kN·m 动力头钻机，成功完成直径 3.4m 钻孔桩施工。

（3）钢梁安装采用整节段架设技术，并研制成功 700t 步履式专用架梁吊机。节段工厂预拼、现场整体安装工艺，对提高工效、确保工程质量。

相关资料

» 桥　名：南京大胜关长江大桥
桥　型：6 跨连续钢桁拱桥
跨　径：108m+192m+2×336m+192m+108m
桥　址：江苏省南京市
» 设计单位：中铁大桥勘测设计院有限公司
» 施工单位：中铁大桥局集团有限公司
中铁山桥集团有限公司
中铁宝桥股份有限公司

» 混凝土用量：1 225 000m^3
主桥用钢量：78 000t
造　价：46.4 亿元
建成日期：2009 年 11 月

南京大胜关长江大桥

图 1　南京大胜关长江大桥全景效果

1. 概况

南京大胜关长江大桥位于长江下游的南京大胜关河段，在已建成的南京三桥上游 1.55km。桥址两岸防洪大堤之间宽约 2.8km，洪水期主流表面最大流速为 2.28m/s。南京为典型季节性气候，台风影响集中在 5~11 月，江面最大风力达 7~9 级；年最大降雨量 1 266mm。桥位区河段顺直，航槽、岸线稳定。桥梁通航净空高度不低于 24m；通航净空宽度：单孔单向不小于 280m，单孔双向不小于 490m。桥址区河道内覆盖层主要由粉、细、中、粗、砾砂及圆砾土层组成，厚度 38~65m。基岩为薄层全风化、强风化、弱风化泥岩，下为微风化岩。地震基本烈度为Ⅶ度。

大桥全长约 9.27km，主桥六跨连续钢桁梁拱桥中，主跨 2×336m 连拱为世界同类桥梁跨度最大（图 1）。桥上按 6 线布置：分别为京沪高速铁路双线、沪汉蓉铁路双线和南京地铁双线。其中高速铁路的设计行车速度目标值为 300km/h，设计荷载为 ZK 活载；沪汉蓉铁路为Ⅰ级干线，客货共线，客运列车设计速度 200km/h，设计荷载为中－活载；南京地铁设计速度 80km/h，设计荷载为 B 型车辆活载。

2. 主桥结构

主桥为六跨连续钢桁拱桥，跨度布置为 108m+192m+336m+336m+192m+108m（图 2）。拱矢高 84m，矢跨比 1/4。跨中拱顶处桁高 12m，支点处桁高 53m，边跨钢桁连续梁桁高 16m，节间长 12m。主桥为空间三桁结构，相邻两片主桁间距 15m，桁宽 30m，四线铁路合建于桁内，沪汉蓉和京沪客运专线分置于中桁上下游侧，南京地铁外挂于主桁悬臂上，桥面全宽 41.6m（图 3）。

1）主桁结构

上弦杆采用箱形截面，内宽 600~1 400mm，内高 800~1 400mm，板最厚 52mm；下弦杆采用箱形截面，内宽 600~1 400mm，内高 1 200~1 416mm，板最厚 52mm；拱肋采用箱形带肋截面，最大截面 1400mm×1820mm，板最厚 52mm；腹杆采用箱形和工形截面。

2）桥面结构

铁路桥面采用与下弦连接的正交异性钢桥面板结构。节点处设置横梁，节间每隔 3m 设置一道横肋，

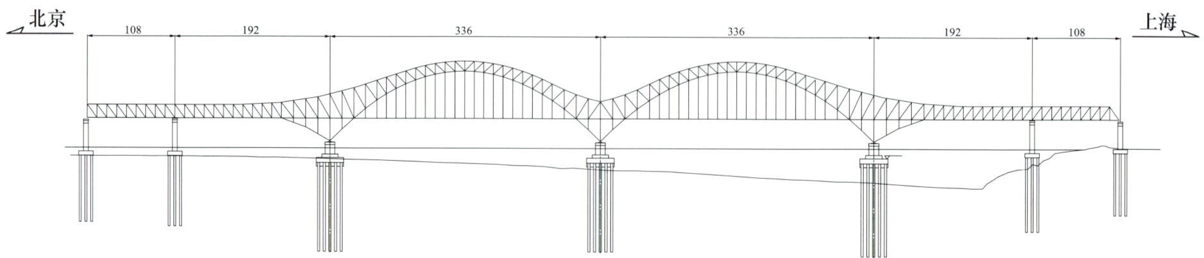

图 2　主桥桥型布置（尺寸单位：m）

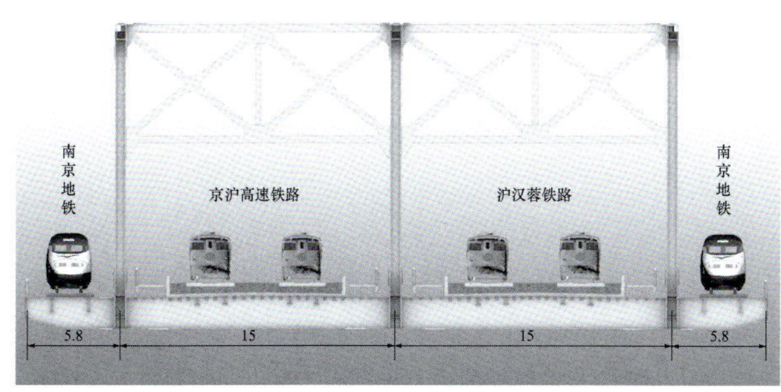

图 3 横断面布置（尺寸单位：m）

轨道下设置纵梁；横梁高2m，横肋高1.2m，纵梁高500mm，桥面板厚16mm，板下设置U肋，间距600～700mm。

3）材料

主桁一般杆件以及桥面系构件采用 Q370qE 钢材；拱肋杆件超过 40MN 的受压杆件及节点板采用新研制的 Q420qE 高强钢材；联结系杆件及轻轨纵梁、托架选用 Q345qD 钢材。

4）下部结构

三个主墩基础采用 46 根直径 2.8m 的钻孔桩基础，圆端形高桩承台平面尺寸为 34m×76m，墩身为 12m×40m 圆端形空心墩，单箱双室截面，壁厚 1.5～2.0m，在顺桥向中部设竖隔墙。边墩、辅助墩均采用直径 2.5m 钻孔桩基础，边墩采用双幅矩形空心框架墩身（图 4、图 5）。

5）施工

（1）基础施工

6 号、7 号、8 号主墩基础均采用双壁钢围堰＋锚碇无导向船定位的施工方案，其中 6 号墩采用双壁钢套箱围堰施工，7 号、8 号墩采用双壁钢吊箱围堰施工，6 号、8 号墩围堰分次接高，7 号墩围堰整体一次接高。双壁钢围堰岸上制作，气囊法下水、浮运至墩位，利用锚碇系统实现初、精定位，插打 16 根定位钢护筒，围堰挂桩完成体系转换。先期进行钻孔桩施工，钻孔桩完成后，围堰接高并下放至设计高程二次挂桩，围堰内封底、抽水，进行承台、墩座施工（图 6、图 7、图 8）。

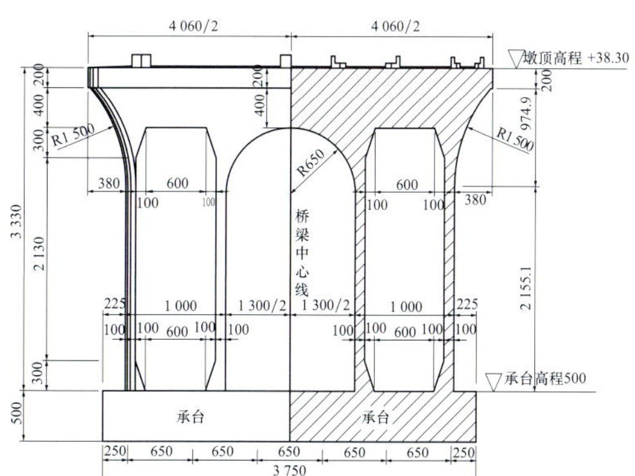
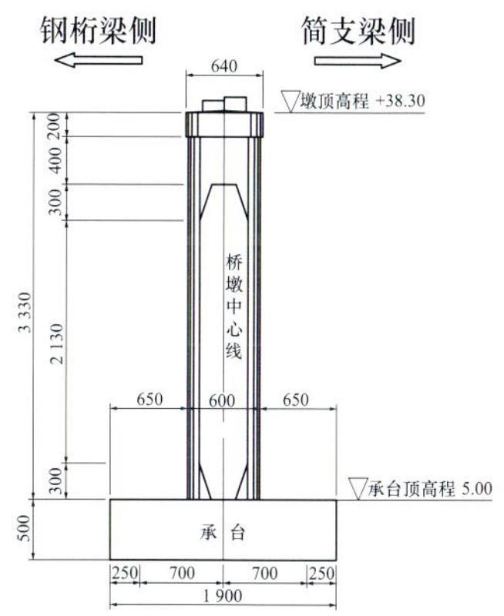

图 5 10 号墩结构（尺寸单位：cm）

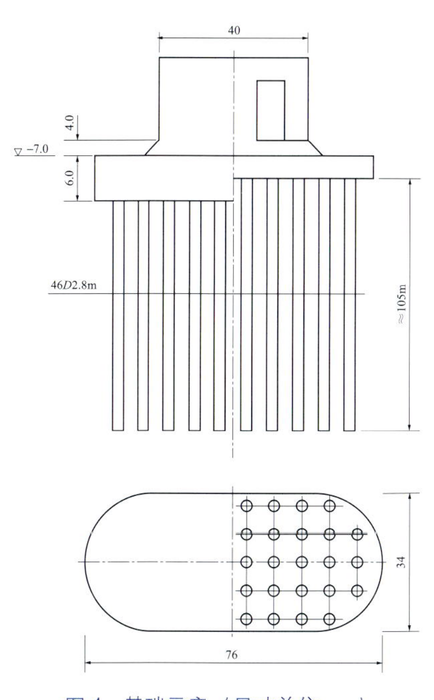

图 4 基础示意（尺寸单位：m）

图 6 基础围堰施工

3 号、4 号、5 号、9 号墩施工方案是先建立施工平台，进行钻孔桩施工，钻孔桩完成后，整体吊装双壁钢围堰，围堰内封底、抽水，进行承台、墩身施工。

（2）钢梁架设

主桥上部结构连续钢桁系杆拱，桁宽 30.0m，采用 3 片桁架，变节间布置，除 3 个主墩墩顶采用 4 个 15m 节间，其余均为 12m 节间。

主桁构件材质采用新 Q420qE 钢和 Q370qE 钢，桥面系采用 Q370qE 钢，联结系、轻轨采用 Q345qD 钢，辅

图 7　8 号钢筋笼下放

图 8　10 号墩翻模施工

助结构采用Q235B钢。主桁杆件共有1 734根，主桁弦杆采用整体节点，最大杆件重约116t，全桥钢梁重7.8万吨。

由于桁拱相邻节间存在一定的夹角，主桁轴线为折线杆件。

主桥钢梁架设采用从两侧往跨中架设、跨中合龙的总体方案。北侧从 4 号墩向 6 号墩，南侧从 10 号墩向 8 号墩方向架设；6 号、7 号、8 号主墩墩顶 4 个节间在墩旁托架上架设，其余节间钢梁均为双悬臂架设；6 号、8 号墩各设吊索塔架一座，7 号墩设 3 层平索辅助架梁。钢桁拱共设 4 个合龙口，南北两侧 192m 边跨各一个，两孔 336m 主跨各一个；192m 边跨合龙口设在该跨的第 8 节间，336m 主跨合龙口均位于跨中。全桥钢梁合龙口均采用双悬臂合龙，合龙顺序是先两侧 192m 边跨，之后再安装合龙两个 336m 主跨（图 9）。

4 号～0 号墩两联 2×84m 钢梁在 5 号～6 号墩 192m 边跨合龙后，架梁吊机调转回 4 号墩，从 4 号墩向 0 号墩方向全悬臂架设，直至完成两联 2×84m 钢梁架设。

拱桁钢梁悬臂安装顺序先下弦系杆，后拱下弦、上弦，最后安装吊杆。

平弦钢梁伸臂安装顺序先主桁杆件，待各片主桁

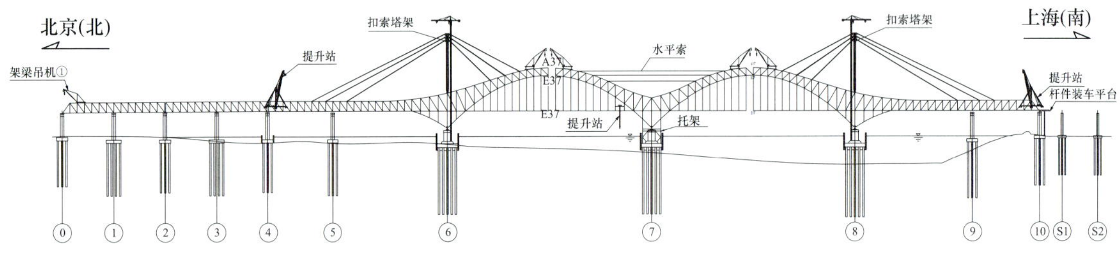

图 9　钢梁架设合龙方案

的三角形闭合后再安装桥面。桥面板分块随下弦在本节间安装，先栓接，后焊接，焊接时先横缝，后纵缝。

3. 主要技术特点和创新点

（1）高速：本桥设计速度目标值 300km/h，在世界高速铁路桥梁中处于先进水平。由于采用了结构刚度较大的 6 跨连续钢桁拱桥，满足了高速列车运营的安全性与舒适性要求。

（2）大跨：本桥主跨 336m，在 300km/h 的设计时速条件下，为世界最大跨度的铁路桥梁。

（3）重载：本桥承载两线高速铁路、两线 I 级铁路、两线南京地铁共 6 线交通荷载，为世界上设计荷载最高的高速铁路桥梁。

（4）新材料：本桥采用了新研制的屈服强度 420MPa 的新型钢材——超低碳贝氏体钢，含碳量低，与国内已采用的桥梁结构钢相比，具有强度高、冲击韧性好、可焊性及疲劳性能更好的特性。

（5）新结构：采用 3 主桁结构，多线铁路位于同层桥面，解决了大跨度桥梁的横向刚度难题，同时又合理处理了宽桥面横向构件受力问题；采用了与主桁下弦相结合的正交异性钢桥面板结构，上铺道渣轨道结构，形成了抑振质量大、结构阻尼大、整体性好且较为平顺的轨道支承结构，高速行车性能优异。

（6）新设备：本桥在设计中采用了伸缩量 1 000mm 的轨道伸缩调节器和 800mm 的梁端伸缩装置；180 000kN 的大吨位球型支座；基础采用的防撞设施，既可消弱船舶撞击能量能，又可保护桥梁基础和通航船舶航行安全。

（7）新工艺：主桥深水基础采用了无导向船的双壁自浮式围堰平台施工方案，利用大型吊装设备实施重型构件安装，采用吊索塔架辅助钢桁拱合龙，整体桥面分块制造、工地栓焊。

贵州水柏铁路北盘江大桥

图 1　北盘江大桥全景

相关资料

» 桥　　名：贵州水柏铁路北盘江大桥
桥　　型：上承式钢管混凝土拱
跨　　径：236m
桥　　址：贵州省六盘水市
» 设计单位：铁道第二勘察设计院集团有限公司
» 施工单位：中铁大桥局集团有限公司
国营武昌造船厂

» 混凝土用量：25 063m³（主桥）
钢 材 用 量：3 238t（主桥）
造　　价：10 500 万元
建 成 日 期：2001 年 11 月

1. 概述

北盘江大桥位于贵州省六盘山市（图 1），为水柏铁路重点控制工程。铁路等级为 I 级，桥上线路为单线、平坡，设计活载采用铁路“中—活载”，地震烈度小于Ⅵ度。北盘江峡谷深切呈 V 形，谷底至桥面高达 280m，两岸地形陡峭，场地狭窄，基岩裸露。北盘江大桥为山谷架桥。大桥与北盘江约呈 80° 交角，在峡谷较窄、地质条件较好的老鹰岩桥位，以全线最低点跨越北盘江（图 2），桥梁全长 468.20m。

2. 主桥设计和施工

主桥为钢管混凝土拱桥，拱圈中心跨度 236m，矢高 59m，矢跨比 1/4，拱轴系数 m=3.2（图 3）。拱肋高 5.4m，宽 2.5m，每肋主要由 4 肢直径 1m 钢管构成。拱肋横向内倾 6.5°，拱脚处拱肋中心距 19.6m，拱顶处拱肋中心距 6.16m。拱肋上下弦在拱脚段采用实腹钢板连接，中段采用 H 形杆连接。拱肋钢管及实腹板内均灌注 C50 微膨胀混凝土。

两拱肋之间通过上下两层“米”字形和“N”字形钢管平联实现连接，构成横向联结系（图 3）。拱圈采用 Q345d 钢，钢结构表面涂装采用热喷铝体系。

图 2　桥址地形

拱上结构布置为：5×16m 简支梁+82m 拱顶 Π 形钢筋混凝土刚架+5×16m 简支梁。拱上墩柱采用带 K 形横联的钢筋混凝土空心刚架墩。

主拱采用有平衡重单铰平转法施工。即依地形在两岸搭设支架，支架上拼装、焊接拱肋，再转体合龙（图 4、图 5）。

转体结构系统由上盘、下盘、球铰、交界墩、扣索、背索和牵转系统等组成。转体高 66.1m，前臂长 115.87m，后平衡臂长 14.83m，转盘宽 26m 扣索总拉力 11 000kN、背索总拉力 96 000kN，均采用高强度钢绞线。半跨钢管拱下端以临时铰支承于转体上盘两侧前方，前端以钢绞线扣索锚固于交界墩墩顶；交界墩高 58.878m，坐落于上转盘后方，

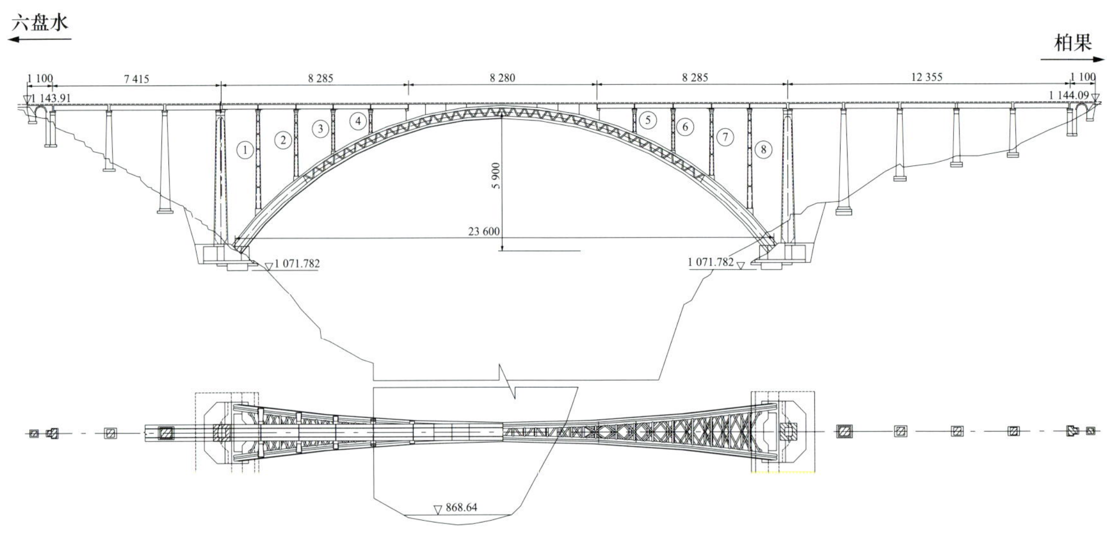

图 3　北盘江大桥桥型布置（尺寸单位：cm）

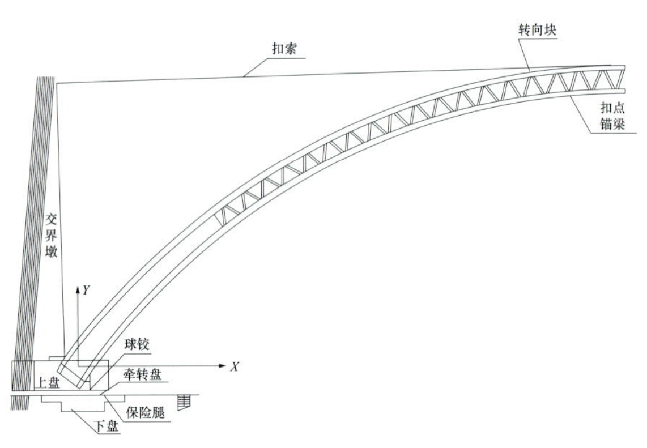

图 4　转体示意

图 6　转体支座

图 5　转体施工

其墩顶两侧以钢绞线束锚固于上转盘后下方；上转盘长 20m 宽 26m 高 6m，采用三向全预应力；转体重量 10 400t，转体时全部重量都作用在直径 3.5m 的球铰上。转体由两对（4 台）连续张拉千斤顶提供转动力（图 6）。

3. 主要技术特点和创新点

(1) 对大跨度铁路桥梁设计理论进行了完整的研究，是我国最大跨度的铁路拱桥，主跨236m为当年转体施工的世界最大跨度单线铁路拱桥。

(2) 国内首座铁路钢管混凝土拱桥，钢管混凝土和焊接管结构填补了铁路桥梁的应用空白。其中节点板栓接腹杆形式为我国钢管混凝土拱桥首次采用。

(3) 采用有平衡重单铰平转法施工实现转体合龙，转体施工重量 10 400t，为当时世界单铰转体施工最大重量。首次采用了钢与填充式聚四氟乙烯复合滑片作为摩擦釜的转体球铰，球铰凹面向上，使转体结构更趋于稳定。

(4) 拱圈管结构实现现场全方位焊接，工地焊接量巨大，焊缝长度达 5.6km，在我国乃至世界铁路桥梁建筑史上罕见。焊缝经 100% 经超声波和经 20% X 射线探伤，质量优良。

北盘江大桥获国家科学技术进步二等奖、全国优秀工程设计银质奖、中国建筑工程鲁班奖、詹天佑土木工程大奖等。

重庆宜万铁路万州长江大桥

相关资料

- 桥　　名：重庆宜万铁路万州长江大桥
- 桥　　型：连续钢桁系杆拱桥
- 跨　　径：168m+360m+168m
- 桥　　址：重庆市万州区
- 设计单位：中铁大桥勘测设计院有限公司
- 施工单位：中铁大桥局集团有限公司
中铁山桥集团有限公司

- 混凝土用量：44 653m^3
- 钢 材 用 量：9 976t
- 造　　价：2.2 亿元
- 建 成 日 期：2005 年 12 月

图 1　万州长江大桥全景

1. 概况

万州长江大桥是宜万铁路与达万铁路相连接的重要越江控制工程（图 1），位于重庆市万州区长江上游 7km 的沱口河段，上距重庆市 322km，下至三峡大坝 291.5km。

桥址处河槽及两岸为典型的峡谷地貌，三峡水库蓄水后，桥位处江面宽约 950m，水深达百米以上。基岩为硬质砂岩与不等厚互层的泥质粉砂岩、粉砂质泥岩及泥钙质粉砂岩组成。

桥址所处地区属亚热带季风湿润气候区，平均气温 18.1℃，极端最高气温 42.1℃，极端最低气温 −3.7℃。平均降雨量 1 185.4mm，最大暴雨强度 197mm/h。桥址区设计风速为 20m/s。万州是我国酸雨较为严重的地区，酸雨 pH 值一般在 4 左右，酸雨频率约占 70%。

铁路Ⅰ级标准，中—活载，单线；地震烈度：Ⅵ度，按照Ⅶ度设防；通航净空：以桥址处三峡水库正常蓄水时的水位 175.2m 作为最高通航水位，单孔双向通航，通航净空（高 × 宽）为 18m × 300m。

2. 主桥结构

万州长江大桥全长 1 106.3m，其中主桥长 696m，跨径布置为 168m+360m+168m 的连续钢桁系杆拱桥。万州侧引桥为一联(46.6m+46m+50m+51.3m）预应力混凝土连续箱梁，梁高 3.65m；宜昌侧引桥为一联（43.6m+3 × 42.7m+43.3m）预应力混凝土连续箱梁，梁高 3.05m（图 2）。

主桥所采用的连续钢桁系杆拱桥为结构内部自平衡体系，结构无外部推力，拱肋推力由系杆拉力平衡。上部结构的支承体系类似于连续梁，设一个固定铰支座和 3 个活动铰支座，固定支座采用铸钢铰轴支座，活动支座采用四氟滑板式铸钢铰轴支座。

1）下部结构

5 号、6 号主墩高分别为 54m 及 59m，为 10m × 19m 的矩形空心墩、单箱双室截面，在顺桥向中部设竖隔墙，壁厚 1.5～2.0m。5 号墩采用 15 根直径 2.5m 的钻孔桩群桩

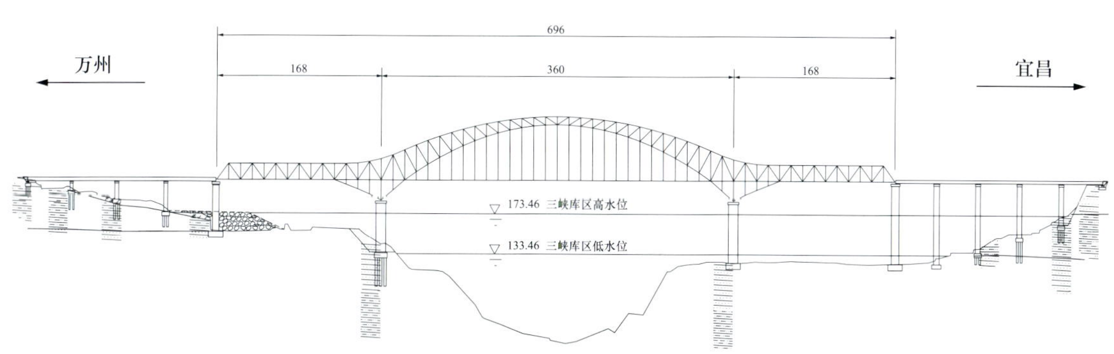

图 2　桥型布置（尺寸单位：m）

基础，承台平面尺寸为22.1m×13.1m，基底置于中风化硬质砂岩顶，钻孔桩呈纵向3排，横向5排行列式布置。6号墩位于宜昌侧整体性较好的黑盘石上，采用26m×15m×6m的扩大基础，嵌入基岩。

4号墩为万州侧边墩，墩48.9m，采用6.5m×19m矩形空心墩，壁厚0.8m。7号墩为宜昌侧边墩，墩高80.1m，为全桥最高墩，采用8m×19m矩形空心墩，壁1.25～1.5m。下部结构施工（图3）。

图3 下部结构墩身施工

2）上部结构

（1）结构总体布置

主桥钢梁为连续钢桁系杆拱桥，两侧边跨为平弦桁梁，中跨为刚性拱柔性梁（系杆）的钢桁系杆拱桥。边跨主桁采用有竖杆的三角形桁式，桁高16m，桁宽16m，节间长度12m；中间支点处设下加劲弦，高20m，加劲弦的设置增加了支点处主梁桁高，改善了结构受力，同时与钢桁拱拱肋下弦匀顺过渡并连为一体，使得整体结构显得简洁美观、刚劲有力；中跨钢桁拱拱肋采用变高度“N”形桁架,中间支点处桁高41m（包括加劲弦高度），跨中拱肋桁高8m，拱顶至桥面高度63m。拱肋桁架上、下弦拱轴线分别采用矢高不同的二次抛物线，上弦拱轴线与边跨上弦杆轴线采用圆曲线匀顺过渡。拱肋在其下弦与桥面相交点之间设有钢系杆，以承受拱肋产生的水平推力。拱肋与系杆之间采用刚性吊杆连接，吊杆间距12m，吊杆最大长度55m。

（2）材料

主桁构件材质为14MnNbq（Q370qE），板厚12～50mm；桥面系、联结系构件材质为16Mnq（Q345qD），板厚12～28mm；附属结构材质为Q235B。支座铸件采用耐候型ZG45 Ⅱ，锻件采用35号钢。主桁拼接采用M30高强度螺栓，材质为35VB钢，桥面系和联结系拼接采用M24高强度螺栓，材质为20MnTiB钢；螺母、垫圈采用45号优质碳素钢。

（3）钢主桁杆件及节点构造

加劲弦和拱肋下弦采用焊接箱形截面；边跨平弦部分弦杆、中弦和拱肋上弦采用焊接H形截面；腹杆采用箱形及H形截面；系杆采用焊接H形截面。为简化节点拼接构造，不同板件厚度弦杆的拼接，较薄板件在拼接区域采取局部加厚做法，杆件最大板件厚度50mm，最大长度28.3m，最大安装吊重35t。主桁节点采用传统的拼装式。

（4）桥面系

铁路桥面系采用钢纵横梁体系，横梁高2 200mm，采用双层盖板形式；纵梁高1 480mm，两片纵梁间设置联结系；全桥钢梁设置有5处伸缩纵梁。主梁端支点处，设端起重横梁和起重托梁，端起重横梁设两个起顶点，起重托架设一个起顶点；中间支点处设中间起重横梁，采用箱形截面，中间支点共设6个起顶点，其中中间起重横梁设2个起顶点、支承节点板两侧各设2个起顶点。

（5）联结系

各部分平联均为交叉形，杆件采用焊接H形构件。铁路横梁兼作下平联撑杆。对于拱肋和加劲弦平联，由于相邻节间存在一定的夹角，为适应与各节间平联斜杆的拼接，平联撑杆采用由两个工形构件加缀板组成异形格构式杆件。全桥共设置三处桥门架：端桥门架、中间桥门架和拱肋下弦桥门架。端桥门架和中间桥门架采用交叉桁架式结构；拱肋下弦桥门架受铁路行车界限的控制，采用板式桥门架。为增加拱肋桁架的空间整体性，在拱肋桁架每24m（隔一个节间）设一个横联。

（6）吊杆及吊杆横联

全桥共25对吊杆，均采用焊接H形截面，截面宽800mm，翼缘高700～900mm；吊杆长度8～55m，分节段拼接接长。为解决吊杆的风振问题，吊杆腹板和翼缘板上均开设长圆孔。为增强中跨行车系的横向刚度，每对吊杆之间设置有横联件。

（7）结构预拱度的设置

主桁预拱度按照恒载+1/2静活载挠度曲线值反向设置，设计中根据各部分结构的特点，分别采用不同的起拱方法：边跨平弦部分设置上拱度采用伸长或缩短上弦节间长度的方法，伸长或缩短的值在上弦大节点中心处变化；中跨钢桁拱部分采用缩短吊杆长度的方法设置预拱度。

3）主桥防腐涂装

（1）钢结构的防腐涂装

鉴于本桥处于腐蚀环境恶劣的地区，采用氟碳涂料在耐久性方面具有明显的优势。氟碳涂料因其采用的氟碳树脂分子中含有高能的氟碳键（C—F），原子间结合力强，表面自由能低，因而具有优异的耐候性、保光性、耐化学介质等性能。在试验研究的基础上，本桥所采用的涂装体系如下：

特制环氧富锌底漆　最小干膜厚度 2×40μm

环氧云铁中间漆　　最小干膜厚度 2×40μm

氟碳涂料面漆　　　最小干膜厚度 2×35μm（工厂一道、工地一道）

（2）混凝土结构防护体系

鉴于大桥所处的恶劣腐蚀环境，对混凝土结构采取了如下防护涂装体系：对于全部混凝土桥墩（空心墩包括内外表面）、引桥混凝土梁的上顶面和端面采用无机渗透结晶型涂料进行防护涂装；对于混凝土梁的其他部位，采用柔性氟碳涂料进行涂装。

4）钢梁安装

边跨采用部分膺架结合临时墩的半伸臂方法架设，其中端部两个节间区域设置膺架，利用墩旁吊机架设该段钢梁共长 24m，然后在钢梁上弦拼装架梁吊机（图 4、图 5）。分别在距端支点 48m 和 96m 处设置临时墩，利用架梁吊机分别伸臂 24m、48m、72m 架设钢梁至中间墩。伸臂架设时在锚跨适当压重，保证抗倾覆安全系数大于 1.3。中跨采用两侧对称的吊索塔架辅助半孔全伸臂安装（图 6），在跨中合龙的施工方法（图 7）。吊索塔架高 52.2m，前索锚固点拉索锚固水平距离为 96m；后索锚固点拉索锚固水平距离为 132m。中跨钢梁架设时，同时进行吊索塔架的安装，当伸臂架设至 120m 时，挂拉索并进行初张拉，然后继续架设钢梁至 180m，进行钢梁的跨中合龙。为确保梁体的抗倾覆稳定性，中跨伸臂架设过程中对边跨端部四个节间共 48m 范围内进行逐步压重，最大压重 300kN/m，每侧压重总计 14 400kN。

中跨主桁结构安装分两部分进行，为增加钢梁伸臂安装的安全度，减少压重量，系杆区段的桥面系、行车系平联和吊杆横联均在钢桁拱合龙后进行安装。

3. 主要技术特点和创新点

（1）首次在国内采用连续钢桁系杆拱桥的桥梁形式和结构体系。

（2）万州桥建成的是国内跨度最大的铁路桥梁。

（3）万州桥建成时是当时世界上跨度最大的铁路拱桥。

（4）国内首次在大型铁路钢桥上采用氟碳涂料新型涂装体系。

（5）在刚性吊杆上设置抑振孔抑制吊杆风致振动获得成功。

图 4　部分膺架结合临时墩的半伸臂方法架

图 6　吊索塔架辅助半孔全伸臂安装架设

图 5　钢梁上弦拼装架梁吊机

图 7　吊索塔架辅助钢梁的跨中合龙

相关资料

» 桥　　名：青藏铁路拉萨河大桥
桥　　型：钢管混凝土拱连续梁
跨　　径：36m+72m+108m+72m+36m
桥　　址：西藏拉萨市
» 设计单位：铁道第三勘察设计院集团有限公司
» 施工单位：中铁大桥局集团有限公司

» 混凝土量：22 497m³
钢材用量：1 749t
造　　价：8 900 万元
建成日期：2005 年 8 月

青藏铁路拉萨河大桥

图 1　拉萨河大桥全景

1. 概况

拉萨河大桥是青藏铁路进入拉萨市的单线铁路桥，全长928.85m，距拉萨火车站约2km（图 1）。大桥位于拉萨河水文总站下游约 12km，桥址处控制流域面积 26 080 km^2，百年一遇设计流量 3 540m^3/s。桥址处河床宽阔，上游顺直，下游弯曲。左岸无堤，右岸河堤宽 7m，迎水面干砌片石铺砌。

河床地质为卵砾石，小石子、中细砂较多，基岩为石英岩，地基承载力为 330～1 000kPa。年平均气温 7.5℃，年降雨量 454mm，最大冻结深度 26cm。地震基本烈度Ⅷ度，按Ⅷ度设防。

2. 主桥结构

主桥为五跨三拱下承式钢管混凝土叠拱连续梁组合结构体系，跨度布置为（36+72+108+72+36)m=324m，中间三孔为下承拱，中孔为双层叠拱（图 2）。

1）下部结构

（1）基础

主墩、次主墩及边墩采用 ϕ1.25m 钻孔桩，各墩桩数布置及桩长分别为：18 号制动墩、17 号非制动墩采用 12 根桩，桩长 26.8m、25m；16 号、19 号次主墩采用 10 根桩，桩长 22m，15 号、20 号边墩采用 6 根桩，桩长 23m。

（2）墩身

采用牦牛腿式的变截面双圆柱墩，双柱间采用等厚隔板相连，双柱间距主墩 7.1m，其他墩 7.2m。主墩柱底直径 5.0m，柱顶直径 3.6m；次主墩柱底直径 4.3m，柱顶直径边

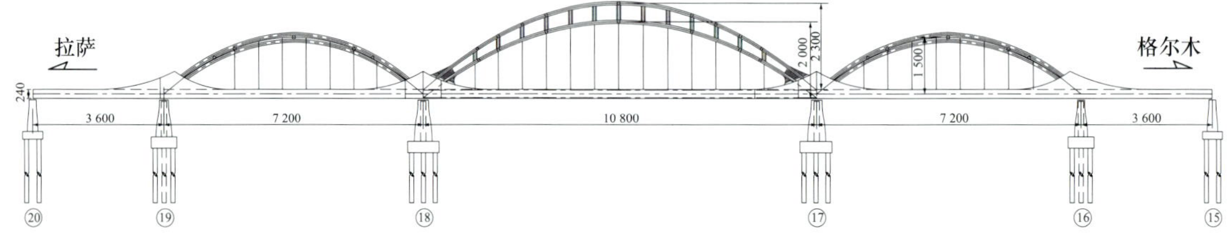

图 2　主桥桥型布置（尺寸单位：cm）

图 3　主桥墩身

图 4　中孔 108m 双层叠合拱

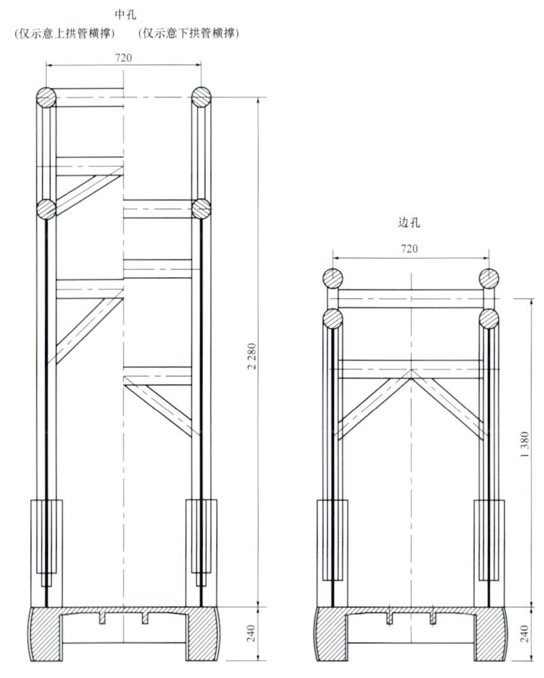

图 5　中孔 108m 与边孔 72m 拱跨中截面（尺寸单位：cm）

3.3m；边墩柱底直径 3.5m，柱顶直径 3.0m（图 3）。

2）上部结构

（1）拱肋

中孔 108m 主拱采用双层钢管混凝土叠拱（图 4、图 5），由上下两个不同矢跨比的拱圈组成。钢管直径 ϕ900mm，上拱矢高 23m，拱轴线与支座中心线交点至梁底高度 2.2m，矢跨比 1/4.7；下拱矢高 20m，拱轴线与支座中心线交点至梁底高度 0.2m，矢跨比 1/5.4。上下拱间联杆采用 200mm×350mm 的圆端形钢管。上拱设 1 道一字形横撑和 4 道 K 形横撑，下拱设 3 道一字形横撑和 2 道 K 形横撑。

拱横截面采用哑铃形（图 5），两钢管中心距从拱脚向拱顶由 1.2m 变化至 1.8m。钢管直径 ϕ900mm，腹板宽度 450mm，拱圈矢高 15.0m，矢跨比 1/4.8。边拱拱轴线取拱肋组合截面中心线。拱肋设 1 道一字形横撑和 2 道 K 形横撑。

双层拱钢管内灌注 C50 混凝土，两片拱横桥向中心距 7.2m。吊杆间距 6.6m，中拱每侧设有 13 根吊杆，边拱每侧设有 8 根吊杆。

拱脚为预应力混凝土结构，与主纵梁整体一次浇筑。

（2）桥面结构

设两道主纵梁，其间设有横梁，中支点、次中支点横梁及端横梁采用钢筋混凝土结构，其余横梁间距 6.6m 采用预应力混凝土结构，各桥中心线两侧 1.0m 处设一道小纵梁。沿主纵梁、小纵梁、横梁组成纵横梁体系，并与桥面板连接，整体现浇。

① 梁格系

主纵梁梁底宽 1.2m，跨中梁高 2.4m，中支点梁高 7.17m，梁底等高，梁顶由跨中适当位置向支点按圆曲线变化，形成拱座。梁高变化段中支点两侧各长 18.0m，次中支点边跨侧长 21.0m，主跨侧长 15.0m。桥面板以下主梁外缘采用圆弧形，其矢高为 0.15m。为增加拱脚的嵌固力和避免拱脚主梁内预应力钢束对拱肋钢管产生干扰，主纵梁纵向变宽，主拱脚主纵梁加宽 0.25m，边拱脚主纵梁加宽 0.20m，主拱脚和边拱脚加宽段分别长 10.0m 和 8.0m，变宽段分别长 12.0m 和 10.0m。

中支点横梁宽 2.0m，高 2.4m；次中支点横梁宽 1.5m，高 2.4m；边跨梁端横梁宽 0.9m，高 2.4m；其余中间小横梁宽 0.3m，高 1.6m。小纵梁宽 0.3m，高 0.85m。桥面板厚 0.25m，靠近主梁根部加厚至 0.35m。

② 预应力钢束

主纵梁预应力采用抗拉强度标准值为 1860MPa 的高强低松弛钢绞线，预应力钢束采用 19-7ϕ5，每束张拉力为 3612kN。为减少预应力损失，防止混凝土收缩产生裂缝，便于张拉，主梁采用分段支架现浇施工。根据各现浇梁段所在位置分别在主纵梁顶部或底部设置预应力短钢束；而主纵梁内长钢束和桥面板钢束则通过后浇段。布置在主梁顶部预应力钢束通过支点后锚

图 6　连续梁支架施工

图 7　拱的施工

固在拱座顶部；梁底部预应力通长钢束通过连接器穿过后浇段在下一现浇梁段端部张拉，连接器交错设置。

小横梁按部分预应力混凝土结构设计，采用 2 束 5-7ϕ5 和 2 束 4-7ϕ5 高强度低松弛钢绞线，钢绞线抗拉强度标准值为 1 860MPa，钢束分为两次张拉，其张拉力分别为 950kN 和 760kN。

桥面板钢束采用 7-7ϕ5，每束张拉力为 1 331kN。

(3) 施工方案

连续梁采用落地支架法分段现浇施工（图 6）。

钢管拱在工厂进行运输节段的制造，在工地将运输节段组拼成吊装节段，采取支撑架设吊装方案合龙(图 7)。高空焊接采取搭棚保温防风沙预热对称焊接工艺。

连续梁及钢管混凝土拱修建完成后，通过张拉吊杆进行体系转换，形成拱桥。吊杆锚固在下锚箱部位，并设有压力环和位移计，进行施工控制。

3. 主要技术特点和创新点

(1) 主桥采用梁拱组合体系桥式方案，实现了桥梁建筑美学与地域人文环境的有机结合，体现了民族特色和时代气息，连续梁中支点向上变高作为拱座，结构受力合理，适应了景观设计需要，具有创新性。

(2) 主桥采用五跨三拱下承式钢管混凝土叠拱连续梁组合结构体系在国内铁路桥梁中首次采用。通过组合结构受力体系和空间结构分析研究、拱脚构造及拱脚光弹性试验研究、吊索锚固体系及静动载试验研究、工程抗震措施及地震反应分析、桥梁动力特性及行车性能分析、大吨位少维护钢支座研究、混凝土配合比试验研究、施工阶段监控测试分析等关键技术试验研究，提出的结构构造技术先进，合理可行。

(3) 吊索锚固体系采用外露锚箱结构，体现了青藏铁路少维护、易维护的设计理念，经静载和疲劳试验检验满足各项性能要求。

(4) 研发的新型大吨位铰轴滑板钢支座，受力性能好、转动和滑动灵活、耐久性好、养护工作量小。

(5) 拱脚采用聚丙烯纤维混凝土，提高了抗裂性，主梁采用混凝土外涂装及钢结构长效涂装体系等综合措施，提高了结构耐久性。

(6) 对高原地区耐久性混凝土的施工，提出使用低碱普通硅酸盐水泥，骨料的砂浆膨胀率≤0.2%，增设了混凝土 0.5h 泌水率和入模含气量的检测指标，并提出了混凝土分 3 阶段的养护施工方法。

(7) 对张拉吊杆进行体系转换，进行了施工控制，拱圈、梁格系线形良好，符合设计及运营要求。

该桥获詹天佑土木工程大奖。

相关资料

» 桥　名：山东滨州黄河公铁两用大桥
桥　型：五跨平弦连续钢桁梁
跨　径：120m+3×180m+120m
桥　址：山东滨州市
» 设计单位：中铁大桥勘测设计院有限公司
» 施工单位：中交第三公路工程局有限公司
中铁大桥集团有限公司

» 主桥主要工程数量：
上部结构，混凝土 3 580m³，钢材 11 290t，高强螺栓 30 万套
下部结构，混凝土 28 732m³
钢筋 1 376t
造　价：9.25 亿元
建成日期：2007 年 8 月

山东滨州黄河公铁两用大桥

图 1　滨州黄河大桥全景

1. 概况

山东滨州黄河大桥是一座公铁两用桥（图 1），桥位于滨州北镇黄河大桥下游约 3.3km。

桥位所在区域历史上曾是黄河泛滥地区，属黄河水系，设计流量 10 000m³/s。桥址区覆盖层以黏土、粉质黏土、粉土及粉细砂为主。全年平均气温 14.2℃，最高气温 45℃，最低气温 −25℃。桥位所在区域黄河受凌汛影响。

滨州黄河大桥下层铁路为单线，按国铁 I 级设计，上层公路为双向 4 车道，设计速度 60km/h；地震烈度：基本烈度Ⅵ度，按Ⅶ度设防；通航标准：内河Ⅳ-(2) 级航道，净高 8m，净宽 50m。

2. 主桥结构

主桥上部结构采用 120m+3×180m+120m 五孔平弦连续钢桁梁（图 2）。钢梁采用拼装式结构，主桁采用 M27 高强螺栓连接，其他构件采用 M24 高强螺栓连接，钢梁全长 781.5m，桁高 18m，桁宽 11m，节间长 10m。铁路桥面系采用纵横梁体系明桥面，50kg 标准轨，桁内线路两侧设置员工走道。上层公路桥面宽 19m，系由纵梁、横梁及托架组成，其上设置钢筋混凝土桥面板。

主桁弦杆全部采用焊接的箱形截面。由于杆件内力变化较大，弦杆采用变高度截面，普通弦杆截面高 840mm，个别弦杆高 1 040～1 240mm。杆件最大板厚为 50mm，个别杆件内侧焊有肋板。斜杆及竖杆采用箱形或 H 形截面，截面高度 420～1 040mm。主桁杆件及拼接材料采用钢材 14MnNbq，桥面系及联结系采用 Q345qE，辅助结构采用 Q235qC。

主桥下部结构 0～5 号桥墩均采用钻孔桩基础。除主桥边墩基础采用直径 1.5m 钻孔桩，桩长均为 76m 外，其他墩基础采用直径 2.0m 钻孔桩，桩长 90m。0～5 号桥墩墩

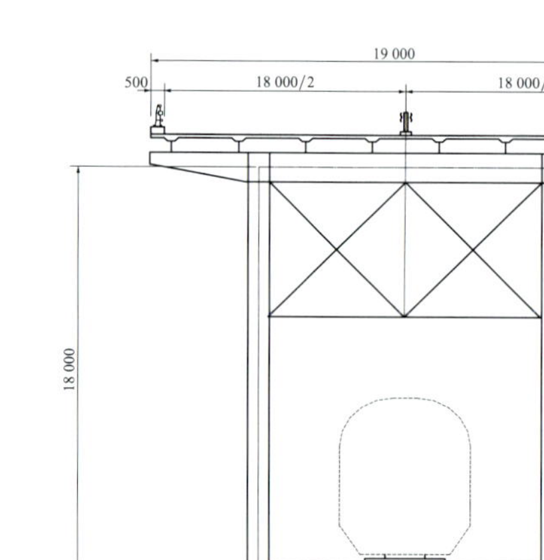

图 2　正桥钢梁横断面（尺寸单位：mm）

身均为圆端形，厚5m，横向墩宽11m。

3. 主要施工方法

1）2号墩施工方法

2号墩施工时，利用200kN浮吊从3号墩向2号墩搭设施工栈桥和2号墩钻孔工作平台，然后插打钢护筒，安装钻机进行钻孔桩施工。钢筋、混凝土等材料通过施工栈桥运至墩位，利用200kN浮吊和配置在平台上的250kN吊机配合进行下部结构施工。

钻孔桩施工完成后，清理施工平台，利用100kN浮吊打设钢板桩钢围堰。利用吸泥机吸泥清基并灌注水下封底混凝土，抽水后进行承台施工，然后进行墩身墩帽施工（图3、图4）。

2）钢梁架设总体方案

钢梁架设由5号墩往北岸0号墩单向架设。第一孔120m钢梁采用膺架法架设，共设置6个临时排架。3孔180m钢梁辅以临时墩法悬臂安装，先悬臂安装100m，支在临时墩上再悬臂安装80m；最后一孔120m钢梁辅以临时支架法悬臂装，先悬臂安装100m，支在临时支架上再安装20m完成全部钢梁的安装。在拼装第二孔钢梁时，在钢梁尾部增设安全压重，以增强纵向倾覆稳定。

第一孔120m和第二孔180m钢梁均在南岸岸滩上架设，为了缩短工期，增加架梁作业面，除采用安装在桥梁上弦的CWQ-30型架梁吊机架设外，另增加两台500kN汽车吊机配合拼装，用拖车通过岸滩上的运输便道运送钢梁杆件（图5、图6）。

第三孔和第四孔180m钢梁均用CWQ-30型沿轨道移动式架梁吊机架设，钢梁运输：重量小于20t的杆件用拖车通过岸滩上的运输便道和栈桥运送钢梁杆件；重量大于20t的杆件由南岸5号墩和6号墩间的提升站提升至铁路桥面，由运梁小车运至前方（图7、图8）。

第四孔钢梁架设按传统做法，第三孔钢梁架设完成后，需将2号墩设为固定支座，将3号墩转为活动支座，这就可能由于受温度变化、施工荷载、顶落梁等因素的影响，使钢梁纵向位置发生偏移。为了减少

图3 2号墩钻孔桩施工

图4 2号墩钢板桩围堰

图5 第一孔钢梁架设

图6 第二孔钢梁架设

图 7 第三孔钢梁架设

图 8 第四孔钢梁架设

纵移量或避免纵移，采取在架设完第三孔和第四孔钢梁后，仍将 3 号墩设为固定支座，其他各墩和临时墩或临时支架均设为活动支座，减少了纵移量。

最后一孔 120m 钢梁在北岸岸滩上架设，同样除采用桥梁上弦的 CWQ-30 型架梁吊机架设外，另增加两台 500kN 汽车吊机配合拼装。钢梁杆件通过栈桥运送。

4. 主要技术特点和创新点

滨州黄河大桥为黄河上的首座公铁两用大桥，由于航道及凌汛的需要，其跨度定为 180m，为目前国内平弦钢梁桥的最大跨度。由于钢梁跨度大，弦杆内力变化也大，钢梁杆件首次采用变高度截面形式。

海湾桥

东 海 大 桥

图 1　上海东海大桥全景

相关资料

» 桥　　名：东海大桥
桥　　型：主通航孔为双塔中央索面钢—混凝土组合梁五跨斜拉桥，主跨 420m；颗珠山大桥为双塔双索面钢—混凝土组合梁三跨斜拉桥，主跨 332m
跨　　径：主通航孔 73m+132m+420m+132m+73m
颗珠山大桥 50m+39m+332m+139m+50m
桥　　址：上海－洋山深水港区海面
» 设计单位：上海市政工程设计研究总院
中铁大桥勘测设计院有限公司
中交第三航务勘察设计院有限公司
» 施工单位：中铁大桥局集团有限公司
上海建工（集团）总公司
中国交通建设集团有限公司
上海城建（集团）公司
江苏法尔胜新旧制铁缆索有限公司
上海浦江缆索股份有限公司

» 混凝土用量：1 600 000m^3
钢 材 用 量：340 000t
造　　价：105.3 亿元
建 成 日 期：2005 年 12 月

1．概况

东海大桥（图 1）是上海国际航运中心集装箱深水港重要的配套工程。工程起于上海南汇芦潮港，在浙江省嵊泗县崎岖列岛的小洋山岛登陆，全长 32.5km，是洋山深水港区唯一的陆路集疏运通道。桥区海域海势稳定，海床较为平坦，大桥东侧及东端小洋山为一系列面积狭小岛屿，呈鸡爪地貌。

本海区潮汐主要受东海前进潮波控制，潮汐类型属非正规半日浅海潮型，最大潮流流速为 3m/s。

本区位于北亚热带南缘，多年平均气温 15.8℃，多年平均降水量 1 100mm，实测最大风速 35.0m/s（风向 NE）。

东海大桥地处杭州湾、长江口和东海的交汇处，受外海的风、浪、流、潮、雾、雨等天气和海况影响极大，年有效作业天数少于 50%。

该区段基岩埋藏较深，灰～灰黄色粉细砂可作为桩基持力层，桩长普遍在 55m 以上。

大桥采用双向六车道加紧急停车带的高速公路标准，桥宽 31.5m，分上下行双幅桥面，设计速度 80km/h，设计荷载等级为汽车—超 20 级、挂车 –120，并按全桥集装箱重车满布，车辆轴距为 10m 进行计算复核。

设计风速：V_{10}=42.0m/s，大桥设计使用寿命为 100 年 。

海上段共设 4 处通航孔，其中主通航孔斜拉桥满足 5 000t 级船舶双向通航及部分万吨级船舶在一定水位条件下单向通航。按万吨级海轮防撞设防，船撞力顺桥向 24 000kN，横桥向 48 000kN。副通航孔满足 1 000t 级或 500t 级船舶通航。

按地震烈度Ⅶ度进行抗震设防。通航孔重要性修正系数采用 1.7，非通航孔重要性修正系数采用 1.3。

2．主体结构

1）总体设计

桥梁跨径布置（图 2）：

陆上段：2 × 28m+25 × 30m+8 × 28m+2 × 30m+2 × 32m+37 × 30m=2 264m

海上段：44.5m+25 × 50m+43 × 59m+[70m+120m+ 120m+70m（500t 级副通航孔）]

+91 × 60m+[80m+140m+140m+80m（1 000t 级副通航孔）]

+45 × 60m+45 × 70m+73m+132m+420m+132m+73m（5 000t 级主通航孔）]+79 × 70m+[90m+160m+

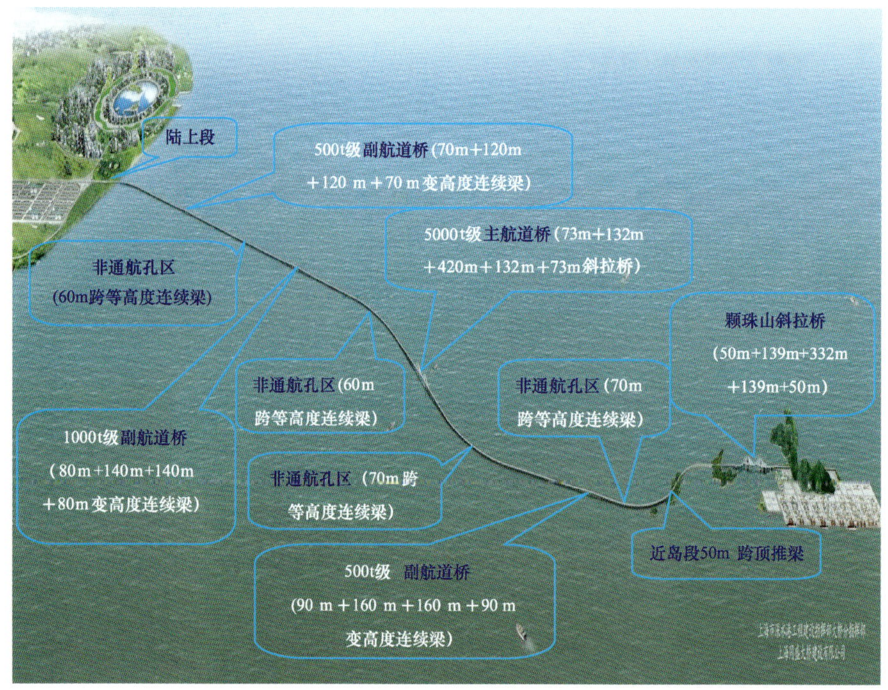

图2　东海大桥桥型布置

160m+90m（500t级副通航孔）]+30×70m+8×50m=25 321.5m

港桥连接段：589m开山道路+1 220m海堤+[(颗珠山大桥)：7×50m（西引桥）+50m+139m+ 332m+139m+50m（主桥)+12×50m（东引桥）]=3 469m

2）主体结构设计与施工

（1）陆上段（共长2 264m）

位于芦潮港新、老大堤之间，采用30m跨预应力混凝土连续等高度箱梁。主梁采用单箱双室截面，大悬臂（4m)，梁高1.6m，每五跨一联，在支架上浇筑混凝土。桥墩采用板式墩身，基础采用直径600mmPHC管桩。

（2）海上段非通航孔（共长2 317.5m）

①上部结构设计

深水区段采用60m、70m跨预应力混凝土等高度连续箱梁（图3）。除特殊区段外，两幅桥各自独立，净距1m，桥面全宽31.5m。主梁采用单箱单室箱梁，采用C50混凝土。箱梁采用整孔预制、整孔吊装，先简支后连续。边跨端横隔板厚度0.8m，与边跨梁体一并预制；中跨箱梁端部横隔墙后浇，横隔墙厚度1.6m。箱梁中心线处的梁高3.5m(60m梁)、4.0m(70m梁)，顶面设2.0%的横坡。顶板全宽15.25m，标准段顶板悬臂4.0m，顶板外侧0.2m宽的翼缘板与栏杆一并后浇。顶板厚度0.26m，挑臂处0.2～0.55m，墩顶湿接头附近局部区段厚度0.7m；腹板厚度0.4～0.8m（60m梁)，0.4～0.75m（70m梁)；底板厚度0.25～0.4m，墩顶湿接头附近局部区段厚度0.7m。每孔吊重，60m梁为1 600t、70m梁为2 000t。

箱梁配置体内预应力束，并预留体外束孔道作为备用。每5～6跨一联，联长350m左右。中间1至2墩设固定支座，其他各墩设纵向滑动支座。

为了便于预制，提高制梁台座及模板等通用性，曲线段及曲—直过渡段预制梁体的设计与标准直线段

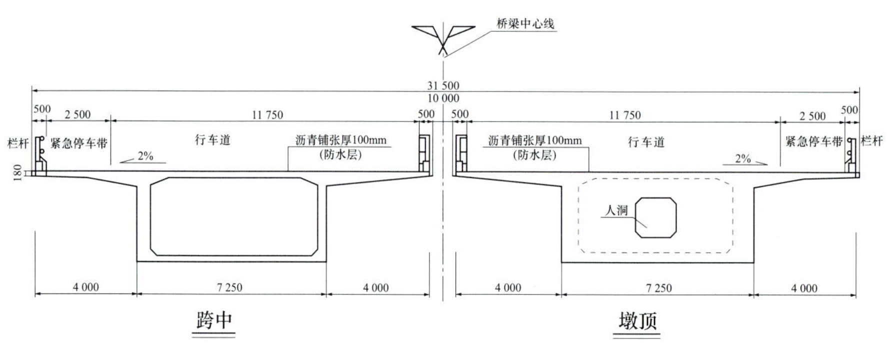

图3　海上段非通航桥标准横断面（尺寸单位：mm）

相同，仅顶板悬臂长度根据曲率调整。顶板后浇段长度与标准设计不同，其与栏杆一并后浇。

主梁采用纵横双向体内预应力体系，墩顶区域局部设置竖向预应力，预留体外预应力束管道作为后期应力储备。纵、横向预应力束均采用 Φ^j15 低松弛高强度钢绞线，R_y^b=1 860MPa，夹片锚。纵向预应力束规格两种：12Φ^j15、17Φ^j15；横向预应力束采用 3Φ^j15，扁锚。

预留体外预应力束采用防腐钢绞线，每孔梁 4 束 12Φ^j15，锚固在横隔墙上。每孔梁靠近顶、底板分别布置两束预应力，预应力合力与梁体轴线基本重合（为中心配束）。

② 下部结构设计

60m、70m 跨下部结构基础采用直径 1.5m 的钢管桩，少量采用 ϕ1.2mPHC 管桩，预制混凝土套箱承台、预制低墩墩身基础布置图（图 4）。

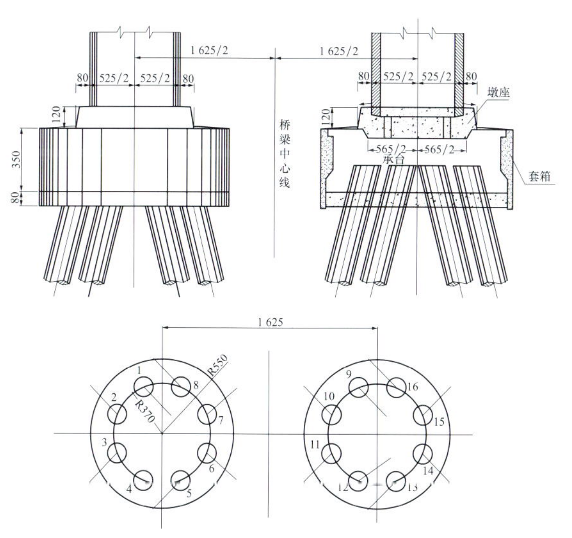

图 4　基础（尺寸单位：cm）

钢管桩采用 Q345C 钢材。上节桩长 33m 段壁厚 25mm，采用卷制直焊缝；下节壁厚 18mm，采用螺旋焊缝，自动焊。管壁厚度考虑了预留腐蚀厚度。

钢管桩伸入承台内 1.5m，在桩顶下 7m 段用混凝土填芯，并设钢筋笼。

③ 施工

在海岛上开辟的预制场台座上预制 60m、70m 整孔简支箱梁，然后通过横移、纵移至出梁码头，海上运输至桥位，60m 跨箱梁采用大型 25 000kN 浮吊“大力神号”安装；70m 跨箱梁采用“运、吊”一体化的 25 000kN 专用船“小天鹅号”安装（图 5），将主梁整体吊装到墩顶可调节的临时支座上简支搁放，最后浇筑墩顶现浇段，形成连续梁结构。

非通航孔桥墩采用钢筋混凝土空心薄壁墩，占总数 80% 的低墩采取在预制场制作，海上整体吊装（图 6）；少量中高墩采用海上拼装或现浇。基础主要采用 ϕ1 500mm 钢管桩，大型打桩船海上沉桩。海上安装带钢底板的预制混凝土套箱，现浇承台混凝土。

图 5　25 000kN 浮吊整体安装箱梁

图 6　墩采取预制海上整体吊装

近岸浅水区段、近岛区段采用 50m 跨预应力混凝土连续梁，梁高 3m、3.5m。基础采用钻孔灌注桩。近岸浅水区段主梁采用移动支架施工；近岛区段箱梁采用多点顶推施工（图 7），两幅桥梁端各设一个钢导梁，交替向前施工。

（3）海上段主通航孔斜拉桥（颗珠山大桥）

① 结构布置

主通航孔为钢—混凝土箱形组合梁双塔中央索面斜拉桥（图 8）。斜拉桥采用五跨连续布置（图 9），跨径组成为 73m+132m+420m+132m+73m。

② 支承体系

纵向为半飘浮体系，主塔和主梁间采用液压阻尼装置，以减少梁端伸缩缝规模、改善结构抗震性能。

图 7　近岛区段 8×50m 主梁采用曲线上顶推法施工

图 8　斜拉桥合龙

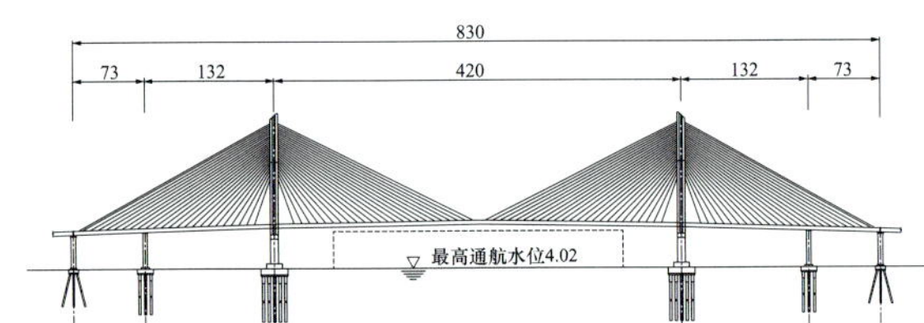

图 9　斜拉桥立面布置（尺寸单位：m）

为解决边墩及辅助墩墩顶负反力的问题，成桥状态下在主梁相应节段箱内布置压重，活载作用下则采用预加拉力的体外预应力来平衡上拔力（图 10）。

③ 主梁

主梁采用单箱三室截面（图 11），梁高 4.0m，混凝土桥面板宽 33.0cm，其中悬臂板宽 4.5m，钢底板宽20.0m。主梁混凝土为C60级，钢结构选用Q345qD。主梁采用的梁高提供了足够的抗扭刚度并与相邻非通航孔高墩区混凝土主梁梁高匹配。

主梁标准节段为 8m，主梁混凝土顶板节段两端预留 0.5m 现浇混凝土接缝。主梁运抵桥位吊装后，即拼接钢主梁部分，随后现浇顶板间 1.0m 混凝土接缝。

主梁混凝土面板厚 28cm，在腹板顶附近加厚至 55cm。主梁钢结构部分截面底板及斜腹板厚 16mm，竖腹板及腹板上翼缘厚 24mm，塔根及边墩、辅助墩顶附近主梁钢板局部加厚。主梁横隔梁采用桁架形式以利过桥管线布置。主梁截面横隔梁板厚 16mm，上

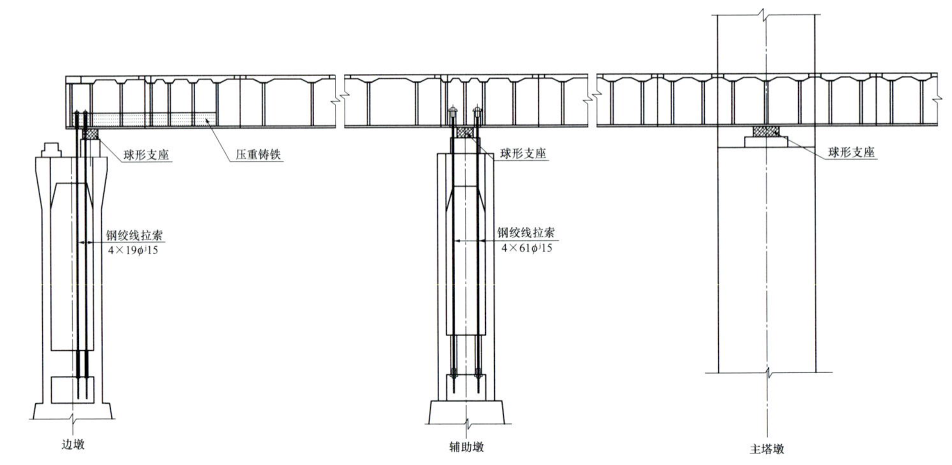

图 10　平衡上拔力的钢绞线拉索与压重布置

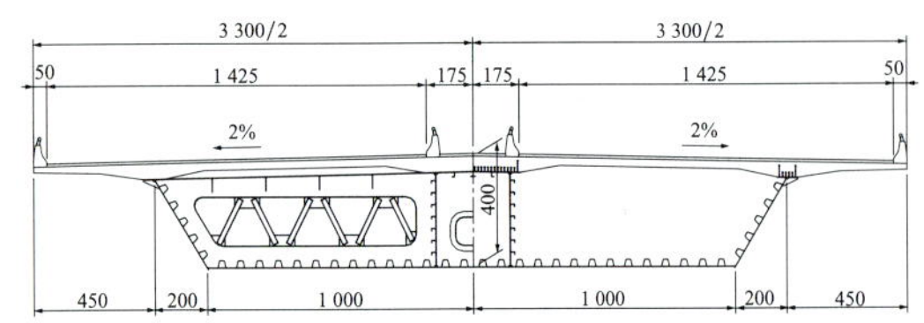

图 11　主梁一般断面（尺寸单位：cm）

翼缘板厚24mm。主梁钢结构部分和混凝土面板间设置剪力钉。

④ 主塔

主塔为钢筋混凝土倒 Y 形构造，下段采用实腹宽肩式墩身（图 12）。主塔自塔座以上高度 150m，桥面以上高 110m。塔身截面中塔柱为单箱单室，其余截面为单箱双室。主塔纵向尺寸为 8m，横向尺寸上塔柱 7m，中塔柱 4.2m，下塔柱从 37m 渐变为 28m。主塔采用 C50 级混凝土。

主塔上塔柱约 2/3 斜拉索锚固在与塔壁刚接的钢锚

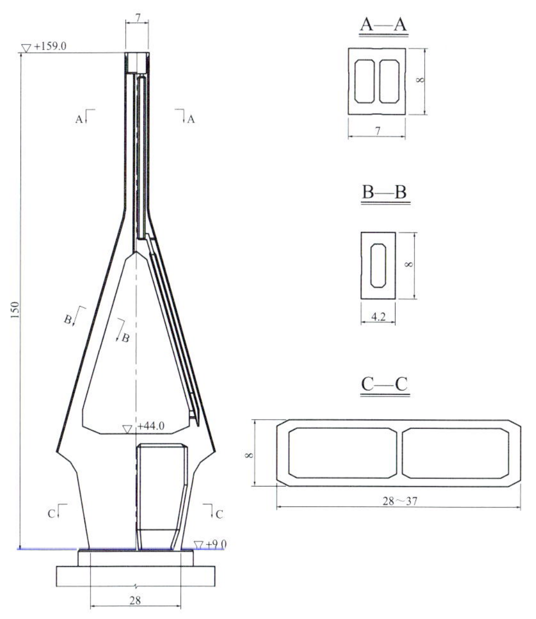

图 12　主塔结构（尺寸单位：m）

梁上，其余直接锚固在塔壁上。整个上塔柱均布置有环向预应力钢筋。

⑤ 斜拉索

斜拉索采用高强度镀锌平行钢丝束，冷铸锚，拉索外表面采用防风雨振措施。拉索为扇形中央平行索面，索面横桥向间距 2.0m，每塔每索面共 24 对斜拉索，梁端索距 8m，塔端索距约 2.2m。全桥共 192 根斜拉索。斜拉索最小为 121 根直径 7mm、最大为 283 根直径 7mm 镀锌高强钢丝。

⑥ 下部结构

主塔墩及辅助墩均采用钻孔灌注桩基础，主塔墩每墩设 38 根直径 2.5m 钻孔桩，桩长为 110m，辅助墩设 14 根直径 2.5m 钻孔桩，桩长为 85m。为提高钻孔桩桩底承载力，桩底设置注浆盘，桩身混凝土灌注完毕后利用探测管实施桩底压浆。边墩采用钢管桩基础，每墩设 22 根直径 1.5m 钢管桩，桩长 60m。

边墩及辅助墩墩身采用空心墩，在靠近承台处设置混凝土锚梁以锚固平衡具有上拔力的钢绞线拉索，在墩身下部设置部分预应力粗钢筋并伸至承台内锚固。

⑦ 防船撞设施

主塔墩及辅助墩桥轴线两侧设置固定式防撞体系以抵抗船舶的撞击力。

⑧ 主梁架设和施工控制

索塔下横梁无索区和边跨梁段、辅助墩顶梁段采用大型浮吊吊装，运用轨道导向装置牵引就位。标准梁段采用桥面吊机吊装（图 13），利用两侧吊机对称架设中跨合龙段，高强螺栓联结，浇筑湿接头混凝土，混凝土达到设计要求后张拉相应纵向预应力。

图 13　斜拉桥主梁施工

主通航孔斜拉桥施工过程中采用主梁线形及索力进行双控，通过索力和高程的调整来获得预先设计的结构应力状态和几何线形。本桥施工监控采用“无应力状态控制法”，斜拉索原则上采用两次张拉到位。全桥合龙时达到了毫米级的精度，监控系统达到了较高的水平。施工阶段塔梁结合部采用铰接支承体系，给斜拉桥施工带来了新思路、新工艺。

（4）海上段副通航孔

东海大桥有三个副通航孔，其主孔跨径分别为 2×120m、2×140m、2×160m。桥梁结构均为变高度预应力混凝土连续梁桥（图 14）。主梁为单箱单室、大悬臂箱梁。主墩处梁高为中跨的 1/17.5，在跨中及端支点处梁高为中跨的 1/35（1/40），梁底以抛物线过渡。桥墩采用空心薄壁墩，ϕ2 500mm 钢筋混凝土钻孔灌注桩基础。除墩顶节段在支架上现浇外，其余节段采用挂篮平衡浇筑法施工。

（5）港桥连接段

工程内容包括大乌龟岛和颗珠山岛开山路段、大乌龟岛和颗珠山岛之间的海堤路段以及颗珠山岛至小洋山岛的小城子山之间的颗珠山大桥。

颗珠山大桥工程主桥无通航要求，但主槽深达 30m，主孔一跨越过深槽，跨径组合为 50m+139m+332m+139m+50m 三跨连续的双塔双索面钢和混凝土组合梁斜拉桥（图 15），全长 710m，桥面宽度 35m。半飘浮体系，梁、塔间纵向共设 4 个 2 000kN 黏滞阻尼器。拉索布置为扇形索面。主梁采用双钢主梁加钢横梁断面，钢材为 Q345ED。钢主梁高度 2.7m，宽度 2.5m。标准钢横梁间距 4.5m。主塔采用门式造型。斜拉索采用高强度镀锌平行钢丝束，冷铸锚，拉索外表面采用椭圆凹孔防风雨振措施。梁上标准索距 9m，塔上标准索距 2m。主塔基础采用直径 2.5m 钢筋混凝土钻孔灌注桩，桩端后注浆。

钢结构在制造厂预制，将主梁与横梁拼装成节段，

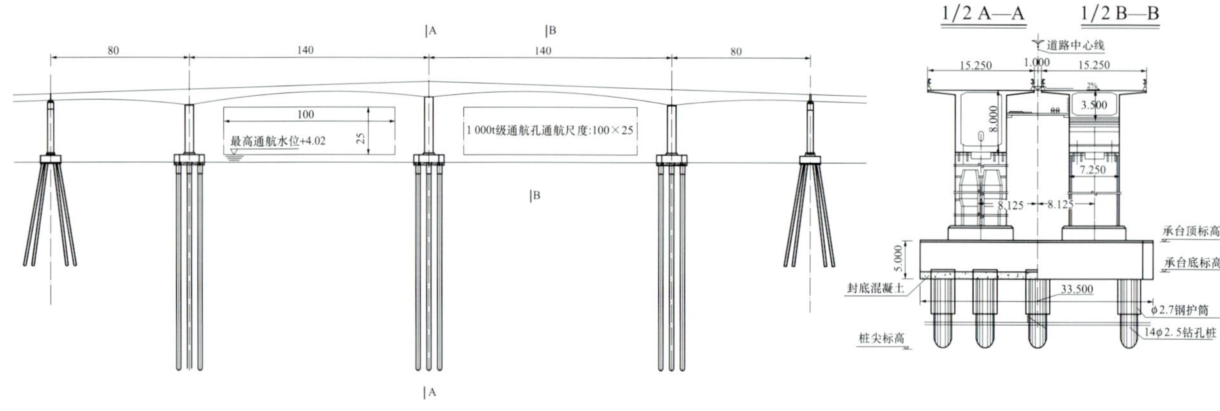

图 14　海上段副通航孔桥型（尺寸单位：m）

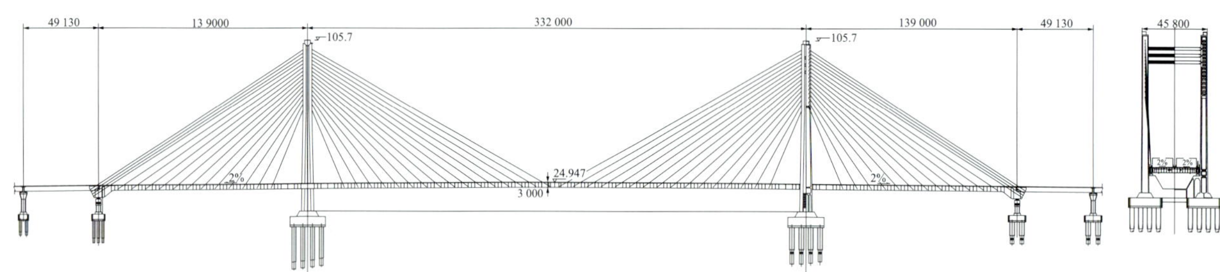

图 15　颗珠山大桥桥型布置（尺寸单位：mm）

5 段预拼装后水上运输至桥位吊装。标准节段采用桥面吊机安装，0 号段采用浮吊安装，节段之间采用高强度螺栓连接。桥面板提前预制，存放 5 个月后，才能运到现场安装，先边跨合龙，再中跨合龙。

3．主要技术特点和创新点

（1）对海上段通航孔设置、标准的论证、不良气候条件下工程措施研究、车辆荷载标准的论证，弥补了我国现行桥梁规范未涵盖的内容。

（2）国内首次对海洋水文条件、波浪、水流作用分析与试验，探明了作用机理，提出了分析方法。

（3）国内首次在桥梁工程中从结构设计，材料、施工、检测维护等方面系统地进行了结构耐久性的综合研究，提出了满足 100 年使用寿命的防腐蚀方案和技术要求，并在工程中应用。

（4）利用地面及海洋重力、DTM 数据、最新地球重力场模型和 GPS 技术，经大地水准面的严密理论分析，实现了海上 30km 的超长距离单向高程传递；建立了高精度平面控制网，把大陆平面基准成功传递至海岛；解决了传统测量手段无法做到的海上远离岸线打桩动态全自动定位。

（5）运用蜂窝式钢套箱建造海上大型基础施工技术，首创桩基、承台施工、混凝土养护整合为一体的施工设施，缩短了工期，降低了风险，保证了质量。

（6）国内首次采用大型箱梁陆上预制、海上整体吊装的一体化施工创新理念，大量海上作业转化为陆上完成。一次预制大型箱梁达 70m 长，为国际首创。成功解决了超大、超重（2 000t）箱梁整体预制、场内移运、海上运输、安装及可靠连接等技术难题。

（7）首次采用整体预制吊装钢筋混凝土套箱技术完成海上大规模桥梁承台的施工。解决了预制钢筋混凝土套箱一次安装就位与水下阻水、封底等技术难题，有效地避免海浪对套箱安装与承台施工的影响，同时钢筋混凝土套箱为承台结构的一部分，在施工完成后不拆除，降低了海上施工风险与工程费用。

（8）国际上首次在斜拉桥上采用开口钢箱与混凝土桥面板结合断面，成功解决了钢梁和混凝土桥面板连接部位的防腐蚀及大节段整体化工厂预制与现场安装等技术难题。

（9）国际上首次建立了桥梁颤振概率性评价和可靠性分析方法、等效风荷载计算方法，提出了适合于外海最大风速区建造大跨度斜拉桥的有效且经济的颤振控制措施。

东海大桥获国家科学技术进步一等奖、中国建筑工程鲁班奖，该桥“海上长桥整孔箱梁运架技术及装备”课题获国家科学技术进步二等奖。

深港西部通道深圳湾大桥

图 1　深港西部通道地理位置

1. 概况

深港西部通道（图 1）作为香港的第四条跨境行车通道，不但可纾缓目前位于落马洲、文锦渡及沙头角跨境行车通道接近饱和的交通情况，且有助促进香港与华南地区之间的人流和物流；推动经济进一步发展，以及加强香港作为珠江三角洲地区商贸物流枢纽的地位。

大桥全长约 5.5km，其中香港段 3.5km、深圳段 2km。通道始于深圳蛇口东角头深圳湾口岸，横跨后海湾，在香港新界西北区的鳌磡石着陆后连接后海湾干线（图 2）。

按双向六车道高速公路标准建设，设计速度 100km/h；桥面净宽 33.1m（不含索塔构造宽度）；设计荷载为汽车 - 超 20 级，验算荷载为挂 -120，并满足香港规范《Structures Design Manual for Highways and Railways》规定的荷载要求；大桥设计寿命为 120 年。大桥设南北两个通航孔，南通航孔位于香港界内，通航净空尺度要求

相关资料

» 桥　　名：深港西部通道深圳湾大桥（香港段）
桥　　型：倾斜式独塔单索面钢箱梁斜拉桥
跨　　径：主跨 210m
桥　　址：深圳湾
» 设计单位：奥雅纳工程顾问
» 施工单位：金门－斯坎雅－中铁大桥局

» 斜拉桥混凝土用量：桥塔 5 862m³
桥身 3 715m³
斜拉桥钢材用量：钢箱梁 9 600t、斜拉索 308t
造　　价：大桥约 23 亿港元
建 成 日 期：2005 年 12 月

» 桥　　名：深港西部通道深圳湾大桥（深圳段）
桥　　型：倾斜式独塔单索面钢箱梁斜拉桥
跨　　径：主跨 180m
» 桥　　址：深圳湾
» 设计单位：中交公路规划设计院有限公司
施工单位：广东省长大公路工程有限公司
中铁四局集团有限公司
湖南路桥建设集团公司
中铁十三局集团有限公司
中铁山桥集团有限公司
江苏法尔胜新日制铁缆索有限公司
深圳市华泰公司

» 混凝土用量：124 990m³
钢 材 用 量：36 105t
造　　价：深圳段桥 9.1 亿元
建 成 时 间：2006 年 6 月

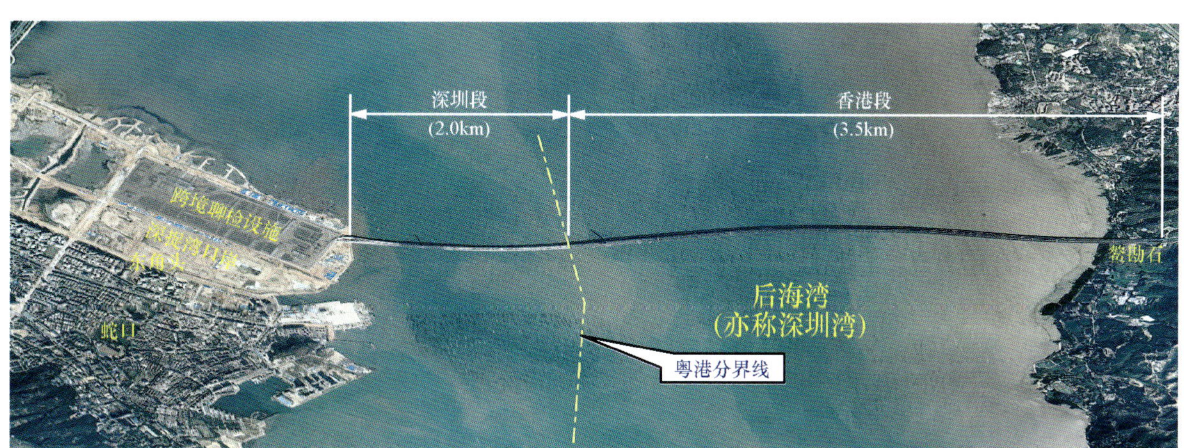

图 2　深圳湾公路大桥桥位

为 149m×32m，北通航孔位于深圳界内，通航净空尺度要求为 115m×15m。

桥位区多年平均气温 22.4℃；120 年一遇 10m 高处风速 V_{10}=42.8m/s。

两岸宽约 6km，中槽水深 5～7m，海流主要受不正规半日潮作用，涨潮最大流速约 0.35m/s，落潮最大流速约 0.28m/s，年平均波高为 0.3m，实测最大波高 1.92m。

桥区基岩为花岗岩，埋深在 40～60m，小断裂分布广泛。

两地希望将大桥建设成为一座地标性建筑，建设方案需重视景观设计，建筑过程中须充分考虑环保要求。

两地政府根据评审会结论，敲定了采纳方案为独塔单索面钢箱梁斜拉桥作主桥（图 3）、预应力混凝土箱梁作引桥。

由于两地在设计理念、设计规范方面的差异，深港双方设计单位各自根据己方规范完成己方详细设计，然后将完成的设计交与对方用对方的设计规范来作独立设计复核，并根据复核要求改善设计，使设计能同时满足双方的设计规范。

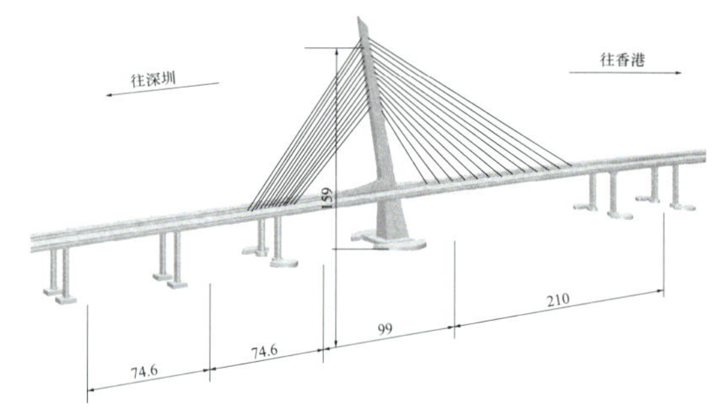

图 3　香港段斜拉桥立面（尺寸单位：m）

2. 香港段大桥

1）主桥

为独塔单索面钢箱梁斜拉桥，跨径布置为 2×76.4m+99m+210m，塔身高 159m（图 3）。斜拉桥塔塔身以 5：1 的比例倾斜，与深圳段独塔斜拉桥的倾斜塔身互相呼应（图 4），标志着两地人民热切渴望能更加紧密地团结起来，迈向繁荣。

设计工程师们利用了顶尖的计算机程序去处理精密的大桥结构计算，并就大桥之空气动力分析进行风洞试验（图 5）。

图 4　景观照明启亮下之深圳湾公路大桥

图 5　斜拉桥桥身的节段模型风洞试验

2）斜拉桥塔的建造

（1）桥塔地基

地基由 25 根直径 2m 的钻孔桩及 3.3m 厚露于水面的长方形承台所组成。承台两侧建有两个半圆形防撞墩以防止船只直接撞击主塔。

（2）桥塔上部结构

桥塔总高度为水平面上 159m。桥塔横截面呈长方形，而长宽两边由最底部开始向塔顶逐渐变小。桥塔在桥面以下的部分采用常用的模板及现浇方法建造，而在桥面以上的桥塔部分则主要由爬模的方法建造（图 6、图 7）。

3）主桥施工

由于桥塔、桥身及斜拉索三者互相联系，因此，整个斜拉桥的施工程序有赖于每个施工步骤的紧密协调。

钢箱梁运输到现场以后及时进行吊装，调节其平面位置及高程，先临时连接，再完成全截面焊接。先合龙深圳侧 74.6m+74.6m+99m 的钢箱梁，再完成 210m 的通航孔梁的合龙（图 8）。

4）引桥的建造

引桥部分平均跨度为 75m，共有 84 个桥墩；桥墩

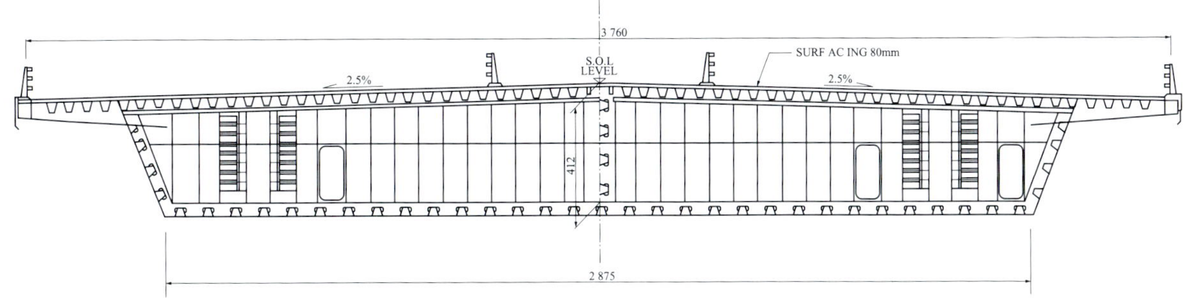

图 6　香港段斜拉桥钢箱梁横断面（尺寸单位：cm）

图 7　斜拉桥桥塔及地基建造

承托于埋在海床下的承台及长度由 15m 至 100m 不等的桩柱之上。上部构造箱梁节段在广东南沙的工场预制，并利用趸船经水路运至香港工地，再以平衡悬臂拼装方法建成。平衡悬臂拼装法速度快，两边由 23 个预制节段组成并排的南北行车栈桥身可于 6 日内建成（图 9、图 10）。

5）主要技术特点及创新点

（1）航道位置的斜拉桥乃全中国最宽的单索面斜拉桥，宽约 38m。

（2）香港首次使用特重碎石（重晶石）制成重量比一般混凝土重 30% 的特制混凝土块作斜拉桥平衡件。

（3）为提升结构耐久性，桥墩混凝土加入二氧化硅微粉（微硅粉）以加强混凝土防水功能。桥墩外围钢筋在潮侵带和浪溅区使用不锈钢钢筋（图 11）。

（4）斜拉桥桥面铺装采用沥青玛蹄酯碎石混合料 / 沥青玛蹄酯混合料双层铺装结构，在香港桥梁首次使用。

图 8　斜拉桥钢箱梁吊装

图 9　预应力混凝土引桥梁段对称安装

图 10　引桥预制梁段运吊到临时栈桥上

图 11　首次在香港桥梁使用的不锈钢钢筋

（5）为缩短斜拉桥主跨桥身节段吊装循环的时间，在桥身预加拉力，使张拉斜拉索的工序可在桥身节段焊接完成前开始，而吊装循环时间也因而缩短至 6 天。

（6）为避免运送建材经过泥滩时污染该地区，特别建造了一条 1.8km 长、9m 宽的临时栈桥（图 12），是香港历来同类型栈桥中最大的一座，用钢约 12 000t，为工程取得数个环保奖项。

（7）交通管制及监察系统

整个新建道路网附设了交通管制及监察系统，以协助交通管理和运作。该系统采用了数码方式传送信息，这不但能快速传送数据和图像，并可确保画面质素优良。同时，该系统采用了电子认证技术以确保所传送数据的完整性、保密性和认受性（图 13）。

（8）景观照明

深港西部通道的景观照明设计重点突出其美丽及优雅的桥梁造形。为了凸显这横跨深圳湾的地标，两地政府采用了统一的景观照明方案以突出两座主塔、斜拉索以及整段大桥外侧桥身。斜拉桥的景观照明系统的设计，跟其他本港大型桥梁如青马桥及汀九桥设计相似，特别之处在于连带长约 4.5km 的引桥桥侧亦包括在照明范围之内，以加强外观美感。

图 12　建临时栈桥运送建材以减低工程对后海湾的影响

图 13　交通监察与电子显示系统

3. 深圳段大桥

1）主桥

（1）桥型布置

跨径布置为 180m+90m+75m= 345m，采用倾斜式独塔单索面钢箱梁斜拉桥，塔、墩、梁固结体系（图 14）。

（2）索塔基础

采用 19 根直径 2.2m 的钻孔灌注桩，嵌入微风化

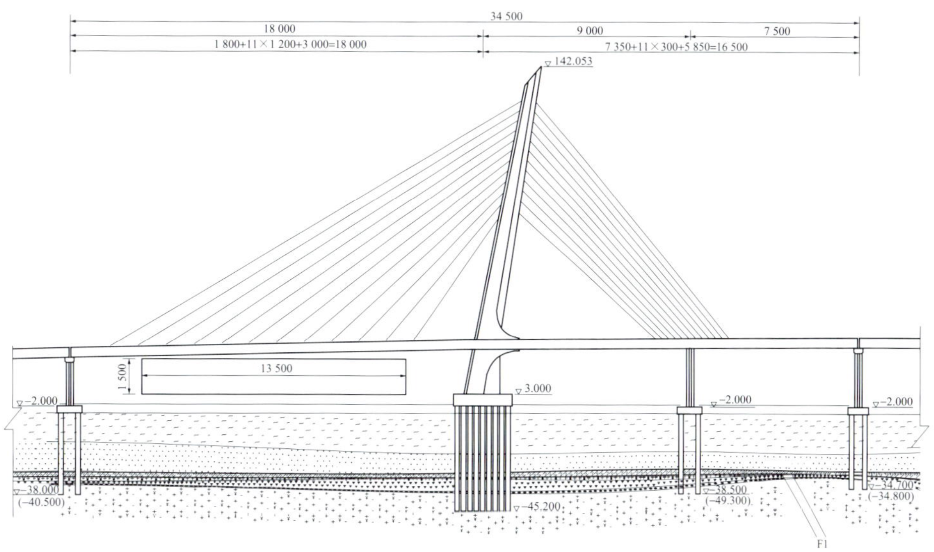

图14 深圳侧通航孔桥桥型布置（尺寸单位：cm）

花岗岩2m以上，平均桩长43m；承台呈圆形布置，直径25.6m，厚度5m，采用复合钢板桩围堰抽水后施工承台（图15）。

（3）索塔

索塔为钢筋混凝土箱形结构（图16），总高度为139.053m。塔身中心斜率为1：5.6713；塔柱采用横向对称空心薄壁截面，中上塔柱为单箱单室，其外轮廓尺寸由塔顶的6m（顺桥向）×4m（横桥向）渐变至中塔柱底面的11m×6m，塔壁厚度也由上塔柱的1.2m（顺桥向最薄处）、0.7m（横桥向最薄处）变至中塔柱的1.0m、0.9m；下塔柱为单箱四室结构，采用渐变式断面，其外轮廓尺寸由顶面的11.823m（顺桥向）×9m（横桥向），变化至底部的15.624m×12.8m，壁厚统一为1m（外壁）和0.8m（内隔仓壁）。在下塔柱顶面、底面及中塔柱底面、固结区等位置设置实心段，中塔柱下端壁厚加厚。

在顺桥向塔壁两侧设置了宽1m、深0.2m的装饰槽，在塔柱深圳侧设置了左右对称的0.4m×0.4m的方形切角，在香港侧横桥向塔壁两侧设置了由上至下宽度渐变深度为0.2m的装饰带。

斜拉索在塔上的锚固采用环向预应力方案，采用塑料波纹管及真空吸浆施工工艺。进行了1：1足尺节段模型验证。

索塔采用液压爬升模板施工（图17），斜塔施工中与钢箱梁吊装相结合，利用钢箱重量平衡斜塔受力。

（4）主梁

采用全焊倒梯4室钢箱梁，外形与非通航孔箱梁一致（图18）。中心梁高4.12m，钢箱梁顶板宽38.6m，底板宽28.75m。采用Q345-D钢，全桥用钢7 800t。全桥共31个梁段，标准节段12m，最大块件吊装重量350t。

钢箱梁顶板厚18mm，底板厚分为12mm及20mm，共设5道腹板，两侧斜腹板厚16mm，中纵腹板对应斜拉索设置，厚度32mm（斜拉索锚固处厚度80mm），边纵腹板位于中纵腹板两边9m处，厚度14mm，横隔板标准间距为3m，为板式结构，其上设加劲肋，吊点处厚度12mm，非吊点处厚10mm。

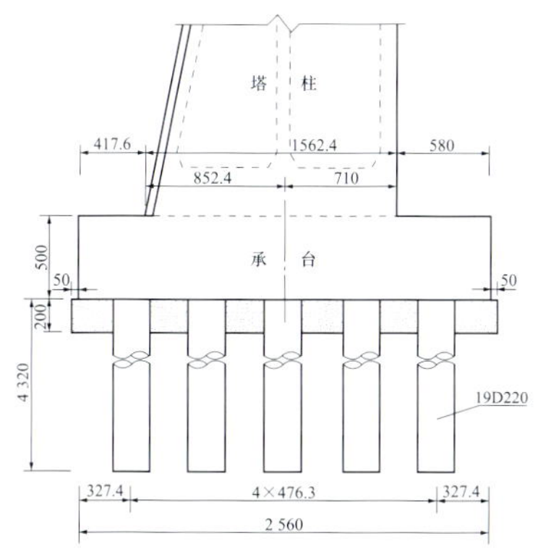

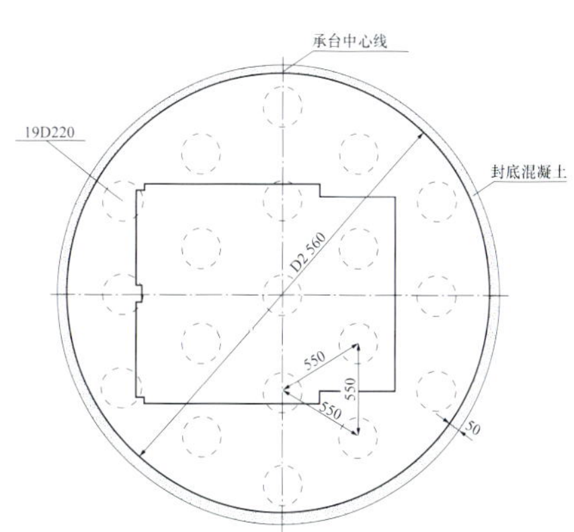

图15 索塔基础（尺寸单位：cm）

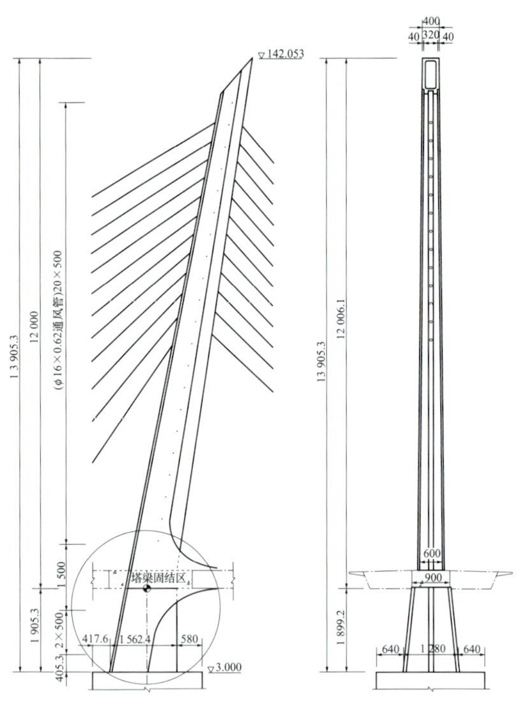

图16 索塔构造（尺寸单位：cm）

图17 索塔施工

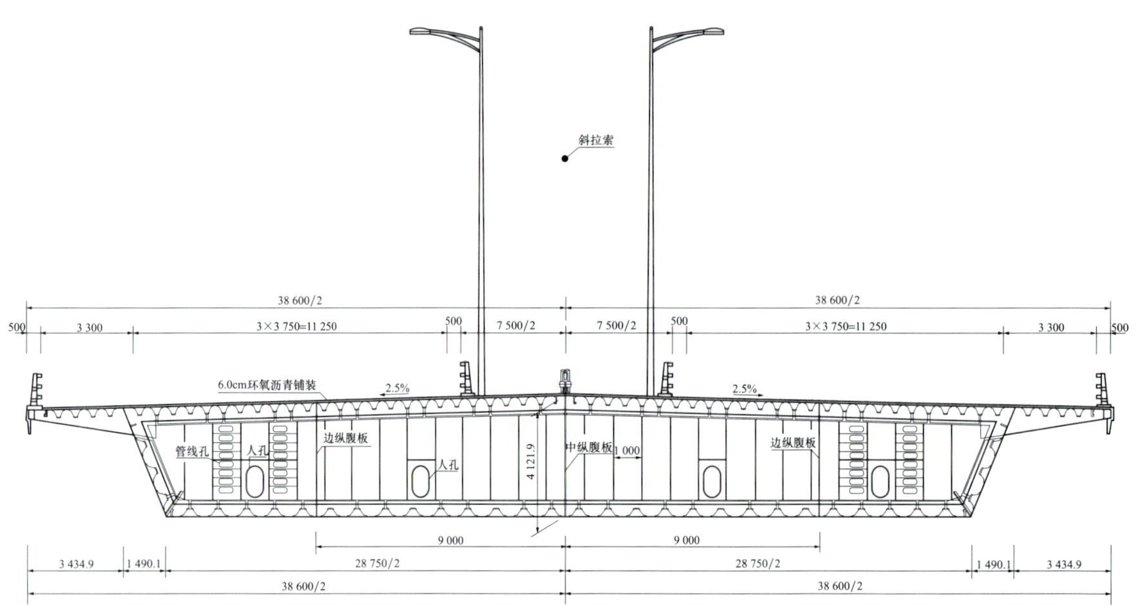

图18 钢箱梁（尺寸单位：mm）

顶、底、腹板均采用U形肋加劲，顶板U肋厚度为8mm，与顶板焊接，梁段间U肋现场接头采用栓接，底、腹板U肋厚度为6mm，全部采用焊接。

斜拉索在梁上采用焊接耳板进行锚固，耳板采用Q420qe钢，厚度80mm。

进行了节段模型及全桥风洞模型试验，成桥及施工状态颤振临界风速分别为74.8m/s和68.8m/s，满足抗风要求。

（5）斜拉索

边跨与主跨的斜拉索呈不对称布置，斜拉索在主跨加劲梁上标准间距为12m，在塔上的间距为4m；在边跨辅助墩附近集中布置，索间距为3m。采用平行钢丝斜拉索，最大拉索钢丝根数为301丝，长207m，重为18.8t；全桥斜拉索共220t。拉索外裹高密度PE防腐材料，其上采用螺旋线，连同塔上设的阻尼橡胶圈和梁上的外置阻尼器，有效地抑制了拉索风雨振（图19）。

（6）架设和施工控制

边、中跨钢箱梁采用全支架进行施工（图20）。全

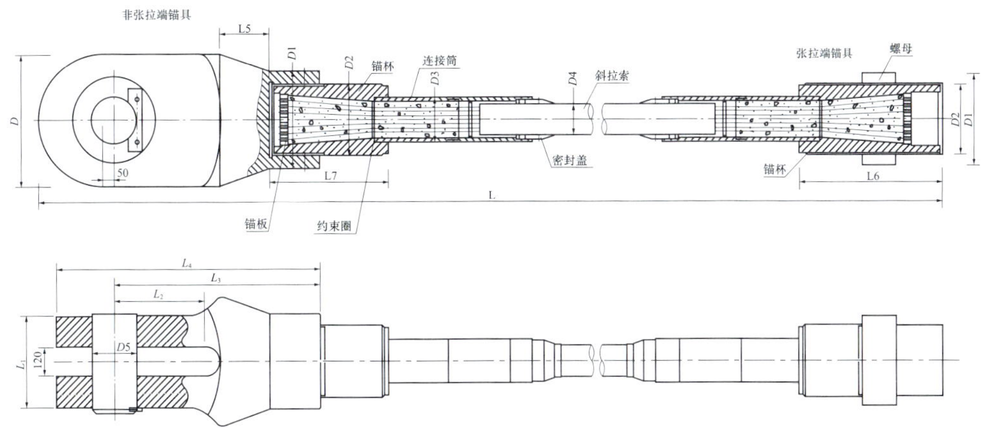

图 19　斜拉索构造（尺寸单位：mm）

桥 31 片钢箱梁全部采用 10 000kN 大型浮吊侧面进行吊装（图 21）。除塔梁固结段（L 梁段）需最初安装外（图 22），其余均先临时连接，再完成全截面焊接。

施工控制采用高程和斜拉索索力双控，最终合龙时线形平顺，轴线误差在3mm以内，梁体应力与设计值吻合良好。

2）引桥

（1）引桥总长 903m，采用等跨等截面预应力混凝土刚构连续梁，分为两联，分别为 6×72m=432m 及 57m+6×69m=471m，箱梁分幅布置，设纵、横向预应力，按全预应力结构设计，采用节段悬臂拼装的施工工艺，体内体外束相结合的设计方案（图 23）。

图 20　钢箱梁支架施工

图 21　10 000kN 浮吊起吊钢箱梁

图 22　塔梁固结段（L 梁段）吊装

（2）基础及墩身

引桥共 26 个墩身，每墩下 4 根直径 2m 钻孔灌注桩基础，嵌入微风化花岗岩不小于 2m，桩长 32～55m，钻孔桩混凝土共 13 925m^3，承台平面尺寸为 8.2m×8.2m，厚 3.0m，采用钢套箱施工。墩身为流线型实心钢筋混凝土墙式墩，横桥向宽 6m，顺桥向厚 2.8m。墩身混凝土共 8 925m^3。

（3）箱梁

单幅顶板宽 16.05m，底板宽 6.2m，中心梁高 3.8m，采用 C55 混凝土，总用量 22 590m^3。顶板厚 32cm，底板厚 25～50cm，腹板厚 45～70cm，箱梁采用短线法预制，预制顶板宽度 15.15m，标准段长度为 3.5m，最大块件吊装重量 110t（图 24）。

（4）箱梁架设

梁段由驳船浮运至墩旁，墩顶 0 号块由浮吊吊装

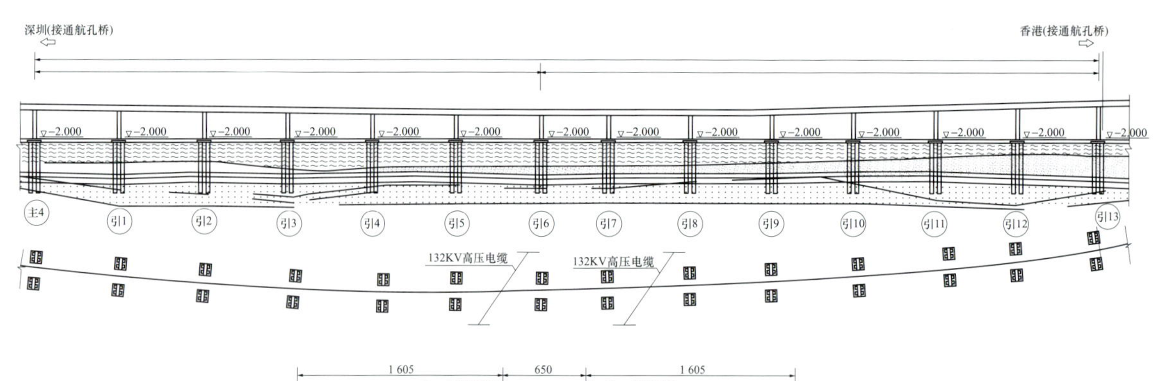

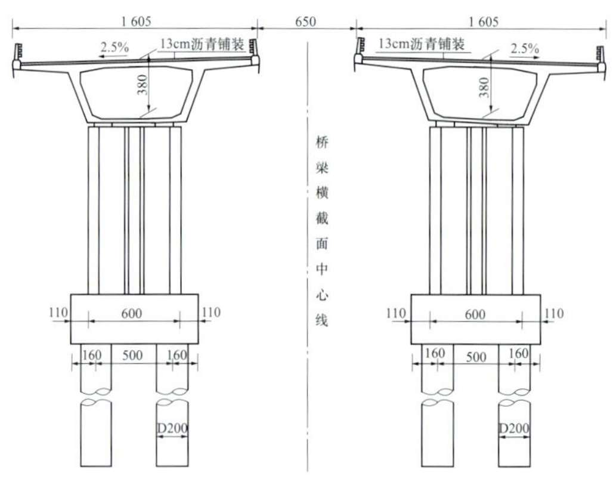

图 23　深圳侧非通航孔桥总体布置（尺寸单位：cm）

就位后，现浇墩顶横隔墙；墩顶梁段两侧 1 号块用浮吊吊装于墩旁托架上，张拉顶板钢束，组装桥面吊机顺序吊装墩顶两侧梁段至跨中（图 25），合龙时先边跨，后次边跨，最后中跨。

（5）换道立交桥

深圳为右侧车道行驶，而香港为左侧车道行驶，为实现车辆左右行换道，在大桥与口岸连接处设置换道立交桥，配合车辆进出口岸的交通组织，共设有

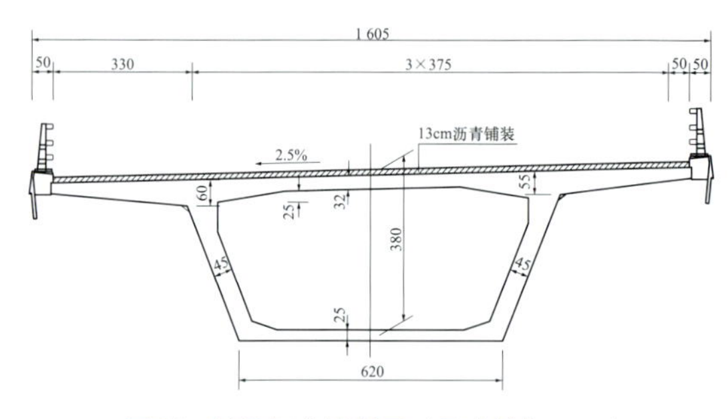

图 24　箱梁标准横断面（尺寸单位：cm）

图 25　箱梁节段吊装

4 条匝道，除海中与通航孔桥相接处采用 68m+68m+44m 一联变宽度连续梁外，其余匝道桥为跨径 30m 逐孔浇筑的预应力混凝土连续梁，按全预应力设计。

3）主要技术特点及创新点

（1）桥梁设计使用寿命 120 年，采用 C55 高性能混凝土，结构物混凝土保护层 7.5cm，浪溅区钢筋采用环氧涂层钢筋。

（2）成功采用倒梯形截面钢箱梁作为大跨斜拉桥的加劲梁，实现了混凝土塔与钢箱梁间的固结，采用了全焊接厚板作为斜拉索梁上锚固板。

杭州湾跨海大桥

相关资料

» 桥　　名：杭州湾跨海大桥
桥　　型：北航道桥双塔双索面五跨连续钢箱梁斜拉桥
南航道桥为独塔双索面三跨连续钢箱梁斜拉桥
跨　　径：北航道桥主跨 448m
南航道桥主跨 318m
桥　　址：杭州湾
» 建设单位：杭州湾大桥工程指挥部
» 设计单位：中交公路规划设计院有限公司（总体设计及第一合同段设计）
中铁大桥勘测设计院有限公司中交第三航务工程勘察设计院有限公司联合体（第二设计合同段设计）
» 施工单位：中交第二航务工程局有限公司
中铁大桥局集团有限公司
路桥建设股份有限公司
广东省长大公路工程有限公司
中铁四局集团有限公司
中铁二局集团有限公司
国营武昌造船厂
江苏法尔胜新日制铁缆索有限公司
上海浦江缆索股份有限公司

» 钢材用量：800 000t
混凝土用量：2 450 000m^3
造　　价：118 亿元
建成日期：2008 年 5 月

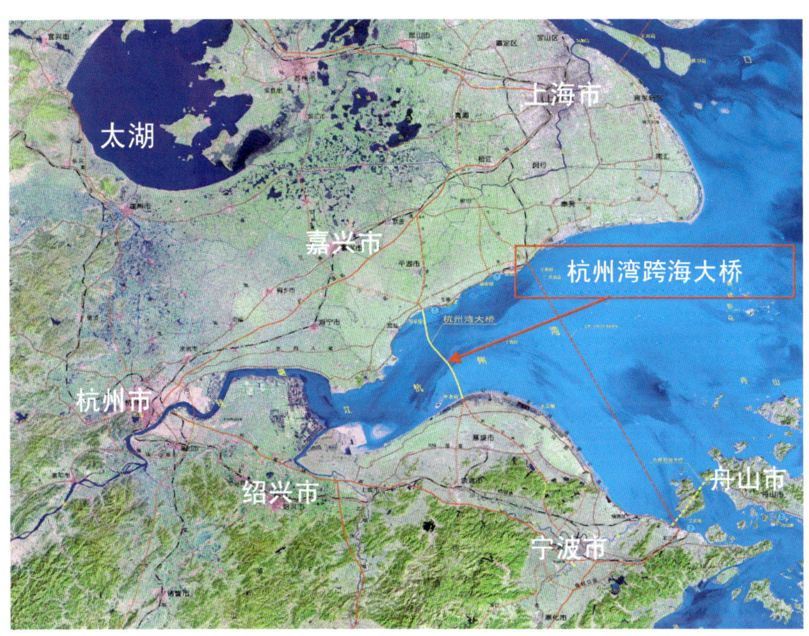

图 1　杭州湾跨海大桥地理位置

1. 概况

杭州湾跨海大桥北起浙江嘉兴海盐县，南止宁波慈溪市，全长 36km（图 1、图 2）。它的建设将缩短宁波至上海的陆路距离约 120km，并彻底改变宁波由交通末端型城市向枢纽型城市转变。

杭州湾为典型的喇叭状强潮海湾，桥位处海面宽 32km，南岸滩涂长 10km。该区域具有水流、泥沙、海床运动复杂多变，桥位处软土覆盖层厚、深埋基岩，南岸滩涂区富集浅层沼气。桥位处实测最大流速 5.16m/s。实测最大波高 4.72m。台风、龙卷风、雷暴及突发性小范围灾害性天气时有发生，全年施工作业日不足 180 天，

大桥为双向六车道高速公路标准，桥宽 33m，设计速度 100km/h；桥位区设计风速 V_{10}=39.0m/s；北航桥通航孔按 3.5 万吨级海轮标准设计，通航净空 325m × 47m；南航道

图 2　杭州湾跨海大桥全景效果

桥通航孔按3 000t级海轮标准设计，通航净空125m×31m；地震基本烈度为Ⅵ度。

2. 大桥总体设计与桥跨布置

总体设计全面遵循了“预制化、大型化和机械化”，满足百年设计使用寿命要求及设计服从施工等三大设计原则，尽量减少海上作业，减少施工风险和加快工程进度。同时，大桥平纵线形设计兼顾海域流态分布和航迹线分布，景观上借鉴杭州西湖苏堤“长桥卧波”的中国古典建筑设计理念，采用大S形平纵线形，最大纵坡3%。为便于大桥的运营养护、交通组织及抢险救灾，在全桥设置了5处掉头区、1处综合性海中平台及检修通道。

大桥分为北引桥、北航道桥及高墩区引桥、中引桥、南航道桥及高墩区引桥、南深水区引桥、南滩涂区引桥及南陆地区引桥等9大部分。

（1）北航道桥为双塔双索面五跨连续钢箱梁斜拉桥，桥跨布置为70m+160m+448m+160m+70m，总长908m。索塔为混凝土结构，横向呈钻石形，斜拉索采用平行钢丝，扇形布置。索塔处锚固在钢锚箱上，基础采用钻孔灌注桩加高桩承台。过渡墩和辅助墩墩形采用矩形圆倒角断面，承台外周设防撞消能设施（图3、图5）。

（2）南航道桥为独塔双索面三跨连续钢箱梁斜拉桥，桥跨布置为80m+160m+318m，总长558m。主梁、拉索、基础与北航道桥设计基本相同，唯索塔为“A”形，以利于提高受力性能和结构刚度及抗风稳定性（图4、图6）。

（3）与南、北航道桥相邻的高墩区引桥跨径为70m，采用混凝土连续箱梁。桥墩采用等截面矩形实心墩，双幅整体式矩形承台，钻孔灌注桩基础。

（4）中引桥134×70m，深水区南引桥86×70m，为跨径70m预应力混凝土连续箱梁（总长18.27km），采用整孔预制、运架一体船运输和吊装。预制桥墩混凝土总量约60 000m^3；基础采用螺旋卷制钢管桩。采用大型船机施工和GPS（RTK）测量定位。中引桥基础单幅为9根直径1.5m钢管桩（图7），南引桥基础单幅为10根直径1.6m钢管桩。

（5）南滩涂区引桥202×50m，为跨径50m预应力混凝土箱梁（总长10.1km），采用整孔预制、梁上运输和架桥机架梁方案；基础为直径1.5m钻孔桩。

（6）两岸陆地引桥和北滩涂引桥采用跨径30～80m预应力混凝土连续箱梁。北引桥上部结构采用移动模架和悬臂现浇两种工法施工，南引桥采用满堂支架法施工。基础均为钻孔灌注桩。

针对海上各类混凝土结构和钢结构，特别是处于浪溅区和水位变动区的结构，进行了专门的防腐蚀设计，以确保结构的设计使用寿命。

3. 关键技术

1）大型构件预制关键技术

（1）水中区70m整体预制箱梁

大桥水中区引桥采用70m先简支后连续的预应力混凝土连续箱梁，总长18.27km，共计箱梁540片（图8），混凝土用量44.8万立方米。预制箱梁为等高斜腹板单箱单室截面，顶板宽15.8m，底板宽6.25m，梁高4m，

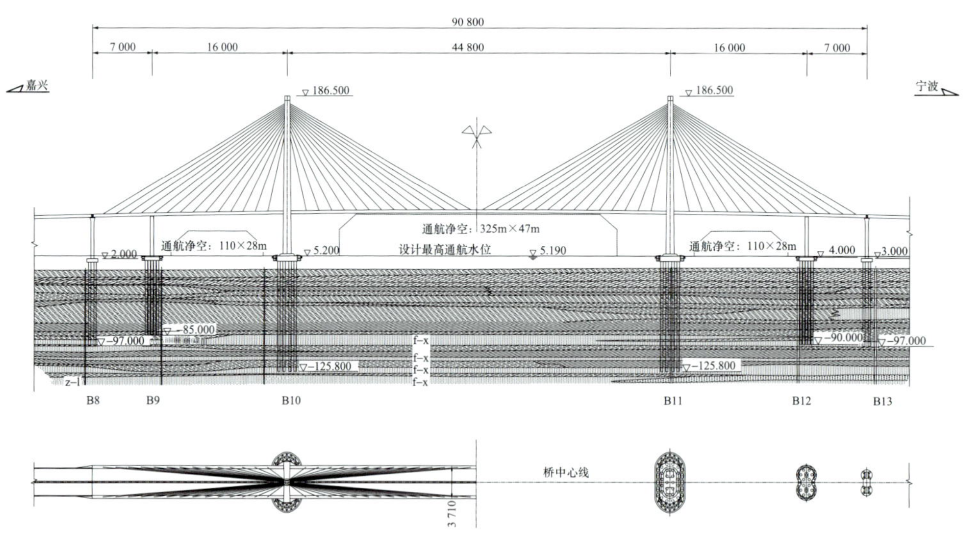

图3 北航道桥桥型布置（尺寸单位：cm）

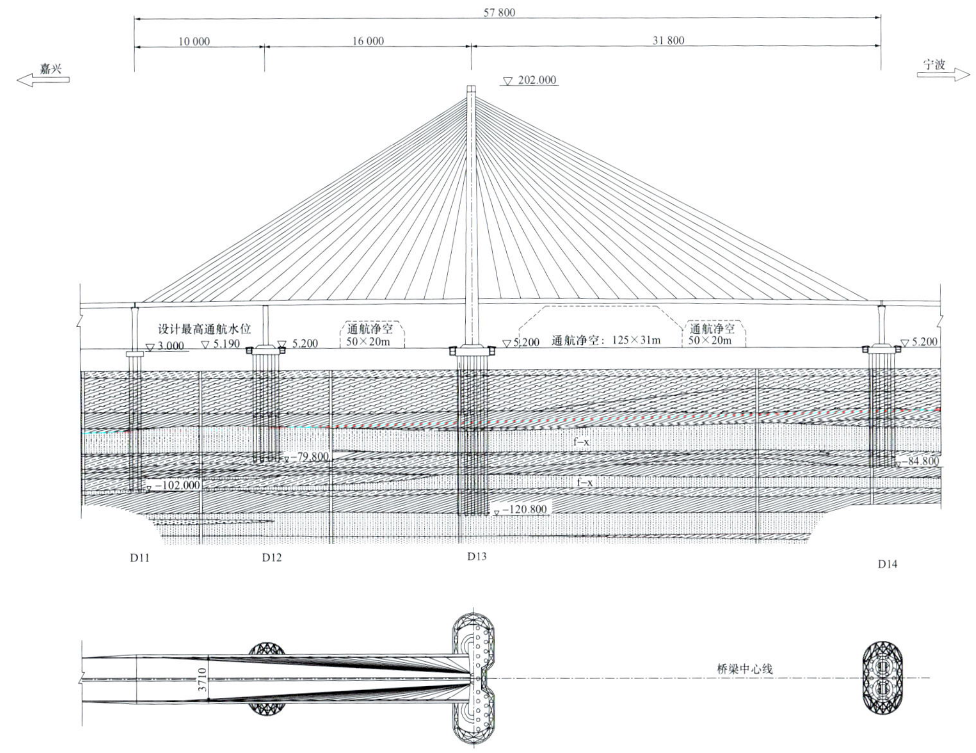

图4　南航道桥桥型布置（尺寸单位：cm）

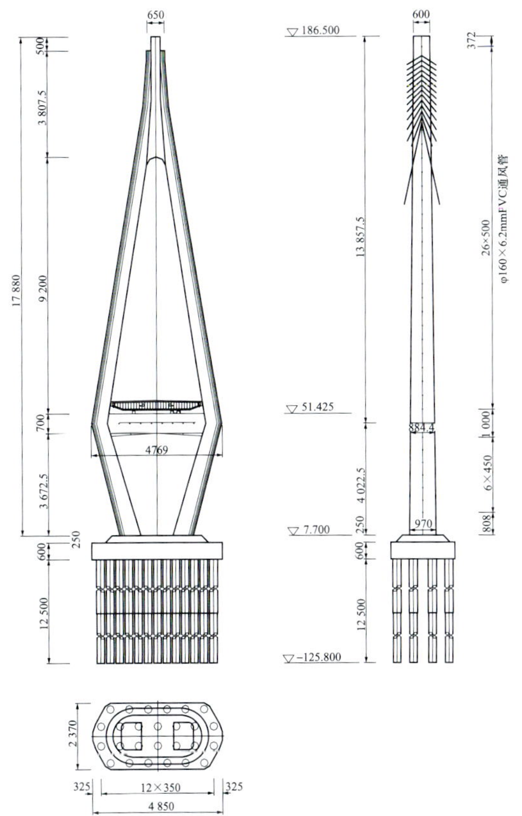

图5　北航道桥索塔（尺寸单位：cm）

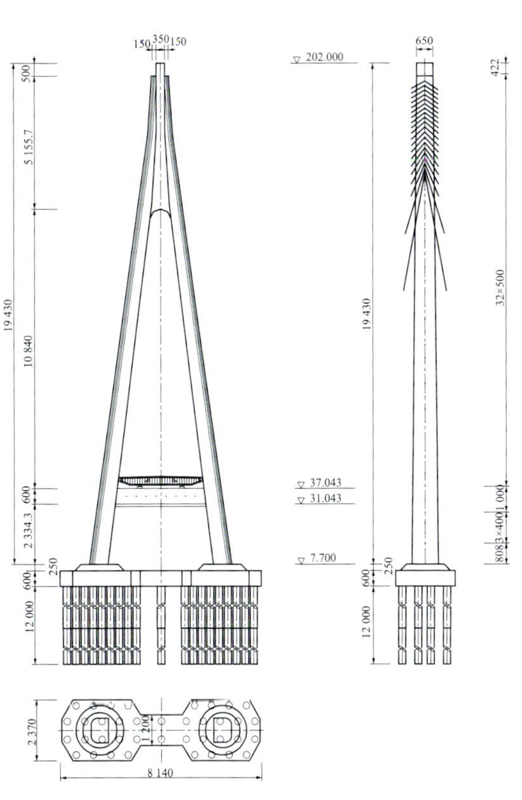

图6　南航道桥索塔（尺寸单位：cm）

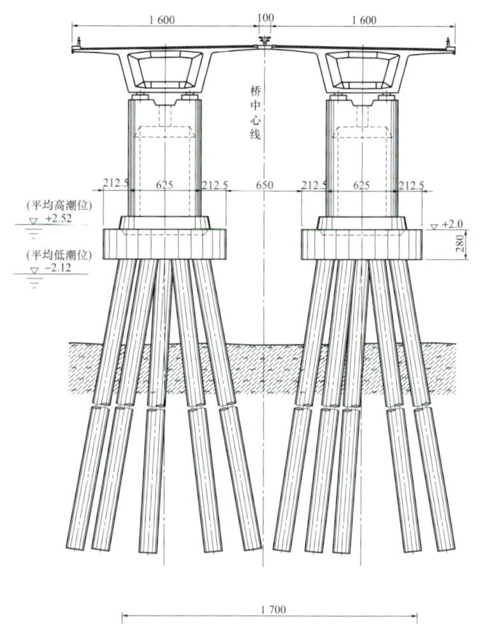

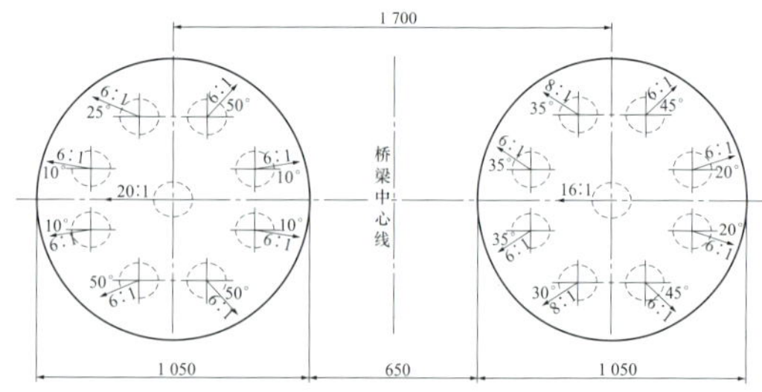

图 7　中引桥基础钢管桩（尺寸单位：cm）

图 8　70m 预制箱梁

梁重 2 200t。核心预制技术有：①整体液压内模系统，模板为分段组拼整体一次性吊装、分段收缩拆除；②钢筋整体绑扎、整体安装工艺，将梁体钢筋分为底腹板钢筋和桥面钢筋分别为绑扎和整体吊装入模；③大体积混凝土箱梁整体浇筑技术：对施工组织、模板、预应力体系、灌注工艺、养护工艺等方面进行全面控制，确保梁体施工质量；④采用塑料波纹管及真空辅助压浆技术；⑤在国内首次成功运用预应力混凝土箱梁早期裂缝控制技术。当混凝土达到 50% 设计强度和 50% 设计弹模时，对腹板上的部分预应力束施加一定的张拉力（为设计张拉应力的 1/3），使箱梁截面上产生一定的均匀压应力，以克服混凝土强度增长阶段的水化热产生的拉应力，控制箱梁混凝土开裂。

（2）南岸滩涂区 50m 整体预制箱梁

南岸滩涂上部结构采用跨度 50m 先简支后连续预应力混凝土箱梁，共 26 联，总长 10.1km，共计箱梁 404 片（图 9），最小弯道半径 6 000m。箱梁顶宽 15.8m，底宽 6.625m，梁高 3.2m，梁重 1 430t。采用的核心预制技术与 70m 整体预制箱梁构件基本相同，不同的有：①采取了高温控制在 35℃ ±5℃ “保温保湿蒸汽养护”措施；②大吨位预应力混凝土整体箱梁双层存梁施工技术。

图 9　50m 预制箱梁

（3）水中低墩区预制墩身

水中低墩区引桥预制墩身为矩形空心薄壁墩，最大高度 17.383m，重 440t。预制墩身共有 474 个，其标准墩墩顶尺寸为 6.25m × 4.0m。采用的关键技术有：①内模设计及拼装：墩身内模设计为分节伞形收缩整体内模，直线内模每节高度 90cm，变截面内模高 100cm。拼装时把内模在平地上撑开，按由下而上的顺序逐层安装。当模板达到高度要求后，微调螺旋撑杆，使模板高度和垂直度的误差在规范允许范围内。②外模设计及拼装：由于设计从防腐角度考虑，要求取消内部穿锚拉杆，模板支架采用钢桁架。墩身外模由面板、竖向槽钢、横向钢板和支撑桁架组成。待墩身钢筋绑扎完成后，进行外模拼装。按照自下而上的顺序拼装。③钢托架设计：根据墩底外露钢筋长度，墩身预制配套台座（钢托架）设计高度为 1.2m，采用钢板及型钢精制。

实现了 5 个台座月制墩 20 个的生产能力（图 10）。

（4）水中区螺旋焊缝整体卷制钢管桩

中引桥及南引桥深水区采用钢管桩基础，其直径为 1.6m、1.5m 两类，桩长 71～89m，最大单桩重量

图 10 预制墩身施工

73t。钢管桩总数量 5 474 根，总用钢量约为 3.7 万吨。

超长不等厚钢管桩制造工艺解决了不等厚钢板的对接问题；在螺旋焊缝焊接时，采用在线预精焊新技术和强大电流交直流双电源多丝埋弧自动焊新工艺。

钢桩防腐采用以外表涂装为主，涂层与阴极保护联合防护的方式。钢管桩外表采用多层熔融结合环氧复合涂层工艺进行整体防腐。为了增强钢管桩局部刚度，满足防撞和防腐的要求，钢管桩内高程 –12m 以上填筑混凝土。为此，建造了一条三层外防腐全自动涂敷工艺生产线，解决了表面处理、温度控制、粉末喷涂等三大技术难题。

2）大型构件运输及安装技术

（1）海上高墩激流区整体预制箱梁架设

在水中低墩区预制箱梁架设施工中采用了“小天鹅”号专用运架船（起吊高度 30m）。在高墩区（48m），建造了一艘“天一”号专用运架船。

预制箱梁海上运输及架设主要工序有：专用运架船自出海码头取梁、载梁海上航行、抛锚定位、墩顶布置及落梁、专用运架船退出返回、箱梁精确就位（图 11、图 12）。

图 11 “小天鹅”号运架船

图 12 “天一号”号运架船

(2) 滩涂区大吨位整体预制箱梁运架

① 场内运梁采用两台 8 000kN 搬运机联合搬运箱梁，该设备为轮胎式搬运机（图 13）；

② 箱梁提升上桥采用两台吊重 8 000kN 轮轨式提梁机原地将箱梁从地面提升到桥面（图 14）；

③ 箱梁梁上运输设备采用 TE1600 型轮胎车运输箱梁（图 15）；

图 13　ML8 000kN 轮胎搬运机

图 14　HM8 000kN 提梁机

图 15　TE16 000kN 轮胎式运梁车

④ 箱梁架设采用 16 000kN 步履式架桥机架设（图 16）。

(3) 海上非通航孔桥预制墩身安装

高度 10.6m 以下、重 300t 以下的预制墩身，选择苏连海起重 8 号作为安装船；当墩身高度超过 10.6m、重量大于 300t 时，墩身安装选择最大起重能力为 5 000kN 的全旋转扒杆起重船（图 17）。

图 16　LGB16 000kN 步履式架桥机

图 17　预制墩身吊安

(4) 超长螺旋焊缝钢管桩沉桩

水中区引桥单幅桥钢管桩基础设计为 9～12 根直径 1.5m/1.6m 桩，呈梅花形布置，桩最大斜率 6∶1。本工程前后共投入 7 艘打桩船（图 18、图 19），所有船都配备有 GPS 全球卫星定位系统和大能量的液压锤或柴油锤，工期比原计划提前一年多。

3) 结构耐久性保障技术

根据调查，影响本工程混凝土结构耐久性的主导因素是 Cl^-（氯离子）的侵蚀。为此，针对本工程混凝土结构的不同部位，提出了混凝土结构耐久性多层次综合保障措施。

(1) 通过限制氯离子扩散系数和设置合理的钢筋保护层，作为保证大桥钢筋混凝土结构 100 年设计使用年限的基本措施。采用的海工耐久混凝土，主要以氯离子扩散系数为控制参数，在原材料选方面，主要考虑使混凝土具备高抗氯离子扩散能、高抗裂性能、高工作性能。

图 18 “海力 801 号”打桩船

图 19 “天威号”打桩船

（2）根据不同的情况和环境采用混凝土结构表面防腐涂装、预应力筋保护、渗透性控制模、局部使用环氧钢筋和阻锈剂等附加措施。在斜拉桥索塔承台、塔座和浪溅区的下塔柱采用阴极保护技术。

（3）设置预埋式耐久性监测系统，用于长期动态获取耐久性参数，制订本工程相应的耐久性预案。

（4）建立耐久性暴露试验站，对所采用的措施进行验证和参数校核。

4. 主要技术特点和创新点

杭州湾跨海大桥工程规模大、海上工程量大、自然环境恶劣、制约因素多，设计要求新，施工难题多。

工程在实施过程中，主要实现了以下突破：

（1）大桥全长 36km，其长度在目前世界上在建和已建的跨海大桥中位居第一。

（2）大桥地处强腐蚀海洋环境，研发了以抵抗氯离子侵蚀为主的海工耐久混凝土，以及对混凝土、钢管桩的防腐措施。

（3）大桥 50m 箱梁“梁上运架设”技术，架设运输重量从 900t 提高到 1 430t，刷新了目前世界上同类技术、同类地形地貌桥梁建设“梁上运架设”的新纪录。

（4）大桥深海区上部结构采用 70m 预应力混凝土箱梁整体预制和海上运架技术，为解决大型混凝土箱梁早期开裂的难题，提出并实施了预应力“二次张拉技术”。

（5）大桥钢管桩的最大直径 1.6m，单桩最大长度 89m，最大重量 73t，为国内外大直径超长螺旋钢管桩工程之最。

（6）首次在浅层气富集区建设大型桥梁，开创性地采用有控制放气的安全施工工艺，并形成了成套施工技术。

（7）对墩身的整体预制与安装，最大吊重 440t。

舟山大陆连岛工程

图 1　舟山大陆连岛工程地理位置

1. 概况

舟山大陆连岛工程线路从舟山本岛 329 国道鸭蛋山环岛出发，由岑港大桥、响礁门大桥、桃夭门大桥、西堠门大桥、金塘大桥 5 座大桥组成（图 1），将飞跨里钓、富翅、册子、金塘四岛，终于镇海，与沿

图 2　岑港大桥全景

图 3　响礁门大桥全景

相关资料

» 桥　　名：桃夭门大桥
桥　　型：双塔双索面 7 跨连续混合式斜拉桥
跨　　径：146m+580m+146m
桥　　址：浙江舟山群岛
» 设计单位：中交公路规划设计院有限公司
施工单位：上海建工（集团）总公司
中交第二航务工程局有限公司
中铁宝桥股份有限公司
上海浦江缆索股份有限公司

» 混凝土用量：34 262m³
钢 材 用 量：11 666.2t
造　　价：2.94 亿元
建 成 日 期：2003 年 12 月

» 桥　　名：西堠门大桥
桥　　型：两跨连续钢箱梁全飘浮体系悬索桥
跨　　径：主跨 1 650m
桥　　址：浙江舟山群岛
建设单位：浙江省舟山连岛工程建设指挥部
» 设计单位：中交公路规划设计院有限公司
施工单位：四川公路桥梁建设集团有限公司
中交第二公路工程局有限公司
上海宝钢集团公司
中铁宝桥股份有限公司
江苏法尔胜新日制铁缆索有限公司
上海浦江缆索股份有限司

» 混凝土用量：246 956m³
钢 材 用 量：78 152t
造　　价：23.6 亿元
建 成 日 期：2008 年 12 月

» 桥　　名：金塘大桥
桥　　型：主通航孔桥采用双塔双索面 5 跨连续半飘浮体系钢箱梁斜拉桥
跨　　径：77m+218m+620m+218m+77m
桥　　址：浙江舟山群岛

建设单位：浙江省舟山连岛工程建设指挥部
设计单位：中交公路规划设计院有限公司
浙江省交通规划设计研究院
中铁大桥勘测设计院有限公司
» 施工单位：中交第二航务工程局有限公司
中铁四局集团第二工程有限公司
中交第一航务工程局有限公司
中铁宝桥股份有限公司
江苏法尔胜新日制铁缆索有限公司

» 主通航孔桥混凝土用量：30 799m³
钢材用量：58 667t
其他通航孔桥和引桥混凝土用量：939 791m³
钢材用量：334 253t
» 全桥指标
混凝土用量：970 590m³
钢 材 用 量：392 920t
造　　价：77 亿元
建 成 日 期：2009 年 12 月

海北线高速公路相连接，全长约 50km，其中桥长约 25km 。总投资约 111.5 亿元。

该项目分为二阶段实施。一期工程包括岑港大桥、响礁门大桥、桃夭门大桥和其间的接线公路，于 2006 年 1 月 1 日通车。二期工程包括西堠门大桥、金塘大桥，预计分别在 2008 年 12 月、2009 年 12 月建成通车。

岑港大桥长 793m，桥面宽 22.5m，双向四车道，通航等级为 300 吨级，通航净高 17.5m，通航净宽 2×40m，主桥为 3 跨 50m 的先简支后连续预应力混凝土 T 梁（图 2）。

响礁门大桥（图 3）长 951m，桥面宽 22.5m，双向四车道，通航等级为 500 吨级，通航净高 21m，通航净宽 135m，主桥为 80m+150m+80m 的大跨径预应力混凝土连续箱梁，引桥为先简支后连续预应力混凝土 T 梁。

以下重点介绍桃夭门大桥、西堠大桥、金塘大桥。

2. 桃夭门大桥

桃夭门大桥为斜拉桥，全长 888m（图 4）。

图 4　桃夭门大桥全景

该桥跨越水深流急的桃夭门水道，潮流流速为 2.09～4.15m/s。桥位区为基岩直接裸露区。

桃夭门大桥设四车道，设计速度为 60km/h；设计基本风速 55m/s；地震基本烈度Ⅵ度；通航净高 32m，净宽不小于 280m。

1）桥型结构

该桥为主跨 580m 双塔双索面 7 跨连续混合梁斜拉桥，桥跨布置为 48m+48m+50m+580m+50m+48m+48m（图 5），采用半飘浮体系。边跨设两辅助墩。

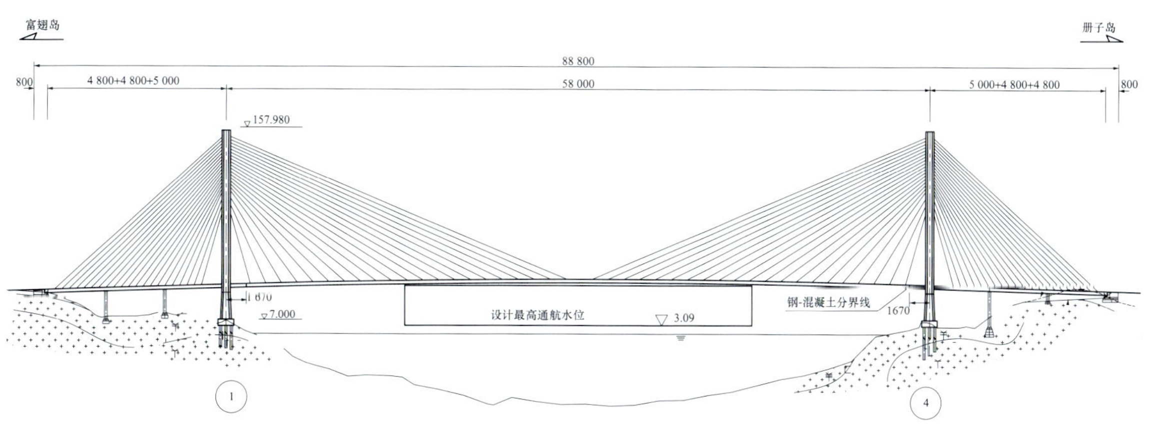

图 5　桃夭门大桥桥型布置（尺寸单位：cm）

2）索塔与基础

采用挖孔桩基础，设 12 根直径 2.2m 的挖孔桩，平均桩长为 15.61m，嵌入微风化霏细斑岩的深度为 3.3m。承台尺寸为 24m×13m×5m（图 6）。

索塔采用钻石形塔，为钢筋混凝土结构，高 150.98m，设置两道横梁（图 7）。桥面以上塔的高跨比为 0.21。塔的斜拉索锚固区采用环向预应力，进行了 1∶1 的足尺模型试验验证。

塔柱采用爬升模板连续施工，每段高 4.5m。下塔柱施工时加设了水平拉杆，中、上塔柱设置了 8 道水平横撑（图 8）。环向预应力管道真空压浆。

3）主梁

（1）主梁采用混合梁，边跨为预应力混凝土箱梁，中跨为钢箱梁，梁高均为 2.8m，外轮廓一致（图 9）。

（2）预应力混凝土箱梁采用单箱 4 室断面，设 3 道纵腹板，板厚为 50cm，顶板厚为 37cm、底板厚为 30cm；横隔板标准间距为 6m，标准厚度为 40cm。

（3）钢箱梁为 Q345D 钢材全焊扁平流线型结构，全桥共 45 个梁段，标准节段长 13m；钢箱梁板件尺寸为顶板厚 14mm、边纵腹板厚 25mm、下斜底板和底板厚 12～16mm，横隔板间距 325cm，板厚 8mm、10mm，绝大部分梁段采用无纵肋断面，仅在邻近钢—混凝土接合段的 2×3 个（长度为 2 870cm）梁段设置了纵隔板，以利于应力扩散。钢箱梁进行了节段模型风洞试验，满足抗风稳定性要求。

（4）钢—混凝土结合段（图 10）设置于中跨距塔

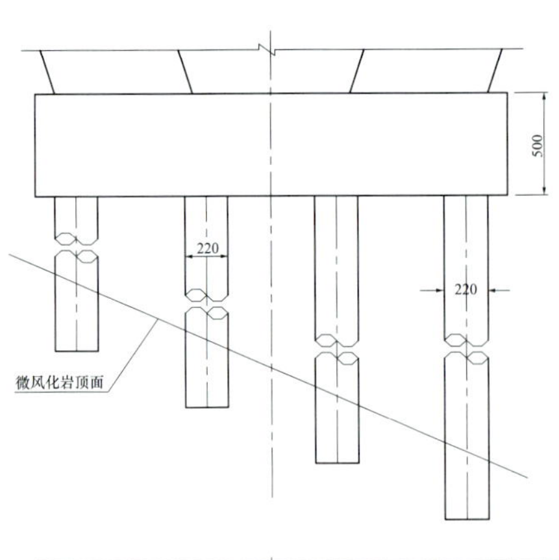

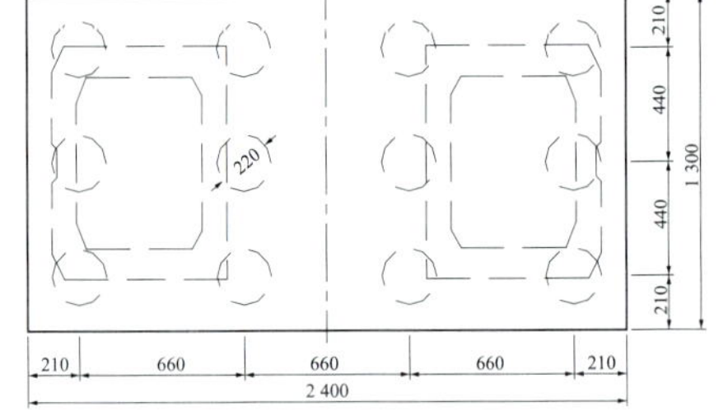

图6　索塔基础（尺寸单位：cm）

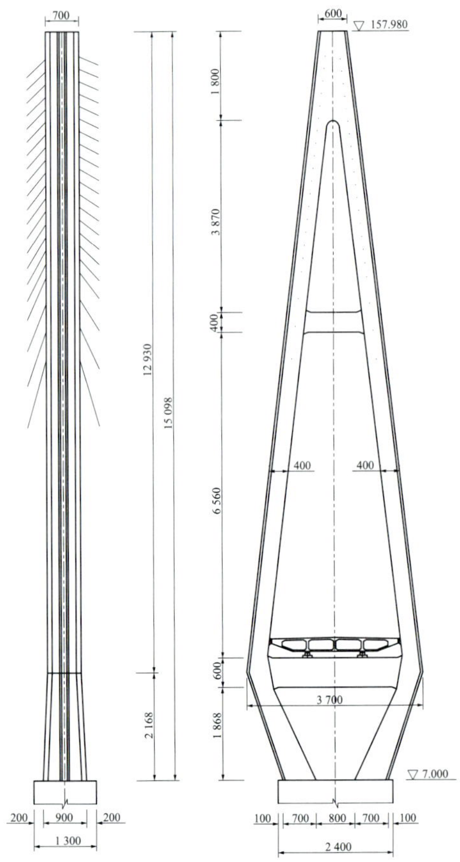

图7　索塔（尺寸单位：cm）

中心线16.7m处，该处为恒载弯矩零点。钢—混凝土接合段采用变高度π形加劲及厚度80mm的钢板传递强大的轴力，实现刚柔过渡；采用聚丙烯纤维混凝土以提高其抗裂性及延性。钢—混凝土接合段进行了1：2的

图8　索塔上塔柱施工

模型试验。

（5）斜拉索在梁端采用销铰形式（图11、图12）锚固，销铰自由转动能够有效地降低斜拉索的二次应力、抑制斜拉索振动。销铰锚固构造进行了1：1.5的模型试验。

4）斜拉索

每一扇面由21对斜拉索组成，共168根，其中最大斜拉索钢丝根数241丝（ϕ7mm），长298m、重20.3t。全桥共用高强镀锌钢丝1 146t。斜拉索外裹高密度PE防护材料，其上带有同材质热挤双螺旋线，连同塔端阻尼橡胶减振圈及梁上黏滞式阻尼器，有效地抑制了斜拉索风雨振等多种振动。

5）主梁施工及控制

边跨预应力混凝土箱梁充分利用地形，采用满堂支架逐跨现浇。钢箱梁采用桥面吊机安装（图13）。

钢箱梁架设以斜拉索拉力、桥面高程和钢箱梁环缝宽度三大指标协调控制，按照“前移吊机→第一次张拉斜拉索→吊装钢箱梁→第二次张拉斜拉索→钢箱梁环缝焊接”的流程施工，如此循环直至跨中合龙段。未进行重复索力调整。跨中合龙段长12m，采用两台桥面吊机抬吊合龙。最终合龙时线形平顺，斜拉索力及梁体应力与设计值吻合良好。

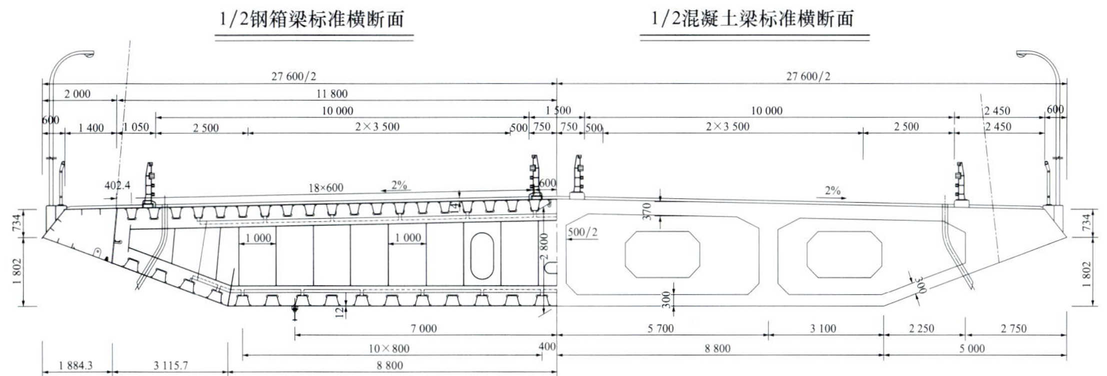

图 9 箱梁标准横断面（尺寸单位：mm）

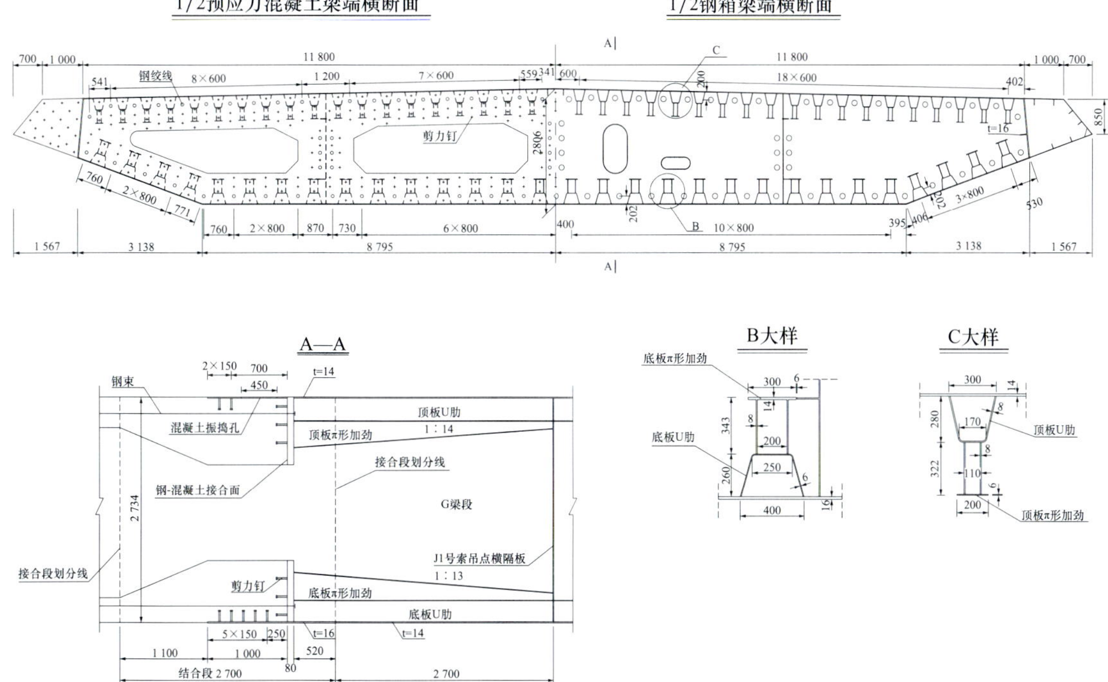

图 10 钢—混凝土结合段构造（尺寸单位：mm）

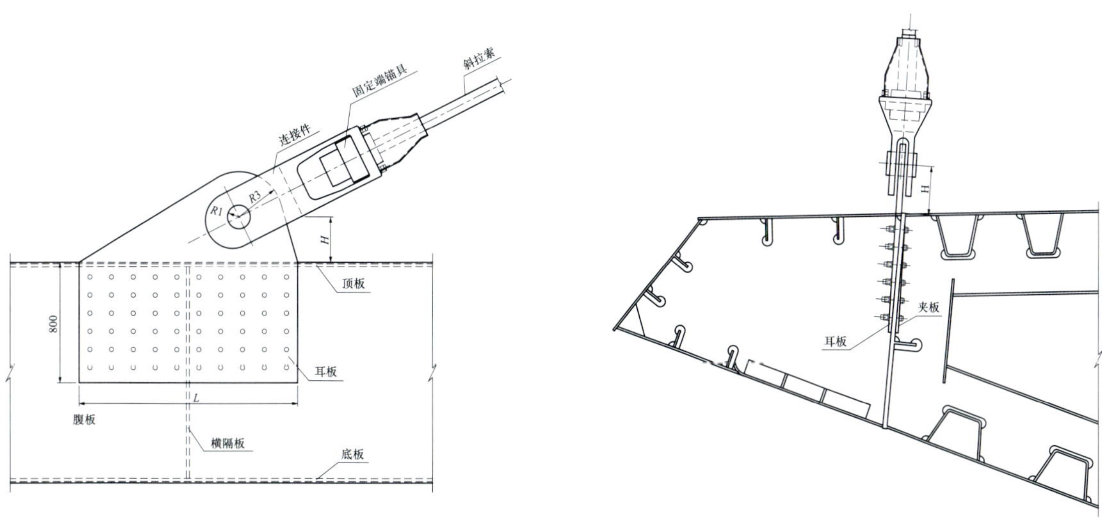

图 11 斜拉索销铰锚固构造（尺寸单位：mm）

图 12　斜拉索销铰锚固构造

图 13　桥面吊机吊装钢箱梁

6）主要技术特点和创新点

（1）在我国首次将钢—混凝土接合段伸入中跨（16.7m），以降低施工难度及工程造价。

（2）中跨钢箱梁采用无纵肋断面，并且提高了梁内的通风性能。

（3）斜拉索梁端锚固在国内首次采用销铰形式。

（4）首次在钢箱梁段风嘴部分采用可开启的硬聚氯乙烯塑料板，以减轻重量、便于检修维护。

（5）跨中合龙采用无压重方式。

3. 西堠门大桥

主桥长 2 588m。桥位处水面被老虎山岛分为南、北两汊，最大水深为 70～95m。水下地形以潮流冲刷槽为主，覆盖层较薄，存在裸露的孤丘和水下暗礁。最大潮速 3.02m/s，水流复杂并伴有强烈旋涡。

该桥为双向四车道高速公路标准，设计速度 80km/h，全宽 36m，桥面净宽 23m，运营期设计基本风速 41.12m/s，通航标准 3 万吨级，主通航孔通航净宽 630m，通航净高 49.5m，地震基本烈度Ⅶ度。

1）桥跨布置

大桥主跨为 1 650m 的两跨连续钢箱梁全飘浮体系悬索桥，孔跨组合为 578m+1650m+485m。南引桥采用两联 6×60m 预应力混凝土连续箱梁。（图 14、图 15）。塔锚均设置在岸上，不入水。

2）缆索系统

主缆矢跨比为 1/10，全桥两根主缆共重 21 450t，采用工厂预制平行钢丝索股法（PPWS）施工，镀锌钢丝抗拉强度不小于 1 770MPa，每根索股含 127 根钢丝，钢丝 ϕ5.25mm，每根主缆中跨索股 169 根、南北边跨分别为 171 根和 175 根。

吊索采用钢丝绳，索夹为左右对合的铸钢件，吊索上端骑跨于索夹，下端与加劲梁销接。顺桥向吊点标准间距 18m。吊索钢丝绳直径为 ϕ60mm、ϕ80mm、

图 14　西堠门大桥效果

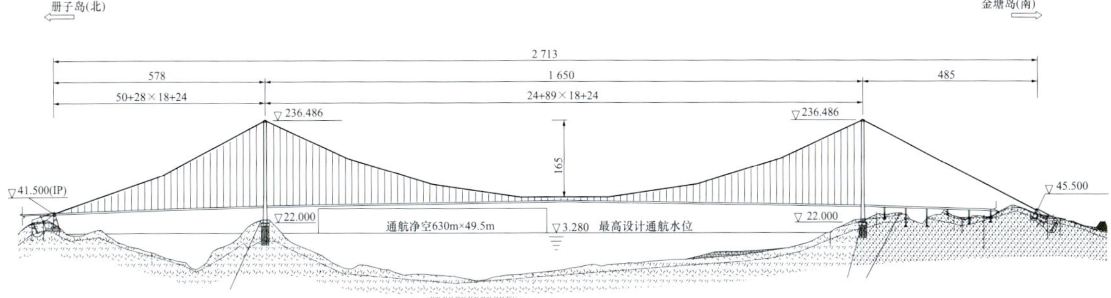

图 15 西堠门大桥桥型布置（尺寸单位：m）

ϕ88mm，对应公称抗拉强度为 1 770MPa、1 860MPa 和 1 960MPa。悬吊长度大于 20m 的各吊点，在吊索中部两索之间设置一道抑振装置。鞍座采用铸焊混合结构，锚室及鞍罩内均设除湿装置。

3）主梁

主梁采用分离式双箱断面钢箱梁（图 16），全宽 36m，梁高 3.5m，两箱间通过箱形横梁和工字梁连接，经数值风洞分析优选，两箱间距为 6m 时颤振临界风速最大。钢箱梁连续长度 2 228m，为目前世界上钢箱梁连续长度之最。

全桥共划分梁段 126 个，标准节段长 18m，重约 250t，最大梁段重约 310t。箱梁总用钢量约 3.3 万吨。

由于首次在实桥中采用该类加劲梁，因而进行了数值风洞分析、节段模型风洞、全桥气弹模型试验等一系列风洞试验研究，对中央槽宽、断面形状、涡振、颤振、抖振、静风稳定性、结构阻尼比的影响等进行了多项系统化研究，结果表明，成桥状态颤振检验风速达 78.74m/s，施工状态颤振检验风速为 67.1m/s。

为了解传力机理，完善构造设计，进行了总长 20m 的 1：2 大比例尺节段模型试验（图 17），由于分离式双箱断面箱梁结构复杂，焊缝密集，所发生的焊接变形和残余应力较大，对结构制造精度、焊接工艺技术进行全面研究。钢箱梁制造采用“板→板块（或部件）→板单元→单元块→钢箱梁→预拼装→桥位焊接”方式生产（图 18、图 19）。

4）锚碇及锚固系统

锚碇采用重力式锚，持力层为弱～微风化基岩，每个锚碇混凝土方量约 8 万立方米（图 20）。锚固系统为“镀锌钢绞线 + 防腐油脂”的无黏结式可更换预应力体系。该系统夹片后设置有防松装置，钢管及前后锚头防护帽内均充满专用防腐油脂，前后锚室内设有除湿机以防止后锚头及防护帽腐蚀。

5）索塔

索塔采用钢筋混凝土门架式框架结构，高 211.286m，塔柱间设置 3 道横梁连接。基础均采用 24 根 ϕ2.8m 的钻孔嵌岩桩。南塔（图 21）设置下横梁以布置加劲梁的各种约束装置，北塔（图 22）未设下横梁，在承台间设置横系梁。为改善索塔的抗涡振性能，塔柱断面的角点部位设置 0.7m × 0.7m 的凹槽。

6）主要技术特点和创新点

（1）研制并在本桥一根主缆采用国产强度为 1 770MPa 的索股。

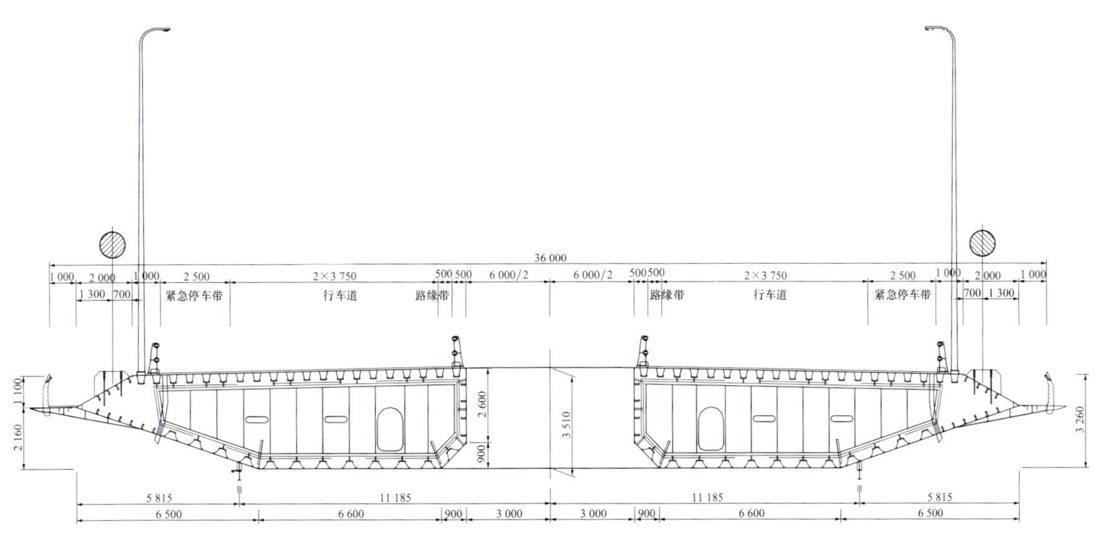

图 16 箱梁标准横断面（尺寸单位：mm）

图 17　1：2 大比例尺节段模型试验

图 18　钢箱梁段效果

图 19　分体钢箱梁制造

图 20　锚锭

图 21　南塔

图 22　北塔

(2) 先导索直升机牵引过海

本桥成功实施了直升机牵引先导索过海（图 23），作业时间短，不影响通航。直升机选用直 -9(Z-9)，牵引索选用高强、轻质、直径 Φ13mm 的尼龙绳，用时约 30 分钟。

(3) 首次在世界悬索桥加劲梁上采用分离式钢箱断面。

(4) 钢箱梁架设

由于西堠门水道覆盖层极浅，多为无覆盖层，运梁船采用传统抛锚定位难度大，结合桃夭门大桥钢箱梁吊装经验，本桥运梁船采用动力定位、主要利用平潮期吊装（图 24）。

图 23　先导索直升机牵引过海

图 24　采用船舶动力定位技术架设钢箱梁

驳船可到达区域的梁段，采用单台缆载吊机垂直起吊法架设。北边跨无索区梁段采用荡移至支架再滑移就位，对于短吊索下方运梁驳船无法到达的局部区域进行爆破拓宽航道，使得梁段可垂直起吊。由于两塔位于岸上，其附近梁段采用缆载吊机垂直起吊后荡摆至支架。

4. 金塘大桥

金塘大桥跨越灰鳖洋海域，局部冲刷达 10m 左右。桥位处覆盖层厚度为 80～110m。大桥全长 26.54km，跨海大桥长 18.27km。

该桥为双向四车道高速公路标准，设计速度 100km/h，全宽 26.5m，最大纵坡 3.0%，运营期设计基本风速 40.44m/s，通航标准 5 万吨级，主通航孔通航净宽 544m，通航净高 51m，地震基本烈度Ⅶ度。

1）桥跨布置

全桥总体布置为：[7m+ 2×5×30m+2×7×50m]（金塘侧引桥）+［122m+216m+122m］（东通航孔桥）+［6×50m+3×6×60m+（70m+10×118m+70m）］（东段非通航孔桥）+［77m+218m+620m+218m+77m］（主通航孔桥）+［149×60m］（中段非通航孔桥）+［87m+156m+87m］（西通航孔桥）+［68×60m］（西段非通航孔桥）+［11×50m］（浅水区引桥）+［（45m+72m+45m）+35×30m+（30m+2×45m+30m）+13×30m］（镇海侧引桥）。本文仅介绍主通航孔桥和非通航孔 60m 跨连续梁桥。

2）主通航孔桥

主通航孔桥采用双塔双索面 5 跨连续半飘浮体系钢箱梁斜拉桥（图 25），桥跨布置为 77m+218m+620m+

图 25　金塘大桥主通航孔桥全景

218m+77m，两边跨各设一辅助墩和过渡墩（图 26）。

索塔采用钻石形塔。基础采用 42 根直径 2.5～3.0m 的变直径钻孔桩群桩基础，整体式承台外周设防撞钢套箱。斜拉索采用平行钢丝斜拉索。斜拉索在索塔端通过钢牛腿支撑的钢锚梁进行锚固，下端通过耳板与钢箱梁销铰连接。

主梁采用封闭式流线形扁平钢箱梁（图 27），箱梁全宽 30.1m（包括风嘴），中心线处梁高 3.0m，标准节段长 14m。塔梁内均设除湿装置。

辅助墩与过渡墩采用矩形实心墩，在横向设置两片分离式墩身。基础采用 ϕ2.5m～ϕ3.0m 的钻孔桩与整体承台。

主桥钻孔桩施工采用大型海上施工平台（图 28）。承台采用钢套箱围堰施工工艺。钢套箱结合防撞设施一体设计，由防撞体、底板和搁置支撑系统组成，重 1 600t。防撞钢套箱在码头边浮平台上拼装成整体，用拖轮拖至现场，2 艘大型浮吊一次抬吊安装就位（图 29）。

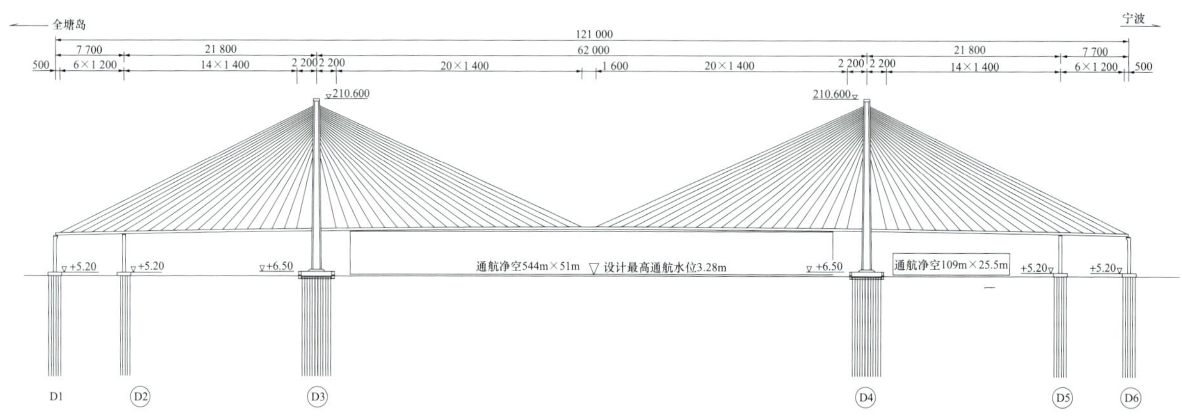

图 26　金塘大桥主通航孔桥型布置（尺寸单位：cm）

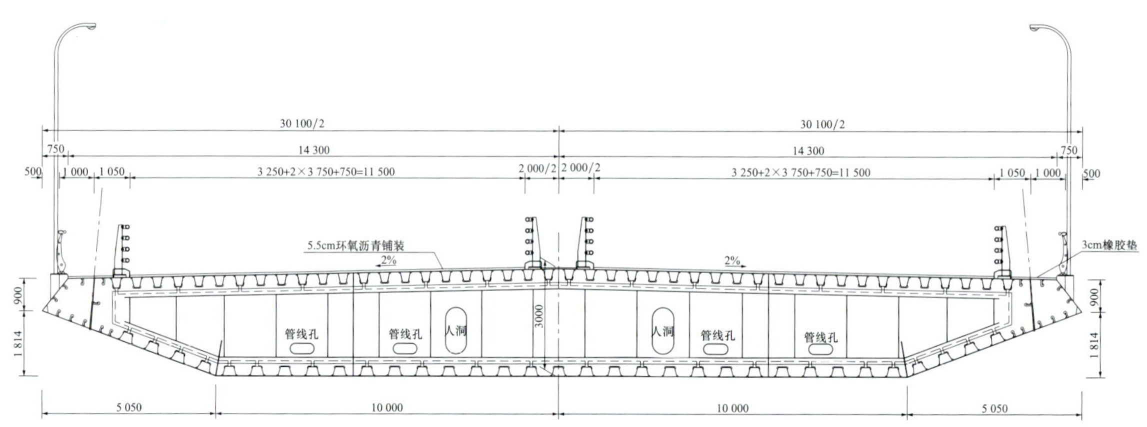

图 27　箱梁标准横断面（尺寸单位：mm）

图 28　主墩钻孔桩施工平台

图 29　钢套箱吊装

塔柱采用液压爬模逐段连续施工，每段高 4.5m。下塔柱施工时加设了水平拉杆，中塔柱设置了 5 道水平横撑（图 30）。

图 30 塔柱施工

3）非通航孔 60m 连续梁桥

桥海中区段 60m 等高度预应力混凝土连续梁桥采用双箱分幅断面，每幅宽 12.3m。下部结构小于 19m 墩高均采用预制墩身。

钢管桩最大桩长 90.5m，直径采用 ϕ1 500mm，由上段壁厚 25mm 的直缝管和下段壁厚 22mm 的螺旋管组成。防腐采用外表环氧粉末熔融涂层加牺牲阳极的阴极保护。

上部结构采用先简支后连续的预应力混凝土箱梁，梁高 3.4m，梁重达 1 575t，共计 470 片。采用陆上大型预制场整孔预制。采用两台 900t 国产轮胎搬运机将预制箱梁运至专用码头落驳，驳船运输至桥位，吊装就位（图 31），先简支后连续形成连续梁。

4）主要技术特点和创新点

（1）金塘大桥主桥斜拉索塔端锚固采用钢牛腿钢锚梁组合结构（图 32），该钢锚梁由一根锚固梁和 4 个锚固头组成，可以锚固 4 根空间斜拉索。为了确保新型锚固构造的可靠性，进行了足尺模型试验以验证钢锚梁、钢—混凝土结合构造的受力特性。

图 31 奋进号架梁船架设箱梁

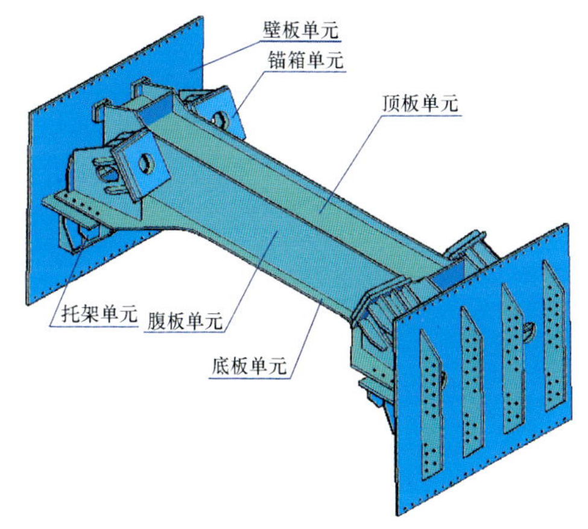

图 32 新型钢牛腿钢锚梁

（2）采用工厂化制作钢管桩、混凝土预制墩身及 60m 整孔箱梁，既保证质量，又加快了施工进度。

（3）60m 非通航孔桥采用整孔预制、整孔架设、架设与运输分离的模式，效率高。

（4）采用复合氨基醇类阻锈剂，减缓混凝土早期强度增长，有效减少了混凝土裂纹的产生。

（5）研制的 900t 轮胎搬运机，使预制场内移运箱梁非常灵活，明显优于滑轨。

相关资料

» 桥　　名：青岛海湾大桥
其　　中：
大沽河航道桥：
桥　　型：独塔自锚式分离双钢箱梁悬索桥
跨　　径：80m+260m+190m + 80m
沧口航道桥：
桥　　型：双幅分离双塔双索面钢箱梁斜拉桥
跨　　径：80m + 90m + 260m + 90m + 80m
红岛航道桥：
桥　　型：双幅分离独塔平行稀索钢箱梁斜拉桥
跨　　径：120m + 120m
桥　　址：胶州湾北部
» 建设单位：山东省高速公路集团
» 设计单位：中交公路规划设计院有限公司
　　　　　山东省交通规划设计院
» 施工单位：山东路桥集团有限公司
　　　　　路桥集团国际建设股份有限公司
　　　　　中交第二公路工程局有限公司

» 混凝土用量：133 万 m^3
钢 材 用 量：27 万 t
造　　　价：98 亿元
建 成 日 期：2010 年底

青岛海湾大桥

图 1　青岛海湾大桥全景效果

1. 概况

青岛海湾大桥位于胶州湾北部，是青岛市道路交通网络布局中胶州湾东、西岸跨海通道的重要组成部分。大桥起于青岛侧胶州湾高速公路李村河大桥北 200m 处，终于黄岛侧胶州湾高速公路东 1km 处，顺接济青南线设计起点；大桥全长 25.881km，包括沧口、红岛、大沽河航道桥，海上非通航孔桥和陆域引桥（图 1、图 2）。

桥位处于滨海堆积区水下浅滩，地势平坦，平均水深约 3m，最大水深约 11m，西侧有近 5km 的滩涂区。海域平均潮差约 4m，最大流速约 1.1m/s。多年平均气温 12.7℃。最大风速 34.8m/s。100 年重现期冰厚约 20～27cm。无活动断裂，无滑坡、陡坎、岩溶等不良

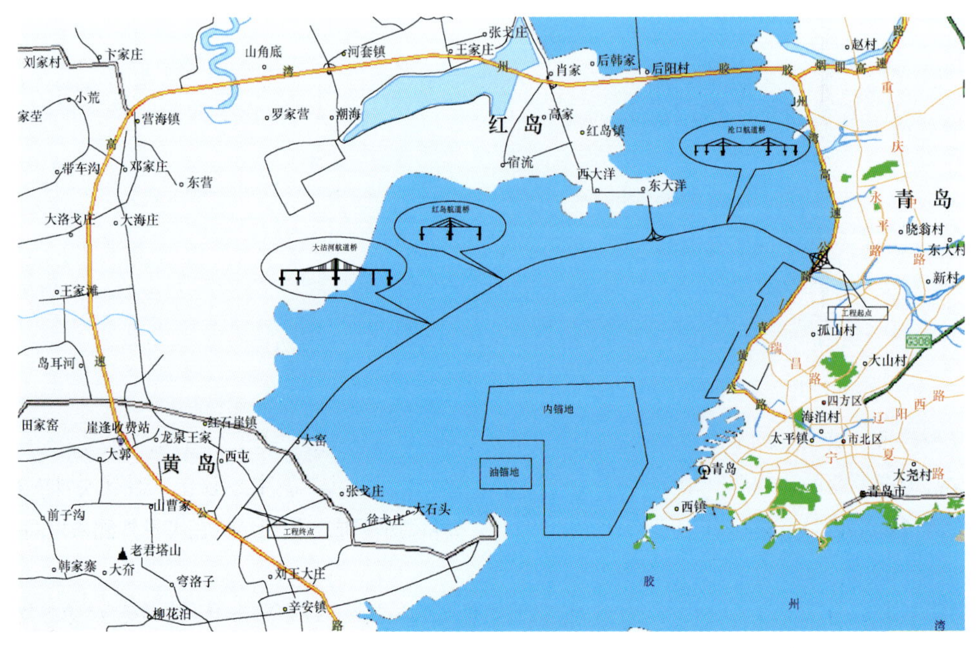

图 2　全桥桥位总平面布置

地质现象，场地较稳定。场区松散层岩性主要为淤泥、淤泥质（亚）黏土、（亚）黏土、和中粗砂、砾砂，基岩埋深 30～40m，岩性主要为角砾岩、泥岩、流纹岩和凝灰岩，其特点为软质岩和硬质岩相间分布。地震基本烈度Ⅵ度。

大桥双向六车道，为城市快速路兼高速公路上的桥梁，设计速度 80km/h。航道标准：沧口和大沽河航道 10 000t 级杂货船，红岛航道 300GT 渔船。

本桥为一项现代化桥梁集群工程。沧口航道桥主跨为 260m 双塔平行稀索钢箱梁斜拉桥，红岛航道桥主跨为 120m 独塔平行稀索钢箱梁斜拉桥，大沽河航道桥主跨为 260m 独塔独柱自锚式钢箱梁悬索桥，海上非通航孔桥采用跨径 60m 整孔吊装施工的连续梁，西岸滩涂区采用跨径 50m 移动模架浇筑施工的连续梁，基础均为钻孔灌注桩。

2. 大沽河航道桥

1）桥型

该航道桥桥型为独塔自锚式悬索桥，桥跨布置为 80m+260m+190m+80m=610m，是青岛海湾大桥三座航道桥中规模最大、设计和施工难度最高的一座桥。该桥采用自锚和边跨两侧各布置了 80m 跨度的辅助跨，主跨和边跨为悬吊体系，主跨矢跨比为 1/12.53，边跨矢跨比为 1/18（图 3、图 4）。

图 3　大沽河航道桥全景效果

2）索塔及基础

索塔采用独柱混凝土塔，塔高 149m。塔身采用哑铃形变截面，底部尺寸 10m × 10m，从下向上逐渐缩小，至 93m 高度处缩减为 5m × 5m，至塔顶下 15m 处，之上逐渐再加大尺寸，至塔顶为 7m × 7m，以满足塔顶主

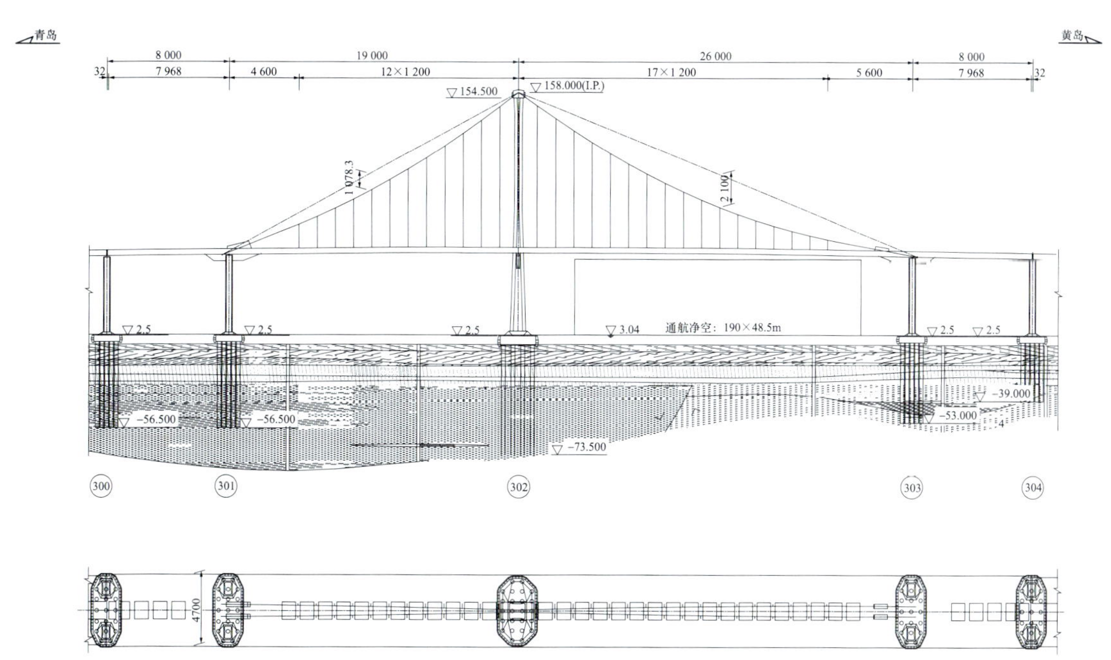

图 4　大沽河航道桥桥型布置（尺寸单位：cm）

索鞍构造尺寸的要求。索塔基础采用 24 根直径 2.5m 钻孔灌注桩，承台为圆倒角的八边形，横向长 42m，顺桥向宽 23.25m，厚 6m（图 5）。

为提高全桥结构的抗扭刚度，改善结构的动力特性，在索塔两侧设有三角撑，在其上设置钢箱加劲梁的竖向支座。采用轻型的钢结构桁架，桁架的水平杆及斜杆采用焊接箱形结构，箱形结构高 1.2m、宽 2m，板厚 40mm。三角撑与塔柱的连接，通过预埋在塔身内的由钢板和型钢组成的桁架结构在塔身外侧采用高强螺栓连接。

3）辅助墩、过渡墩及基础

辅助墩、过渡墩墩身均采用空心墩，墩底设置了墩座，墩座为多面体结构。基础采用 19 根直径 2.5m 的钻孔

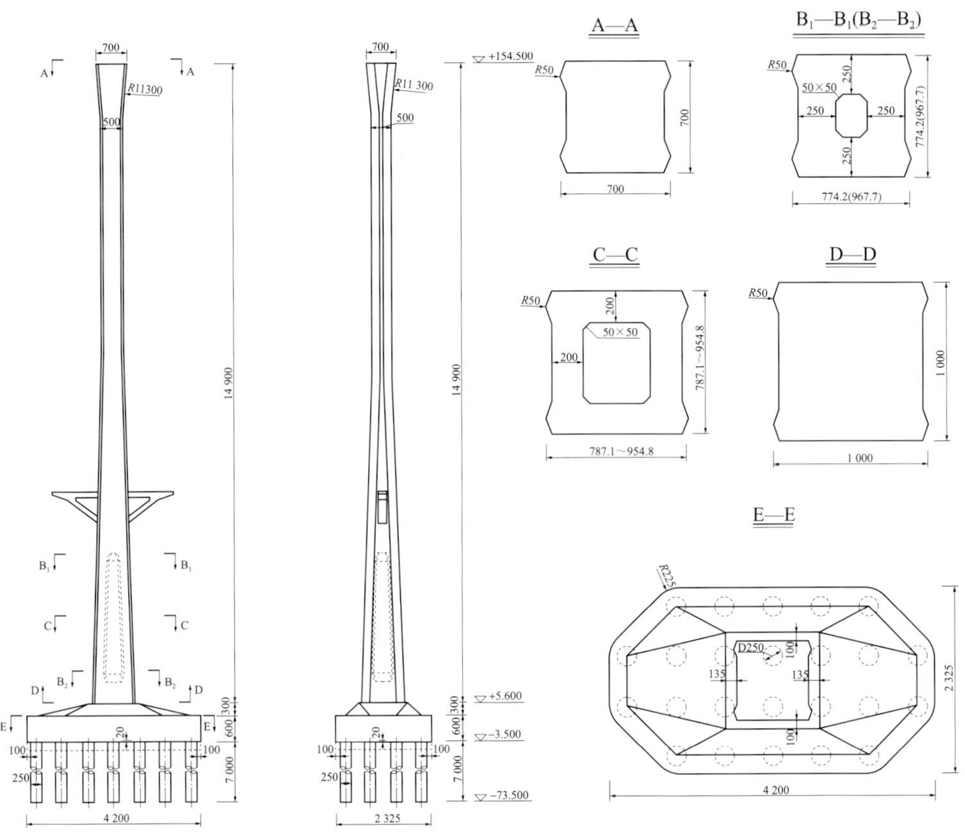

图 5　大沽河航道桥索塔及基础（尺寸单位：cm）

灌注桩，承台尺寸长 43.75m、宽 17m、厚 4m（图 6、图 7）。

4）钢箱加劲梁

该桥采用钢箱梁。因索塔采用独柱，加劲梁采用分离式双箱断面，两个封闭钢箱梁之间用横向连接箱连接，横向连接箱顺桥向间距 12m，宽度 3m。

加劲梁标准节段长度 12m，全宽 47m（含中央横向连接箱），梁高 3.6m，加劲梁在主缆锚固区域采用整体式箱梁，因锚固面的构造要求，在横向中间位置梁高加高到 8.0m。加劲梁沿纵向每隔 3m 设置一道板式横隔板，在梁内设置两道板式纵隔板（图 8）。

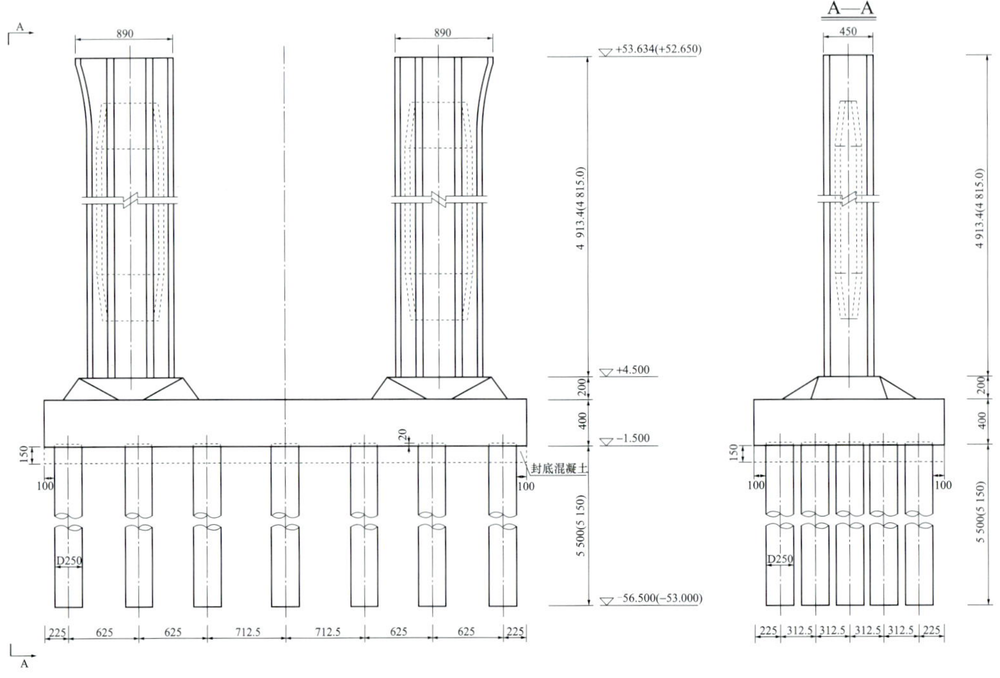

图 6　大沽河航道桥辅助墩墩身及基础（尺寸单位：cm）

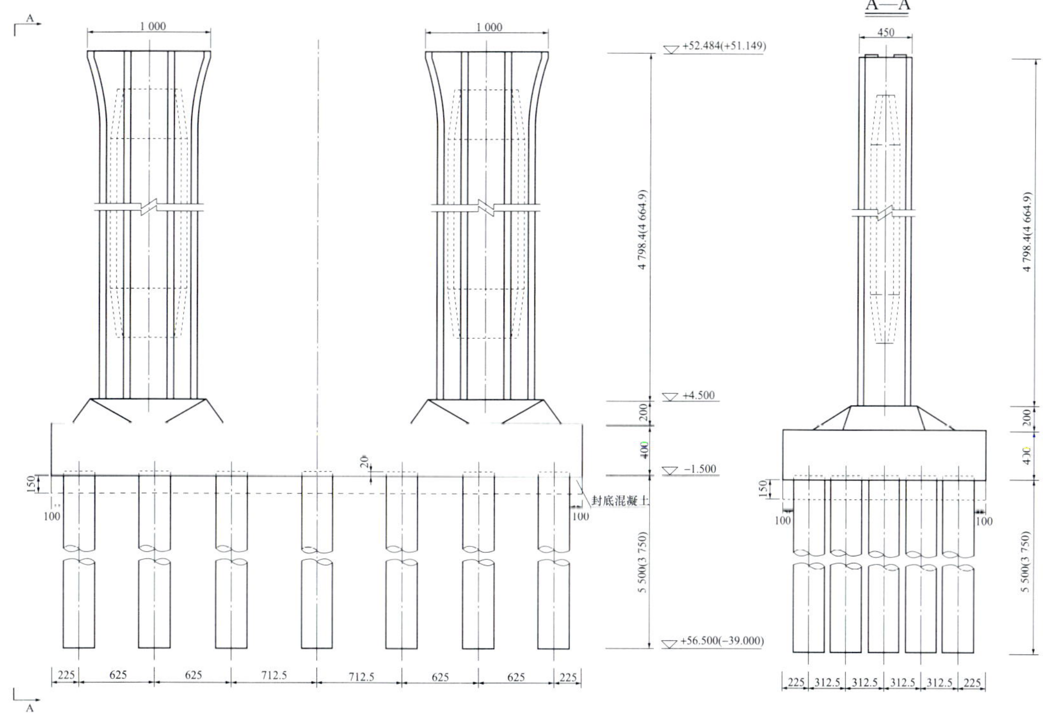

图 7　大沽河航道桥过渡墩墩身及基础（尺寸单位：cm）

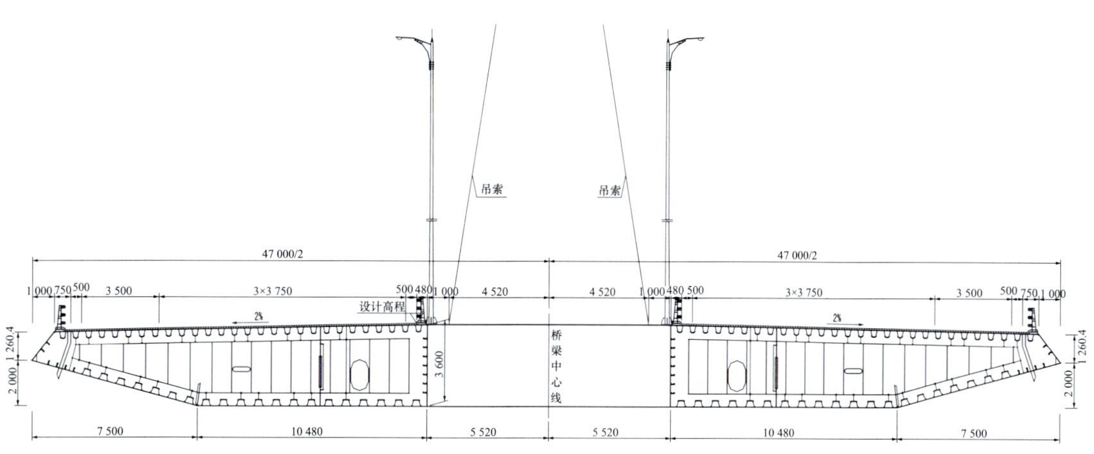

图 8　大沽河航道桥钢箱加劲梁（尺寸单位：mm）

标准梁段顶板厚度 25mm，底板厚度 18mm，其他梁段根据受力需要进行局部加强。梁段划分须同时考虑吊索的受力情况、规格选用以及运输架设时的起吊能力。

标准吊索间距采用 12m，标准梁段长度 12m。全桥共划分 55 个梁段。标准梁段重量约 350t。

主缆锚固在加劲梁上，锚固构造采用格构式钢结构。所有的索股锚固在一厚度 100mm 且垂直于主缆轴线的钢锚板上，钢锚板上焊有平行于索股方向布设的加劲板，主缆的拉力直接作用在钢锚板上，通过锚固构造传递至整个加劲梁断面（图 9）。

5）缆索系统

（1）主缆

全桥两根主缆，呈空间布置。主缆在塔顶横桥向间距 2.5m，主缆后锚面中心间距在主跨侧为 6.5m，边跨侧为 7.8m。主缆由工厂预制的高强镀锌平行钢丝索股（PPWS）组成，主钢丝直径 5.1mm，抗拉强度 1 670MPa，每根索股含 127 根钢丝，每根主缆共 61 股。主缆索夹内直径 496mm，索夹外直径 502mm。

（2）主索鞍

采用两个全铸式主索鞍，两个主鞍横向倾斜地安装在塔顶隔栅上，倾斜角度为 1.925°，横桥向两个索鞍上 IP 点间的距离为 2.5m。采用斜向安装，使得索鞍鞍槽的平面为直线，大大降低了索鞍的制造难度。

为增加索鞍受力的整体性，两个索鞍内侧横肋上采用 9 对钢板将两个索鞍连接成一体，通过螺栓将连接钢板与索鞍肋板连接（图 10）。

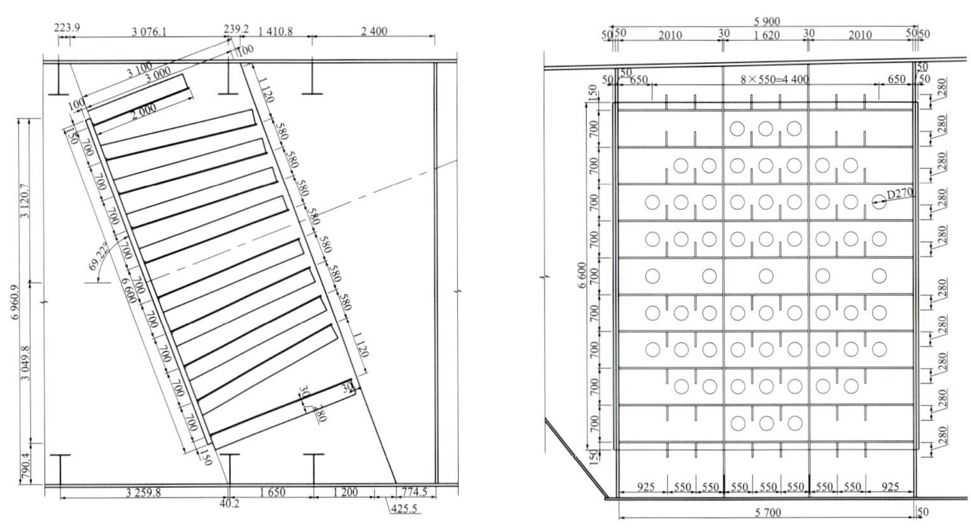
图 9　大沽河航道桥加劲梁主缆索股锚固示意（尺寸单位：mm）

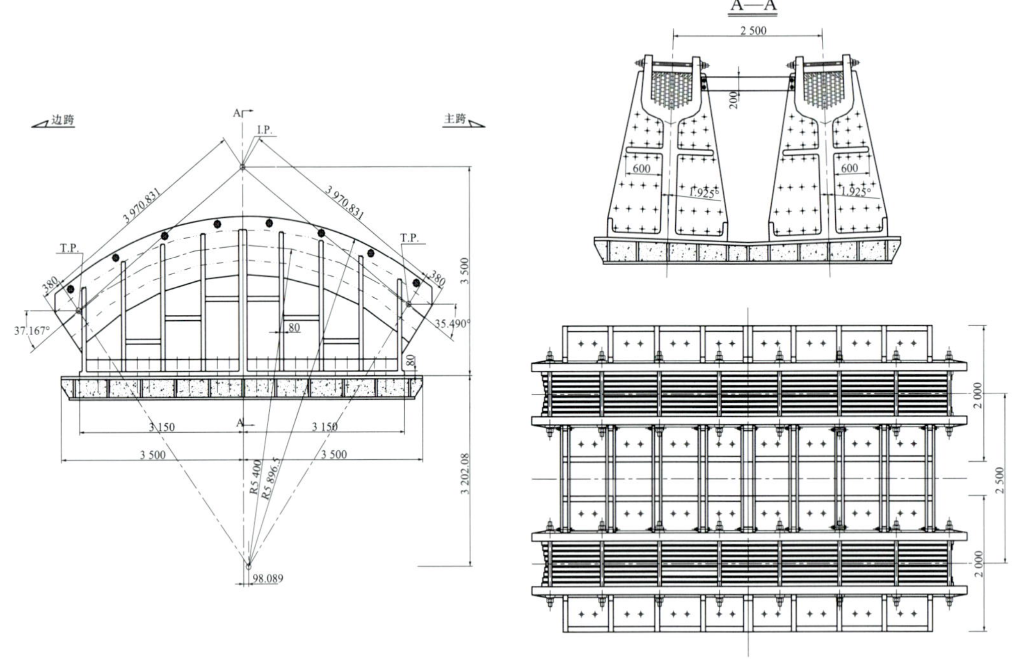
图 10　大沽河航道桥主索鞍构造（尺寸单位：mm）

（3）散索套

散索套采用上、下对合的结构形式，上下两半块采用 2×11 根 M48×5 高强螺栓连接，壁厚采用 40mm，喇叭形的出口锥角为 17.92°，过渡圆弧半径 7 963.3mm。

（4）索夹

吊索与索夹采用销接式连接。除吊索索夹外，还有夹紧主缆的索夹和安装缆套的锥形封闭索夹。各索夹的壁厚均为 40mm。采用上下对合的结构形式，上、下两半索夹用螺杆相连并夹紧于主缆上。

（5）吊索

采用平行钢丝吊索，钢丝直径 5.0mm，吊索设置于主跨和边跨，水平间距 12m。每一吊点（一个索夹）设 2 根吊索。吊索上端与索夹采用销接式连接，吊索下端与加劲梁的连接通过分析比较采用套筒承压式。

6）上部结构施工方案

（1）主梁

采用临时墩大节段吊装法。在塔侧和两个辅助墩侧搭设支架，利用大型浮吊将已拼装好的大节段加劲梁段（单幅）吊装至支架和临时墩上，先进行两幅箱梁间的横向连接，然后完成节段间的纵向连接。最大吊装节段长 72m、宽 21m，重约 104.8t（图 11）。

（2）缆索系统

安装塔顶的主索鞍并精确定位，架设猫道，将预制的主缆索股分批运至施工现场；利用牵引系统将索

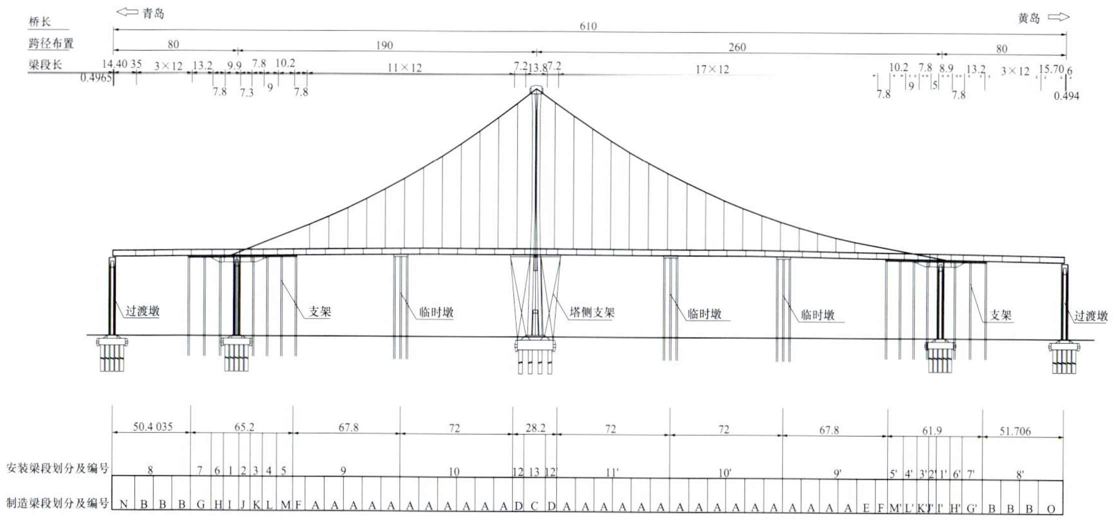

图 11　大沽河航道桥施工方案（尺寸单位：m）

股从一侧牵引至另一侧，在夜间温度稳定时，调整索股矢度并最终锚固；待索股安装完成，用紧缆机将主缆紧成圆形并用钢带箍紧；将猫道面层转载于成型的主缆上，放松猫道两端承重索；精确测量索夹的位置，安装索夹和吊索。

（3）全桥体系的形成

加劲梁架设线形为成桥线形，吊索在索夹上安装后进行张拉并和加劲梁进行连接。吊索的张拉顺序采用从索塔向两侧进行，分批逐次张拉，以控制张拉力和线形。

3. 其他航道桥

1）沧口航道桥

沧口航道桥为双幅分离双塔双索面钢箱梁斜拉桥，桥跨布置为 80m+90m+260m+90m+80m=600m，采用五跨连续半漂浮结构体系，斜拉索采用稀索竖琴式布置。由于本桥很宽，故采用了双幅分离的设计方案（图 12、图 13）。

沧口航道桥两幅桥索塔分离，单幅索塔为 H 形结构。两幅中心线间距为 30.5m，索塔塔柱间距 20.6m，塔高 105m，为预应力混凝土结构。

塔柱断面为倒角的矩形，塔柱标准断面 3.0m（横）× 4.5m（顺），索塔斜拉索采用鞍式锚固。

基础为双幅桥整体基础，采用 28 根直径 2.5m 的钻孔灌注桩。承台为圆倒角的矩形，长 67.5m、宽 17.0m、厚 5m，外设防撞消能设施。

辅助墩及过渡墩墩身为空心墩。墩身断面为倒角

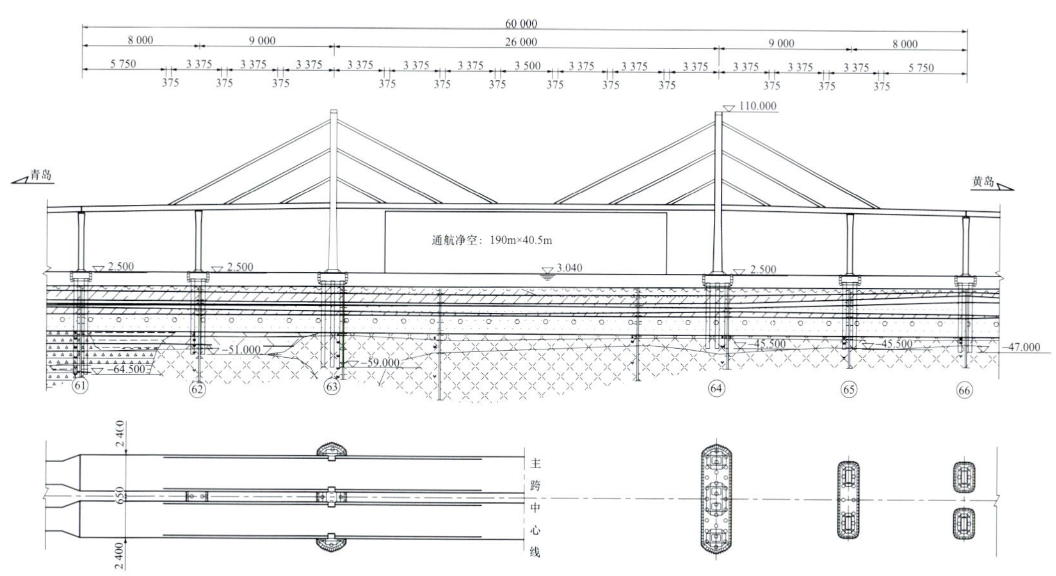

图 12　沧口航道桥桥型布置（尺寸单位：cm）

图 13　沧口航道桥全景效果

的矩形断面，墩底尺寸 7m（横）×3.6m（顺），墩顶尺寸 9m（横）×4.5m（顺）。

辅助墩为双幅桥整体基础，采用 14 根直径 2.5m 的钻孔灌注桩，桩长 56.4m。过渡墩为分离基础，采用 6 根直径 2.5m 的钻孔灌注桩。

分离式主梁均采用钢箱梁，钢箱梁含风嘴全宽 24m，中心线处高度 3.5m。

钢箱梁在索塔处变窄至 17m（不含风嘴），梁段长 9m，两端各设一个长 15m 的变化段。主梁底板水平，顶板设有 2%的横坡。

桥面板采用 U 形肋加劲的正交异性钢桥面板，顶板厚度 16mm，U 形肋厚度 8mm。底板厚度 12、16mm，U 形肋厚度 8mm。腹板厚度 16、20mm，拉索处腹板厚度 30mm。横隔板标准间距 3.75m，为板式横隔板，标准厚度 10mm。钢箱梁内设置了二道板式纵向隔板，标准厚度 10mm。斜拉索通过锚箱锚固在箱梁上，锚箱布置在腹板外侧，与箱梁焊接（图 14）。

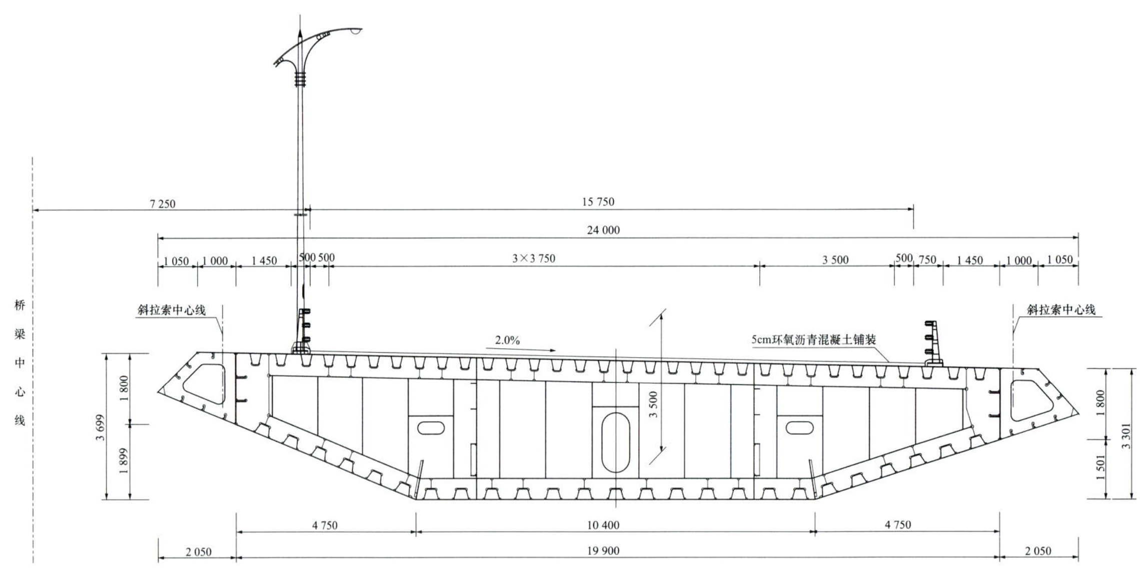

图 14　沧口航道桥钢箱梁标准断面（尺寸单位：mm）

主梁架设采用临时墩大节段吊装法。

2）红岛航道桥

红岛航道桥采用主跨 120m 独塔平行稀索钢箱梁斜拉桥，其跨径布置为 120m+120m=240m，采用两跨连续半漂浮结构体系，斜拉索采用稀索竖琴式布置。也采用了双幅分离的设计方案（图 15、图 16）。

索塔基础采用 27 根直径 2.2m 的钻孔灌注桩，桩长 77.5m。承台为圆倒角的整体式矩形承台，长 68.5m、宽 15.1m，厚 5m，外设防撞消能设施。

分离式主梁采用钢箱梁，高 3.1～3.5m，顶宽 20m（不含风嘴），底宽 4.8m。主梁底板水平，顶板设有 2%的横坡。

桥面板采用 U 形肋加劲正交异性钢桥面板，桥面板厚度 16mm，斜底板和底板厚度 12mm，横隔板间距 3.6m，纵隔板采用实体式和桁架式。斜拉索通过锚箱锚固在箱梁上，锚箱布置在腹板外侧，与箱梁焊接（图 17）。

图 15　红岛航道桥效果

主梁架设采用临时墩大节段吊装法。

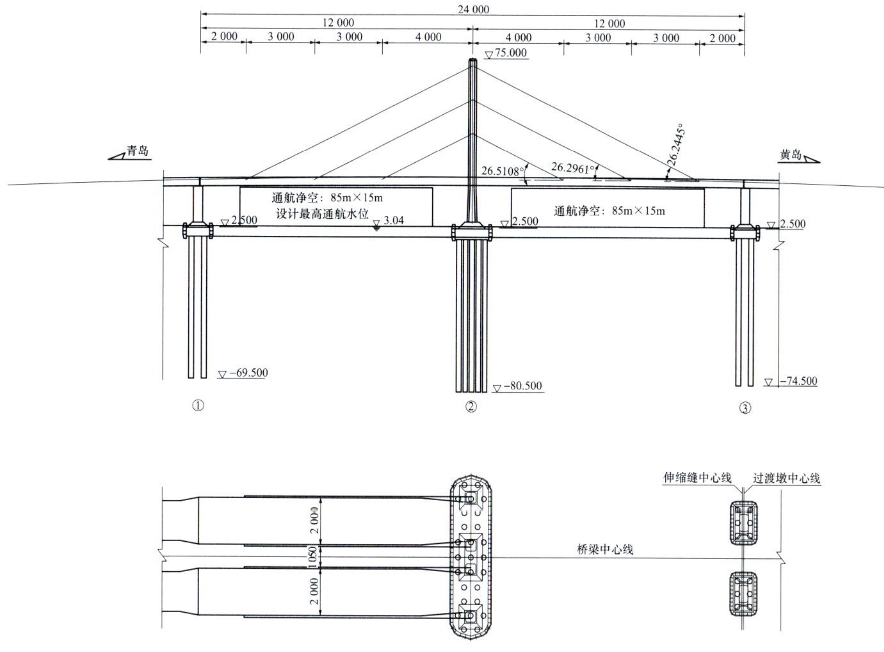

图 16　红岛航道桥桥型布置（尺寸单位：cm）

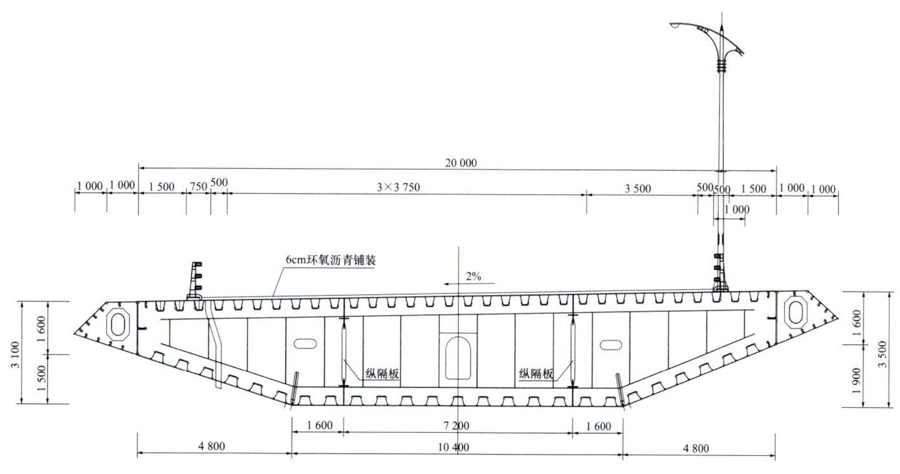

图 17　红岛航道桥钢箱梁标准断面（尺寸单位：mm）

4. 非通航孔桥

1）60m 整孔浇筑吊装

大桥水中区引桥采用 60m 先简支后连续的预应力混凝土连续箱梁，总长 15.9km，共计箱梁 530 片，混凝土用量 42.3 万 m^3。预制箱梁为等高斜腹板单箱单室截面，顶板宽 17m，底板宽 6.6m，梁高 3.5m，梁重 2 021t（图 18）。

60m 整孔梁浇筑的关键问题是早期裂缝控制。当混凝土达到设计强度、设计弹模相应比例时，对腹板上的部分预应力束施加一定的张拉力（为设计张拉应力的 1/4），使箱梁截面上产生一定的均匀压应力，以克服混凝土强度增长阶段的水化热产生的拉应力，从而达到控制箱梁混凝土开裂的目的。

2）50m 移动模架施工

非通航孔桥西岸滩涂区采用跨径 50m 移动模架浇筑施工的连续梁，为 4×50m 或 5×50m 一联，桥梁长度 5.0km。箱梁顶板宽 17.0m，底板宽 6.972m，高 3.0m，腹板厚 0.45～0.65m，端横隔板厚 1.4m，中横隔板厚 1.8m，通过绕设计高程线旋转实现 2%的桥面横坡（图 19）。

3）红岛互通立交

红岛互通立交位于青岛海湾大桥工程 K14+030～K16+010 处，是红岛连接线进入主线的交通枢纽。共有四条匝道，保证红岛进、出青岛和黄岛。互通主线桥宽 35m，桥长 1980m。各匝道桥桥宽均为 10.0m，其中 A 匝道桥桥长 800m；B 匝道桥桥长 1 531.9m；C 匝道桥桥

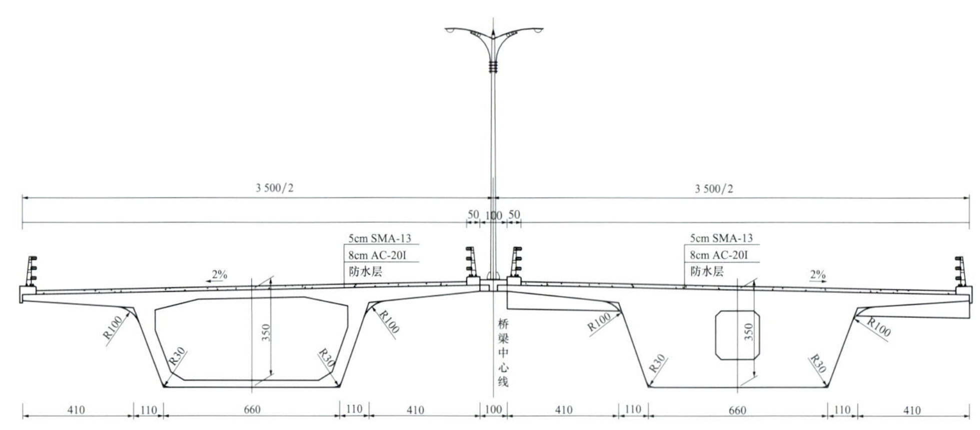

图 18　非通航孔桥跨径 60m 箱梁标准横断面（尺寸单位：cm）

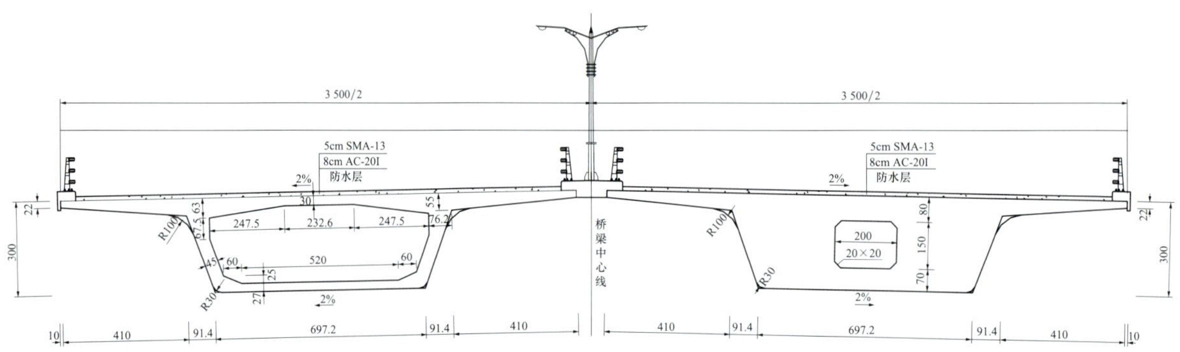

图 19　非通航孔桥跨径 50m 箱梁标准横断面（尺寸单位：cm）

长 1 630.96m；D 匝道桥桥长 684.6m（图 20）。以上匝道桥大都为跨径 50m 左右的预应力混凝土连续梁，基础采用 4 根直径 1.5～1.6m 钻孔桩。

图 20　红岛互通立交效果图

5. 主要技术特点及创新点

1）本工程的特点

项目地处国家级旅游城市青岛，旅游及人文资源十分丰富，大桥必需与环境协调，除跨海大桥的各种难点外，工程方案应具有突出的景观效果，反映现代化海滨旅游城市的风貌和文化，这对设计无疑是一个极大的挑战。

2）本工程的创新点

(1) 管理创新

本项目是国内长大跨海桥梁第一个采用 BOT 管理模式，由国内大型企业集团承担施工、运营和移交管理，本方式可以充分发挥大型企业丰富的管理和施工组织经验，与国际大型项目管理模式逐步接轨，充分吸收国外项目管理的经验，弥补国内工程管理经验、技术及水平的不足，是将我国大型桥梁工程管理推向国际水平进行的一次历史性尝试。

(2) 设计特点

① 大沽河航道桥为国内首座采用分离式独塔独柱双箱加劲梁形式的自锚式悬索桥，主跨跨度为同类型桥梁国内第一。主梁为双体钢箱梁＋横梁结构，塔柱采用钢结构三角撑支撑钢箱加劲梁，主缆与加劲梁的锚固结构有创新。

② 沧口航道桥为分幅双塔双索面斜拉桥，红岛航道桥为分幅独塔双索面斜拉桥，均采用平行稀索钢箱梁斜拉桥。

(3) 科学研究

① 测量：结合海上桥梁测量定位困难的特点，建立全桥 GPS 测量系统，大大提高了测量工效和工作质量。

② 风速观测：对桥位处紊动风的特性进行了观测和研究，填补了我国北方地区风谱的空白。

③ 抗风研究：大沽河航道桥进行了大比例高雷诺数的涡振控制措施试验，对国内正在进行的桥梁涡振研究是一个补充。

④ 冲刷研究：是国内首次进行开创性的波浪和潮流共同作用下的冲刷试验研究。

世界大跨径桥梁一览表

1. 斜拉桥（表 1.1 ～表 1.3）

表 1.1　世界大跨径钢梁（混合梁）斜拉桥（$L \geqslant 400$m）

序号	桥　名	国家	建成年份	体系，钢箱梁断面	跨　径（m）	梁高(m)	梁宽（m）	索距（m）	塔高（m）	备　注
1	苏通长江大桥	中国	2008	飘浮，钢箱	2×100+300+1088+300+2×100	4	40.6	16	300.4	世界最大跨径斜拉桥
2	香港昂船洲大桥	中国	2009	混合梁，主跨分离双箱	3×70+80+1018+80+3×70	3.93	53.3	主跨 18 边跨 10	298	世界最大跨径混合梁斜拉桥
3	湖北鄂东长江大桥	中国	2010	混合梁，边箱，半飘浮	3×67.5+72.5+926+72.5+3×67.5	3.8	38	15	242.5	主跨钢箱 901m
4	多多罗大桥	日本	1999	混合梁，箱形	270+890+320	2.7	30.6		180.6	钢箱 1312m
5	Normandie 桥	法国	1995	混合梁，箱形	9×43.5+96+856+96+10×43.5	3.05	22.3	16		主跨钢箱 624m
6	荆岳长江大桥	中国	2010	单侧混合梁，半飘浮，边箱	100+298+816+80+2×75	3.8	38.5	15	265.5	主跨钢箱 790m
7	仁川大桥	韩国	2009		80+260+800+260+80		33.4		225.5	
8	上海长江大桥	中国	2009	飘浮，分离双箱	92+258+730+258+92	4	51.5	15	209.3	
9	上海闵浦大桥	中国	2010	钢桁	4×63+708+4×63	9	43.6	15.1	210	双层交通
10	南京长江三桥	中国	2005	半飘浮，钢箱	63+257+648+257+63	3.2	37.2	15	218.1	钢塔，塔柱人字
11	南京长江二桥	中国	2001	半飘浮，钢箱	58.5+246.5+628+246.5+58.5	3.5	38.2	15	195.4	
12	舟山金塘大桥	中国	2010	半飘浮，钢箱	77+218+620+218+77	3	30.1	14	204.1	
13	武汉白沙洲长江大桥	中国	2000	飘浮，混合梁，边箱	50+180+618+180+50	3	30.2	12	174.8	钢箱 904m
14	名港中央大桥	日本	1996	七室箱	290+590+290	3.5	37.5		137.8	
15	舟山桃夭门大桥	中国	2003	半飘浮，混合梁，箱形	2×48+50+580+50+2×48	2.8	27.6	13	151	主跨钢箱 546.4m
16	广东汕头礐石大桥	中国	1999	混合梁，边箱	2×47+100+518+100+2×47	3	30.35	12	144	钢箱 714m

续上表

序号	桥　　名	国家	建成年份	体系，梁断面	跨　　径（m）	梁高(m)	梁宽（m）	索距（m）	塔高（m）	备　　注
17	鹤见航路桥	日本	1995	五室箱	255+510+255	4	38		131	单索面
18	安徽安庆长江大桥	中国	2004	半飘浮，钢箱	50+215+510+215+50	3	30	15	184.8	
19	武汉天兴洲长江大桥	中国	2008	半飘浮，钢桁，三索面	98+196+504+196+98	15.2	30	14	190	双层公铁两用，铁路 4 线
20	高下大桥	韩国	2009		500					
21	生口桥	日本	1991	混合梁，半飘浮	150+490+150	2.7	24.1	16	93.5	
22	Φresund 桥	丹麦 瑞典	2000	桁架	141+160+490+160+141	10.2	30.5		138.3	
23	东神户大桥	日本	1994	桁架	200+485+200	9	17	12	109.3	
24	广东湛江海湾大桥	中国	2006	混合桥，半飘浮，三室箱	60+120+480+120+60	3	30.4	16	155.1	
25	横滨港横断桥	日本	1989	桁架	200+460+200	12	33.6		126	
26	武汉军山长江大桥	中国	2001	半飘浮，钢箱	48+204+460+204+48	3	38.8	12	127.1	
27	Chao Phya 桥	泰国	1987	三室箱	46.8+57.6+61.2+450+61.2+57.6+46.8	4	33	10.8	78.3	
28	杭州湾跨海大桥（北航道桥）	中国	2008	半飘浮，钢箱	70+160+448+160+70	3.5	37.1	15	181.3	
29	柜石岛桥	日本	1988	钢桁	185+420+185	13.9	29			
30	岩黑岛桥	日本	1988	钢桁	185+420+185	13.9	29			
31	名港东大桥	日本	1997	钢箱	145+410+145	3.5	37.3		89.2	
32	西伯利亚 Ob 河桥	俄国	2000	独塔，钢箱	31+148+408	3.6	15.2	14	141	
33	乌里扬诺夫斯克伏尔加河桥	俄国	1998	独塔，钢桁	220+407+407+220	13	25		215	双层，公铁两用
34	润扬长江大桥北汊桥	中国	2005	半飘浮，钢箱	175.4+406+175.4	3	37.4	15	146	
35	名港西大桥	日本	1985	三室箱	175+405+175	2.78	14.5		89.3	
36	Saint Nazaire 桥	法国	1975	钢箱	158+404+175	3.2	14.8	16	68	
37	苏伊士运河桥	埃及		钢箱	404	2.44	22		153	

表 1.2　世界大跨径混凝土梁斜拉桥（$L \geqslant 400$m）

序号	桥　名	国家	建成年份	体系，梁断面	跨　径（m）	梁高(m)	梁宽（m）	索距（m）	塔高（m）	备　注
1	Skarnsundet 桥	挪威	1992	倒三角形双室箱	3×27+109+530+109+3×27	2.15	13	10	101.5	
2	湖北荆州长江大桥	中国	2002	飘浮，肋板式	200+500+200	2.4	26.5	8	150.2	
3	湖北鄂黄长江大桥	中国	2002	飘浮，肋板式	55+200+480+200+55	2.4	27.7	8	172.3	
4	重庆忠县长江二桥	中国	2008	飘浮，肋板式	205+460+205	2.7	26.32	8	247.5	
5	重庆奉节长江大桥	中国	2006	半飘浮，肋板式	30.4+202.6+460+174.7+25.3	2.35	20.5	7.85	211.6	
6	四川宜宾长江大桥	中国	2008	半飘浮，分离双箱	184+460+184	3.3	25	6		
7	重庆长寿长江大桥	中国	2008	肋板式	207+460+207	2.7	23.4	8		
8	重庆大佛寺长江大桥	中国	2001	飘浮，肋板式	198+450+198	2.7	30.6	8.1	206.7	
9	重庆涪陵石板沟长江大桥	中国	2007	飘浮，肋板式	200+450+200	2.7	23	8		
10	重庆长江二桥	中国	1996	飘浮，肋板式	53+169+444+169+53	2.5	24	9	166.5	
11	Luna 桥	西班牙		地锚式，三室箱	66.74+440+66.74	2.5	22.5	8.2	90.48	边孔各有长 35m 地锚，主跨中设剪力铰
12	新白城桥	越南		单室箱	41+81+129.5+435+129.5+87	3.5	25.3	6.5		单索面
13	安徽铜陵长江大桥	中国	1995	半飘浮，肋板式	80+90+190+432+190+90+80	2.23	23	8	151	
14	Helgeland 桥	挪威	1991	半飘浮，肋板式	177.5+425+177.5	1.2	11.95	12.2	91.37	
15	里斯本第二 Tagus 河桥	葡萄牙	1998	肋板式	204.5+420+204.5	2.6	31.28		150	
16	巴拿马运河世纪大桥	巴拿马		单室箱	66+200+420+200+46	4.5	35	6		单索面
17	湖北郧阳汉江大桥	中国	1994	地锚式，三室箱	43+414+43	2	15.6	8	108.5	边孔各有长 43m 地锚，主跨中设可伸缩装置
18	Wadi Leban 桥	沙特阿拉伯		三室箱	179+405+179	5	35.8	6	90	单索面
19	武汉长江二桥	中国	1995	飘浮，两边箱	180+400+180	3	29.2	8		
20	Elorn 河桥	法国	1994	单室箱	48+152+400+152+48	3.47	23.1		83	

表 1.3　世界大跨径组合梁（混合梁）斜拉桥（$L \geqslant 400$m）

序号	桥　名	国家	建成年份	体系，梁断面	跨　径（m）	梁高（m）	梁宽（m）	索距（m）	塔高（m）	备　注
1	福州青洲闽江大桥	中国	2002	工字梁	250+605+250	3	29	13.5	175.5	
2	上海杨浦大桥	中国	1993	边钢箱	40+99+144+602+144+99+40	3	32.5	9	215	
3	上海徐浦大桥	中国	1997	混合梁，边钢箱	40+3×39+45+590+45+3×39+40	3	35.95	9	212.5	
4	Rion-Antirion 桥	希腊	2004	半飘浮	286+3×560+286	2.82	27.2	22.1		4 塔
5	Golden Jubilee 桥	泰国		混合梁	524			12		
6	Bukhang 桥	韩国			205+480+205					
7	香港汀九大桥	中国	1998	半飘浮	127+448+475+127	1.78	2×18.77	13.5	196.2	4 索面，3 塔
8	釜山—巨济岛通道	韩国	2010		475	2.25				
9	西海大桥	韩国	1998		200+470+200	3	32		182.3	
10	宁波绕城公路甬江大桥	中国		半飘浮，边钢箱	54+166+468+166+54	2.57	22.1	12	141.5	双幅，双联塔
11	Annacis 桥	加拿大	1986	工字梁	50+182.75+465+182.75+50	2.32	32	9	98.8	
12	Hooghly Ⅱ桥	印度	1993	工字梁	183+457+183	3.23	35.1			
13	Severn 二桥	英国	1996		49.06+2×98.12+456+2×98.12+49.06	3.14	34.6		141.2	
14	伊利莎白女王二世桥	英国	1991		181+450+181	2	19		84	
15	江津观音岩长江大桥	中国	2008	半飘浮，工字梁	186+436+186	3.2	36.2	12	172.8	
16	香港汲水门大桥	中国	1997	混合梁，钢框架	2×80+430+2×80	7.46	35.2	8.7	133	双层，公铁两用
17	上海南浦大桥	中国	1991	飘浮，工字梁	76.5+94.5+423+94.5+76.5	2.2	30.35	9	149.5	
18	东海大桥（颗珠山大桥）	中国	2005	半飘浮，单索面	73+132+420+132+73	4	33	8	150	
19	Uddevalla 桥	瑞典	2000	钢格构	179+414+179	1.7	23.3			
20	Rande 桥	西班牙	1977	飘浮	147.42+400.14+147.42	2.4	23.46		75.58	

2. 悬索桥（表 2.1）

表 2.1　世界大跨径悬索桥（$L \geqslant 800$m）

序号	桥　名	国家	建成年份	梁断面	跨　径（m）	垂跨比	梁高（m）	梁宽（m）	主缆直径（cm）	塔高（cm）	备　注
1	明石海峡大桥	日本	1998	钢桁，简支	960+1991+960	1/10	14	35.5	2×112	283	1995 年大地震后跨径增大 1m
2	舟山西堠门大桥	中国	2009	两跨连续，分离双箱	578+1650+485	1/10	3.5	36	2×85.5	211.5	
3	Storebealt 桥	丹麦	1996	钢箱	1624	1/9	4	30	2×81	245	
4	润扬长江大桥	中国	2005	单跨钢箱	470+1490+470	1/10	3	36.3	2×90.6	210	刚性中央扣
5	南京长江四桥	中国		三跨钢箱	576.2+1418+481.8	1/9	3.5	38.8	2×	279.4	
6	Humber 桥	英国	1981	钢箱，三角形吊杆	280+1410+530	1/10.6	4.5	28.5	2×70	155.5	三角形吊杆
7	江阴长江大桥	中国	1999	单跨钢箱	336.5+1385+309.34	1/10.5	3	36.9	2×89.7	187.2	
8	香港青马大桥	中国	1997	两跨连续钢梁	355+1377+300		7.45	41	2×110	206	世界最大公铁两用悬索桥，一端重力锚，一端隧道锚
9	Hardanger 桥	挪威	2011	钢箱	1310			18.3		190	
10	Verrazano 桥	美国	1964	简支钢桁	370.3+1298.5+370.3	1/11.1	7.32	30.63	4×91.1	192	
11	金门大桥	美国	1937	简支钢桁	343+1280.2+343	1/8.9	7.62	27.43	2×92.7	210.4	
12	武汉阳逻长江大桥	中国	2007	单跨钢箱	250+1280+440	1/10.5	3	38.5	2×83.7	169.8	
13	Hogä Kusten 桥	瑞典	1997	钢箱	317.5+1210+287.5	1/9.5	4	22	2×64.2	181.4	
14	湖南吉首矮寨大桥	中国	2010	单跨钢桁	242+1176+116	1/9.6	7.5	27		129.3	中央扣
15	Mackinac 桥	美国	1957	简支钢桁	549+1158.2+549	1/12	11.58	20.75	2×69.2	157	
16	广州珠江黄埔大桥	中国	2008	单跨钢箱	290+1108+350	1/10	3.5	41.69	2×78.9	190.5	
17	南备赞濑户大桥	日本	1988	连续钢桁	274+1100+274	1/11	13	30	2×107	179.6	
18	Bosporus 二桥	土耳其	1988	单跨钢箱	210+1090+210	1/11.4	3	39.4	2×76.4	111.1	
19	贵州坝陵河大桥	中国	2009	单跨钢桁	268+1088+228	1/10.3	10	28	2×79.5	201.3	隧道锚
20	江苏泰州长江大桥	中国		连续悬索桥，钢箱	390+2×1080+390	1/9	3.5	39.1		中塔 194	3 塔

续上表

序号	桥　　名	国家	建成年份	梁断面	跨　　径（m）	垂跨比	梁高（m）	梁宽（m）	主缆直径（cm）	塔高（m）	备　　注
21	Bosporus 一桥	土耳其	1973	钢箱，三角形吊杆	231+1074+255	1/11.5	3	33.4	2×58	164.6	三角形吊杆
22	华盛顿桥	美国	1931	简支钢桁	185.9+1066.8+198.1	1/10.8	9.14	32.3	4×91.4	170.5	
23	来岛第三大桥	日本	1999	单跨钢箱	280+1030+280	1/10.1	4.3	32	2×63.6	175	
24	来岛第二大桥	日本	1999	两跨钢箱	250+1020+245	1/10.5	4.3	32	2×65.3		
25	4 月 25 日桥	葡萄牙	1966	连续桁架	483.4+1012.9+483.4	1/9.5	10.65	21	2×58.7	181.4	双层行车
26	Forth Road 桥	英国	1964	简支桁架	408.4+1005.8+408.4	1/11	8.38	23.77	2×61	147.8	
27	北备赞濑户大桥	日本	1988	公铁双层，连续钢桁	274+990+274	1/11	13	30	2×100.6	169.45	
28	Severn 桥	英国	1966	斜吊杆，钢箱	304.8+987.6+304.8	1/12	3.05	11.86	2×50.8	121.91	三角形吊杆
29	宜昌长江大桥	中国	2001	单跨钢箱	246.3+960+246.3	1/10	3	30	2×65.5	142.8	
30	下津井濑户大桥	日本	1988	单跨钢桁，公铁双层	230+940+230	1/12	13	30	2×94.4	137.63	钢桁与其他跨钢桁连续
31	湖北西陵长江大桥	中国	1996	单跨钢箱	225+900+255	1/10.5	3	20.6	2×57	120	
32	湖北恩施四渡河大桥	中国	2008	单跨钢桁	114+900+208	1/10	6.5	26		122.2	一侧重力锚，一侧隧道锚，用火箭架先导索
33	虎门大桥	中国	1997	单跨钢箱	302+888+348.5	1/10.5	3	35.6	2×68.7	147.55	
34	大鸣门桥	日本	1985	钢桁	330+876+330	1/10.5	12.5	34	2×84	125.93	
35	Tacoma 桥	美国	1950	单跨钢桁	335+853.4+335	1/10	10.06	18.29	2×50.8	140.82	
36	Tacoma 二桥	美国	2007	钢桁					2×52		
37	Askφy 桥	挪威	1992	单跨钢箱	850		3	15.52	SPR		主缆由 3 排，每排 7 索股组成
38	积金大桥	韩国	2010	钢箱	850			19.7	2×49.1	137.8	一侧重力锚，一侧地下连续墙
39	四川南溪长江大桥	中国		钢箱梁	193+820+202	1/10	3	29.8	2×59.2	140	

注：SPR——螺旋钢丝绳

3. 拱桥（表 3.1 ～表 3.3）

表 3.1　世界大跨径钢拱桥（$L \geqslant 300$m）

序号	桥　名	国　家	建成年份	桥　型	跨　径（m）	矢跨比	拱圈高度（m）		桥宽（m）	备　注
							拱顶	拱脚		
1	重庆朝天门长江大桥	中国	2008	连续钢桁系杆拱	190+552+190	1/4.3	14	73.13	36.5	世界最大跨拱，双层，下层行轨道交通
2	上海卢浦大桥	中国	2003	中承式，钢箱，提篮系杆拱	100+550+100	1/5.5	6	9	41	
3	New River Gorge 桥	美国	1977	上承二铰钢桁拱	518.1	1/4	5.49		16.5	
4	Bayonne 桥	美国	1931	中承二铰钢桁拱	504				16.2	
5	悉尼港桥	澳大利亚	1932	中承钢桁拱	503		18	57	48.8	
6	宁波东外环甬江大桥（明州大桥）	中国	2009	中承双肢钢箱拱	100+450+100	1/5	上肢 3 下肢 3.8	上肢 3 下肢 6	45.8	
7	广州新光大桥	中国	2006	连续刚架钢桁拱	177+428+177	1/4	7.5	12	37.2	三孔拱
8	重庆菜园坝长江大桥	中国	2007	中承刚构、钢桁架，连续钢箱系杆拱	88+102+420+102+88	1/5.7	4	4	30.5	下层行驶轻轨
9	重庆大宁河大桥	中国	2008	上承钢桁拱	400	1/5	10	10	24.5	
10	Femont 桥	美国	1973	中承，系杆拱，箱肋系杆拱	382.6				20.73	
11	Port Mann 桥	加拿大	1964	系杆拱	366				19.5	
12	宜万铁路重庆万州长江大桥	中国	2005	连续钢桁系杆拱	168+360+168		8	36		
13	Thatcher 桥	巴拿马	1962	中承	344				14.6	
14	南京大胜关长江铁路大桥	中国	2009	连续钢桁拱	2×336	1/4	12	53	41.6	
15	Lavio Lotte 桥	加拿大	1967		335					
16	Zdakow 桥	捷克	1967	二铰拱	330				13	
17	Birchenough 桥	津巴布韦	1935		329					
18	Glen Canyon 桥	美国	1959		315				14.6	
19	木津川新桥	日本	1993	中承，Nielson 体系，提篮	305	1/5.35			11.25	
20	Lewiston Queenston 桥	美、加	1962		305				14.6	
21	佛山东平大桥	中国	2006	中承，双肢拱	95.5+300+95.5	1/4.55	3	4.5	48.6	平、竖转转体施工

表 3.2 世界大跨径钢筋混凝土拱桥（$L \geqslant 250$m）

序号	桥名	国家	跨径(m)	建成年份	结构	矢跨比	拱轴线	拱圈截面	拱圈高度(m)		拱宽(m)	桥宽(m)	施工方法	备注
									拱顶	拱脚				
1	重庆万县长江大桥	中国	420	1997	空腹无铰	1/5	悬链线	三室箱	7	7	16	20	劲性骨型	劲性骨架有钢管混凝土
2	KRK 大桥	克罗地亚	390 244	1979	空腹无铰 空腹无铰	1/6.5 1/5.2		三室箱 三室箱	6.5 4	6.5 4	13 8	11.4 11.4	悬臂桁架拼装 悬臂桁架拼装	分室分段分块拼装，建成后两次拱顶用千斤顶调整拱轴
3	贵州江界河桥	中国	330	1995	桁式组合拱	1/6	抛物线	三室箱	2.9	2.7	10.56	13.4	悬臂桁架	
4	广西邕宁邕江大桥	中国	312	1998	中承无铰	1/6	悬链线	两单室箱	5	5	2×3	18.9	劲性骨架	劲性骨架有钢管混凝土
5	Gladesville 桥	澳大利亚	304.8	1964	空腹无铰	1/7.5		四箱肋	4.26	7	24.4	25.66	拼装，拱架三次横移	四分点设千斤，调整拱圈应力
6	Amizade 桥	巴西	290	1964	空腹无铰	1/5.5		三室箱	3.25	4.8	拱顶 11 拱脚 13	13.5	钢拱架，浇筑	
7	Infant Henrique 桥	葡萄牙	280	2003	上承、刚梁柔拱	1/11.2		板	1.5	1.5	10～20		悬臂桁架	梁高 4.5m，跨中 70m 形成 6m 高箱
8	Bloukrans 桥	南非	272	1983	空腹无铰	1/4.4		三室箱	3.66	5.5	11	15.85	悬臂扣挂，浇筑	
9	Arrabida 桥	葡萄牙	270	1963	空腹无铰	1/5.2		两个三室箱肋	3	4	2×8	26.5	钢拱架	建成后一直作长期观测
10	富士川桥	日本	265	2005	空腹无铰	1/6.5		三室箱	5	3	15.5	18.5	多段扣挂，塔设河中，悬浇	组合桥面板
11	Sandö 桥	瑞典	264	1943	空腹无铰	1/6.7		三室箱	2.66	4.5	9.5	12	木拱架	
12	Rance 河桥	法国	261	1990	空腹无铰	1/7.5		单室箱	4.2	4.2	拱顶 7.5，拱脚 12	15	悬臂自锚扣挂，拼装	拱上建筑用顶推法推骨架，再浇混凝土
13	高松大桥	日本	260	2000	空腹无铰	1/8							悬臂桁架与劲性骨架组合	
14	天翔大桥	日本	260	2000	空腹无铰								悬臂桁架与劲性骨架组合	

表 3.3　我国大跨径钢管混凝土拱桥（$L \geqslant 250$m）

序号	桥　名	跨径(m)	建成年份	结　构	矢跨比	拱轴线	拱截面	拱高（m）	管径 × 壁厚（mm）	拱宽(m)	桥宽(m)	施工方法	备　注
1	巫山长江大桥	460	2004	中承无铰，桁肋	1/3.8	悬链线，m=1.55	每肋 4 管	顶 7 脚 14	ϕ1220 × (22 ~ 25)	2 × 4.14	19	22 段吊装	管内 C60 混凝土
2	湖北支井河大桥	430	2007	上承无铰	1/5.5	悬链线	双肋，每肋 4 管	顶 6.5 脚 13	ϕ1200 × (24 ~ 35)	2 × 5.2	24.5	30 段吊装	
3	湖南湘潭湘江四桥	120+400+120	2007	飞鸟式斜拉拱	1/5.19		每肋 6 管		ϕ850 × (20 ~ 28)		27		
4	湖南益阳茅草街大桥	368	2006	中承系杆，桁肋	1/5	悬链线，m=1.543	每肋 4 管	顶 4 脚 8	ϕ1000 × (18 ~ 28)	2 × 3.2	16	11 段吊装	80m+368m+80m，钢横梁
5	广州丫髻沙大桥	360	2000	中承系杆，桁肋	1/4.5	悬链线，m=2	每肋 6 管	顶 4 脚 8.04	ϕ750 × (18 ~ 20)	2 × 2.7	32.4	竖转、平转	76m+360m+76m
6	南宁永和大桥	338	2004	中承无铰，桁肋	1/4.2	4 次抛物线	每肋 4 管	顶 6.78	ϕ1220 × (16 ~ 25)		35	吊装	
7	湖北沪蓉高速小河大桥	338	2008	空腹无铰	1/5	悬链线，m=1.543	每肋 6 管	顶 4.9 脚 7.9	ϕ1000 × (26 ~ 32)		24.5	26 段吊装	管内 C60 混凝土
8	安徽太平湖大桥	336		中承无铰，提篮	1/4.94	悬链线，m=1.55	两横哑铃，每肋 4 管	7.28 ~ 11.28	ϕ1280 × (20 ~ 24)	2 × 3.0	30.8	缆索吊装	提篮拱倾角 10°
9	浙江淳安南浦大桥	308	2002	中承无铰，桁肋	1/5.5	悬链线，m=1.167	每肋 4 管	6.05	上 ϕ850 × 12 下 ϕ850 × (12 ~ 20)	2 × 3.4	16	吊装	
10	浙江舟山新城大桥	300+300	2005	下承系杆，异性拱				5.85 ~ 23.125	ϕ850 × 12		24.5		
11	重庆奉节梅溪河大桥	288	2001	上承无铰	1/5	悬链线，m=1.5	上下各 4 管	顶 5.0 脚 8.0	ϕ920 × 14	13.2	17.5	15 段吊装	C60 混凝土
12	武汉晴川桥	280	2001	下承系杆，桁肋	1/5	悬链线，m=1.5	每肋 4 管	5.5	ϕ1000 × 14	2 × 2.4	32.5	吊装	
13	广东东莞水道大桥	50+280+50	2005	中承系杆	1/5	悬链线，m=1.5	每肋 4 管	5.5	ϕ1000 × (16 ~ 18)	2 × 2.5	26.1	15 段吊装	
14	宜昌长江铁路大桥	2 × 275		刚梁柔拱	1/5	二次抛物线	每肋 4 管	顶 3 脚 4	ϕ750 × (16 ~ 24)	2 × 2.45	15.5	竖转	
15	广西三岸邕江大桥	270	1998	中承桁肋	1/5	悬链线，m=1.167	每肋 4 管	5.6	ϕ1020 × (12 ~ 14)	2 × 2.4	32.8	11 段吊装	拱脚附近，部分钢管拱圈外包混凝土
16	浙江象山县三门口北门大桥	270	2006	中承	1/5	悬链线，m=1.543	每肋 4 管	5.3	ϕ800		12.5	吊装	提篮拱内倾 8°
17	浙江象山县三门口中门大桥	270	2006	中承	1/5	悬链线，m=1.543	每肋 4 管	5.3	ϕ800		12.5	吊装	提篮拱内倾 8°
18	四川宜宾金沙江戎州大桥	260	2004	中承无铰	1/4.5	悬链线，m=1.4	每肋 4 管		ϕ1020 × 16		22.5	吊装	
19	湖北秭归青甘河大桥	256	2002	中承无铰，桁肋	1/4.945	3 次样条曲线	每肋 4 管	顶 3.402 脚5.842	ϕ1000 × 14	2 × 2.4	11.6	吊装	
20	杭新景高速千岛湖 1 号大桥	252		空腹无铰	1/6.5	悬链线，m=1.756	每肋 4 管	5.0	ϕ1000 × (14 ~ 16)	2.5	2 × 10.25	吊装	

4．混凝土梁式桥（表 4.1）

表 4.1　世界大跨径混凝土梁式桥（$L \geqslant 250$m）

序号	桥　名	国　家	建成年份	桥　型	跨　径（m）	梁高（m）		梁宽（m）		备　注
						根部	跨中	顶	底	
1	重庆石板坡长江大桥复线桥	中国	2006	连续刚构与连续梁组合	87.75+4×138+330+132.5	16	4.5～5	19	9	主跨中部 103m 为钢箱，两侧过渡段各 2.5m
2	Stolma 桥	挪威	1998	连续刚构	94+301+72	15	3.5	9	7	主跨中部 182m 用轻质混凝土
3	Raftsundet 桥	挪威	1998	连续刚构	86+202+298+125	14.5	3.5	10.3	7	主跨中部 224m 用轻质混凝土
4	虎门大桥辅航道桥	中国	1997	连续刚构	150+270+150	14.8	5	15	7	在 R=7000m 平曲线上
5	苏通长江大桥（辅桥）	中国	2008	连续刚构	138.7+268+138.7	15	4.5	16.5	8.7	
6	云南红河大桥	中国	2003	连续刚构	58+182+265+194+70	14.5	5	22.5	11.5	
7	Gateway 桥	澳大利亚	1985	连续刚构	145+260+145	15.82	5.2	21.93	12	
8	Varodd-2 桥	挪威	1994	连续梁	260					
9	福建宁德下白石大桥	中国	2003	连续刚构	145+2×260+145	14	4.2	12	6	7 号墩用墙式嵌岩基础
10	重庆鱼洞长江大桥	中国	2008	连续刚构	145.3+2×260+145.3	15.1	4.6	20.3	12.9	远期行驶轻轨
11	四川泸州长江二桥	中国	2000	连续刚构	145+252+49.5	14	4	25	13	49.5m 跨重力式锚碇桥台
12	重庆嘉华嘉陵江大桥	中国	2007	连续刚构	138+252+138	15.5	5	17.8	9.8	
13	江安长江大桥	中国		连续刚构	146+252+146					
14	Schottwien 桥	奥地利	1989		250					
15	Doutor 河桥	葡萄牙	1990		250	12	7	12		双线铁路
16	Confederation 桥	加拿大		带挂梁 T 构	165+43×250+165	14	4.5	12		每隔两跨使挂梁连续
17	Skye 桥	英国	1995		250					
18	重庆黄花园大桥	中国	1999	连续刚构	137+3×250+137	13.8	4.3	15	7	
19	重庆马鞍石嘉陵江大桥	中国	2001	连续刚构	146+3×250+146	13.7	4.2	11.5	5.5	连续长度 1042m
20	广州海心沙珠江大桥	中国	2004	连续刚构	138+250+138	13.8	4.3	16.5	7.8	